支持单位：
福建省社会科学研究基地莆田学院妈祖文化研究中心
福建省人文社科优秀基地（莆田学院妈祖文化研究中心）
福建省妈祖文化研究会

妈祖文化

研究论丛

（四）

福建省妈祖文化传承与发展协同创新中心
莆田市湄洲妈祖祖庙董事会 编

人民出版社

前　言

妈祖诞生于北宋建隆元年（960）三月二十三日，雍熙四年（987）九月九日升化，生前是莆田湄洲岛的一介民间女子，在其短短的一生中，她利用女巫身份和广泛的群众基础，行医治病、拯危救困、解救海难，以其善良勇敢、热心助人的高尚品德赢得了乡民的爱戴，死后得到了民众广泛的尊崇、持续的神化。宋、元、明、清历代王朝都对她进行了褒封，封号从宋代的夫人、妃、圣妃，元明时代的天妃，到清代敕封为天后，至光绪元年，封字积至64字，是历代封号最多的女神。此外民间还尊称妈祖为天上圣母，如今则被誉称为海峡和平女神、世界和平女神。

自宋代开始，由于海上商贸、漕粮运输、海外交通、国家海事等活动，使妈祖誉望不断提高，妈祖信仰也传播得越来越远，目前妈祖信仰已传播到世界33个国家和地区，成为一种带有世界性的民间信仰。2009年9月30日，"妈祖信俗"被联合国教科文组织列入《人类非物质文化遗产代表作名录》，更成为妈祖文化是全人类共同文化遗产的标志。近年来，从国家有关部门到地方政府，都十分重视妈祖文化的传承与弘扬，充分发挥它在两岸关系、对外交流、海西建设以及新海丝之路建设中的作用。对于妈祖故乡莆田市来说，妈祖文化无疑是一张最亮丽的名片，是莆田市最有特色的地方文化资源。因此，全力把莆田建设成为世界妈祖文化中心，成为省委、省政府和莆田市委、市政府以及莆田全市人民的共识。

世界妈祖文化中心应包括朝圣中心、交流中心、学术研究中心、文化创意中心。就学术研究而言，早在20世纪80年代，妈祖故里的学者就已经掀起了一股妈祖文化研究热潮，先后举办过五次大的妈祖文化学术研讨会。近十多年来，莆田市又连续八年在每年5月份举办一次"湄洲妈祖论坛"或"海峡论坛·湄洲妈祖文化活动周"。

莆田学院作为妈祖故乡唯一的本科院校，一直关注并积极参与妈祖文化研究等各项有关活动。2005年，"莆田学院妈祖文化研究所"正式成立。其宗旨是力求以妈祖文化研究为突破口，建设莆田学院人文社科研究领域的特色学科，树立品牌。同时，在道德教育方面，通过妈祖文化的深入研究，为弘扬民族优秀文化传统，建设社会主义和谐社会提供帮助;在经济建设方面,主动服务地方建设,为促进两岸经贸交流,为莆田融入海峡西岸经济区、建设滨海宜居港城城市提供智力支持。2008年1月,妈祖文化研究所又以"妈祖文化研究中心"之名,成功申报第一批福建省新建本科院校创新平台,成为省级人文社科研究基地。2012年,学校又把原"妈祖文化研究中心"扩建为"妈祖文化研究院"和"莆仙文化研究院"。2008年以来,莆田学院妈祖文化研究机构先后荣膺"福建省高等学校人文社科研究基地""福建省体育局妈祖民俗体育文化研究基地""国家体育总局体育文化研究基地""全国台联妈祖文化研习交流基地""福建省妈祖文化研究会"挂靠单位、福建省社会科学研究基地莆田学院妈祖文化研究中心、中国社会科学院历史研究所妈祖文化基地、福建省教育厅首批"省高校人文社会科学研究优秀基地"等。学校妈祖文化研究机构和研究基地的创立、扩展以及开展的众多活动和一批妈祖学术专著的出版,极大地提高了妈祖文化的知名度,吸引了更多的学者把目光投入妈祖文化研究。

在纪念《莆田学院学报》创刊20周年之际,我们编成了这本《妈祖文化研究论丛》(四),按内容大体归为三类。为省篇幅,删去原文的英译部分,其他内容不变,包括作者发表时的个人简介。因受篇幅的限制,无法把已发论文全部收录,选辑的论文主要考虑了作者的地区分布、内容代表性以及知名度等因素,对于没有选入的论文,在此向原作者致以歉意。最后希望广大妈祖文化研究的新老学人继续关注支持,共同为弘扬妈祖精神和传递文化正能量贡献自己的力量。

编　者

2016 年 3 月 15 日

目　录

妈祖文化传播与产业探讨

妈祖文化史实考论

论元代的湄洲庙与妈祖信仰

徐晓望 [①]

福建社会科学院历史研究所

宋代莆田有三大妈祖庙,即湄洲庙、圣墩庙、白湖庙。宋代妈祖得到朝廷的封号,多来自圣墩庙与白湖庙,湄洲庙所得封号较少,但到了元代,湄洲庙的影响压倒其他两座庙宇,当之无愧地成为元代妈祖信仰中心。以下围绕湄洲庙探讨元代莆田妈祖信仰的发展。

一、蒲师文与天妃封号的降赐

元世祖至元十五年(1278),朝廷封"泉州神女"为天妃,这是妈祖信仰发展史上的一件大事。但是,学术界关于元代天妃之封,一直有争议,要回答这些争议,必须探讨元代制度等方面问题。

宋朝给湄洲神女的最高封号是"妃",民间称之为"圣妃",而元廷给湄洲神女的封号是"天妃"。圣妃之号可以授给藩王的夫人,而天妃的封号其意为"老天爷的夫人",要比藩王夫人至少高上一个等级;其次,"妃"之号虽然高贵,但还是属于人间的封号,而"天妃"之号,则是人间所不敢享用的,专属于神灵世界。因此,"天妃"之号的授予,是妈祖崇拜发展史上的一个重要阶段。不过,关于元代册封天妃始于何时,各种史料的记载不一。《元史》记载,至元十五年,"制封泉州神女号护国明著灵惠协正善庆显济天妃" [②]。但明代的《天妃显圣录》(下称《显圣录》)中,记录元世祖封天妃制诰时间却是至元十八年。 [③]

---

① 徐晓望(1954—),男,上海人,研究员,中国经济史博士,福建师范大学历史系兼职博导,国务院特殊津贴专家。

② (明)宋濂:《元史》卷十,中华书局 1976 年版。

③ (明)释照乘:《天妃显圣录》,《台湾文献丛刊》第 77 种,台北:台湾银行经济研究室 1960 年版。

记载的矛盾不仅表现在时间方面,而且封号也有显著的不同。《显圣录》所载的封号是"护国明著",而《元史》所载封号除"护国明著"外,还有"灵惠协正善庆显济"八个字,一共 12 个字。一般地说,新朝廷给予的封号都是从少到多,元朝为何在刚刚统治福建之初,就给了天妃 12 个字的封号,这明显不合理。其次,"灵惠协正善庆显济"实际上是宋代给予圣妃的封号,元朝重复宋代的封号也显得不合理。而且,在元代后期的史料中,凡提到天妃封号的,都未再重复这八个字。因此,李献璋先生认为:以上来自《元史》及《显圣录》的两条史料中,《显圣录》所载元世祖的制诰是可靠的,也就是说,元朝最早封赐天妃的时间应是至元十八年,而不是至元十五年。李献璋说,《显圣录》所载制诰中,有一句"自混一以来,未遑封爵",若这一制诰产生于至元十五年,其时宋朝还未灭亡,不能说元朝已经统一,所以,《元史》十五年的记载可能是将其他史料弄混了。①

不过,元史专家陈高华却有不同意见:"《元史》中本纪部分的记事,均以各朝实录为据写成,似难轻易否定。而且至元十四年元朝政府便在泉州、庆元等处设市舶司,至元十五年八月又诏福建行中书省官员通过'蕃舶'向'诸蕃国'传达:'诚能来朝,朕将宠礼之。其往来互市,各从所欲。'在这种形势下,加封天妃是完全可能的。也许可以认为,至元十五年确有加封之事,但是临时性的,至元十八年起,则正式加封。"②

我认为陈高华先生的分析是有道理的,在传统正史的编纂过程中,本纪部分最受重视,而且都有历朝实录为据,所以本纪的记事最为可靠。不过,要说清楚此事,还得从蒲寿庚家族说起。

蒲寿庚是外籍人士。宋末泉州市舶司管理不善,其原因是官吏贪污。有人提议,不如干脆起用外籍人士管理市舶司。在这一背景下,蒲寿庚得到重用。他掌管市舶司多年。宋代末年,他据泉州叛降元朝。元代有人说:"昔者泉州蒲寿庚以城降,寿庚素主市舶,谓宜重其事权,使为我捍海寇、诱诸蛮臣服。因解所佩金虎符佩寿庚矣。"③可见,蒲寿庚在元朝极受宠信。元世祖重用蒲寿庚,其目的之一是让他招抚海外诸邦前来进贡,所以,至元十五年,元世祖"诏行中书省索多、蒲寿庚等曰:诸蕃国列居东南岛砦者,皆有慕义之心,可因蕃舶诸人宣布朕意,诚能来朝,朕将宠礼之。其往来互市,各从所欲。诏谕军前及行省以下官吏抚治"④。为了让蒲寿庚等人卖力,元世祖还给他们升官,"参知政事索多、蒲寿庚并为中书左丞"。在这一背景下,蒲寿庚之子蒲师文被派到海外去招抚诸邦。《岛夷志略》载:"世祖皇帝既平宋氏,始命正奉大夫工部尚书

---

① 李献璋:《妈祖信仰研究》,郑彭年译,澳门海事博物馆 1995 年版,第 104—105 页。
② 陈高华:《元代的天妃崇拜》,《澳门妈祖论文集》,澳门海事博物馆、澳门文化研究会 1998 年版,第 28 页。
③ (明)宋濂:《元史》卷一五六,中华书局 1976 年版。
④ (明)宋濂:《元史》卷二〇四,中华书局 1976 年版。

海外诸蕃宣慰使蒲师文，与其副孙胜夫、尤永贤等通道外国抚宣诸夷。独爪哇负固不服，遂命平章高兴、史弼等帅舟师以讨定之。"①

从以上文字来看，蒲师文远赴海外，应走了很多地方，所以才会得出"独爪哇负固不服"的结论。由此来看，至元十五年蒲师文出使，实际上是一次不亚于郑和的远航，他的船队至少有几条大船，拥有众多的水手与火长。若他想确保航行的顺利，一定要拜湄洲神女，在这一背景下，他向朝廷要求封赐湄洲神女为天妃，就是很自然的了。不过，由于临行匆匆，许多事情未能考虑周到，所以，元朝给天妃的封号不很恰当，"制封泉州神女号护国明著灵惠协正善庆显济天妃"，除了"护国明著"四字是新的外，其他八字都是宋朝旧有的。在宋元鼎革之际，新朝代总要表示自己与旧朝代不一样，革除宋朝的痕迹，被许多元朝大臣当作一件大事。在这一背景下，沿用宋朝的封号很不恰当。因此，待蒲师文回到泉州后，再到湄洲庙进香，就要考虑封号问题，将原有的封号删减几字，只留下元朝新增的"护国明著"之号，这都是应当做的。

《岛夷志略》载，至元十五年，蒲师文出使时的官职是"正奉大夫工部尚书海外诸蕃宣慰使"，至元十八年，他到湄洲庙进香时，官职为"正奉大夫宣慰使左副都元帅兼福建道市舶提举"。可见，蒲师文回来后升了官。他以新的职称去湄洲庙进香，并宣布诏书，说明其对天妃封号的删减，都是得到朝廷同意的。

综上所述，我认为至元十五年及至元十八年的妈祖封号都是真实存在的。

二、"泉州神女"称号的由来

关于天妃在元代的称呼，我们注意到"湄洲神女"在元初被称为"泉州神女"。湄洲在宋代隶属于兴化军莆田县，元代兴化军改名为兴化路，虽说莆田在宋以前长期隶属于泉州，但自宋元以来，二地各有州郡设置，宋代泉州与兴化军是并列的州郡级机构，元代的泉州路与兴化路也是并列的。将"湄洲神女"改名为"泉州神女"，似乎找不到理由。也有人认为：天妃诞生的宋太祖建隆元年，莆田尚归泉州管辖，"妈祖青少年时代生活在泉州的辖区之内，说妈祖为泉州人亦不为过"②，所以，元朝直接称其为"泉州神女"。

以上分析似不无理由，但是，妈祖的诞辰究竟是哪一年，其实学术界并没有明确的结论。想来元朝的官员也并弄不清"湄洲神女"诞生于哪一年。所以，元朝官员不可能知道妈祖的年青时代莆田隶属于泉州，因此，元朝称"湄洲神女"为"泉州神女"，

---

① （元）汪大渊：《岛夷志略》，辽宁教育出版社1996年版，第70页。

② 许在全：《妈祖研究》，厦门大学出版社1999年版，第4页。

应当另有理由。

我认为,"泉州神女"之号与元初泉州建省有关。元朝于至元十四年（1277）控制福建,随即设立福建、广东道提刑按察司,这是个具有省级地位的机构。至元十五年,福建升格为省,"诏蒙古岱、索多、蒲寿庚行中书省事于福州,镇抚濒海诸郡"①。这是元代福建省的由来。值得注意的是,蒲寿庚在其中占有重要位置。然而,其时由于朝廷特别重视泉州,泉州数度建省。《元史》记载泉州路"至元十四年立行宣慰司,兼行征南元帅府事。十五年改宣慰司为行中书省,升泉州路总管府,十八年迁行省于福州路。十九年复还泉州"②。从以上记载来看,在元代统治福建之初,泉州设立了省级机构,与福建省并立,不过,泉州省的设立并不稳定。据《元史》所载,泉州省建立后,时废时立,多次被福建省取代。经过多次废置与重建之后,元朝最终废除了泉州省。不过,在至元十五年至十八年期间,泉州省是存在的。现在不明白元代泉州省与福建省是如何分治的,看来其时莆田隶属于泉州省,所以,"湄洲神女"被称为"泉州神女"。

泉州省的设立与蒲氏家族很有关系。在泉州省之内,蒲寿庚家族以豪富闻名,蒲氏女婿回教徒佛莲,"其家富甚,凡发海舶八十艘"。他死后,仅留下的珍珠即有一百三十石③;而蒲寿庚与蒲师文父子,相继在福建省与泉州省担任高官,集政治权力与经济实力于一身,"泉人避其熏炎者十余年"④。元朝的蒙古人数量较少,一向利用色目人统治汉人与南人,蒲氏家族是元朝统治泉州的一大支柱,朝廷并想通过蒲氏家族的关系统治海外诸国,在这一背景下,元廷多次同意在泉州建省。不过,自从元军从泉州发兵攻打占城与爪哇失利后,泉州地位下降,蒲氏家族风光不再,泉州建省也就没有必要了。不管怎么说,蒲氏家族对天妃信仰的发展还是起了相当的作用。由于他们的存在,在历史上出现了泉州省的建置,"湄洲神女"因而得名"泉州神女";其次,蒲师文的上奏,应是神女受封为天妃的重要原因。

不过,若将"天妃"之号的由来放到更为广阔的历史背景去看,元朝海运业的发展,才是天妃受重视的根本原因。《元史》记载,元朝有专门管辖海运的机构,名"行泉府司",该司"所统海船万五千艘","自泉州至杭州立海站十五,站置船五艘、水军二百,专运番夷贡物及商贩奇货"⑤。当时的水手、舵工及海上旅人都信奉天妃,这才是天妃信仰在元代发展的根本原因。所以,至元十八年封赐天妃的制诰说:"惟尔有神,保护海道,舟师漕运,恃神为命。"

———————————

① （清）毕沅:《续资治通鉴》卷一八三,上海古籍出版社1987年版,第1029页。
② （明）宋濂:《元史》卷六二,中华书局1976年版。
③ （宋）周密:《癸辛杂识续集》卷下,文渊阁四库全书本,上海古籍出版社1987年版。
④ （明）何乔远:《闽书》卷一五二,福建人民出版社1994年版,第4496页。
⑤ （明）宋濂:《元史》卷十五,中华书局1976年版。

三、元代朝廷使者祭祀湄洲天妃

元代实行漕运制度，每年都要从江南运载二百多万石粮食到大都（北京）。海上运输事故很多，因此，每次漕运粮食抵达天津港，朝廷都要派人南下祭祀天妃庙。然而，从大都到福建路途遥远，当时受命南下祭神的使者往往因故不到福建，只是祭祀江南的妈祖庙之后，便返回大都。不过，也有一些认真的官员不畏车马劳顿，一直到福建境内，遍祭南北主要妈祖庙后返回。如，元仁宗天历二年（1329），宋本任祭天妃的使臣。元代文学家虞集有《送宋诚甫太监祀天妃》诗：

> 使者受节大明殿，候神海上非求仙。庙前水生客戾止，帷中灵语风泠然。丽牲有石载文字，沈璧用缳求渊泉。贾生何可久不见，海若率职君子还。[1]

宋诚甫，即宋本，他在朝廷做官有清望，天历二年（1329）任祭天妃的使臣。

史料表明，当时有些使者畏惧长途跋涉，对皇帝的差使应付了事，往往半途而归。估计他们只是到了江浙与漕运有关的主要庙宇祭神，而不到福建的庙宇。所以，福建方面记载元使者抵达湄洲庙的事例不多。然而，宋本却不负众望，不但抵达湄洲庙祭神，且奉上皇帝给予的"灵慈"庙号。莆田人洪希文的文集内，还存有为此事所写的短文：

> 星临宝册，敚宸极之丝纶，春盎琼卮，长仙宫之日月。耄倪交庆，海岳易文休。臣某等诚欢诚忭，稽首顿首。恭惟宣封护国庇民广济福慧明着天妃，维国忠贞，为民怗怙。先驱融若，作渺海之慈航。后列英皇，奏钧天之广乐。群生鼓舞，百祀光辉。臣某等俯効葵倾，仰鑪橪庇。霞裾云佩，肃帝子之观瞻；寿水壶山，効封人之颂祷。臣某等下情不任激切屏营之至。谨奉笺称贺以闻。臣某等诚惶诚恐顿首顿首谨言。[2]

可见，朝廷的使者亲临湄洲庙，使当地民众欣喜不已。

宋本之弟宋褧也曾被选为祭祀天妃的使者，他对自己的祭祀历程的记载较为详细。据其所述，当时皇帝派出使者是相当慎重的，有专门的石刻祝祠献给天妃，在宋褧的文集内载有到各地庙宇祭祀神明的祝文。其中兴化庙为：

> 神有大德，捍患御灾。相我漕舟，列祠惟旧。莆田为郡，灵迹所由。莅政云

---

① （元）虞集：《道园学古录》卷三，文渊阁四库全书本，上海古籍出版社 1987 年版。
② （元）洪希文：《续轩渠集》卷十，文渊阁四库全书本，上海古籍出版社 1987 年版。

初,遣使代祀。式陈菲荐,庸答神休。[1] (兴化、湄洲岛同,但易莆田为郡一句作湄洲之岛)。

当时使者在莆田,只祭祀了城中的天妃庙与湄洲庙,圣墩庙已不在他的视野中。

在《显圣录》一书中,载有天历二年的多篇天妃庙祝文,其文涉及福建的有:"辛丑祭延平庙文"、"己巳祭闽宫文"、"丁未祭莆田白湖庙文"、"戊申祭湄洲庙文"、"癸丑祭泉州庙文"。[2]

天历二年的祭祀官是宋本,但在有关宋本的史料中,另有祭祀之辞。查《中西历法对照表》,可知《显圣录》中的祭神文字并非天历二年的。如《显圣录》记载使者于"天历二年八月己丑朔日祭直沽庙",但该月朔日不是"己丑";又如《显圣录》记载使者于八月"十六日甲辰祭淮安庙",但查历法,天历二年八月的十六日不是甲辰日。显然,这组祭文不是天历二年的,而是其他年份另一作者的作品。不过,祝辞十分典雅,不是普通人所能写出来的,因此它不可能是伪造的。考虑再三,我认为,《显圣录》所载祝文不是假的,主要是《显圣录》的编者搞错了年代,将后人写的天妃祭文移为天历二年。

四、圣墩庙与湄洲庙的兴衰

元代莆田圣墩顺济庙的地位逐步下降,而湄洲天妃庙成为天妃信仰的中心,二者兴衰形成鲜明的对照。

圣墩顺济庙是妈祖的始封之地,在妈祖信仰发展史上具有重要地位。圣墩庙所在的宁海镇,原为重要海口,莆田县城中的商人从这一港口出发,到全国各地去贸易,他们来去都要到圣墩庙中进香还愿,这是圣墩庙繁荣的重要原因。元代初年,圣墩庙进行了重修,莆田进士黄仲元写了一篇《圣墩顺济祖庙新建蕃釐殿记》详细介绍了圣墩庙大修经过。[3] 该庙建造蕃釐殿,始于元成宗大德三年(1299),落成于大德七年(1303),前后五年,说明当时遇到了财政上的困难。宋代的莆田是一个富裕区域,扩建庙宇,捐献的人很多,为何元初的庙宇建设会那么困难? 这应当是元代初年莆田县遭受了严重的战乱破坏。

元军进入闽中是在 1276 年,当时的元军已经攻占南宋首都临安,宋太后谢道清带小皇帝投降。文天祥等人在闽粤一带组织反元义军。不过,元军的优势十分明显,宋

---

① (元) 宋褧:《燕石集》卷十一,文渊阁四库全书本,上海古籍出版社 1987 年版。

② (明) 释照乘:《天妃显圣录》,《台湾文献丛刊》第 77 种,台北:台湾银行经济研究室 1960 年版,第 6—7 页。

③ (宋) 黄仲元:《四如集》卷二,文渊阁四库全书本,上海古籍出版社 1987 年版。

朝官员大都不战而降,元军不战而得福州,兵锋逼近莆田。这时,莆田人陈文龙在莆田组织反元义军。陈文龙身为宋朝的参知政事,是宋朝著名宰相陈俊卿的后裔,所以一呼百应,但在元军压力下,陈文龙很快失败被俘。其后陈文龙之叔陈瓒再次组织反元义军,据城抵抗。元军苦战多日后才攻下莆田县城,进城后对民众大屠杀,高兴部元军在莆田斩首三万余级 ①,血流漂杵。莆田的许多士绅死于这场战乱。元军为了补充自己的水师,在兴化境内沿海掠获海船七千余艘 ②,这都使莆田遭受极大的破坏。尤其是莆田籍海商受到的打击最大,他们的海船被元军没收,财产也被掠夺,在宋朝,莆籍海商是海运中的一股重要力量,但到了明清以后,莆田海商远不如泉州、漳州,这与元初的沉重打击是有关的。

元代莆田海商的衰落,使圣墩庙失去了可靠的经费来源,这是元初整修圣墩顺济庙十分困难的原因。此外,圣墩位于木兰溪的下游,自南宋时期木兰陂建成之后,下游的稻田得到灌溉,亩产提高,在这里围海造田十分有利。因此,早在南宋时期,就有人在木兰溪下游围海造田,这使宁海镇一带的海岸线不断地向海洋推进。宋元改朝换代,水利事业一度无人管理,更助长了围海造田之风。迄今为止,木兰溪下游的海岸线距镇前已经有 8 公里之远。随着木兰溪下游的淤塞,莆田出海船只多改到涵江的三江口停泊,宁海镇失去了大量的海商,这也促成了圣墩庙的衰落。

湄洲天妃庙却在元代得到较快的发展。湄洲距莆田水陆道路有八十里,对莆田人来说,往来此地十分不便。但湄洲岛的南部不远处,就是著名的泉州城。泉州港在元代是著名的东方大港,从泉州港出发的船只北上,一定要经过湄洲屿海面。当时的帆船航行,虽然已经使用了指南针,但十分简陋,只能指示大概方向,因此,帆船航行主要还靠山岛导航。所以,宋代的帆船航行,一定要靠岸行驶,这是泉州北上船只一定要经过湄洲岛的原因。另一个原因在于,船上蓄积的淡水很容易变质,尤其是在夏天,所以,最好的方式是两三天加一次淡水,这也是帆船沿着山岛航行的重要原因。湄洲岛作为泉州船只北上的一个中间站,这里有深水港可以停泊,又有淡水可以汲取,所以,往来船只多到湄洲停泊,这就促成了湄洲港的发展与湄洲天妃庙的兴盛。湄洲岛的天妃庙在元以后越来越兴旺,与其地利条件是有关的。

五、元代圣墩庙与湄洲庙的祖庙之争

元代莆田籍诗人洪希文有一首《题圣墩妃宫湄洲屿》长诗,内云:

---

① (明)宋濂:《元史》卷一二九,中华书局 1976 年版。
② (明)宋濂:《元史》卷一六二,中华书局 1976 年版。

我昔缆舟谒江干,曾觐帝子琼华颜。云涛激射雷电洶,殿阁碑兀鱼龙间。此洲仙岛谁所构,面势轩豁规层澜。壶山峙秀倒影入,乾坤摆脱呈倪端。粉墙丹桂辉掩映,华表耸突过飞峦。湘君小水幻露骨,虞帝迹远何由攀。银楼玉阁足官府,忠孝许入巫咸班。帝怜退陬杂鲸鳄,柄授水府司人寰。……①

这首诗的题目中同时提到了圣墩与湄洲屿,那么,洪希文是在咏湄洲屿的天妃庙还是圣墩庙的天妃庙? 我认为是湄洲屿天妃庙。其理由如下:其一,诗中有"此洲仙岛谁所构"一句,既有"岛",又有"洲",只有湄洲屿符合条件;其二,圣墩庙建于海口,其地为木兰溪下游平原,而湄洲岛的天妃庙建于湄洲半山腰,地势较高,诗中咏道:"云涛激射雷电洶,殿阁碑兀鱼龙间。此洲仙岛谁所构,面势轩豁规层澜。"从地理形势来看,诗人是在咏湄洲屿的天妃庙;其三,湄洲屿附近有黄竿岛,而诗中有"平洲远屿天所划,古庙不独夸黄湾"句,"黄湾"应为湄洲与黄竿岛之间的海域;其四,壶公山在莆田的东南部,湄洲屿也在莆田东南部,从湄洲屿望到壶公山,这是可能的。以上分析表明:洪希文这首诗是在咏湄洲屿的天妃庙。

明白洪希文是在歌咏湄洲屿天妃庙之后,就会觉得洪希文为该诗取的题目十分古怪,圣墩妃宫与湄洲屿并不构成并列关系,而洪希文却将圣墩妃宫与湄洲屿连一起,这里有语法问题。当然,多读几次,并不难理解洪希文的意思。若按标准的汉语语法,洪希文诗的题目应为:"题咏湄洲屿的圣墩妃宫。"但古代闽粤语都有将主语放在定语的前面的例子,故《题圣墩妃宫湄洲屿》实际就是《题湄洲屿圣墩妃宫》,事实上,《佩文韵府》收入此诗,便将其改名为《题湄洲屿圣墩妃宫》。

不过,这一题名仍然会让人产生误会,圣墩妃宫与湄洲屿天妃庙本是两座庙,但光看这一题名,会以为圣墩庙在湄洲屿。也许就是洪希文的影响,使后人屡犯这一错误。明代学者何乔远说:"湄洲屿,一名鲥江,在大海中,与琉球相望。顺济天妃庙在焉。……宋雍熙四年升化,在室三十年矣。时时凭祥浮槎,朱衣现光,遍梦湄洲墩父老。父老相率祠之,名墩曰圣墩。"②清代郑王臣的《莆风清籁集》收入洪希文此诗,也注明:"圣墩在湄洲屿。"实际上,元代圣墩庙与湄洲庙同时存在。圣墩庙一直到明代才消失。

那么,在洪希文的诗中为何会出现"圣墩妃宫湄洲屿"这样的说法? 我认为:这里涉及了顺济庙与湄洲庙的祖庙之争。

如前所述,圣墩顺济庙的建立,是妈祖信仰发展史的一件大事,在该庙建立前,湄洲神女的信仰虽然已经在湄洲屿出现,但只限于湄洲屿附近的信众。自从元祐年间宁海顺济祖庙建立后,其主持人李振参加了路允迪出使高丽的远航,才有了"顺济庙"

---

① (元)洪希文:《续轩渠集》卷三,文渊阁四库全书本,上海古籍出版社1987年版。

② (明)何乔远:《闽书》卷二四,福建人民出版社1994年版,第4496页。

额的赐予。湄洲神女信仰从此走向全国,成为国家祭祀的重要信仰。在这一背景下,圣墩湄洲神女庙自称为"顺济祖庙",从廖鹏飞的《圣墩祖庙重建顺济庙记》与黄仲元的《圣墩顺济祖庙新建蕃釐殿记》二文来看,这一称呼也得到学者们的认可。事实上,宋代的湄洲虽为妈祖信仰发祥地,但"顺济"这一庙号是来自圣墩的,因此,圣墩庙自称顺济祖庙,无可厚非。

但到了元朝,传统的神明都要得到新朝的认可,而元朝的官员处心积虑要泯灭民众心里宋朝的印象,所以,元代祭祀的神明虽有来自宋朝的,但都受到重新包装。湄洲神女在宋代号称"圣妃",元朝就将其升格为"天妃",宋代圣妃的庙号为"顺济",元朝则将其改名为"灵慈",庙名的改革,使圣墩庙失去了顺济祖庙的地位,这对圣墩庙的打击很大。与此同时,湄洲庙屡次得到元廷的封赐,二庙的地位进一步分化,湄洲庙的影响越来越大,而圣墩庙式微不可逆转。

对于外人而言,不论是湄洲庙还是圣墩庙,二者的文化价值都是一样的,但对于圣墩附近的信众来说,圣墩庙地位的下降是很难接受的。在他们看来,圣墩庙永远是祖庙。从这一角度来看洪希文《题圣墩妃宫湄洲屿》一诗,就不难理解洪希文为何有这种说法,因为,洪希文是宁海镇人,镇前的《洪氏族谱》收有他的名字。圣墩庙是他家乡的庙宇,在他看来,湄洲屿的天妃庙,其实是圣墩妃宫的支庙,所以,他题咏湄洲屿的天妃庙,还要称之为"题圣墩妃宫湄洲屿",其意为"咏湄洲屿的圣墩妃宫"。洪希文还有一篇短文称《圣墩宫天妃诞辰笺》。总之,天下人都说天妃是湄洲天妃,只有洪希文等少数人却说天妃是圣墩宫的。

洪希文的诗使我们看到元代圣墩与湄洲之间的祖庙之争,但湄洲庙的发展与圣墩庙的衰落都是不可扭转的,迄至明代前期,圣墩庙虽然还存在,但已很少有人提及。尽管明代前期的莆田方志还有记载圣墩庙,但其地位已不如以往。迄至倭寇侵扰福建的十年里,莆田是重灾区。乡下民众无法定居,逃到莆田城中。倭寇在乡下肆虐无忌,圣墩庙应在此时焚毁。而元代朝廷使者祭祀天妃,都以湄洲庙为祖庙。从此,湄洲庙的祖庙地位得到了真正的确立。

（原载《莆田学院学报》2007 年第 3 期）

妈祖不是出身于疍民

石奕龙 [①]

厦门大学人类学研究所

近来有人提出妈祖是疍民之后的说法,如郑振满 1997 年在《妈祖是蜑人之后?》一文中就提出这一说法,他列举了两方面的证据,其一是清代学者全祖望对历代奉妈祖为海神颇不以为然,认为东南沿海地区的妈祖崇拜,出自鲛人疍户。因为他在《天妃庙记》中辩曰:"为此说者,盖出南方好鬼之人,妄传其事,鲛人疍户,本无知识,辗转相愚,造为灵迹以实之。"也就是说全祖望认为妈祖信仰是疍民搞出来的。其二,他认为,在宋代,湄洲岛上住的不是九牧林,而且有许多记载说妈祖是"龙女""龙种",如南宋绍定二年(1229),莆田绅士丁伯桂在《顺济圣妃庙记》中说:"神,莆阳湄洲林氏女,少能言人祸福,殁,庙祀之,号'通贤神女'。或曰'龙女'也。"又如南宋开庆元年(1259),莆田绅士李丑父在《灵惠妃庙记》中说:"妃,林氏,生于莆之海上湄洲,……或曰:'妃,龙种'也。龙之出入窈冥,无所不寓,神灵亦无所不至。"而这些所谓的"龙女""龙种"的称呼颇值得注意,因为过去在古文献中,人们常把"龙种""龙人""龙户"用来指称疍民,如明人邝露的《赤雅》记云:"蜑人神宫,画蛇以祭,自云龙种,浮家泛宅,或住水浒,或住水澜,捕鱼而食,不事耕种,不与土人通婚,能辨水色,知龙所在,自称龙神,籍称龙户,莫登庸其产也。"因此,他认为妈祖可能出身于疍民。[②]

如果说郑振满对此还有些疑虑,那么,郭志超则肯定地说妈祖就是出身疍民。他的《妈祖系疍民考》除了使用上述郑振满用过的史料,还加上几条:一是宋代《太平寰宇记》的记载;二是清代周亮工的《闽小记》中仍有"兴化蜒民"的记载;三是认为"湄洲岛民俗仍有疍民文化的流风遗韵,古代疍民'男女皆椎髻于顶'、'衣衫上

---

① 石奕龙(1952—),男,江苏无锡人,教授,博士生导师,主要从事文化人类学、历史人类学、民俗学等的研究。
② 郑振满:《妈祖是蜑人之后?》,《华南研究资料中心通讯》1997 年第 6 期。

下两色'。至今,湄洲岛的中老年妇女有梳船形发髻于头的中后部;在纪念妈祖的庆典时,穿上半截红色、下半截黑色或蓝色的外裤,据说这是仿效妈祖的服饰。这种有'椎髻'基形发式和'衣衫上下两色'的变异服式,正是疍民文化特质的遗存"。他认为"妈祖林氏是生活在北宋早期的历史人物,其族属应是疍民"①。

然而,作者对史料的解读与分析,笔者认为存在着一些误会与误读。

首先,郑、郭二文都提到的全祖望的论述,实际上,他所说的是妈祖信仰"盖出南方好鬼之人",这些人"妄传其事",而那些疍民,即全祖望所说的"鲛人疍户,本无知识,辗转相愚",并"造为灵迹以实之",这才把妈祖信仰弄了出来。换言之,全祖望说的意思是妈祖信仰是由疍民搞出来的,并非妈祖本人的族属是疍民。

其次,兴化湾中的疍民到底生存在哪些地方,湄洲岛是否有疍民。的确,过去的记载中有几条提到兴化湾中有疍民,但仅凭此,却无法将此情况扩大到"湄洲湾",因为兴化湾并不等于湄洲湾,也不包括湄洲湾。兴化湾指的是木兰溪出海口及其海湾,其湾南岸为现莆田的黄石、北高、埭头等乡镇;湾北岸为莆田的涵江、江口和福清的新厝、江阴、江镜、港头等乡镇。而湄洲湾在莆田与仙游、惠安交界处,北岸为莆田的灵川、东庄、忠门等乡镇;南岸为仙游的枫亭和惠安的南埔、山腰等乡镇;湄洲岛为湄洲湾的门户,直接面对着外海。因此,兴化湾涉及的是莆田与福清的事,而湄洲湾涉及的是莆田、仙游和惠安的事,两者之间还隔着"平海湾",并非一体,也无法说兴化湾包括湄洲湾。因此,即便文献说兴化湾中有疍民,也不能根据此就认定湄洲湾中就一定有疍民。

其三,兴化湾中有疍民存在,但也不是说,兴化湾沿岸或兴化湾中的岛屿上到处都有疍民。实际上,疍民只生活在那些有利于他们生存的静水港湾和市镇附近的河汊中,而不是在兴化湾中到处漂流或到处聚居。因为根据一些文献记载看,疍民的生计主要靠载人过河,为人运货和捕鱼来维持,而且"浮家泛宅",小船就是他们的家,所以,他们不是聚居在市镇附近的河流中,就是聚居在市镇附近的港湾中,因为那里才有适于小船停泊过夜的静水,才有利于他们的生计与生存。

如《三山志》载:"白水江,旧记(侯官)县东北百七十里,寰宇记白水郎,夷户也。亦曰游艇子,或曰卢循余种散居海上。……乾符间,有陈篷者驾舟从海上来,家于后崎,号'白水仙'。……蔡学士杂记福唐水居船,举家仰止一舟,寒暑食饮病昏娅未始去所,谓'白水人'之徒欤。"②又如《古今图书集成》引《漳州府志》曰:漳州九龙江的"南北溪有水居之民焉,维舟而岸住,为人通往来,输货物,俗呼之曰'泊

① 郭志超:《妈祖系疍民考》,中央文献出版社2003年版,第340—343页。
② (宋)梁克家:《三山志·地理类》,文渊阁四库全书本。

水'。官以其戴天也,赋之役,登其板,与陆处同。或曰风波恶。泊水曰:'举世尽风波,宁独水哉。'"①再如《厦门志》也载:厦门"港之内,或维舟而水处,为人通往来输货物,浮家泛宅,俗呼五帆"②。由上面这几条记载看,疍民不是在江河中活动,就是在"港之内"活动,如在侯官,号称"白水人"的疍民是居住在白水江中。在厦门,号曰"五帆"的疍民水居在厦门的"内港"里。在漳州,被人称为"泊水"的疍民则漂泊在九龙江"南北溪"上。而且直到今天,这种情况也没有变化。因为,这些地方与外海沿岸或外海的岛屿相比,有平静的水面,又靠近市镇。由此看来,不论是在福州一带,还是在厦门一带,疍民都是集中在内港与内河中,这是毫无疑义的。同时,上述史料也告诉我们,疍民与汉族渔民虽都在水上讨生活,但他们之间最大的不同就在于疍民以小船为家,几乎都住在水上,而汉族渔民以房子为家,住在陆地上的住宅中。

显然,这种不同主要是因他们各自的生计与生活条件不同所形成的。如疍民要"为人通往来输货物",这要在渡口才行;他们"浮家泛宅"也决定他们不能在风浪大的外海地方停泊过夜;所以,根据他们这种独特的生活习性来看,在兴化湾中,疍民应该多居住在木兰溪或靠近市镇的水面上,而不会住在远离市镇的地方。其实,周亮工的《闽小记》曾提到在兴化湾中有疍民,而且他们生活的地方是涵江一带,如周亮工说:"江瑶柱,出兴化之涵江……会城初无此。谢在杭称好事者,尚云从未见其形,未识其味,他可知矣。予至后,令蜒人索之梅花广石间,时时得之。十年以来,遂以香螺、蛎房参错市中矣。乃知海干,原未乏此,人惊以为无,不复过而问之。蜒人以无人过而问也,咸弃之不取。"③由此可见,在兴化湾中,疍民主要还是生活在木兰溪及其河口一带,而不是生活在靠外海一带的兴化湾沿岸和岛屿上。在那些地方,有的应该只是在陆地上有住房、田地的汉族渔民。

其四,兴化湾中疍民的分布情况与福州、厦门如出一辙。这告诉我们,地处湄洲湾与外海门户的湄洲岛上并非疍民生存的适合地方,所以,其上的居民不可能是疍民,而只能是汉族的渔民。其实,郑振满看到的林光朝写给族人林晋仲的信也表明,在南宋时代,湄洲岛上居住的不是疍民,而是汉人的渔民。该信是这样说的:"闻说海中一山名眉(湄)洲,隔岸观之约五七里许,一水可到。此洲乃合两山蜿蜒之状,有千家,无一人读书,亦有田数十顷,可耕可食,鱼米极易办。可以卜室读书,隔绝人世,无宾客书尺之扰。岛居之乐,惟某为知之。"④从这封信中,郑振满读出妈祖原非"九牧林"的信

① (清)陈梦雷:《古今图书集成·职方典》卷一一〇一《漳州府风俗考》,中华书局1985年版。
② (清)周凯:《厦门志》,福建人民出版社1985年版,第516页。
③ (清)周亮工:《闽小记》,福建人民出版社1985年版,第9页。
④ (宋)林光朝:《艾轩集》,文渊阁四库全书本。

息,正确地指出,在那个时代妈祖还未让九牧林接受。然而,他却忽略了信中所透露的其他信息,如从该信中"有田数十顷,可耕可食,鱼米极易办"的记载中,我们可以看到,南宋时期,湄洲岛上的居民既种田,也捕鱼,这种生活方式或习性,正是汉族渔民生活的写照,而与疍民无干。

其五,郑、郭均认为,"龙户"等即疍民的代名词。其实,这也有些太绝对化了。实际上,在传统社会中,从事渔业的人们中有部分是汉族的渔民,有部分是水上人家——疍民,但有时文人们会把他们混为一谈。因此,龙户、龙人、龙种等指称不能一概都认定是疍民,应加以分析。如前引南宋莆人李丑父在《灵惠妃庙记》中说的:"妃,林氏,生于莆之海上湄洲,……或曰:'妃,龙种'也。龙之出入窈冥,无所不寓,神灵亦无所不至。"此处的"龙种",并非指妈祖出身于疍民。根据该句后面"龙之出入窈冥,无所不寓,神灵亦无所不至"的阐释,这里的"龙种"意思是讲妈祖原本就是神灵投胎于凡间,或认为妈祖即是神灵之化身,而非讲她与疍民相关。至于把妈祖称为"龙女",也只是"神女"的替换词而已,或是见妈祖常在海上"显灵",而将她与龙王的女儿联系起来,呼其为"龙女"。这也是《崇武所城志》中《天后庙序》所说的"神,林女也。世居湄岛,生有祥光,长能乘席渡海,驾云出游,雍熙间升化。后人每见朱衣海上,呼为龙女"的意思。否则,如果根据"龙女"的称谓就认为妈祖是疍民,那么,观音菩萨的玉女——龙女,岂非也是疍民出身?所以,仅凭这样的称谓,而将妈祖说成是出身于疍民是没有什么确切的根据的。

其六,郭志超还从风俗上列证说:"湄洲岛民俗仍有疍民文化的流风遗韵。古代疍民'男女皆椎髻于顶'、'衣衫上下两色'。至今,湄洲岛的中老年妇女有梳船形发髻于头的中后部;在纪念妈祖的庆典时,穿上半截红色、下半截黑色或蓝色的外裤,据说这是仿效妈祖的服饰。这种有'椎髻'基形和发式和'衣衫上下两色'的变异服式,正是疍民文化特质的遗存。"① 实际上,我们仔细分辨一下,就可以看到,这两者并非一回事。如所谓椎髻通常都指缠于头顶,并形成下大上尖、类似锥子的形状,故称椎髻。然而,湄洲岛上妇女的船帆形髻是梳在脑的中后部,而且发髻扁平类似船帆,故谓之船形发髻。因此,它与椎髻是两码事,至少从形态上看,不是一回事。但如果硬是要把已婚妇女梳的发髻都认定是椎髻的话,那么传统中国社会的汉族妇女梳在脑后的"牛屎巴"也都可以算是椎髻了,那她们也都是疍民了!以这样的逻辑来推论,是不是有点可笑呢?由此看来,这种将不同的事物硬凑在一起的随意类比是成问题的,不仅说明不了问题,反觉得不严密。第二,湄洲岛妇女为纪念妈祖,穿的是上红下黑或蓝两色的裤子;而疍民的服饰则是"衣衫上下两色"。前者是裤子由两色构成,后者则是衣服由

① 郭志超:《妈祖系疍民考》,中央文献出版社 2003 年版,第 340 页。

两色构成,两者的区别是很大,把它们硬凑在一起,并认定是一致的,或有传承性,这种类比法是不可信的,也是不足为凭的。

综上所述,可以看出所有列举出来指证妈祖是疍民出身的证据都不可靠。因此,妈祖并非出身于疍民,而是出身于湄洲岛上的汉族渔民或岛人。

（原载《莆田学院学报》2004 年第 4 期）

新发现的南明天妃封号[①]

张富春[②]

山东大学历史文化学院

妈祖（天妃）于明代的封赐,学界所普遍接受和认可的是永乐七年（1409）封护国庇民妙灵昭应弘仁普济天妃,至于洪武五年（1372）昭孝纯正孚济感应圣妃与崇祯朝碧霞元君之封则颇有歧说。笔者新近发现南明弘光帝于崇祯十七年（1644）封赐天妃"安定慈惠"之号,可略补明代天妃封号太少之憾。

一、天妃"安定慈惠"之封史料

明人管绍宁《赐诚堂文集》[③]卷五《加封水神疏》一文载崇祯十七年弘光政权加封妈祖护国庇民妙灵昭应宏仁普济安定慈惠天妃。经查阅蒋维锬等辑纂《妈祖文献史料汇编》[④]（中国档案出版社2007年版）等书所收妈祖文献,均未发现有涉及此封号者,可见为一则新史料。此疏不长,将之迻录如下:

> 题为遵旨加封水神事。祠祭清吏司案呈:奉本部送,（崇祯十七年）八月

---

① 河南省哲学社会科学规划项目（2008BZX002）;河南省教育厅人文社科研究项目（2009-GH-059）。

② 张富春（1969— ）,男,河南延津人,历史学博士后,河南师范大学文学院教授,硕士生导师,文学博士,主要从事汉魏六朝文学与俗文化研究。

③ 道光辛卯（1831）刊读雪山房藏版,见《四库未收书辑刊》陆辑贰拾陆册（北京出版社）,下引《加封水神疏》,见是书第192—193页。管氏生平详参是书卷首所载蒋金式《管宗伯传》、潘震浦《宗伯诚斋先生父子兄弟殉难传》、杨廷枢《明正治卿中奉大夫礼部右侍郎行尚书事兼翰林院侍读学士诚斋管公墓志铭》、邵长衡《明正治卿中奉大夫礼部右侍郎行尚书事兼翰林院侍读学士诚斋管公神道碑铭》、卢宜《侍郎管公少卿杨公合传》。

④ 该书收录妈祖文献最为齐全,其散文卷"主要有笔记、传记、序跋、疏引、纪游、志异、论辩及祭祝文等（但已刻诸金石者除外）,年代断限至1949年",档案卷"编录南宋至清末有关妈祖信仰的朝廷档案史料,年代断限至1907年,其文种包括诏诰、敕谕、御题、奏疏、题本、咨文、起居注、御祭文及宫中造办处活计档等"（刘福铸《〈妈祖文献史料汇编〉（第一辑）简介》,《莆田学院学报》2008年第1期）,但笔者细检是书,未见此史料。

二十五日文书房接出,上传着礼部将一路大小河神俱加字号,该部议来,钦此!钦遵接出到部,送司案呈到部。该臣等看得:圣母南临,百神呵护,鼓楫则阳侯息浪,扬帆则川后效灵。自中州以抵都门,波平风静,鸾舟不惊。圣母无疆之禧,皇上格天之孝,已于此乎征之。然阴佑默相者,诸神之职,而旌德报功者,皇上之仁。谨将一路大小河神各拟封号上请。计开:

原敕封黄河福主金龙四大王,今加封黄河福主灵通康祐金龙四大王。

原敕封萧公顺天王,今加封嘉祐萧公顺天王。

原敕封洞庭君主,今加封禧祐洞庭君主。

原敕封宗三静江王,今加封惠祐宗三静江王。

原敕封紫灵台上杨四将军,今加封护国庇民杨四将军。

原敕封晏公平浪侯,今加封英显晏公平浪侯。

原敕封护国开河显应有感白鳝大王,今加封护国开河显应有感灵昭白鳝大王。

黄大王,今封通元显济大王。

刘公普济真君,今封昭肃刘公普济真君。

天地水府三官大帝,今上尊号庄宪昭端恭敕慈穆天地水府三官大帝。

当今显化杨二太公,今封嘉祐显化杨二太公。

当今显化楠栂将军,今封显化灵佑楠栂将军。

洲头胶尾守界之神,今封洲头胶尾隆祐守界之神。

浦子口城隍之神,今封浦子口城隍瑞祐之神。

浦子口五圣之神,今封浦子口英祐五圣之神。

原敕封护国庇民妙灵昭应宏仁普济天妃,今加封护国庇民妙灵昭应宏仁普济安定慈惠天妃。

金元六七总管,今封金元六七忠祐总管。

水仙五位王侯,今封水仙五位灵济王侯。

聂四官人,(今)封庆祐聂四将军。

岨山小姐,今封岨山慈祐夫人。

驸马陈侯,今封嘉祐驸马陈侯。

大江宁海伯施相公,今封大江昭宣宁海伯施相公。

耿七公,今封隆祐耿七将军。

吕梁洪神,今封吕梁洪灵祐真神。

分水娘娘,今封嘉惠分水夫人。

一切闸神,今封襄济闸神。

白洋河神,今封白洋河显济真神。

以上俱中州至南京一路大小河神,谨遵上传,拟进封号。伏候敕旨施行。于崇祯十七年十一月初八日奉圣旨,水神俱依拟,速颁行。

二、管绍宁其人简介

管绍宁(1583—1645),字幼承,号诚斋,江苏武进人。年十九补邑诸生,二十九中壬子(1612)科应天乡试。丁卯(1627)赴京会试,戊辰科(1628)进士及第第三人,授翰林院编修,时年四十六。因对策中偶书"诚"字虚右"戈"字一撇,御笔以朱书足之,一时传为盛事。以此自号诚斋,并颜其堂曰赐诚。壬申(1632)纂修实录、起居注、召对记注,充经筵日讲官。甲戌(1634)分考会试,所识拔俱海内知名士。戊寅(1638)升右春坊右谕德兼翰林院侍读诰敕撰文,南京国子监司业,掌祭酒事。辛巳(1641)以詹事府少詹事掌南京翰林院事。寻诏纂修,未赴。甲申变后,弘光立甫八日,绍宁以少詹陛见,上疏恳探大行帝、后梓宫。甫一月升詹事府正詹。时朝廷诸事草创,词林员缺,诏敕如雨,绍宁专司笔札,手腕欲脱。不数月升礼部右侍郎行尚书事兼翰林院侍读学士。未几,因与马士英牴牾,谢病告归。乙酉(1645)五月,金陵被清兵攻破,常州从降。常州太守宗灏与绍宁有隙,为蜚语中绍宁,罪至死,并捕系三子,同日遇害。著有《赐诚堂文集》16卷。

崇祯十七年三月毅宗朱由检吊死煤山,五月凤阳总督马士英和总兵高杰、刘泽清、黄得功、刘良佐等人在南京拥立朱由崧监国,十五日称帝,改年号弘光,史称弘光政权或福王政权。管绍宁作为弘光政权的礼部右侍郎行尚书事,莅任之日,首议上大行皇帝、皇后谥号,请恤谥北都殉难诸臣范景文以下中外文武58人,中州殉节吕维祺等116人,又议营建太庙、重修历代帝王庙,再议上兴宗孝康皇帝、惠宗让皇帝、代宗景皇帝谥号,又议惠宗、代宗祀典,请谥靖难诸臣文武106人,又请建表忠祠,并祀未经请谥及从亡者共102人,再请谥15朝以来理学节义事功名臣26人,又请纂修先帝实录、国朝正史、玉牒三书,再请补修建文实录,荐杨廷枢、陈子龙等有良史材。凡所举行务期备一代典章,补累朝阙略。

三、天妃加封"安定慈惠"之缘由

崇祯十七年八月二十五日接朝廷着礼部议将中州至南京一路大小河神俱加字号之旨,管绍宁于是年十一月初八日上《加封水神疏》。此次加封水神缘自"圣母南临,百神呵护,鼓楫则阳侯息浪,扬帆则川后效灵。自中州以抵都门,波平风静,鸾舟不惊"。圣母即皇太后。苏轼《上清储祥宫碑》云："大哉！太祖之功、太宗之德、神宗之志,而圣母成之。"①《宋史·乐志十三·乐章七》亦云："皇太后升坐,《圣安》:圣母有子,重光类禋。圣皇事母,感极天人。"②洛阳被李自成攻占后,福王朱常洵被杀,世子朱由崧逃至淮安,张氏则流落河南郭家寨常守文家。《弘光实录钞》卷一云："(崇祯十七年七月)壬辰,皇太后至自民间。太后张氏,非恭皇之元配也,年与帝相等,遭贼失散,流转郭家寨常守文家,马士英遣人迎之至。其后士英挟之至浙,不知所终。"③马士英遣总兵王之纲自河南迎张氏至南京。《南明野史》卷上《安宗皇帝纪》云："命总兵王之纲迎太后于河南郭家寨常守义家。""时太后来自河南,帝谕户、工部限三日内搜括万金,以给赏赐。工部何应瑞、侍郎高倬苦点金无术,恳祈崇俭;不听。又谕选内员及宫女,闾巷骚然。科道李维樾、陈子龙、朱国昌各疏谏,亦不听。"④十七年七月壬辰太后至南京,弘光帝不顾朝臣反对,令户部、工部三日内搜括万金以行赏赐,大选内员、宫女以致闾巷骚然。同时营建西宫,加封史可法、马士英、高弘图、姜曰广、王铎等。《弘光实录抄》卷二云："(八月)壬申,营建西宫以奉太后。""癸未,以皇太后至,加史可法少傅、兼太子太傅,马士英少保、兼太子太师,高弘图、姜曰广、王铎俱太子太保。"⑤太后的到来,着实让南明新政权兴奋一阵子,礼部亦向朝廷呈送请求加封自河南至南京沿路佑护太后平安抵达之水神的奏疏。八月二十五日朝廷着礼部议来。管绍宁《加封水神疏》认为,太后能够自中州安全抵达南京,皆缘于太后之喜无疆,皇上之孝格天,以致百神呵护,阳侯自息,川后效灵,波平风静,鸾舟不惊。阳侯为古代传说中的波涛之神。据陶潜《圣贤群辅录》,阳侯为伏羲六佐之一,管江海之事,因此而为波神;据张华《博物志》,阳侯为晋阳国侯,因溺水而为大海之神。川后即传说中的河神。吕向注曹植《洛神赋》"于是屏翳收风,川后静波"云："川后,河伯也。"⑥诸神之职在于阴佑默相,皇上之仁则在于旌德报功,故而将一路大小河神各拟封号,请朝廷速颁行。管氏奏疏所拟封号之神有金龙四大王、萧公顺天王、洞庭君主、宗三静江王、杨四将军、晏公、白鳝大王、黄大王、刘公普济真君、天地水府三官大帝、杨二太公、楠梅将军、洲头胶尾守界神、浦子口城隍神、浦子口五圣神、天妃、金元六七总管、水仙五位王侯、聂四官人、岷山小姐、驸马陈侯、宁海伯施相公、耿七公、吕梁洪神、分水娘娘、一切闸神、白

① (宋)苏轼:《苏轼文集》,孔凡礼点校,中华书局1986年版,第504页。
② (元)脱脱:《宋史》,中华书局1977年版,第3259页。
③ (清)文震亨:《弘光实录钞》,《台湾文献丛刊》第266种,台北:台湾银行经济研究室1968年版,第22页。
④ (清)南沙三馀氏:《南明野史》,《台湾文献丛刊》第85种,台北:台湾银行经济研究室1960年版,第17、24页。
⑤ (清)文震亨:《弘光实录钞》,《台湾文献丛刊》第266种,台北:台湾银行经济研究室1968年版,第29、32页。
⑥ (梁)萧统:《六臣注文选》,中华书局1987年版,第355页。

洋河神等。所封诸神可分二类:一为原有敕封今加封者,如金龙四大王、萧公顺天王等;二为今封者,如黄大王、刘公普济真君等。妈祖亦是原敕封今加封,无疑属前者,然不知何故却惟将其与同属第一类的其他水神隔开。就封号数量而言,最多者为天地水府三官大帝,计四个;其次为二个封号,受封诸神为金龙四大王、杨四将军、黄大王、天妃;余为一个封号。

然而,次年五月多铎率清军血洗扬州后即渡江直扑南京。弘光帝于十日深夜携爱妃从通济门出走,弃城逃至芜湖黄得功军中。第二天,清军追至芜湖。两军展开水战,黄得功被冷箭射死,部将田维反叛,将弘光帝及其妃子捆绑送与清军邀功。第二年弘光帝被杀于北京宣武门外柴市。弘光政权短命,又值明清易代,妈祖此封鲜为人知。今检出妈祖"安定慈惠"封号,当有助于妈祖文化研究。

(原载《莆田学院学报》2009 年第 6 期)

《天妃显圣录》之编辑缘由及主要内容考订

蔡相辉 ①

空中大学人文学系

《天妃显圣录》(以下称《显圣录》)是湄洲天妃庙住持僧照乘于明清鼎革之际刊布,清朝康熙、雍正年间其徒普日、徒孙通峻重修。该书原有四篇序文,对研究该书颇有帮助。本文就主要根据序文探讨编书缘由,另对书中一些内容也作初步考订。

一、《天妃显圣录》编辑缘由

《显圣录》第一篇序的作者为明朝礼部尚书林尧俞 ②。

《显圣录》林尧俞序谓:"余自京师归,偶于案头得《显圣录》一篇,捧而读之,不觉悚然而起曰:'天妃之英灵昭著有如是乎!余忝列秩宗,三礼是司,异日肇举祀典……麻佐我国家亿万年无疆之治,余将有厚望焉。惜乎显圣一录尚多阙略,姑盥手而为之序以俟后之采辑而梓传。'"文末署"赐进士第荣禄大夫太子太保礼部尚书兼翰林院学士",可知其时林尧俞已官拜礼部尚书且经完成《光宗起居注》加太子太保衔之天启年间,也就是遭魏忠贤排挤罢官返乡之晚年。

按林尧俞曾任史职多年,罢官后乡居数年才死,有诗文集行世。《显圣录》为小型书,林有能力采辑阙略并付梓刊行,不需俟后来者为之;需俟之后人,可能是别有顾忌。

《显圣录》所录明朝灵应事迹共11则,其中庇佑太监出使海外者共6则。通读《显圣录》,妈祖虽多保国卫民事迹,但却罕见出现讥讽政治人物的"托梦除奸"故事:谓嘉靖中严嵩当权,残害忠良,御史林润梦天妃鼓舞,上本纠弹并获世宗谕允;林润并

---

① 蔡相辉(1950—),男,台湾云林人,副教授,文化大学史学研究所博士。

② 林尧俞字咨伯,莆田人,明万历己丑年(1589)进士,曾八度担任皇帝《起居注》官,任职史馆,后以丁忧,十四年不仕。熹宗即位,启用为礼部侍郎,旋拜礼部尚书,总纂《光宗实录》成,加太子太保衔。魏忠贤当权,林尧俞不假辞色,卒遭构陷请辞返莆田,筑南溪草堂与故人觞咏,有《溪堂诗集》、《溪堂文集》,享年六十九。

于莆田涵江东卓建庙答谢①。

"托梦除奸"故事,与历史记载相符;编者把这则故事编入《显圣录》,一在表彰莆田先贤林润的风骨,一在鼓励士大夫勇于为国除奸。林尧俞成进士,较林润晚三十余年,但居官景贤,风骨凛然,故事可能即为尧俞所撰。

史载严嵩及其子世蕃后来被抄家,但与其狼狈为奸的太监仍然把持朝政,骂严嵩等同骂太监,这则故事如果在太监掌控三法司、锦衣卫大权,甚至可阴行废立皇帝的时代被刊行,可能会株连许多人。或许林尧俞有意梓行,但僧照乘也会另有考虑,只好留俟后来者梓行。总而言之,林尧俞是整编《显圣录》的第一人。

第二篇序的作者林兰友②。他是《显圣录》的第二个催生者,林序云:"余寓湄岛,披阅天妃世谱,考其所载如神授符箓,现身救世诸事皆历历不诬,遂能感动天朝。……余一日登湄山,揖僧而进之,曰:'天妃之异迹彰彰如是,曷不汇集成帙以传于世?'僧唯唯:'昔大宗伯林公手授一编,将博采见闻以补其未备,愿与同志者成之。'余于是先为之序以为劝世一助云尔。"

林序落款署:"赐进士第河南监察御史巡按江西等处裔孙兰友识",但与林的仕履不全相符。其落款官衔为明崇祯四年时官衔,崇祯末思宗特旨起为光禄寺丞转南京吏部考功司员外郎;至南明隆武帝时,林兰友担任兵部尚书右副都御史总理抚讨军务,参与抗清军事活动,顺治三年(1646)清军入莆田,林兰友不愿臣清而遁居湄洲屿。林序用崇祯四年官衔落款,殊不合理,或为重修时讳其参与抗清而更易之。据序文称林于寓居湄洲时,见《天妃世谱》记载妈祖事迹,激起他登湄山,访僧照乘编书的动机。及僧照乘出示林尧俞授予的《显圣录》稿,林兰友也先为作序以号召同志积极赞助,其时距林尧俞撰序已二十余年。

最后编定《显圣录》的人署名丘人龙,据其序文云:"人龙生长海滨,尝从里中父老瞻礼于庙廊之下,自播迁后寄寓郡城,遥望故园宫阙在烟云缥缈中,为之嗟叹者久矣。适有僧照乘从湄屿来,踉门而请曰:'《天妃显圣录》秘而未传,愿求编辑以垂不朽。'……爰焚香净几而为其编辑其大略云。"丘人龙应为当地世家,故得从父老瞻礼于庙廊之下,后因清廷迁界,始迁居郡城,僧照乘特于迁界期间持《显圣录》请其编

---

① 林润字若雨,嘉靖三十五年(1556)进士,除临川知县,后擢南京山东道御史。曾论严嵩子世蕃大逆状,御史邹应龙声援之,世宗震怒,戍世蕃于雷州。世蕃到戍二日即阴行返家,里居多行不法,林润上疏论之,终诛世蕃,籍其家,并究其党羽。润随即擢南京通政司参议,历太常寺少卿,隆庆元年以右佥都御史巡抚应天诸府,居官三年卒,年甫四十。

② 林兰友字翰荃,号自芳,仙游人,崇祯四年(1631)进士,授临桂知县,转南京湖广道监察御史。李自成陷北京,林兰友剃发自匿,为贼所执,拷挟备至,终不屈。李自成败,林兰友脱逃归唐王(隆武帝),任太仆寺少卿、迁金都御史,隆武二年(1646),擢升兵部尚书右副都御史总理抚讨军务粮饷,督师漳、泉,命尚未发,清军入福建,隆武帝亡。林兰友不愿臣清,却与郑芝龙一家不睦,虽有光复之志却不愿依附郑氏,卒奉老母挈妻、子遁入海,羁穷漂泊十五载,顺治十八年(1661)卒,年六十六。

次者。据乾隆《莆田县志》卷三十四"祥异"载，清朝于顺治十八年（1661）下迁界令，康熙八年（1669）稍放宽；至康熙十三（1674）年三藩起事，莆田为郑经所辖，康熙二十一年（1682）复界。二十余年间屡经战乱，仅康熙八年至十三年之间为较承平时期，僧照乘可能于此间请丘人龙为其编次。

天启六年（1626）林尧俞访湄山时，僧照乘即为湄洲天妃宫住持，假设当时照乘年30，至康熙十三年（1674）已历48年，照乘已是78岁老人，不遣徒弟而亲自持《显圣录》稿渡海请丘为其编次，丘氏若非望重士林，至少应为文学名家。然《莆田县志》无其人，即丘氏非科举出身的士绅；而丘姓虽在东晋永嘉年间入莆[1]，查《莆田县志》选举志，明嘉靖至清康熙二十二年（1522—1683）并无丘姓者，或谓清世宗为尊孔子易丘姓为邱，但邱姓中进士者仅嘉靖二十六年邱预达（官至贵州布政使）一人，举人有：嘉靖元年（1522）邱愈等6人，均非显宦。而《仙游县志》中明清间举人、进士题名录更无丘、邱之姓。

清光绪年间杨浚所辑《湄洲屿志略》则谓邱（丘）人龙为潮阳人[2]，按潮阳即广东潮州，这可能是因丘人龙原序落款署"朝阳丘人龙"，误将郡望朝阳认作地名潮阳所致。

按丘序自述可知丘人龙似长于湄洲，而与天妃宫的因缘，仅系曾跟随其父执于天妃宫瞻礼；易言之，丘人龙与天妃宫的关系是由上一代传下的。

与《显圣录》编辑有关，最可能的人是林兰友的族裔或亲人，然《明史》《仙游县志》《枫亭志》中林兰友传虽提及其孙名，却未提及其子名字[3]，故丘人龙若非化名即为从母姓。以林兰友的特殊身份，对《显圣录》的编修如此寄予重望，僧照乘于其生前不能完成之；当书稿草成而林兰友已不在，能见证僧照乘不负所托者仅林兰友之子而已。

可见，《显圣录》的编印梓行，牵扯林尧俞、林兰友、丘人龙、僧照乘及明清政权更迭，前后历经五十年始告完成。

二、《天妃显圣录》主要内容考订

本文所据《显圣录》为清雍正五年僧照乘徒孙通峻重修的版本，不分卷，未署编者，原为日据时期台湾总督府图书馆收藏，1960年台湾银行经济研究室排版铅印。

《显圣录》主要内容包含：历朝显圣褒封24命、历朝褒封致祭诏诰、天妃降诞本传、灵应事迹等四个部分。"降诞本传"简述妈祖家世及降生、成长、行道、飞升过程等为

---

① 台湾文献委员会：《台湾省通志》卷二《氏族篇》，台北：台湾省文献委员会1969年版。
② （清）杨浚：《湄洲屿志略》卷四，清光绪十四年冠悔堂刊本。
③ 按《枫亭志》抄本载，林兰友胞侄似名煜圣，孙则书继祖，与县志所载继昌异，或为孙辈二人。

莆田近千年乡土流传故事,较不易考订真伪,其余内容系以历朝褒封为核心,并以之敷衍成为显应故事;而各篇祭文也与历朝显圣褒封相表里。

笔者参照《宋会要辑稿》、南宋丁伯桂〈顺济圣妃庙记〉、元程端学〈灵慈庙事迹记〉及明、清二朝实录,并比对《莆田县志》及莆田士族族谱等资料,发现《显圣录》有些错误,谨列其明显者如下:

1. 嘉应、嘉祐考

"收伏嘉应、嘉祐"条云:"时有二魔为祟,一曰嘉应、一曰嘉祐,或于荒丘中摄魄迷魂,或于巨浪中沉舟破艇。妃至,遂逃于云天杳渺之外。适客舟至中流,风翻将沉,见赤面金装当前鼓跃。妃立化一宝货舟拍浮而游。嘉祐即舍客舟乘潮而前。后以咒压之,击刺落荒,遂惧而伏。"嘉祐赤面金装,应即民间俗称的顺风耳,嘉应则为绿面的千里眼,为妈祖驾前二神将,在《显圣录》里被描述为妈祖最后收伏的两个妖怪,但却实有其人。

南宋莆田人李丑父为镇江灵惠妃庙所撰庙记云:"妃为莆神明,庙于京江之湄……东庑魁星有祠……,而威灵嘉祐朱侯兄弟缀位焉。二朱亦乡人,生而能神,扬灵宣威,血食于妃宫最旧。"①

碑文谈到位列西庑陪祀的嘉祐朱侯兄弟二人,也是莆田人,因为能为妈祖扬灵宣威,所以死了以后被奉祀于妈祖庙内。查乾隆《莆田县志》"寺观"的"显济庙"条记载有嘉祐侯朱氏兄弟的事迹:"神姓朱名默,黄石人,唐古田令玑后,生有灵异,年十七,喟然语同舍曰:丈夫当大立功名,终身讲空名何益;今两陲用兵,朝廷开幕府,使吾得十人将之,可以鞭笞远彝。屡造谷城古庙,祈立功名。……年三十二,不疾而卒……建炎四年,诏封默为威灵嘉祐侯。……默弟默、谂,女弟六十娘,亦皆生而神灵,并祀祔食。"②

据莆田黄石《井铺朱姓族谱》记载,朱默为琳井朱氏第八代,通谱载其兄弟二人,云:"默,强长子,字感通,年二十二无病没,高宗南渡出神兵助顺。建炎四年诏封灵威显福彰烈侯。点,强公次子,字次曾,特奏名,补邵武军建宁县主簿。"

谱中并无默、谂之名。另"嘉祐房"中记载较详,云:"嘉祐侯,加封显福彰烈侯,赐庙额曰显济。公生于宋英宗治平二年十二月初八日亥时,至哲宗元祐元年丙四月十三日不疾而卒,年才二十有二。姚郑氏夫人,立从子曰玕为嗣,葬萧宅,是为嘉祐房之祖。默公,强公次子,行卅五,神行副总管,无子。点公,字次曾,行卅七,强公三子,补迪功郎,建宁县主簿。"③

---

① 蒋维锬:《妈祖文献资料》,福建人民出版社 1990 年版。
② (清)廖必琦、林黉:《莆田县志》卷四,清乾隆二十三年刊本。
③ 朱氏族谱系笔者于当地田野调查时由朱氏族长提供借阅。

原来朱默兄弟三人,分别为默、默、点。朱默为嘉祐侯,朱默为神行副总管,应即为嘉应侯。

2. 宣和四年赐顺济庙额事

《显圣录》历朝显圣褒封的第一条,录"宋徽宗宣和四年给事中路允迪使高丽,感神功,奏上,赐顺济庙额。"又"朱衣著灵"一则,录"宋徽宗宣和四年壬寅,给事中允迪路公奉命使高丽,道东海,值大风震动,八舟溺七,独公舟危荡未覆,急祝天庇护。见一神女现桅杆朱衣端坐,公叩头求庇。仓皇间,风波骤息,舟藉以安。及自高丽归,语于众,保义郎李振素及墩人备述神妃显应,……复命于朝,奏神显应。奉旨赐顺济为庙额,蠲祭田税,立庙祀于江口。"

经与南宋丁伯桂《顺济圣妃庙记》、元代黄仲元《圣墩祖庙重建蕃釐殿记》对照,所述人(路允迪、李振)、事(出使高丽)、时(宣和四年)、地(使舟上)、结果(赐庙额顺济)皆相同;唯丁文赐庙额时间为宣和五年:"宣和壬寅,给事路公允迪载书使高丽,中流震风,八舟溺七,独公所乘神降于樯获安济。明年,奏于朝,锡庙额曰顺济。"据此,赐额应为宣和五年。

其次,"朱衣著灵"、《顺济圣妃庙记》皆有"中流震风,八舟溺七"的记载,但查随行的徐兢所撰《宣和奉使高丽图经》,在黄水洋虽有使舟柁折桅断的危险状况,但在祷神及舟人抢修后均转危为安,"八舟溺七"当非史实。

3. 绍兴二十五年封崇福夫人

"圣泉救疫"条载,妈祖因于绍兴二十五年以清泉救疫被封崇福夫人。然据丁伯桂庙记,圣泉救疫发生于白湖庙建立之后,《宋会要辑稿》"莆田县神女祠"条载,孝宗乾道三年正月加封灵惠昭应崇福夫人。故本条及故事纪年均应为乾道三年(1167)。

4. 绍兴二十七年加封灵惠昭应夫人

按此条与"托梦建庙"条相对应,然"托梦建庙"置于绍兴三十年,与丁伯桂庙记符合,故此事应为绍兴三十年(1160)。

5. 淳熙十年加封灵慈昭应崇善福利夫人

按此条与"温台剿寇"条对应,据丁伯桂庙记,宋朝加封妈祖崇福后19年再加封善利,全衔为"灵惠昭应崇福善利夫人";故时间应为淳熙十一年(1184)。

6. 绍熙元年进爵灵惠妃

按此条与"救旱进爵"条对应,据丁伯桂庙记:"庚戌夏旱,赵侯彦励祷之;随祷随答,累其状于两朝,易爵以妃,号灵惠。"即灵惠妃之封系累数功历两朝而来,赵彦励于绍熙元年至庆元元年间知兴化军,绍熙元年始上任,与丁伯桂所述未尽符合;而程端学《灵慈庙事迹记》将此事载于绍熙三年(1192)较为合理。

7. 开禧改元加封显卫

据丁伯桂庙记:"开禧丙寅金寇淮甸,郡遣戍兵,载神香火以行,一战花黡镇,再戢紫金山,三战解合肥之围……嘉定改元,加显卫之号。"即开禧二年金兵南侵,兴化军派兵出征,历经三次战役大胜,朝廷予以诰封,故其年份应为出兵后两年的嘉定元年(1208)较合理。

8. 嘉定改元加封护国助顺嘉应英烈妃

据丁伯桂庙记:"海寇入境,将掠乡井,神为胶舟,悉就擒获。十年,加英烈之号。"故本条及故事应为嘉定十年(1217)。

9. 开庆改元进封显济妃

此条查无出处。据程端学《灵慈庙事迹记》载:"景定三年祷捕海寇,得反风胶舟就擒,封灵惠显济嘉应善庆妃。"与"火烧陈长五"故事吻合,二者相差三年,应指同一件事。故应为景定三年(1262)封灵惠显济嘉应善庆妃。至于元朝以后诰封资料仍有许多缺漏,尚待增补。

《显圣录》由莆仙先贤林尧俞、林兰友、丘人龙及僧照乘等人经半个甲子戮力完成,虽存在一些讹错,但仍不失为研究妈祖信仰最重要的一本入门书。

（原载《莆田学院学报》2005 年第 1 期）

台湾民间流传的妈祖经书

蔡相煇

空中大学人文学系

妈祖在宋代受朝廷诰封以后,即依朝廷的祠祀制度,可享官民春秋祀典。其时朝廷依礼祭祀,庙宇并无僧侣或道士住持,其道德教化的成分超越宗教的成分,故无以阐扬神明个人的经典存在。宋宣和五年(1123),妈祖首得"顺济"赐额,成为合法祠祀,南宋绍兴二十六年(1156),又受封为"灵惠夫人"。此后威灵赫赫,历代褒封达45次之多,为各种神祇所罕见。随着妈祖信仰的影响力日增,明清以后,渐有宗教人士为其编创经书。清代随着妈祖信仰的传入台湾,妈祖经书也在台湾传播,并引发产生更多的民间经书。

一、产生于大陆的传统妈祖经书

台湾早期流传的传统妈祖经书,都是从大陆传入的。目前搜集到的书目主要有三种,大略简介于下。

1. 明代的《太上老君说天妃救苦灵验经》

明成祖永乐七年(1409),因郑和奏称妈祖庇护其出使西洋有功,加封为"护国庇民妙灵昭应弘仁普济天妃"。至永乐十四年(1416),道教人士为编撰《太上老君说天妃救苦灵验经》(下称《灵验经》)。经文含:志心归命礼、启请咒、奉礼咒、天妃救苦灵符等四部分,全文约两千五百字。略谓:

> 太上老君在无极境界观见海洋水泽,各种精怪翻覆船只,损人性命,乃命妙行玉女降生人间,救渡生民。功果圆满后,老君乃封其为天妃。天妃受封毕,即宣说十五誓,誓言护国救民,以达太平之境。天妃宣誓毕,老君复赐予冠服、剑、印、车、

辇、部卫、随从及无边法力,百姓只须信受奉行,即可遂意称心。①

这篇经文,是道教将天妃(妈祖)纳入道教信仰体系,并赋予灵力的重要文献,对道教及妈祖信仰的发展,皆有其象征性与重要意义,但这份经典在台湾民间并未广泛流传。

2. 清代的《天后经忏》和《弘仁普济天后圣母经忏》

《灵验经》首开妈祖纳入宗教信仰体系之例。至清康熙六十年(1721),吴兴人方行慎、尹珩又据《灵验经》进行申衍扩充,纂成了《天后经忏》,这是第二种妈祖经书。

逮至道光十一年(1831),吴县人潘良材以其书"卷帙繁杂,恐无当于圣心"之故,先后请人校订,稿未成,最后请李存默修订后,以《弘仁普济天后圣母经忏》为名,于道光十八年(1838)由九如堂梓行。该经也可以说是第三部妈祖经书。

全书内容含:天后圣化序、天后圣化本誓真经、天后坛下誓法忏(卷上)、天后坛下戒持忏(卷中)、天后坛下感应忏(卷下)、天后坛下三忏法(卷终)、天后经忏跋、小序等8个单元。②

至清光绪十四年(1888),福建侯官人杨浚编纂《湄洲屿志略》,亦录有《天上圣母真经》③,此经实亦据《灵验经》编成,唯上述版本,内容都无法呈现使用的教化功能,故在台湾流传不广,今台湾各图书馆及庙宇未见收藏。

二、产生于台湾的近现代妈祖经书

1. 赖玄海的《湄洲慈济经》

清朝后期,社会动荡,列强侵华,加上西方宗教在中国传教的刺激,促使了民间对固有信仰作进一步的思考,结果逐渐兴起了扶乱请神、降鸾训示风气。有人将乱词编印成书,以经为名,向外传授。台湾民间受此风气影响,自清道光以后,开始产生此类经典。但有关妈祖的经书,至日据时期,始有台湾自编之《湄洲慈济经》。该经为目前各妈祖庙诵经时之依据,可反映台湾妈祖信仰之进程。

《湄洲慈济经》是第一本在台湾地区广泛流传的妈祖经典。本书的基本资料如下:拜述者:东瀛赖玄海。敬梓者:福省杨福元、赖添寿、张禄绵。刊印时间:清光绪十八年(1892)元旦。全书结构分成三部分,其内容如下:

(1)祝香咒。

心清兮神静,神静兮心灵,心灵来祝香,香烟上天庭。

---

① (明)无名氏:《太上老君说天妃救苦灵验经》,《正统道藏洞神部》,台北:艺文印书馆1962年影印本。
② (清)李存默:《弘仁普济天后圣母经忏》,清道光十八年九如堂刊本。
③ (清)杨浚:《湄洲屿志略》,清光绪十四年冠悔堂刊本。

（2）天上圣母宝诰。

> 志心归命礼。护国庇民,弘仁普济,天上圣母,代天宣化,诚感咸服,阴阳不测,惟神克尽燮理之道,海疆永定,在国尤资普济之功。(中略)随处护法,生前之灵异,天后志历历可稽,迄今御灾捍患,英灵显赫,亘古无有。诚哉! 坤仪大圣,大慈大悲,救苦救难。天上圣母!

（3）湄洲天上圣母慈济真经。

> 圣母之降诞岂偶然哉! (以下内容撷自《敕封天后志》降诞本传及历朝褒封,略)自宋迄今,奉天巡察人间善恶,凡有所祈,如响斯应,或航海扶危,或救旱降雨,或化身以度劫,或飞鸾以救世,有时而治病,有时而驱瘟,有时而消痲痘,有时而救产难,有时而护闺房,有时而示梦以济困,有时而收妖以灭怪,有时而护国以御强寇,于水制伏蛟龙,于地化救鼠疫,最悲者烈女节妇,最怜者衰老幼子,知过必改,刀兵不相侵,水火能解脱,带疾之人心勉诵,急难之人向天求,此经治万危,挽回恶煞之道也……

> 此经传下界,阐出阴阳理,人能虔心诵,皇天必佑汝,一人诵此经,其身可平安,人人诵此经,人人得安全,诵经一遍准一功,持诵千遍保寿元,赦除前业身脱苦,赦除世厄免后冤,富贵功名凭祖德,子孙福禄凭阴骘,若为父母念,孝行感动天,若行亡化念,超生赦罪愆,阴功如浩大,快乐得成仙,印施十本功一百,印施百本功满千,善功完满凭德求,赐下财星衣食优,衣食优时行善果,文昌注禄家能保,将相本无种,男儿当自强,心奸是下品,行义世世昌,或是圣贤功完满,或是节孝前业消,或是男女冤结尽,或是恩怨报已饶,天堂催请去,一梦上金桥,不以寿为乐,不以天为忧,人缘功已了,仙缘会玉楼,更有谪仙来降凡,万苦千磨立志修,此是星辰逢运转……

作者赖玄海,台湾人,事迹不详,本经虽以"经"为名,然所述妈祖史事,皆不出《天妃显圣录》和《敕封天后志》。作者本意,似不在学术之研究,而是想将民间信仰与社会教化融为一体,所以书中在如何做人处事之道上着墨特别多,这本书可视为清季台湾士人企图以神道教化百姓的一个例子,也是台湾善书刊行的先河。

本书虽由台湾人编著,但却在福建印行,且印行不久,即发生中日甲午战争,次年台湾割让日本,社会动荡,致本书流传期间不长,后世知者不多。

2. 李开章的《天上圣母经》及其改编本

《天上圣母经》是台湾流传较广的一本妈祖经书。基本资料如下:著作者,台湾新竹州苗栗郡铜锣庄李开章;印刷者,台湾新竹州苗栗郡铜锣庄斐成堂活版部;刊印时间，1921年1月15日。

本书结构包括：序、凡例（四则）、诵经法、焚香咒、宝诰（志心归命礼）、天上圣母经、天上圣母成道真言（天恩章、地德章、成圣章、体道章）、真言论、礼仪、天上圣母略史、字韵、施本芳名表、版权页等13个部分。其《序》略曰：

> 唐代临济宗系，传南岳法者，道一禅师，姓马名祖，当代既得法成道矣。邢州净土寺，万松行秀禅师曰：宋代圣母，唐代之马祖降生；唐代之马祖，即宋代圣母之前身也，所以世人称圣母，名曰马祖，如此由也。近今俗写马字，左傍添一女字，此妈字，康熙字典，莫补切，音姥，俗读若马平声，称母曰妈；又俗曰：妈祖是祖母二字，祖母即婆字，敬称马祖婆是也。此经，吾先祖向邢州净土寺传来，天保辛卯二年（1831），吾先祖携带此经渡台，至今秘藏九十年间，从来世人尊敬圣母，仅知其灵验，不知其道德功能，今吾不敢再秘，叨蒙内务省，著作权登录，严禁转载，印刷发行之后，使世人皆知圣母道德功能，亦可为后世希贤希圣者之模范。吾愿仁人君子，朝夕虔诚焚香代念诵，灵验最速，所求如意，不可思议功德，岂啻消灾降福已哉。
>
> 大正庚申（1920）岁次，时于仲秋斐成堂编辑部内，李开章序。

其中《天上圣母经》主体内容为：

> 忆宋代，建隆时，兴国兆，可先知，祯祥现，见著龟，圣人出，亦可知，现麟瑞，生孔子，产圣母，宝光辉，追古代，想今兹，文圣人，有孔子，武圣人，有关羽，女圣人，默娘儿，林家女，湄洲居，……三教书，共一理，上论篇，一贯之，华严经，守三昧，道德经，藏妙义，参同契，黄庭经，为凭据，如来藏，极乐地，回斗柄，转生机，玄关窍，当宝贝，无缝塔，取神气，偃月炉，真火炊，朱砂鼎，烹灵芝，存心法，穷性理，尽性后，立命基，三宝足，一气归，……劝妇女，并男儿，欲学我，勿延迟，肯回头，到岸堤，圣母经，勤读之，口而诵，心而维，始终一，志莫移，圣仙佛，任君为，遵吾教，听吾辞，一等人，忠烈士，曰成仁，曰取义，天日星，河岳地，人浩然，三才气，忠烈人，流芳史，背涅痕，……鹿乳奉，拾椹事，行佣供，闻雷泪，分羹贤，问膳帝，古圣贤，皆孝子，尊天经，立地义，成毅德，全秉彝，讲孝道，说廉士，握雪心，怀冰志，鹤俸清，鱼飧似，怀清洁，隆勉子，汉杨震，畏四知，范宣坚，百绢辞，……世俗人，争求利，不贪婪，古今稀，廉美德，当效之，廉说尽，讲节义，劝妇女，宜先知，三从训，四德备，夫君在，宜顺义，夫没后，守节志，古烈女，说汝知，曹令女，节毁耳，廖伯妻，洁断指，梁寡妇，烈割鼻，……烈女篇，事不虚，今妇女，能效之，称菩萨，称贤儒，我同伴，到华胥，上帝封，号仙妃，忠孝廉，并节义，诸先哲，为人师，圣仙佛，从此为，善恶篇，亦须知，天眼昭，日月辉，三台星，北斗魁，头上列，不远离，有灶神，有三尸，

别善恶,录是非,奏天曹,褒贬施,善者昌,恶者危,报应法,如影随,来祈祷,多敬礼,我命将,暗察窥,千里眼,顺风耳,速查报,详悉归,为善事,我欢喜,为恶事,难保汝,或现报,或延迟,十八狱,放谁过,……圣母经,最灵威,救众生,发慈悲,逢飓母,舟船危,念此经,风自微,多疾病,身体虚,念此经,易疗医,瘟疫盛,传染时,念此经,疫自离,末劫年,多危机,念此经,保安居,久旱魃,禾枯死,念此经,降大雨,妇人孕,难产时,念此经,易生儿,妖魔祟,人被迷,念此经,祟走移,洪水害,暴风雨,念此经,风雨止,拜北斗,延命期,念此经,寿期颐,人无子,来求嗣,念此经,产贤儿,命运凶,多是非,念此经,诵狱离,诸地狱,血污池,念此经,天堂居,超九祖,度魔魑,念此经,出轮回,消灾害,保乡里,念此经,福自归,功德大,难思议,灵验多,难尽辞,布甘露,施法雨,真言篇,同诵之,至乾隆,净土寺,大禅师,诸贤士,乩笔术,诸法备,显圣迹,扬名誉,遗一经,传万世。

本书作者李开章,台湾苗栗人,事迹不详。但《序》中谓此经是其祖先于清道光间由邢州净土寺传来,秘藏家中九十年,而妈祖为唐代临济宗系,传南岳法,姓马名祖的道一禅师降生。经文为《三字经》体,参考资料为《三字经》《正气歌》《二十四孝》《列女传》等,带有浓厚的儒家色彩,笔者推测应为日据时期李开章等人以扶乩方式所撰。

此经序文中人、事、时、地俱全,乍看似为可信,但仔细查证,却有疑点。据《景德传灯录》所载,道一禅师为唐代汉州人,俗姓马,故称马祖,住南康龚公山,与序文所说的"马祖道——姓马名祖"明显不符。又据《新续高僧传》载,万松行秀为宋代高僧,通孔老百家之学,著有《祖灯录》《辨宗说》等。妈祖林默娘虽是宋代人,但在宋代尚无"圣母"称呼。序文引述行秀所说"宋代圣母,唐代之马祖降生"一语,其伪可定。另"邢州"为隋代行政区名称,宋改邢台县,至清代改称顺德府,这个古地名,当时也已不通用。"天保"为日本仁孝天皇年号,天保二年为清道光十一年(1831)。

本书序文虽有许多不通之处,但从其行文看,却可发现李对佛教史有相当涉猎,并曾受过汉文及日本教育。其印书动机,在于借神道推广道德教育,兼为台湾的妈祖信仰创造信仰的理论基础。本书距赖玄海《湄洲慈济经》已二十八年,虽是台湾人自编的第二本妈祖经,但却是在台湾印行的第一本妈祖经。其印行之时代,善书逐渐广泛流传,复以本书内容兼容儒释道三教,故事民间耳熟能详,文体又是三字一句,容易讽诵,因而流传甚广。

1952年嘉义县朴子镇配天宫曾将李开章姓名删去,更易"天上圣母正传"部分内容,增加"朴子配天宫重修志"等,仍以《天上圣母经》为名,铅印流传。又过十多年,嘉义大林镇天后宫,也于李开章《天上圣母经》正文部分前加上鸾堂开坛的各种咒文,文后加上《天上圣母经》的解说,且为便于讽诵时翻阅,以活页铅印,仍以《天上圣母经》为书名向外流传。同一时期,新竹市天佛宫也取李开章《天上圣母经》经文加以改编,文前加上鸾堂开坛的各种咒文外,新增许多据说能带给诵经者各种保佑的经文。其较特殊者为经文为三字一句,但在中段却加上消灾词句47句,经文之末,则无解说,也以折页印刷,书名则改称为《天上圣母真经》。

1995年,台北市士林慈諴宫管理委员会主任委员林正雄(臻昌)也编印了一册《天上圣母宝经诠释》,其经文仍取自李开章的《天上圣母经》,并将经文逐句加以批注,书前并加上"天上圣母历代的褒封一览",铅印发行。

根据上述各书流传情形,可以说李开章的《天上圣母经》已成为台湾地区妈祖信仰经典的主流。

3. 传妙的《天上圣母经》

前述《灵验经》是道教徒所撰经典,赖玄海的《湄洲慈济经》、李开章的《天上圣母经》,则是台湾民间自行所撰之妈祖经典。至1972年,僧人传妙撰《天上圣母经》,出现一个转折。按台湾妈祖庙虽多僧侣住持,但因妈祖并非佛菩萨,故僧侣日常做早、晚课时,均于观音殿诵念《金刚经》《观世音菩萨普门品》,而非在妈祖神前。尤其是北港朝天宫是妈祖大本山,各地信众至朝天宫进香仪式完成,迎妈祖回驾时例需诵经起驾,此时诵念其他经文,似总觉不很妥当,故朝天宫特别委请传妙撰《天上圣母经》,并教授诵经团诵念,逐渐此书也成为各地妈祖庙不可或缺的经本。此亦为妈祖信仰生根台湾的旁证。该经基本资料如下:

述者:沙门传妙。发行者:北港朝天宫管理委员会。印刷所:台中市瑞成印刷公司。刊印时间:1972年2月。

全书包括:香赞、净口业真言、净身业真言、安土地真言、普供养真言、开经偈、天上圣母经、完经赞、回向偈等9个部分。经文主要部分为:

> 末法转时,众生造业深重,世道崎岖,人心奸诈莫测,盖谓受身之后,去圣时遥,佛法无因见闻,因果历然不信,孰知善恶两途,业感之胜劣,明暗相形,招报之差别,善者,则谓人天之胜途,恶者,则谓三涂之异彻,修仁义则归于胜,兴残害则坠于劣,其居胜者,良由业胜,非净兢之所要,受自然之妙乐,趣无上之逍遥,其坠劣者,良由业劣,处三涂之剧苦,受地狱之严刑,悲长夜之难旦,而优劣皎然,世人莫能信之,以吾我故,好起疑惑,以疑惑故,多不向善,不受人劝,自任其力,造诸恶事,常习愚痴,从迷至迷,随物欲以漂沉,由苦入苦,逐色声而贪染,只图眼前受用,不顾身后招殃,以致茫茫于苦海之中,无由解脱,然非圣贤出世,何能拯拔。(以下内容撷自《天妃显圣录》,略)
>
> 我今重宣偈曰:天降通贤女,林家诞默娘,……凡劝男女辈,勤勉学典章,阴骘须多造,作孽惹是非,谈仁与说义,古圣必效之,行孝为百善,正念勿邪思,有过能知改,彼岸尚可期,祸福由一念,善恶巧报施,因从果招感,苦乐自相随,天堂及地府,

只在汝心为,光阴元迅速,道德急修持,人身非易得,蹉过实难追 ,劝君休暧昧,我语信无疑。是故,世人朝夕焚香虔诚奉诵此经者,我即随其音声,于怖畏急难之中,示大威神之力,祛除险难,殄灭魔军,神获安泰,清净身心,或有见闻是经,能转念受持读诵者,当知是人其功德力,莫可称量,……世人信受听我语,神光照耀护汝身。

传妙是受过佛学教育的僧人。他所撰的《天上圣母经》与前述扶乩造出的《天上圣母经》内容上有明显不同。本书虽也不脱传统善书教人诲改的气息,但佛经的气息更浓厚。

本书可以说是台湾人编撰的第三本妈祖经书。从理论上说,统合三教思想的《天上圣母经》已在民间广泛流传。而纯正佛教之寺院,自有其重要经典,故《天上圣母经》在佛教并无太大发展余地。其功能侧重在为各庙宇诵经时提供一种模板。不过,本书为北港朝天宫所发行,因朝天宫在台湾妈祖信仰中居于领导地位,故也有许多信众主动翻印此书。如北港镇民黄友恭,即将《天上圣母经》全文翻印,并在文后加列李开章《天上圣母经》书中的复初道人及净土寺乩笔时圣母题七律诗各一首,仍以《天上圣母经》为名印行。

三、结语

台湾与大陆一衣带水,关系密切,居民又大部分是闽粤移民的后裔,因此台湾的祠祀制度,都源自大陆,妈祖信仰即是其一。清朝末年,因社会动荡及西方宗教在中国传教的刺激,民间逐渐兴起扶乩请神降鸾活动和编印经书以教化社会风气。台湾民间自光绪年以后,也先后出现《湄洲慈济经》《天上圣母经》及僧人的《天上圣母经》,这三种经书创作的年代,跨越清末、日据至现当代。赖玄海的《湄洲慈济经》经文内容不出传统的《敕封天后志》。李开章的《天上圣母经》经文内容系以中国传统伦理道德为主轴,文字编排采用《三字经》形式,与一般善书形式不同。日本人占据台湾的最终目标是要同化台湾,消灭中国文化,所以这本书在日据时期并未大量流传,但因本书内容符合台湾人民的中华传统道德教化需求,因此台湾光复后,有心借宗教从事社会教化者,乃纷纷予以翻印流传,至今未休。

台湾妈祖经典的编印,反映出台湾民间在官方教育体系之外,已然形成一套民间辅助教化系统。这种社会教育方式,因无法掌握这些书的发行量及流程,故尚难以估算其影响的广度及深度,但它们在社会教育中扮演建设性的功能无疑是值得肯定的。

（原载《莆田学院学报》2007年第1期）

"天后""天上圣母"称号溯源

蒋维锬 ①

莆田学院妈祖文化研究中心

一、"天后"称号溯源

"天后"称号源于康熙二十三年加封的说法始传于康雍之间。迄今所知的最早史料记载是康熙四十年（1701）左右郁永河所著《裨海纪游·海上纪略》:"康熙二十三年六月,王师攻克澎湖,靖海侯施公琅屯兵天妃澳,入庙拜谒,见神衣半身沾湿;自对敌时恍见神兵导引,始悟战胜实邀神助……表上其异,奉诏加封天后。" ② 其次是康熙四十四年（1705）刘有成撰《天后庙序》:"琢公施侯膺简命,大师燮伐,神又扬灵助战,归于朝,敕封天后。" ③ 其三是雍正三年（1725）巡台御史禅济布、给事中景考祥奏折:"前靖海将军施琅征服台湾之时,祷于天妃庙……经臣施琅恭疏具题,圣祖仁皇帝敕建天妃神祠于其原籍兴化府莆田县湄洲,勒有敕文,以纪功德,遂又加封天后。" ④ 另外,同年刊行的据《天妃显圣录》改编的《天后显圣录》,亦把"康熙二十三年,琉球册封使汪以水道危险,荷神护佑,复命,奏请春秋祀典;又将军侯施以澎湖得捷叨神助,奏请加封。俱差官赍香帛、诏诰到湄褒嘉致祭"一段原文,直接删改为"康熙二十三年特封天后"。 ⑤

以上史料虽然口径一致,但皆非原始记录。而原始记录则证明以上史料是虚实参半,即施琅奏请加封是实,康熙敕封天后为虚。首先请看施琅《为神灵显助破逆请乞皇恩崇加敕封事奏折》:"窃照救民伐暴仗天威之震扬,辅德效灵见神明之呵护,闽之湄

---

① 蒋维锬（1935—2009）,男,福建莆田人,副研究员。

② （清）郁永河:《裨海纪游》,《台湾文献丛刊》第44种,台北:台湾银行经济研究室1959年版。

③ 蒋维锬:《妈祖文献资料》,福建人民出版社1990年版,第210页。

④ 蒋维锬、杨永占:《清代妈祖档案史料汇编》,中国档案出版社2003年版,第2—3页。

⑤ （清）佚名:《天后显圣录》,湄洲祖庙董事会,2001年。

洲岛,有历代敕封天妃,往来舟楫每遇风涛险阻,呼之获安……臣克底成功,非特赐显号,无以扬幽赞之美,彰有赫之灵。臣拟于班师叙功之日,一起题请加封,近接邸报,册封琉球正使汪楫以圣德与神庥等事具题请封,因先以其灵异详陈,伏乞皇上睿鉴敕封,并请议加封。"① 再看康熙帝收到施琅奏折后的批示。据《康熙起居注》记载:"康熙二十三年甲子,八月二十二日乙卯早……福建水师提督施琅请封天妃之神,礼部议不准行,但令致祭。上曰:'此神显有默佑之处,着遣官致祭。此本着还该部另议。'"② 而礼部再议的意见是:"遣官献香帛,读文致祭,祭文由翰林院撰拟,香帛由太常寺备办,臣部派司官一员前往致祭。"题本进呈后,于康熙二十三年八月二十四日"奉旨依议"。于是"钦差礼部郎中雅虎等赍香帛到湄谒庙致祭"③。最后复核莆田陈鸿当年的记载:"十月……京差礼部主事赍御赐袍带等物,致祭我湄洲天妃及平海龙神、井神。因施琅提督征台,船泊平海,三军取汲一井,随汲随涌,众赖以济。施公题曰'师泉',作文立碑以记。"④

康熙二十三年进封天后一事虽属子虚乌有,但由朝廷钦差礼部官员到湄洲、平海御祭之事毕竟属实,加上施琅在当时的威望,于是福建民间随而传出天妃晋封为天后之说。然而因为不是真正的敕封,所以在康熙时期,"天后"之称仅在福建境内流传。岭南三大家之一的陈恭尹(1631—1700)在《天妃庙纪事》一文中说:"吾乡滨海所虔事之神,则英烈天妃为最,相传为莆田林氏处女,今闽人谓之天后者也。"⑤ 可见,在康熙三十九年之前,福建民间已改称"天后",而广东仍沿旧习称"天妃"。直到康熙五十九年,在官方文书上仍普称"天妃",如册封琉球正副使海宝、徐葆光表奏:"臣等奉命经行绝远之处……其中往返之时,风少不顺,臣等祈祷天妃,即获安吉。自前平定台湾之时,天妃显灵效顺,已蒙皇上加封致祭。今默佑封舟,种种灵异如此,仰祈特恩许着地方官春秋致祭,以报神庥。"礼部议题亦称:"今天妃默佑封舟种种灵异,应令地方官春秋致祭,编入祀典。"⑥

由于所谓"天后"之封并无朝廷文书依据,故康雍间的传闻记录均没有具体的封号,不符合历朝褒封的惯例。所以到了乾隆时期,又出现关于天后封号的记载。首先是乾隆二十二年(1757)周煌《琉球国志略》引《清会典》:"天后亦称海神,康熙十九年,敕封海神天妃为护国庇民、妙灵昭应、弘仁普济天妃;二十年,福建提督臣万正色以天后著灵奏闻于朝,诏封昭灵显应仁慈天后。"⑦ 按:万正色于康熙十九年以克服厦门,奏请敕封,这

① (明)释照乘:《天妃显圣录》,《台湾文献丛刊》第77种,台北:台湾银行经济研究室1960年版,第11—12页。
② 蒋维锬、杨永占:《清代妈祖档案史料汇编》,中国档案出版社2003年版,第1页。
③ (明)释照乘:《天妃显圣录》,《台湾文献丛刊》第77种,台北:台湾银行经济研究室1960年版,第12页。
④ (清)陈鸿:《熙朝莆靖小纪》,中国社会科学院历史研究所《清史资料》,中华书局1980年版。
⑤ 蒋维锬:《妈祖文献资料》,福建人民出版社1990年版,第204页。
⑥ 同上书,第215—219页。
⑦ (清)周煌:《琉球国志略》卷七,《台湾文献丛刊》第293种,台北:台湾银行经济研究室1971年版。

是清朝首次褒封天妃,今有康熙二十三年礼部公文记录在案:"查得康熙十九年,福建提督万正色奏请封祀天妃,臣部题复照永乐年间封为护国庇民、妙灵昭应、弘仁普济天妃,遣官献香帛、读文致祭在案。"① 《天妃显圣录》亦明确记载:"康熙十九年,将军万以征剿厦门得神阴助取捷,并使远遁,具本奏上,敕封护国庇民、妙灵昭应、弘仁普济天妃。"② 所以乾隆《会典》关于康熙二十年"诏封昭灵显应仁慈天后"的说法是没有根据的。有鉴于此,《敕封天后志》编者林清标就把这个封号移接到康熙二十三年之封上:"将军侯施以澎湖得捷,默叨神助,奏请加封,敕封为护国庇民昭灵显应仁慈天后。"③

"天后"之封的虚实问题一直折腾到乾隆二年(1732)才获得较为圆满的解决。即本年闰九月,管理礼部事务的和硕履亲王允裪为福建总督郝玉麟奏请加封事题本:

天后之神功施海甸,利济舟航,灵应叠昭,徽称屡晋。伏查康熙十九年,福建提督万正色在崇武地方征战,叩祈天妃风转显应,具题到部。臣部议准照依前明永乐七年封号,封为护国庇民、妙灵昭应、弘仁普济天妃。嗣又奉旨加封天后,并颁敕文,以纪功德。复蒙世宗宪皇帝特颁御书"神昭海表""安澜锡福"各匾额在案。今据福建总督郝玉麟疏称延协目兵黄忠等由台湾换班回厦,又台湾守备陈元美等领饷回台,俱在洋遇风,虔祷天后,俱获安全,据情题请加封等因前来,是明神之福佑既申饬于无疆,则圣世之褒封宜有加而无已……今天后之神应如该督所请,照例加封以酬贶,其封号字样交内阁撰拟进呈,恭候钦定。④

这件题本告诉我们,所谓"嗣又奉旨加封天后"的时间是弹性的,其历史背景也不必追根究底,而且其封号也可沿袭"护国庇民、妙灵昭应、弘仁普济"的原封,只要把"天妃"进改为"天后"就行了。因此也可以说,这是当时礼部对康熙以来史料记载错综矛盾所作出的一种折衷解释。礼部的题本不仅理顺了过去褒封的关系,还为今后的褒封开创了累迭加封的先例。即自乾隆二年始,由内阁撰拟进呈,经皇帝钦定,在原有12字封号的基础上续添"福佑群生"四字⑤,以后循此为例累加。如乾隆二十二年,册封琉球正副使全魁、周煌再请加封,礼部即沿前例题本:"本部议复翰林院侍讲全魁、周煌请加封护国庇民、妙灵昭应、弘仁普济、福佑群生天后,以酬神贶,其加封字样进呈御览,伏候钦定。"⑥ 最后谕旨是:"六月十八日奉旨:用'诚感咸孚',钦此。"此例一直延续至同治十一年(1872)最后一次加封,累迭封号达62字⑦。

① (清)汪楫:《使琉球杂录》,《国家图书馆藏琉球资料汇编》,北京图书馆出版社2002年版。
② (明)释照乘:《天妃显圣录》,《台湾文献丛刊》第77种,台北:台湾银行经济研究室1960年版,第3—7页。
③ (清)林清标:《敕封天后志》,乾隆刊本。
④ 蒋维锬、杨永占:《清代妈祖档案史料汇编》,中国档案出版社2003年版,第48—49页。
⑤ (清)周煌:《琉球国志略》卷七,《台湾文献丛刊》第293种,台北:台湾银行经济研究室1971年版,第169页。
⑥ (清)陈鸿:《熙朝莆靖小纪》,中国社会科学院历史研究所《清史资料》,中华书局1980年版,第172页。
⑦ (清)姚文枬:《上海县续志》卷十二,台北:成文出版社1970年版。

二、"天上圣母"称号溯源

"天上圣母"之称源于"天后圣母"。这个称号最早出现于乾隆十五年（1760），莆田林侃为涵江下徐天后宫撰《护国庇民、弘仁普济天后圣母东瓯香灯□□碑文》："（皇上）即位之三年，进圣母隆称。"① 又乾隆二十八年，莆田黄维乔撰《兴安会馆香灯碑记》亦因袭林碑之说："皇上御极之三年，诏天下有司进神妃以天后圣母，春秋享祀，载在秩宗。"② 以上这两条碑记其实指的就是上文已考证的乾隆二年为天后加"福佑群生"之封，其时间记载相差一年，也许是加封诏敕转递到莆田时已跨进乾隆三年初，故《敕封天后志》亦记作："乾隆三年，敕封护国庇民、妙灵昭应、弘仁普济、福佑群生天后。"总之，所谓乾隆三年由"天后"再进为"天后圣母"之封是根本不存在的事。但此说在莆田始作俑之后，便迅速在台湾海峡两岸传开，只是对敕封时间的记载均含糊其辞。如台湾屏东县《合境平安碑》："我妈祖之灵感，奉旨敕封天后圣母，由来久矣。"③ 乾隆三十四年刊的《仙游县志·天后庙》："国朝康熙甲子，提督施琅征台……奏请加封天后；六十年，复诏敕郡县春秋致祭，累封天后圣母。"道光间福建长乐梁章钜所著《退庵随笔·天后庙祀》："本朝康熙间，以澎湖之役，始建祠湄洲，加封天后圣母。"还有的史料记载但称神号天后圣母，而不提及敕封之事由。如乾隆四十年台湾薛肇瑛撰《重修诸罗县笨港天后宫碑记》："惟天后圣母，海内外舟车所至，凡有血气者，莫不遵亲。"④ 道光二十一年（1841），莆田南日岛张德静撰《重修镜仔宫记》："南日镜仔澳之有天后圣母也，明万历间钦依胡公因捕盗而建也。"⑤

那么，民间为何要给朝廷敕封的"天后"称号再加"圣母"二字呢？揣其用意，不外乎是为了加重钦敬之情，但文人与普通信众用心的重点恐怕有所不同，即前者着眼于"圣"字，后者则偏向于"母"字。因为在古代文人的心目中，圣人是最尊贵的，故称孔夫子曰至圣先师。再反观南宋绍熙间妈祖由"夫人"晋封为"妃"之后，文人的笔记即大多尊称她为"圣妃"。如丁伯桂撰《顺济圣妃庙记》⑥，真德秀有《圣妃》等四篇祝文⑦。祝穆《方舆胜览》记载兴化军圣妃庙等等⑧。因此，笔者认为"天后"复加"圣

① 蒋维锬：《妈祖文献资料》，福建人民出版社 1990 年版，第 229—230 页。
② 同上书，第 245 页。
③ 黄典权：《台湾南部碑文集成》，《台湾文献丛刊》第 218 种，台北：台湾银行经济研究室 1966 年版，第 54 页。
④ 同上书，第 96 页。
⑤ 蒋维锬：《妈祖文献资料》，福建人民出版社 1990 年版，第 231 页。
⑥ （宋）潜说友：《咸淳临安志》，《宋元方志丛刊》第 4 册，中华书局 2006 年版。
⑦ （宋）真德秀：《西山先生真文忠公文集》卷五十，四部丛刊本。
⑧ （宋）祝穆：《方舆胜览》，上海古籍出版社 1991 年版。

母",与南宋的"妃"上加"圣"的处理方法是相通的。但在平民百姓看来,圣人是高不可攀的,他们更希望自己心目中的女神能像母亲、祖母那样亲切地随时随地守护在身旁,尤其是在他们远航出海而遇到危难之时。故早在明清之际,他们就发明用"娘妈""妈祖"来取代"天妃""天后"的称呼。① 并且还作出颇合情理的解说:"倘遇风浪危急,呼妈祖则神披发而来,其效立应;若呼天妃,则神必冠帔而至,恐稽时刻。"② 明乎此,则可知"圣母"之称,只不过是把亲切和钦敬进一步结合起来罢了。正如台南大天后宫存乾隆四十三年《重修天后宫碑记》:"尊之为天,亲之为祖,肸蚃感恪,呼吸相通,所为拯拔群伦,几于不可思议。"③ 月港护庇宫存乾隆六十年《重兴护庇宫碑记》说得更为直白:"圣母为众人之母,梯山帆海,悉赖帡幪。"④ 还有一些碑记则干脆直称"圣母",不言"天后"。如嘉庆二十年（1815）郑捧日撰《重修仁和宫碑记》:"二林有圣母宫,由来旧矣。"⑤ 鹿港天后宫亦存有嘉庆二十一年郑氏所撰《重修鹿溪圣母宫碑记》⑥。

至于由"天后圣母"再过渡到"天上圣母",今所见最早的史料记载,是嘉庆元年（1796）雕刻的《新社宫天上圣母碑》⑦,继之有嘉庆十二年汪楠撰《重修庙宇碑记》:"天上圣母,赫濯声灵,功德遍于寰区,而于海隅尤昭灵著云。"⑧ 嘉庆十四年《通济宫置租立业碑》:"此都人士懋建天上圣母庙宇曰通济宫。"⑨ 至道光时,"天上圣母"之称在台湾已经非常普及,并且返传到福建移民的祖籍地。如道光八年十闽堂会友在江苏淮安立的《福建天后宫碑记》:"我天上圣母,功奠阳侯,泽隆海国。"道光十一年林谦晋撰《上海县为泉漳会馆地产不准盗卖告示碑》:"切协盛等均籍隶福建泉州、漳州,俱在上邑贸易,于乾隆年间……建造泉漳会馆一所,供奉天上圣母神位。"⑩ 又据民间传说,湄洲祖庙那颗文曰"湄洲祖庙,天上圣母,护国庇民,灵宝符笈"的铜印,也是自道光年代流传下来的。

探讨由"天后圣母"改称"天上圣母"的原因,也似乎是为了进一步摆脱后妃之称的负面影响。采用人间的后妃比称圣洁的女神,本来只是封建帝王的片面理念,平民百姓早已用"娘妈""妈祖"之称来表示其不同取向,而清代的一些儒者居然还要在后妃比称上大做文章,借以否定妈祖作为真实的女性的客观存在。如赵翼:"窃意神

① 蒋维锬:《妈祖名称的由来》,林文豪《海内外学人论妈祖》,中国社会科学出版社1992年版。
② （清）赵翼:《陔余丛考》卷三五,商务印书馆1957年版。
③ 黄典权:《台湾南部碑文集成》,《台湾文献丛刊》第218种,台北:台湾银行经济研究室1966年版,第115页。
④ 同上书,第154页。
⑤ 刘枝万:《台湾中部碑文集成》,《台湾文献丛刊》第151种,台北:台湾银行经济研究室1962年版,第277页。
⑥ 同上书,第270页。
⑦ 同上书,第264页。
⑧ 同上书。
⑨ 黄典权:《台湾南部碑文集成》,《台湾文献丛刊》第218种,台北:台湾银行经济研究室1966年版,第191页。
⑩ 上海博物馆:《上海碑刻资料选辑》,上海人民出版社1980年版。

之功效如此,岂林氏一女子所能? 盖水为阴类,其象维女,地媪配天则曰后,水阴次之则曰妃。天妃之名则谓水神之本位可,林氏之说,不必泥也。"① 孙星衍也有类似之说:"若夫水为土,妃又居坎位,阳函阴,故海神有女象焉。"(《瀛洲笔谈》卷二)因此,去掉"天妃""天后",代以"天上圣母"之称,正好堵住某些儒者唠叨阴阳五行之说。

"天上圣母"的称号在流行的很长一个过程中,并没有同朝廷的敕封相联系,一直等到清末,忽又冒出"敕封天后圣母"之说。此说首见于光绪十四年(1885)刊行的《湄洲屿志略》:"嘉庆七年敕封天上圣母无极元君。"但书中没有说敕封事由,也未注明史料出处。兹以档案证明,嘉庆朝只褒封一次,却不是嘉庆七年,也不是什么"敕封天上圣母无极元君"。如咸丰三年(1853)福建巡抚王懿德奏折:"嘉庆五年册封琉球,特奉谕旨于福建湄洲天后神庙封号上加'垂慈笃祜'四字;道光六年办理海运完竣,奉旨于江苏上海县天后神庙加封'安澜利运'四字。"② 可见从嘉庆五年之后至道光六年之前,是没有敕封之举的。敕封天上圣母的第二种说法是19与20世纪之交流行于台湾地区。据说是"道光十九年,以神于嘉庆中助子爵军门太子太保王得禄平定海寇,礼部奉准钦差候补道王朝纶赍御赐匾额、加封诏诰致祭"。蔡相煇《北港朝天宫志》(1995年增订版)中引录有制诰文曰:

> 奉天承运皇帝制曰:国家怀柔百神,式隆祀典,海岳之祭,罔有弗虔。乃明祇效灵,示天心之助顺;沧波协应,表地纪之安流。聿宏灵迓之威,克赞声灵之赫濯,岂系人力,实惟神庥,不有褒称,曷彰伟伐? 惟神钟奇湄岛,绥奠台疆,国朝以来,累昭灵异。前者海氛不靖,天讨用张,舟师奏凯。历波涛之险,如枕席之安,潮汐无虞,师徒竞奋,风飙忽转,士气倍增。歼鲸鲵于崇朝,成貔貅之三捷。神威有赫,显号宜加,特封为护国庇民、妙灵昭应,弘仁普济天上圣母。

笔者初见这篇诰文,觉得眼熟,迨一查《天妃显圣录》,果然与康熙十九年的敕封诰文雷同,仅将"惟神钟奇海徼,绥奠闽疆"改为"惟神钟奇湄岛,绥奠台疆";复改"特封尔为护国庇民、妙灵昭应、弘仁普济天妃"为"特封为护国庇民、妙灵昭应,弘仁普济天上圣母";再删去最后的"载在祀典"等八句。可见这是一篇不高明的抄袭假冒之作。按档案史料记载,道光十九年确有册封琉球使臣林鸿年奏请加封之事。据当年礼部咨两江总督文:"本部遵旨议复林鸿年等奏请加封天后封号一折,于道光十九年四月十八日具奏,本日奉旨依议,钦此钦遵。随经本部抄录原奏,移会内阁典籍厅撰拟加封字号去后,今遵内阁交出奉朱批圈出'泽覃海宇'四字,钦此钦遵。"③ 可见道光十九年

① (清)赵翼:《陔余丛考》卷三十五,商务印书馆1957年版。
② 蒋维锬、杨永占:《清代妈祖档案史料汇编》,中国档案出版社2003年版,第279—284页。
③ (清)佚名:《天后圣母圣迹图志》卷二,广陵古籍刻印社2001年版。

的加封只是遵循成例,在天后已有封号的基础上再加"泽覃海宇"四字。

最后我们不妨再引证同治五年(1866)的《谕祭天后文》,看看在清朝的褒封体例中有没有"天后圣母"或"天上圣母"存在的空间:"皇帝遣册封琉球国王正使詹事府右赞善赵新、副使内阁中书舍人于光甲致祀护国庇民、妙灵昭应、宏仁普济、福佑群生、诚感咸孚、显神赞顺、垂慈笃祜、安澜利运、泽覃海宇、恬波宣惠、导流衍庆、靖洋锡祉、恩周德溥、卫漕保泰、振武绥疆天后之神。"① 以上就是清朝自康熙十九年至咸丰七年(1680—1857)的 14 次褒封,封号累计 60 字。迨同治十一年,在上海海运绅董的一再请求下,又加封"嘉祐"二字,于是,礼部遂议奏:"封号字数过多,转不足以昭郑重,自此次敕封后,应于各该处神牌一体缮入,即以此为限。嗣后续有显应,听各督抚另行斟酌核办,奉旨允准。"② 至此,清朝对妈祖的褒封宣告结束。

(原载《莆田学院学报》2004 年第 1 期)

---

① (清)赵新:《续琉球国志略》卷首,《国家图书馆藏琉球资料汇编》,北京图书馆出版社 2002 年版。
② 同上。

明永乐至宣德间的太监外交与天妃崇拜

蒋维锬

莆田学院妈祖文化研究中心

　　明成祖朱棣既是个热衷于对外炫耀天朝国威的皇帝,又是个特别信赖太监充当外交使节的君主。他一登龙座,即利用当时强盛的国力,锐意推行"敷教化于海外诸番国"的对外政策[①],频频派遣亲信太监率领外交使团,出使西南洋数十个国家,直至宣宗朱瞻基继位之后,才因国力不继而逐渐消弭。在众多的太监节使中,最具代表性的自然是郑和、王景弘所率领的外交团队,他们"七下西洋"的壮举,在中国乃至世界的海交史上,都写下了光辉的一页。而太监们在率领庞大的船队"经海洋,涉浩淼"的出使历程中,又不得不依靠对海神天妃的虔诚崇拜,来凝聚全体官兵和员工的心力,以战胜海上遭遇的各种艰难险阻。因此,他们对天妃的奉祀尤为勤谨,对灵验的宣传亦不遗余力。明人王慎中对永乐时的太监出使与天妃崇拜尝作如下评说:"成祖仁皇帝时,尝遣内官大赍译赐岛外诸蛮,随以重兵,便宜讨其不庭。蛮酋詟悚,受赐奉约束。使节所指,遂穷月窟之域。神最有光怪灵应,使者奉之谨。"[②]本文拟把太监出使与天妃崇拜的相关史料加以归纳,供史家参研。

一、郑和下西洋与天妃崇拜

　　关于郑和七下西洋与妈祖信仰关系,已有一些学者写作专文论述。如张桂林的《郑和下西洋与妈祖》[③]、李玉昆的《天妃与郑和下西洋》[④]等均可资参考,本文主要补充一些具体事例。

---

①　(明)朱棣:《御制弘仁普济天妃宫之碑》,蒋维锬《妈祖文献资料》,福建人民出版社1990年版。

②　(明)王慎中:《泉州天妃宫记》,《福建通志》卷七二,文渊阁四库全书本。

③　见《福建师范大学学报》1988年第2期。

④　载《妈祖研究资料汇编》。

其一,郑和第一次下西洋是永乐三年至五年,出使国家是古里等国。受天妃默佑的具体事例据碑记说是:"时海寇陈祖义聚众三佛齐国,劫掠番商,亦来犯我舟师。即有神兵阴助,一鼓而歼灭之。"此事《太宗实录》永乐五年九月壬子条录较详:"太监郑和使西洋诸国还,械至海贼陈祖义等。初,和至旧港,遇祖义等,遣人招谕之。祖义等诈降,而潜谋要劫官军……和出兵与战,祖义大败。杀贼党五千余人,烧贼船十艘,获其七艘,及伪铜印二颗。生擒祖义等三人,既至京,命悉斩之。"①《明史·郑和传》亦载:"旧港者,故三佛齐国也。其酋陈祖义,剽掠商旅,和使使招谕,祖义诈降,而潜谋邀劫。和大败其众,擒祖义,献俘,戮于都市。"按旧港即今印尼苏门答腊岛,陈祖义是旅居当地的华人,祖籍广东。《天妃显圣录》亦有《旧港戮寇》一则:"永乐三年,钦差太监等官往西洋,舟到旧港,遇崔菏截劫。顺流连航而至,势甚危急。众望空罗拜,恳祷天妃。忽见空中旌旗旆旆云颠,影耀沧溟,突至江流激渡,帜转帆翻,贼艘逆潮不前,官兵忽荡进上流,乘潮挥戈逐之。一击而魁首就浮,再击而余孽远溃。自此往返平静。回京奏神功广大,奉旨差福建守镇官整盖庙宇,以答神庥。"《显圣录》隐去郑和原因是在此前已有《广州救太监郑和》一则标题,故此处只泛称"钦差太监"以免重复。

郑和等回国后,为宣扬和推动天妃信仰做了两件大事。第一件是奏请在南京龙江创建天妃宫,作为京师官方祭祀之所。关于龙江天妃宫的创建年代,明成祖《御制弘仁普济天妃宫之碑》和郑和《通番事迹之记》《天妃灵应之记》二碑均无明确记载。迨洪熙以后,杨士奇等奉敕修《太宗实录》才记作:"五年九月戊午,新建龙江天妃庙成,遣太常卿朱焯祭告。时,太监郑和使古里、满剌加诸番国还,言神多感应,故有是命。"但《太宗实录》的记录是自相矛盾的,因为郑和回朝奏闻的时间是九月壬子(初二日),而天妃庙建成的时间为同年九月戊午(初八日),那怎么可能在六天内完成一座奉旨创建的高规格的庙宇呢? 故"成"字显然为衍文。合理的解释应是:郑和于初二日奏闻,初八日奉旨建庙。故略晚于杨士奇的李贤修《明一统志》记作:"天妃庙,在府治两北二十五里,永东五年建,赐名弘仁普济天妃宫。"《明会典》《礼部志稿》亦均作:"天妃宫,在龙江关,永乐五年建。"这样,就比较符合历史事实了。

郑和办的第二件大事,就是《天妃显圣录》说的请旨"差福建守镇官整修庙宇,以答神庥"。由朝廷敕谕福建整修的庙宇,有史料依据的有两座:一是湄洲天妃祖庙。明弘治黄仲昭纂《八闽通志》兴化府莆田县天妃庙条录:"国朝永乐……三年,郑和往西洋,归,上其灵,命修庙宇。"周瑛纂弘治《兴化府志·山川考》:"湄洲在大海中,与极了相望,林氏灵女今号天妃者生于其上。永乐间,中贵人曰三保者下西洋,为建庙宇,制度宏壮,

---

① (明)杨士奇:《太宗实录》,台湾"中研院"历史研究所 1961 年版。

谓海上大获征应云。"同书《群祀志》亦记:"国朝永乐初,中使郑和等下西洋,奉神往。海上有急,屡见光怪,归言之,得旨修庙。"另一是泉州天妃宫。黄光昇隆庆《泉州府志》卷十六"天妃宫":"永乐五年,以出使西洋太监郑和奏,令福建镇守官重新其庙。自是节遣内官及给事中、行人等官出使琉球、爪哇、满剌加等国,悉以祭告祈祷为常。"

其二,郑和第二次下西洋是永乐五年至七年。出使的国家是爪哇、古里、柯枝、暹罗等国。对这次往返航程,郑和二碑中没有关于天妃灵应的具体记载。但《天妃显圣录》则有《广州救太监郑和》一则故事:"钦差太监郑和等往暹罗国,至广州大星洋遭风,舟将覆。舟工祷天妃。和祝曰:'和奉命出使外邦,忽遭风涛危险,身固不足惜,恐无以报天子,且数百人之命悬于呼吸,望神妃救之。'俄闻喧然鼓吹声,一阵香风飒飒飘来,宛见神妃立于云端。自此风恬浪静,往返无虞。归朝复命,奏上,奉旨遣官整理祖庙。和自备宝钞五百贯,亲到湄屿致祭。"此则故事开头纪年被误作永乐元年,但在同书《致祭诏诰》中已改正作:"永乐七年,钦差太监郑和往西洋,水途遭遇狂飚,祷神求庇,遂得全安归。奏上,奉旨差官致祭,赏其族孙宝钞五百贯。"

其三,郑和第三次下西洋时间为永乐七年至九年,第四次为永乐十一年,这两次出使途中得天妃庇佑皆与战事有关。碑记载第三次出洋"道经锡兰山国,其王亚烈苦耐儿负固不恭,谋害舟师,赖神明显应知觉,遂生擒其王,至九年归献"。《天妃显圣录·梦示陈指挥》所记的也是这次海战。第四次关于天妃默助例据碑记载为:"其苏门答剌国有伪王苏斡剌,寇侵本国,其王宰奴里阿比丁,赴阙陈诉请教,就率官兵剿捕,神功默助,生擒伪王,至十三年归献。"

郑和第五次(永乐十五至十七年)、第六次(永乐十九至二十年)下西洋,皆无天妃灵应具体事例记录。

其四,郑和第七次下西洋是在明成祖去世之后,即历经仁宗、宣宗两朝,到了宣德五年,"帝以外藩贡使多不至",遂再遣郑和、王景弘遍历诸国宣谕并赏赐。此时,郑和年已花甲,他大概预感到这是自己最后一次出海了,所以决定在太仓、长乐二宫大兴整修工程,并撰立碑记,留作永久纪念。其《通番事迹之记》碑云:"若刘家港之行宫,创造有年,每至于斯,即为葺理。宣德五年冬,复奉使诸番,舣舟祠下,官军人等,瞻礼勤诚,祀享络绎,神之殿堂,益加修饰,弘胜旧规。复重建嘴山小姐之神祠于宫之后,殿堂神像,灿然一新。"①《天妃灵应之记》碑云:"令春仍往诸番,舣舟兹港,复修佛宇神宫,益加华美。"长乐郑和碑至今完整无损,而郑和钟也失而复得,钟上铭款:"大明宣德六年岁次辛亥仲夏吉日,太监郑和、王景弘等同官军人等,发心铸造铜钟一口,永远长生供养,祈保西洋往回平安、吉祥如意者。"此外,《天妃显圣录》记载:"宣德六年,

---

① (明)钱谷:《吴都文粹续集》卷二八,文渊阁四库全书本。

钦差正使太监郑和领兴平二卫指挥、千百户并府县官员买办木石,修整庙宇,并御祭一坛。"可惜没有留下碑记。

二、其他内使的出洋与天妃崇拜

《明史·郑和传》:"当成祖时,锐意通四夷,奉使多用中贵。"史实确是如此。当时除郑和、王景弘使团外,还有许多太监外交使团,其中大多数也都有天妃崇拜的历史记录。

一是尹庆使团:据《明史·外国传》载,郑和出使前,还有一位太监尹庆活跃在使坛上,他曾先后出使满剌加、苏门答剌、爪哇、古里、柯枝等国。但后来却不见其名。而《天妃显圣录》则载有永乐七年"又差内官尹璋往榜葛剌国公干,水道多虞,祝祷各有显应,回朝具奏"。这位尹璋之名又不见于《明史》和《明实录》,故尹庆和尹璋是否同一人,有待进一步考查。

二是王贵通使团:《太宗实录》永乐五年九月庚辰条录:"遣太监王贵通赍敕往劳占城国王占巴的赖,赐白金三百两,彩币二十表里,嘉其助征安南也。"《明史·占城传》:"五年,攻取安南所侵地,获贼党胡烈、潘麻休等,献俘阙下,贡方物谢恩。帝嘉其助兵讨逆,遣中官王贵通赍敕及银币赐之。"这位王贵通也是天妃信众。《天妃显圣录》:"永乐十五年钦差内官王贵通、莫信、周福率领千户彭佑、百户韩翊并道士诣庙修设开洋清醮。"同书又记:"(永乐十九年)太监王贵通等又奉命往西洋,祷祝显应。奏上,遣内官修整祖庙,备礼致祭。"但不知何故,王贵通这后两次出使在《实录》和《明史》中都不见记录。

三是张原(源、元)使团:《太宗实录》永乐六年八月壬辰条录:"遣中官张原赍敕谕暹罗国王。"这次出使的事由,据《明史·暹罗传》说是:"时暹罗所遣贡使,失风飘至安南,尽为黎贼所杀,止余字黑一人。后官军征安南,获之以归。帝悯之,六年八月命中官张原送返国,赐王币帛,厚恤被杀者之家。"张原出航前尝诣赤湾天妃庙祈祭,返回后又扩建庙宇。明黄谏《新建赤湾天妃庙后殿记》:"永乐初,中贵张公源使暹罗国,先祀天妃,得吉兆,然后辞沙。天妃旧有庙,公复建殿于旧庙东南。"[①]赤湾今属深圳市南山区,庙与碑均尚存。又明吴国光《重修赤湾天妃庙记》则说是:"永乐八年钦差中贵张源使暹罗始立庙。"[②]这里应理解为张源使还之后,才修庙答谢。另外,明崇祯《东莞县志·坛庙》复载:"天妃庙,一在海月岩,永乐六年,内官张元建。"此志载张元

---

① 张一平:《赤湾天后宫》,香港:海峰出版社 1998 年版。

② 同上。

当即张原之同音异字,可见张源修庙不止赤湾南山一处。此外,《天妃显圣录》中还有《东海护内使张源》一则故事,张源此次出使榜葛刺,《明实录》和《明史》也均未明载。

四是张谦使团:据《太宗实录》和《明史·渤泥传》记载,永乐六年八月,渤泥国王麻那惹加那率王妃及弟妹并陪臣来朝,不料于同年十月病逝于会同馆,明廷予以厚葬于南京安德门外石子冈。嗣又册封其嗣子遐旺袭继王位,并依其恳请,于十二月遣中官张谦、行人周航护送回国。张谦等在渤泥国住了一年多,至永乐八年九月,渤泥国王才"遣使从谦等入贡谢恩"。《天妃显圣录》把天妃默佑张谦事系于永乐七年,节使名字亦有改动:"本年又差内官张悦、贺庆送渤泥国王回,舟中危急,祷神无恙;归奏,奉旨差官致祭。"此后,自永乐十三年至洪熙元年又四入贡,张谦似亦参与来回护送。明顾珀《泉州天妃宫记》:"国朝永乐十三年,少监张谦使渤泥,发自浯江,实仗神庥,归奏朝,鼎新之。"①明王镇中《泉州天妃宫记》亦称:"泉州之宫,内使张谦建也。"《天妃显圣录》称"(永乐十三年)十一月又委内官张源到庙御祭一坛",似乎也是张谦被误书作张源的。张谦出使前曾到湄洲天妃庙致祭。《天妃显圣录》:"永乐十六年,又差内宫张谦到庙御祭,着本府官员陪祭。"

五是杨敏使团:费信《星槎胜览》卷首行程表称:"永乐十年随奉使少监杨敏等往榜葛刺等国开读赏赐,至永乐十二年回京。"这位杨敏既是佛教徒,又是天妃信众。他在永乐十二年刊印《太上老君说天妃救苦灵验经》卷末题跋云:"大明国奉圣内官杨敏,法名佛鼎,于永乐十年十月十二日钦承上命,率领官军船只往榜葛刺等国开读营运公干。于永乐十一年四月初四日行至安得蛮洋,遇值风飓大作,要保人船平安,恭礼圣前,启许印施《天妃灵验经》一藏,计五千四十八卷,是许之。果蒙圣力护佑,风波减息而无虞,瞻仰四桅之上,神灯降照,惟圣感应如电如雷。敏不负盟,命工锓梓印施。"另外《明史·暹罗传》还有永乐十七年命中官杨敏等护送暹罗国来使回归的记载。

六是甘泉使团:据《明史·满剌加传》记载,满剌加国王于永乐九年来朝,成祖盛情款待,并厚赐之。"十年夏,其侄入谢。及辞归,命中官甘泉偕往。"《太宗实录》永乐十年九月丁酉条录:"满剌加国王拜里米苏剌侄里撒麻兰札牙等辞归……仍遣中官甘泉往赐拜里米苏剌。"《天妃显圣录》亦将甘泉记作天妃圣徒:"永乐十三年,钦差内官甘泉送榜葛刺国王,海中危急,祷祝获安,诣庙改祭。"但按《明史》记载,榜葛刺老王于永乐十年薨逝,明朝尝"遣官往祭,封嗣子赛忽丁为王。十二年,嗣王遣使奉表来谢,贡麒麟及名马、方物。明年遣侯显赍诏其国,王与王妃、大臣皆有赐"。所以,甘泉不可能于永乐十三年使其国。揣摩以上文意,甘泉似为永乐十二年陪护榜葛刺国使回

---

① (清)黄任、郭赓武:《泉州府志》卷一六,清乾隆年间刻本。

国。核对雍正初改编的《天后显圣录》，果然已改为"永乐十二年钦差内官甘泉送榜葛刺国王"（按：应加"使者"）。

七是侯显使团：侯显是《明史》除郑和之外唯一立传的外交太监，称他"五使绝域，劳绩与郑和亚"。《太宗实录》永乐十三年秋七月甲辰条录："遣侯显等［使］榜葛刺诸王国，赐国王绒锦、纹绮、绫绢等物。"侯显祭祀天妃事亦载于《天妃显圣录》："永乐十三年，钦差内官侯显往榜葛刺，往来危险，祈祷屡助显应，奉旨诣庙致祭。"迨永乐十八年，榜葛刺被邻国沼纳朴儿侵略，国王赛忽丁向明朝控告，当年九月，侯显复奉命往沼纳朴儿宣谕罢兵，并赐金币。

八是杨洪使团：《天妃显圣录》："宣宗宣德五年，钦差太监杨洪等出使诸外国，神功加佑，风波无虞，特遣官祭告。"同书又载《庇太监杨洪使诸番八国》一则："宣德五年十二月，钦差太监杨洪统领指挥、千百户及随从人等，驾船大小三十只，装载彩币，赏赐阿丹、暹罗、爪哇、满刺加、苏门答刺、木骨都束、卜刺哇、竹步八国，虔恭奉祀天妃，朝夕拜祷保佑……归奏上，奉旨赍香致祭。"据史料记载，宣德五年冬正是郑和、王景弘出使十七国的出发时间。如《通番事迹之记》碑："宣德五年冬，复奉使诸番国，舣舟祠下。"祝允明《前闻记》更考定郑和从南京启程的日期是"宣德五年闰十二月六日。"[①] 故同年同月似不可能另遣杨洪出使八国，何况所谓杨洪所使之八国亦均在郑和所使十七国的行列中。故而，所谓杨洪出使和郑和出使应为同一回事。复查郑和二碑的副使名单有洪保、杨真二人，或许就是《显圣录》编者移借作杨洪之名的源头。

（原载《莆田学院学报》2004 年第 2 期）

---

① （明）祝允明：《前闻记》，丛书集成初编本。

台湾妈祖信仰起源新探[①]

蒋维锬

莆田学院妈祖文化研究中心

海神妈祖崇拜,是台湾地区最普遍的一种民间信仰。据台湾相关资料显示:"自大陆分香来台后之妈祖分灵之多,已超过二千多宫。"[②] 台湾民间妈祖信仰之所以如此普及,是有其特定的社会历史原因的。由于其起源多与移民开发宝岛紧密关联,所以台湾早期分灵妈祖被称为"开台妈祖"。但是,由于早期移民史料的匮乏,清代修的台湾方志又不明确记载清以前的庙宇建置,所以仍有一部分台湾学者不同意清康熙统一台湾之前岛上已有妈祖庙建置的推测,甚至认为连明代建的澎湖娘妈宫也早已被荷兰殖民军烧毁,到施琅进攻澎湖时已不复在。为此,本文从史料实证出发,对台湾地区妈祖信仰起源略抒管见。

一、明代的澎湖娘妈宫

澎湖被称为台湾的门户,是台湾地区最早开发的外岛。据史籍记载,至迟在南宋澎湖群岛已有批量的闽南移民定居,并隶晋江县管辖,南宋淳熙间成书的《皇朝郡县志》已称之为"泉州外府"。元初,中国政府在澎湖设立巡检司。现在马公市天后宫,是台湾地区最早的妈祖庙,俗称娘妈宫。马公之名即由妈宫音变而来。关于娘妈宫的肇创年代,由于史料不敷尚难确定。按民间传说和移民史推论,澎湖的妈祖信仰可溯源于宋元间。但因明洪武时为防倭曾"徙其民于近郭,其地遂墟"[③],故即使前已有庙,香火也已中断。那么明代的庙宇创建于何时呢?据1983年台湾有关部门公布15处一

---

① 基金项目:福建省教育厅科研基金项目(JA03130S)。

② 台湾寺庙整编委员会:《全国佛刹道观总览·天上圣母专辑》,台北:桦林出版社1987年版,第91页。

③ (明)黄仲昭:《八闽通志》卷七,福建人民出版社1989年版。

级古迹的文告称:"澎湖娘妈宫建于明初时,嘉靖四十二年(1563)扩建。"但未公布资料来源。笔者揣测这一认定可能与明代抗倭名将俞大猷率师抵澎有关。据康熙《福建通志·台湾府沿革》:"嘉靖四十二年流寇林道乾扰乱沿海,都督俞大猷征之,追及澎湖,道乾入台,大猷侦知港道纡回,水浅舟胶,不敢逼近,留偏师驻澎湖岛,时哨鹿耳门外,徐俟其弊。"这是明朝重新管治台澎地区的第一次记录。首任台湾知府蒋毓英主纂的《台湾府志》卷三"澎湖三十澳":"妈宫里余,有城曰暗澳城,明俞大猷所建,今坏。"① 这里虽无俞氏修天妃庙的直接记载,但俞氏也是一位天妃信众,故其修庙的可能性是存在的。在此后的隆庆二年(1568),俞氏在奉命追剿海盗曾一本时,就曾祷告于天妃曰:

> 钦差镇守广西地方总兵官征蛮将军都督府署都督同知俞大猷谨率大小将领,以牲醴祭于敕封天妃娘娘之神曰:剧贼曾一本,横行海上,毒害生灵,……今大猷等统领舟师,会合闽师,始战于铜山,贼已丧败而走;再攻之拓林,尚期首从尽歼。②

另外,明董应举致福建巡抚南居益的书信,也可证实万历三十二年(1604)之前澎湖确有天妃宫建筑:"澎湖港如葫芦,上有天妃宫,沈将军折韦麻郎处也。"③

1919年马公天后宫重修时,出土一块刻有"沈有容谕退红毛番韦麻郎等"碣,证实了史料的记载。沈氏亦天妃信众,此前一年,他奉檄南征盘踞在南澳岛的倭寇,亦先祷告于天妃,许愿重修庙宇,后果获全胜,即还愿重修了浯屿天妃宫,并立《重建天妃宫记》碑。④

至于董应举致信的历史背景则是:天启二年(1622),荷印公司妄图用武力夺取西班牙人占领的马尼拉和葡萄牙人占领的澳门连遭失败后,又改道抢占澎湖。在该岛的西南端建筑了堡垒,还"在中国沿岸数里之内进行掠劫,烧毁一些村庄和中国船只"⑤。荷兰殖民者的暴行激怒了所有中国人,身为工部侍郎的董应举(福建籍)乃致书巡抚南居益,举沈有容斥退红夷为范例,鼓励南氏采取强硬手段对付侵略者。南氏果不负所望,经过周密筹划,终于"遣兵破红夷,焚其城,献俘奏捷"。这场反侵略战争始于天启四年"五月二十八日到娘妈宫前相度夷城地势",制订"先攻舟,后攻城"的作战方案,旋于"六月十五日誓师进攻",至七月初二破敌舟师。初三日,荷兰"牛文来律遂竖白旗,差通事和夷目至娘妈宫哀禀……,乞缓进师,容运粮米上船,即拆城还城"。至

---

① (清)蒋毓英、高拱乾、范咸:《台湾府志三种》,中华书局1985年版,第65页。

② 蒋维锬:《妈祖文献资料》,福建人民出版社1990年版,第102页。

③ 同上书,第135页。

④ 同上书,第123页。

⑤ (明)威廉·庞德古:《难忘的东印度旅行记》,厦门大学郑成功历史调查研究组《郑成功收复台湾史料选编》,福建人民出版社1982年版,第67页。

十三日,筑于风柜的城堡果"尽行拆毁,夷船十三只,俱向东番遁去"。这是娘妈宫一名首次出现在史籍上。南居益在向朝廷奏捷中把这次胜利归功于"庙灵默佑,将吏同心"(以上见《熹宗天启实录》卷四七引《两朝从信录》),故即使娘妈宫被荷兰人毁损,笃信"庙灵默佑"的水师官兵也定会予以修复的。

明天启后至清康熙统一台湾前澎湖天妃宫的沿革,据蒋毓英《台湾府志》载:"天妃宫,在东西卫澳,澳前有案山,其澳安澜,可泊百余艘,系郑芝龙建,伪藩更新之,今其灵尤赫濯焉。"[①] 有趣的是继蒋《志》之后的三部康熙间修的志书,即郑开极《福建省志》、高拱乾《台湾府志》和王元文《台湾府志》均照抄蒋《志》原文而仅删去"系郑芝龙建,伪藩更新之"十字。这显然是故意隐瞒郑氏祖孙与天妃信仰的关系。据相关史料揣测,郑芝龙重建天妃宫似在明崇祯间。即芝龙自崇祯元年就抚之后,相继在剿盗和驱荷上连连获胜,终于成为闽海的实际统治者。而澎湖自然是他的重要据点之一,所以在此时扩建天妃宫最为适宜。此后,郑家也就成为澎湖天妃宫的檀越主。据江日升《台湾外纪》载,郑成功和郑经父子渡台后均曾驻跸于天妃宫[②],至于蒋《志》所谓"伪藩更新之",当是指郑经最后一次重修天妃宫,时间是康熙三年(1664)。康熙二年冬,荷兰人波特率舰队协助清军攻克厦门、金门,企图以此换取清军助其夺回台澎。不想,清军在克服厦、金之后却不再进攻台湾。波特忿忿不平,于翌年二月单方挥师突袭澎湖。岛上郑军不敌暂时逸去;荷军亦不敢久留,竟焚娘妈宫离去。同年三月上旬,郑经率部抵澎湖,乃采纳洪旭建议,决定设重镇镇守澎湖,"就妈祖宫设立营垒,左右峙中置烟墩炮台,令薛进思、戴捷、林升等守之"[③]。

二、颜郑时期的"船仔妈"

关于台湾本岛妈祖信仰的发轫年代,台湾多数学者和民间信众都认定:在明郑之前,随着闽粤移民的拓垦和定居,岛上几个开发较早的地区,已有妈祖香火的供奉和祠庙的建立。台湾民间习惯把祖先们请到船上护航的妈祖称作"船仔妈"。那么,大陆东渡移民究竟起于何时呢? 以闽南地区现存族谱资料考察,早在明嘉靖时,闽南沿海地区就陆续有人渡海到台湾从事商渔谋生。迨1602年,随沈有容将军剿倭抵达台湾的陈第在所著《东番记》中载:"始皆聚居滨海,嘉靖末,遭倭焚掠,乃避居山……居山后,

---

① (清)蒋毓英、高拱乾、范咸:《台湾府志三种》,中华书局1985年版。

② (清)江日升:《台湾外纪》卷一一至一三,《台湾文献丛刊》第60种,台北:台湾银行经济研究室1960年版。

③ 同上书,第232页。

始通中国,今则日盛。漳、泉之惠民、充龙、烈屿诸澳,往往译其语,与贸易。"① 从上记载说明自嘉靖至万历间,已有在台湾从事商贸和渔业活动的闽南人群体,他们与高山族原住民交往密切。但这个时期的移民基本上是零散自发的行为,而且大部分是来往于两岸的商民和渔民,真正定居从事垦殖者为数甚少,故不可能形成移民社区。而真正有组织的规模移民,则开始于明末启祯期间,至清初郑成功收复台湾之前,曾出现过两次移民高潮。

第一次有组织的移民,是始于天启元年,以颜思齐、郑芝龙为代表的海上船队自日本长崎移驻台湾西南部笨港地区,时值闽南饥荒,漳、泉沿海饥民陆续渡海投奔,人数增至两三千人。颜氏乃立十寨以居,从事垦殖,这是台湾历史上的第一个汉人社区。天启五年(1625),颜思齐病卒,郑芝龙继领其众,并着力于海上经营,终于成为东南沿海实力最大的海上武装集团。崇祯元年(1628)郑芝龙接受朝廷招抚,官封五虎游击将军。时值福建沿海苦旱,巡抚熊文灿采纳芝龙提议,由郑氏出资"招饥民数万人,人给银三两,三人给牛一头,用海舶载至台湾,令其芟舍,开垦荒土",以秋季收成,"纳租郑氏"。② 这样,郑氏便成为台湾垦地的佃主。而这也是历史上第一次有官方背景的有组织的规模移民。

继颜、郑之后,荷兰人也于1624年被迫从澎湖转移到台湾。起初,他们仅在大员(安平)港筑一寨堡暂作据点,其意图还是想方设法到近海地区与中国商人进行走私贸易。但当时闽海船舶俱为郑芝龙所控制,所有海上贸易都要通过郑氏转手或缴纳税金。郑芝龙就抚后,便为朝廷(其实更主要是为自己)去征剿其他海盗,而荷兰人为讨好郑氏以取得海上贸易地位,也曾出兵协助剿寇。迨崇祯三年(1630),朝廷发觉郑、荷互相勾结,即下旨令郑征荷。郑氏为表忠心,遂联合诸镇大破荷人于闽海。③ 荷人在闽海无法立足,遂转而专心经营台湾。荷人先在赤嵌筑城设市,并采取免税等优惠政策,吸引中国人、日本人到台贸易。继而逐步向北蚕食、推进,把势力扩展到笨港。郑芝龙既无法插足台湾,便顺水推舟把地盘"税与红夷为互市之所"。④ 用郑成功的说法是:"我父一官将此地借给荷兰人。"⑤ 荷人的优惠政策起了很大作用,到1646年开征人头税时,据荷方长官向总督报告,台湾汉人已有一万人左右。⑥ 迨至郑成功收

---

① (明)陈第:《东番记》,沈有容《闽海赠言》,《台湾文献丛刊》第56种,台北:台湾银行经济研究室1959年版。
② (明)黄宗羲:《赐姓始末》,厦门大学郑成功历史调查研究组《郑成功收复台湾史料选编》,福建人民出版社1982年版,第7页。
③ (明)邹维琏:《达观楼集》卷一八,四库全书存目丛书本。
④ (清)施琅:《靖海纪事》,福建人民出版社1983年版,第21页。
⑤ (明)威廉·庞德古:《难忘的东印度旅行记》,厦门大学郑成功历史调查研究组《郑成功收复台湾史料选编》,福建人民出版社1982年版,第261页。
⑥ 江树生:《荷据时期台湾汉人人口变迁》,台湾北港朝天宫《妈祖信仰国际学术研讨会论文集》,台湾北港朝天宫1997年版。

复台湾之前,据荷兰最后一任长官揆一的报告,在台湾已形成一个"除妇孺外,拥有二万五千名壮丁的殖民区"。① 考虑到早期移民携带眷属的不很多,估以 20% 计算,那么在台汉人总数当不下 3 万人。这个数字,跟施琅疏称"查自故明时,原住澎湖百姓有五六千人,原住台湾者有二三万"的估计,基本上口径一致。②

关于从颜、郑至荷据时期台湾汉人的宗教信仰情况,中国典籍未见记载。但西方资料却不乏其书。如 1650 年住在台湾的苏格兰人 David Wricht 实地调查记录汉族移民崇拜的神祇多达 72 位,其中有尊女神就是妈祖:

> 第三十九个神是女神,称为 Nioma(娘妈),也有人称为 Ma zou(妈祖)。她出生于 Houkong 地方的一个城市 kotzo,她父亲是 Houkong 地方的总督。这个娘妈决定她终身不嫁,并去住在 Piskadores 岛或称 Viss-ohers Eiland(渔翁岛),当地人称之为 Pehoe(澎湖),位于 Linie 北边二十三里,距离福摩沙十二里;在那里她很神圣并很可惜地结束了她的一生。她的雕像照她生前大小被立在那里的庙里,并雕有两个女侍,一个在右边,一个在左边,每一个都手里拿着一把扇,用以覆盖在娘妈的头上,她们也一起过神圣的生活。她还有两个鬼灵受她指挥。她被中国人当作有能力的女神供奉膜拜,甚至没有一个皇帝不来恭敬跪拜这个娘妈的。为尊敬这个娘妈而设立的最大祭日是第三个月的二十三日,那时僧侣从全国各地来她所在的那地方朝圣进香……③

另一篇是 1660 年被派往台湾的荷印公司雇员,瑞士人何布列特·赫波特(Albreht Herport)所著《台湾旅行记·台湾的宗教》(图学圃译):

> 其中的一个好像魔鬼,有个很大的头,除了手脚上有弯曲的爪外,其余的部分则像人。他威武地坐在椅上,中国人称他为 Joossi。另一个神,坐在椅子上的右边,其姿态和服装都像一个中国的老人。中国人以为他是他们的始祖。在 Joosi 的左方的神,是个女人,中国人以为她是船和舵的发明者,她看见鱼摆尾的样子而造了船,中国人每逢出航或回来的时候,必定要祭她。④

另外,台湾尚有一座魍港天妃宫,据说是明崇祯间应郑芝龙招募到台湾垦殖的

---

① (明)威廉·庞德古:《难忘的东印度旅行记》,厦门大学郑成功历史调查研究组《郑成功收复台湾史料选编》,福建人民出版社 1982 年版,第 122 页。
② (清)施琅:《靖海纪事》,福建人民出版社 1983 年版,第 53—54 页。
③ 江树生:《荷据时期台湾汉人人口变迁》,台湾北港朝天宫《妈祖信仰国际学术研讨会论文集》,台湾:北港朝天宫 1997 年版。
④ 《台湾经济史三集》,《台湾研究丛刊》第 34 种,台北:台湾银行经济研究室 1956 年版。

外九庄移民所创祀的,因庙处八掌溪出海口,河川多次改道,原庙被洪水冲毁无以查考,民间传说该庙遭水冲时,神像被荷兰兵抢放于炮台内,故俗称"衙门妈"。该庙后移建于嘉义县布袋镇,称魍港大圣宫。宫内一尊古老木雕神像,1995年经台湾有关部门鉴定为明末雕像。[①] 颜郑时期台湾从大陆分灵妈祖的民间传说还有一些见表1。

表1 台湾民间传说颜郑时期从大陆分灵的妈祖

宫庙及传说分灵或建宫年代	传说分灵来源地
嘉义新港奉天宫（1622）	船户刘定国,湄洲
嘉义璹宿上天宫（1624）	随颜、郑来台先民,湄洲
嘉义魍港太圣宫（崇祯年间）	应募先民,湄洲
台南麻豆护济宫（明末）	应募先民,湄洲
台南盐水护庇宫（1623）	糖郊崇兴行,湄洲

三、明郑时期的"护军妈"

清初郑成功收复台湾,则是台湾历史上规模最大的一次移民潮。据施琅《尽陈所见疏》:"郑成功新带去水陆伪官兵并眷口共计三万有奇,为伍操戈者不过四千。"把以上四笔数字累加起来,约有六七万人。按闽南水师官兵和船员普遍信仰妈祖的传统习俗,台湾民间把这个时期入台的妈祖称"护军妈",以别于颜、郑时期的"船仔妈"。关于"护军妈"的传说则集中反映在鹿耳门妈祖助潮的故事中。按民间传说大意是,鹿耳门港道狭窄而淤浅,荷人又事先打沉一批夹板船堵塞港口,使大船不能进出。但经郑军上下向妈祖祷告,是日潮水竟加涨丈余,使郑军船只顺利进港,让荷方猝不及防。可是在史料中,如杨英《从征录》、阮旻锡《海上见闻录》等书,均仅记是日潮水意外加涨事,未涉及向天妃祷告之说。而唯一记祷告事的《台湾外志》,亦未点明与天妃有关。

当日潮水加涨丈余应是事实,作为既承天命的郑成功自可能认为是天意所赐,而作为郑军中的广大妈祖信众,则无疑会认为是妈祖神灵默佑。郑氏时期台湾从大陆分灵妈祖的民间传说不少,见表2。

---

① 石万寿:《台湾的妈祖信仰》,台北:台原出版社2000年版。

表 2　台湾民间传说郑氏时期从大陆分灵的妈祖

宫庙及传说分灵或建宫年代	传说分灵来源地
台北北投官渡宫（1666）	先民,湄洲
苗栗中港慈祐宫（1658）	先民,湄洲
苗栗后厝龙凤宫（1661）	郑成功部将,湄洲
彰化天后宫（内蚂祖,1676）	先民,湄洲
云林二仑天后宫（1664）	先民,湄洲
云林斗六长和宫（1666）	先民,湄洲
云林蕾薯厝顺天宫（1668）	先民,湄洲
嘉义嘉义朝天宫（1677）	泉州人从大陆奉神像来
嘉义朴子配天宫（1682）	先民贩货大陆,湄洲
台南鹿耳门天后宫（1661）	郑成功护军妈,湄洲
嘉义开台天后宫祖庙（1661）	郑成功护军妈,湄洲
台南下茄冬泰安宫（1659）	大陆商人,湄洲
台南山上天后宫（1661）	郑部护军改屯垦守护神
台南善化茄拔天后宫（1661）	先民随郑氏渡台,湄洲
台南永康盐行天后宫（1661）	郑部将陈永华,湄洲
台南安定苏厝谓婆宫（1667）	林姓先民,湄洲
台南茅港天后宫（1677）	先民,湄洲
台南西港玉敕庆安宫（1661）	随郑部来台先民,湄洲
高雄路竹天后宫（1671）	先民,湄洲
高雄桥头乡天后宫（1674）	先民,湄洲
高雄大树和山寺（明郑时期）	南安陈有德随军奉像来
屏东慈凤宫（明郑时期）	高僧,湄洲

　　不过,台湾至少有三座妈祖庙可以确认建于明郑时期。一座是安平天妃宫。蒋毓英《台湾府志·庙宇》:"天妃宫二所,一在府治镇北坊赤嵌城南,康熙二十三年台湾底定,将军侯施同诸镇以神有效顺功,各捐俸鼎建……一在凤山县治安平镇渡口。"蒋氏是台湾首任知府,如果两座庙都是在他任上建的,而且地点均在附郭内,那么必然会统一记载其创建来历。该书同卷《渡桥》又载:"台湾府渡,在安平镇天妃宫。"安平天妃宫就建在渡口,而此渡原属台湾府直接管理的要口,天妃宫就是船户们集资兴建的,必然已有相当时日。此外,《靖海纪事》附载陈庭焕（惕园）《施襄壮受降辩》一文也证明安平天妃宫在施琅入台之前已存在:"克塽降表之来,在襄壮驻师澎湖之日,非亲授受也。及襄壮入台湾,克塽迎见天妃宫,握手开诚,矢不宿怨,以安众心。礼待优

厚,出郑氏之望外。"①这里明确无误地记载郑克塽是在安平天妃宫迎接施琅的。《台湾文献丛刊》铅印本《靖海纪事》中缺收《施襄壮受降辩》一文,本文所引福建人民出版社铅印本系据浙江嘉业堂所藏光绪元年施葆修(施琅裔侄孙)重刊本点校的。安平天妃宫建于明郑之说,早在1919年,日人相良吉哉编刊的《台南州祠庙名鉴》中就有记载:"本庙的祭神,原来是郑成功渡台时从湄洲奉来的,庙是康熙七年创立的,被称为开台之祖,相传郑成功的信仰相当深。"②

另一座是小妈祖宫,即今台南开基天后宫。该宫为民间所建小庙,故郑氏省志和高氏府志均缺载。蒋毓英《台湾府志·庙宇》亦未作记载,但在《渡桥》中却留下一条很重要信息:"西港仔渡,在小妈宫口。"说明当时在各渡口奉祀妈祖已成为一种民俗。迨康熙五十九年(1720)王礼纂《台湾县志·寺庙》则明确记载:"小妈祖庙,开辟后,乡人同建,在水仔尾。"所谓"开辟后"即指郑成功开辟台湾之后。继之,谢金銮等《续修台湾县志·坛庙》亦载:"天妃庙,所在多有……其附郭者,如镇北坊水仔尾,俗呼小妈祖宫,则始初庙也。"所谓"始初庙"显然是针对施琅入台后首建之府治天妃宫(即大天后宫)而说。另外,该宫现存一尊木雕神像,背上刻有"崇祯庚辰年湄洲镌造"。台湾学者李献璋认为"无可争辩它是台南最早的妈祖庙"。③

第三座是今高雄旗后妈祖宫。该宫尚存一件康熙三十年(1691)所立的《垦耕契文》,首段曰:

> 立开垦旗后庄人徐阿华,于康熙十二年自置一小渔船,住綮捕鱼为业。船因风飚逃入旗港。该旗一带沙汕,并无居民。华睹此地近海,捕鱼甚为简便,先搭盖一小楼,暂蔽风雨。后则同渔人洪应、王光好……各盖一草寮,在旗捕鱼,共计十余家。居民均属浅鲜,阴盛阳衰,光殁肆出。爰是公议,既有建庄住家,未免建立庙宇保护,四处捐缘,集腋成裘,随置妈祖宫一座,坐西南,向东北,众祀妈祖婆为境主。④

此件台湾学界公认为真迹,可证明该宫创建于康熙十二年(1673)。此外,台湾地方志所载康熙间官建的妈祖庙,其历史事实也应该是在民间先建小庙的基础上重新扩建的。如鹿耳门庙,方志记载是"康熙五十八年各官捐俸同建",但康熙四十年代的台湾地图上已标示当地有妈宫一座。故台湾著名学者李献璋等认为鹿耳门在明郑时代已

① (清)施琅:《靖海纪事》,福建人民出版社1983年版,第17页。
② 李献璋:《妈祖信仰研究》,澳门海事博物馆1995年版,第196页。
③ 同上。
④ 曾玉昆:《妈祖与旗后天后宫三百年沧桑》增订本,高雄:旗后天后宫1990年版。

建妈祖庙是可信的①。又台北关渡宫,方志记载是"康熙五十一年通事赖科鸠众建",而该宫开山碑记云:"干豆妈祖,于康熙五年七月,以茅立庙,名曰天妃宫。"因此,赖科也是在民间私建的小庙基础上重兴和扩建的。

（原载《莆田学院学报》2005 年第 1 期）

---

① 李献璋:《妈祖信仰研究》,澳门海事博物馆 1995 年版。

清代御赐天后宫匾额及其历史背景

蒋维锬

莆田学院妈祖文化研究中心

宋、元、明三代朝廷对妈祖神灵的推崇,一般采用褒封和谕祭两种形式,待到清朝,复加上颁赐御书题匾这一形式(宋、元、明各曾赐庙额一次,事与题匾不同),且自康熙始创,至光绪终止,承传八帝,蔚为传统。但其中流传最广、影响独大的仅数雍正四年颁赐的"神昭海表"匾,其余则多因历史沧桑,原物无存,史料湮没而流传不永,甚或以讹传讹,真假莫辨。为此,拙文以近年所搜集到的文献记录为基础,对有清一代御赐匾额及其历史背景,略作归纳汇考。

一、平定台湾和海上缉盗

1. 平定台湾

清朝前期(1683—1788),朝廷为维护国家统一,曾多次对台湾用兵。由于执行战争任务的福建水师官兵都是信奉妈祖为保护神,故在往返渡海及战争过程中,往往从军中传出许多妈祖显灵助师的神话,而作为统帅者,自然也乐意利用这类神话当作凝聚军心、鼓舞士气的原动力,不仅极力宣传,还将之上奏朝廷,请求褒嘉。所以,御赐匾额是康、雍、乾三朝皇帝所开创的一种褒嘉形式。乾隆后,台湾政局趋于稳定,不再对台用兵,赐匾也随之暂停。但到晚清同光年代,台湾又出现小波动,朝廷也再有限用兵。属此背景的赐匾计有 7 次 8 匾。简介如下。

(1)康熙二十三年(1684)赐台湾府天妃庙"辉煌海滋"匾。原福建水师提督,加封靖海侯的施琅在平定台湾郑氏政权后,为安抚郑氏部属和台湾民心,特将明宁靖王朱术桂的官邸改建为天妃宫。这是台湾岛上第一座由官方鼎建的妈祖庙,故施琅即奏请颁赐御书匾额。此匾在台南大天后宫。蒋毓英《台湾府志》卷六《庙宇》记此匾来历甚详①,赐匾得到确证。

（2）雍正四年（1726）赐湄洲、厦门、台湾天后宫"神昭海表"匾一面。康熙六十年,台湾发生朱一贵领导的反清暴动,清廷命福建水师提督施世骠（施琅的从侄）率师渡台平暴。施渡台不久即因疾作而卒于军中,遂由台湾总兵蓝廷珍接替督师。翌年,民暴甫平,蓝氏尚未奉旨凯旋,康熙帝已驾崩于京。新皇帝雍正因忙于巩固帝位的运作,亦无暇顾及对台抚恤。待到雍正三年,朝廷方命监察御史禅济布偕吏科给事中景考祥一同巡视台湾。禅、景返京后即具表呈奏,中称"臣等仰恳圣恩亲洒宸翰,制成匾额,臣等请恭摹为三,一奉于天后原籍圣祖敕建之祠,一悬于厦门镇祠中,一悬于台湾府祠中。不特海神增光,俎豆翼载无疆,且使梯山航海负气含生之众,无不就日瞻云、共仰天颜于咫尺矣"②。当年十月,蓝廷珍奉旨趋阙觐见,又"面奏神功灵验,请乞赐赠匾联"。雍正四年五月十一日,由"内阁交出天妃神祠匾额御书'神昭海表'四字"。御书后来复制三份,分挂于湄洲、厦门和台湾府城庙。③

（3）雍正十一年（1733）赐福州南台天后宫"锡福安澜"匾一面。雍正十年夏,台湾北路大甲西部几个村社的原住民联合暴动,郝氏闻报后调兵遣将,剿抚并施,克期奏捷。十一年二月,兵部为郝氏请功,议加三级。郝便乘机奏请赐匾:"……上年土番不法,臣玉麟钦遵谕旨,调兵安抵台湾,克期奏捷,是皆皇上敬礼神明,得邀天后弘施庇护,感应之理昭然不爽。查福建省城南台地方襟江带海,商船云集,旧有神祠,为万民瞻礼之所,恳求圣恩俯照湄洲等处并颁御书匾额,敕令春秋祭祀。"④ 事经礼部议题,乃奉旨依议。至于御书的文字,则据乾隆二年郝玉麟亲自监修的《福建通志》:"十一年,又准总督郝玉麟奏,赐'锡福安澜'匾额于省城南台神祠,并令江海各省一体葺祠致祭。"⑤ 这样湄洲、厦门、台湾和福州的天后宫都有了御匾。

（4）乾隆五十二年（1787）赐湄洲天后宫"翊灵绥祐"匾、厦门天后宫"恬澜贻贶"匾各一面。其背景是:乾隆五十一年冬,台湾发生历史上规模最大的民暴,即由林爽文率领的天地会成员攻占彰化县城,杀死知府、知县等数十名官员,震惊了朝野。乾隆帝先令闽浙总督常青督师入台平暴,另调两广总督李侍尧接替闽督。嗣因常青督师不力被撤换,乃改特调陕甘总督福康安以钦差协办大学士衔办理将军事务,领兵入台镇压暴动。在整个平暴战役中,乾隆帝一直对天后保佑寄予厚望,曾一再告诫常青、李侍尧、福康安等帅臣要虔敬奉祀。另复降谕:"著交李侍尧即查明附近海口,向于何处建有庙宇,最称显应之处,如稍有倾圮,即另行修葺完整,以肃观瞻。并将该处应用

---

① （清）蒋毓英:《台湾府志》,《台湾府志三种》上册,中华书局 1985 年版,第 123 页。
② 蒋维锬、杨永占:《清代妈祖档案史料汇编》,中国档案出版社 2003 年版,第 4—5 页。
③ （清）林友胜:《天后显圣录》,清雍正刻本。
④ 蒋维锬、杨永占:《清代妈祖档案史料汇编》,中国档案出版社 2003 年版,第 43 页。
⑤ （清）郝玉麟:《福建通志》卷六〇,文渊阁四库全书本。

匾额,开明尺寸奏闻,候联亲书,颁发悬挂,用昭虔敬。"①待李侍尧查明复奏后,乾隆帝即"御书天后庙匾对各二分","送福建交与徐嗣曾将一分送天后本籍兴化府内安奉,其一分于厦门海口天后宫内敬谨悬挂,以昭绥佑。"②而这两副匾文据嘉庆《重修一统志·仙释》载:"天后,世居莆之湄洲屿……乾隆五十二年赐'翊灵绥佑'额"③又"(泉州)天后宫"条载:"……在同安县厦门海口,本朝乾隆五十二年奉敕重修,御书匾额曰'恬澜贻贶'。"④

(5)乾隆五十三年(1788)赐台湾沿海口岸天后宫"佑济昭灵"匾一面。福康安于乾隆五十三年四月平息天地会暴动后,又奏称凯旋官兵分批内渡具获安全,乾隆帝览奏即降谕旨:"据福康安等奏海洋三四月间风力平和,四月前尽可全数撤竣。仰荷灵祇默佑,官兵安稳遄归,允宜增益鸿称,褒崇封号,著于旧有封号上加增'显神赞顺'四字,用答神庥而隆妥佑,并再书匾额一面,交福康安等于沿海口岸庙宇应悬挂处敬谨悬挂。"⑤此匾所题之文字亦据《嘉庆重修一统志》:"五十三年加'显神赞顺',赐'佑济昭灵'匾额。"此方御匾主要由福康安安排悬挂于台湾两座新建庙宇。一座是鹿港新祖宫。福康安闻知乾隆再赐御书匾后,于六月初三奏折中称:"上年由崇武澳径度鹿仔港,风帆恬利,因于鹿仔港宽敞处所恭建天后庙宇。今驻防兵丁等即在港口被风,遇危获安,叠征灵异。请将奉到御书匾额交徐嗣曾即在鹿仔港新建庙内敬谨悬挂。"⑥另一座是台南海安宫。据《续修台湾县志》:"海安宫在西定坊港口,乾隆五十三年钦差大臣嘉勇公福康安偕众官公建,郡守杨廷理成其事。庙内御书匾曰'佑济昭灵'。有文武官员列名碑记。"⑦但事实上,此匾在台湾已被许多妈祖庙复制悬挂。

(6)同治四年(1856)赐福建天后庙"慈航福晋"匾一面。据本年御赐匾额录档有"慈航福普一写赐闽浙总督左宗棠请付天后庙匾一面"的条录。又本年《旨意题头清档》亦有:"五月初一日由军机处发下福建天后庙匾对一方,交兵部附本日印封递交闽浙总督一等恪靖伯左祗领"的记载。⑧按:左宗棠此次请匾极可能与对台用兵有关。即同治元年底,台湾发生戴万生领导的民暴,占彰化,陷斗六,围嘉义,形势一时紧张。朝命左宗棠等调兵镇压,但因台湾官员互相诿过,事延至同治三年初才生擒戴万生。接着平暴官军又乘胜追剿另一股遁至北投内山的暴动队伍,到同治四年初这支

① 蒋维锬、杨永占:《清代妈祖档案史料汇编》,中国档案出版社2003年版,第96页。
② 同上书,第100页。
③ (清)廖鸿荃:《嘉庆重修一统志》第2377册,文渊阁四部丛刊本。
④ (清)廖鸿荃:《嘉庆重修一统志》第2378册,文渊阁四部丛刊本。
⑤ 蒋维锬、杨永占:《清代妈祖档案史料汇编》,中国档案出版社2003年版,第109页。
⑥ (清)《钦定平定台湾纪略》卷六二,文渊阁四库全书本。
⑦ (清)谢金銮:《续修台湾府志》卷二,道光元年刻本。
⑧ 蒋维锬、杨永占:《清代妈祖档案史料汇编》,中国档案出版社2003年版,第328页。

队伍的首领洪枞才被击毙。至此全台肃清,官军亦从三月始内渡。所以,左宗棠奏请赐匾的时间与台湾平暴告竣是吻合的,其赐匾亦是由兵部系统递交闽督的。

(7)光绪十五年(1889)赐台东州天后宫"灵昭诚佑"匾。据《台东州采访册》记载:"天后宫,在马兰街,光绪十五年,统领镇海后军各营屯东湖张提督兆连建。其前一年,土匪、逆番之叛,后屡著灵,张提督详请巡抚刘铭传奏请颁给匾额,有经历高爵、训道刘春光、巡检陈炳熙等撰碑可稽……宫中恭悬御颁'灵昭诚佑'匾,额中摩刻御宝,旁未刻月日。"①按:光绪十四年,发生于台湾东部后山卑南的小规模山胞暴动,很快被清军所镇压,朝廷为坚持既定的"开山抚番"政策,没有扩大军事镇压规模。主将张兆连因功升为记名提督,遂创建天后宫,以利用宗教信仰来安抚山胞,并报请台湾巡抚刘铭传转奏朝廷颁赐御匾。但因此事件太小,清宫档案迄未发现有相关记录。《台东州采访册》所记主要依据光绪十七年所立的高、刘、陈联名撰写的《卑南天后宫碑记》,该碑尚存天后宫内。②

2. 海上缉盗

嘉庆间,闽浙海域的武装海盗集团实力不断扩大,几成燎原之势。朝廷为平息海氛付出了沉重代价,直到嘉庆十四年海上武装首领蔡牵被击落水身亡,海上才重新恢复平静。在此期间,嘉庆帝曾屡颁藏香敕谕闽浙督抚官员敬谨致祭天后,但为此赐匾,据已知史料记录仅一次,即:

嘉庆五年(1800)赐浙江台州天后宫匾一面。据本年七月初八日军机处奉上谕:"阮元等奏艇匪猝遇飓风打坏船只,官兵乘机奋击一折……此皆仰赖神明默佑海疆,欣慰之余,益深钦感。发去藏香二十枝,该抚即敬诣天后宫、龙王堂供奉祀谢;并将两处庙宇匾额查明尺寸具奏,俟御书发往悬挂,用答神庥。"③复据孙星衍《重修台州府松门山天后宫龙王堂碑记》亦谓嘉庆五年,浙江巡抚阮元以会剿海盗告捷奏报朝廷,"乃俞抚臣所请,发藏香,葺神庙,御书匾额悬于天后宫、龙王堂"④。但此次赐匾文字亦未详。

二、册封琉球和庇佑漕运

1. 册封琉球

清承明制,自康熙二年(1663)开始遣使册封琉球中山国王,至同治五年(1886)

① (清)胡传:《台东州采访册》,《台湾文献丛刊》第81种,台北:台湾银行经济研究室1960年版。
② 黄典权:《台湾南部碑文集成(附台湾东部碑志)》,《台湾文献丛刊》第218种,台北:台湾银行经济研究室1966年版。
③ 蒋维锬、杨永占:《清代妈祖档案史料汇编》,中国档案出版社2003年版,第137—138页。
④ 蒋维锬:《妈祖文献资料》,福建人民出版社1990年版,第280—281页。

最后一次册封,前后历二百零四年,凡八封。由于册封使船渡海要仰赖妈祖庇护,所以册封前后朝廷每有谕祭、褒封之举措,而从第六次册封始,又增添赐匾之举。

(1)嘉庆十四年(1809)赐福州怡山院天后宫"昭佑孚诚"匾额一面。此次赐匾即由册封琉球使臣齐鲲等所奏请。据本年二月十五日军机大臣字寄福建巡抚张师诚:"奉上谕,前日册封使臣齐鲲等回京复命,奏称封舟过海,迎请天后暨陈尚书、挈公神像于舟中供奉,甚著灵应,并查明福建五虎门内怡山院天后宫为谕祭祈报之所,其陈尚书、挈公于该省南台亦各有专庙,据该处庶民人等呼求御书匾额等语。此次册封琉球使臣封舟往返平安迅速,实昭灵贶,兹发去御书匾额三分,著张师诚接奉后,即于各该处敬谨悬挂,以期寰海永恬,普邀神庇。"①陈尚书即宋代莆田人陈文龙,福州民间祀为水神。清嘉庆开始,册封琉球使舟增奉陈尚书和挈公为天后之陪祀神。

(2)道光十九年(1839)赐福建省天后庙"福佑瀛壖"匾一面。据军机处录存册封使林鸿年奏片:"此次自琉球内渡途中两次猝遇风暴,正在汪洋万顷之中,人力莫施,举舟惶悚,臣等虔诚祈祷,皆获化险为平,舟人金为神助圣朝,宣灵赞顺,同声欢颂,感凛万分。伏查天后之神在我朝夙昭灵贶,叠荷加封,此次转危就安,显应彰著,合无仰恳皇上天恩,再晋赐加封号,并求御书匾额,颁发福建地方官恭慕悬挂。"复查同年御赐匾额录档有:"福佑瀛壖——写赐福建省天后庙请讨匾一面。"②

(3)同治六年(1867)赐福建天后庙"惠普慈航"匾一面。据同治六年四月初四日内阁奉上谕:"据册封琉球使臣赵新等回京复命奏称,海舟往返适遇风浪陡作,幸赖天后、尚书、挈公、苏神默佑,化险为平,实昭灵贶,著南书房翰林恭书匾额四方,发交闽浙总督、福建巡抚接奉后,即虔诣各庙中敬谨悬挂,以答神麻。钦此。"复查同年御赐匾额录档亦有"惠普慈航——写赐琉球国使臣赵新请讨天后庙用扁一面"之记录。③

2. 庇佑漕运

清代南粮北调原来是利用京杭大运河航道,迨道光五年,因洪泽湖决口,河道受阻,遂议改用海运,航线是从上海黄浦江到达天津港。道光六年,第一次海上漕运安抵天津后,承办者江苏巡抚陶澍奏请为妈祖加封,诏加"安澜利运"四字。有的宫庙亦把这四字复制成匾额悬挂。为漕运而赐匾的凡8次。

(1)道光二十八年(1848)赐江苏省天后庙"宣慈利运"匾一面。据本年六月初九日内阁奉上谕:"李星沅等奏连年海运米石均邀神佑,请加封号、匾额一折:上年商米、捐米,本年苏、松、太等属漕、白二米,俱由海运……沙船先后放洋顺速抵津,并无一船松舱伐桅之事,利漕安澜,览奏实深钦感。著发去大藏香十柱,交陆建瀛祇领,遣员

---

① 蒋维锬、杨永占:《清代妈祖档案史料汇编》,中国档案出版社2003年版,第194页。
② 同上书,第260—263页。
③ 同上书,第351—352页。

分诣各处神庙敬谨祀谢。天后叠彰灵应，曾屡加封号，兹两载恬澜，显应益著，著礼部察例拟加封号，候朕酌定，并发去御书匾额，交该督抚敬谨悬挂，以答神庥。"① 当年御书匾额录档有"宣慈利运——写赐天后庙用匾一面"记录。

（2）咸丰二年（1852）赐江苏省天后庙"神功济运"匾一面。据咸丰《起居注册》记载，本年九月十五日皇帝对两江总督陆建瀛奏为天后等加封、赐额一折的上谕："天后屡彰灵应，叠加封号，此次海运利漕安澜，显应尤著，着礼部察例拟加封号，候朕酌定，并发去御书匾额，交该督抚等敬谨悬挂，以答神庥。"查本年御书匾额录档有"神功济运——写赐天后庙匾一面"记录。②

（3）咸丰三年（1853）赐福建台湾府天后宫"德侔厚载"匾一面。据《起居注册》记载，咸丰三年七月二十四日内阁奉上谕："王懿德奏神灵显应，恳请加封并颁匾额一折：台湾洋面近年以来极为平静，凡船只往返安稳收帆，鲜有失事，上年饷船分泊各口，起运未久即飓风大作，同深庆幸。此皆天后灵佑昭垂，朕心实深寅感，允宜加崇封号，以申虔敬。所有应加封号，著礼部谨拟具奏。朕即亲书匾额一方，交该署督派员赍诣台湾府城天后宫敬谨悬挂，以答神庥。"③ 本年御书匾额录档有"德侔厚载——写赐福建天后宫用匾一面"记录。

（4）咸丰三年（1853）赐浙江省城天后宫"海瀅流慈"匾一面。据本年八月二十六日浙江省巡抚黄宗汉奏折："浙省漕粮本年举行海运，事属创始，一切事宜均参酌苏省旧章办理。""而米船放洋以后，自南至北，远隔重洋，一切风帆能否顺利，则必仰赖神灵默为呵护。""兹据天津局委员具报，浙省漕米六十余万石，共装四百余船，均于六月中旬全数抵津，总收完竣，各船行驶迅速，毫无疏失。"为此，黄之奏折请求按江苏省成例为浙江省天后庙等御赐匾额。复当年御书匾额录档有"海瀅流慈——写赐浙江天后宫用匾一面"记录。④

（5）咸丰五年（1855）赐清口惠济祠"安流锡祜"匾一面。据咸丰五年御书匾额录档有"安澜锡祜——写挂惠济祠殿内东边前隔扇上向北匾一面"条录。同年油木作清档亦载："八月二十四日员外郎诚基、懋勤殿太监张德喜交御书匾一面（原注：安流锡祜，高二尺四寸，宽六尺三寸），传旨：惠济祠殿内东边前隔扇上向北用匾一面，三寸双钉，草绿锦边在外，钦此。"⑤ 按此次请匾奏折未见，揣测必为河运安畅即请御赐。

（6）咸丰五年（1855）赐江苏省天后庙"恬波利运"匾一面。据本年十二月初

① 蒋维锬、杨永占：《清代妈祖档案史料汇编》，中国档案出版社 2003 年版，第 267—274 页。
② 同上书，第 276—277 页。
③ 同上书，第 285—286 页。
④ 同上书，第 288—289 页。
⑤ 同上书，第 297 页。

九日内阁奉上谕:"邵灿奏海运获神佑,请加封号并颁匾额一折。本年江苏海运沙船全数安抵天津,收兑迅速,此皆神灵默佑,朕心实深寅感,允宜崇加封号,以申虔敬……并颁御书匾额一方,交该漕督赍诣天后庙敬谨悬挂,以答神庥。"查同年御书匾额录档有"恬波利运——写赐漕运总督邵灿请讨江苏天后庙匾一面"记录。①

(7)咸丰七年(1857)赐福建闽县天后宫"风恬佑顺"匾一面。据本年七月二十八日闽浙总督王懿德等《为神灵显应请钦颁匾额》奏折:"窃臣等接据福州知府叶永元、署福防同知钟峻会详:咸丰三年钦奉谕旨采办米石运赴天津,惟自闽至津,逆流而上,必须南风司令方可扬帆北驶,此次各帮米船放洋之日均已交秋令,风汛已逾时,经该府等虔诣闽县南台冯巷天后宫及泗洲铺尚书陈文龙竭诚斋祷,以期早应京需,果于米船放洋之后,随即陡转南风,俾各船一律抵津,倍形迅捷,往返极为稳渡,人船均获平安。详请奏恳钦颁匾额,以酬神贶。"这是历史上唯一记载由闽江口直运天津港的事迹。同年九月十六日内阁果奉上谕:"兹发去御书匾额二方,著交王懿德、庆端虔诣南台及泗洲铺各庙中敬谨悬挂,以答神庥。"查同年御匾录档有"风恬佑顺——写赐福建闽县天后庙匾一面"和"效灵翊运——写赐福建闽县陈尚书庙匾一面"条录。②

(8)光绪二十二年(1896)赐上海天后宫"泽被东瀛"匾一面。据《上海县续志》:"光绪十七年,海运绅董王宗寿以办运又及二十届,历邀神助,呈请奏颁匾额;二十二年颁'泽被东瀛'匾额。"按此次赐匾之相关档案史料亦未查到,但《上海县续志》刊于1918年,距赐匾时间甚近,姑从其说。

三、官民御灾和华侨助赈

1. 官民御灾

由于妈祖信仰在民间的影响不断扩大,其所传播的灵应功能亦愈益增广,即由航海保护神发展为全能的御灾捍患、卫国保家之女神。故愈到晚清,赐匾愈是频繁。地方督抚官员动不动即奏请赐匾,朝廷则无不俞允。另外,由于档案史料残缺不全,有的赐匾具体因由未详,亦暂归此类。总其类达10次。

(1)道光十六年(1836)赐浙江省城天后庙"恬波昭贶"匾一面。据本年御书匾额录档载有"恬波昭贶——写赐浙江天后庙匾一面"条录③,但相关奏折等档案史料迄未发现,故详情有待考证。

(2)同治四年(1865)赐天津大沽口天后宫"赞顺敷慈"匾一面。据御书匾额

① 蒋维锬、杨永占:《清代妈祖档案史料汇编》,中国档案出版社2003年版,第299—301页。
② 同上书,第310—317页。
③ 同上书,第247页。

录档载有"赞顺敷慈——写赐五口通商大臣崇厚请讨天津大沽口天后神位匾一面"条录。① 同时还有赐海神庙、风神庙题匾各一方,而崇厚之原奏档案未发现。

（3）同治十三年（1874）赐江苏省金山、华亭等县天后庙"泽普沧瀛"匾一面。据本年五月十七日内阁奉上谕:"张树声奏华亭等县修筑海塘,神灵佑护,请颁匾额一折,江苏华亭、金山等土石各塘近年兴筑之时,屡遭风涛,叠邀神灵呵护,化险为平,塘工赖以告竣,实深寅感。朕亲书匾额三方,交张树声祗领,分别悬挂金山嘴天后、风神、龙神庙,用答神麻。钦此。"② 同年御书匾录档有"泽普沧瀛——写赐江苏巡抚张树声请讨江苏华亭、金山等县天后庙用匾一面"条录。

（4）光绪四年（1878）赐广州北海、琼州海口天后庙匾一面。据本年八月十六日广东巡抚刘坤一奏折:"（广州）北海、（琼州）海口向有天后神庙,前次洋匪滋扰海面,经官绅诣庙叩祷,即行歼灭;以及历来飓风骤起,旱魃为灾,均叩神庇,借获顺平……据实奏请钦颁匾额,以昭灵贶。"③ 此本于同年十一月十六日经由"军机大臣奉旨,钦此。"可知已准奏。但其御题匾字尚不详。

（5）光绪七年（1881）赐四川省天后宫匾一面。据本年三月二十三日内阁奉上谕:"丁宝桢奏神灵显应、请颁匾额等语,四川南部县上年七月间雨水太多,致伤禾稼,经该地方官等虔诣天后宫设坛祈祷,遂即开霁,获庆有秋……著南书房翰林恭书匾额各一方,交丁宝桢祗领,颁发各庙敬谨悬挂,以答神麻,钦此。"④

（6）光绪七年（1881）赐台湾各天后宫"与天同功"匾一面。据本年十月十五日内阁奉上谕:"何璟、岑毓英奏神灵显应,本年六月暨闰七月间,台湾沿海地方迭遭飓风狂雨,势甚危急,经官绅等诣庙虔祷,风雨顿止,居民田庐不致大有伤损,实深寅感。着南书房翰林恭书匾额一方,交何璟等祗领,敬谨悬挂,以答神麻,钦此。"⑤ 复据《德宗实录》卷一三八:本年十月十五日条录:"以神灵显应,颁台湾各属天后庙匾额曰'与天同功'。"⑥

（7）光绪八年（1882）赐奉天省安东县天后庙匾一面。据本年十二月十五日户部尚书崇绮奏折,此次奏请赐匾之神庙包括天后、关帝、城隍、龙王、江神、海神诸庙,其理由是"荷诸神之效灵,水旱蜚贼灾患悉除,时和年丰,群情感载,洵属有裨民生,核与崇德报功之义相符。"⑦ 但此次赐匾的具体文字未见记载。

---

① 蒋维锬、杨永占:《清代妈祖档案史料汇编》,中国档案出版社 2003 年版,第 329 页。

② 同上书,第 357 页。

③ 同上书,第 368—371 页。

④ 同上书,第 388 页。

⑤ 同上书,第 391 页。

⑥ （清）翰林院书录编辑处:《清德宗实录》,中华书局 1987 年版。

⑦ 蒋维锬、杨永占:《清代妈祖档案史料汇编》,中国档案出版社 2003 年版,第 398 页。

（8）光绪十一年（1885）赐山海关天后宫匾一面。据《旨意题头清档》载油木作呈稿："光绪十一年七月十八日由军机处发下山海关海神庙、天后宫匾额一方，交兵部速交直隶总督李祗领。"① 但李鸿章原奏及御匾录档的文字均未发现。

（9）光绪十二年（1886）赐天津大沽口天后宫匾一面。据《旨意题头清档》载油木作呈稿："光绪十二年八月初五日发下天津大沽口天后宫、菩萨庙、海神庙匾额各一方，交兵部速交直隶总督李祗领。"② 有关本次赐匾的原奏及御匾录档等相关档案亦未发现。

（10）光绪十三年（1857）赐台湾笨港天后宫"慈云洒润"匾一面。据本年二月二十四日内阁奉上谕："刘铭传奏神灵显应，上年该地方自春徂夏雨泽愆期，田禾枯槁，经该官绅诣庙虔祷，甘霖立沛，岁获有秋，实深寅感。著南书房翰林恭书匾额一方，交刘铭传祗领，饬属分诣悬挂，以答神庥，钦此。"③ 另据《德宗实录》卷二三九二月二十七日条录："以神灵显应，颁福建台湾嘉义县……天后宫匾额曰'慈云洒润'。"④

2. 华侨助赈

清末，由于朝政腐败，国库亏空，赈灾无力，每遇重大自然灾害，除求祷于神明外，还派遣有号召力的绅商到南洋各埠向华侨劝捐助赈。如今档案史料尚留下三件以华侨助赈之功奏请为南洋会馆天后宫颁赐御匾的记录。

（1）光绪五年（1829）赐潮州会馆关帝、天后御匾各一面。据本年四月初二日丁日昌关于《南洋华商捐赈请颁匾额》的奏折略谓：因晋、豫奇荒，广筹赈款，曾派富绅陈占鳌等到南洋各埠募得赈款三万零九百三十三两之钜，而在前往劝捐时曾祷于粤东潮州会馆关帝、天后，幸邀神贶，往返顺利，因之于恳颁给该会馆关帝、天后御书匾额各一方。五月十五日军机处奉旨："潮州会馆崇祀关帝、天后，仰邀灵贶，著南书房翰林恭书匾额各一方，交丁日昌祗领，转发该绅商等敬谨悬挂。至该处绅商捐资助赈，实属好义急公，著丁日昌传旨嘉奖，钦此。"⑤ 但所赐匾字的附录档案迄未发现。

（2）光绪二十五年（1899）赐新嘉坡潮州会馆天后宫"曙海祥云"匾一面。据本年四月十五日两广总督谭钟麟奏折略称，旅居新嘉坡潮州籍侨民"凑集捐银六千两请转解山东助赈，为薄资微不敢仰邀奖叙，惟往来海上恒赖天后默佑，风波无惊，敬恳奏请恩颁匾额于新嘉坡天后庙，以酬神贶"。同年四月二十九日奉朱批："著南书房翰林缮写匾额一方，交谭钟麟等转行给领悬挂，钦此。"⑥ 此次匾文之附录档案亦未发现。

① 蒋维锬、杨永占：《清代妈祖档案史料汇编》，中国档案出版社 2003 年版，第 402 页。

② 同上书，第 404 页。

③ 同上书，第 405 页。

④ （清）翰林院书录编辑处：《清德宗实录》，中华书局 1987 年版。

⑤ 蒋维锬、杨永占：《清代妈祖档案史料汇编》，中国档案出版社 2003 年版，第 381—383 页。

⑥ 同上书，第 408 页。

但新加坡潮州会馆至今尚存一面"曙海祥云"的御匾。

（3）光绪三十三年（1907）赐新嘉坡福建会馆天后宫"波靖南溟"匾一面。据本年七月初一宫中油本作呈稿有军机处发下御匾三方的记录，其中"天后庙匾额一方，交署闽浙总督崇祗领"①。按此次赐匾的关联档案未发现。但新加坡天福宫原属福建会馆，宫内现存题书"波靖南溟"御匾。匾额上方雕饰为两条金龙，前爪共捧一个铜制圆筒，内装有黄绢书写的匾文真迹。该宫曾特邀北京文物鉴定专家罗哲文等当场鉴定，确认为宫中原物。

四、皇帝巡幸和新修宫庙

1. 皇帝巡幸

乾隆皇帝不仅喜好出宫巡游，而且所到名胜之处皆要留下御题，传及嘉庆，亦偶幸近畿留题。两朝临幸天后宫的题匾，已查得史料记录有 5 次 11 匾。

（1）乾隆八年（1743）题山海关天后宫"珠宫涌现"匾。本年乾隆帝东巡，途经山海关驻跸，游老龙头，为天后宫题匾。《大清一统志》："天后宫，在临榆县永佑寺西，乾隆八年，皇上御书榜额曰'珠宫涌现'。"②

（2）乾隆十六年（1751）题清口惠济祠"福佑河漕""协顺资灵""道光玉宇""继述平成""风帆沙屿"匾各一面。京杭大运河流经江苏淮安府清河县的黄、淮交汇处号称清口，临河堤建有天妃祠，明代赐额"惠济"，清沿其称。清口是明、清两代运河漕运的枢纽，明正德帝和清康熙、乾隆二帝南巡均曾临幸。乾隆十六年，第一次南巡即亲临惠济祠致祭，并为全庙各殿、龛遍题匾额和对联。乾隆敕撰的《钦定南巡盛典》淮安府名胜条记载如下：

> 惠济祠在淮安府清河县，祠临大堤，中祀天妃，正德二年建，嘉靖中赐额曰"惠济"……乾隆辛未，御书祠额曰"福佑河漕"，曰"协顺资灵"，曰"道光玉宇"……又御书惠济祠后殿额曰"继述平成"，曰"风帆沙屿"。③

（3）乾隆二十二年（1757）题苏州三会馆天后宫"德孚广济""祥飚慈应""灵佑恬波"匾各一面。本年乾隆帝第二次南巡。据《钦定南巡盛典》载，此次亦先到清口，并御书"惠济"庙额。然后驻跸苏州，为三座福建会馆天后宫御题匾额、对联。其题三山会馆之匾曰："德孚广济。"题霞漳会馆匾曰："祥飚慈应。"邵武会馆之匾曰：

---

① 蒋维锬、杨永占：《清代妈祖档案史料汇编》，中国档案出版社 2003 年版，第 411 页。

② （清）和珅：《大清一统志》卷一四，文渊阁四库全书本。

③ （清）乾隆：《钦定南巡盛典》卷八四，文渊阁四库全书本。

"灵佑恬波。"①

（4）乾隆四十五年（1780）题南京栖霞山天后宫"利济安澜"匾一面。本年乾隆帝第五次南巡。在驻跸南京栖霞山行宫时，尝"御笔摩崖书'太古'，又最高峰天后庙额曰'利济安澜'。"②

（5）嘉庆十三年（1808）题天津天后宫"垂佑瀛壖"匾一面。据《重修一统志》："天后宫在天津县东门外小直沽，元泰定三年八月作天妃宫于海津镇即此，本朝乾隆四十九年修，嘉庆七年重修，十三年仁宗睿皇帝巡幸天津，御书额曰'垂佑瀛壖'。"③

2. 新修宫庙

雍正十一年礼部为闽省南台天后祠颁匾事题本中曾提议："凡江海处所，俱受天后庇护弘施，其建有祠宇而未设祀典之处，亦应如该督抚所请，行令各该督抚照例春秋致祭。……如省城未曾建有天后祠宇，应令查明所属府州县原建天后祠宇择其规模宏敞之处，令地方官修葺，照例春秋致祭，其祭祀动用正项钱粮，造册报明户部核销。"④ 此后，各省督抚多有主持新建或整修妈祖庙宇之举，而一旦新庙落成，便奏准赐匾。兹据档案记载，此类赐匾有4次。

（1）乾隆三十二年（1767）赐山东济宁天后宫"灵昭恬顺"匾一面。据本年五月初七日河道总督李清时奏折："窃照济宁城旧有天后殿宇，规模不大，设像奉祀，灵应昭然。臣因庙宇倾颓，曾经略为修整。前因三月间在天津行宫面恳圣恩赏其匾额，以隆祀典，仰蒙皇上御书'灵昭恬顺'四字颁赐悬挂。臣随照式钩摹制就匾额送至天后庙内，择吉于五月初七日悬挂正中。"⑤

（2）嘉庆元年（1796）赐广州天后宫御书匾额一面。据本年九月二十三日内阁抄录署两广总督朱珪题本："臣看得粤东广州府城五仙门内天后庙创自前朝，于今为烈，省会商民，奉为香火，神威赫奕，惠庇海隅，洋舶风飐，尤彰灵应。据两广盐运使常龄会详称庙内墙栋坏烂，捐廉倡率各商购料重修完竣，会详题请御赐匾额，以光庙宇而昭灵贶。"当年十一月二十五日大学士董浩为此奏题本："臣等议得天后神灵最称显应，既已重新庙貌，用答神庥，自宜特赐天章，聿光祠宇……应请如该署督所题，钦赐匾额，候命下之日，臣部移交内阁撰拟匾额字样进呈，恭候钦定行文该督遵照办理。"二十七日"奉旨依议。"⑥ 但此件匾文尚不详。

（3）同治七年（1868）赐闽省天后宫"德施功溥"匾一面。据同治七年四月初

---

① （清）乾隆：《钦定南巡盛典》卷八八，文渊阁四库全书本。
② （清）乾隆：《钦定南巡盛典》卷八七，文渊阁四库全书本。
③ （清）廖鸿荃：《嘉庆重修一统志》第2231册，文渊阁四部丛刊本。
④ 蒋维锬、杨永占：《清代妈祖档案史料汇编》，中国档案出版社2003年版，第47页。
⑤ 同上书，第94—95页。
⑥ 同上书，第120—122页。

五日内阁奉上谕:"沈葆桢奏新建天后神宫请颁匾额等语,天后神灵夙昭显应,我朝封号叠加,钦崇备至,兹当闽省神宫落成,尤冀长承灵贶。著南书房翰林恭书匾额一方,交沈葆桢祗领,敬谨悬挂。"本年御赐匾额录档有"德施功溥——写赐福建船政大臣沈葆桢请讨福建天后庙用匾一面"的条录。① 按受赐之庙可能是福建船政衙门所在的福州马尾天后宫。

(4)光绪十年(1884)御赐上海天后宫匾额一面。上海天后宫原在小东门外的黄浦江畔,清末因其地被划入法租界而改建为码头,官方的祭祀活动只好改在商船会馆天后殿举行。光绪五年,出使俄国大臣崇厚鉴于当时出国使臣皆从上海乘船出发,便疏请重建上海天后宫,以便于出使大臣致祭,并将其附属建筑作为出使行馆。嗣因资金落实困难,一直延至光绪十年才建成。新庙落成后,时任两江总督兼通商大臣的曾国荃即奏请赐匾。据当年十二月三十日内阁奉上谕:"曾国荃奏重建天后宫告成请颁匾额一折。天后素著灵应,江苏上海县重建天后宫于本年闰五月一律竣工,著南书房翰林恭书匾额一方,交曾国荃祗领,敬谨悬挂,以答神庥。"② 但这块匾额在 1977 年天后宫落架移建时已下落不明,故其匾文亦不详。

（原载《莆田学院学报》2005 年第 4 期）

① 蒋维锬、杨永占:《清代妈祖档案史料汇编》,中国档案出版社 2003 年版,第 354 页。

② 同上书,第 401 页。

历代敕建妈祖庙考略

蒋维锬

莆田学院妈祖文化研究中心

敕建庙宇,是封建朝廷对神祇褒嘉的最高规格(其他褒嘉方式还有褒封、赐额、谕祭等),故为数甚少。其程序有二:一是由皇帝直接下旨敕建,一是由臣下具奏,经皇帝批示后,敕命建造(包括创建、重建或修建)。而凡敕建之庙即属国家建设项目,其经费一般全部或大部由朝廷拨公帑开支。根据史料记载元、明、清三个朝代敕建妈祖庙共11座,考略如下:

一、元代的敕建妈祖庙

元代敕建三座天妃宫集中在泰定年间,其历史背景是:元朝建都大都(北京),京畿军需民食之粮绝大部依靠从江南漕运。而自至元二十年(1283)试行海运至泰定年间(1324—1328),漕粮年运量由60万石递增至超300万石。首都粮食供应压力愈大,朝野上下对天妃护漕的期望也就愈加殷切。因此,自泰定三年至五年连续敕建3座天妃宫。

1. 元泰定三年敕建小直沽天妃宫(西庙)

《元史·泰定帝纪》:"泰定三年七月甲辰,遣使祀海神天妃。八月辛丑,作天妃宫于海津镇。"[①] 这是唯一被列入正史《帝纪》记载的一座妈祖庙,自当为敕建之庙。清康熙徐乾学编的《资治通鉴后编》记得更详细一些:"辛丑,帝次中都畋于翁果察图之地,作天妃宫于海津镇。"[②] 按:此庙即今之天津天后宫,因其坐落在海河西岸,俗称西庙;又由于与下游大直沽天妃宫相对应而称小直沽天妃宫。宫门上的"敕建天

① (明)宋濂:《元史》卷三○,中华书局1983年版。

② (清)徐乾学:《资治通鉴后编》卷一六六,文渊阁四库全书本。

后宫"五字,则是"乾隆乙巳"（1785）把宫门前移再建时题写的,故改"天妃"为"天后"。

2. 元泰定四年敕建苏州天妃宫

《古今图书集成·职方典·苏州府祠庙考》:"天妃宫,在北寺东。宋元祐间创。元泰定四年敕建。明嘉靖二十二年又敕赐重建。""宋元祐间创"一语系指神在原籍的初祀年代,如同书同卷另一条引洪武《苏州府志》作:"宋元祐间庙食于闽。"乾隆《江南通志》也有相同记载,并说明是"海道都漕万户府奉旨敕建"①。按:苏州原有宋建妈祖庙,元代海道都漕万户府设在平江路（即苏州）,乃因旧庙太狭小,不便于官方大规模祭祀,故奉旨敕建新庙。黄向《天妃庙迎送神曲》:"泰定四年春正月,海道都万户府初建天妃庙。……先是,因前代之旧,寓祠于报国寺庑下,偪陋喧湫,弗虔展谒。府帅赵公贵莅事,长帅迷的失剌公及诸佐贰谋用克协,得地九亩,购而营之。"②

3. 元泰定五年敕建大直沽天妃宫（东庙）

明任天祚《重修敕建灵慈宫天妃碑记》:"传至延祐,兹大直沽乃古建天妃灵慈宫。我国初,岁取东南之粟以实京师,以天下至险莫过于海,天下至计莫重于食,海运粮储,舟航无虞,神之阴佑默相者万万也,因其古庙而扩大之,立以奉祀。弘治时,每每显化,又敕命重修而更新之。"③按此碑既题"重修敕建灵慈宫",应当是指元代敕建之庙,而至明弘治又"敕命重修而更新之"。但碑文中又只说:"传至延祐……乃古建天妃灵慈宫。"故延祐创庙时是否为敕建,仍然不详。又查元危素《河东大直沽天妃宫碑记》:"护国利民广济福惠明著天妃祠,吴僧庆福主之,泰定间弗戒于火,福言于都漕万户府,朝廷发官帑币钱,使更作焉。"此碑明确记载泰定间朝廷发官帑重建,当属敕建。其具体时间可能是泰定五年,因庆福既为"吴僧",他自然了解去年万户府奏请敕建苏州天妃宫之事,故即抓住这一机遇请求万户府再为东庙奏请敕建。这一年又逢泰定帝驾崩,当年文宗立朝,改元天历,故泰定五年即天历元年。翌年,赐额"灵慈",故东庙原名"敕建灵慈宫"。该碑还续记至正十一年该庙继嗣主僧福聚以修庙告海道万户逯公鲁,"逯公以文书至户部,监察御史海岱刘公真、工部郎中鲁郡白公守中交章以达中书,发钱八百五十缗……为之一新。"④若将以上二碑之记串并起来意即:东庙奉敕重建于元泰定五年,到至正十一年又奉敕重修,明弘治间再度敕修。

---

① （清）赵宏恩、尹继善、黄之隽等:《江南通志》卷四四,文渊阁四库全书本。
② 蒋维锬:《妈祖文献资料》,福建人民出版社1990年版,第30页。
③ 同上书,第108页。
④ 同上书,第52页。

二、明代的敕建妈祖庙

明代敕建两座天妃宫均在永乐时期,其历史背景则皆为郑和下西洋。郑和船队在开洋前有三个驻点:首先是在首都南京的宝船厂下水,其次是到达靠近长江出海口的太仓刘家港装载,最后是沿海岸线驶抵福建长乐港候风开洋南下。据郑和所撰二方碑记,南京和长乐天妃宫皆由郑和所奏建,而刘家港天妃宫原已"创造有年",郑和"每至于斯,即为葺理"①,故也就无须奏请敕建。

1. 明永乐五年敕建南京天妃宫

明永乐《御制弘仁普济天妃宫之碑》:"……咸曰此天妃神显示灵应,默加佑相。归日以闻,朕嘉乃绩,特加封号曰'护国庇民妙灵昭应弘仁普济天妃',建庙于都城之外,龙江之上,祀神报贶。"②郑和《天妃灵应之记》碑:"昔尝奏请于朝廷,纪德太常,建宫于南京龙江之上,永传祀典,钦蒙御制记文,以彰灵贶,褒美至矣。"③敕建的时间和事由,即永乐五年(1407)郑和第一次下西洋归来奏请。《明一统志》:"天妃庙在府治西北二十五里,永乐五年建,赐名弘仁普济天妃宫。"④《明会典》、《礼部志稿》等亦有相似记载。该庙工程宏大,至永乐七年才建成,故丘濬《重修京都天妃宫碑记》说:"乃永乐己丑之岁,诏中贵郑和,建宫祠神于南京之仪凤门。"⑤但清康熙《江宁府志》却错把永乐御制碑记的时间当作敕建的时间:"天妃宫,在狮子山下,仪凤门外。明帝遣使海外,飓风黑浪中,赖天妃显灵,永乐十四年敕建斯宫。"⑥

2. 明永乐十年敕建长乐南山天妃宫

据宣德六年(1431)郑和《天妃灵应之记》碑:"若长乐南山之行宫,余由水师累驻于斯,伺风开洋,乃于永乐十年奏建,以为官军祈报之所,既严且整。"可见该宫之建,也是事前奏明皇帝俞允的。在此之前,郑和曾在长乐文石创建一座天妃宫。据《长乐文石志》:"天妃庙建于明永乐七年,太监郑和往西域取宝,厥后朝廷遣天使封琉球中山王,俱在此设祭开船。"⑦明郭汝霖《广石庙碑记》:"旧传自永乐内监下西洋创焉。"⑧按文石原名广石,明末才改称。可见郑和原是在广石建庙祭祀,后来才另选南山

---

① (清)钱谷:《吴都文粹续集》卷二八,文渊阁四库全书本。
② 俞明:《御制弘仁普济天妃宫之碑帖》,南京出版社 1999 年版。
③ 蒋维锬:《妈祖文献资料》,福建人民出版社 1990 年版,第 63 页。
④ (明)李贤、彭时:《大明一统志》卷六,文渊阁四库全书本。
⑤ 蒋维锬:《妈祖文献资料》,福建人民出版社 1990 年版,第 74 页。
⑥ (清)陈开虞、邓旭、白梦鼐:《康熙江宁府志》卷三二,清康熙年间刻本。
⑦ (清)高文:《长乐文石志》,清道光抄本。
⑧ 蒋维锬:《妈祖文献资料》,福建人民出版社 1990 年版,第 99 页。

三峰塔下为敕建之庙址。

三、清代的敕建妈祖庙

清代奉敕修建的妈祖庙有6座。与元、明两代皆是由一个皇帝在单一历史背景下敕建不同,清代的敕建涉及康熙、雍正、乾隆、嘉庆四个皇帝,时间跨度长达一百多年,其历史背景也相应是多元性的。如康熙朝是为统一台湾,雍正朝是为祈保浙江海塘,乾隆朝是由于平定台湾民暴,嘉庆朝则为的是祈祷消弭黄河水患。

1. 清康熙二十二年敕建湄洲天妃宫正殿

据《天妃显圣录》等记载,康熙二十一年(1681),清廷决定发兵平台,福建总督姚启圣曾差官到湄洲祖庙致祝许愿,"恳祷阴光默佑,协顺破逆"。并特委兴化府知府苏昌臣"到湄设醮致祭,随带各匠估置木料,择吉起盖钟鼓二楼及山门一座"。迨康熙二十二年七月底定台湾,姚启圣因"奉颁恩敕前至台湾,因少西北正风,又恐逗诏命,自福省放舟于八月二十三日亲到湄诣庙具疏神前,虔祝顺风,愿大辟宫殿,以报神功。于是神前拈阄,准将东边朝天阁改为正殿"。姚之祝文,亦载于《天妃显圣录》。[1] 由于姚启圣以总督加太子太保、兵部尚书衔,故民间一直到把西轴线的正殿称为"太子殿"。按:姚启圣这次"大辟宫殿"之举是否曾上奏朝廷,原始档案迄未发现。但雍正三年(1726)巡台御史禅济布奏折及礼部尚书赖都题本则都认定为康熙敕建:"经臣施琅恭疏具题,圣祖仁皇帝敕建天妃神祠于其原籍兴化府莆田县湄洲,勒有敕文,以纪功德。"[2] 故此事尚有待于档案史料的进一步证实。

2. 清雍正八年敕建海宁海神庙天妃阁

清宫档案存雍正七年十一月十五日浙江总督李卫奏折:"本年九月间,复奉特恩发帑十万两兴建海神庙,此诚皇上怀柔百神,为民赐福,千古未有之盛典。又缘海洋神祇之中,天妃为最,除各项虎廊屋舍外,大殿自应列祀司海诸神,又须后面寝宫,并风伯雨师坛宇,其天妃阁并当另为创建壮丽,是以地基尚觉未敷,续后再行设法充拓。"[3] 雍正八年三月二十九日李卫又上《启呈庙工图式恭请圣鉴指示》一折:"南省所称海洋灵神惟天妃为最,历朝俱有褒崇,康熙十九年曾加封号。闽浙土人称为妈祖,在洋遇险,祈求随声而应,故海船出入之口岸,莫不建庙奉祀,而闽广苏州等处,庙貌辉煌,且内有楼阁台池,山石花木,极具华藻。今奉特旨启建大工,钱粮又多,自必更加壮丽,以肃观瞻。拟于正殿之东,另建天妃阁,而筑风云雷雨坛之后,再用水仙楼以配之。是否有

---

① 蒋维锬:《妈祖文献资料》,福建人民出版社1990年版,第196—197页。

② 蒋维锬、杨永占:《清代妈祖档案史料汇编》,中国档案出版社2003年版,第2—7页。

③ 同上书,第10—14页。

当,恭候睿鉴钦定。"① 按:浙江海宁海神庙本来主祀伍员、钱镠等五位海神,而李卫认为"海洋神灵惟天妃为最",海宁的海塘又是杭、嘉、湖、苏、松、常六郡之保障,故拟在海神庙东边另建一组华丽壮观的天妃阁建筑群。李卫所进《庙工图》今存中国第一历史档案馆。

3. 乾隆二十二年敕修福建闽安镇天后庙

清宫档案存乾隆二十二年二月二十七日大学士陈世倌等《遵旨议奏动修福建闽安镇天后庙题本》:"臣等伏查福建闽安镇天后庙自康熙二十四年奉旨敕建,崇祀多年,于乾隆二年风灾案内该抚汇题请修,越今二十余载,庙宇倾颓,难妥神灵,题请修理。查乾隆二十年六月初七日钦奉恩诏内开'一、凡岳镇海滨庙宇有倾圮者,地方官查明估计修葺',钦此钦遵,查与恩诏条例相符,应如该抚所请,准其修理。至动用钱粮,该抚疏称于乾隆二十二年分地丁银内动支给发、办料修理等语,亦应如所请,准其于乾隆二十一年分地丁银内动给兴修。"② 这次重修,估计工料价值银仅六百三十九两,却惊动陈世倌等 21 位高官联名题本,皇帝则在题本上朱笔大书"依议"二字。按:闽安镇天后宫即福州南台天后宫,该庙曾于雍正十一年由总督郝玉麟以神助平定台湾大甲番社暴动为名奏赐"锡福安澜"匾额,而题本引用福建巡抚钟音奏疏所谓"系康熙二十四年奉旨敕建"一语,系据民间传说,不是史实。

4. 乾隆五十二年敕修厦门港口天后宫

清宫档案存乾隆五十二年十月十五日字寄闽浙总督李侍尧上谕:"现在剿捕台湾逆匪(即镇压台湾林爽文暴动——引者),一切军粮火药等项均由海洋运送,其派往之将军、大臣及随征将弁人等远涉重洋,均须风色顺利,方可扬帆径渡。因思该省向来崇祀天妃最为灵应,此次剿除逆匪,官军配渡尤必仰藉神庥,恬波效顺,自应特隆昭报,以祈助佑而达欵禋。着交李侍尧即查明附近海口向于何处建有庙宇最称显应之处,如稍有倾圮,即另行修葺完整,以肃观瞻,并将该处应用匾额、联对开明尺寸奏闻,候朕亲书颁发悬挂,用昭崇敬。"③ 李侍尧接到谕旨后,于当年十一月十二日奏复:"伏查谕旨到闽甫经两日,将军福康安等即得顺风一昼飞渡鹿港,仰见至诚昭格,神应潜孚,奏凯葳功,早呈吉兆(朱批:实有不可思议处)。臣查闽省各府县及海口俱有天妃庙,而厦门港口一庙尤为灵应,缘商船出入俱由此港,是以祈求报赛,无不骈集,牲牢香火,几无虚日。臣因祈祷顺风,亦尝亲至拈香。应即将此庙修理,恭请御书匾对张挂,以昭圣敬而迓神庥。随委通判牛慧昌会同厦防同知刘嘉会勘估复。兹据查明,庙前即厦门港,砌有石岸,上建戏台,大门内正殿三间,后殿三间,两旁廊屋二十余间,庙宇、神像俱尚完

---

① 蒋维锬、杨永占:《清代妈祖档案史料汇编》,中国档案出版社 2003 年版,第 17 页。
② 同上书,第 70—76 页。
③ 同上书,第 96 页。

善。惟采绘多有剥蚀,砖瓦木石因年久亦有缺坏蛀腐者,应量为添换,共费五百两即可修葺一新。"① 李侍尧所进《福建泉州府同安县厦门港天妃庙图》亦存中国第一历史档案馆。

5. 乾隆五十三年敕建台湾鹿港新妈祖宫

该宫原存《敕建天后宫碑记》:"将军奉天子命,崇德报功,就鹿择地,建造庙宇,以奉祀焉。德明额受将军委托,经营匪懈;其一切工程,皆与文武百官及绅耆、董事人等同襄厥事。于丁未腊月之吉,砌基竖梁;戊申六月间奉像入庙,告藏厥工。费金一万五千八百圆;蒙赐帑金一万一千圆,余未敷之数四千八百圆,悉归总董事林振嵩输诚勉力,自行经理。"②(此碑文亦载《彰化县志·艺文志》)福康安显然是领会乾隆上谕而创建此宫,此举既迎合了"圣意",又满足了自己和官兵们报答神恩的愿望。乾隆还为此特再御书"佑济昭灵"一匾,"交福康安等于沿海口岸庙宇应悬处所,敬谨悬挂"③。

6. 嘉庆十七年敕建北京大内御园惠济祠

档案存嘉庆十七年六月初八日军机处字寄两江总督百龄的上谕:"朕敬礼神祇,为民祈福,大内及御园多有供奉诸神祠宇,每遇祈报,就近瞻礼,以伸诚敬,惟水府诸神如天后、河神向无祠位,凡遇发香申敬之时,皆系望空展礼,遥抒虔悃。因念神祇灵爽,随方普照,有感皆通,目下大河为东南利赖,民命攸关,朕宵旰勤思,刻求贶佑,以冀安澜顺轨,永庇民生。今拟于御园内添建祠宇,着百龄亲赴清江浦,于崇祀各神如天后惠济、龙神、素昭灵应,载在祀典者,将神牌、封号字样,敬谨详缮,遇便陈奏,俟庙宇落成,照式虔造供奉,以迓神庥。"④ 百龄接到上谕后,即遵旨亲赴清江浦调查,并于同年八月初四日上折奏复:"服查清江浦奉祀河神庙宇以百数计,其捍患御灾,载在祀典,允襄水土之平,广济漕渠之利者,惟运口天后惠济祠、淮渎庙、大王庙最为显应。惠济祠供奉天后,建于明季,累昭灵异,我朝叠晋褒封,重加修葺,曾蒙孝圣宪皇后躬献簪珥、衣饰,天题彪炳,殿宇崇闳,神像端塑,正位前设神牌。……今敬谨分别摹绘,只因轴幅较大,绘竣装裱尚需时日,谨先将封号牌位、历次御赐匾额及龛座庙宇规制尺寸、碑文开缮清单,并《绘图帖说》呈览,以备饬派鸠工照造。"⑤ 御园(即圆明园)妈祖等庙建成后,初仅供皇家成员内部祭祀,迨嘉庆二十二年始,奉上谕每年春秋二季由礼部派官员专诣致祭。

---

① 蒋维锬、杨永占:《清代妈祖档案史料汇编》,中国档案出版社 2003 年版,第 98—99 页。
② 刘枝万:《台湾中部碑文集成》,《台湾文献丛刊》第 151 种,台北:台湾银行经济研究室 1962 年版。
③ 蒋维锬、杨永占:《清代妈祖档案史料汇编》,中国档案出版社 2003 年版,第 109 页。
④ 同上书,第 206—207 页。
⑤ 同上书,第 212—213 页。

四、结语

综上考略，元、明、清三代之敕建妈祖庙，在历史背景的特质上具有以下几点相似之处：

其一，敕建事皆与当时朝廷关注的国家头等大事直接相关，如元代的漕运，明代的郑和下西洋以及清代的台湾统一、浙江海塘、黄河水患等，皆是关系国计民生或外交内政的大事。

其二，敕建反映了皇帝个人真实的信仰观。如泰定帝不但敕建三座天妃庙，且于"每春夏起运，皇帝函香降祭，自执政大臣以下盛服将事"①。明成祖亲自为敕建的南京天妃宫撰立御碑。清康熙以朱批驳回礼部议题："此神显有默佑之处。"②雍正和乾隆二帝多次为敕建庙御书匾额。嘉庆则异想天开干脆把妈祖庙建到大内御园中，以便皇家祈祷祭祀。以上在在表征显然皆出自皇帝本人的虔诚笃信。

其三，敕建也从一侧面反映当时的国家经济实力。如元代的三座敕建庙的规模、规制均冠于当时漕运沿线的其他庙宇。明南京天妃宫的建筑群则犹如皇宫城阙一样，"表里都城如玉切，高低道院似云屯"③。清代在此事上则呈现明显的可比反差，即雍正朝能够一次性批出十万两帑金敕建海宁神庙，而光绪朝已御批同意重建的上海天后宫，却终因经费无着而不得不取消敕建。

（原载《莆田学院学报》2006 年第 6 期）

---

① 蒋维锬：《妈祖文献资料》，福建人民出版社 1990 年版，第 30 页。
② 蒋维锬、杨永占：《清代妈祖档案史料汇编》，中国档案出版社 2003 年版，第 1 页。
③ 蒋维锬：《妈祖文献资料》，福建人民出版社 1990 年版，第 117 页。

《天妃显圣录》现存版本及其纂修过程初探

蒋维锬

莆田学院妈祖文化研究中心

　　《天妃显圣录》刻本一册,原为日据时期台湾总督府博物馆所购,后移交总督府图书馆典藏,故书上既有博物馆购书日期的签注,又盖有"台湾总督府图书馆藏"之篆章。1945年,台湾光复后,该书归台北"国立图书馆台湾分馆"收藏。1970年,台湾银行经济研究室曾将此本点校铅印,编入《台湾文献丛刊》第77种,始流行于海峡两岸,成为妈祖文化研究不可或缺的参考资料。但是,台湾的铅印本除标点外,还对全书文字和版式作了整理,致使版本的原貌有所变动。为了掌握第一手版本资料,笔者曾拜托台湾学友直接从图书馆将原本全部复印回来,始得窥见原貌。本文拟对此书版本的基本情况做个简介,并据此书序文对该书编纂过程作初步探讨。

一、《天妃显圣录》现存最早版本简况

1. 年代

　　此本收录的最后一篇资料是清雍正四年十二月蓝廷珍的谢恩疏文,可见其刊印年代不得早于清雍正五年(1727),而此时距林尧俞首序时间(1626)已逾百年。

2. 开本

　　此书为特大开本,其纸面高39厘米,宽26厘米;版框高27厘米,宽21厘米,单边。第一篇林尧俞序用特大号刻字,单面仅4行,每行仅8字;以后正文字略小,单面8行,行满19字,行间均有界线。版心无鱼尾纹,大部分中缝上刻"天妃显圣录",下刻页码,但有一部分版心空白,说明版页有过抽换和重刻。

3. 封面

　　直书题签作《天妃显圣录》。然在第一篇序文之后另夹一条题签曰:《历朝天后显圣录》,该文字似为清雍正间再次重修时拟用作书名而未用者。

4. 图版

共有 3 页。每页又横分为左右两幅,中缝题曰"湄洲胜景图",似是从另一种初刊本移用过来的,也就是说该刊本的开本只有现在这个版本的 1/2。另对照雍正刻本《天后显圣录》的图版,发现此本图版残缺第一页全页,这一页的前半页是绣像"圣容",后半页是《湄洲图》第一分幅"观音石"。

5. 序文

共有 3 篇。第一篇林尧俞序和第二篇黄起有序的标题均作《天妃显圣录序》,而第三篇林麟焻之序的标题仅作《序》,此亦显示初版和重修版的差异。而特别应该指出的是,黄起有和林麟焻的序文均为手书真迹,殊为难得。另外对照雍正本《天后显圣录》,在黄起有序之前应尚有林兰友之序,林麟焻序之前尚有林嵋、丘人龙二序。可见初刊本有 5 篇序文:依次为为林尧俞、林兰友、黄起有、林嵋、丘人龙。而林麟焻之序则是在第一次重修时用它把丘序给换下来,核对乾隆刊本《天后昭应录》和《敕封天后志》的版面正是如此。至于林兰友、林嵋二序,应当是在《天妃显圣录》最后一次重修时删去的。

6. 作者

作者署名被排在目录之前,题曰:"住持僧照乘发心刊布,徒普日、徒孙通峻薰沐重修。"这个署款对普日与通峻究系合修一次或各修一次,语气含糊不清。

7. 目录

全书关于天妃显圣故事的子目共 46 个,至"庇杨洪出使八国"而止。然后空二格,又插入一小段与目录不相干的文字("天妃功德崇隆……")再翻过页,又记录"师泉井记""灯光引护舟人""澎湖神助得捷""琉球阴护册使"4 个子目。但核对正文,则在"庇杨洪出使八国"之后,尚有"托梦锄奸""妆楼谢过""清朝助顺加封""起盖钟鼓楼及山门""大辟宫殿""托梦护舟""涌泉给师""灯光引护舟人""澎湖神助得捷""琉球阴护册使"10 个题目的故事。其中"托梦锄奸"和"妆楼谢过"两则明朝故事可能是初版本的遗留问题,即在正文付印前再补刻两则,而前面目录页已印成,无法再补了。清朝的 8 则都是康熙十九年至二十二年的故事,显然是与林麟焻作序同时增补的。而在增补中,原来暂记目录是 4 则,最后扩写为 8 则。

8. 朝称

此本在朝代称谓上明显流露出其汉民族意识。如在《历朝显圣褒封》和《历朝褒封致祭诏诰》中均未刻元朝的"元"字,而对明朝则一律称"皇明"。特别是在《历朝褒封致祭诏诰中》对明朝第一件诏敕称"皇明太祖高皇帝洪武五年",而对清朝第一件诏敕只称"康熙十九年"。像这样的疏忽在已兴起文字狱的康熙朝是很罕见的。这也证明此本虽经一再重修,仍然遗留许多初刊的痕迹。

二、《天妃显圣录》纂修过程探讨

根据以上版本特征,结合对六篇序文的考证,我们初步判断《天妃显圣录》的编纂和重修过程基本可分为三个阶段,具体如下。

1. 第一阶段:首次修订与初刊

《天妃显圣录》从首次修订到初刊由湄洲天妃宫住持僧照乘主持,共有 5 篇序文,前后间隔约 46 年。

第一篇序作者林尧俞[①],其《序》谓:"余自京师归,偶于案头得《显圣录》一篇,捧而读之,不觉悚然而起曰:'天妃之英灵昭著有如是乎……'惜乎《显圣》一录尚多阙略,姑盥手为之序,以俟后之采辑而梓传。"从文末署衔"赐进士荣禄大夫太子太保礼部尚书兼翰林院学士"可知,该《序》是天启五年(1625)作者致仕后写的。林氏没有说明这部稿本的来历,不免令人蹊跷。按《兴安风雅》收有林尧俞题《湄洲屿》[②]一诗,而僧照乘又曾对林兰友说"昔大宗伯林公手授一编",可见林尧俞确曾到过湄洲,并把《天妃显圣录》原稿本亲手交给僧照乘。

第二篇序作者林兰友[③],其《序》称:"余一日登湄山,揖僧面进之曰:'天妃之异迹彰彰如是,曷不汇集成帙,以传于世?'僧曰:'唯唯。昔太宗伯林公手授一编,将博采见闻,以补其未备,愿与同志者成之'。"兰友到湄洲的时间可能是顺治九年(1652)。据《张苍水诗文集》等考之,鲁王监国于本年兵败舟山,再次入闽,自闽安镇移驻湄洲岛,企图与郑成功合作,但郑已奉永历为正朔,故合作的前提是鲁王必须放弃监国名号。而林兰友与鲁、郑双方均有关系(他先是响应鲁王起兵,失败后投奔郑成功),故很可能参与这次合作谈判。此后,鲁王放弃监国,由湄洲移居金门。

第三篇序作者黄起有[④],其《序》中说:"湄洲天妃之神,自宋迄今垂八百载,历著灵迹,应辑录有书,兹僧照乘刻而传之。"以上语气说明,此序是写于付梓之前夕。而

---

① 林尧俞(约 1560—1628),字咨伯,莆田"九牧林"长房苇公裔。明万历十七年(1589)进士,改庶吉士,直史馆。以丁内外艰去,服阕,坚卧不出,荐补原职、转左谕德兼侍讲,均辞未就,自乞南京国子监祭酒闲职。期间,为家乡主纂《兴化府志》59 卷。熹宗即位,起为礼部左侍郎,迁本部尚书。总纂《光宗实录》成,加太子太保衔。因忤魏忠贤,连疏乞归。居家数年卒,谥文简。

② 见李光荣辑《兴安风雅》卷四,莆田市图书馆藏抄本。

③ 林兰友(1594—1659),字翰荃,号自芳、砥庵,仙游枫亭人。明崇祯四年(1631)进士,授临桂令,考选钦定南京湖广道监察御史。以建言谪浙江臬幕。迁光禄署丞。李自成陷北京时被执,拷打备至,终不屈。待李败,得脱归闽。隆武即位,起为太仆寺少卿,迁金都御史,巡按江西。隆武亡,极图恢复,事皆不就,乃挈家遁海,在厦门、湄洲等地漂泊十余年。顺治十六年卒于平潭舟中。

④ 黄起有,字应似,号槐庵,莆田城厢人。明崇祯元年(1628)进士,官礼部左侍郎兼侍读学士。奉使江右,过苏州闻李自成陷北京,遂改道还乡。后以养母为名,洁身自爱,脱离政治,因得以安度晚年,活到 82 岁。

且在所署职衔上冠以"前"字，表明作者晚年心态完全已归服新朝。那么假设他中进士时年 30 岁，就有可能活到康熙十七年（1678）左右。这应当也是《天妃显圣录》初版时间之下限。

第四篇序作者林嵋（1618—1655），字小眉，亦为莆田"九牧林"后裔。崇祯十六年（1642）进士。甲申之变，微服南返，上书史可法，留知吴江县。苏州失陷，怀印返闽。唐王授礼部员外郎，特简史科给事中。《明史·朱继祚传》称嵋因参加武装起事失败被执，与继祚"并死之"①。按：此说属误传。查陈鸿《莆变小乘》，继祚于顺治四年（1647）举兵收复兴化郡城，旋城复破，继祚退守莆田沿海赤岐狮子岩，被执，解省下狱。顺治六年（1649）正月初十日部文下，被斩首于福州。而据徐轨《林嵋墓志铭》、林向哲《蠛蠓集序》及《莆田县志》等记载，林嵋并没有参加武装抗清活动，而是因写诗被人构陷，与同里余飏一起被捕，解送福州。"公竟慷慨拊膺，草绝命辞三章，呕血数升而卒。时，顺治乙未六月某日也。卒年三十有八。"② 可见林嵋卒于顺治十二年（1655），故其作序时间必在此前。照乘把黄起有之序排在林嵋之前，是因黄比林年长而位尊。

第五篇序作者落款作："朝阳丘人龙盥沐百拜谨识。"有关丘之身世，史料奇缺。其《序》云："人龙生长海滨，尝从里中父老瞻礼于庙廊之下。自播迁后，寄寓郡城，遥望故园宫阙，在烟云缥森中，为之嗟叹者久矣。"可见他也是莆田沿海人（署"朝阳"是指丘氏郡望，不是里籍）。查乾隆《莆田县志·选举志》，在康熙朝岁贡名单中有邱人龙之名（按：邱与丘同，清雍正时为避孔丘讳，易丘为邱），其名下注"府学"二字③。按：据《莆变小乘》记载，莆田是顺治十八年（1661）十月开始迁界，至康熙二十一（1682）年二月复界，故僧照乘请丘人龙帮助编辑必在复界之前。具体年间可能在康熙八年（1669）至十一年（1672）之间。依《莆变小乘》记载，这几年闽海较为平静，清朝频频遣使与郑经谈判，尤其是康熙九年（1670），莆田"展界十五里，迁民回故土"。康熙十一年"世甚清平，人无疾病"，城中"神驾出游，后随执事摆道，妆队故事添景，华丽相赛"。"黄石大侈灯醮。""涵江地方扮额外奇异故事，侈于城市一倍。"④ 在这种氛围下，僧照乘从湄洲来郡城请丘人龙帮助编辑及请当时城中官衔最高、年资最老的黄起有作序，应当说是相当自然而合理的。再说僧照乘本人此时也年事已高（假设天启六年他从林尧俞手中获得稿本时年 30 岁，至本年已 76 岁了），刊布《显圣录》的事业再也不能拖延下去了，否则平生心愿即将化为泡影。

① （清）张廷玉：《明史》卷一六四，中华书局 1984 年版，第 7071 页。
② （清）李桓：《国朝耆献类徵初编》卷四六三，台北：明文书局 1986 年版。
③ （清）汪大经、廖必琦：《兴化府莆田县志》卷一四，乾隆二十三年刻本。
④ （清）陈鸿：《清初莆变小乘》，中国社会科学院历史研究所清史研究室《清史资料》第 1 辑，中华书局 1980 年版，第 89 页。

2. 第二阶段：第二次修订

本次修订本由僧照乘之徒普日主持，林麟焻作序，时间当在康熙二十四年（1685）。

林麟焻①，为莆田九牧林后裔，其序署衔实职为"户部江南清吏司主事"，可见其时大约在康熙二十四年（1685）。此次他衣锦还乡，诣贤良港瞻拜祖祠，并为《显圣录》作序。但此时僧照乘已去世，林本人不可能主持版本修订，故只能由照乘之徒普日主其事。此次重修主要是增订康熙十九年（1680）至二十二年（1683）的新史料，对初版本的原文则未加改动。考其具体增订内容有：①在《历朝显圣褒封》中加最后一段，即康熙十九年敕封与二十三年褒嘉致祭；②在《历朝褒封致祭诏诰》中加最后两段，即汪（楫）林（麟焻）奏折和施琅奏折（含礼部题本、奉旨谕祭及御祭文）；③显圣事迹中加最后 8 则故事。

这个增订本对后世影响较大，乾隆时期的《天后昭应录》、《敕封天后志》皆据该本改编。又从两部改编本的五篇原序反证，康熙增订本只以林麟焻之序换掉丘人龙之序（其原因可能是丘氏没有官衔，同时作为照乘之徒，也不愿意看到丘序太张扬编辑之功），而林兰友和林嵋两序则仍然保留。

3. 第三阶段：第三次修订

本次修订距第二次修订，又是 42 年，此时普日年事已高，故实际主其事者应是通峻。这次修订，显得更为简单，只在《历朝褒封诏诰》中增补蓝廷珍的两篇奏疏。但因台湾朱一贵事件，其时"反清复明"又成为敏感话题，而林兰友、林嵋既是清初著名反清人士，而且两篇序文的落款署衔又均及南明唐王之任命，故为了避嫌，只好把两篇序文予以删除。

综上所论，《天妃显圣录》应成稿于明天启六年（1626）之前，第一次修订并初刊于康熙十年（1671）左右，第二次应重修于康熙二十四年（1685），第三次重修则是在雍正五年（1727）。主其事者分别为僧照乘、普日、通峻师徒三人。

（原载《莆田学院学报》2008 年第 6 期）

---

① 林麟焻，字石来，号玉岩，莆田人，清康熙九年（1670）进士，授中书舍人。康熙二十年，分校京闱。二十二年，奉敕充册封琉球副使。返国后任户部主事、升员外郎。二十六年，典试四川，迁礼部郎中。三十三年，出任贵州学政，卸任后辞归，未再仕。康熙四十三年，主纂《莆田县志》。今所知其最后一篇文章，是雍正元年（1723）为《莆田南渚林氏族谱》作之序文，其诗作编为《玉岩诗集》。

女神与家事·国事:临水夫人与妈祖的比较研究

甘满堂[①]　　**杨珊珊**

福州大学社会学系

女神信仰,顾名思义,就是以女性神明为崇拜对象的民间信仰。女神信仰产生于人类早期的母权社会,在人类的童年期,由于生产力低下,人们只能靠采集和狩猎为生,男人狩猎的不稳定性增加了人们对女人采集的依赖性,女性成为当时社会的主要生产者。同时,女性特有的繁衍后代的能力更增强了人们对女性的尊崇。中国的女神信仰正是特定历史时期女性崇拜现象的真实反应。至此,女性祖先崇拜观念便萌发了,随着人类思维的发展,神话中便出现了以人类自身为幻化对象的始祖女神。

母性崇拜在中国是一种根深蒂固的文化现象,在中国上古原始神话中,出现过众多光彩夺目的女性神,如太阳神羲和、月亮神嫦娥、创世神女娲、生命之神西王母、填海不息的精卫、巫山神女瑶姬等。除此之外,还有纺织神嫘祖、商人之祖简狄、周人之祖姜嫄、神巫女丑、旱神女魃、洛神宓妃、湘水之神娥皇与女英、天河边的织女等。中国女神在远古时代是非常辉煌的,但文明以降,进入封建帝制的男权社会,女神的形象开始由“外向度的伟岸”转为“内向度的柔媚”,这种现象主要存在于文学作品中。20世纪末龚维英在其著作中明确提出了“女神的失落”,就是对这种现象的最好的概括。[②]“女神的失落”亦即“女神的降格”。在20世纪初,中国神话研究的发轫期,学者们就注意到这种女神文化形象演变的规律。在母系氏族过渡到父系氏族,母权制被父权制取代时,女性的地位就从高峰跌倒低谷,以至于被压迫,被奴役。经过后天文化的改造与神话的重组,女神独立地位逐渐丧失,命运发生逆转,导致了女性神们的神格

---

① 甘满堂(1969—),男,安徽庐江人,教授,主要从事劳工社会学与宗教社会学研究。

② 龚维英:《女神的失落》,河南大学出版社1993年版。

隐退和地位的集体没落。影响最大的女娲因"补天""造人"之功是神话时代具有崇高地位的女神,但后来却变成了伏羲的妻子;独霸一方的西王母虽算是终成"正果",却由"女神"变成了"女仙"等等。[①]

也许女神研究者过多关注文学形象,从而得出"女神的失落"的结论。如果放眼现实中的民间信仰女神崇拜实践活动,就有不同的结论。在中国东南沿海地区的女神信仰崇拜活动中,女神文化并未没落,反而更加辉映,东南沿海两大女神——临水夫人与妈祖就是其中的代表。在闽台民间信仰中,女神的地位高于男性神明,特别是妈祖,被尊为天后,在中国东南沿海福建、浙江、广东以及台湾、东南亚地区信众众多,许多沿海地区均建有妈祖庙。本文试图比较两位闽籍伟大的女神,以丰富中国传统社会中女神文化形象。

一、平凡女子的神通来源

临水夫人陈靖姑与妈祖林默娘都是由平凡女子成神,并建立伟大的功业。临水夫人陈靖姑归天成为神仙以后,法力无边,她为世人"医病、除妖、扶危、解厄、救产、保胎、送子、决疑",其信仰圈主要集中在闽江中下游地区、浙南地区与台湾。林默娘成神后,主要服务于海上,为历代海洋贸易者、船工、海员、旅客、商人和渔民共同信奉的神祇,尤其是在福建、广东、海南、台湾、东南亚地区有广泛的妈祖信众,许多沿海地区均建有妈祖庙。后人在造神过程中,儒释道三家对两位女神塑造都有深刻的影响[②],临水夫人本领是师从道家"学习"得来,而妈祖则有点"无师自通",作为女性,她们都严守儒家的孝道,以及佛家的慈悲。

地方志记载,福建古时属闽越国,有"好巫尚鬼"的传统,巫术文化非常发达。后人考证,两位女神在历史上应当确有其人,其真实身份是女巫。两人都在年轻漂亮之时,为民解难而去世。陈靖姑已婚,而妈祖林默娘是未婚。在世之时,她们曾为民造福,死后得到人民纪念,由人成神。当然,两位平凡世俗女子成为神明,形象不断光大,最大的推手当然是封建政府,官方的封赠与认可,是其神明力量的最大来源。

《临水平妖传》与《闽都别记》都是记载临水夫人故事较完整的民间章回体小说,也是有关临水夫人"神迹"较权威的文本。[③]这两本书将陈靖姑本领来源归为"学道"文本记载陈靖姑少时与林九娘、李三娘义结金兰,并一起赴闾山学法,师承许旌阳

---

① 金荣权:《民族文化背景下中国古代女神命运的演变与地位没落》,《南都学坛》2008 年第 1 期。

② 连镇标:《多元复合的宗教文化意象——临水夫人形象探考》,《世界宗教研究》2005 年第 1 期。

③ (清)佚名:《临水平妖传》,上海普及书店民国铅印本;(清)里人何求:《闽都别记》,福建人民出版社 1988 年版。

真人。三姊妹得道之后，合称三奶夫人，共同为民平妖。道教闾山派中有一批道士，奉临水夫人等三位结义女神为宗师，以红头巾作为标记，称作"三奶派""夫人派"，又称"红头法师"。而另一部分道士则将法主公奉为宗师，并以黑头巾作为派系之标记，台湾人称之为"乌头法师"。临水夫人作为道教护法神，其本领有：调电驱雷、呼风祷雨、缩地腾空、移山倒海、退病除瘟、斩妖拿鬼、炼骨成人、夺魂还体等。临水夫人因难产而死，死后又学会的扶胎救产，成为妇女儿童的保护神。因此，临水夫人的形象也有两面，一面是英武；另一面是慈爱。古田县大桥临水宫室外就有两尊临水夫人的造像，一尊是青春美丽的女战神形象，体现道教闾山派护法神的形象，神像头戴法冠，一手执龙角，一手执剑，身缚彩裙，甚是英武威风；另一尊是年青的慈母形象，身边还有一个小男孩，临水夫人一手执扇，另一手抚摸男孩的头，显得非常端庄文静而慈祥，这尊像反映儒家对临水夫人形象塑造的影响。

据宋代文献记载，妈祖生前是女巫，能预人祸福，并每每灵验，由于其生长在海滨，她还熟习水性，洞晓海路通道与天文气象，经常救助往来渔船与商船，使它们免受礁石与风暴的危害，由于会预测天气变化，因此能事前告知船户可否出航。《天妃显圣录》中记载"窥井得符"传说，说妈祖曾在一口井边得神赐铜符，有此铜符后，妈祖能灵通变化，会符咒避邪，法力日见神通，以至她常能神游，腾云渡海，救急救难，人们称她是"神姑""龙女"。① 这种形象显然是受道教文化的影响，妈祖在明清时期已被列入道教系统的神仙就是明证。后人为了强化妈祖预知未来的功能，特意给她增加了两个助手：千里眼与顺风耳。另外还安排曾是水怪的晏公为妈祖部下总管，总领水阙仙班（共有18位）。

在古希腊神话中，海神波塞冬（Poseidon）是一位孔武有力的男性神灵，是众神之王宙斯的哥哥。波塞冬经常手持三叉戟，形象威猛，力大无穷，生性风流，拥有无数情人，子孙众多。当他愤怒时海底就会出现怪物，他挥动三叉戟就能引起海啸和地震，但象征他的圣兽海豚则显示出海的宁静与亲和性。海神波塞冬生来即为神，非官定，且由民间传播，为海洋世界的主宰，拥有善与恶的两面，既是灾难的制造者，也是和平的创造者。中国海神妈祖是由人成神，由官定而传播，并不是海洋的主宰，只有善的一面，是和平女神，其力量主要来自女性的温柔，感化变化无常的大海，即"以柔克刚"。② 这符合中国人的"水主阴""以静制动"的哲学思想。女性神明代替其他神明成为一统天下的海神，这也与古代中国船员都以男性为主有关。

为了增加神明的力量，两位女神除了与道教产生联系，还与佛教有联系。民间传

---

① （明）释照乘：《天妃显圣录》，《台湾文献丛刊》第77种，台北：台湾银行经济研究室1960年版。
② 徐晓望：《论妈祖与中国海洋文化精神》，《东南学术》1997年第6期。

说认为,陈靖姑为观音指甲或指血所化,《闽都别记》就有这方面的故事;妈祖是观音的化身,或谓其母吞优钵花而孕所生。据说民间还流传有《观音大士说天妃娘娘经》,认为观音是比妈祖高一级的神灵。地方神灵比附观音,目的是提高其权威性、正统性。在两位女神为主神的宫庙建筑格局中,往往都在后殿或偏殿供奉观音。如湄洲妈祖祖庙和古田大桥临水祖庙,均建有观音殿专祀观音。女性观音文化形象也深刻地影响着福建两位女神形象的塑造,如她们的造像都很慈祥庄重。

两位平凡世俗女子成为神明,官方不断的封赠与封号等级提高,也推动神明力量的增长。临水夫人历代封号如下:五代获封"天都镇国显应崇福大奶夫人";北宋获封"崇福昭惠临水夫人";南宋获封"崇福昭惠慈济夫人",并赐"顺懿"庙额;清咸丰获封"顺天圣母"。妈祖获得的封号更多,北宋、南宋、元、明、清几个朝代都对妈祖多次褒封,封号从"夫人""天妃"到"天后",并列入国家祀典,从宋朝起至清朝,历代皇帝先后至少有 36 次褒封。[1] 中国神权是受王权所掌控,神明的神阶需要得到政府的封赠才可以确认。由此可见,封建政府是神明力量不断提升的最大推手。

东南沿海地区海神众多,传说中的龙王、临水夫人、水部尚书陈文龙等都是,另外还有拿公,但后来由于元明清政府对妈祖的推崇,使妈祖成为神级最高的海神,这些神后来都成为妈祖的部下,甚至北方沿海一带水神也成为妈祖的部下。[2]

二、山地文化女神与海洋文化女神

福建位于中国东南沿海,向有"八山一水一分田"之说。枕山临海的地形,使福建先民的海洋进取意识特别强烈,这里不仅山地文化发达,而且海洋文化也很发达。文化是人类同大自然调适的产物,山地文化的主要功能是克服山地风险,海洋文化的主要功能则是克服海洋风险。福建先民所创造的两大女神则分别是山地文化与海洋文化的代表,他们是福建先民开发山地,闯荡海洋所创造出来的神明,同时也鼓舞着福建民众的进取心。

1. 山地文化女神——临水夫人

据《闽都别记》介绍,陈靖姑乃唐代福州下渡人,后嫁到山区古田,成为刘杞的妻子。陈靖姑年少时曾到闾山学道教法术,相传能降妖伏魔,扶危济难,24 岁那年福建遭遇大旱,民不聊生,为拯救百姓,她不顾自己已怀胎三月,毅然脱胎祈雨。而正当陈靖姑祈雨时,当地邪恶的白蛇精和长坑鬼前往陈府盗胎并将胎儿吃掉。陈靖姑回陈府

① 林国平:《福建民间信仰》,福建人民出版社 1993 年版,第 160 页。
② 徐晓望:《福建民间信仰源流》,福建教育出版社 1993 年版,第 431 页。

发现后,愤怒追杀。长坑鬼趁机逃走,白蛇精被追进古田临水洞,陈靖姑拼尽最后的气力腰斩蛇精。天空终于降下甘霖,而这时的陈靖姑却终因劳瘁饥渴而死。当地人民感念陈靖姑除妖祈雨的恩德,建造临水宫纪念她。这是陈靖姑短暂而不平凡的一生。

从以上标准传说来看,陈靖姑的生前有三大业绩,它们都与克服山地社会风险有关。福建多山,山地生活怕干旱,怕毒蛇猛兽,怕瘴气。脱胎祈雨,解决农业生产急需要的缺水问题,祈雨护田直接与农业生产相联系。斩白蛇,帮助山民清除危害山民人身安全的敌人,蛇是山地最危险的动物,由于伤人于无形,山民视毒蛇比老虎还危险。斩长坑鬼,实际是帮助山民克服瘴气。《闽都别记》载,长坑鬼是因垃圾堆积而气化生成的小鬼,其吐气就能致人生病。从这种表述来看,长坑鬼与古时南方瘴气有关,瘴气经常致人生病。临水夫人的三大业绩,或三大本领,都是帮助山地先民战胜山地生活风险的。另外,临水夫人曾降服虎妖、猴怪、蛇怪、蜃怪、蜘蛛精等,这些精怪都曾在山林中危害百姓。作为山地文化女神,其职能就是清除山林的妖魔鬼怪以及伤人的猛兽毒虫。

《闽都别记》说,临水夫人在学道之时,并没有学救产之法。等到其脱胎祈雨遇险时就无法自救。于是临死之时,表示一定"扶胎救产"。临水夫人传说到清代时发生重大变化,其功能定位为"救产护胎佑民女神",成为妇女儿童的保护神。临水夫人有做母亲的经历,但妈祖则没有。从扶胎救产方面来说,临水夫人作为母亲神的形象更丰富。

2. 海洋文化女神——妈祖

福建地处东南沿海,海岸线位居全国第二。据考证,福建自有人类定居开始就与海洋结下不解之缘,自古以来,福建是出水手与海商最多的地方。古代海上渔业、海上交通运输以及海上军事活动都促进福建海神信仰的发展。古代在海上航行经常受到风浪的袭击而船沉人亡,船员的安全成为航海者的主要问题,他们把希望寄托于神灵的保佑。在众多的海神中,诞生于福建的妈祖脱颖而出,成为海洋文化神的代表。妈祖成为海洋文化女神,也见证了福建与整个中国海洋活动的历史。

妈祖去世后,其最初神迹是救助家乡附近渔民与海商,慢慢地成为水手、船工与海商的保护神。在北宋时期,她还只是一个僻处海隅的地方神祇。妈祖首次获封,成为官方航海保护神,源于北宋宣和年间出使高丽的航海外交活动。给事中路允迪出使高丽,回程途中遇到风暴,"八舟溺七",只有路允迪的船没有沉没,安全返回。路允迪部下李振是莆田人,他把其中原因归于家乡神明妈祖的保护。此事闻于朝,宋徽宗下诏封林默为"湄洲神女",赐庙额为"顺济"。这是一次改变妈祖命运的机遇。随着闽籍水手、船工、海商与官员参与官方航海活动增多,妈祖信仰地方海洋女神发展成为名扬天下的海洋女神。

宋元时期,泉州港对外贸易非常活跃,也带动妈祖信仰的发展与传播,泉州天后宫始建于南宋。在元朝,妈祖成为漕运保护神,护漕粮北运大都屡立奇功,得到元朝政府多次嘉封,"天妃"封号也是在元朝时赐予的。妈祖信仰开始在北方沿海传播,如天津天后宫始建于元代。明朝初年,官方航海活动也非常活跃,郑和下西洋时,有大批闽籍水手与官兵随行,也进一步带动妈祖信仰向海外传播。在明朝,妈祖获得"天妃"外的更多封字。清朝,清廷统一台湾等航海活动也需妈祖保佑,有关妈祖信仰也随福建移民而传播入台。在清朝康熙时,妈祖获得"天后"封号,在神明世界取得至尊的地位。

福建商人在外地建立会馆时,都会选择妈祖为保护神,放弃他们各自区域内的神明,妈祖则成为福建商人在外地认同的纽带,这也使得沿海各地,甚至像湖南等内陆地区都有妈祖庙分布。明清时期,福建商人是中国海商的主体,妈祖庙也随闽商的足迹在日本、南洋等地得到建立。[①]

综上,妈祖信仰的发展,是随着福建与中国海洋文化的发展而发展。妈祖作为海上保护神,也是中国海洋文化的代表,她本身也是海洋文化女神。

三、民间家事女神与官方国事女神

在世界各大宗教中,女性大都被排除在权力之外,影响有限,基督教、佛教、犹太教、伊斯兰教的至上神都是男性。但在福建民间信仰中,女性神明的权力和地位突出,其影响范围不仅在民间社会中,而且还涉及政治与国家事务之中,妈祖就是这方面的典型。在传统福建社会生活中,女性在各个领域都发挥了重要的作用,也拥有一定的权力,其社会地位亦略高于北方女性。从人神同构角度来看,这也是福建女神文化构建的现实基础。[②]受社会与政治生活的影响,临水夫人与妈祖的职能也较集中,前者专注于民间家事,而后者则专注于官方国事。

1. 民间家事女神——临水夫人

临水夫人成神后,拥有斩杀蛇妖、驱逐魔鬼、呼风唤雨、破解疑案等职能,这是闾山派道士所希望得到的神通;但对于一般百姓而言,他们看重的是临水夫人的"扶胎救产、保赤佑童"职能。千百年来,临水夫人主要是作为妇女、儿童的保护神而受人们崇拜,其信仰仪式对妇女、儿童的成长影响较大,这也造就临水夫人作为民间家事女神的形象。

在中国传统社会中,有所谓"不孝有三,无后为大"的说法,人们对于生育问题非

---

①　陈支平:《福建宗教史》,福建教育出版社 1996 年版,第 497 页。

②　刘大可:《女性与福建民间信仰》,2012 年 11 月 5 日。http://www.hnshx.com/Article_Show.asp?ArticleID=1848.

常重视。古代的医药卫生非常落后，妇女们如果遇上久婚不育或难产等问题，她就要面临着遭到夫家摒弃的危险，或者难产死亡的威胁。为了能够早生贵子及生产平安，她们热切期望有一位无所不能的神仙能在冥冥之中帮助她们。注生娘娘就是为适应广大妇女的这种需要所创造出来的"专职神"，她拥有授子、保胎、安产、育婴等职能。而在闽台民间，较为流行的看法是认为注生娘娘就是临水夫人。

临水夫人信仰主要有祈子、保胎、收惊、过关等四项职能仪式，庙祝与民间道士等掌握着这些仪式与知识，代表临水夫人"扶胎救产、保赤佑童"。旧时女性结婚不能生育，可以转求临水夫人，庙祝会告诉其一些方法，有时真的会祈子成功。这说明当时的庙祝掌握一些婚育知识，用于指导女性生育。古代没有专职的产科大夫和助产士，妇女生产过程危机重重，生产不顺，导致母婴死亡是很经常的事。于是，人们把希望寄托在神的身上，希望得到神力的帮助，顺利分娩。产妇祭拜临水夫人，有助于减轻心理与病理压力。临水夫人信仰的第三个习俗是收惊。婴儿最容易受惊吓，受惊吓后会情绪波动大，睡觉不安稳，不断啼哭吵闹，拉青色的大便，古人不知道其原因，以为是魂魄离体，须请女巫收惊，以收回魂魄，这就是收惊。临水夫人信仰的第四个习俗是过关。旧时，婴儿死亡率高，农村人以为是邪祟作怪，须请师公（民间道师）作法"过关"，以免死亡。算命先生还会根据婴儿生辰八字，算出小孩成长过程中所遇到的种种关煞，写在定历红纸上，让家人留意。如"水木关"，注意烫伤；"深水关"，勿近水边；"和尚关"，忌入庵庙、忌见僧尼；"鬼门关"，忌夜出；"百日关"，出生百日内不能带出门等。为化解关煞，必须请人念经做法事，此谓"过关"又称"做出幼"。通常情况是要年年"过关"，直到16周岁为止。民间信仰并不完全是愚昧的，更不是纯粹的"封建迷信"，在民智未开的古代，科学知识常常要以宗教信仰为载体，才能得到大众的认同，所以在宗教的外衣下包含着某些科学的因素。①

2. 官方国事女神——妈祖

中国位于太平洋的西岸，拥有近两万公里的海岸线，但在传统社会中却并不是海洋文化强国。当封建国家向海洋发展时，面对风高浪急的海洋，急需要一种信仰图腾，鼓舞人心，振奋士气。福建在传统社会中是出水手、船工与海商最多的地方，海洋文化发达，诞生于福建海滨的女神妈祖正适合于中国封建政府的需要。妈祖在两宋以后，就被慢慢塑造为具有"海上战神"的形象，如助宋军抗金兵、助明军打击倭寇，助清军安定福建、统一台湾等。笔者梳理有关妈祖显灵的18则传说发现，有关军事方面的神迹最多，达8则，分别是：甘泉济师（之一）、佑助收艇（之二）、澎湖助战（之三）、托梦建庙（之四）、庇佑致胜（之十二）、神助擒寇（之十六）、神助宋师（之十七）、护助

---

① 林国平：《闽台民间信仰源流》，福建人民出版社2003年版，第197页。

剿寇（之十八）显示妈祖海上战神的功能；其次是民间事务 6 则：圣泉救疫（之五）、神女搭救（之六）、神女救船（之七）、庇佑漕运（之十）、旱情解难（之十四）、神助修堤（之十五），显示妈祖海上保护神的功能；再次是官方外交航海事务 4 则：保护使节（之八）、天妃神助（之九）、官员脱险（之十一）、使节脱险（之十三），显示妈祖救疫、御寇、抗旱的功能。①

妈祖作为"海上战神"，并不像临水夫人降魔斩妖时那样直接舞剑上阵，而是在幕后指挥下属助战完成，如让千里眼、顺风耳提供情报；有时则是运用自然的力量克敌制胜，如风暴。这种助战，属于中国传统哲学上的"以柔克刚"。妈祖在此提供的是一种谋略，而非一种直接的暴力杀戮，这也符合女性神明慈悲的形象。这种神明塑造，隐约可见观音形象对于妈祖形象的影响。在《西游记》中，观音对付孙悟空也是法力无边且无形。

在中国传统社会中，女性神明多与家事有关，如临水夫人的"扶胎救产，保赤佑童"的女神，很少参与政事。在中国两千年的封建史，也只出现武则天一个女皇帝。在女神体系中，福建女神妈祖则是例外，她的信仰崇拜史，处处关系到国事与天下事，关系到国家海洋经济、国防与外交的安危。因此，妈祖也被称为"公务之神"。②北宋、南宋、元、明、清几个朝代都对妈祖多次褒封，并列入国家祀典，封号从"夫人""天妃"到"天后"，达到至尊境地，其功绩主要是"护国庇民、卫漕保泰、振武绥疆"，其建立的武功足可以与"武圣"——关帝相媲美，清朝咸丰帝时妈祖的封号字数达到 64 个，远超过清朝对关帝封号的 26 个字。③

也许是世事弄人，在科技昌明的时代，当代妈祖信仰仍富有非常强烈的政治意义。妈祖现在成为海峡两岸的和平女神。台湾的妈祖庙超千座，居民 80% 以上都是妈祖的信众，子孙庙到祖庙朝拜是民间信仰中一项重要的仪式活动。④由于自 1949 年以来两岸关系紧张，使这种仪式活动中断近四十年。进入 20 世纪 80 年代后，两岸关系缓和，率先打破两岸民众互不来往的局面，则是由台湾妈祖信众直航莆田湄洲妈祖祖庙完成的。在 1989 年，台湾宜兰县南天宫组织信众乘 20 只渔船直航莆田湄洲岛，成为两岸隔绝四十年后第一个有组织、大规模的民间直航，在海峡两岸引起了轰动，促成了两岸"官不通民通，明不通暗通"的现实。两岸直航正是首先经由"民间信仰直航"个案的实现，得以破冰解冻。基于对于两岸统一的政治目的，大陆官方也顺势而为，对于妈

①　百度百科：《妈祖》，2012 年 11 月 5 日。http://baike.baidu.com/view/21337.htm.
②　李伯重：《乡土之神、公务之神与海商之神——简论妈祖形象的演变》，《中国社会经济史研究》1997 年第 2 期。
③　黄国华：《妈祖文化》，福建人民出版社 2003 年版，第 41 页。
④　范正义、林国平：《闽台宫庙之间分灵、进香、巡游及其文化意义》，《世界宗教研究》2002 年第 3 期。

祖信仰从"封建迷信"转定义"民间信仰"与"文化遗产",高度重视对台民间信仰交流。现在每年的妈祖诞辰日,湄洲妈祖祖庙董事会都要举行高规格的庆典仪式,并有政府领导出席,中央电视台还现场转播,这也打破了早期新闻宣传中不宣传宗教活动的禁例。这种对台交流政策,也给福建民间信仰发展提供了广阔的空间。[①] 湄洲妈祖祖庙的"妈祖金身"曾多次应邀入台巡游,台湾民众万人空巷迎接,场面非常火爆。福建其他有影响的神明,如闽南的保生大帝、开漳圣王等也赴台巡游交流。临水夫人后来也加入赴台巡游活动。福建凭借对台交流的五缘文化(地缘、神缘、法缘、文缘与商缘)优势,正努力建设对台交流合作的先行区。妈祖信仰,功莫大焉! [②]

四、结语

临水夫人与妈祖,是福建乃至海内外都具有重要影响的两位女神。作为闽籍女神,她们在功能方面,有重合的地方,如临水夫人也有水神功能,妈祖也有婚育神功能;在地理上,她们的信仰圈也有重合,如她们会在同一座庙得到供奉祭拜;在神明塑造方面,她们都受到儒释道文化的影响,这也是她们神奇力量的来源。针对民间庙宇中经常有陈林二位神明同祭的现象。叶明生研究员甚至认为"陈林李三夫人"中的林九娘就是妈祖,"出于政治需要及社会功利原因,历代统治阶层对妈祖频频敕封,对临水夫人进行抑制,这使得不同社会阶层和不同地域的信众对两位女神之不同的诠释"[③]。笔者并不赞同这观点。作为闽籍女神,两位女神的信仰交融是正常现象,就像两位女神信仰与观音信仰一样发生联系一样。在临水夫人信仰圈内,妈祖则被列为"陈林李"三位之一,即林夫人,是正常现象;但在妈祖信仰圈中,临水夫人则是妈祖的神班,甚至是陈妹妹了。因为神明都是人类所创造,不过,临水夫人更多来自民间"塑造",而妈祖则由官民互动与合作中得到"塑造"。之所以政府参与不一样,这与她们职能不同有关。妈祖作为海上保护神的角色是难被替代的,而临水夫人作为妇女儿童的保护神则是可以替代的(如送子观音、注生娘娘等),所以其传播范围也只在东南一隅,没有妈祖传播范围那么广阔。

古希腊神话认为,神是生而为神,也有人的七情六欲,由民间传播,而非官方裁定;但临水夫人与妈祖都是由人成神,道德高尚,由民间与官方互动,造就神明的光辉形象。临水夫人形象丰富,能文能武,有情有爱,其在民间流传的口头传说与故事、文本小说等非常丰富,许多故事还被搬上闽剧与莆仙戏舞台,其背后深受南方道教文化的

---

① 甘满堂:《村庙与社区公共生活》,社科文献出版社 2007 年版,第 207 页。
② 林震:《论台湾妈祖信仰特点及与祖国统一大业的关系》,《莆田学院学报》2005 年第 6 期。
③ 叶明生:《临水夫人与妈祖信仰关系新探》,《世界宗教研究》2010 年第 5 期。

影响,临水夫人还被奉为道教闾山派的法主。妈祖形象则没有临水夫人那么丰富,其背后深受观音文化的影响,其故事文本多是官方记载,其事迹在传统社会中也很少被搬上莆仙戏舞台。儒家对两位女神塑造也有深刻影响,两位女神都是孝女。两位女神在分工上是明确的,临水夫人是山地文化女神,走民间社会路线,后来的功能更多集中于"扶胎救产、保赤佑童",为妇女儿童的保护神;妈祖是海洋文化女神,因航海与海防需要,得到官方的推崇,在清代,其神格与武功足与关圣帝君相媲美,其作为国事女神的地位也更加巩固。即使在科技昌明的当代,由于海峡两岸仍处于未统一状态,作为两岸民众共同信仰的神明,女神妈祖信仰仍具有重要的政治意义。

中国女神形象在文学发展史上,有一定的没落;但在信仰实践层次上,则没有没落,反而不断光大,如以临水夫人与妈祖为代表的南方女神群体。她们不仅年轻端庄美丽慈悲,而且多才多能,神通广大,既关心家事,也关注国事。这种女神形象,打破中国传统社会中男主外,女主内的性别分工文化的格局,丰富了中国女神群体的文化形象。

(原载《莆田学院学报》2013 年第 1 期)

妈祖取代鄱阳湖宫亭庙神及二者神性比较[①]

吴国富[②]

九江学院庐山文化研究中心

在魏晋南北朝时期,水官大帝象征一切水神的君主,它的治所被安排在九江水府,它的神力体现在鄱阳湖的宫亭庙神身上。妈祖形象出现后,之前的水神形象便逐渐淡隐,但妈祖的神性特征,与以前的水神如宫亭庙神神性又存在很大的相似性,也体现了古今水神形象的演变过程。

一、宫亭庙神的淡隐与妈祖信仰的凸显

万物有神的观念,孕育了中国古代各种神灵形象。早在东汉时,就开始祭祀三官大帝,即天官、地官、水官,亦称"三官"。三官各有职责,天官赐福,地官赦罪,水官解厄。三官与上中下三元结合,则成为上元天官、中元地官、下元水官。由此一来,水官便成为一切水神的君主。不过水官大帝是一个抽象概念,他必须依托具体的水神呈现他的神力,而依托哪一位水神,则取决于人们对该神灵的崇拜程度。人们崇拜哪些水神,又是以社会发展情况为转移的。早期的水官大帝为大禹,因为他是治水英雄;在南北朝时代的传说中,水官大帝的宫殿设在九江水府,依托的水神是宫亭庙神。宫亭庙神的地位,则经历了一个由凸显到淡隐的变化过程。

1. 宫亭庙水神的淡隐

南北朝时期的道教经典《元始无量度人上品妙经》说:"下元三品,水官三宫,宫统一十四曹,三宫合四十二曹,并治九江洞室,皆自然之号,并统三河四海九江水府一

---

① 江西社科规划项目(07WX201)。

② 吴国富(1966—),男,江西武宁人,副教授,硕士,主要从事元代文学和陶渊明研究。

切神灵。"① 其中的九江洞室,指水官大帝的宫殿名;九江水府,指水官大帝直属统管的水府,两者的关系犹如皇宫和皇城。唐朝王起《鼋鼍为梁赋》:"当其师旅闐闐,旌旗肃肃。临九江而澶汗,驻八骏而踌跦,……得不乞灵于水府,假道于介族。"② 也可说明水府在九江的说法由来已久。

"九江水府"所说的"九江",与《史记·河渠书》中"禹疏九江"之九江同义。《汉书·地理志》云:"寻阳,《禹贡》九江在南,皆东合为大江。"汉代的寻阳,在现在的湖北黄梅县,与江西省九江市隔江相望。陈致远《〈禹贡〉"九江"地望说异》:"关于'九江'之地望,汉唐诸儒多以为不出古寻阳之地,或以为即湖汉九水入彭蠡泽者。"③ 把"九江水府"设在中国第一大江(长江)与第一大淡水湖(鄱阳湖)的交汇处,符合水官大帝在水神中至高无上的身份,而神仙体系的完整构建是在汉族政权南移的东晋南朝,把水官大帝的宫殿安排在九江水府也是合理的。魏晋南北朝时航海技术还不发达,水神传说是以长江为中心的;而在很长时间内,位于九江水府的水官大帝,其特征都附着在鄱阳湖的宫亭庙神身上。

位于长江与鄱阳湖交汇处的庐山,历来有"天子都"的说法。东晋张僧鉴《寻阳记》云:

> 山南有三宫,所谓天子都也,庐宫溪水出焉。上宫人所不至,有三石梁,长十余丈,阔才盈赤,其下无底。其中宫在别岩,悉是文石,两边有小圆峰奇特,号为右障峰,石形若羊马来道,相对下宫。彭蠡湖际宫亭庙旧所也。④

可知早在东晋以前,庐山就成了神仙帝君的宫廷,号称天子都,有上宫、中宫、下宫之说,而下宫就是掌管水府的王者。这种说法,与"三官"的说法高度吻合,因此庐山上宫就是天官治所,中宫是地官治所,下宫是水官治所。下宫在"彭蠡湖际宫亭庙",即现在九江市星子县鄱阳湖边的宫亭庙。相传商旅们想平安渡过风大浪急的湖面,就得向庙神祈祷,祈之后湖面就会分出一条平静的水道让商船通过。相关文献说明,宫亭庙神身上体现了王者的特征,因此是设在九江水府的水官大帝的依托对象。

《吴猛真人传》说:"将军王敦迎猛,道过宫亭,庙神具官僚迎猛。猛曰:汝神王已尽,不宜久居,非据我不相问也。神乃去。"⑤ 说宫亭庙神为王者,与《寻阳记》"上宫、中宫、下宫"之说吻合。南朝宋袁淑《庐山公九锡文》云:

---

① (齐)严东,(唐)薛幽栖、李少微等:《元始无量度人上品妙经注》,《道藏要籍选刊》第4册,上海古籍出版社1989年版,第475页。

② (清)陈元龙:《历代赋汇》,江苏古籍出版社1987年版,第545页。

③ 陈致远:《〈禹贡〉九江地望说异》,《中国历史地理论丛》2001年第3期。

④ (宋)陈舜俞:《庐山记》卷一《大正新修大藏经》第51册,河北佛教协会,2005年,第1025页。

⑤ (宋)张君房:《云笈七签》卷一〇六,《道藏要籍选刊》第1册,上海古籍出版社1989年版,第729页。

> 尔（指驴）有济师旅之勋,而加之以众能,是用遣中大夫闾邱骡,加尔使衔勒
> 大鸿胪斑脚大将军官亭侯,以扬州之庐江、江州之庐陵、吴国之桐庐、合浦之珠庐,
> 封尔为庐山公。①

这种封赠,体现了人间帝王对宫亭庙神王者身份的认可。相似的有《南齐书·祥瑞》:
"中兴二年正月,逻将潘道盖于山石穴中获毛龟一头。升明三年,世祖遣人诣宫亭湖庙
还福,船泊渚,有白鱼双跃入船。"这些故事与"九江水府"的说法都产生于魏晋南北
朝时期,而当时九江、鄱阳湖一带又不存在其他更著名的水神传说,因此可知九江水府
的依托对象就是宫亭庙神,宫亭庙神就相当于九江水府中的水官大帝。

位于九江彭泽县境内的马当山,也与九江水府的传说有关。南朝庾仲雍《九江
记》曰:"马当山,高八十丈,周回四里,在古彭泽县北一百二十里。其山横枕大江,山
象马形,回风急击,波浪涌沸,舟船上下,多怀忧恐。山际立马当山庙以祠之。"②南朝时
马当山有祠庙,供奉水神,但当时尚无人称之为王者。直到晚唐五代,马当山才得到尊
崇,并被朝廷当作上元水府加以封赠。《文献通考》云:

> 三水府神者,伪唐保大中,封马当上水府为广宁江王,采石中水府为济远定
> 江王,金山下水府为灵肃镇江王。大中祥符二年八月,诏改封上水府为福善安江
> 王,中水府为顺圣平江王,下水府为昭信泰江王,令九江、太平、润州遣官祭告。③

宋朝张镃有《马当山水府庙》诗,范成大有《放舟风复不顺,再泊马当,对岸夹中马
当水府,即小说所载神助王勃一席清风处也,戏题两绝》诗,《醒世恒言·马当神风送滕
王阁》也说唐朝王勃在马当山见一古庙,上书"敕赐中源(应作上元)水府行宫"。

北宋李思聪在《洞渊集》列出了东海、南海、西海、北海四海水府及马当山、采石
山、金山三山水府,体现了水神崇拜的变化情况。在唐以前,三山水府和四海水府的说
法并不流行,而代表九江水府的宫亭庙具有很高的地位。但五代以后,九江水府的尊
崇地位降低为与众神平列的地位,而马当山被当作上元水府祭祀,取代了宫亭庙神在
九江水府中的代表地位。虽然五代以后宫亭庙神的故事还不断出现,但它已是一个普
通的地方水神,很少被当作王者来描述了。这种情况,是社会经济发展的结果。唐以
前宫亭庙神地位崇高,与这里地处第一大江与第一大湖的交汇处有关。南朝时期,荆
州、扬州、江州、广州为最重要的区域,而荆州、扬州之东西交通,江州、广州之南北交
通,均以长江和鄱阳湖为枢纽,但这时海运不发达,由长江入海以及贯通长江中下游的

---

① （清）严可均:《全上古三代秦汉三国六朝文》第 3 册,中华书局 1958 年版,第 2681 页。
② （清）张英、王世桢、王掞等:《渊鉴类函》卷二四,同文书局 1887 年版,第 3 页。
③ （元）马端临:《文献通考》,景印文渊阁四库全书第 612 册,上海古籍出版社 1987 年版,第 191 页。

航运,也不见得比由鄱阳湖到广州一带的航运更重要。因此,出现在鄱阳湖一带的宫亭庙传说,就占据了优势地位,成为水官大帝的重要依托对象。到了晚唐五代,长江下游的经济及海运蓬勃发展起来,鄱阳湖的航运偏移到长江,水神故事也转移到长江下游的中元水府、下元水府和海上的四海水府,位于宫亭庙的水府被移到了马当山,而妈祖的故事也是在这个时期出现。谢重光《妈祖与我国古代河神、海神的比较研究》说:"妈祖自从妈祖被塑造成航海神而具有了总领四海的职能之后,我国古代旧有的河神、海神在人们的心目中都退居次要地位,甚至成为妈祖的下属。"[1] 这是很有道理的。

2. 海神妈祖信仰的凸显

在宋以前,朝廷对水神的封赠集中在长江、鄱阳湖一带,入宋之后,代表海洋文化的妈祖得到了更多的褒封。从宋宣和五年(1123)妈祖庙首次被赐"顺济"庙额开始,至清代被封为"天上圣母"止,历代帝王共褒封她 36 次,御祭数十次,可见海运的发达给妈祖带来了尊崇的地位。

妈祖出生在福建莆田县的湄洲岛,有关她的一切传说,皆体现了海洋文化的鲜明特征,但总体上依然是江河水神文化的延续和发展。水神文化最早兴盛于黄河流域,后来慢慢向长江流域扩散,又慢慢向海滨扩散。从地理上看,妈祖文化出现在福建沿海地区,东晋南朝时期这一带属于江州管辖,而江州的政治、文化中心在寻阳,也就是现在的九江市。福建文化的鼎盛时期,直到宋朝才出现,在很大程度上是长江文化通过鄱阳湖黄金水道不断扩散的结果。水官大帝、九江水府的传说度过兴盛期之后,紧接着就出现了妈祖的传说,也体现了时间的承接性。

蓝谷沙门慧详《弘赞法华传》卷第十记载,南朝陈大建初年,有泉州人严恭,家富,去扬州做生意,结果把所有的钱都用来买鼋放生,而鼋则托身为人,把钱都送还给他家里。从此严恭崇信佛法,又在蒋州大造《法华经》,弘扬佛教教义。后来庐江人侯志经过宫亭湖,突然遇上暴风,同行的船只多被掀翻,唯独侯志的船好像有神灵庇佑,横风截浪,到达宫亭庙前。"有一神形长二丈,被甲带剑",问侯志是否认识在蒋州造《法华经》的严恭? "我今寄钱一万,入其功德,汝可付之。"侯志到了江宁县,"访恭以钱付之,委陈上事,恭倍欢忻。"[2] 可见作为泉州人的严恭对宫亭庙神非常熟悉,宫亭庙的故事已传播到福建。

海运的发达,使妈祖成为护国佑民的重要神灵,而宫亭庙的地位则日益下降。当妈祖形象日益凸显时,人们就将她与原有的水神结合起来,形成妈祖形象向内陆的回流。一千多年来,在中国沿海的众多城镇,以及内陆江河沿岸的要埠,乃至像贵州镇远

---

① 谢重光:《妈祖与我国古代河神、海神的比较研究》,《东南学术》1990 年第 3 期。

② (唐)慧详:《弘赞法华传》,《大正新修大藏经》第 51 册,河北佛教协会,2005 年,第 44 页。

这样的西南古城,都建有天后宫庙。这种回流,自然也包括长江中游和鄱阳湖,在九江一带的小孤山和九江市内,也纷纷出现了妈祖庙。清梁章钜《楹联续话》卷四记载福建人郑仁圃为九江天后宫题集句联,清代福州人沈瑜庆《沈涛集》中也记载他为广信天后宫题写对联。不少福建人在江西为官,进一步推动了妈祖信仰在江西的传播。不过,妈祖回流到九江之后,重心不在鄱阳湖而是在长江中,这体现了一种时代变化;但妈祖和九江水府及宫亭庙之间的关系,依然非常明显。

二、妈祖与宫亭庙神神性比较

妈祖文化是水神文化的延续与发展,也与宫亭庙神存在地域和时间上的承接性,故而两者具有很多相似之处。以下试作比较。

1. 妈祖与宫亭庙神神力相似性比较

在南北朝的故事中,九江水府是水帝所居之处,而宫亭庙神则俨然以水帝的形象出现。文献上说水府之主乃"风泽之气"结成,但追溯源头,水帝就是蛟龙的化身,宫亭庙神也是如此。如《高僧传》卷一记载安息国太子安世高,让国出家修道,有一同学勤勉而多嗔怒,安世高说他死后当托生为丑类恶物。安世高于东汉桓帝时到中国,为贼所杀,再度降生后于汉灵帝末年再度来到中国,经过宫亭庙时,被庙神喊去;而庙神就是他往日的同学,恳请安世高度化他:"神从床后出头,乃是大蟒,不知尾之长短。"[1]这个故事经过佛教的改造,已经变得很离谱,但从中还是可以看出宫亭庙神的原型就是蟒蛇、蛟龙之类。又《文献通考》云:

> 郑亭庙在南康军郑亭湖上,……又有木筏过湖,忽有巨蟒登筏,筏遂沉,俗言即庙神也。遂诏官吏祭蛟,……自是颇有灵应。[2]

又《弘赞法华传》卷十说宫亭庙神"形长二丈,被甲带剑";孟献忠《金刚般若经集验记》"神力篇"描述僧人所见的宫亭庙神,行如疾风,眼光似电,为性刚强猛戾[3];这些都是按蛟龙的特点来描述的。传说中的水官大帝,功能是为人解厄,救济受灾的人们,能够乘龙嘘气,驱雷掣电,役使风云,平波伏浪,而蛟龙化身的宫亭庙神,也能自由随意地支配风浪,起风、止风、分风,具有龙一般的神力。

在众多传说故事中,妈祖也具有龙一样的神力。如南宋丁伯桂《顺济圣妃庙记》说:"神,莆田湄洲林氏女,少能言人祸福,设庙祀之,号通贤神女,或曰龙女。"南宋李

---

① (梁)释慧皎:《高僧传》,中华书局 1992 年版,第 4 页。

② (元)马端临:《文献通考》,景印文渊阁四库全书第 612 册,上海古籍出版社 1987 年版,第 192 页。

③ (唐)孟献忠:《金刚般若经集验记》,《续藏经》第 149 册,上海商务印书馆 1923 年版。

丑父《灵惠妃庙记》说:"妃,林氏,生于莆之海上湄洲,……或曰:妃,龙种也。"①皆指明妈祖为"龙女""龙种"。民间认为妈祖是海神,统领四海龙王,也认为妈祖是观音派到人间拯救苦难的龙女。妈祖故事常与平息风浪、拯救海难有关,如收服晏公、化草救商等。在古人眼里,海上风浪的生灭,皆与龙的活动有关,因此各种与风浪有关的故事,皆与妈祖作为龙女的身份吻合。而具有龙神的力量,能够驱使风浪、消除海上的灾难,这一点与宫亭庙神非常相似,体现了妈祖故事与宫亭庙故事相似的文化渊源关系。

2. 女神妈祖与男神宫亭庙神的地位变化比较

在历代传说中的宫亭庙神,具有帝王的地位,但庙里也有女子形象的神灵,她们处于从属地位。既然宫亭庙神是蛟龙,这些从属的女性当然就是龙妃或者龙女。如《搜神记》云:"宫亭湖孤石庙,尝有估客下都,经其庙下,见二女子,云:可为买两量丝履,自相厚报。"庙神现身为女子,要求客人帮她捎带两量丝履,而丝履是女工所用之物。《搜神记》又记载:"南州人有遣吏献犀簪于孙权者,舟过宫亭庙而乞灵焉。神忽下教曰:须汝犀簪。"犀簪多半是女性所用之物,这个指令体现了宫亭庙女神的意愿。《水经注》卷三十九记载在宫亭庙附近"有石镜,照水之所出。有一圆石,悬崖明净,照见人形,晨光初曜,则延曜入石,豪细必察"。这面石镜,也是庙神的玩物,多半是女神梳妆所用。

从属宫亭庙神的神女,衍化出相对独立的一些女性水神形象。南朝宋谢灵运《江妃赋》:"惧展爱之未期,抑倾念而暂伫。天台二娥,宫亭双媛。"江妃是汉江女神。赋中将"天台二娥"与"宫亭双媛"相对而称,表明东晋末南朝宋之际的宫亭庙中就有两位女神。鄱阳湖及附近长江上有大孤山和小孤山,从地形来说,它们好像庐山的依附者;如果庐山有神灵,则必定为主神,大孤山、小孤山的神灵为从属神。与此相应的说法是,庐山脚下有水神之王宫亭庙神,大孤山有神女大姑的传说,小孤山有神女小姑的传说,因此完全可以将大姑、小姑理解为从属于宫亭庙神的女神,或者说都是在宫亭庙传说基础上衍生出来的女性水神形象。

小孤山位于长江之中,古代属于江州地界,现属于安徽管辖。山脚下滩险水急,时有水难发生。山上原有佛寺启秀寺,北宋时为了适应海运的蓬勃发展,便在寺内设行宫,供奉妈祖。元代海运更加发达,又对小孤山寺庙加以修缮,赐额"广济",加封"显灵",称妈祖为"显灵广济夫人"。传说朱元璋与陈友谅战于鄱阳湖一带,失利逃窜,于月黑风高之际,困于波浪之中,被"显灵广济夫人"用红灯导引至小孤山妈祖庙而获救。因此,明洪武二年(1369)朱元璋便下令对庙寺进行维修,岁时致祭,加封女神为"天妃圣母"。在当地的传说中,这里的妈祖又称为小姑娘娘,因与彭郎私订终身而

① (宋)潜说友:《咸淳临安志》,景印文渊阁四库全书第490册,上海古籍出版社1987年版,第748页。

遭父母谴责,两人被迫逃到长江中游两岸谋生,还有一种说法是妈祖的化身游长江而
滞留于此。

将原来是海神的妈祖引入到小孤山,这种嫁接看来非常自然。妈祖本来就是水神
中的一员,平息风浪,救助人们,是她的固有特性,因此放在小孤山也很合适。又宫亭
庙是主神,小孤山是宫亭庙派生出来的女性水神,妈祖的引进,与当地原有的水神体系
也十分吻合,并不冲突。妈祖的封号无论为天妃或者天后,也都是从属于帝王神的女
神。这种贴切而自然的嫁接,反过来又突出了妈祖与九江水府、水官大帝、宫亭庙神的
密切联系。

其他地方将水官大帝与妈祖结合起来的情况,也反映了妈祖故事与水神文化的关
系。如台湾鹿耳门天后宫,于明永历十五年(1661)郑成功登台后首建,正殿主祀鹿耳
门妈祖,配祀关帝圣君、延平郡王、水仙尊王、四海龙王、观音佛祖、三官大帝、南北斗星
君等。三官大帝本为最高无上之神,这里变成了从祀,好像"退居二线"了,但其中水
官大帝和妈祖的关系,依然非常清晰。

将九江水府与妈祖故事结合起来的情况,更是反映了妈祖故事与早期水神文化的
关系。山东的庙岛显应宫,是我国北方早期著名妈祖庙之一,当地渔民敬称为"海神
娘娘"庙。显应宫殿内,妈祖坐像居正中,两侧有 14 尊站班,分别为武将、文官系列,文
官之中有九江、八河、五湖、四海龙王等。在这个文官排列顺序中,"九江"不是"九
条江"的意思,而指由来已久的九江水府,其位居第一,体现了妈祖和九江水府神的关
系。由于海运的发达,妈祖取代了九江水府神的尊崇地位,但两者的关系依然存在。
在上述排序中,水官大帝、九江水府神位居帝王,而妈祖是帝王的后妃,在名分上依然
没有突破古代的水神体系,只不过是重要性发生转移罢了。

3. 妈祖形象与宫亭庙神一致的道德化、人性化特征

在不同的历史阶段,水神文化具有不同的特征。魏晋南北朝时期,生产力低下,人
们对自然界充满了敬畏之心,所塑造的神灵也染上了神秘而可怕的色彩。宫亭庙神也
是如此,他是蛟龙的化身,具有帝王的威严气度,不但做好事,也对人实施严厉的惩罚。
这种男性神灵的形象,当然是令人畏惧的。但是,到了唐宋时期,生产力的发展使人们
对大自然的畏惧之情大为淡化,水神也增加了许多人性化、道德化和实用化的色彩。

宫亭庙神既崇尚德义,惩恶扬善,也往往惩罚过当,让人害怕。《水经注》卷
三十九记载吴郡太守张公直回家时经过宫亭庙,子女在庙中观祠,婢女指着庙中妃子
的神像开玩笑,说她像张公直的女儿。于是宫亭庙神就托梦给他妻子,要娶他女儿。
一家大惧,赶紧开船,但船只就是不能动。"合船惊惧,曰:爱一女而合门受祸也。公直
不忍,遂令妻下女于江。其妻布席水上,以其亡兄女代之,而船得进。公直方知兄女,
怒妻曰:吾何面目于当世也。复下己女水中。将渡,径见二女于岸侧。傍有一吏立,

曰:吾庐君主簿,敬君之义,悉还二女。"① 一句开玩笑的话,引来灭门之祸,这是很可怕的,也体现了宫亭庙神的威严可怖。但神灵还是正直的,对张公直的仁义行为表示敬佩,也免除了他的灾难。又《述异记》云:

> 陈敏为江夏太守,许宫亭庙神一银杖,后以一铁杖,银涂之。送杖还,庙神巫宣教曰:"陈敏之罪,不可容也。"乃置之湖中。杖浮在水上,敏舟值风倾覆矣。

陈敏欺骗神灵,付出了生命的代价,这也很可怕。又唐朝释道宣《续高僧传》卷二十九记载隋末释慧云精心摹写文殊菩萨的画像,与众人行至宫亭,"于江中路遭浪船没,财物荡尽,惟人达岸"②。释慧云诸无所恨,惟独舍不得文殊画像,就在江边哭天喊地,到了三十里之外,忽然金像和所有财物全部浮上来了。宫亭庙神无端将船只弄翻,简直有点恶作剧的味道,幸好他还有向善之心,被虔心向佛的慧云感动了。

到了宋朝以后,这种令人恐惧的传说就不太流行了,宫亭庙水神日益增加了人性化的色彩,更多的传说集中在分风送船、使人如愿上面。

魏晋南北朝时期处于附属地位的宫亭庙女神,体现了女性与母性的结合,也充满了温柔的色彩。到了宋朝,这种特点更加强化,甚至超过了宫亭庙主神的影响。《搜神记》卷四记载贾客庐陵欧明经常路过彭泽湖,每次都要投放一些钱财到湖中,后来宫亭庙神（书中称青洪君）反过来报答他,让他得到了婢女如愿,以后欧明"所愿辄得,数年大富"。南朝《述异记》记载南康平固人黄苗为州吏,受假违期,到宫亭湖请愿,后来皆得如愿,但是因为没有还愿,遭到了严厉的惩罚。③ 在这些故事中,宫亭庙的婢女如愿是可爱的神女形象,但她受宫亭庙神指使,并没有独立的地位,也不单独出面。而到后来,宫亭庙神就淡化了,如愿则以美丽可爱的女神形象单独出现。《宋稗类钞》记载词人秦观南迁,舟过南康宫亭庙下,"其夜梦美人自称维摩散花天女,以维摩像求赞"④。以往若隐若现的女神变成了清晰可见的美丽女神。李舒燕、马新广《佛道介入与妈祖信仰的嬗变》说,佛教介入之后,妈祖的形象中糅合了佛教中小龙女的形象,又糅合了观音菩萨救苦救难的道德品性。⑤ 把宫亭庙中的女神说成维摩散花天女,恰好与妈祖糅入观音形象后的特征一致。宋朝晁补之有诗《宫亭神甚灵,云有婢名如愿,以借客有所求叩,如愿即获,神又能于湖心分风使上下各得顺风,故刘删诗云:回舻乘派水,举棹逐分风》:"同舟自古无胡越,南北东西路不同。不问宫亭借如愿,只求四面

① （清）王国维:《水经注校》,上海人民出版社 1984 年版,第 1240 页。
② （唐）释道宣:《续高僧传》,《大正新修大藏经》第 50 册,河北佛教协会, 2005 年,第 698 页。
③ 鲁迅:《鲁迅古籍丛编》,人民文学出版社 1999 年版,第 291 页。
④ （清）潘永因:《宋稗类钞》卷三六,景印文渊阁四库全书第 1034 册,上海古籍出版社 1987 年版,第 746 页。
⑤ 李舒燕、马新广:《佛道介入与妈祖信仰的嬗变》,《广东海洋大学学报》2008 年第 2 期。

与分风。"男性龙神的威严恐怖退居其次,女性神灵温柔呵护的特点凸显出来,体现了宫亭庙故事的变化。而既有神的力量,也有女性的温柔慈祥,则是妈祖神的基本特点。在所有的妈祖故事中,妈祖的出现都如同慈母关爱婴儿,或驱除邪恶,或拯救苦难,使人如愿以偿;这种特点与变化后的宫亭庙故事如出一辙。

三、结语

神灵的产生和发展,与人们的社会需求密切相关,随着科技的发展和社会文化的进步而变化。早期的水官大帝,起源于人类在远古时期对洪水灾害的畏惧,所以人们把它和治水的英雄大禹结合在一起。后来,人们对江河湖泊的航运需求不断扩大,治水的大禹便退居其次,水神便依附到与江河航运有关的九江水府、宫亭庙神身上。随着社会的进步,海运发展起来,妈祖形象又取代了九江水府、宫亭庙神的地位。社会发展后,人们对神灵的需求逐渐转换为对道德的需求,因此妈祖形象便融合了人类的美德与水神的特征,成为新的崇拜对象。了解这种变化,对我们如何弘扬妈祖文化的精神是有参考价值的。

(原载《莆田学院学报》2009 年第 1 期)

妈祖信仰与钱妃信仰之比较

曾美香 [①]

华中师范大学历史文化学院

有宋一代,民间的造神运动十分活跃,妈祖与钱妃便是这一时期在东南沿海莆田县相继出现的两大女性水神。在当时国家礼制的倡导和推动下,加上民间流传的对她们的智慧与灵异的神话渲染,妈祖与钱妃最终成为精神偶像,被世代立祠祭祀。其中,妈祖由一个原本在众多神仙谱系中默默无闻的"通灵神女",而"夫人"再"天妃",直到统领仙界的"圣母""天后",其神祇功能也因之由海神升格为众神之上的全能神。如今,妈祖已拥有近两亿信众,其宫庙遍及世界华人涉足之地,其信仰成为全国性的"第一大民间信仰"。而相比之下,钱妃,这位倡导修建了与都江堰齐名的中国古代第二大水利工程——"木兰陂"的伟大女水利工程师兼慈善家,死后虽然也有史料记载其种种神奇的传说,民间亦有庙宇祭祀和信众,且在宋徽宗宣和年前地位甚至超过了妈祖,但在之后的民间信仰潮流中,她的推广程度却与妈祖相距甚远,其信仰范围至今仅限于莆田木兰陂一带。而且在钱妃庙中,甚至把妈祖列为中座,钱妃反成了妈祖的"部下"。二位水神在莆的融合与彼消此长的态势,其中包含着众多必然的因素。在妈祖文化研究成为热潮的今天,学术界还很少将妈祖与钱妃进行比较研究。本文试就妈祖与钱妃这两位诞生于莆田的水神,从两者生前身后及造神传播过程中所存在的一些差异,作初步探讨,并分析其信仰背后所反映的海洋文化与农耕文化的碰撞。

一、妈祖与钱妃生平事迹之比较

妈祖与钱妃,是两位活动在北宋莆田地区影响力很大的年轻女子。她们生前为民众所敬爱,死后受崇拜和祭祀,并各得到历代朝廷的褒封,列入祀典。然细究二者的生

---

① 曾美香 (1981—),女,福建莆田人,硕士研究生。

平事迹,其中有许多不同之处,以下略列三点:

1. 生活年代与活动范围的不同

据现有史料分析,天后妈祖姓名林默,一般认为生卒年为 960 年—987 年,诞生地为湄洲岛[①],一生活动范围均在其诞生地莆田湄洲岛和贤良港一带,是生于斯长于斯逝于斯的莆田当地女子。而晚于妈祖半个世纪多的长乐县人钱四娘,即钱妃,生卒年为 1049—1067 年,是"傍邑一处子"[②],可以认为是一名来莆创业的外乡女子。其未入莆前,在长乐县生活过。且二者虽都为未婚的年轻女子,但逝世时年龄也有差异,一般认为妈祖 28 岁离世,钱妃则年仅 19 岁。

2. 二者身份特征的差异

妈祖与钱妃皆受过良好家庭教育,通情达理,关心民生疾苦,为殷实人家之女。出生在"海滨邹鲁"莆田的妈祖"八岁从塾师读,悉能文义",而"入莆创陂年方十六"[③]的钱妃,亦绝非等闲人家之后。然据现有史料与研究现状,妈祖生前的身份颇有争议。有关妈祖身世的最早文献资料,是南宋高宗绍兴二十年(1150)廖鹏飞所撰的《圣墩祖庙重建顺济庙记》,文载:"姓林氏,湄洲屿人,初,以巫祝为事,能预知人祸福"[④],指向"巫祝"的身份;宋黄岩孙《仙溪志》卷三祠庙"三妃庙"亦云:"本湄洲林氏女,为巫,能知人祸福,殁而祠之。"关于妈祖身份,后世有巫女、女道士、佛教徒、景教徒、民间圣贤,甚至疍民之女等说法,歧异颇多。虽然如此,终摆脱不了妈祖生前从事的职业与宗教活动密切相关的事实。在这点上,钱妃的身份则要单纯一些。散记于史志、碑文、笔记等诸多文字,或称其为钱女、钱氏女,或称为钱媛、钱妃,虽然李献璋认为钱妃的身份可能也是"女巫"[⑤],但从记载来看,我们认为即是一名宗教气息很弱的女水利工程师兼慈善家,身份较妈祖少了许多神秘气氛与复杂性。正是这种不同身份,使妈祖故事有了更广阔的想象和创作空间,而钱妃的故事则要单纯得多。

3. 离世因由的差异

对于妈祖的离世,南宋廖氏所撰的《圣墩祖庙重建顺济庙记》以及《仙溪志》等皆以一个"殁"字描述,具体死亡原因语焉不详。至清乾隆年间,林清标于所撰的《敕封天后志》中称,妈祖渡海后"径上湄峰最高处。但见浓云横岫,白气亘天。恍闻空中丝管韵叶宫徵,直彻均天之奏。乘风翼霭,油油然翱翔于苍旻皎日间"[⑥],与民间传说的"白日飞升""羽化升天"相同。蒋维锬归纳妈祖死因共有四种说法:飞升羽化

---

① 蒋维锬:《妈祖诞生地新证》,《妈祖研究文集》,海风出版社 2006 年版,第 48—50 页。

② (宋)刘克庄:《协应钱夫人庙记》,陈池养《莆田水利记》卷八,同治八年刻本,莆田图书馆藏。

③ 《钱妃官祭祝文》,《木兰陂志》下卷,清重刊本,莆田图书馆藏。

④ (宋)廖鹏飞:《圣墩祖庙重建顺济庙记》,蒋维锬《妈祖文献资料》,福建人民出版社 1990 年版。

⑤ 李献璋:《妈祖信仰研究》,澳门海事博物馆 1995 年版,第 66 页。

⑥ (清)林清标:《敕封天后志》,乾隆刊本,莆田图书馆藏。

说,救海捐躯说,无疾而终说,不可确考说。① 此外还有离奇死亡（精神幻觉赴水）说等。妈祖的死亡问题可谓未解之谜。而钱妃因木兰陂功败垂成、悲愤投水殉难的事实,在史料记载与民间传说中则毫无争议。如南宋郑樵在《重修木兰陂记》中载道:"兴木兰之役者,有长乐郡之二人焉,始则钱氏之女,用十万缗,既成而防决……钱氏吐愤,遂从曹娥以游"②,南宋著名词人刘克庄《后村大全集》中的《修协应庙》等记述相同。

二、妈祖与钱妃信仰产生与发展过程的差异

妈祖与钱妃信仰在产生发展过程中,也存在诸多差异,以下归纳为四点加以阐述:

1. 造神之初民间信仰圈与封妃时间差异

在民间,妈祖与钱妃死后都为民众立祠祭祀。妈祖离世后,"屡呈灵异","里人畏之敬之,相率立祠"③。钱妃捐躯后,"邑人祀之"④,即宋熙宁八年（1075）建的香山宫。但二者起初在民间的信仰基础不尽相同。妈祖开始是渔民的"通贤灵女",为莆田沿海当地渔民崇敬;钱妃则是护佑木兰溪两岸的农业水神,受木兰溪流域农民所崇敬。她们各司其职,拥有不同区域、不同成分的信众。

在官方,二者逝世后历经两百年左右,皆被南宋统治者褒封。据《敕封天后志》、清乾隆年间制的"历代敕封"匾额等载:妈祖于宋太宗雍熙四年（987）离世,宋徽宗宣和五年（1123）赐庙额"顺济",南宋高宗绍兴二十五年（1155）封"崇福夫人",至宋光宗绍熙元年（1190）封"灵惠妃",大约经历了赐庙额、封夫人、封妃三个阶段,中间间隔时间三十多年。而根据《福建通志》《木兰陂志》等载,钱妃于宋神宗治平四年（1067）逝世不到二百年后,宋理宗景定三年（1262）同时被赐庙额"协应"和"惠烈夫人"封号,不久后又被封为"惠烈协顺圣妃",前后不过两三年时间。可见,钱妃较妈祖封妃的年代要晚,但从初赐庙额到封妃,经历的时间却要短得多。

2. 初赐庙额与封号的不同寓意

妈祖初得"顺济"庙额,源于宋徽宗宣和五年（1123）"允迪路公奉命使高丽,遇飓危荡,见一女神坐于桅上,风即止。复命于朝,赐额至庙"⑤。钱妃的庙额"协应",正如南宋刘克庄所云:"譬之大厦,非一木能撑而肇基"⑥,乃以此表彰与纪念钱四娘、林从世、李宏及十四家富户等齐心协力,修建木兰陂之功。"惠烈夫人""惠烈协顺圣妃"

---

① 蒋维锬:《妈祖研究不同观点综述》,《妈祖研究文集》,海风出版社 2006 年版,第 73—80 页。
② （宋）郑樵:《夹漈遗稿》卷二,四川大学古籍整理研究所《宋集珍本丛刊》第 42 册,线装书局 2004 年版。
③ （清）林清标:《敕封天后志》,乾隆刊本,莆田图书馆藏。
④ （清）陈池养:《莆田水利记·祠祀》卷五,同治八年刻本,莆田图书馆藏。
⑤ （清）林清标:《敕封天后志》,乾隆刊本,莆田图书馆藏。
⑥ （宋）刘克庄:《宋协应庙记》,《木兰陂志》上卷,清重刊本,莆田图书馆藏。

的封号更是突出了钱妃创建木兰陂的义举与陂毁赴水的悲壮色彩。

3. 灵异神话传说的差异

二女离世后的显灵传说,据史载,钱妃是死后"香闻数里","每风雨夕,隐隐见双灯自山下至木兰溪,故老传为'四娘巡陂'"[①];清道光六年,"筑岸下键,洄流激荡,屡筑不立。董事人等祷于钱女庙中,其夜工匠皆见红灯出庙,明日视其红灯旋转处,水落沙震,下键即成。"[②] 同为水神的妈祖,同样也有"提灯巡海"之灵异传说:"海上有天妃神甚灵,航海者多著验应。如风涛之中忽有蝴蝶双飞,夜半忽现红灯,虽甚危,必获济焉";"相传大海中,当风浪危急时,号呼求救,往往有红灯或神鸟来,辄得免,皆妃之灵也"[③]。她们一个是恪尽职守、任劳任怨地"提灯巡陂"于木兰溪两岸;一个是风雨无阻、有求必应地出入于万里海疆之中。灵异传说可谓同中有异,异中有同。

但是,妈祖的神通又明显较钱妃要广大。据《敕封天后志》等载,妈祖"飞升"后,能化木救商、圣泉救疫、紫金山助战、济兴泉饥、保护册使,甚至井泉济师,助施琅复台。直至今日,海内外依然还在源源不断地产生新的妈祖灵验传说。妈祖千变万化,无所不能,终于从一个地方性的海神逐步发展为至高无上、统领神界的全能神,而钱妃自始至终都是一位地方性的农业水神。她的"提灯"传说,还随妈祖信仰一起传到日本的萨摩。[④]

4. 妈祖信仰与钱妃信仰影响程度不同

从传世史料中看,宋徽宗宣和年前,钱四娘在民间与朝廷的影响曾超过妈祖,至南宋理宗朝,同封为妃的钱四娘与妈祖地位不相上下。但在此后的推广过程中,妈祖得到了历代统治者的不断加封,从宋代的"夫人""妃",元初的"天妃",到清代"天后""天上圣母",神格不断提高,信仰圈不断扩大,终至于"香火布天下,与国家祚运相为无穷"(刘克庄语),成为全国性甚至世界性的民间信仰。相比之下,钱妃的推广程度却与妈祖相距甚远,其信仰圈仅局限在莆田一地。甚至在明朝时曾几度遭遇到毁庙的危险,如正德和嘉靖年间李熊及其子孙的毁庙行为[⑤]。

三、海洋水神与农业水神的差异性比较

就妈祖与钱妃的神祇功能而言,二者虽同为水神,但涵盖的内容是有很大差异的。妈祖的原始神格与海洋活动、渔民生活有关,而钱妃短暂的一生中最大的贡献在于倡

---

① 张琴、石有纪:《(民国)莆田县志》,《中国地方志集成》,上海书店、巴蜀书社、江苏古籍出版社2000年版。
② 《请创陂首功钱女列入祀典奏折》,《莆田水利记·奏章》卷五,同治八年刻本,莆田图书馆藏。
③ (清)赵翼:《陔余丛考》卷三五,中华书局1963年版。
④ 李献璋:《妈祖信仰研究》,澳门海事博物馆1995年版,第68页。
⑤ (清)林琨:《钱李林黎十四功臣陂庙考》,《木兰陂志》下卷,清重刊本,莆田图书馆藏。

导捐建木兰陂,她的神格自然而然地与农业生产息息相关。

从造神之初看,在以农耕文明为主体的中国古代社会,钱妃作为农业方面的水神在当时当地影响是很大的。据史料记载,钱妃、林从世等人筑堤失败后,当权崇臣邑人蔡京、蔡卞兄弟"感涅槃之灵谶,念梓里之横流,屡请于朝"①。熙宁八年(1075),也就是王安石"水利法"推行的第五年,全国各地农田水利改革处于高潮时,宋神宗"乃下诏募筑陂者"②。在以"文化怀柔"为治国政策和继承了几千年封建社会"重农"思想的宋代,有功于水利的木兰陂创始人——钱妃,自然而然成为"兴德化民"的榜样。而早于钱妃近半个世纪的妈祖真正受到官方重视是始于宋徽宗宣和五年(1123)。《敕封天后志》载:"给事中允迪路公使高丽,感神功,奏上赐顺济庙额。"自宋室南渡后,妈祖的名声最终盖过钱妃,并且入主钱妃庙与之并祀,后又位列中座,钱妃逐渐降为妈祖神系的一员部下。同一时代酝酿出的两个水神,却在其后的流传中此消彼长。笔者认为,除了宋代及以后国家政治经济中心的南移、明清林氏家族的极力宣扬、巫觋文化在民间的地位提升等诸多因素之外,充满活力的海洋文化与古老传统的农耕文化的碰撞是其中不可或缺的内在原因之一。

古代中国是以自给自足的小农经济为基础的封建社会,古老的农耕文明孕育了华夏民族五千多年灿烂辉煌的传统文化,与农耕文明相当的钱妃信仰理应得到民众的重视。然而,从古代民间信仰发展的自发性、多变性特点来看,民间信仰的神灵往往处于不断的自生自灭过程中,"一些前一时代名声很大,香火极盛,神乎其神的神灵,享用接受了无数奉祭叩拜后,却无声无息地消失了","此消彼长,兴替无恒"③。在民间造神的熔炉里,如钱妃一类的农业水神,全国各地数不胜数,远有李冰、马援,闽地境内又有东瓯神女、灵显侯等。这些地方性的神明往往仅限于当地的信仰圈子,超出了他们造福的一方水土似乎就"不灵"了。由于民间农业江河水神名目繁多,加上地理环境的制约,钱妃的信仰范围便被限制在了莆田一地。这一点,我们可以从钱妃的祖籍长乐县看到,她在长乐乡亲眼中只是一名普通的历史过客而已,而在莆田,真正为"过客"的她则是一个被世代怀念的先驱与神明。这反映了古老农耕文化只求安足、无事外求、狭隘偏安的局限性。

当中国历史发展到两宋时期,尤其是面临着新转折点的南宋,随着中国古代经济、政治、文化诸方面的不断南移与发展,拥有与农耕文化同样绵长历史的海洋文化日益凸显。经济的拓展、航海技术的发展、海上交通的活跃、海外联系的日益频繁,"构成

---

① (宋)方天若:《木兰水利记》,《木兰陂志》上卷,清重刊本,莆田图书馆藏。
② 同上。
③ 贾二强:《唐宋民间信仰》,福建人民出版社2002年版,第5页。

了海神神格不断提高,封号不断晋级的现实基础"①。加上人们面对海上活动巨大风险的无奈和对某种超自然力量的渴求,原本处于劣势的海洋文化以其本身具有的开拓性、包容性,吸纳融会了各种文化(其中包括固守了中国几千年的传统农耕文化),不断地壮大起来。于是,在莆田,原本可与妈祖"分庭抗礼"甚至一度处于优势的钱妃信仰,在历史潮流的冲击下,不得不很快让步于妈祖信仰,融入妈祖信仰圈,成为妈祖信仰圈内的一部分。这是历史的选择。

四、小结

综上所述,妈祖与钱妃二者虽在身世上有种种的不同与争议,但她们都是值得人民敬仰的伟大女先贤,都是优秀劳动人民的典型代表。妈祖以海神具有的宽广博大性,逐步迈出闽中一隅,吸纳了众多信众,通过各种方式与渠道,不断地随着历史的潮流被赋予崭新的内容,从简单概念里的海神,逐步上升为"护国庇民""和平使者"的全能神,并造就了其丰富的文化内涵。钱妃倡导修建了中国古代第二大水利工程"木兰陂",离世后成为护佑一方的农业水神,在民众观念里经过形象地位的不断更新,其信仰成为妈祖信仰的一个组成部分。在特定的地域范围内,在以动态开放为特征的海洋文化的不断拓展覆盖下,原始农耕文化逐渐显露了它保守性、狭小性的缺陷,它需要经过一番沉痛的改造,使二者互补并存。循着这一趋势,钱妃与妈祖,一个内向平和的农业水神,一个放眼世界的海洋水神,二者经过地位的变迁和融合,相会交融,相辅相成,共同创造丰富着中华文化。

(原载《莆田学院学报》2007年第3期)

---

① 谢重光:《妈祖与我国古代河神、海神的比较研究》,《福建学刊》1990年第3期。

福建乡镇志中的妈祖史料

刘福铸 ①

莆田学院汉语言文学系

　　乡镇志是指以县以下地方单位的乡镇为记述范围的方志。相对于州县志来说，乡镇志的记述范围及文献价值都不能与之相比，但是乡镇志也有其独到之处，其许多详细内容为州县志乘所未备，有拾遗补阙的作用。就以妈祖研究的资料来说，目前，各地的县一级及以上志书记载的妈祖资料基本都已被人爬梳查检过，发掘出不少可靠史料。但是，乡镇一级的志书则尚未见有人注意。笔者检阅了福建二十多种民国和民国以前编修的乡镇志，除少数乡镇志如《南日岛志》《洪塘小志》等以外，绝大部分乡镇志都有妈祖宫庙的相关记载。这些资料对于我们拓宽妈祖研究资料来源，进一步了解妈祖信仰在福建广泛分布的情况十分有益。

一、记载妈祖宫庙在乡镇的分布情况

　　一般清代以后编修的福建府县志，都记载有当地规模较大的天后宫。至于规模较小的妈祖庙因数量众多，则大都没有记载。但是如果当地修纂有乡镇志，那么，这些乡镇妈祖庙一般就会被收录记载，而且一些记载比县志、府志更为详细。被收录的妈祖庙一般记载以下一些内容：宫庙名称、所处位置、分布情况，有的还附记有建置时间、沿革、主事者和相关建筑等项目。

　　如康熙《连江里志》："（金凤）桥头有宫，祀天妃娘娘、田公元帅……今被兵占为烟墩，庙再建在二首。" ② 连江里今属仙游枫亭镇。这里的妈祖与戏神田公元帅同祀一宫，颇有特色。志中所载元朝林亨《螺江风物赋》中亦述及妈祖"上配乎天极之

---

① 刘福铸（1957— ），男，福建莆田人，副教授，中南大学特聘研究员。

② （清）郑得来：《连江里志》，抄本，第63页。

星,实奋迹湄洲之故宫"①。道光仙游《枫亭志》记载史料更多。卷一《地里》:"天后宫……在今南街锦屏山之麓,其地名古草市头,亦名南市者也。"② 按该庙宋《仙溪志》卷三称"顺济行祠",但明嘉靖及清乾隆《仙游县志》却都缺载。《枫亭志》中还详录北宋枫亭"铜炉溯潮"的妈祖故事、南宋褒封妈祖父母经过及元明以来庙宇兴废沿革等。此外,该志还记载枫亭另两座特殊宫庙:一为专祀"天后之父积庆公、天后之母显庆夫人"的祐德庙;另一为"在街之南市尾"的"天后行宫",该宫配祀神是北宋被封为忠祐侯的涵江人陈应功,此俗为他处所未见。

又如福州《藤山志》卷二《名胜古迹志》:"天后宫,在大岭北麓……"③ 又福州《闽江金山志》卷一《疆域》:"……山顶有天后宫。"又卷四:"(金山)寺旧祀天后,左右祀朱文公、张襄愍公及龙江先生,今仍之。"④ 此处的妈祖配祀也颇为独特,志中载,民国二十三年(1934)秋金山寺重修后,中殿仍祀妈祖,左祀三一教主、莆人林兆恩,右祀明正德进士、抗倭英雄张经,而朱熹则改祀北向。又如福州《螺洲志·庙寺祠宇》:"天后宫,未知天后宫即螺女庙故址否,或云有庙在'螺仙胜迹碑'东,今其地已为陈家别业。现唯一庙在洲尾。"又"天后宫有二:一在院前道,一在流头角。其在流头角者,同治元年,陈布政景亮重建。"⑤ 由此可知,螺洲区区一乡,当时至少尚存妈祖庙三座。

又如长乐《梅花志·古迹》:"天后宫,一在旧城水门内,乾隆辛丑年建;一在东门内,乾隆五十年建……"⑥ 梅花三面环海,明初筑千户所城。又《长乐六里志》卷四《名胜》记载有七座妈祖庙:"天后宫,在洋屿……";又"一在洋屿云门山中,有楼祀朱文公。一在猴屿,又称天妃庙。一在溪珠。一在浮岐。一在长洋,称天后宫。一在高安。"⑦ 又长乐《琴江志·各庙考》:"又北门外左旁,亦有天后宫,原系奉协领彝公灵阿长生禄位,初名行台庙,道光间上游水患漂来天后神像,乡人遂供像于行台前殿,将彝公移供天后座之上,有楼供奉文昌、朱文公、奎星,因更行台之名,亦称天后宫。"⑧ 琴江即洋屿,为控马江、卫省城的重要港口,清代始成为满族聚居村落,洋屿天后宫的兴建与满族信众有关。长乐县北临海的文石乡妈祖庙则与郑和关系密切。《长乐文石志》(不分卷)载:"天妃庙,位于文石圣娘山,建于永乐七年,太监郑和往西域取宝,厥后朝廷遣天使封琉球中山王,俱在此设祭开船。"⑨ 可见明代郑和及清代琉球册封使都曾在

---

① (清)郑得来:《连江里志》,抄本,第28页。

② (清)林朗如:《枫亭志》,抄本。

③ 蔡人奇:《藤山志》,福建出版社1948年版。

④ 林其蓉:《闽江金山志》,福州远东书局1937年版。

⑤ (清)白花洲渔:《螺洲志》,抄本。

⑥ (清)佚名:《梅花志》,抄本。

⑦ 李永选:《长乐六里志》,油印本,1946年。

⑧ 黄曾成:《琴江志》,排印本,1922年。

⑨ (清)佚名:《长乐文石志》,抄本。

此庙设祭开船。福清《海口特志》也载海口有多座妈祖庙:"灵慈庙,即天妃行宫。一在通江门贤福境,元初建。一在瑞峰寺东边,隆庆初,盐商造……一在南门临江境,大潮常至庙前。"① 又 "李,居登俊最著,更居……岐平天后宫兜。"② 1994年新出的《海口志》增录海口《瑞岩山志》一种,其中又有可补《特志》未备者,卷一载:"天妃宫,在寺之南,峙于山半,万历二十九年祁门县人洪士雄建。至三十五年又建梳妆楼于宫之前,未竟其程,寻卒。邑人谢应泰舍资成之……"③ 瑞岩寺为佛教寺院,但寺南却建有妈祖庙。

又如晋江《安海志》卷八:"天妃宫,旧在南门内,对门店三间,及迤东溪头店三间,及店后厝抵后街。嘉靖辛卯、壬辰间黄陈于钱君梗处请产给帖作民居,而天妃祀在人家。及筑城,乃祀于南门城楼。万历癸酉、甲戌之岁,士夫黄菊山作《疏》,合缘化众驱阳侯之名,役五丁之士,因浮海之洲,砌三层之台,结蘽珠之宫,以祀尊神。匾曰神仙观,谓如海上三神山也……"相关建筑有"天妃宫坊"。④ 又晋江《重修安平志》:"天妃宫坊,在安平朝天宫前,明万历甲戌年太傅祖诰封光禄大夫、任衢州同知菊山黄伯善建神仙观,筑海为之……"⑤ 按安平为清代以前安海的古称。惠安崇武所城为明初抗击倭患时筑。《崇武所城志·庙祀》载:"天妃宫,在城外西南江口山之下。"⑥ 相关庙宇有"在谯楼西"的"晏公庙"⑦ 龙海石码有五处妈祖庙,皆为盐商帮会所建。《石码镇志·地理第一》:"妈祖宫,前七帮盐馆建,今废。"又《典礼第六》:"天后宫,大宫前街。……一在祖宫。一在车仔路头,名晏海宫,有祀产。一在上西湖街溪口。"⑧

宁德周墩僻处深山,但也有妈祖庙。《周墩区志》卷二《坛庙》:"天后宫,在十六都,清乾隆六十年九月邑人同建……"⑨ 按嘉靖三十五年(1556)宁德县境内置周墩城,1935年划宁德县西北部原青田乡东洋里设周墩特种区,1945年调整后升为周宁县。又如崇安《五夫子里志》卷四《寺庙》:"天后宫,一在本镇三市 …… 祀天上圣母;一在七市。"⑩ 五夫子里的妈祖宫实与会馆合而为一。

金门岛在民国四年(1915)置县前,先后隶属于同安县、思明县(厦门)。然道光十六年(1836)林焜熿已主纂有十六卷本《金门志》,也应归乡镇志。该志卷四《祠祀》载岛上重要的妈祖庙有"在后浦渡头"及在"南门"的"天后宫","宋时

① (清)林以棻:《海口特志》,抄本,第43页。
② 同上书,第12页。
③ 俞达珠:《海口志》,海潮摄影艺术出版社1994年版,第12—13页。
④ (清)佚名:《安海志》,抄本。
⑤ (清)柯璜璜:《重修安平志》,抄本,第24页。
⑥ (明)朱彤:《崇武所城志》,抄本,第33页。
⑦ 同上书,第35页。
⑧ 林凤声:《石码镇志》,民国抄本。
⑨ 郑谟光、陈赞勋:《周墩区志》,排印本,1938年。
⑩ 詹继良:《五夫子里志》,抄本,1931年。

建""在贤聚村"的则称为"西宫","在料罗官澳"的建于明朝。还有"在后浦南门"的"小妈祖宫",并祀神为"厂官爷"。①《金门志》卷十五《风俗记》中还记载岛上妈祖崇拜的风俗。岛民"每年春季,迎天后,曰进香。多岁始举行"②。这种每年"岁始"祭祀妈祖的时间与大陆不尽相同。另卷五《兵防志》载当时驻守金门岛上的水师各营战舰上,也有供祀妈祖的习俗。据载船上的妈祖被供奉于"中官厅",成为官兵们的精神支柱。③

二、反映一些妈祖宫庙的不同名称

妈祖庙自从南宋得朝廷敕封"顺济"庙额后,正规的庙一般就称顺济庙或顺济圣妃庙,此外,因妈祖还有其他封号,所以宋代妈祖庙宇还有林夫人、灵惠、圣妃等名号。元代,妈祖得天妃封号,所以元明时代,妈祖祠庙的官方称谓就多冠名天妃。清康熙朝,妈祖得敕封天后称号,从此,又有了天后宫通称。因妈祖信仰广泛流播于民间,所以民间的妈祖宫庙除了沿袭历代官方所用通称外,各地还有许多因时因地而产生的不同称呼。福建乡镇志中记载的妈祖宫庙名称也反映了这一点。

如《连江里志》载枫亭妈祖庙古称"灵慈庙"。《枫亭志》卷一则载天后宫别名"龙应,亦曰上宫"。而"天后行宫"又名"龙兴"。还有一座名"太平镇社"。卷八《续编》载另一庙号"三妈宫"。

又如《藤山志》载福州藤山天后宫,因"附有舍人庙",遂又称"舍人庙"。《闽江金山志》则载洪塘天后宫"俗呼千里眼庙"。"千里眼"为妈祖庙配祀陪神之一,这里却成了主祀神。《长乐六里志》载猴屿天妃宫也称天妃庙,长洋天妃宫则又称天后庙,后者显然反映的是不同时代的称呼。崇安五夫子里的两处妈祖庙称"汀州会馆""兴安会馆"(《五夫子里志》)。显然,这是在崇安的客家行商、兴化商帮同乡会馆中的妈祖祠祀。

安海天妃宫则有"神仙观"之称。《重修安平志》:"天妃宫,旧在南门内,嘉靖辛卯,豪民赴县令钱楩给帖请产作民居,而天妃祀在人家。及筑城,乃祀于南门城楼。万历甲戌,乡绅黄菊山作《疏》,募建于朝天境,浮海洲岛以祀之。匾曰'神仙观'。前立华表,镌'山海壮观'四字,后镌'蓬瀛别界'。今宫移在原岛之东岸,而坊仍存旧地。"④《安海志》中也有相似记载。《石码镇志·典礼》载龙海石码几座妈祖庙有"妈祖宫""祖宫""晏海

① (清)林焜熿:《金门志》,《台湾文献丛刊》第80种,台北:台湾银行经济研究室1960年版,第54页。
② 同上书,第396页。
③ 同上书,第95页。
④ (清)柯璜璜:《重修安平志》,抄本,第31页。

宫""慈济宫"等名称。书中还详细记载了这些妈祖宫庙的兴废始末：

> 天后宫，在大宫前街。崇祀敕封天上圣母林娘娘，岁春秋致祭。有祀产。文武朔日诣宫行香。后殿祀积庆公，有司亦诣行香。官不与祭。雍正间，孝廉刘光笃鸠里人重修并为之《记》。一在祖宫。一在车仔路头，名"晏海宫"，有祀产。一在上西湖街溪口，名"慈济宫"，此宫乃盐船及七帮盐商所共祀，文武有司逢元旦诣宫行香，此宫于民国□年拆毁。按"慈济"、"晏海"两宫，自被洪兆麟与周醒南、蓝汝汉合成三公司，将两宫尽有之地托林威南介绍卖与侨商林秉祥，迨民国十六年冬，祥之子绍裘将"慈济宫"一片之地筑为酒厂，号曰"建丰绍酒厂"。而天妃林娘娘神像终流落于无底巷菜堂之内。香火断绝，亦足伤矣。

在《石码镇志·古迹》中又记载有一处崇祀妈祖的建筑名"旷瞻楼"。略曰："旷瞻楼，楼临江，驾西湖亭上，崇祀天后。时闻隔浦渔歌，游人多登览焉。江上云物披列画图，开襟危栏，渺然天际。"福清海口的妈祖庙与枫亭的一样，也称"灵慈庙"，又称"天妃行宫"（《海口特志》）。按妈祖于宝祐三年（1255）封"灵惠助顺慈济妃"，灵慈庙应是宝祐以后元代以前的妈祖庙名称。

三、保存一批妈祖宫庙的诗文史料

有关妈祖的碑记、诗联等文献史料是研究妈祖文化的基础。福建乡镇志中的这类史料大致包括以下三类：

1. 文章类

多由当地名人撰写。如《螺洲志·寺庙祠宇》收有清道光刑部尚书陈若霖次子、同治北闱解元、布政使陈景亮撰写的《重修天后宫碑记》。略曰：

> 螺江舟楫，往来与湄洲通潮汐，故乡人莫不立庙以祀天后。而吾族所建，迩于祖庙之右。父老传闻，始自前明中叶。迨嘉庆丁丑年，先尚书望坡公首倡捐廉舍族合而修葺之。迄今又四十余年矣。咸丰辛酉秋，予由滇藩请假南旋，行经海道，盲风怪浪，骇目惊心，幸邀神佑，化险为夷。归而瓣香展谒，目击殿宇颓敝，爰为鸠工庀材，无侈前规，无废后观。……是役也，糜金钱五千四百，历十阅月而工竣，继自今愿与桑梓之人同矢敬恭以答。神庥其即，绍承先志也夫！大清同治元年壬戌嘉平，前云南布政使司里人陈景亮谨撰并书。

碑记交待螺洲妈祖庙由陈氏望族倡建于明代，嘉庆二十二年（1817）由陈若霖倡议重修。至咸丰十一年（1861）又由陈景亮主持重建。可见螺洲妈祖庙的兴建重修与陈氏关系最为密切。文中尚记载天后宫配祀有金柳将军、螺仙洲主、顺懿元后、珠疹夫人以及玄天上帝、福德正神等神祇,显出该宫的祀神地域特性。

又如《安海志》卷八收有明嘉靖晋江安海举人、衢州同知黄伯善撰写的《改筑南城天妃庙功德疏》。疏文详细记述了南城天妃庙的沿革及重建缘由。《崇武所城志》引天妃传记,又收录康熙崇武文人刘有成(莲芳主人)题撰的《天后庙序》,无名氏的《重修明著天后庙记》及清嘉庆二十四年(1819)董事何琼玖等人所作的《重修崇武天后宫序》①。这几篇序记详细记载了崇武妈祖庙兴建与重修情况,是了解崇武天后宫最重要文献。又如《石码镇志·艺文》收有清雍正朝举人刘光笃撰的《重兴石码天后宫序》。序中称妈祖在石码"较诸神为尤重也",并记载天后宫的重兴是由"住持僧思斋同镇绅士"共同发起,这与湄洲祖庙过去由僧人住持的情况类似。又如民国林宜恒纂《海口续志》收有清道光间长福营参军那丹珠撰写的《镇东天后宫碑记》②,该文是了解福清镇东卫妈祖庙兴建始末的唯一参考资料。

有些碑记虽然没有收录原文,但也提供了一些稽考线索。如《海口特志》记福清海口天妃行宫,始建于元代,明永乐间重建,"旁有亭,覆以楼,曰整云,骚人墨客,四时游宴于此,邑人林公为记"③。这个亭子即江天亭。《各境神庙》载:"江天亭,在下江天后宫旁,永乐十三年重建,上覆以小楼,名整云。骚人墨客,四时游宴,天光水色,一碧万顷。"④ 为之作《记》的"林公",当即洪武海口举人林祖(字希述),官吏部员外郎、通判。

2. 诗歌类

如果妈祖庙规模壮观、所在环境优美,或为当地古迹,则往往吸引文人墨客题诗吟咏。如《安海志》卷九载南门天妃庙有嘉靖进士林云程作《天妃庙》诗:"野涨泛溪八月潮,出城骋望水门遥。港通海外昆仑舶,邸倚天南万里桥。地自一初名别洞,鼎从万历纪神尧。烟光云气相涵映,决眦十分景色饶。"清道光间,安海秀才黄伯义(号十友主人)也有题诗:"半亩方基海上洲,渔人无数在洲头。声声笛倚江城晚,远远雁依石塔楼。桥店初投南北客,港湾未断往来舟。晴明满月千山景,雅称高人作浪游。"明万历元年(1573)该天妃庙由乡绅黄菊山作《疏》募缘重建后,因筑于浮海之洲,"砌三层之台,结蕊珠之宫,以祀尊神",故匾曰"神仙观"。此后文人墨客吟咏甚多。如嘉靖进士、南京刑部右侍郎、安溪人詹仰庇作有《士贤宿神仙观》:"水殿凌空接远烟,湖中神观独依然。鳌头碧浪开美镜,蟾影摇波入绮筵。极目扶桑应万里,细询浪苑几千年。遨游允惬垂纶志,醉伴闲鸥海上眠。"又有隆庆二年榜眼、南京礼部尚书、晋江人黄凤翔所作同题诗云:"金鳌排浪驾神仙,玉女来从镜里看。水殿夜阑嘘蜃暝,石梁

① (明)朱彤:《崇武所城志》,抄本,第35—37页。
② 林宜恒:《海口续志》,民国抄本,第29页。
③ (清)林以寀:《海口特志》,抄本,第43页。
④ 同上书,第45页。

潮满卧龙寒……"黄氏还有《神仙观》诗:"天耸蓬莱傍海滨,垂虹跨水出风尘。共来谭座尊前客,恍似乘槎汉上人。万顷烟波当绮席,满空月色映花茵。凭谁为访鱼鳞石,试学任公挹钓缗。"（卷九）书中还收有晋江人嘉靖右副都御史林乔相、参政黄思近、欧阳楼等人吟咏神仙观的多首诗作。

又如《石码镇志·古迹》载"旷瞻楼"祀天后。因其楼临江且"时闻隔浦渔歌",故"游人多登临焉"。该书《艺文》收录前人咏旷瞻楼诗多首。如顾山奇《旷瞻楼》:"飞楼直欲接天开,选胜登临独自来。云物不随尘事挠,闲情岂为俗缘摧。蒲虎马远带晴烟去,沙鸟低衔夕照回。携侣倚栏频啸咏,只惭示辨仲宣才。"书中还有洪祖范《旷瞻楼远眺》、邱文焕《登旷瞻楼》等人诗作。这些诗虽不是直接赞颂妈祖的,但也反映了妈祖庙宇所在海滨环境的壮美。

3. 匾联类

匾额、楹联是中国传统建筑物的重要特色。妈祖宫庙一般也都有匾联装饰。其中的佳制往往具有史料和艺术双重价值。福建乡镇志中也有相关记载。

如《枫亭志》卷一记载天后宫原存有重临的宋理宗端平三年御赐"顺济行祠"匾、清雍正御赐"锡福安澜"匾及雍正间礼部侍郎漳浦人蔡世远的"海不扬波"题额。《枫亭志·续编》则载"上宫"民国时尚存妈祖"铜炉显圣古迹"并宫门联:"圣显铜炉昭海甸,名扬枫陛祀春秋"。又如《长乐六里志》卷四载洋屿天后宫建于明崇祯年间,"清雍正七年因设立水师旗营重修,内奉协领彝灵阿长生禄位。初名行台,嗣改为学校。旧悬一匾书'燕海生还'四大字"。此匾后面还附有"里人黄曾源"记述他亲身经历妈祖"神验"的长篇跋语。黄曾源,字石孙,洋屿人,光绪进士,由御使台出守徽州、青州、济南等州郡,为一介清官。《梅花志·古迹》则载梅花城东门内建于乾隆五十年的一处天后宫,有知县王运昌题匾:'德水长清'。又有其题联一副,曰:"神化转鸿钧,七百户苍生,咸资利济;圣功宣海峤,万千年巨镇,永庆安澜。"

又如《崇武所城志》记明嘉靖间扩建后的崇武天妃宫,有惠安乡绅、吏部侍郎李公恺题联:"浪打石为门,古庙灵神扶极海;潮平波似练,中州圣主驾飞龙。"万历三十一年重修后,又增参府施德政的"沧海永镇"和"海国耀灵"题匾二方。①

由福建旧乡镇志中记载的妈祖史料可以推知,全国其他地方还有数百种新旧乡镇志,特别是与海运、漕运有关地区的乡镇志,其中一定也有许多有关妈祖信仰研究的史料,尚有待于我们去进一步钩稽发掘。

（原载《莆田学院学报》2004 年第 1 期）

---

① （明）朱彤:《崇武所城志》,抄本,第 34 页。

天妃附会碧霞元君封号考

郑丽航 ①

莆田学院图书馆

碧霞元君（泰山女神）产生于北方，天妃（海神妈祖）产生于南方，在男权至上的中国古代这两位女神都受到了帝王的恩宠与百姓的膜拜。

碧霞元君的研究从 20 世纪 20 年代顾颉刚先生就开始探索，近年随着妈祖研究热的升温，学者也开始注意碧霞元君与天妃的一些关系。笔者在整理妈祖文献资料的过程中也注意到这方面的相关资料，本文拟就这个问题作初步考证。

一、 "天仙圣母碧霞元君" 封号的谬加

在明崇祯朝，天妃是否有褒封为 "碧霞元君" 之事？笔者查阅了《明史》《明史纪事本末》《明会典》等正史，均无相关记载。关于这次褒封，目前所见最早的相关史料记载是汪楫在《使琉球杂录》神异条中的记述：

> ……（康熙二十一年）入朝见高丽、土鲁番诸国朝贺，中有黄首帕者数人，闻知为琉球贡使。三月始奉有选择出使之命，与中书林麟焻同应选……后行经杭州，登吴山，致祭唐越国公祖庙，庙之左有天妃宫。天妃为海道正神，臣方疏请谕祭。因肃谒，见悬幡累累皆大书碧霞元君，惊呼道士问之，未得其详。越日，过孩儿巷天妃宫，得《天妃经》一函，其后详书历朝封号，始知 "碧霞元君" 为崇祯十三年加封天妃之号……

> 天妃，莆田林氏女也……明太祖封 "昭孝纯正孚济感应圣妃"，成祖封 "护国庇民妙灵昭应弘仁普济天妃"，庄烈帝封 "天仙圣母青灵普化碧霞元君"，已又加

---

① 郑丽航（1972—　），女，福建莆田人，副研究馆员。

"青贤普化慈应碧霞元君"。①

按，汪楫与林麟焻任清朝第二次册封琉球正副使于康熙二十一年（1682）出使琉球。如其所记，其出使琉球之前曾到杭州吴山天妃宫谕祭，得《天妃经》（今不见传本）一函，里面详记天妃历朝封号，也包括崇祯十三年（1640）加封天妃为"碧霞元君"的记载。可见汪楫对"崇祯之封"的认知仅仅是依赖于道士主持的天妃宫中道教私印的一本小册子，并未追寻其他的佐证史料。而道教徒印的传世的《太上老君说天妃救苦灵验经》，里面有许多杜撰的内容，其目的是为了把天妃纳入道教的神谱。《天妃经》之记显非历史记载，但这条记载说明至迟在康熙二十一年前就已有这次褒封的讹传。

清康熙后的许多相关史料则大多是直接引用汪楫《使琉球杂录》的记载，如乾隆年间据康熙二十六年（1687）朱彝尊《日下旧闻》一书加以增补的《钦定日下旧闻考》卷八八云："原出朝阳关，沿河往南有天妃宫……庄烈帝封'天仙圣母青灵普化碧霞元君'，已又加'静贤普化慈应碧霞元君'（《使琉球杂录》）。"② 又据《古今图书集成·神异典·海神部》录："按《名山藏·典谟记》……憨帝崇祯□年封天妃为'碧霞元君'。"③

康熙五十八年（1719）徐葆光所撰《中山传信录》卷一《天妃灵应记》、乾隆二十一年（1756）周煌所撰《琉球国志略》卷七天后封号中也照搬汪楫之言。又如乾隆《江南通志》、孙星衍《重修台州府松门山天后宫龙王堂碑记》、李鼎元《使琉球记》、杨浚《湄洲屿志略》、清《黟县志》等均称天妃明代加封碧霞元君。

可见，"崇祯之封"的说法几乎皆出汪文，经过康熙、雍正朝的讹传，到乾隆后的一些记载不仅无法注明来源，且年代也更为模糊，对褒封年代仅以"前明""明末""明"等一笔带过。鉴于这次褒封的不可信，清初的一些妈祖志书已持否定态度，如僧照乘于康熙二年至二十二年（1663—1683）刊印的《天妃显圣录》、林清标于乾隆四十三年（1778）刊印的《敕封天后志》均无记载明崇祯年间的这两次褒封。"元君"是道教对女子成仙者之美称，而在宋明两朝均没有以"元君"来封任何女神的先例，更不要说把"碧霞元君"这个在北方已是"法定"的东岳大帝女的专称，再封给另一个人。④ 对此，一些史料的记载也明确表明这个封号是"谬加"的。如《古今图书集成·职方典·淮安府部·纪事》载：

> ……明永乐间使臣甘泉、郑和有暹罗西洋之役，各上（天妃）灵迹，命修祠

---

① （清）汪楫：《使琉球杂录》，《国家图书馆藏琉球资料汇编》，北京图书馆出版社 2002 年版。
② （清）乾隆敕撰：《钦定日下旧闻考》卷八十八，文渊阁四库全书本。
③ （清）陈梦雷：《古今图书集成》卷二十八，中华书局 1985 年版。
④ 林祖韩：《〈天后志〉、〈显圣录〉二书汇考》，《妈祖研究论文集》，鹭江出版社 1989 年版，第 128—139 页。

宇。己丑加封"弘仁普济护国庇民明著天妃"。自是遣官致祭,岁以为常。若淮上之祀起于宋,至明而崇奉显圣第止,宜称"天妃",而不察者谬加以"碧霞元君"字号,此则泰山之神非漕运之灵济者矣。[①]

二、谬加封号的始作俑者

妈祖的"碧霞元君"封号既是捏造的,那么其始作俑者是谁,原因又是什么呢?

碧霞元君,俗称泰山娘娘、泰山奶奶。关于她的起源有多种说法,有泰山东岳大帝之女(《太平御览》)、黄帝所遣之玉女(李谔《瑶池记》)、凡人之女玉叶(《玉女卷》)等说法,尽管有关宋真宗封之为"碧霞元君"的真实性也很值得推敲,但它是东岳泰山的女神,这一点却是世所公认的。最早记载宋真宗封泰山女神为"碧霞元君"的是清张尔岐《蒿庵闲话》卷一引《帝京景物略》:

> 按稗史,(碧霞)元君者,汉时仁圣帝(即泰山神东岳大帝)前,有石琢金童玉女。至五代,殿圮像仆,童泐尽,女沦于池。宋真宗东封,还次御帐,涤手池内,一石人浮出水面,出而涤之,玉女也。命有司建祠奉之,号为圣帝之女,封天仙玉女碧震元君。后祠日加广。[②]

《帝京景物略》是明末刘侗、于奕正所撰,但上引文字不见今本。其中有关宋真宗封禅闹剧,宋代的公私著作和《宋史》、元马端临《文献通考》均记述甚详,却皆未谈及泰山女神加封"碧霞元君"之事。而在《明史》所记载的国家祀典中也找不到碧霞元君的踪影。明弘治、嘉靖、万历后的众多史料中虽然普遍把泰山女神称为"碧霞元君",但都未说明何时加封。

如果是前代皇帝敕封,那是会大书一番的。而《帝京景物略》所引者为"稗史",故此说也不足为据。对这个封号的来源,中国文化研究所车锡伦是这样认为的:"这一封号应是道教所为,明代的皇帝、后妃们崇奉泰山女神,趋炎附势的道教徒给她加上这样一个灿烂的桂冠,以增加女神的光辉,其时间可能在明代前期。拉出一位皇帝来做封赠者,是道教惯用的手法。"[③]这种推论笔者认为也适用于天妃的"碧霞元君"之封,只是发生的时间应是清初。按道家的说法,泰山玉女,上通乾象,降临下土,坤道成女,故名"天仙玉女",又因神女身穿碧衣红裙,所以全称为"天仙玉女碧霞元君",而妈祖

---

① (清)陈梦雷:《古今图书集成》卷二十八,中华书局1985年版。
② 顾颉刚:《妙峰山》,上海人民出版社1988年版。
③ 车锡伦:《泰山女神的神话、信仰与宗教》,《岱宗季刊》2001年第1期。

亦最爱着朱衣。在南方还有一个女神"临水夫人"据称也有"碧霞元君"之封，如此滥用的封号更不可信了。对道教这种滥加封号的做法，明艾南英在《论宋天地合祭》中曾抨击说："至如道家之妄于山川后土之神，一切冠以'天妃圣母'、'碧霞元君'之像而后已，呜呼！何其鄙诞而不经欤！"①

其次，就妈祖与道教的关系来看。妈祖信仰自宋以来，在发展的过程中不断受到了儒、释、道三教的渗透与影响。道教不仅从宋代即视妈祖为道教神，如《宋会要》就记载张天师祠附祀妈祖在内，又有妈祖为林灵素（宋徽宗极为宠信的一位道士）之女的说法。到了明永乐间（1416年左右）还刊行了《太上老君说天妃救苦灵验经》一卷，后收入明正统《道藏·洞神部》，称天妃为妙行玉女下凡，把天妃正式列入道教的女神系列。明代的许多由僧人主持的天妃庙，至迟在正统年间（1436—1449）改由道士主持。② 汪楫《使琉球杂录》中记过杭州孩儿巷天妃宫，见幡旗上书"碧霞元君"，"惊呼道士问之"，可见该宫当时也为道士主持。但既然道教在明中叶以后掌管了大部分天妃庙，又有何必要再加大声势呢？细观妈祖信仰的发展脉络，不难发现，至明为止，虽然其信众已从沿海地区发展到一些河运区域，但并没有广泛深入北方及内地。特别是北方地区，明代民众信仰最盛的还是泰山女神，如明万历二十一年（1593）所立《东岳碧霞宫碑》："自碧霞宫兴，而世之香火东岳者咸奔走元君。近数百里，远即数千里，每岁瓣香岳顶数十万众，施舍金钱币亦数十万。"③ 在明清之际，尽管经历着改朝换代的巨大风波，但对民众原有的信仰生活似乎影响不大，从这期间北方碧霞元君的香会活动的频繁可得到证实。也许在战乱与天灾人祸中更需要类似于碧霞元君这样慈母般的女神的慰藉吧。据美国普林斯顿大学历史系韩书瑞教授（Susan Naquin）所著《北京——1400至1900的庙宇和社会生活》（加州大学出版社2000年版，第37页）统计，明清两代在北京城内外所建碧霞元君的独立庙宇116座，附祀于其他庙宇的43处，其数量仅次于关帝（正祀278，附祀50）和观音（正祀203，附祀50）。④ 因此，顾颉刚先生称她为北方民众心目中的女神。其中尤以山东、北京、天津、河北、辽宁、山西等地的碧霞元君庙，又名泰山行祠、娘娘庙为最多。因而，到了清初，为了吸引更多的北方信众，道士们应该是有意识地挑选了这个当时在北方民众中已是耳熟能详的封号，把天妃与碧霞元君联系到了一起，"天仙玉女碧霞元君"、"天仙圣母碧霞元君"两个封号是何其相似，看来古代的道教士已深谙"炒作之术"。

① （明）艾南英：《论宋天地合祭》，《五礼通考》卷十四，文渊阁四库全书本。
② 杨振辉：《明代妈祖信仰及其趋势》，林文豪《海内外学人论妈祖》，中国社会科学出版社1992年版，第143—154页。
③ 马东盈：《泰山神祇——碧霞元君》，2003年1月8日。http://www.guoshan.com/taishan/xinyang/ shenqi/bixia.htm.
④ 李世瑜：《天后崇拜杂缀》，《妈祖文化论文集》，香港：凌天出版社2002年版，第54页。

另一方面，在朝代更替后，这种安排应该也是为了能吸引清统治者的注意与重视，延续及扩大明中叶后由道士主持天妃宫的影响。可见，"碧霞元君"的封号是道士们在清初为天妃"量身定做"的。而且碧霞元君自宋代即已逐步纳入道教体系，成为道教的女神，因此在道教统一规范下，做到南北二女神的联盟是十分自然的。

三、附会形成的主要原因

本文在写作过程中得到山东大学闫化川博士的资料帮助，他在对山东妈祖信仰的研究过程中查阅了相当多的山东方志，据其所查资料看，最迟在明代北方民间已存在着民众对二者的附会，因此这种附会的形成最重要的一点还是与民众的信仰态度有关。中国民间信仰的特点之一是入世与功利主义，人们不是依据经典所规定的教义、教规信仰某种神灵，而是注重某种神灵具有给人带来幸福或灾祸的超自然力量，而把它当做祈福禳灾的对象。可以这样认为，无论是拜天妃庙抑或是碧霞元君庙，人们也许并不太关心神的原来面貌，而关心的是神是否具有能帮助他们解决实际问题的能力。这种入世与功利主义给了道士们可以愚化的机会，给天妃加上"碧霞元君"封号，也就在民众的心目中使天妃具有了碧霞元君所有的神职。

民众会响应这种附会的原因还在于对能主宰生育的女神的渴望。妈祖，她的神职从最初的保护海运到抗倭除疫、御灾捍患，到兼司孕育、保护儿童等，到明代时已成了一位多功能的神，享有众多信众的朝拜。朱渊（1486—1551）在《天妃辩》中就这样描述："至于居常疾疫，孕育男女，行旅出门，必以纸币牲物求媚而行祷焉。"① 碧霞元君作为东岳女神，其香火后来甚至超越了东岳大帝的主要原因就是她职司生育，能保护妇女儿童健康平安。在封建小农经济时代人们祈望拥有更多劳动力、以多子多福为主导思想的情况下，更易受到民众特别是肩负养育子女之责的女性的欢迎。这也是她在北方地区占有牢固市场的原因。而妈祖虽然在明代开始也传说具有保护生育的功能，但她在北方的影响主要还是因保护漕运、海运而得到传播，在北方民众中的号召力显然不如碧霞元君，道士们让天妃宫既有天妃的宫号，又有碧霞元君的幡旗，于是无论是冲着哪一位神灵而来的信众都能满意而归。

四、附会造成的影响

清初道士为天妃谬加了一个与"碧霞元君"有关的封号，这种封号的编造对于刚

---

① 蒋维锬：《妈祖文献资料》，福建人民出版社1990年版，第87页。

接替政权、对汉文化无法全盘精通的满清统治者来说的确起到了一定的误导作用,并导致了北方地区从官员到民众对二者的进一步附会与混淆。如康熙《重修西顶广仁宫碑文》曰:

> 京城西直门外,有西顶。旧建碧霞元君宫,地近西山之麓,今西苑之西南,所谓万泉庄者。固郊畿一胜境也。元君初号天妃,宋宣和间始著灵异,厥后御灾捍患,奇迹屡彰,下迄元明,代加封号,成弘而后祠观尤盛郭郭之间。①

此碑文为康熙五十一年(1712)敕撰,西顶位于北京西直门外,据《顺天府志》载:"碧霞元君庙在蓝靛厂。长河麦庄桥之西为长春桥,度桥为广仁宫,供碧霞元君。旧名护国洪慈宫,俗称西顶。康熙五十一年改今名。"北京城内另有东顶、南顶、中顶、北顶碧霞元君庙,与西顶合称"五顶"。又据励宗万《京城古籍考》:"西顶建于万历三十六年(1608)。"② 彼时离崇祯之封(1640)还有三十年时间,而它已"供碧霞元君",这里的碧霞元君就不可能是指天妃妈祖了,显然康熙帝也是被道士们捏造的这个封号搞糊涂了。碑文中康熙直言:"元君初号天妃",并把妈祖之事迹、褒封一概加于碧霞元君身上。可见从康熙起,清廷已把北方的碧霞元君与海神天妃混同起来。不仅在北方出现了把碧霞元君与天妃混淆的情形,而且在乾隆后的南方也开始出现讹传的实例。如乾隆二十九年(1764)编《大清一统志》卷六十五:

> 惠济祠,在清河县旧治东,旧新庄闸口。明正德三年建,祀天妃。嘉靖初赐额惠济;本朝雍正二年重修,敕封"天后圣姥碧霞元君";乾隆十六年翠华南巡,御赐《重修惠济祠碑文》……

按,惠济祠在今江苏清江,位于黄河与淮河交界之处,自古河运频繁,也是水患多发地段,其处之天妃闸是重要水利工程之一,故早有妈祖信仰存在,乾隆曾六次亲临视察,但在上文却出现了与康熙间所传明崇祯间封天妃为"天仙圣母碧霞元君"更高的褒封,又谓:雍正二年(1724)敕封为"天后圣姥碧霞元君"。又刊印于清光绪七年(1881)的丁午《城北天后宫志》(杭州孩儿巷天后宫宫志)在历朝封号碑里载:"乾隆二十二年加封'诚感咸孚显神赞顺',敕封'护国庇民明著妙灵昭应宏仁普济诚感咸孚显神赞顺天后圣母慈惠碧霞元君'。"

光绪十四年(1888)刊印的侯官人杨浚纂《湄洲屿志略》卷一封号:"乾隆五十三年加封'显神赞顺灵惠碧霞元君'。"

---

① (清)康熙:《圣祖仁皇帝御制文集第三集》卷二十四,文渊阁四库全书本。

② 赵世瑜:《国家正祀与民间信仰的互动——以明清京师的"顶"与东岳庙为个案》,《北京师范大学学报》(社会科学版)1998年第6期。

有关雍正二年的敕封不见于其他史料,而关于乾隆五十三年加封号一事,查乾隆五十三年四月十六日(1788 年 5 月 21 日)《内阁关于乾隆帝令加天后封号颁发匾额上谕的记注》则曰:"著于天后旧有封号上加增'显神赞顺'四字。"① 显然这次敕封只能是以"……显神赞顺天后"的形式出现,不可能有后面的"慈惠碧霞元君"或"灵惠碧霞元君"。清朝初年,出于稳定政权和笼络汉人的需要,顺治、康熙、雍正三朝都明确地对道教施行保护和支持的政策,但到了乾隆以后,道教不再受宠,更别谈把天后这位有助收复台湾的海神冠上"元君"这个道教称号了。而且乾隆帝应该已意识到了康熙对天妃与碧霞元君的误会,如他在《钦定南巡盛典》卷二十四东岳泰山碧霞元君条中说:

> 碧霞元君,说者以为黄帝所遣玉女或以谓是即泰山神女,往往瓜背不合,核之志乘,元君封号肇自宋大中祥符间真宗有事东封,以上顶有玉女池,乃易池旁石象为玉龛而祭之。顾考刘禹锡《送张炼师还东丘诗》有"久事元君住翠微"之句,是唐以前故有。元君之名不自宋始,彼《道藏》及诸家所征姓名世系庸足辩哉。

显然乾隆对碧霞元君已不会再有"元君初号天妃"的误会了。而且特别是福建、台湾地区对二者还是分得较清楚,如清道光二十七年(1847)由福建汀漳龙道调台湾道的徐宗干在《斯未斋杂录》中所言:

> 海上无人不供奉天后,灵应如响。戊申年,曾以明神护佑众生,历赝封号。请援照泰山圣母碧霞元君每岁四月十八日神诞,先期由京差官……送泰山,派司道大员焚献之例,天后三月二十三日诞辰一体照行,至湄洲供献。②

虽然如此,但对既有泰山女神信仰又有妈祖信仰的地区来说,这种影响还是非常深刻的,不仅清代人对二者"漫无识别",直至现在,还有将二者混为一谈的现象,如笔者在网上查到的有关江苏盐城泰山护国禅寺的资料是这样说明的:

> (泰山护国禅寺)奉女神碧霞元君塑像,取名碧霞宫。因碧霞元君为宋真宗所封"东岳泰山大帝"之女,又称"天妃",取德可配天之意,故此土山称为"泰山",又名"天妃山"……

既然这座土山至今还称泰山,又称天妃山,那么当地的老百姓肯定还是把"碧霞元君"与"天妃"视为一人。而对于研究者们来说,除了以"天后、天妃"为命名的宫庙可

---

① 蒋维锬、杨永占:《清代妈祖档案史料汇编》,中国档案出版社 2003 年版,第 106—109 页。
② (清)徐宗干:《斯未信斋杂录》卷五,《台湾文献丛刊》第 93 种,台北:台湾银行经济研究室 1960 年版。

以较肯定为以供奉妈祖为主,以"泰山娘娘庙"为名的宫庙大部分是供奉泰山女神外,对北方地区众多的娘娘庙、娘娘宫、碧霞元君庙则难以区别。特别是江浙以北,更是有众多的"娘娘庙""娘娘宫"。而这些宫庙,既有祀天妃、祀碧霞元君的,还有供奉其他一些女神,这给研究者们造成了极大的困扰。但如果有该宫庙详细资料的话,也可从一些佐证中得出结论,如四月十八诞的或在庙宇中配以东岳大帝、玉皇大帝的必是碧霞元君,而三月二十三诞的必是天妃等。当然也有一些宫庙是二者合祀的,如天津的天后宫过去在它的正殿里供的是天后和各位娘娘,而在大殿背后的凤尾殿则又供泰山娘娘等,两者并重,但 1866 年改建后就只供天后,取消了泰山娘娘。而对大部分的娘娘庙则无法辨别,如《钦定盛京通志》所载有"娘娘庙""娘娘宫"达 17 座[①]。

这些娘娘庙即使是实地调查也未必能辨别清楚,何况是仅凭资料? 在江浙一带也有一些娘娘庙记载不是很清晰,有些祀天妃,而大部分则恐怕是祀碧霞元君了。如民国《南田县志》卷二十六:"娘娘宫,在金漆门小南山嘴,于同治五年经涂镇庆盈各庄捐资建造。"又如《无锡金匮县志》(清光绪本)卷十二"祠祀":"又无锡太湖孤岛犊山上,有座娘娘庙,三重大殿,最后殿有海神娘娘塑像。"这里可能是二者合祀的。笔者在编制《妈祖研究资料目录索引》的过程中就深感其难,对这些资料真是难以取舍,但大部分还是保留了。因为清以后在北方碧霞元君信仰与天妃信仰的发展存在着某些互相融合的地方,如明代对碧霞元君庙进香有如此解释:"上山进香求子称作'拴娃娃'或'偷子'",而天津天后宫到现在进香求子还有"拴娃娃"的说法,甚至可以说二者在民众的眼中已渐渐视为一体。因此即使是供奉碧霞元君的"娘娘宫""娘娘庙",其中也早融入了海神妈祖的某些神性。

(原载《莆田学院学报》2005 年第 6 期)

---

① (清)阿桂、刘谨之、程维岳等:《钦定盛京通志》卷九十七,文渊阁四库全书本。

广东妈祖信仰及其流变初探

李庆新[①]　**罗燚英**[②]

广东省社会科学院历史与孙中山研究所

　　妈祖信仰本是福建东南沿海的地方神灵信仰,因海运而兴,经宋、元、明、清各代朝廷敕封,列入祀典,成为中国最重要的海神。粤闽山水相连,是妈祖信仰向外传播的最早影响地之一。自宋代始,妈祖信仰随闽人入粤,在粤地流播,濒海地区及海岛陆续兴建妈祖神祠,粤人敬奉妈祖之虔诚不亚于闽人,"广人事妃,无异于莆,盖妃之威灵远矣"(宋刘克庄《到任谒诸庙·谒圣妃庙》)。[③]降至明清,粤地天后宫林立,妈祖信仰从"点""线"发展到"面",成为广东最富影响的民间诸神信仰之一。

　　广东作为妈祖信仰圈的重要组成部分,学界对此早有关注。[④]不过,据现有研究成果看,广东妈祖信仰仍有广阔的研究空间。本文拟从人口迁移与文化融合角度,探讨闽人南迁与妈祖信仰入粤的关系,概述粤地各区妈祖宫庙的分布,呈现其作为外来信仰在流传中与本地文化的合流及其在粤地"被创造"的嬗变过程与特色,展示民间草根文化在基层社会信仰与文化发展中不可取代的重要力量。

一、闽人南迁与妈祖入粤

　　宋代,因战乱、人口膨胀、经商贸易等原因,国内经历多次大规模人口迁移,大批北

---

① 李庆新(1962—),男,广东揭西人,研究员、教授。

② 罗燚英(1980—),女,广西北流人,助理研究员。

③ 蒋维锬、郑丽航:《妈祖文献史料汇编·第一辑·散文卷》,中国档案出版社2007年版,第8页。

④ 陈忠烈:《明清以来广东民间"天后"女神崇拜与社会经济的发展》,《广东社会科学》1994年第5期;陈衍德:《闽南粤东妈祖信仰与经济文化的互动:历史和现状的考察》,《中国社会经济史研究》1996年第2期;陈春声:《信仰空间与社区历史的演变——以樟林神庙系统的研究为中心》(《清史研究》1999年第2期)、《村落历史与天后传说的演变——以樟林的四个天后官为例》(《潮学研究》第8辑,花城出版社2000年版);薛世忠:《妈祖信仰在粤琼地区的传播及影响》,《莆田学院学报》2006年第4期;邓格伟:《粤西的妈祖信仰渊源及现状》,《莆田学院学报》2007年第6期等。

方人士向南方迁移。东南沿海的福建一方面接受南迁的北人,另一方面又向邻近地区输出人口。宋代福建人多地少,闽人素有海外经商谋生传统。往南进入广东的闽人也不在少数,故而在广东沿海地区和海南形成操闽南方言的居民群体。

福建与广东地理相邻,复有海道相通,两地关系极为密切。与漳州地理上比邻、"风俗大同"的潮州是闽人入粤的第一站。不少福建人沿着海道继续南进,进入粤中珠江三角洲地区,远及粤西沿海和海南。史书记载,粤西化州"以典质为业者十户,而闽人居其九"①,雷州"海道可通闽、浙,故居民富实,市井居庐之盛甲于广右"②。由于从陆上赴琼州必由雷州海康或徐闻,故雷州实为闽人经陆路赴海南之中转站,况且其海道通闽浙,闽商航海往返于海南,又多经雷州,于是闽人在雷州客居至多。宋人周去非曾提及钦州民众有五种,其中"射耕人,本福建人,射地而耕也,子孙尽闽音"③。

宋代由海路进入海南的福建人,从事经商或农耕,不少深入黎地,与黎人杂居。宋人范成大指出:海南四郡黎地,"闽商值风水,荡去其赀,多入黎地,耕种不归";又谓:"熟黎贪狡,湖广、福建之奸民亡命杂焉,侵轶省界,常为四郡患。"④ 周去非称:"海南有黎母山,内为生黎,去州县远,不供赋役;外为熟黎,耕省地,供赋役,……熟黎多湖广、福建之奸民也。"⑤ 赵汝适亦谓海南黎地"去省地远者为生黎,近者为熟黎,各以所迩隶于四军州。……闽商值风飘荡,赀货陷没,多入黎地耕种之"⑥。除了海路之外,亦有不少福建移民经由陆路大庾岭道进入珠江水系,进而散布岭南各地。据《永乐大典》所录《南雄路志》记载,南宋宁宗时期,粤北韶州地区已有妈祖行祠数座。⑦ 这些妈祖行祠应是由陆路进入广东的福建移民所建。

明清时期福建与广东联系更加紧密。闽省缺粮,南北资于粤、浙,闽商入浙、粤贩米者也不少。明人曹履泰说:"闽地谷少人稠,专取资于粤,商人扬帆而来,倍获而去。"⑧ 闽商在广州、澳门等地经营贸易,势力强大,明末"聚食于粤,以澳为利者,亦不下数万人"⑨。明清在广州、澳门经营对外贸易的行商,不少来自福建。在粤西的一些新兴港埠,不仅形成闽人聚居的街区,而且建立福建会馆。隆、万年间兴起的海港高州梅菉墟,是粤西米运销福建的中心,号称"雷琼通衢"。漳州人在该地有大量的生意,至

---

① (宋)王象之:《舆地纪胜》,李勇先点校,四川大学出版社 2005 年版,第 3757 页。
② 同上书,第 3801 页。
③ (宋)周去非:《岭外代答校注》,杨武泉校注,中华书局 1999 年版,第 144—145 页。
④ (宋)范成大:《桂海虞衡志校补》,齐治平校补,广西民族出版社 1984 年版,第 59—60 页。
⑤ (宋)周去非:《岭外代答校注》,杨武泉校注,中华书局 1999 年版,第 70 页。
⑥ (宋)赵汝适:《诸蕃志校释》,杨博文校释,中华书局 2000 年版,第 220—221 页。
⑦ 马蓉、陈抗、钟文等点校:《永乐大典方志辑佚》,中华书局 2004 年版,第 2481 页。
⑧ (明)曹履泰:《靖海纪略》,王云五《丛书集成初编》,商务印书馆 1936 年版,第 18 页。
⑨ 中国第一历史档案馆、澳门基金会:《明清时期澳门问题档案文献汇编》一,人民出版社 1999 年版,第 17 页。

今仍有一条街名为"漳州街"。湛江市赤坎区也是闽人聚居之地,形成著名的福建街、福建村,当地原建有规模巨大的福建会馆。

闽人不断进入广东沿海城乡,也把方言习俗、民间信仰等带入粤地,影响最大的是妈祖信仰。明清时期,粤地妈祖祠庙纷纷兴建、重建,充分体现其在粤地影响之广,妈祖祠庙分布概况详见下文,此不赘述。值得注意的是,随着妈祖信仰在粤地的广泛传播,妈祖逐步"排挤"粤地原有海神。以伏波将军信仰为例。历史上的伏波将军有二,一为西汉路博德,一为东汉马援,二者皆因平息岭南叛乱而官拜伏波将军。粤人感其德,嘉其名,祀以为海神,两广及越南多有建祠祀之。古代雷州半岛、海南地区是伏波信仰的核心区之一,雷、廉、钦、琼诸州皆有伏波祠庙。越南河内视马援为"城隍神",并于白马庙供奉马援。妈祖入粤后,在粤西沿海及琼州广为传播,与粤地原海神伏波争夺信众,二者势力出现消长。清初屈大均《广东新语》尚言:"凡渡海自番禺者,率祀祝融、天妃,自徐闻者,祀二伏波。"[1] 及至清中叶张渠《粤东闻见录》则称"今雷琼渡海者率祀天妃、龙王,而不及伏波"[2]。可见,清代妈祖与伏波神在雷琼地区出现了明显的势力消长。

二、粤地各区妈祖宫庙分布概况

1. 粤东地区

粤东地区紧邻福建,是广东主要闽南方言区,妈祖信仰当在宋元时便已传入,据明末成书的《东里志》载:"天后宫,一在大城东门内;一在柘林守备营后;一在深澳,宋时番舶建,时加修理一个,……皆祀天后圣母之神。凡航海者必谨事之。"[3]

目前,潮汕地区比较著名的天后宫多建于明清时期。位于汕头市光华埠的妈祖宫,明洪武二年(1369)建。位于汕头升平路头老妈宫,建于清嘉庆年间,光绪五年(1879)重修,是汕头开埠早期建筑,船商、行商于此聚集交易,故在海外汕籍华侨中颇有影响。浅澳妈祖宫,位于陆丰碣石镇浅澳村,康熙初年建,道光十三年(1833)重修。此乃明清时期碣石卫所在地,旁有碣石炮台,康熙五十六年(1717)两广总督杨琳督建粤东八炮台之一,道光年间移筑新炮台,于原炮台基址上重修妈祖宫,成为粤东唯一一座由军方主持集资建造的天后宫。据黄挺先生对海阳、潮阳、揭阳、饶平、惠来、澄海、南澳等县地方志记载的统计,该区妈祖庙(天后宫、天妃宫、娘妈庙)有35座,其中海

① (清)屈大均:《广东新语》,中华书局1985年版,第204页。
② (清)张渠:《粤东闻见录》,程明校点,广东高等教育出版社1990年版,第66页。
③ (明)陈天资:《东里志》卷一《祠庙》,汕头地方志办公室,1990年。

阳1座,潮阳8座,揭阳2座,饶平2座,惠来1座,澄海8座,南澳13座。[①]

　　除去粤东沿海之地,粤东山区也有供奉妈祖的天后宫。据清光绪《嘉应州志·祠祀》记载,嘉应州(今梅州)城乡祠祀妈祖的天后宫(庙)共计11座,其中位于梅江与松源河交界之处的松口镇有一座天后宫,位于松市下街,创建于清乾隆二十年(1755)。松源河上游的松源堡(今松源镇)也有两座天后宫,一座位于怀仁市,另一座位于峡峰。粤东山区的妈祖信仰应是自潮汕地区沿韩江上行至梅江、松源河传布的。《永乐大典》所引《三阳志》对宋代潮州东、西、南三面的铺驿记载较为详尽,而称北面"北路山径崎岖,便于舟行,并无铺驿"[②]。元朝韩江交通得以进一步拓展,上引《三阳志》记载元代铺驿正好是沿韩江北上。明清时期,韩江更是成为粤东、闽西和赣南的交通大动脉。这都为妈祖信仰由粤东沿海传入山区提供了前提条件。宋代以后,妈祖在保护航运方面尤为灵验,其影响也从海运渗透到内河航运,进而在内河航路沿线建立祠庙,以满足船工、排工、商人等不同人群的需要。

2. 粤中地区

　　粤中珠江三角洲水乡地带是南海神祝融(洪圣公)、龙母信仰的中心,不过,妈祖也占有相当地位。宋代曾在广州当官的闽人刘克庄谓:"广人事妃,无异于莆,盖妃之威灵远矣。"[③]散文卷八清卢燮《福建天后元君庙碑记》载:"惟吾天后圣母元君笃生于湄,济人利物,自宋元以来,凡薄海内外庆安澜歌而利涉者,无不托庇焉。故历朝褒封,普天享祀,而后固福人也。以福人而祀福神,尤为礼缘情尽。况岭南为域中一大都会,吾乡之仕宦及为商为贾,得享波平浪静而无惊者,莫不藉圣母之福祐。"[④]

　　定居广州的闽人固然崇拜天后,广府人亦认为广州毗邻福建,近水楼台先得天后庇佑。清嘉庆二十五年(1820)梁怀文《重修天后庙碑记》云:"粤为海国,多祀天后者。"[⑤]同治五年(1866)冯廷熙所撰《重建城北天后古庙碑记》谓:"夫神之德,无所不在。神之功,无刻不昭。矧穗城与闽越接壤,尤为灵爽,实式凭哉。洪惟我后覆帱无私,覃敷有象,护国则河清海晏,庇民则物阜财丰,胞于遍乎苍生,怀保深于赤子,无怪千秋俎豆,万户香烟,肸蚃攸隆,明禋用洁者矣。"[⑥]粤中地区的妈祖祠庙颇多,屡见记载。以南海一县为例,据同治《南海县志》记载,南海县有天后庙17座,宣统《南海县志》又增录天后庙8座。这25座天后庙多分布在乡里,可见妈祖信仰在粤中地区已渗透到乡村之中。

　　粤中地区比较著名的天后宫为新安县赤湾天后宫,据称建于宋代。明永乐八年

---

①　黄挺:《潮商文化》,华文出版社2008年版,第300—301页。
②　(明)解缙、姚广孝:《永乐大典》,中华书局1986年版,第2458—2461页。
③　蒋维锬、郑丽航:《妈祖文献史料汇编》第一辑,中国档案出版社2007年版。
④　冼剑民、陈鸿钧:《广州碑刻集》,广东高等教育出版社2006年版,第514页。
⑤　同上书,第471页。
⑥　同上书,第501页。

（1410），宦官张源出使暹罗，经珠江口的赤湾时，祭祀天妃庙，出使顺利归国，于是捐资再建殿宇，以感谢天妃的庇佑。此事亦见于天顺八年（1464）翰林院学士判广州府事黄谏所撰《新建赤湾天妃庙后殿记》：“天妃行祠，海滨地皆有，而东莞则有二。一在县西百余里赤湾南山下。……永乐初，中贵张公源使暹罗国，先祀天妃，得吉兆，然后辞沙。天妃旧有庙，公复建殿宇于旧庙东南。”① 其后历代重修扩建，使天妃庙越来越大，成为是粤中地区最大的天后宫之一。前引清人梁怀文《重修天后庙碑记》便称：“省垣而外，新安赤湾沙庙为最。”② 由于赤湾地理位置重要，过往航船驶向外洋，朝廷使臣出使东南亚各国，出海前必定停船进香，称为“辞沙”。清人范端昂载曰：“新安赤湾沙上有天妃庙，背南山，面大洋，大小零丁数峰壁立为案，最显灵。凡渡海者必祷，谓之辞沙。”③ 赤湾天后诞是粤中地区最为重要的神诞之一，每年三月二十三日天后诞这天，香港九龙的水陆居民也前来贺诞。

3. 粤西地区

粤西沿海居民不少来自福建莆田、漳泉地区，妈祖信仰时代久远，而且十分普遍，不少祠庙得以保存，至今仍香火鼎盛。雷州天后宫，位于雷州市雷城镇南亭街，又名龙应宫。初建于南宋，明清两代重修。明代正统年间，郡人御史李璿撰《天妃庙记》载曰：“雷州密迩大海，旧有行祠，创于南亭，岁月深远，风雨飘零，往来谒使，弗称瞻仰。邑侯胡公文亮见庙倾废，发心而鼎建之，更名曰‘雷阳福地’。”④ 可见妈祖庙创始于雷城南亭街时为“妈祖行祠”，是闽人初迁雷州时随行供奉妈祖的祠宇。后此庙又迁建夏江，庙额“天后宫”。现有建筑为清道光年间重修，院落式布局，有门楼、前堂、拜亭、后殿和配殿，宫前有戏台。雷民多闽人，故门联云：“闽海恩波流粤土，雷阳德泽接莆田。”宫内有明清碑刻十余通。

又据邓格伟先生的调研和不完全统计，阳江、湛江、雷州等地见诸历史记载的天后宫有 88 座，其中湛江市 6 座，徐闻县 19 座，雷州 9 座，遂溪 6 座，廉江 5 座，吴川 8 座，电白 5 座，阳江 30 座（今存 13 座），不少天后宫至今仍香火鼎盛。⑤

4. 粤北地区

粤北地区是闽人陆路入粤第一站。南宋中期，妈祖行祠便出现在粤北韶州地区。《永乐大典》所辑《南雄路志》记载：“灵惠助顺显卫圣妃庙，在门外石桥南。本莆田人，死而为神，乾道间显灵。嘉定庚午（1210），郡守赵公善傶以江西峒寇累犯境内，遣

---

① 蒋维锬、郑丽航：《妈祖文献史料汇编·第一辑·碑记卷》，中国档案出版社 2007 年版，第 52 页。
② 冼剑民、陈鸿钧：《广州碑刻集》，广东高等教育出版社 2006 年版，第 471 页。
③ （清）范端昂：《粤中见闻》，广东高等教育出版社 1988 年版，第 49 页。
④ 蒋维锬、郑丽航：《妈祖文献史料汇编·第一辑·碑记卷》，中国档案出版社 2007 年版，第 50 页。
⑤ 邓格伟：《粤西妈祖信仰源流及其他》，《莆田学院学报》2007 年第 6 期。

官吏往韶州迎香火,新创行祠于此,以祈护祐。"① 据此可知,南宋嘉定以前,韶州已有妈祖行祠。嘉定元年(1208)峒寇之乱起,并数次侵扰州境,赵善傃遂有迎香火于南雄新创行祠之举。南雄妈祖行祠的建立主要是护佑一方,抵御寇患。妈祖因此成为粤北地区的地方保护神,而非航海保护神。

妈祖的地方保护神形象在粤北地区一直延续至清代。曲江城北凤翅角天后宫所奉妈祖亦是曲江城的保护神。光绪《曲江县志》载:"咸丰四年洪匪窜扰,官绅诣庙,奉神行像于北门城楼。贼每见串楼中有神来往指挥,遂奔溃。事平,卜请回庙,不协,遂因城楼立龛以祀。"② 又据同治《韶州府志》卷十九《坛庙》所载,清代粤北地区的曲江县、乐昌县、仁化县、翁源县、英德县皆建有天后宫。

5. 海南及南海诸岛

海南人崇奉海洋神灵,名目甚多,包括海龙王、伏波将军、海神娘娘③、妈祖、水尾圣娘(又称南天夫人)、冼太夫人、木头公、兄弟公(又称 108 兄弟公、昭应公)等。由于海南民众不少来自福建,属闽南方言系统,对妈祖信仰情有独钟。海南渔民远航西沙、中沙和南沙群岛以及东南亚诸国,在起航前和归航后都要举行祭神仪式,祈求妈祖、兄弟公等神灵保佑。逢年过节,也有祭拜。据现有研究可知,明清海南岛上共有妈祖庙47 座,除 4 座元朝所建外,其他 43 座均建于明清时期,主要分布在沿海地带或江河交汇处。④ 足见海南岛信奉妈祖之盛。

1974—1975 年,广东省博物馆与海南行政区文化局在西沙群岛进行两次文物调查,考古人员踏遍群岛的绝大部分岛礁沙滩,发现我国渔民从秦汉到清代的居住遗址和遗物。在赵述岛、北岛、南岛、永兴岛、和五岛、琛航岛、广金岛、珊瑚岛和甘泉岛,就发现有 14 座渔民建造的供奉娘娘、"兄弟公"的神庙;在中岛、晋卿岛、金银岛等地,也有遗存。⑤ 其中供奉娘娘的神庙应包括供奉妈祖的神庙。这些历史遗物、遗迹不仅对研究南海交通有很高价值,而且证明自古以来南海岛屿就有中国人生活乃至短暂居留,妈祖信仰等海神信仰也被带到了这些岛屿之上。

三、广东妈祖信仰的流变及其地域特色

妈祖信仰经历了从民间神灵到国家正祀神明的历程,从宋代到明清,妈祖的地位

---

① 马蓉、陈抗、钟文等点校:《永乐大典方志辑佚》,中华书局 2004 年版,第 2481 页。
② (清)张希京:《曲江县志》,台北:成文出版社 1967 年版,第 89 页。
③ 海南海洋信仰中有些女性神灵互相混杂,难以辨认,民间以"娘娘"称之。
④ 王元林、邓敏锐:《明清时期海南岛的妈祖信仰》,《海南大学学报》(人文社会科学版)2004 年第 4 期。
⑤ 何纪生:《谈西沙群岛古庙遗址》,《文物》1976 年第 9 期。

不断上升,国家的褒封、佛道两教的附会和民间的崇信起到了重大的合力作用。宋元时期朝廷 22 次赐封,明代 2 次赐封,清代 55 次赐封,还有历代各地大小官吏的无数次褒扬,使妈祖迅速走出"民间淫祀"阴影,变成官方承认的国家正神,进入祀典,成为天下长久崇奉的海洋神明。明代道教把妈祖信仰与泰山碧霞元君信仰相结合,佛教与民间宗教也促使妈祖信仰与观音菩萨合流,进而推动了官民认同、多种神性相混合的妈祖信仰在中国南北乃至海外华人社会的传播。

沿海社会既是海洋信仰赖以成长的天然沃土,也蕴含着改造这些信仰的内在力量,妈祖信仰在沿海地区传播过程中,民间力量在"造神运动"中不断对崇拜对象加以改造,不断赋予新神通,把"妈祖"变化出许多与原来信仰不同的异象,因而妈祖信仰在民间流传过程中常表现为传承与变异并存,异乡必定殊俗,各地大大小小的妈祖信仰系统,往往表现出同中有异、异彩杂陈的地方特色。

广东沿海地区普遍存在佛、道、民间杂神多神并祀的现象。广东的妈祖祠庙除奉祀妈祖外,或将其他神灵安置在一起同受供奉,或在天后宫旁另建殿宇,奉祀其他神灵。例如番禺石楼镇胜洲村文武庙所存光绪十年(1884)《重建天后宫文武庙碑记》记载,清咸光间重修文武庙,并祀天后元君、文武二帝,观音菩萨。① 澳门天后庙有一乾隆二十八年(1763)万(盛)炉铸造(杜亮海、萧协兴等供奉)铜钟,上有铭文:"沐恩众信弟子虔铸洪钟一口,重壹百余觔,敬在盐竈湾康公主帅、天后娘娘案前,永远供奉洪圣大王。"② 近年来,笔者多次前往粤西调研,在雷州附城乡发现清代所建天后宫,旁边另建有"镇南庙"。湛江市麻章区通明村乃明代白鸽水寨所在地,万历十四年(1586)建宣封庙,祀天妃,庙后建有关帝庙。雷州有"三婆"合敬的"天后宫",也有独尊妈祖的"天妃庙",还有妈祖与众神合一的"列圣宫"。

粤地各区的妈祖信仰以粤西闽方言区最有特色。过着半农半渔生活的雷州半岛居民,大多来自福建莆田、漳泉地区,对妈祖的崇拜最为热烈。笔者在历次粤西调研中发现,粤西妈祖信仰在传播过程中受到民间力量的改造,不仅出现某些形象转换,而且信仰内涵也有所增添。高州沿海崇拜的妈祖与本地广受尊崇的另一位大神冼太夫人(诚敬夫人)混为一体而难分彼此。在雷州半岛及其附近濒海地区,妈祖还有两位义结金兰的妹妹:日月灵通招宝夫人、青惠夫人,雷州人合称这三位女神为"三婆",供奉"三婆"的天后宫称为"三婆庙"。

有关"三婆"的来历,雷州半岛的民间传说极富想象力。2009 年 2 月 4 日晚,时值春节,笔者与澳门大学安乐博教授、湛江市博物馆陈志坚馆长在雷州市考察,在原天

---

① 冼剑民、陈鸿钧:《广州碑刻集》,广东高等教育出版社 2006 年版,第 512 页。
② 谭棣华、曹腾腓、冼剑民:《广东碑刻集》,广东高等教育出版社 2001 年版,第 1033 页。

妃庙故址南亭街搭建的天后圣母祭台旁边,发现 1995 年夏江天后宫文物组、理事会制作的《青惠夫人简介》,大意为:"青惠夫人是沙皇俄国的一位文武双全的公主,名青青公主,约生于宋太宗元年丙子年农历七月二十一日。传说青青公主是九天玄女降世,天生聪颖,才智过人,心慈眼慧,善良惠泽,兼有神仙托化,玄法奥深,受命出使汴京,途中正值金兵犯宋,公主助宋攻金,自此宋金干戈平息数年。宋真宗皇赐封公主为青惠公主,传旨建青惠宫。公主流连忘返,一度三年,救助过无数朝野官民,华人号为'救国保民神仙'。宋真宗八年,青惠独自在高山上游玩,不慎跌落,为南海女神林默(天后圣母)、日月灵通招宝夫人所救,三人就地结为姐妹,林默为大姐,招宝二姐,青惠三妹。公主回国后,传闻数年悄然升天,宋皇得追封为青惠夫人,并立青惠庙。自此,后人常见三位女神在海上或陆地显圣,慈心救助黎民,各地续建三座宫,祈求保佑天下太平,国泰民安,后称为三座圣母。"这个民间传说其实是多个传说的结合,既有九天玄女传说的因素,又有妈祖传说的成分。尽管其中的相关史事存在明显的时空错乱,荒诞不经,然而从中仍可探寻粤西妈祖信仰在流传过程中的变异痕迹。

事实上,妈祖传入粤西(包括今广西北部湾沿岸地区和海南)后,更多以"阿婆""三婆"形象在民间受到膜拜,甚至在越南会安古港等华人聚居区,粤籍华人也称妈祖(天后)为"阿婆",与闽籍华人直称"天后"有所不同。我们认为,经过粤西民间传说的塑造和传衍,"三婆"逐渐成为"妈祖"的代名词,深深扎根于社会基层而深具民间本色,比官府祭祀的高高在上、威仪万千的天后崇拜更具亲和力,以至于粤西妈祖信仰可以隐约划分为既有重合又有区别的两大系统:民间系统的"三婆"和官方系统的"天后"。

值得注意的是,粤西海域盛产珍珠,自汉代以来,采珠便成为濒海居民以海为田的重要生计。妈祖信仰传入粤西后,妈祖因其神性而成为采珠人崇奉的神灵。明代涠洲岛海域有珠池八处,切近广东雷州、廉州二府。涠洲岛上便建有天妃祠。万历年间,官兵对来自新安、顺德、东莞等地的、在涠洲岛海域非法采珠、海上流劫的"奸徒"进行清剿,事后决定迁走全部岛民,涠洲岛妈祖神像移祀雷州夏江天后宫。具见万历十五年(1587)邓宗龄《重修天妃龙应宫记》所载:

> 雷阳故有天妃祠[指夏江天后宫],去南渡可十里许。天妃于海神最灵,诸渡海者必走谒祠,问吉凶,或中流难起,则舟人匍匐叩神,望亦光荧荧,薄帆樯,则神来也。舟人无恐矣。以故滨海在在置祠,而涠洲有焉。涠洲孤岛,立起海中,沃壤而邻于珠池。亡命□□,辄掺大艇,阑入剽窃,则居民载牛酒、酏糈饷之,神恶其弗率也。时见梦于居民曰:"若不捕奸,而久以□□罪浮于奸,若不悛大瞒且至,吾不能为若庇矣。"涠洲民惴惴大恐。而监司少□王公、参军陈公廉得□□谓:"全粤何赖于撮土,而令之延蔓以种祸,宜罢之便。"乃以事白制府吴公,请□□涠洲税,而徙其民□□

地。吴公报可,遂遣材官,具□□载之。材官以告神,神欣然从也。奉其像与□□子弟俱来,悉入郡祠□,而梵宇湫隘,且就颓圮,无以妥神灵。王公乃谋于郡守周公、郡丞赵公、郡倅傅公、司理郑公、□海康尹陈公,益拓故址,撤其旧而新之。议成,诸公捐金佐费,而以赵公董其役。方鸠之店,择辰举事,而大风猝至,海上波涛,人立大木千章,逐巨浪至,皆闽南杉材,孔良丰硕。诸公相顾动色,谓神力也。[①]

这次涠洲岛妈祖移祀显然与明代粤西官私采珠矛盾有直接关联。尽管如此,妈祖信仰在涠洲岛并未就此终结。随着明末清初涠洲岛的民间垦殖的兴起,妈祖信仰也随之复兴。[②] 这个以渔民(采珠人、疍户)为祭祀主题的信仰传统延续至今。2010 年 1 月笔者等前往涠洲岛考察,见到三婆庙坐落在一个经历波浪、海流、潮汐侵蚀而形成的巨大海蚀悬崖下面,最早供奉神像的地方是个岩穴,后来才移出岩穴外,靠近海边平地。庙前尚有嘉庆二十五年(1820)两广总督百龄所立示禁碑。庙内供奉三婆神像上方高悬"涠洲三婆,神光普照,平安大著"锦幛。而在涠洲岛民的解释中,涠洲三婆庙自清初重修后一直留存至今,并被赋予"护民"的神性。

不过,在妈祖信仰传入前,涠洲岛海域及其附近沿海地区是否存在海洋神灵?这片海域的主人——主要是以渔猎、采珠为生的疍民——是否像陆地的人们一样,拥有自己崇拜的神灵?答案是肯定的。晋人刘欣期《交州记》记载:"合浦涠洲有石室。其里一石如鼓形,见榴木杖倚著石壁,采珠人常致祭焉。"[③] 显然,当地珠民早就有崇拜石、木神灵的习惯,这个石室可能就是现在三婆庙的所在地。是否可认为,在妈祖信仰传入前,涠洲已有本地神灵,妈祖信仰传入后,两者被创造性地汇合一起,逐渐衍生出岛民习惯称呼的"三婆"?换言之,粤西三婆是否就是披着"妈祖"面纱的本地神灵?对于这个问题的解答,尚待进一步的调查研究。

粤西的三婆信仰还影响了澳门的三婆庙创建。清道光二十三年(1843),居住澳门的铁城郑上攀率众前往海南清剿盗匪,在雷州白沙港,赖清惠三婆保佑,歼灭匪徒,众人力求郑上攀将清惠三婆迎到澳门龙湾,建三婆庙永供祭祀;后来清惠三婆屡次显灵,帮助澳门民众渡过难关,详见咸丰九年(1859)澳门永安堂众渔商船值事立《重修三婆庙碑记》载[④]。关于澳门三婆庙创建始末,同治三年(1864)郭裕堂所立碑石《三婆庙碑记》也有叙及:

---

① 谭棣华、曹腾腓、冼剑民:《广东碑刻集》,广东高等教育出版社 2001 年版,第 535—536 页。

② 关于明代涠洲岛官私采珠业的矛盾冲突、利益纠葛以及涠洲妈祖信仰的研究参见陈贤波《明清华南海岛的经营与开发——以北部湾涠洲岛为例》(台北《明代研究》2010 年第 12 卷)一文。

③ (晋)刘欣期:《交州记》,《丛书集成新编》第 97 册,台北:新文丰出版公司 1986 年版,第 476 页。

④ 谭棣华、曹腾腓、冼剑民:《广东碑刻集》,广东高等教育出版社 2001 年版,第 1015—1016 页。

伏以神威显赫涠州,早著声灵。母德覃敷海角,咸瞻惠泽。此三婆之庙,商民渔户,各处捐资,立庙于前,而龙头环中客商渔蛋,复为择地创建,藉为保护,以供香火者也。①

直至今日,每年农历三月二十三日妈祖诞期,雷州半岛沿海乡村及海岛都会举行盛大的游神祀典。较为著名的有雷城夏江天后宫的"三月春"、津前天后宫的"大拜坡"、南兴"三月市"、井尾坡"阴阳市"、遂溪县江洪镇的妈祖诞"游坡"等,其余如乌石港、企水镇、遂溪县乐民城村、徐闻县东莞村、东海岛东头山岛村皆会举行祭祀、巡游活动。这些妈祖诞期的祀典和民俗活动呈现了流布雷州地区的妈祖信仰所形成的地方文化传统的现状。

最后,本文据湛江市博物馆陈志坚馆长提供的雷州半岛各地实地考察资料,择要介绍如下:

1. 雷城"三月春"

雷城夏江天后宫,每年妈祖诞期农历三月二十三日期间都举行盛大的祭祀活动仪式,称为"三月春",具体程序如下:

(1)封斋。三月十九日开始封斋,先请道士诵经文,赞颂妈祖功德无量,护国庇民,风调雨顺,四季平安,物阜年丰,士民感恩戴德,庆祝诞辰,沐浴封斋以诚答贶酬谢。祝毕宣布封斋,即日起不准吃鱼肉之类,洗净盘碗筷匙诸厨具,开始食素三天。

(2)巡游。妈祖巡游雷城的队伍约一千五百人,有彩旗队、舞龙队、舞狮队、六国封相旗队、八宝队、飘色队、十三音锣鼓班与妈祖三宝像神轿队。

二十日早上,道士诵经祝酬后宣布巡游,妈祖巡游队伍从天后宫出发,经南门到东门再到北门,回真武堂安坐过夜。

二十一日早上,妈祖巡游队伍从真武堂出发,经南门、东门、北门,再到西门回真武堂安坐过夜。

二十二日早上,妈祖巡游队伍从真武堂出发,经南门到雷祖祠拜午忏,下午2—3时回夏江天后宫,约4时作晚忏至夜12时贺寿,5个道士念经祝颂平安祈祷安宁,约一个半小时。贺寿毕宣布开斋。

(3)贺表。二十三日早上5时至6时半拜忏,尔后,士绅民众贺表,每关理事会贺表②,道士宣读贺表颂妈祖隆恩德重,祈祷赐福永保平安,进财晋职富贵双临。

二十三日从早至晚士绅民众备牲品、香烛、纸宝敬祀妈祖,顶礼膜拜的信男善女摩

---

① 谭棣华、曹腾騑、冼剑民:《广东碑刻集》,广东高等教育出版社2001年版,第1017页。

② 旧时雷城基层社会组织分关、里、街,有东门关、东门内关、西门关、西门内关、北门关、北门内关、南门关、曲街关、调会关、关部关、南门市合关、伏波关、雷湖关、西湖关、上坡关、苏楼里、夏和里、灵山里、南亭街、瑞星池等;每关设理事会,年节神诞,理事会专司祭祀事务。

肩接踵,约有一万多人参拜,场景十分热闹非凡。

晚忏道士诵经,宣读祝文,祈求妈祖永保社稷康泰,海疆靖安,人民富裕。祝毕,宣布妈祖诞辰庆祝活动结束。

2. 津前天后宫"三月坡"

津前天后宫始建于正德元年,原为天妃庙,采取福主供奉方式即是家庭敬祀。选出 12 位福主;每一福主负责供奉一个月(第一位福主称缘首、福头),一年内由此 12 福主轮流供奉。每年农历三月二十三日妈祖诞期举行"大拜坡",即"三月坡",祭典程序如下:

(1)三月二十日下午 2 时 30 分接驾。从福主家请接银阁妈祖宝像回津前天后宫,道士诵经文,烧香宝钱,送妈祖到神轿,居民迎接香火队、八音锣鼓齐奏,彩旗队前引。送至宫庙前暂停,福主家人持香跪拜,请妈祖出轿进庙殿。设祭品敬酬妈祖,道士诵经颂祖,赞颂妈祖灵应安境庇民功德,以及贤老、元首、福主、庙内祀奉理事人员等一年来诚心恭敬之事,祈求永保安宁。

送迎妈祖回宫庙端坐完毕,即开始封斋(下午 5 时),吃素斋两天半(二十一至二十三日早上),二十日晚上做清厨忏,清厨忏即是封斋仪式。

(2)二十一日做早忏、午忏、晚忏。早忏五贡茶、酒、糖水、饭、菜,道士诵《天后圣母朝参》经等。午忏十贡香、花、烛、茶、酒、果、汤、宝、表、红,唱《入普供养》。晚忏五贡:茶、酒、糖水、饭、菜,唱《入五贡》等。二十一、二十二、二十三日忏相同。

(3)二十三日作忏。道士诵经,烧香、拜朝流、开印等,选出 12 位新福主,按顺序请妈祖到第一位福主(缘首)家供奉。八音锣鼓班在前,五彩旗队跟随,欢送金身妈祖到新福主(缘首)家,福主(缘首)家设香案祭品迎接,跪拜,深表敬诚。

3. 南兴"三月市"

南兴三月市是南兴区域村境士民于三月二十二日举行妈祖诞辰庆祝活动的仪式。妈祖诞辰是三月二十三日,村境士民先于三月二十二日组织队伍抬着妈祖宝像神轿巡游南兴圩。巡游队伍有南兴圩天后宫、东市四境村天后宫、下田三境村天后宫等,有彩旗队、舞龙队、舞狮队、六国封相旗队、八宝队、十三音锣鼓班与妈祖三宝像神轿队,各显精彩,神乐人乐,此日圩内热闹,万人空巷。此民俗自明至今延续近六百多年,俗称"三月市"。

4. 井尾"三月坡"

井尾是雷州市杨家镇的一个村庄。每年三月二十二日,这带村境士民在井尾村后的坡地举行妈祖诞辰庆祝活动仪式。妈祖诞辰前三天封斋,男女老少均食素斋。三月二十二日子时起,这带村境绅民组织队伍抬着妈祖宝像神轿汇集井尾坡巡游拜坡,雷州半岛城镇各村境几万群众聚会井尾坡参加庆典,他们半夜三更带着用竹编的畚箕、筛、筐、簋、笠等竹器生活用具出售,俗称"阴阳市"。拜坡活动仪式延至下午 2 时渐渐散场而结束,此日在井尾坡购买的竹器不会被虫咀蚀,很为奇异。井尾坡"阴阳市"民俗乃雷州独一无二,影响深远。

5. 乌石、企水、东海等地的妈祖崇拜

乌石港于妈祖诞期,请道士讲公知(向神诉说原委)、八音锣鼓演奏、祭祀、赞灯、演雷剧与散口等 6 项程序活动。

企水镇于妈祖诞期举行祭祀活动,巡游,舞龙、舞鹰、舞狮等,十分热闹。

东海岛东头山岛村天后宫于农历三月二十三日拜祭妈祖,全村民出动举行大巡游。每单数年(1、3、5、7、9)的八月某日(择日而定),不超过九月,为妈祖彩新开光,做斋,隆重出游。村民不论居住何地多远,凡是建新宅入火或开业,都要请妈祖前往起居,住一夜,翌日回归本庙安座。其他港圩乡村的天后宫为妈祖彩新的时间无定期,有的几年,有的十几年,认为色彩旧老了就得换新,请道士诵经告知妈祖,彩新后择日开光,大拜祭。

6. 雷州半岛其他地区的妈祖崇拜

遂溪县江洪镇于农历三月二十日妈祖诞期时举行"游坡",即巡游镇邻近村庄。三月二十二日游港,即巡游镇内北关、中关、南关等 3 个关。巡游队伍由八音、飘色、彩旗、六国旗、舞龙、舞狮等组成。

遂溪县乐民城村于农历三月二十二日早夜,请天妃往关帝庙就座,道士诵经讲公知做功德,开始封斋。白天(二十二日)游乐民城及村境,晚夜道士讲公知做功德,后散场开斋,二十三日早上回天后宫端坐,受村民拜祭。

徐闻县东莞村妈祖诞期先请道士做平安忏,再拜祭,举行巡游、表演古藤牌功帮舞等民俗活动。村中有小孩出生,请神保佑,以红线串铜钱系之,谓之"绑贵";儿童长大成人,结婚时必须请妈祖,饮酒"解贵",即解除所系铜钱。[①]

四、几点思考

作为民间信仰的妈祖从福建传播到广东(以及海外),是多方面因素综合作用的结果,官方的推崇、民间的支持、文化的重塑,使妈祖信仰在宋元以后迅速向东南沿海传播,强势植入,成为粤地海洋信仰的大神。

宋元以后东南沿海海洋社会经济发展,福建人的外迁及其海洋活动是最关键的因素。广东妈祖信仰沿着海岸带呈"点"—"线"—"面"传播与布局,与广东的闽人

---

① 关于雷州半岛妈祖信仰情况,多由陈志坚先生提供,特此致谢。

居区、闽方言区分布高度重叠。文化传播建立在社会经济基础之上,从妈祖信仰在粤地的传播及其流变,可以看到闽粤两地历史文化发展的关联性、共性与各自特性。

作为外来的民间信仰,植根粤地的妈祖信仰在各地传播过程中,出现不同程度的变异,"因时而异",更多是"因地而异"。在妈祖信仰造神运动中,官方的力量固然重要,民间力量更为重要,草根文化的创造力、生命力和魅力在粤地妈祖文化流变中发挥得淋漓尽致。

作为海洋文化及文化遗产的重要载体,妈祖信仰具有多方面的社会功效和价值,在新形势下以现代眼光与战略眼光理性审视,正视并充分发挥其正向功能,积极引导妈祖信仰及其他海洋信仰与濒海地区社会文化建设相协调,将海洋信仰纳入新时期沿海地区社会文化发展战略之中,使其转化为广东海洋经济开发可持续利用的文化资源,具有不可忽视的现实意义。

(原载《莆田学院学报》2011 年第 6 期)

论闽粤内陆的妈祖信仰与航运业及林姓的关系

石奕龙 ①

厦门大学人类学研究中心

有的学者认为,妈祖信仰传播至内陆的主要媒介是商人和船工。然而,根据笔者的考察,这种说法只说对了一半。实际上,根据妈祖庙在内陆分布以及建立的情况看,把妈祖信仰传播到内陆的主要媒介之一是航运业的业者,当然,这包括船主与船工。其次的一支传播力量就是林姓移民了。为什么这样说,这主要与内陆地区妈祖神庙分布与建立的一些特征有关。

一

在福建、广东省的内陆地区,如福建的闽西、闽北,广东的粤东山区,经常可以遇到和看到崇奉海神妈祖的神庙。下面我们先看一些实例:

福建省的长汀县地处于福建与江西的边境上,是一个纯粹的内陆县。长汀城(汀州镇)既是过去的县城,也是过去汀州府的府城。在其城东朝天门外的汀江河畔的一块夹洲之上,就有一座气势恢宏的天后宫,据说该宫庙是汀州府第一座妈祖庙,始建于南宋嘉熙年间,后经历代重修而延续下来。该妈祖庙占地七千多平方米,建筑面积达两千四百多平方米,由山门、宫苑、宫门、戏台、钟鼓楼、两廊、前殿、大殿(正殿、中殿)、后殿、圣母间、东西水阁等单体宫殿式建筑物组成。该庙的门楼为牌楼式的,上面的竖匾写着"敕封天后宫";这大概是在清代康熙以后重修才有的,在南宋,它称三圣妃

庙。① 门楼边上有石鼓,边门有石雕门狮。横匾上写"后德配天",对联为:"天妃神力海不扬波,稳渡慈航登彼岸;圣母恩德民皆乐业,遍传显迹降人间"。前殿的横匾写"护国佑民"。大殿房檐上的横匾为"四海恩波"。殿门上的门匾为"海天明珠";门联为:"四海显灵应,千秋不朽;历朝受褒封,万古流芳"。殿中梁上的横匾写"神昭海表"。神龛的对联为:"灵身现于湄岛,德泽施于汀州"。据说该庙在农历正月初八和二月初八有迎妈祖"巡街"的庆典活动;三月二十三日则为妈祖过生日。当地人俗称天后妈祖为"妈祖婆太",这是客家人对老年妇女的一种尊称的反映。在这天,汀州城的水东街分别会建立十个彩棚庆祝妈祖圣诞,每个彩棚由10—20户商家负责搭建,其中还包括火篮、火炬、高跷、船灯、龙灯、抬阁、古事、木偶、十番音乐等艺阵,场面十分热闹。

除了这座恢宏的天后宫外,有人调查,长汀县的城关(汀州镇)与乡间还有许多大大小小的庙宇供奉妈祖婆太,如城关除了汀州天后宫外,还有斗母阁天后宫、苍玉洞百神庙、水东社坛前庙、龙水庙等供奉妈祖。长汀县的大同镇有东关天后宫、长安桥天后宫、李岭天后宫、牛岭天后宫、溜岭天后宫、黄屋天后宫、印塘天后宫等。濯田镇有濯田天后宫、东山天后宫、水口天后宫。巷头公园天后宫。古城镇有古城天后宫、古城妈祖庙、南岩天后宫、黄陂天后宫、严口天后宫等。策武镇有七里天后宫、画眉桥天后宫、李城牛头天后宫等。庵杰镇有龙门天后宫。河田镇有刘源天后宫等。三州镇有三州天后宫。涂坊镇有涂坊天后宫。南山镇有南山天后宫。馆前镇有馆前天后宫。宣城镇有宣城天后宫。新桥镇有新桥天后宫等。②

福建省的武平县也是一个内陆县份,地处闽粤赣交界地区,在该县境内也有一些供奉妈祖的庙宇。如康熙三十八年赵良生等修的《武平县志》就记载:"天妃娘娘庙,在溪东乡。"实际上,除了县志上的记载外,武平县的其他地方还有一些供奉妈祖为主神的神庙,如民国三十年(1941)丘复主纂的《武平县志》云:"天妃庙,赵志载在溪东乡,后改在武庙对面。民国十六年,国民政府废除淫祀,准改林孝女祠。各乡建置,所在多有,不备载。惟太平山香火最盛。"太平山在武平县武东乡袁田与袁畲两村之间,山上的妈祖庙称太平山圣母宫,庙中供奉有妈祖坐像、观音立像和吉祥阿哥的立像。其对联为:"德参天,保赤不须人祷,人祷如祷,随人祷,应赛高堂;慈于圣,通神能借地灵,地灵益灵,万古灵,昭稽上世"。当地人去太平山妈祖庙朝拜主要是求子、求生育平安、求婴儿免灾祛病、健康成长。据说求子时,应先向妈祖祈祷,然后,再向吉祥阿哥祈祷;一旦祈祷后生了一男半女,就得献上"新丁告"一幅,一是向妈祖报喜、还愿,二则是请妈祖给孩子命名。

---

① (宋)胡太初:《临汀志》,福建人民出版社1990年版,第64页。
② 汀州天后宫文物古迹修复协会第三届理事会:《汀州天后宫文萃》,2003年。

除此外，"各乡建置，所在多有"。如笔者过去插队的武平县中堡公社（现为镇）互助大队（现为村）的村庙，就是妈祖庙，其主神正是妈祖。在笔者作为老三届的知青于1969—1975年插队时，由于"文革"破四旧的关系，当时宫庙已破毁，只留下残墙，神像也不知所踪，改革开放以后，村民又将庙宇重新修好，并重塑妈祖神像加以崇拜。

笔者曾带学生在武平县中山镇从事文化人类学的田野调查，在中山镇区武溪畔的大河背村，也看到有一座妈祖庙，该庙除了供奉天后圣母妈祖外，还供奉千里眼、顺风耳、土地公、神农大帝和吉祥子（吉祥阿哥）。据当地人说，妈祖本是海神，相传康熙南巡到福建莆田，听说妈祖常到海上救助海上遇难者，因此就封她为"天后圣母"，到乾隆时又封她为水神，因而凡是有水的地方都可以为妈祖设庙。至于中山镇大河背村的妈祖庙是如何建立起来的呢？据说，清朝时，中山有一姓林的人到莆田打工，在那里听说了妈祖林默娘的故事，因为妈祖是海神、水神，也因为那人姓林，对林姓的妈祖特别有感情，于是就将妈祖的神像带回中山，并且修起这座妈祖庙加以供奉。同时也因为中山有一条可以行船的中山河（武溪），从此以后，中山镇上的人们在做木排出航前，总要先到妈祖庙拜拜，求此统管水域之神灵保佑。所以，在1949年前，那里的香火一直很旺盛。建国以后，由于政府的政策是禁止祭拜神灵，并在"反封建、破四旧"时砸毁了神像，妈祖庙也因此门庭冷落了。加上1958年"大炼钢铁"时，山上的大量森林被砍伐，生态遭到破坏，中山河也逐渐"水落石出"，再也不能撑船出入了，因此，妈祖作为水神的作用在中山镇也随之逐渐失去了。到了改革开放以后，大河背村的村民仍在该处重塑妈祖金身，恢复起妈祖庙来，但只是将其作为中山镇城区的村庙，农历正月初十祈福，十二月初十圆福；三月二十三日庆祝妈祖圣诞；此外，正月十三到十九日，大河背的村民也去那里上灯，二十日将花灯落下来撕碎了烧化，此俗称"百子千孙"。换言之，现在那里仍有人崇拜妈祖，宗教仪式仍然举行，只是过去常有的那种热闹的打醮场面再也一去不复返了。①

永定县也是一个内陆县，但在该地也有不少妈祖庙，道光十年（1830）方履篯主修的《永定县志》记载有13座。而民国二十九年（1940）徐云龙修的《永定县志》记载有17座。如湖坑镇的洪坑村头就有一座前后两进的妈祖庙。洪坑村位于湖坑镇和古竹乡的交界处，其村落是沿着一条小溪的两岸在溪谷中展开，分为上村与下村两部分。在下村的路口建有天后宫，该宫面阔五间，前后两进，建筑面积四百多平方米，是座中等规模的妈祖宫庙。内供奉有妈祖、千里眼、顺风耳神像以及妈祖父母的神位。

又如永定县高陂镇西陂村也有一座天后宫。该宫庙的建筑非常特别，它是一座由

---

① 石奕龙：《武平中山镇军家人与客家人的民间信仰》，《客家研究辑刊》2005年第1期。

四合院围合的七层宝塔式建筑,高四十多米。宝塔为正殿,下三层为四方形土木结构,四五层为八角形砖木结构,六七层则为八角形纯木结构,形制富有变化,但又结合得天衣无缝。西陂天后宫是由该村林姓始建于明嘉靖癸卯年(1543),落成于清顺治年间(1644—1660),前后延续了一百多年。其正殿宝塔底层供奉着妈祖和千里眼、顺风耳等神像。天后宫的门厅面阔五间,燕尾翘脊歇山顶,大门用青石作门框,画栋雕梁,装饰精美。门外的广场左右雄踞一对大型的石狮子,以抗御邪魔从大门入侵。①

有的乡村中的妈祖庙则县志中不曾记载,笔者在湖坑镇调查时,镇的水口地方就有一座妈祖庙,而这在县志中就不曾记载。

龙岩市雁石镇位于九龙江上游的雁石溪(龙川)畔,其镇上的大头街也有妈祖庙。该庙称"雁石圣母宫",始建于清朝乾隆年间。"文革"中,该庙被毁,改革开放后,该地重新组建了"恢复圣母宫理事会",经过集资,于1990年年初破土奠基,同年落成。随后又建办公楼、食堂、天台等配套工程,现有建筑面积八百多平方米。

闽北南平地区的武夷山市也不靠海,但该地也有妈祖庙分布。如现在开发为武夷山旅游点的兴田镇古粤城村的村边,就有一座前后两进的妈祖庙。其坐落在崇阳溪畔,该宫面阔三间,前后两进。前殿的门厅为马头墙式的,大门上高挂"天后宫"竖匾。后殿的神龛上供奉着一尊新塑的天后彩塑立像,其手持一个金色的如意;另外还有一尊金色的坐像安放在立像的右边。妈祖的主要配祀神灵千里眼、顺风耳的彩塑立像则安放在神龛前的地下。

粤东梅州市的松口镇在梅州市北部,是从韩江进入梅州地区的一个重要的水陆交通要道。在松口镇上,历史上建有两座供奉妈祖的天后宫:一在璜东码头,创建年代待考;一在松市下街,创建于乾隆二十年(1755)。此外,在松源河上游的松源堡(现松源镇,与福建武平象洞镇交界)有两座,一在怀仁市,一在峡峰。②

二

上面列举的这些实例只是福建、广东内陆地区妈祖庙的一小部分,不过,这些崇拜妈祖的神庙的现实存在告诉我们,在福建、广东的广大内陆地区也有人崇拜海神妈祖,而且数量还不少。那么,妈祖信仰是如何传播至这些地方的?

妈祖庙的分布又有哪些自身的特点? 首先,妈祖庙多建在可以通航进行航运的河流边的小镇、墟市上。如在粤东、闽西的韩江、汀江水系及其支流上,由于航运的需要,

---

① 石奕龙:《福建土围楼》,中国旅游出版社2005年版,第126页。
② 房学嘉:《围不住的围龙屋》,花城出版社2002年版,第175页。

就有许多妈祖庙。上述提及的广东梅州市松口镇就有两座妈祖庙,该镇是一个墟市,每日有墟,也是一个货物集散地,因为它位于梅江与松源河交界之处,梅江与松源河在此交汇后,流向三河坝,在那里与汀江的下游韩江汇合,并经潮州、潮安、澄海、汕头入海。因此,在过去,"松口港通过松江、松源河,与(梅州地区的)五华县、兴宁县、梅县、平远县、蕉岭县、大埔县各沿江墟、市以及潮州结成商业网络"①。所以,在过去,梅州市的松口镇是进入梅州地区各县和福建省武平县象洞地区的水陆路交通枢纽。

武平县中山镇实际也是韩江、汀江水系的一部分。中山镇是早期武平县城所在,也是武平所城的所在,其建立在中山河(武溪)之畔。武溪发源于武平东留镇,中山镇往南,中山河经过卦坑、福兴、大成、园丰就到广东境内,其在广东境内称石窟河,到了梅州市丙村镇,汇入梅江,经松口镇与松源河交汇后,到三河坝又汇入韩江。因此,这条水道也是韩江、汀江水系中的一条。在过去,潮州的货物可以一直用船溯水运到中山镇,甚至到东留,然后,在转陆路到江西,虽然水路也是艰难困苦的。东留等地的竹木、粮食、山区特产等也可以顺水而下,一直到潮汕。

长汀县也在汀江、韩江水系上。长汀城就建立在汀江上游的江边。长汀县的庵杰镇、新桥镇、大同镇、策武镇、河田镇、三洲镇也建在汀江边上。而濯田镇、涂坊镇、南山镇、宣城镇、馆前镇、古城镇则建立在汀江的支流上。汀江经过上杭县、永定县到广东大埔县的三河坝后即称韩江。上杭县城和官庄镇,永定县的洪山镇、峰市镇等也在汀江边上,永定县城和上杭、永定的许多镇都建立在汀江的支流边上,所以,长汀、上杭、永定的贸易在很大程度上有赖于汀江及其支流上的航运,尤其是在宋代官盐的供应依赖潮州来的海盐后,这种利用韩江、汀江从事水运的长途贩运现象就蓬勃发展起来,直到近代公路交通取代水路交通为止。

第二,上面提到的龙岩市雁石镇,它的所在地不属于汀江、韩江水系,而是属于九龙江水系。九龙江分北溪与西溪。北溪发源于龙岩市郭车,在流经雁石的一段称雁石溪,亦称龙川。它在苏坂的合溪村,汇入万安溪,到漳平市后就称九龙江,并经过华安县、长泰县、漳州市,在龙海市与西溪汇合后在厦门出海。西溪发源于龙岩市适中镇、平和县等地,流经南靖县、漳州市,在龙海市与北溪汇合后,也在厦门出海。过去,在九龙江水系中,北溪的船运可到龙岩市、雁石镇、漳平市、华安县等地;西溪的船运可到南靖的船场镇、梅林镇、金山镇、和溪镇,平和小溪镇、九峰镇等地。

第三,上述提到的有妈祖庙的武夷山市兴田镇的古粤城村,是属于闽江水系的系统。闽江的出海口在福州市与长乐县之间。在南平市以北、以西主要要有三条河流,即发源于武夷山脉南部的沙溪,发源于武夷山脉中部的富屯溪,发源于武夷山脉北部的建溪。建

---

① 房学嘉:《围不住的围龙屋》,花城出版社 2002 年版,第 170 页。

溪的上游主要有两条河流,一是发源于武夷山市(过去的崇安县)的崇阳溪和发源于浦城县的南浦溪。过去,这些溪流都可以通航,即福州的商品可以通过船运一直运到现在的武夷山市。而闽江上游的各支流流域地区的货物也可以通过航运,一直运到福州。

在过去,内陆贸易靠船运与肩挑、马驮,但由于船运可以装载较多货物,成本较低,所以,在船能够航行的地区,长途贸易主要是靠船运,而不是肩挑与马驮,后者则是这种地区近距离贸易运货的手段而已。在这些水系中,有的虽可以通航,但也有许多艰难险阻,原因是这些水系都发源于福建中、西、北部的高地,最后流向闽东、闽南、粤东的平原,再各自入海,因此,河流在山区中落差大,险滩多。如房学嘉曾谈到梅州境内松江水道的险恶,"松江昔名梅溪又名恶溪;瘴雾毒恶,鳄鱼狞恶,滩石险恶,尤以梅溪上下百余里有72滩石险恶为甚,威胁着舟人和商贾"①。笔者在武平县中山镇调查时,也了解到,过去中山河到梅江的水路也是很艰难的。换言之,由于这些来往于山区与沿海地区的水路滩多水急,船运极容易出事故。有首诗写道:"盈盈江水向南流,铁铸艄公纸作舟。三百滩头风浪恶,鹧鸪声里到潮州。"它描述的就是汀江水系中行船航运的艰难。因此,在那个时代,在这些水路上从事航运的业者都需要水神或航运之神的保佑。宋代以后,妈祖已被海运业逐渐尊为最高的海神或航运神,对保佑航运业的安全有莫大之功劳。这种影响力在沿海各地形成后,也逐步地影响或渗透到内河的航运业,从而使妈祖信仰沿着内河的航道延伸到内陆地区。另外,内陆航路沿河的一些墟市上建有妈祖庙,除了可以满足精神上保佑航行安全的需要外,实际上还有满足船工的一些实际生活需要的功能。如墟市上的妈祖庙,也是船工的临时客栈。因为长途运货的船工,如果他们从沿海地区运货到山区,往往需使船十天半月的,每到夜晚,他们也需投宿于陆地上,因此这些沿河的妈祖庙也就是他们最好的宿地了。所以,在有些地区,沿河的墟市,其距离大体也是上水拉纤一天的路程。因此,在这些沿河的墟市中,为了船运的精神需要与实际生活需要,就常会建立起妈祖庙,而且规模也比较大,一方面可以满足船工的精神需要,另一方面,也可以满足船工的实际生活需要。如笔者在武平中山镇与武夷山市调查时,都有人说,在可以通航的年代中,这两地的妈祖庙都是来往于水路上的船工、排工的临时住所。由此看来,把妈祖信仰从沿海地区传播进内陆的一个主要的媒介就是航运业的业者,因为他们有精神与实际生活的需要。早年在内陆地区所建立的妈祖庙中,应该有许多是由于这一因素形成的,上面提到的汀州天后宫就是如此。汀州天后宫是汀州第一座妈祖庙,据说是在南宋绍定五年(1232)朝廷核准汀州改食潮盐,使韩江、汀江的航运繁忙起来后,才在航运的刺激下,从潮州

---

① 房学嘉:《围不住的围龙屋》,花城出版社2002年版,第166页。

请来妈祖神像而建立的,此后"州县吏运盐纲必祷焉"①。

三

妈祖庙除了沿着可以通航的河流分布外,在内陆的一些不通航的村落中也建有妈祖庙。但是,在这些可能与河流航运业无关的妈祖庙中,有大部分可能都是姓林的宗族所建的。这也可能是内陆妈祖信仰的另一个比较特别的地方。这一特别的状况主要是由于中国汉人民间信仰的一些传统习惯而造成的。

我们知道,在福建、广东等地,民间有崇拜"祖佛"的习惯,即一些纯宗族的村落习惯崇拜与自己同姓氏的神灵,如姓林的人们多崇拜姓林的妈祖。许多闽台的林姓称妈祖为"姑婆"或"姑婆祖""姑婆太"等。而吴姓的人们多崇拜保生大帝大道公吴夲,闽台许多吴姓也把他当作"祖佛"崇拜。例如在台湾基隆,农历三月十五日为保生大帝吴真人诞辰纪念日,"是日吴姓宗亲聚会,设坛祭祖,拜祭(保生)大帝"(《基隆县志》)②。又如陈姓的村落多崇拜开漳圣王陈元光、陈舜帝等。郭姓的村落多崇拜广泽尊王郭忠福。吕姓则多崇拜吕洞宾、姜太公吕尚。

由于闽粤汉族民间有这种习惯,所以,在闽粤内陆山区的许多林姓村落中,虽不敢说全部都崇拜妈祖,但的确有不少是崇拜其林姓"祖佛"天上圣母妈祖的。因为,从宋代以后,妈祖就成了林姓的"祖佛",自然有些林姓村落将她视为"祖佛"加以崇拜。上面提到的武平县武东镇太平山上的妈祖庙就是一例。太平山妈祖庙所处的位置,并不在韩江、汀江水系可通航的支流上,因此它可能并非因保佑航运安全的需要而建立。据有人调查,太平山圣母庙的开山施主为林奇卿。换言之,它是由林奇卿倡议与捐款建的,所以它最初是居住在武东的林姓建立的。现在,圣母庙虽是一座灵验的"公庙",来此拜拜的人不限于林姓,但由于是林姓创建的,至目前为止,当地在新春迎神赛会时,只有林姓可以将妈祖神像迎回该村的林氏宗祠,供于专门从事婚事和丧事的鸳鸯厅中加以祭祀,而当地其他姓氏并没有这种权利与待遇。可见这座在武平县东部相当著名的妈祖庙是由林姓创建的。

又如永定县湖坑镇的洪坑村是一个林姓的宗族村,村中有林氏祠堂。该村的林姓为九牧林,是从沿海地带迁到山区并繁衍下来的。该村位于湖坑镇和古竹乡的交界处,其村落虽沿着一条小溪的两岸在溪谷中展开,但该溪只是韩江支流金溪上游的支流之一,似乎不能通航,所以该村的妈祖庙的建立与韩江、汀江水系的航路与航运可

---

① (宋)胡太初:《临汀志》,福建人民出版社1990年版,第64页。
② 丁世良、赵放:《中国地方志民俗资料汇编·华东卷下》,书目文献出版社1995年版,第1588页。

能无关,而与林姓对祖佛的崇拜有关。该宫庙前后两进,门厅为三川殿,青瓦单檐歇山顶,受闽南建筑风格的影响较大,这体现在其屋脊中间装饰二龙戏珠,两端有略微飞翘的燕尾,大门前有两个青斗石的抱鼓石,大门的对联曰:"垂母范以济慈航,西方有佛,西河有圣;膺龙纶而光谱系,九天为后,九族为姑"。该村的林姓认为,妈祖是西河林姓的骄傲,是九牧林的姑婆。该村的林姓居民是九牧林,因此,该村的林姓也尊称妈祖为"姑婆太"。该殿门厅侧门上左有"宝筏"匾,右有"金绳"匾。门厅内有石砌的天井,两旁为人字坡屋顶的两廊。后为正厅神殿,前有石砌的拜坛。正殿亦为单檐歇山顶,屋脊燕尾翘脊,正中装饰有上升之火珠,旁各有条青龙面对火珠。正殿的神龛内供奉着金面的天上圣母,神案上还有千里眼、顺风耳的神像和妈祖父母亲积庆公、积庆夫人的神位。正殿廊柱上的对联云:"自晋安锡爵以来,有母亦称天上圣;溯湄屿飞升而后,无人不拜海中仙"。而明间前柱上的对联为:"巾帼有英灵,护国庇民,历代褒封光梓里;裙衩多浩气,降魔荡寇,普天瞻仰切葵忱"。表明洪坑村的居民知道妈祖和九牧林的入闽始祖是晋安郡王林禄公,妈祖是在湄洲岛飞升成神,妈祖的祖庙在湄洲岛等情况。实际上,他们的族谱也表明他们是九牧林,是从莆田一带迁到山区的,很可能是迁来时就带来了妈祖信仰。

再如上面提到的高陂镇西陂村妈祖庙也是林姓建的。它虽建在小溪边,但该溪只是汀江支流永定河上游的一条支流,可能也无法行船。道光间方履篯主修的《永定县志》卷十四《祠庙志》记载,妈祖庙"一在西陂乡,乾隆二十五年林登岱邀合族建。高阁七层,巨丽壮观,一乡胜览。庙后为登云书院"。而西陂村天后宫编写的简介则说:西陂天后宫的古塔始建于明嘉靖二十一年(1542),后来才成为妈祖庙。该简介说:"据当地史料记载,西坡(陂)林氏第七代祥瑞有个养子林大钦曾中状元,为了激励家乡后代人才辈出,他启奏嘉靖皇帝恩准后,在西坡(陂)家乡以'状元'的名义,按京城'文塔'的建筑模式,建造了今天所见到的宫殿式七层宝塔。当时称'印星台',后又称'文塔'。由于当地群众全部姓林,林氏是妈祖的族裔,因此,后人把塔改称为'天后宫',请妈祖女神入宫,永远供奉。"[1] 看来,该村的林姓可能是先建了七层宝塔,然后,因妈祖是林姓的祖佛,才在里面供奉妈祖而成为妈祖庙。这一变化时间大约在清乾隆二十五年(1760),故道光《永定县志》对其有所记载。

复如广东省揭阳市东山区乔林乡天后宫也是林姓建的,他们也是将妈祖作为"祖佛"来供奉的。该庙的简介说:"天后圣姑是乔林乡林氏族人的直系祖姑。南宋时,祖姑的第六代裔孙陶公(讳文熙),任职广东提刑按察司副使,巡历于潮汕,观榕江之滨的盘溪是块土沃物丰的吉地,留下第三子崇(讳德高)卜居立籍,创建乔林乡。二公

① 林斯定:《世界妈祖庙大全》第一卷,香港:国际炎黄文化出版社2003年版,第103页。

从福建莆田县涵头望江里请来祖姑香火,建庙奉祀。"① 所以该庙也是林姓移民到山区后,再从祖地请来"祖佛"而建庙崇拜的。

综上分析,闽粤内陆地区的妈祖庙,有相当一部分是因航运的需要（精神与实际的）而建立起来的,也有部分是因移民到山区的林姓,并因他们有崇拜祖佛的习惯等关系建立起来的。当然,也不排除有因其他理由如"显灵"、受到妈祖的恩惠、当地的妈祖庙的分灵等的关系建立起来的。但是,由航运业的需要和林姓崇拜祖佛的需要而建立的妈祖庙,应该在内陆山区所有的妈祖庙中占据多数,因此,我认为,在闽粤地区,把妈祖信仰传播到内陆山区的主要力量应是航运业和林姓移民与居民。

（原载《莆田学院学报》2008 年第 1 期）

---

① 林斯定:《世界妈祖庙大全》第一卷,香港:国际炎黄文化出版社 2003 年版,第 120 页。

略论清代至民国时期四川的天后信仰

谭世宝[①]　　**胡孝忠**[②]

山东大学历史文化学院

关于天后[③]信仰在四川地区（包括今重庆市，下同）的传播，以往研究者不多。目前，主要有陈尚胜、刘正刚、王日根等人有所论述。本文拟利用地方志和近年出版的文献资料，在先贤时俊对清代至民国时期四川地区之天后信仰已有的研究基础上作一些新讨论，以进一步丰富天后信仰研究及更深入挖掘四川的民俗文化。

一、天后信仰传入四川的时间及原因

自宋代以来，天后就是中国古代海上的保护女神。南宋丁伯桂的《顺济圣妃庙记》（作于 1229 年）记载："宣和壬寅，给事路公允迪载书使高丽，中流震风，八舟沉溺，独公所乘，神降于樯，获安济。明年奏于朝，锡庙额曰顺济。"（宋《咸淳临安志》卷七十三）自此后，天后得到朝廷认可，其信仰传播逐渐由民间转为统治者支持与民众推动相结合。天后职能也逐步扩大到助战、赐福、送子、主宰海陆天气和保护漕运乃至帮助农业生产等方面，褒封不断升格。这里首先要探讨的是天后信仰传入并流行于四川的时间和原因等问题。

李伯重认为，"从移民史也可以看到，自明初以来，福建人民移居四川后，在与当地文化融合的过程中，很快就丧失其包括妈祖信仰在内的主要文化特征"[④]。但是遗憾

---

①　谭世宝（1950— ），男，香港人，历史学博士、哲学博士，山东大学特聘教授、博导，历史语言研究所所长，主要从事澳门史、佛教史和语言文字学研究。

②　胡孝忠（1981— ），男，四川宜宾人，硕士研究生。

③　妈祖在清康熙二十三年（1684）被封为"天后"，此后官方对她的正式称呼为"天后"，本文把妈祖、天妃等称呼统称为天后。

④　李伯重：《"乡土之神""公务之神"与"海商之神"——简论妈祖形象的演变》，《中国社会经济史研究》1997 年第 2 期。

的是李先生此观点只是作为其文章的注释提到,没有进一步提供具体史证。我们发现,地方志确实记载有清代以前向四川移民的情况:"土著有宋元时入川者,有洪武二年（1369）入川者,统称黄州人,俗称为本地人"。（民国《续修大竹县志·建置》）黄友良的《明代四川移民史论》[①]一文对明代四川移民问题有比较全面的概括,但是也没有提到有来自闽粤的移民。可以认为,元末明初,入川的湖广籍人居多,而闽粤籍人很少,所以天后信仰传播的信众数量及所处社会环境似乎都还不成熟。即使有福建移民,"很快就丧失其包括妈祖信仰在内的主要文化特征"也属理所当然。笔者所见四川地方志的记载,天后信仰最早应是在清初由闽粤籍移民和商人传入。天后信仰起源于福建,但正如刘克庄《到任谒圣妃庙》云:"某持节至广,广人事妃,无异于莆,盖妃之威灵远矣。"（《后村居士集》卷三十六）这说明,闽粤的天后信仰相同,且都比较盛行。这是因为粤闽毗邻且靠海,故闽籍渔民、船员自然会把天后信仰传到广东,就是像刘克庄这样的闽籍官员以及商人、移民也充当了传播媒介。[②]"（移民）在潮阳县建有多座妈祖庙,其中就有宋、元时期创建的。在众多的莆田移民中,除信仰妈祖之外,还崇奉佛教……"[③]清代,从康熙时起就颁布一系列招民入四川的法令,如康熙十年（1671）"定各省贫民携带妻子入蜀开垦者,准其入籍。"（嘉庆《四川通志》卷六十四）在全国多省向四川的移民中,楚籍人因占地理优势,数量最多,其次就要算闽粤籍人了。如民国《江安县志》卷二载:"故今日县民,秦豫闽广十二三,楚籍殆十六七,土著仅一二耳。"金堂县各省移民所占比例为:"楚省籍约占 37 %,粤省籍约占 28 %,闽省籍约占 15 %,其余各省籍共占 20 %。"（民国《金堂县续志》卷三）在简阳等地闽粤籍人占的比例更大。刘正刚认为,闽粤移民在前期的四川移民总数中占 25%—30%、"清前期闽粤移民四川的数量当在 100 万以上"[④]。这是比较可信的。如此庞大的闽粤移民中,除六祖、龙母等信众外,天后的信众应该是很多的。

因此,认为四川的天后信仰是从康熙时的移民开始成规模传播,这是符合史实的。其标志为众多天后宫、天上宫、天后庙、天娥宫（此名得因待考）、神圣宫的修建（以下统称天后宫）。关于四川的天后宫修建时间的较早记载,大多数四川地方志上都含混地说在清初,唯有民国《犍为县志·建置》记载的天后宫在石溪镇正街,建于清雍正,

① 黄友良:《明代四川移民史论》(《四川大学学报》1995 年第 3 期)文中述行政性移民,没有提到闽粤籍人,笔者认为,可能在军事性移民中有,也不排除当时闽粤籍商人和游宦等把妈祖信仰带到四川,只是目前尚并未见确切的相关史料。

② 关于福建移民到广东的原因、范围、路线、影响,可参见罗香林《客家源流考》(中国华侨出版公司 1989 年版)第三章"中华民族中客家的源流和系统",林国平、邱季端主编《福建移民史》(方志出版社 2005 年版)第四章第三节"闽人向广东移民"。

③ 林国平、邱季端:《福建移民史》,方志出版社 2005 年版,第 118 页。

④ 刘正刚:《清前期闽粤移民四川数量之我见》,《清史研究》1994 年第 2 期。

到民国时还附设初小学校。犍为县在四川的南部,多数闽粤籍人应该从长江三峡和湖南,而少数广东人则从贵州进入四川。由此,笔者推测其他地方应该有早于此处的天后宫,这有待于新的文献和考古发现来证明。按照民间信仰的一般规律,天后宫应该在天后信仰传入当地一段时间后才会出现。所以,天后信仰在清初,最迟在雍正时期已开始在四川流行。

至于四川的天后信仰在清代而不是在此之前流行,笔者以为有以下几点原因:

其一,明末清初的历次战乱导致四川人口数量锐减。如民国《江安县志》卷二载:"张献忠之乱蜀极矣。传闻县城未陷,然清初城关内外才三百余户,南岩出虎豹,上下茨岩沿江殆十里所或以两雄鸡一细布贸得之。……盖献贼去后,姚黄等贼及刘文秀、吴三桂之徒相继扰攘创残,奔迸逃死不暇,其状况可以意揣得之矣。"可见清初四川土著人之少、土地价之贱。在平定"三藩之乱"之后的康熙二十四年(1685),《清朝文献通考》卷十九记载当时"四川布政司人丁一万八千五百有九",约合九万人。这就为外地人腾出足够的生活空间,同时四川原有众多信仰之信众数量锐减,也为天后信仰的传播减小了阻力。"威廉士在'中国志'一书中所引 1812 年统计,称四川人口为21435678 人"[1],可见康熙到嘉庆之间,包括福建在内的各省向四川移民及其繁衍人口的数量大增。各省的信仰也被带进四川并流行起来。如重庆有福建会馆,名称是"天上宫",供奉"天上圣母","(重庆)会馆的社交聚会是相当频繁的,常随会员人数多寡而定……福建会馆(12 个月中)在一百次以上……全体宴会并演剧即在特定庆祝时举行"[2]。

其二,明末清初的福建,特别是移民四川的主要来源区——闽西、闽南山区地带,人口膨胀而且受地理条件限制,经济发展相对滞后。如漳州府虽靠海,但"地土瘠薄,堪种禾稻者仅十之四五,其余尽属沙碛,只堪种植杂粮地瓜而已"(道光《重纂福建通志》卷五十二)。长汀县的情况是"叠岭崇冈,山多于地,田瘠而艰水"(光绪《长汀县志》卷三十)。天后信仰至明朝时才在这些地区盛行。谢重光认为:"妈祖信仰传入闽西客家山区的时间不晚于南宋嘉熙间(1237—1240),但自宋迄明初,妈祖信仰在闽西地区的信众只限于与汀江航运有关的特殊人群。明中叶后,妈祖信仰才遍布汀州所属八县,各乡村纷纷建起天后宫或妈祖庙。"[3]所以,在清代初年从该地区移去四川的移民(主要是农民、手工业者)中应当有很多天后信仰的信众。如汀州府永定县人在井研县所建的"天后庙,在麟山下,为福建会馆,乾隆三十三年永定张瑞龙等建"(光绪

① H. E. Hobson:《重庆海关 1891 年调查报告》,李孝同译,中国人民政治协商会议四川省委员会、四川省省志编辑委员会《四川文史资料选辑》第 6 辑,中国人民政治协商会议四川省委员会, 1963 年,第 232 页。

② 同上书,第 252 页。

③ 谢重光:《试论妈祖信仰的社会功能》,《中共福建省委党校学报》2002 年第 1 期。

《井研志》卷四）。

另一方面,明朝时,闽粤等沿海地区商品经济发展迅速,商人的商业意识很强。随着四川经济的恢复和发展,越来越多的商人来到四川。如林宗贤,"福建人,以商来安,遂家于东乡老街场……家渐富。清乾隆庚戌(1790年)大饥,赈米二百余石"(光绪《内江县志》卷七),"又职业谱两湖四川经商条云:'四川重庆、泸州、资州、内江等处,亦多远迁该地,发迹落籍,错籍有声。'"[1] 据此可窥见闽粤商人进入四川的大体情况。

其三,清代统治者至少褒封妈祖八次,康熙二十三年(1684)她被封为天后。康熙五十九年(1720),妈祖被列入祀典,春秋致祭。雍正十一年(1733)清廷又下诏全国各省已建天后宫行春秋二祭,未建的择稍有规模的仪典遵旨施行。这无疑是四川妈祖信仰流行起来的助推器,使其从东部沿海扩展到了西部内陆。相比之下,明代统治者大部分时间采取海禁政策,仅仅只有两次主要与漕运和郑和下西洋有关的封赐,对四川几乎没有什么影响。

二、天后信仰在四川传播的主体

由于四川的特殊内陆地理位置和清初的历史条件决定了天后信仰在四川传播的主体具有多样性,这与沿海省份有所不同。主要有如下几类:

1. 移民

其中主要为闽粤籍商人和由官方主导的移民(主要为农民和手工业者)两类,其传播的媒介就是清代大量建立的天后宫及会馆。清代四川的天后宫与会馆往往连为一体,甚至是合二为一,数量庞大。这一点已为陈尚胜的研究所揭示,且进一步论述:"与以前各代相比,长江流域的天后宫数量在清代有了惊人的发展。尤其值得注意的是,这一时代的天后宫不但分布于长江流域的主要港口(如芜湖、宜昌、万县、重庆、合江等),还被修建到长江流域上游的一些内河市镇(如四川灌县、荣县等地的场铺)。"[2]

至于具体数量,刘正刚经过考察认为"四川的天后宫分布于全省的92个州县厅内","从表中可以看出,分布在四川各地的天后宫数量达153所","据此推测,清代四川的天后宫总数当在200所左右"[3]。这些论断是比较可信的。

四川的此类会馆主要分为两类:第一类为同乡会馆,多数为同籍移民所公建。"清

---

① 罗香林:《家源流考》,中国华侨出版公司1989年版,第30—31页。

② 陈尚胜:《清代的天后宫与会馆》,澳门海事博物馆、澳门文化研究会《妈祖信俗历史文化研讨会论文集》,澳门海事博物馆1998年版,第46页。

③ 刘正刚:《清代四川天后宫考述》,《汕头大学学报》1997年第5期。

初,各省客户移来填蜀者暨本省移民,互以乡谊连合建庙,祀其故地名神,以资会合者,称为会馆……天上宫,在黄公祠右,别称福建会馆。"(民国《南充县志》卷五）会馆通过每年的祭祀、酬神演戏、宴会等形式联络乡谊,传承天后信仰,其别称为庙会。这些同乡会馆,多数起源于明清两代。见于地方志记载四川各地同乡会馆则基本是清代移民所建。如民国《中江县志》卷四载:"天后宫,在小东街灵皈寺后,粤籍人公建,一曰广东会馆。""天上宫,在北门外,闽人公建,一曰福建会馆。"可见大多数闽粤籍移民信仰天后,而且天后宫与会馆是合二为一的。从四川的地方志里可以看到,大多数会馆在民国初年仍保存完好,后来大部分改为学校、工厂和政府办公处所。

第二类为商人会馆,主要是行业性的会馆,为数较少。民国《南川县志》卷六"戏剧"条云:"旧时邑有城隍愿戏,有各庙会各工商帮愿戏,皆以酬神为题。"可见移民中的庙会和工商帮是分开的,而在川的商人也继承了闽粤自古就有的"歌舞媚神、演戏酬神"的传统。演戏和宴会就是当时这些商人的"广告",借以展示自己的实力和凝聚力。但是,"明代末年商人会馆的出现多是从同乡会馆模仿而来,商人在外出活动期间多企盼同乡帮助和精神上的宽慰,这也是乡土崇拜成为行业崇拜的一个最重要的原因。"①笔者以为天后是乡土崇拜神之一,具有一定的区域性,故闽粤人更虔诚地信仰她。清代,她又是全国性正神之一,具备护国、庇民、普济等作用。所以,我们就能很容易明白很多商人为什么会信仰原本并不掌管财运的天后了。至于这些前往内陆商人的影响,鲁才全有关怀化境内商人的论述,同样也可适用于四川的,他说:"当先期来到内地的福建商人站稳了脚跟、赚取了利润之后,就会招朋引类,吸引家乡的亲友乡邻相继前来,使福建籍的人数有所增加,信奉妈祖的群体也随之扩大。另一方面,福建商人的富有也很自然地引起当地人的羡慕,当地人很容易将福建人发财致富的原因归结为其对妈祖的信奉。因此,他们也开始信奉妈祖,希冀在妈祖神力的护佑下自己也能财运亨通起来。"②

天后信仰与经济发展是相辅相成的,这也是民间信仰传播、发展和兴盛的普遍规律。但是商人会馆也有其弱点,"同业团体限于一种职业,故范围较狭。又其公共所祀之神也多附于各寺庙中,鲜有自行立庙者,每年酬神宴会为同业集合期。各会会首地位及职权不及各会馆约、客（乡约、客长之简称）之重要"（民国《犍为县志》卷三）。加之时间长了,许多商人开始落籍四川,逐渐与土著及各省移民来往、通婚,在同一个信仰神——天后的"号召"下,最终与同乡会馆合二为一。

以上对会馆的两类分法并非笔者首创,而是借鉴日本加藤繁把会馆大体上分为一

---

① 陈东有:《明清时期东南商人的神灵崇拜》,《中国文化研究》2000 年第 2 期。
② 鲁才全:《怀化境内的天后宫》,《怀化师专学报》2002 年第 1 期。

般同乡人的会馆和商人会馆的观点 ①，我们认为此分类法是比较适合清代四川的闽粤籍人创建的会馆。

2. 士绅

此类人不是官员，但都是移民或土著中有威望的人，主要是举人、秀才、监生一类有功名之人及农民中的上层人物。如在江安县，"天后宫，县西正街，乾隆二十二年（1757）闽籍士民建。"（民国《江安县志》卷二）这些地方精英一方面有精神需求，另一方面也需要在政府的控制下来分享利益。如民国《犍为县志·居民志》就记载："客籍领以客长，土著领以乡约，均为当时不可少之首人。每年庆神演戏，同籍诸人长幼咸集，酒食宴会无虚日，并查全年会内之事务。在科举时，遇有同籍人弋取科名者，除会众以私财致馈外，会馆例有公份馈赠他。如争议事项必须先报约、客，上庙评理（上庙是当时通俗语），如遇涉讼亦经官厅饬议而始受理焉。又会馆按年以衣帽银两酬约、客，为其常近官长故也。约、客地位实为官民上下间之枢纽，非公正素著之人不能膺是选也。"

可以看出，这些士绅在社会生活特别是在解决土客、客客、土土之间的矛盾中的特殊的身份和所处位置，他们通过主导各种形式的活动推动民间信仰，当然也包括天后信仰，来达到其分享政府权力、满足精神需求的目的。钱江论述福建商人懂得如何去获取在海外华侨社区中的绅权时写道："（福建商人）或慷慨解囊，捐建庙宇，通过庙宇来建立起一个统一的'神权'，然后再凭藉着这一'神权'来建立起自己在海外侨居社区中的'绅权'，并以此'绅权'来领导自己的乡亲。"② 海外侨居的士绅如此，移民四川的又何尝不是呢？正如王日根所说："故一般会馆多以同籍为纽带，以士绅为领导，以神灵作为精神支柱，这无疑切合了封建统治的要求。"③ 从清末到民国结束这段时间，士绅这一天后信仰的主体更加显得重要。正如朱天顺所说："清朝统治被推翻以后，妈祖信仰就失去了中央政府的支持，地方政府的支持也减少了。解放以前的三十七年间，在中国大陆上，妈祖信仰在有些地方虽然也受到当地官方的一些支持，但基本上是靠民间士绅、商人等为首出来募捐或摊派费用，以举行大的祭典或新建、维修庙宇，基本上是处于自发发展的阶段。"④

3. 官员和文人

这两种身份的人常常是一身两兼，而在四川主要是以官员身份传播天后信仰，又可分为闽粤籍与非闽粤籍两类。嘉庆《大清会典》规定官方祀神的五条原则是："社稷神癨则以祀，崇功报德则以祀，护国佑民则以祀，忠义节孝则以祀，名宦乡贤则以

---

① 加藤繁：《中国经济史考证》第三卷，商务印书馆 1973 年版，第 101 页。
② 钱江：《妈祖信仰与海外闽商侨居社区》，澳门《文化杂志》1997 年冬季中文版，第 172 页。
③ 王日根：《乡土之链——明清会馆与社会变迁》，天津人民出版社 1996 年版，第 250 页。
④ 朱天顺：《清代以后妈祖信仰传播的主要历史条件》，《台湾研究集刊》1986 年第 2 期。

祀。"① 清代统治者认为天后能御灾捍患、助战护国,有功德于民,符合官方的祀神的五条原则,所以,清代皇帝曾经多次褒封天后并下令春秋祭祀。谭世宝曾说:"判定民间信仰的正邪、雅俗是由儒家的官方系统来界定的。对于什么是雅,什么是俗,现在有许多误解,应该来一个正本清源。在研究民间信仰时,还应该有一个正邪之分、雅俗之别。判定的标准不是个人说了算,而是国家的标准。"② 那么,在众多民间神祇中,清代统治者把天后纳入祀典春秋祭祀,说明天后信仰是"正"和"雅"的。最高统治者的支持有推波助澜之功效,而具体实践就是各级官员的事情了。

在四川传播天后信仰的官员可以分为两类:一类是闽籍官员,如雍正安县知县陈汝亭,他在安县任职期间写的《天后宫记》,略曰:"后之神以险而灵也。海之中波涛汹涌,飘一踔数千里,漫澜不见崖岸,祷之即应,叩之即在。鲛人贾客,涉大风涛,后之功也,而恃以无恐。闽浙青淮,岭南关东,皆所式凭。而予尝游彭蠡,过洞庭,由震泽,渡易水,历孟津,望三门,禹迹之所经,龙穴之所都,而后之神实镇护焉。盖遇险而灵,非独于海然也。夫神之在一邑者,庇一隅。吾乡滨海,称大方焉,而后降生,生于莆而福庇天下。功德所被,求之丈夫中,古今有几人哉……"③

查中林在此文的题记中写道:"此据嘉庆《安县志·艺文》。天后宫,在安县城东四十里花街镇。陈汝亭,福建莆田人。清雍正丁未进士,雍正十二年任安县知县。本文作于乾隆二年（1737）。天后即妈祖,其信仰起源于莆田。这篇《天后宫记》是妈祖信仰传入四川的证据。"④

天后"生于莆而福庇天下","盖遇险而灵,非独于海然也",故闽粤籍特别是莆田的官员利用他们既是政府的代表又是天后信仰者的特殊身份,对推动天后信仰在川传播做出了特殊的贡献。因为"闽虽为东南僻壤,然自唐以来,文献渐盛,至宋大儒君子接踵而出,仁义道德之风于是乎可以不愧于邹鲁矣"（黄仲昭《八闽通志·序》）。从两宋开始,福建就人才辈出,莆田人李振、李俊甫、黄公度、丁伯桂、李丑父、黄岩孙、刘克庄、陈俊卿、陈宓等人四处褒扬天后,建祠立庙,为文作诗,开启了莆田文人和官员向外传播天后信仰的传统。即使是远在贵州镇远的天后宫,它与明清时期在此任职的莆田籍官员也有关系。⑤

另一类就是非闽粤籍的官员。如光绪七年（1881）三月二十二日《军机处录四川总督丁宝桢为祈晴灵应请颁匾额事奏片》就是最好的例证,文云:

① 转引自颜章炮:《清代台湾官民建庙祀神之比较——台湾清代寺庙碑文研究之二》,《台湾研究》1996年第3期。

② 陈建坡:《"'民间信仰与中国社会'编纂研讨会"综述》,《文史哲》2006年第1期。

③ 龙显昭、黄海德:《巴蜀道教碑文集成》,四川大学出版社1997年版,第319页。

④ 同上书,第320页。

⑤ 黄国华:《妈祖文化》,福建人民出版社2003年版,第69页。

再据署保宁府（今阆中市）南部县知县许缙禀称：光绪六年七月十二日至二十六日连朝大雨滂沱，正值四乡收次刈获之期，奈未熟之稻谷咸被水浸，深虑发芽霉烂，民情惶惶。该县率同文武员绅，于十七、二十一等日齐赴天后宫设坛虔祷祈晴。遂即开霁，风日暄和，匪特未伤之禾稼的获丰收，即前被雨淋倒压者亦僵而复起，并庆有秋。非神灵显应，曷克臻此。查往岁每遇水旱偏灾，祈雨则恭诣城隍、龙王两庙，祈晴则诣天后宫分祷，无不立应。因天后宫系商民公建福建会馆，故未列入祀典，兹据地方绅民感切神佑，禀恳援案详奏，请颁匾额前来。臣查庙祀正神实能御灾捍患，有功德于民者例得奏请匾额。兹查南部县天后宫及龙王、城隍各庙均系正神，祈晴祷雨如响斯应、灵迹屡昭，实有功德于民。合无仰恳天恩敕赐该县天后、城隍、龙王各庙匾额各一方，分别悬挂以昭崇报而安神理……①

由此可知，丁总督和许知县都很遵从官方祀典指导下的当地民俗，通过带领官员和士绅到天后宫祈晴这种方式来顺应民心。该天后宫系商民公建的福建会馆，是已被官方承认的民间组织。这些官员在遵守朝廷祀典政策的同时，顺理成章地推动了天后信仰的传播。

天后信仰传入四川之后其职能的重点有所转变，主要由沿海主管海、河及航运之神转变为内陆保护农业生产之神，既可祈晴，也可祈雨。故光绪七年三月二十二日内阁奉上谕："丁宝桢奏神灵显应、请颁匾额等语，四川南部县上年七月间雨水太多，致伤禾稼，经该地方官等虔诣天后宫设坛祈祷，遂即开霁，获庆有秋……着南书房翰林恭书匾额各一方，交丁宝桢祗领，颁发各庙敬谨悬挂，以答神庥，钦此。"（《着南书房恭书匾额发四川天后宫等庙悬挂事上谕》）②此次所颁匾额为何字，有待考证。另外，乾隆三十八年（1773）任纳溪知县的石峰在其任内（1773—1781）写下的《天后宫放生会记》一文，亦足以证明他在支持天后信仰在四川的传播。

从以上三类传播主体可以看出：清代至民国时期，四川的天后信仰是在统治者的推崇下，在天后宫或会馆这一场所，以同籍为纽带，以官员为领导，以移民和士绅为主体，以天后为精神支柱来传播的。

三、四川的天后信仰之属性

目前，学术界关于天后信仰之属性说法众多，在此不赘述。那么，她从一个文化区域转入另一个文化区域——巴蜀文化区域之后，其属性如何呢？其连续性和适应性有

---

① 蒋维锬、杨永占：《清代妈祖档案史料汇编》，中国档案出版社2003年版，第385—387页。
② 同上书，第388页。

改变吗？谭世宝认为："妈祖信俗自产生之时起，就是一种不断超越地区、阶层、宗教乃至民族局限的多面体、多功能的信仰，因为不同宗教、不同地区和不同阶层乃至不同种族的人，都先后投入参与这一信俗的创造与发展的历史潮流过程中，因而在不同方面给妈祖打上自己的印记，同时又可把妈祖请入不同的宗教和不同性质的庙宇中。"① 在移民的会馆中建的天后宫，大多数如上面丁宝桢的奏片中提到的"因天后宫系商民公建福建会馆，故未列入祀典"，未列入祀典的天后宫不属于"雅"，只能算"俗"。正如民国《荣县志》卷十二所说："城乡神祠不在祀典者，揆诸祈福报功，大率无义可举，然考其用，则为会馆为公所……各行其所传习，不变俗，谓不变其旧国之俗，《曲礼》详也。"郑炜明曾提醒我们对民间信仰的理论界定应从两个方向去考察：一是正统宗教的民间性，二是民间信仰的宗教化。② 下面就来看看儒、释、道三教参与和发展四川的天后信仰的例子。

从汉代起，儒家思想就是中国的正统、主流思想。封建时代，祭孔也是很隆重的大典。"判定民间信仰的正邪、雅俗是由儒家的官方系统来界定的。"③ 四川总督丁宝桢在前文的奏片中对光绪皇帝禀报中的"能御灾捍患，有功德于民"就是来自于《礼记·祭法》："夫圣王之祭祀也，法施于民，则祀之；以死勤事，则祀之；以劳定国，则祀之；能御大灾，则祀之；能捍大患，则祀之。""庙祀正神"也是按照儒家的雅俗观念来确定，其祭祀更是由深受儒家思想教育的政府官员如丁宝桢等按照规定的程序和内容来领头行动。可见由官员主导的天后祭拜是属于儒家政教礼治体系的。

另外，包括天后宫在内的各省会馆均有固定的会期，届时要举行祭拜活动。据民国《宣汉县志》卷十五载，会馆"分祭其乡之先辈，届期首士治酌分请乡人，晚祭晨祭，用四叩首礼，午祭用九叩礼，俱读祝文，年例一举"。这几乎完全是按照儒家祭礼来做的。同时，民间还有儒家的"道师"参与对天后的祭祀等活动，下文论述。

历史上佛、道两家对天后的影响屡见不鲜，直到今天全球还有很多天后宫（妈祖庙）由僧人或道士住持。那么清代至民国时期，此两家又是如何参与四川的天后信仰呢？

清初有多省人民进入四川，他们信仰的神灵和乡贤各不相同。"各从其籍而礼之"（民国《新繁县志》卷四），"崇祀桑梓大神"（乾隆《威远县志》卷一），所谓"杂供诸神，为释道两教分驰之表"（民国《南充县志》卷五）。天后就是一些福建和广东籍人信仰的神。民国《重修什邡县志》卷七云："清康雍乾嘉时代，各省人来什者先后建设会馆，增修寺观，创立神会，复购置田房取租金为演剧、酬神、焚献之用。迄道咸同光时，庙产益富，神会愈多，至光绪中为极盛。"可见，天后宫是有经济来源的，通过"建

---

① 谭世宝：《澳门历史文化探真》，中华书局 2006 年版，第 1—2 页。
② 陈建坡：《"'民间信仰与中国社会'编纂研讨会"综述》，《文史哲》2006 年第 1 期。
③ 同上。

设会馆，增修寺观"来支持传播天后信仰，同时她也不断受到儒、佛、道三家的影响。比如，前面提到石峰的《天后宫放生会记》一文的内容就包含有三家思想，这对四川的天后信仰肯定是有影响的。

此外，"随着渠县三汇镇商业的发展，清光绪四年（笔者按：应为 1878—1879 年，如能确定其月，才能准确定其年），福建籍人集资建起了闽会馆——天娥宫（今三汇收购站址）"，其神像布局是"正殿内高大、空阔，正后壁正中一龛供奉该会馆所尊金身坐式神像，两侧龛中，供金身坐式配享神像，各龛皆饰以木质镂空花纹吊檐，两侧龛柱上皆挂有联语"。① 这个闽会馆供奉的神像虽未直接指出为天后，但从记载来看应该就是她。根据史料，四川的天后宫也有叫天上宫或天后庙的，这与"天后"和"天上圣母"称号有关。蒋维锬认为这两种称号实均源自民间，前一称号后获得清廷认可，而后一称号则始终停留在民间的自发传播。② 如"广东会馆也有祀林妃，如达县的'天上圣母宫'，为阖境闽粤人共建"③。另外，也有叫"神圣宫"的，如道光《岳池县志》卷二十三称福建会馆为"神圣宫"。清阮元的《重修神圣宫碑记》就提到乍浦"缩海而栖者数千家，皆崇祀天后"（《乍浦备志》卷三十一）。今人陈宝柱对浙江乍浦的"神圣宫"叙述更具体，"在南门外西城河滩迎龙桥北土兔，名曰神圣宫，乾隆十九年（1754）由木材商创建，前殿祀天妃圣母。光绪年间添建戏台。今已毁"④。至于渠县的闽会馆为何叫天娥宫，待考。"天井两侧，又或为小院，或为静室，供主持僧侣或管理人员居住，其中一侧，为该会馆享祠"；"各会馆平时由住宫（庙）僧侣主持看管，祀奉神灵香火"；"闽会馆的天娥宫、粤会馆的龙母宫规模为最小"。⑤ 民国十九年（1930）后，由于经费紧张，各会馆逐日破败，祭祀活动往往徒有虚名。以上简介的是渠县天娥宫基本情况。真正体现天后信仰属性的是在其祭祀：三汇各会馆，每年均要举行春、秋两祭……祭期一般为 1—3 天。祭期中，或请僧侣，或请道士，或请儒教道师做水陆道场、请戏班演唱戏文。会馆会员皆参加祭祀活动，参拜神灵，祭奠祖先或同乡、同业阴灵，观看戏文。每天赴宴会餐 2—3 餐。祭期中，锣鼓喧天，香烟缭绕、酒肉飘香，热闹非凡。祭祀结束之夜，则由僧侣或道士、道师驾船于渠江中心，在红烛高照、笙箫管笛、磬钹锣鼓声中，每隔 2—3 分钟点放彩纸扎成的河灯一盏，内燃蜡烛，顺江飘动，后集数十盏缓

① 杨治平：《三汇镇会馆的兴衰》，《渠县文史资料》第 2 辑，中国人民政治协商会议四川省渠县委员会，1989 年，第 121—122 页。

② 蒋维锬：《"天后""天上圣母"称号溯源》，《莆田学院学报》2004 年第 1 期。

③ 黄友良：《四川同乡会馆的社区功能》，《中华文化论坛》2002 年第 3 期。

④ 陈宝柱：《浙江乍浦九座天妃宫》（2004-12-16）［2007-07-05］。http://www.66163.com/ fujian_w/news/mzrb1/041216/1_32.html.

⑤ 杨治平：《三汇镇会馆的兴衰》，《渠县文史资料》第 2 辑，中国人民政治协商会议四川省渠县委员会，1989 年，第 123—124 页。

行于江心,宛如彩龙游江,煞是壮观,给渠江夜色,平添一番绝妙景色。[①]

上面这一段生动活泼的描述,体现了儒、佛、道三家等参与了对天后的祭祀活动,并赋予她多元的文化内涵。该会馆不是把天后神像抬出去绕境进香,而是通过唱戏、宴会、敲锣打鼓、放彩灯等形式来举行信仰活动,体现了当地民俗。尤其值得注意的是,儒家也参加在三汇镇的闽会馆祭祀活动中,其参与人——道师还做水陆道场,这说明在官府的正式祭祀之外,儒家思想还通过民间的"道师"来参与天后信仰。

总之,对于清代到民国时期四川天后信仰的属性,"只能根据其主持者及崇拜的方式等来具体分析判断其性质。决不能先入为主地断言妈祖是'非佛非道的神'"[②]。总体看来,佛教对四川的天后信仰影响最大。四川的天后信仰起于民间,特别是闽粤籍的移民和商人的活动,倡行于朝廷和官府,主导于儒家思想体系及其代表——各级官员、士绅,而分行于佛、道及其他民间信仰。它具有沿海天后信仰的普遍性,又在属性和职能方面具有四川内陆的地域特殊性。

（原载《莆田学院学报》2007 年第 4 期）

---

① 杨治平:《三汇镇会馆的兴衰》,《渠县文史资料》第 2 辑,中国人民政治协商会议四川省渠县委员会,1989 年,第 123—124 页。

② 谭世宝:《澳门历史文化探真》,中华书局 2006 年版,第 11 页。

琉球天妃信仰状况及其嬗变

谢必震[①]　**陈硕炫**[②]
福建师范大学社会历史学院

天妃信仰在中国民间信仰中占有很大的比重,明清时期,随着商人、官员等海外往来的兴盛以及华人的海外活动和移民等,天妃信仰的信仰圈也超民族、跨海域地扩大到了日本、琉球、东南亚等地。洪武二十五年（1392）,明太祖赐琉球闽人善操舟者36姓,以便往来。闽人36姓移居琉球时也将他们固有的信仰——天妃信仰传入琉球,并且建造了天妃宫,从此,天妃信仰开始在琉球传播开来。

一、琉球天妃宫的状况

《中山传信录》载:"琉球天妃宫有二:一在那霸,曰下天妃宫——天使馆之东,门南向。前广数十亩,有方沼池。宫门前,石神二。入门甬道,至神堂三十步许。""上天妃宫,在久米村。……宫在曲巷中,门南向,神堂东向。门旁,亦有石神二。进门,上甬道。左右宽数亩,缭垣周环。正为天妃神堂,右一楹为关帝神堂、右为僧寮。阶下,钟一所。大门左有神堂,上飨供龙神。"[③] 此二庙素为华裔所崇奉,可惜均毁于二次大战之战火。大约在1974年左右,由琉球崇圣会在那霸重建一庙。

乾隆二十一年（1756）,册封使全魁、周煌在册封途中幸免于难,漂到姑米山。并在姑米山建天后宫,以酬神恩。《琉球国志略》载:"天妃宫:……一在姑米山,系新建。兹役触礁,神灯示见;且姑米为全琉门户,封、贡海道往来标准:臣煌谨同臣魁公启国王

---

① 谢必震（1953—　）,男,福建闽清人,教授,博士生导师。
② 陈硕炫（1982—　）,男,福建惠安人,硕士研究生。
③ （清）徐葆光:《中山传信录》,《台湾文献丛刊》第306种,台北:台湾银行经济研究室1972年版,第44—45页。

代建新宫,崇报灵迹。中山王尚穆,现在遴员卜地鸠工。"① 另外,《球阳》卷十五、尚穆王五年（1756）第1189条《册封使建天后宫于姑米岛》亦记载:"封舟在姑米山破坏之时,通船幸赖菩萨灵佑,得以活命,吾欲于彼处建立天后宫,以酬救生之德,望国王亦舍银共建神宫等因。二册使既达之于王,又以工费银一百二十两及匾字、对联二副送之;其副使内司九人亦送助银三十七两二钱。于己卯年建天后宫于姑米山,而起神像购之于闽。是年十二月初一日安奉其宫。"② 这是唯一遗留下来的天妃宫,1962、1976年曾得到两次修缮,被列为文物保护单位。

关于琉球这三座天妃宫的建造年代,一般认为以天使馆旁的下天妃宫最早,其次是上天妃宫,最后是乾隆二十四年（1759）建成的姑米岛天后宫。《球阳》载:"尚巴志王三年（1424）创建下天妃庙。杜公录云:'天尊庙,昔闽人移居中山者创建祠庙,为国祈福。以此考之,上天妃庙、龙王殿亦此时建之欤!'又曰:'龙王殿旧是建在于三重城,经历既久,移建于唐荣上天妃庙前矣。'"③ 李献璋曾根据《殊域周咨录》卷四的记载,提出了上天妃宫最早的说法。但由于天尊庙建于何年,史无可考。④ 龙王殿的创建年代也不可得知,所以上天妃宫的具体创建年代也无法考证。

二、天妃信仰传入琉球的主要途径

1. 闽人36姓的传播

明初赐琉球闽人善操舟者36姓,这些善操舟的闽人基本上是以船为伴,以海为生,所以对海神天妃的信仰在他们心中自然是根深蒂固的。而此次远涉险洋,不仅随时有一不慎就触礁倾覆的危险,而且有背井离乡的生活之忧。为了寻求精神上的寄托和安慰,这些闽人移民们只好求助于万能的天妃,尤其是在安全登陆琉球之后,为了感谢天妃的庇护和祈祷今后的平安生活,他们在一定程度上较之以往更依赖和企求于天妃的庇佑。由于是天朝所赐,这些移住琉球的闽人也一直受到琉球王府的礼遇,因此,他们的宗教信仰也受到了尊重,并在琉球王府的帮助下建造了天妃宫⑤,从而在很大程度上促进了天妃信仰在琉球的传播。

民间信仰具有很强的传承性。由于从小在长辈的教导下和信仰环境的熏陶下,这些移住琉球的闽人的后裔也自然而然地传承了天妃信仰。这点从蔡文溥的《四本堂

---

① （清）周煌:《琉球国志略》,《台湾文献丛刊》第293种,台北:台湾银行经济研究室1971年版,第166页。
② 球阳研究会:《球阳》,角川书店1974年版,第337页。
③ 同上书,第169页。
④ 杨仲揆:《琉球古今谈》,台湾商务印书馆1990年版,第128页。
⑤ 球阳研究会:《球阳》,角川书店1974年版,第169页。

家礼》中便可窥见一斑,《四本堂家礼》载:"蔡文溥之父教诲子孙每年三月二十三日要供三牲祭妈祖。"[1] 蔡氏,原福建泉州晋江县人,宋端明学士襄之后。[2] 蔡文溥曾于康熙二十七年（1688）入太学,并官至琉球国正议大夫。其父蔡应瑞亦为正议大夫,康熙三十四年（1695）贡使。[3] 由此可见,闽人移民有的还受琉球王府的重用,担任要职。这为天妃信仰在琉球传播提供了有利的条件。

2. 册封使团的传播

在琉球天妃信仰的传播过程中,册封使团所起到的作用也是不容忽视的。自从中琉建立封贡关系以来,每位"国王嗣立,皆请命册封"[4]。而明清两朝的统治者大都应其所请,派遣大规模的册封使团,远渡重洋前往册封琉球。据统计,明清两朝政府共23次册封琉球,派出正副册封使43人;其中明朝15次,27人,清朝8次,16人。[5] 册封琉球用的封舟一般都是在福建修造,舟上均专门设有供奉天妃的地方,如陈侃在《使琉球录》中记载,嘉靖十三年（1534）封舟"舟后作黄屋二层,上安诏敕,尊君命也,中供天妃,顺民心也"[6]。使团中甚至专门配置"香公"一名,朝夕祈祝天妃以求平安。封舟到达琉球后,必须举行隆重的仪式恭请天妃神龛上岸,安放在天妃宫内借以朝夕拜贺。完成册封使命后要起航回中国时亦要举行隆重仪式恭奉天妃入舟护航。

而且,历代册封使都把旅程安全或遇险后幸免于难全归功于天妃的庇护,所以,当封舟安全到达琉球后,为了感谢神恩,册封使便在琉球建庙祀奉天妃,或为琉球天妃宫题匾、题联,歌颂天妃的灵迹。因此,无论是恭请天妃上岸、入舟的隆重仪式,还是册封使建庙、题匾或题联,都在某种程度上起到了向琉球传播天妃信仰的作用。

3. 漂风难民的传播

由于古代航海和造船技术的局限,海难时有发生。闽船漂到琉球的例子也是不胜枚举。这些闽船漂到琉球为当地人所救后,漂风船只必须向当地政府详细汇报船只的来源、船上人员情况、船上装载的货物等等。如:乾隆三十六年（1771）十二月二十八日漂流商船户主李振春上书当地政府的文书中记载,"船上共有二十三人,奉祀有天后圣母和水部尚书"[7];乾隆五十年（1785）十二月十五日,福建省福州府侯官县陈

[1]　窪德忠:《沖縄の民間信仰—中国文化から見た—》,ひるぎ社1989年版,第125页。
[2]　（清）徐葆光:《中山传信录》,《台湾文献丛刊》第306种,台北:台湾银行经济研究室1972年版,第175页。
[3]　同上书,第180页。
[4]　（明）高岐:《福建市舶提举司志·考异》,福州排印本,1939年。
[5]　陈哲雄:《明清两朝と琉球王国交涉史の研究》,《琉大史学》第8号,1976年。
[6]　徐恭生:《明清册封琉球使臣与妈祖信仰的传播》,《妈祖信仰国际学术研讨会论文集》,台湾省文献委员会1997年版。
[7]　《難船唐人の報告書》。http://www.lib.u-ryukyu.ac.jp/academic/mdl/ref.html.

泰宁的私人商船漂到八重山，"通船二十九人祈愿目连尊者、天后圣母、观音大士案前"①。1785 年,福州的一民间商船漂到奄美大岛,船内有天后娘娘、观音菩萨、千里眼、顺风耳神像各一尊。②

乾隆五十一年（1786）七月,福建省福州府闽县天字第一十八号商船遇难,漂到八重山,船主李其昭给八重山政府的文书中记载,"本船总共人一百五十四名常祀普陀观世音菩萨、天后圣母元君"③。嘉庆六年（1801）十二月,福建省泉州府同安县人徐三贯的船漂到八重山,"货物……一尽沉没无迹,惟有所祀圣母、佛祖全座晋（仅）存。……通船计共三十二人,常祀观音佛祖、天后圣母、诸神香火"④。从这些汇报文书中,也可以看出这些船上大都奉祀有天妃神像,船员也大都是天妃的忠实信众。这些漂风难民要等到船只修好或搭乘琉球的进贡船才能回国,所以他们在琉球逗留的时间一般也需要数月,有的甚至直接留在琉球成为通事或进贡史。为了感谢神恩并祈祷早日回国和家人团聚,这些漂风难民在逗留期间也十分虔诚地祭奉他们船上的神像。这无形中也对琉球人的信仰产生了一定的影响。至今尚存的冲绳县奥武岛上的观音堂便是一个相类例子。堂中《观音堂三兴之记》载:

> 此堂者何为其创建耶？昔中华之人漂泊于此土地来,见其四方胜境,叹曰:此是护国济世之道场,而佛苑之奇观也。于此建立一宇佛庐,果无风灾旱殃之厄难。

4. 琉球贡使团的传播

琉球贡使团来华除了朝贡贸易外,还担负着贺天寿圣节、庆贺登基、贺元旦、请封、迎封、谢恩、进香、接贡、接送官生、难民等各种各样的任务,所以琉球贡使团来华极为频繁。据日本学者赤岭诚纪《大航海时代的琉球》一书统计,明清琉球贡使团来华多达 884 次,其中明代 537 次,清代 347 次。由于艰险的航海旅程,许多贡使团的成员成为了虔诚的天妃信众,或是进一步加深了他们对天妃的信仰,这从现存的福州城内台江尚书庙里的碑刻中所记的内容便可见一斑。碑中有关内容摘录如下:

> 嘉庆岁次庚申年修建天后宫尚书庙众善信题捐缘金者姓名开列于左:
> ……琉球大船直库比嘉筑登之亲云上番壹拾元。大船内佐事等拾名番壹拾元。水手伍名钱壹仟文。琉球大船直库水手肆拾名番壹拾元。琉球直库长岭亲云上番壹拾元。大厅佐事等玖人番玖元。定加子共六名钱壹仟文。水手共贰拾

① 《唐人難破船よりの礼状》。http://www.lib.u-ryukyu.ac.jp/academic/mdl/ref.html.
② 丰见山和行:《航海守护神——妈祖、观音、闻得大君》,尾本惠市、滨下武志等《越境するネットワーク》,岩波书店 2001 年版,第 189 页。
③ 《漂流唐船主より八重山への文書》。http://www.lib.u-ryukyu.ac.jp/academic/mdl/ref.html.
④ 《漂流唐人の経過報告書》。http://www.lib.u-ryukyu.ac.jp/academic/mdl/ref.html.

> 六名钱两仟文。琉球封王直库头号贰号船番贰拾柒元。……
>
> 嘉庆岁次壬戌年季夏吉旦劝缘人立

碑文的内容也在很大程度上反映了当时琉球人信仰天妃已是蔚然成风了。而这些琉球贡使团的人员散布于琉球国民的各个阶层,所以在天妃信仰向琉球广泛传播的过程中,他们所起的作用也是可想而知的。

三、天妃信仰在琉球受容的原因

天妃信仰能在琉球受容的原因,大致有以下几点:

1. 琉球国民的生活方式及琉球王府的推崇

琉球是一群岛国,各岛之间的往来都必须渡船涉水,遭遇风浪危险的机会也相对较多,而且琉球国地小物薄,国民主要是以对外贸易或出海捕鱼为生,他们常年涉履惊涛骇浪,随时都会有遇难的危险,所以他们内心也一直在祈求着那些具有护航作用的神灵的庇佑。自从建立封贡关系后,琉球积极地借鉴和吸收了许多中国文化,其中包括宗教文化,如天尊、龙王、符箓等信仰。而此时在中国的官方和民间都流传的屡屡灵应的海神天妃,在册封使的宣扬下,琉球王府更是对其推崇有加,王府不仅支持建造天妃宫、天妃庙,而且在 1457 年,尚泰久王还铸钟悬于上、下天妃宫,其钟铭的内容为:

> 琉球国王大世主,庚寅庆生,兹现法王身,量大慈愿海。而新铸洪钟,以寄舍本州上天妃宫。上祝万岁之宝位,下济三界之群生;辱命相国安澶,为其铭。铭曰:华钟铸就,挂着珠林,撞破昏梦,正诚天心,君臣道合,蛮夷不侵,彰尩氏德,起追蠡吟,万古皇泽,流妙法音。[1]

王府通过祭奉天妃以"上祝万岁之宝位,下济三界之群生",足见天妃信仰在琉球受重视的程度。

2. 天妃传说与琉球一传说有相似之处

关于天妃的灵迹传说不胜枚举,如救父寻兄、降伏二神、解除水患、雷击鱼精、圣泉救疫、威慑海盗、红灯导航等。其中的"救父寻兄"这一传说与琉球的一民间传说有着相似之处,"救父寻兄"这一传说表现出了一种女性凭借自己的力量来守护父兄的思想。而从伊波普猷的《をなり神信仰》中可以看出,琉球在很早以前就存在着一种叫"ウナリ神"的信仰。"ウナリ"是指姐妹的意思,其表现为姐或妹把自己随身的手巾或将自己的一小段头发剪下交给即将出海的兄弟,以祈求兄弟的航海平安,它

---

① 李献璋:《妈祖信仰の研究》,东京:泰山文物社 1979 年版,第 472 页。

所表现出的也是女性守护男性的思想,与天妃的传说有着相似之处。也许也是这个原因,使得天妃信仰的对象不再仅仅局限于常年在风口浪尖上拼搏的琉球航海人员,而是进一步深入到了那些默默祈祷航海平安归来的家人,从而进一步扩大了琉球天妃信仰的基础。

3.天妃崇拜与琉球本土信仰特征相符合

《中山世鉴》云:琉球始祖为天孙氏。其初,有一男、一女生于大荒,自成夫妇,曰阿摩美久。及后人物渐繁,又有君曰天帝子。天帝子生三男、二女,长男为天孙氏,国主始也;二男为诸侯始,三男为百姓始。长女曰君君,二女曰祝祝,为国守护神——一为天神、一为海神也。[①]从中我们可看出琉球的海神也是女神,这也许是出现琉球的祭祀、典礼等宗教权均掌握在女巫手上的原因之一。而从琉球的其他一些被人们普遍信仰的神祇大多为女神的现象中也可看出琉球的女神崇拜这一信仰特征。如:在琉球的最古老传说中,有一最高的女神——"辨才天女"神,六臂,手执日月。如邻国来攻,神能易水为盐,化米为沙,敌即解去。至今那霸首里城旧址之侧,还有辨才天女堂旧址;此外还有尚真王确立的琉球最高女神——闻得大君,也是琉球固有的航海守护神;还有权现(权现:菩萨化身的日本神)等。

作为万能的海上守护女神——天妃不仅符合了琉球人的信仰心理,也符合了琉球国的女神崇拜这一信仰特征,不会与琉球本土的信仰发生冲突。这也是天妃信仰在琉球受容的重要原因之一。

四、琉球天妃信仰功能和嬗变

进贡初期,一般是由明朝向琉球无偿提供大型的进贡船,随着闽人 36 姓的入琉,给琉球带来了先进的航海造船技术后,琉球国也渐渐地学会了自造进贡船的同时,也传承了福建造船航海的习俗和信仰。其造的进贡船不仅与福建所造的类型相同,船内也设有专门供奉天妃的地方。而且进贡船上还专门设立船上总管职,其职能如同册封船中的"香公"。《球阳》载:"自往昔时,进贡船奉安天后菩萨,以便往来,即设立总管职,令他朝夕焚香,以祈神庇。"[②]每次派往福州的琉球进贡船都要举行隆重的登舟仪式,如 1844 年的渡唐事例便详细地记述了这些仪式及其名称。五月,渡唐役人在首里城正殿拜见国王后(称"旅御拜"),要到那霸上天后宫参拜天妃(称"菩萨御たかべ"),然后再到那霸其他的寺院、神社去参拜,称"顺礼";六月,到首里的闻得大君御

---

① (清)徐葆光:《中山传信录》,《台湾文献丛刊》第 306 种,台北:台湾银行经济研究室 1972 年版,第 79 页。

② 球阳研究会:《球阳》,角川书店 1974 年版,第 259 页。

殿和三平等去祈愿此次航行的安全（称"三平等御立愿"），最后是请天妃登舟的仪式（称"菩萨御乘船"）①。而且，在进贡船出海后，从"若秀才"到"大夫"必须连续七天到上、下天妃宫烧香、诵念《天妃经》（即《太上老君说天妃救苦灵验经》）以祈求进贡船平安到达。②

而对于船上妈祖的祈拜的实际状况，我们可以参阅曾到福州迎接册封使团的真荣里亲方的日记。1865 年，按照惯例，真荣里一行在做好一切渡唐准备后，于 10 月 7 日等船顺风出那霸港。在出港之际，他站在船上遥拜首里城并祀拜了"御船菩萨加那志"，即船上的妈祖神像，10 月 15 日海上风浪突起，真荣里对着船菩萨诵念了 300 遍的《天妃经》，到了夜晚，波涛更为汹涌，真荣里向船上妈祖神像立愿，若能平安脱险，必在福州闽江沿岸的怡山院和琉球（姑米岛）天后宫供奉上"大御三味"（即大三牲）。后果然得以脱险，安全抵达福州。真荣里也于 10 月 19 日和 11 月 18 日分别到福州闽江沿岸的怡山院和琉球的天后宫还愿③。

不仅琉球官船，民间船只也同样设有专门供奉天妃的地方。在那霸与鹿儿岛之间往来使用的，一般是与进贡船同类型或对进贡船进行部分改造后的船只，这种船称"楷船"，其船上就安置有天妃的神像。1762 年，一艘琉球楷船驶往萨摩藩的途中遇难，漂到土佐大岛浦，其间所记录的《大岛笔记》中载："今漂流到此的楷船镇有天妃，朔望、五节供。"④虽然并非所有的船只都安置有天妃的神像，但琉球人在乘船出海前一般会先祭拜天妃以求平安，而且，渔船出港后，船上船员的家人也会到姑米岛上的天后宫参拜，祈求家人平安归来。

除了作为海上保护神具有护航佑安功能外，天妃在琉球的职能至少还有以下几种。

1. 祈雨

李鼎元的《使琉球记》记载："六月朔日，晴。连日球阳少雨，农家望雨甚切。因与介山至文庙、天后宫（应是久米村的上天妃宫）行香，遂默祷于天后、关帝，求赐甘霖以救一方。……未刻，阴云密布，飞雨数点而止。……初二日大暑，阴。……午后，微雨。……初三日，阴。未刻，大雨；番薯得此，不啻甘露。"⑤虽然祈雨是由册封使默祷而得，但是从默祷后，飞雨数点到微雨再到大雨这一过程来看，不能不令那些信众们认为是天妃显灵的结果，所以通过此次事件后，天妃的祈雨灵迹在琉球不胫而走。据记载，

① 丰见山和行：《航海守护神——妈祖、观音、闻得大君》，尾本惠市、滨下武志等《越境するネットワーク》，岩波书店 2001 年版，第 186—187 页。
② 窪德忠：《沖縄の民間信仰—中国文化から見た—》，ひるぎ社 1989 年版，第 125—126 页。
③ 丰见山和行：《航海守护神——妈祖、观音、闻得大君》，尾本惠市、滨下武志等《越境するネットワーク》，岩波书店 2001 年版，第 187 页。
④ 戸部良熙：《大島筆記》。http://www.lib.u-ryukyu.ac.jp/academic/mdl/ref.html.
⑤ （清）李鼎元：《使琉球记》，《台湾文献丛刊》第 292 种，台北：台湾银行经济研究室 1971 年版，第 169 页。

明治年间,在姑米岛的天后宫就曾有过全村祈雨并演戏酬神的事件。[①] 这说明天妃祈雨这一职能为当地琉球人所认同,并且得到了延续。

2. 扶乩

扶乩又称扶鸾、扶乩等。其形式是用木头或竹子制成"人"字形架子,在架子下端绑一把笔或一根木棍,两人各用一手扶住架子的一端,然后以极快的速度画出一些无人知晓的所谓的文字或图形。随后由一名乩童(称唱乩)念出,一般是以五言、七言的绝句或五、七律的形式读出,并宣称是神的启示。在中国,具有扶乩职能的神祇不胜枚举,天妃就是其中之一。日僧袋中的《琉球神道记》卷五《天妃事》载:"十六世纪中叶,册封船内和上天妃宫内均备有扶乩的道具,并且记述有天妃的乩示。"[②] 这说明琉球曾受容天妃的扶乩这一职能。

3. 庇佑士子读书

在福建,流传着许多关于天妃庇佑士子读书、考取功名的传说。而据《唐荣旧事全集》载:"在琉球每年农历三月二十三日,天妃诞辰这一天,从若秀才到大夫都要参列祭拜天妃,并诵念《天妃经》。"在久米村,"久米七岁以上初学者,则设塾于上天妃宫以教之"[③]。无独有偶,在现在的冲绳还有一所名为"天妃小学"的学校,其所在的位置正好是以前的久米村。虽然这些记载都没有明确说明天妃有这一职能,但是受福建的影响,琉球极有可能也受容了天妃的这一职能。

琉球的本土信仰文化毕竟不同于中国,因此天妃信仰在琉球受容后也发生了一些嬗变。

在琉球,天妃被称为"菩萨",如乾隆二十四年(1759)由册封使全魁、周煌启琉球国王代为新建的姑米岛天后宫,琉球人一般称之为"菩萨堂";渡唐役人在出海前到那霸上天后宫参拜天妃,称"菩萨御たかべ"。或许是由于天妃经常作为镇船之神被请入舟中护航,所以琉球人也称天妃为"舟菩萨"。《大岛笔记》载:"天妃宫殊外崇祭也,本绍兴(兴化)府女子……今祀于船,称'舟菩萨'。"[④]

关于天妃的诞辰和祭祀日,《唐荣旧事全集》记载:"两天妃庙的祭祀日除了农历三月二十三日天妃诞辰这天外,还与天尊庙的祭祀日同。"又据《大岛笔记》记载:"此次漂流到此的楷船上镇有天妃,朔望、五节供,诞辰九月二十三日,故月月二十三日均是祭拜日,人人祭拜,不敢有怠。"[⑤] 显然,在琉球,九月二十三日这天也是天妃的

---

① 窪德忠:《沖縄の民間信仰—中国文化から見た—》,ひるぎ社 1989 年版,第 127 页。

② 同上书。

③ 球阳研究会:《球阳》,角川书店 1974 年版,第 160 页。

④ 戸部良熙:《大島筆記》。http://www.lib.u-ryukyu.ac.jp/academic/mdl/ref.html.

⑤ 同上。

诞辰,但这一变化是何时、何因而出现的尚不可得知。同天妃的诞辰一样,天妃的祭祀日也不知何时、何因发生了变化,在菩萨堂（姑米岛天后宫）仅端午、重阳、冬至和农历一月四日祭拜。而在那霸新建的天妃宫只在农历二月和八月的丙丁日祭拜。农历二月和八月的丙丁日即仲春、仲秋上丁日,是祭孔的日子,又称"丁祭"。窪德忠先生认为有可能是因为现在的天妃庙是战后重建的,与孔庙在同一地方而被兼祭的缘故。

（原载《莆田学院学报》2005 年第 3 期）

南海妈祖文化圈建设与我国南海文化发展战略

蔡尚伟 [①]
四川大学文化产业研究中心

娄孝钦 [②]
中国新闻出版研究院海峡分院

在南海周边国家和地区范围内,由于政治、经济、文化方面的交流,特别是闽籍华人华侨的传播,使妈祖文化在这些国家和地区广泛传播开来,产生了重大的文化影响力,逐步发展形成了南海周边地区的妈祖文化圈。

一、"南海妈祖文化圈"的提出

1. "南海妈祖文化圈"的基本思想

（1）"文化圈"的理论思想。

1905年,弗里茨·格雷布内尔（Fritz Graebner）在研究文化传播和发展的过程中提出了"文化圈"理论。他认为,文化圈主要是指具有相同和相似的物质文化和精神文化的空间分布范围。他提出"文化圈"这个概念,主要是基于文化是极难创造的,一旦在一个地区形成,必然会逐渐向四周传播开来。[③] 文化圈是一个地理上的空间,它是由若干数量的文化物质构成的文化丛,丛内的各种文化特质均散布于该文化圈的地理空间之中。[④] 从地理空间上来看,文化丛就是文化圈,只要有一部分文化元素是符

---

① 蔡尚伟（1970— ）,男,四川中江人,教授,博士,博士生导师,主要从事文化产业研究。
② 娄孝钦（1984— ）,男,贵州兴义人,研究员,博士。
③ 杨庭硕、罗康隆、潘盛之:《民族文化与生境》,贵州人民出版社1992年版,第87页。
④ 胡军:《跨文化管理》,暨南大学出版社1995年版,第2页。

合的,它们就属于同一个文化圈。一个文化圈内的文化不仅向外迁移部分文化,而且迁移整个文化模式。同时,相同或相似的一种文化元素出现在两个不同地区,甚至是相距十分遥远的两个地区,通常认为这一相同或相似的文化元素是在两个不同地区分别产生,主要是文化传播的结果。[1] 一种文化被创造出来之后,便向四周传播,从被创造的地方(圆点)慢慢扩散出去,跨越空间,一圈又一圈地向外传播,最后传播到世界各地。[2]

(2)"南海妈祖文化圈"的基本内涵。

妈祖文化的内涵主要体现在多个方面:一是妈祖文化是一种美德文化。妈祖文化体现了中华文化热爱劳动、热爱人民、见义勇为、扶危济困、无私奉献等高尚情操。二是妈祖文化是一种寻根文化。前往福建湄洲祖庙拜谒妈祖,已经成为港澳台同胞信众和海外华人华侨信众的平生夙愿。妈祖文化被看作海外赤子寻根怀祖、文化认同的精神载体。三是妈祖文化是一种和平文化。妈祖信仰与世界三大宗教信仰融合沟通,以及妈祖文化自身的"仁"字精神,成就了妈祖"和平使者"的特殊身份,被海内外信众誉为"和平使者"。四是妈祖文化是一种海洋文化。妈祖文化一开始就打上了海洋文化的烙印,是中华民族对海洋向往和开发的一种浓缩,反映了炎黄子孙勇于开拓的精神。[3]

地理上所提到的南中国海(南海)具体主要是指北至广东、广西、福建和台湾海峡,东至菲律宾群岛,西南至越南与马来半岛的狭长海域,连接着中国南部、中南半岛、东南亚群岛三大区域,并通过巴士海峡、苏禄海峡和马六甲海峡将太平洋和印度洋维系在一起。环南中国海区域包括南中国海的周边区域以及与南中国海还有密切政治、经济、军事、文化联系的国家和地区。[4] 福建、广东、海南、台湾的渔民经常到南海打鱼,以此为生计,形成了一套以妈祖文化为主的历史、信仰、民俗文化体系。东南沿海国家和地区,如菲律宾、印尼、越南等,也在南海周边地区开发渔业资源,受到福建、广东、海南、台湾等地区文化信仰的影响,使妈祖文化在南海周边国家和地区广泛传播,产生了深远影响。

在整个世界妈祖文化圈中,妈祖文化在南海周边国家和地区影响最大,成为东南亚华人主要信仰之一。据国侨办 2014 年统计数据显示,海外华人华侨超过 6000 万,其中福建籍华人华侨超过 1265 万,分布在 176 个国家和地区,各个国家分布情况大致为:马来西亚约为 36 万,印尼约 276 万,菲律宾约 170 万,新加坡约 166 万,美国约 70

① 唐戈:《文化圈理论与萨满教文化圈》,《满语研究》2003 年第 2 期。
② 何潇:《传播论与历史特殊论》,《"民族文化与全球化"学术研讨会专辑》,云南大学出版社 2003 年版,第 76—77 页。
③ 帅志强:《打造世界妈祖文化品牌的传播策略》,《莆田学院学报》2010 年第 6 期。
④ 麻国庆:《文化、族群与社会:环南中国海区域研究》,《民族研究》2012 年第 2 期。

万,缅甸约 57 万,泰国约 31 万,日本约 16 万,加拿大约 15 万,越南约 15 万,澳大利亚约 10 万[1]。由于华人华侨的影响,在南海周边国家和地区,人们信仰妈祖,兴建妈祖庙,举办妈祖文化活动,使妈祖得到了文化价值上的认同,从而形成了南海妈祖文化圈。因此,本文所讨论的南海妈祖文化圈主要指妈祖文化在南海周边国家和地区传播过程中,形成的具有相似精神文化、物质文化和制度文化的"妈祖文化丛"。

2. 妈祖文化的传播与南海妈祖文化圈的形成

（1）妈祖文化在南海周边国家和地区的传播。

妈祖文化发源地为福建湄洲。广东、海南、江浙、山东等地毗邻福建,是宋末以来福建民众移民、贸易、捕鱼最主要的地域,具有同样浓厚的民间海洋文化传统。从最南端的海南岛,一路北上,直到胶东半岛、京津地区乃至东北三省,甚至贵州、四川等西南内陆地区都有妈祖文化存在。

在南海西沙群岛、中沙群岛、南沙群岛诸岛上也都有妈祖信仰遗迹存在。在我国西沙群岛的永兴岛上就建有妈祖庙,供奉妈祖,渔民们称岛上的妈祖为"猫注娘娘"。这个敬奉妈祖的场所,曾经还挂有"海不扬波"的匾额。除永兴岛上的妈祖庙以外,三脚岛（琛航岛）、甘泉岛、北岛、黄山马（今平岛）、太平岛,都有过大小规模不一的娘娘庙。从文物考古方面,也可以找到南海诸岛中各种妈祖遗迹。20 世纪 20 年代,渔民从西沙捞到一尊妈祖石雕像,它是古代中国沿海船只留下的遗物。

在台湾,妈祖是台湾民众普遍的一种民间信仰。台湾相关统计数据显示,从大陆分香来台的妈祖分灵超过了 2000 宫,超过 1600 万民众信仰妈祖。妈祖在台湾的起源与闽粤移民开发台湾密切相关[2],并成为两岸民众共同的信仰。

香港最早的居民以福建人为多。元明两代,数以百计的莆田人、晋江人、漳州人成批到香港岛屿定居,妈祖信仰开始传播到香港。香港现存最早的妈祖庙是位于离岛的佛堂门天后庙。它是由莆田林松坚、柏坚兄弟因遇海难得妈祖庇佑生还而在南佛堂创建的。据统计,香港现存 102 座妈祖庙。[3]

1533 年,葡萄牙殖民者登陆澳门,向当地居民询问地名,当地人看到葡萄牙人手指远方的妈祖庙,以为对方问福建渔民修建的妈祖庙是什么? 于是当地人回答"妈阁"。葡萄牙殖民者理解为地名,称澳门为"MACAU",从此,澳门成为以妈祖文化命名的城市。

随着妈祖文化传播,妈祖信仰沿着两条航线不断扩展。第一条是西太平洋区域航线,有两个主要方向,一是东北向的日本、朝鲜半岛航线;二是南向的东南亚航线,在东南亚华人聚居的沿海城乡,皆流传有与妈祖相关的神迹传说。第二条航线是跨太平洋

① 国侨办和福建省侨办提供的 2014 年最新数据,本文通过重点访谈获取。
② 蒋维锬:《台湾妈祖信仰起源新探》,《莆田学院学报》2005 年第 1 期。
③ 周佳:《香港民间风土记忆》(贰),香港:天地图书有限公司 2005 年版。

横渡航线,主要是以菲律宾为媒介由亚洲驶往南北美洲,被称为"妈祖越洋东传"。此外,还有跨大西洋到达法国、英国等线路。妈祖信仰传播范围从最初的海岸线,一直深入到内河港埠乃至内陆城市,从中国内地以及港澳台地区到五大洲四大洋的海域,基本上覆盖了广义上的汉字文化圈。①

在古琉球国,从琉球册封开始,妈祖文化就传到琉球。明朝与琉球建交以后,去往那霸的闽人 36 姓带去了妈祖,并供奉在久米村的唐荣。当时福建与那霸之间的海路充满艰险,所以不得不借助神力,祈求平安。于是,华人在那霸久米村聚居区建立祠庙,开始祭拜妈祖。另外,在朝贡贸易上轨道后,奉王命在那霸城又建了下天妃宫。后又因册封船漂流到久米岛,在岛上又建了一座天妃宫。妈祖一般是供奉在往来于那霸与福州间的进贡船、册封船以及航行于那霸与鹿儿岛之间的木帆船内的。船员尊崇妈祖为"船菩萨"。

随着华人华侨东渡日本,妈祖文化传播到长崎,并陆续进入日本诸列岛。明清时期,日本列岛的华侨所建的妈祖庙宇就多达一百多座。妈祖文化在日本华人华侨社区中具有重要的影响,发挥中重要的凝聚力作用。②

妈祖信仰也是马来西亚华人的主要信仰之一,现存的妈祖庙超过二百座(马来西亚雪隆海南会馆统计)。妈祖信仰对文化认同所产生的影响主要在于:一是妈祖祭祀的活动和仪式强化了华人的认同;二是地缘、血缘、业缘性的会馆组织凝聚华人的族群认同和利益认同;三是妈祖信仰传承中国文化,促进中华文化的认同。马来西亚华人华侨因妈祖信仰凝聚在一起形成了"妈祖文化信仰圈"③。

菲律宾华人华侨超过 140 万人,其中,80% 以上祖籍地是福建,以晋江、南安、惠安、永春、厦门、泉州等地为主。闽籍华人华侨移居菲律宾,促进了妈祖文化的传播。从 20 世纪 60 年代以来,菲律宾有超过一百座妈祖庙,妈祖文化逐渐发展成在菲律宾比较有影响力的宗教文化之一。④

福建籍华人华侨占印度尼西亚华人总数的一半以上,在传播妈祖文化过程中发挥着重要的作用。印尼华人华侨与其他地区的妈祖信众一样,到妈祖宫庙祭祀妈祖。妈祖信仰还逐渐与当地宗教信仰融合,为当地居民所接受。⑤

---

① 孙晓光、张赫名:《妈祖:中国海洋文化的象征》,《中国宗教》2013 年第 2 期。
② 周丽妃:《海上交通视角下的妈祖信仰传播——以妈祖在日本的信仰传播为中心》,中国中外关系史学会、华侨大学华人华侨研究院《中外关系史论丛第 19 辑——多元宗教文化视野下的中外关系史》,甘肃人民出版社 2012 年版,第 213—218 页。
③ 王光海、高虹:《妈祖信仰与马来西亚华人社会——文化认同的视角》,《河南师范大学学报》(哲学社会科学版)2008 年第 4 期。
④ 李天锡:《试析菲律宾华侨华人的妈祖信仰》,《宗教学研究》2010 年第 1 期。
⑤ 李天锡:《试析印度尼西亚华侨华人的妈祖信仰》,《东南亚纵横》2009 年第 6 期。

在泰国,随着华人华侨侨居暹罗,妈祖文化传入泰国地域。在清乾隆时期,妈祖文化在泰国就得以传播。目前泰国出现了 12 座以上的妈祖庙,并与当地宗教文化互相融合,为当地民众,甚至上层人士接受。① 妈祖文化对泰国华人社会产生着重要的影响。一是妈祖文化对华人社会形成和分布产生影响;二是妈祖文化对华人融入泰国社会发挥促进作用;三是妈祖信仰对华人海洋经营发挥着精神作用。②

华人华侨在出国之时,为了海上安全,祈求海上保护神——妈祖的庇佑,因而把妈祖信仰传播到了越南。从明代开始,越南各地就开始供奉妈祖,目前所知,越南有胡志明市的琼州会馆、五帮共同会馆、温陵会馆、永隆市天后庙、沙沥天后庙与茶荣省小芹县天后宫等供奉妈祖,特别是在胡志明市穗城会馆天后庙最有代表性。③

妈祖文化在南海周边国家和地区传播开来,成为当地华人华侨主要的信仰之一,并逐渐与当地文化结合,融合到了当地的社会文化中,在南海周边国家和地区范围内形成了“妈祖文化圈”。一是华人华侨迁居海外,促进了妈祖文化的传播。在南海周边国家,闽籍华人华侨比重较大,由于闽籍华人华侨在海洋开发中寻求妈祖的庇佑,因此,妈祖文化传播到了海外。二是妈祖文化成为维系当地华人社会的纽带。妈祖文化成为南海周边国家和地区的主要信仰,由于妈祖文化,华人社会和华人社区得以维系,使中华文化被保留和认同。三是妈祖文化已经被南海周边国家和地区大部分民众所信仰。妈祖文化传入当地社会之后,妈祖文化与当地社会文化,特别是当地宗教文化融合在一起,被当地民众所接收,甚至被上层人士所信仰。

（2）南海妈祖文化圈的形成。

南海妈祖文化圈得以形成主要是基于三个方面。一是精神文化认同。妈祖文化以海神的形象示人,是我国海洋文化的典型代表,由华人华侨传播到南海周边国家和地区。妈祖文化所体现出来的扶危济困、见义勇为、乐善好施、平等往来、追求和平等普世价值观,得到了南海周边国家和地区民众的广泛认同。因此,妈祖文化已经深入到了整个南海周边国家和地区,在地理空间上,形成了具有共同妈祖文化精神信仰的文化圈。在现代和平发展的世界海洋文化格局中,妈祖文化被赋予了新的时代内涵,妈祖被称之为“和平女神”,寄托着南海民众对海洋和平共处的期待,在这一地区具有强有力的文化影响力和凝聚力。二是物质文化的认同。南海周边国家和地区对妈祖文化的认同还体现在物质层面的妈祖庙上。据不完全统计,全世界有五千多座妈祖庙,在南海周边国家和地区范围内都有妈祖庙分布,除此之外,还有妈祖美食、妈祖戏

---

① 李天锡:《潮汕籍华侨与泰国华侨华人的妈祖信仰》,《莆田学院学报》2008 年第 1 期。

② 巫秋玉:《论泰国华人社会中的妈祖信仰》,《莆田学院学报》2008 年第 4 期。

③ 李天锡:《越南华侨华人妈祖信仰初探——以胡志明市穗城会馆天后庙为重点》,《莆田学院学报》2011 年第 1 期。

曲、妈祖工艺品、妈祖碑刻等。三是制度文化认同。妈祖祭祀活动是人们对制度文化认同的体现。传统的祭祀方式是信众到妈祖庙向妈祖神像行礼或对海祭拜。南海周边国家和地区定期对妈祖进行祭祀,每逢妈祖诞辰、妈祖升天、妈祖巡游,民众都会进香朝拜,同时还会进行舞龙、舞狮、舞凉伞等民俗表演。正是因为南海周边国家和地区的华人华侨和当地民众对妈祖在精神、物质和制度文化上的认同,促进了南海妈祖文化圈的形成。

二、南海妈祖文化圈建设的机遇与缺失

1. 南海利益格局为南海妈祖文化圈建设提供了可能性

长时间以来,南海周边国家对中国拥有南沙群岛以及周边海域的主权并没有提出异议。1968年,联合国发布报告提出南海拥有丰富的石油和天然气,特别是《联合国海洋法公约》规定,岛屿作为一国的陆地领土,可以有12海里的领海和毗邻区,其中能够维持人类生活的岛屿还可以有大陆架和专属经济区之后,南海周边国家纷纷侵占南海,特别是南沙群岛。20世纪80年代,为了赢得改革开放的和平环境,韬光养晦,邓小平提出了"主权在我,搁置争议,共同开发"的理念。2002年,我国与东盟签署《南海各方行为宣言》,正式确立"通过谈判以和平方式解决南海争端"。但是,多年来,由于南海周边国家对石油、天然气资源的觊觎,美国、日本等国家的介入,南海争端日益激烈。我国在南海争端中面临的主要困境在于:一方面,我国需要在南海争端问题上避免与其他国家进行直接的军事冲突,获得国内经济建设的和平环境;另一方面,我国必须确保在南海地区,特别是对南沙群岛的主权,维护国家的核心利益。为了解决这个困境,除了政治、经济、外交手段之外,文化交流也必不可少。那么,建立南海妈祖文化圈,传播南海周边国家民众认可的具有和谐海洋文化精神的妈祖文化就具有重大的意义。

2. "中国梦"为南海妈祖文化圈建设提供了发展理念

2012年11月,习近平总书记提出"为实现中华民族伟大复兴的中国梦而努力奋斗"的宣言,并提出,和平路径实现"中国梦",同时造福世界、共同缔造繁荣世界梦等理念。作为和平崛起与负责任的大国,以武力解决南海问题并不符合当下我国和平发展的核心利益,南海妈祖文化圈的建设有利于以文化对话、沟通和互动为主要途径,以文化共识、认同为主要结果,促进南海争端问题的解决,这更符合"和平和发展"的世界主题,得到了国际社会的广泛认同。习近平总书记认为,文化交流是民心工程、未来工程,潜移默化、润物无声。在南海争端问题上,与军事、经济、政治手段相比,建设南海妈祖文化圈,传播妈祖文化并非立竿见影,但其所产生的影响正是"潜移默化、润物

无声"。

3. "海洋强国"战略为南海妈祖文化圈建设提供了机遇

2012年11月党的十八大报告中明确提出"提高海洋资源开发能力,发展海洋经济,保护海洋生态环境,坚决维护国家海洋权益,建设海洋强国"。习近平总书记在中央政治局第八次集体学习中提出坚持陆海统筹,坚持走依海富国、以海强国、人海和谐、合作共赢的发展道路,通过和平、发展、合作、共赢方式,扎实推进海洋强国建设。建设海洋强国不仅需要经略海洋,开发海洋资源,把海洋产业发展成为国民经济的支柱产业,而且需要开发海洋文化资源,一方面将文化资源转化为海洋文化经济,促进我国海洋文化产业的发展;另一方面将文化资源转化为国家文化软实力,促进我国对南海周边国家的文化影响力。海洋强国建设需要海洋经济的发展,更需要海洋文化的发展。妈祖文化作为海洋文化的代表性文化,有利于促进我国在南海周边国家和地区的文化影响力,特别是增强华人华侨的凝聚力。因此,"海洋强国"战略为妈祖文化走出去和南海妈祖文化圈建设提供了机遇。

4. 21世纪"海上丝绸之路"建设为南海妈祖文化圈建设提供了条件

2013年10月习近平总书记访问东盟时提出建设21世纪海上丝绸之路,2014年3月李克强总理在政府工作报告中提出,规划建设丝绸之路经济带和21世纪海上丝绸之路。从打捞的沉船、发现的古窑、遗留的古灯塔等文物古迹来看,妈祖作为"海上丝绸之路"的庇护神,是"海上丝绸之路"文化的重要一环,妈祖文化随着古代海上丝绸之路传遍了沿途各地。如今,建设21世纪海上丝绸之路,不仅需要发展政治、经济交流,还需要继承海上丝绸之路的文化遗产,以妈祖文化作为文化软实力影响沿海周边国家和地区,乃至全世界,拓展21世纪海上丝绸之路的文化价值和意义。党和国家大力建设21世纪海上丝绸之路规划为南海妈祖文化圈建设提供了有利的条件。

5. 福建海洋强省战略为南海妈祖文化圈建设提供了可行性

在党中央和国家提出"海洋强国"国家战略之后,福建提出了"海洋强省"的发展战略。福建海洋强省战略一方面需要发展海洋经济,建设海洋经济强省;另一方面需要开发海洋文化资源,建设海洋文化强省。《福建十二五文化改革发展规划》提出,发挥湄洲妈祖祖庙和中华妈祖文化交流协会的作用,构建世界妈祖文化交流的核心平台。福建在对外文化交流的优势在于两个方面:一是对台的文化交流优势。福建与台湾具有地缘近、血缘亲、文缘深、商缘广、法缘久的"五缘"优势,福建沿海民众大部分信仰妈祖,有利于两岸联手致力于南海妈祖文化圈的建设。二是福建具有"侨乡"的优势。福建在海外的闽籍华人华侨超过千万,大部分分布在东南亚国家,这些华人华侨大部分信奉和认同妈祖文化,福建可以利用闽籍华人华侨的影响力在南海周边国家传播妈祖文化。建设南海妈祖文化圈不仅有利于开发妈祖文化资源,发展妈祖文化产业,而且还可以提升福建在南海周边国家乃至世界的文化影响力。

三、南海妈祖文化圈建设存在的缺失以及发展战略

1. 南海妈祖文化圈建设存在的缺失

军事手段并不是解决南海问题的唯一手段,文化交流与沟通是促进南海问题解决的路径之一。因此,传播南海周边国家共同认同的妈祖文化价值,建设妈祖文化圈具有重要的战略意义。但是南海妈祖文化圈建设还存在一些缺失,这些缺失主要为以下几个方面:

(1)缺乏从国家战略上布局南海问题解决的海洋文化建设方略。

21世纪以来,我国进入了海洋文化建设的新时期。2002年,党的十六大报告和国务院政府工作报告都提出"实施海洋开发",将其作为重要的战略部署和战略决策,推动我国海洋事业和海洋文化的大繁荣、大发展。十八大以来,我国提出了"海洋强国"的战略,将海洋开发和海洋文化战略作为强国战略之一。尽管党和国家提出了海洋开发和海洋文化发展的战略思路,但是,我国还缺乏从国家战略上布局南海问题解决的海洋文化建设方略,还需要进一步细化海洋文化建设的具体发展战略,其中规划和发展"南海妈祖文化圈"就是我国海洋文化强国战略的一部分。

(2)缺乏与南海周边国家和地区进行海洋文化传播与沟通的平台。

尽管我国力图通过和平解决南海争端问题,通过搁置争议、共同开发的方式与南海周边国家和地区共同开发南海资源,但是,一些南海周边国家并没有停止侵犯我国海洋利益的步伐。和谐海洋文化传播与沟通,特别是利用南海周边国家和地区认同的妈祖文化,建设"南海妈祖文化圈"有利于促进我国南海问题的解决,可是,我国目前尚未建立起妈祖文化沟通与传播的真正平台。

(3)缺乏国际社会认同的和平解决南海问题的文化舆论环境。

南海争端一方面是政治、经济、军事上的实力比拼,一定程度上还是海洋文化舆论上的软实力竞争。我国一直以来都是以建设和谐海洋的理念,以和平开发海洋资源的原则,与南海周边国家和地区进行南海问题的对话和交流。但是,面对中国威胁论的舆论环境,一些国家不断造成中国在南海挑起事端的舆论。比如越南侵占我国29个岛礁,却不断通过国际媒体、国际会议、互联网等制造中国侵占越南领土的舆论。

(4)缺乏海峡两岸官方、民间组织之间协同解决南海问题的文化平台。

海峡两岸对于南海问题存在共同的利益,海峡两岸都力图通过政治和经济手段和平解决与南海周边国家的利益矛盾,但是海峡两岸还缺乏促进南海问题解决的文化平台。两岸携手共建文化平台,传播妈祖文化,有利于以文化交流的方式促进南海问题

的解决。

（5）缺乏以文化交流为纽带广泛联系南海周边国家和地区的华人华侨。

由于海上生产和文化交流，大部分华人华侨信仰妈祖，但是，我国还缺乏以妈祖文化为纽带广泛联系南海周边国家华人华侨的机制，发挥华人华侨在建设南海妈祖文化圈中的作用。

2. 建设"南海妈祖文化圈"，推动南海文化发展战略

（1）从海洋文化强国战略的高度，规划南海妈祖文化圈建设。

在党的十八大报告中，胡锦涛总书记提出了"海洋强国建设"的海洋发展目标。2013年8月，习近平总书记提出海洋强国建设对实现中华民族伟大复兴具有重大而深远的意义。海洋强国建设包括两个层面，一是海洋经济强国的建设，二是海洋文化强国的建设。作为海洋文化的代表，妈祖被南海周边国家和地区的华人华侨以及当地民众所信仰。为了促进对南海周边国家和地区的海洋文化传播，我国有必要从国家战略的高度，出台和制订海洋文化强国的规划，重点规划发展妈祖文化，建设南海妈祖文化圈。

（2）以湄洲岛妈祖文化交流论坛为平台，加强南海周边国家和地区文化交流。

南海周边国家和地区是华人华侨集聚地，妈祖文化广泛传播，这些信仰妈祖的民众视湄洲为圣地。2011年，前来朝拜妈祖的民众和组织团体中，台胞和海外人士近二十万人次。我国可将妈祖文化圣地——湄洲岛作为对南海周边国家和地区文化交流的中心，打造类似博鳌亚洲论坛、太湖文化论坛、东盟地区论坛，影响南海周边国家和地区文化交流的"妈祖文化论坛"平台，邀请南海周边国家政府、民众和团体组织参与妈祖文化讨论与交流。

（3）以妈祖文化为内容，向全世界传播"和谐海洋"文化理念。

促进南海问题的解决需要国际社会认同的文化舆论。面对菲律宾、越南等国家向国际社会传达的文化舆论以及世界上一些国家所传播的"中国威胁论"，妈祖文化所传达的文化价值，有利于我国向全世界传播"和谐海洋"的文化理念。因此，我国有必要以妈祖文化为内容，通过国际媒体、论坛、活动等平台，以南海妈祖文化圈为重点对象，向全世界传播妈祖文化的价值观念。

（4）海峡两岸联手传播妈祖文化，建设南海妈祖文化圈。

妈祖文化在两岸都得到了广泛的传播和认可，仅台湾地区，信仰妈祖的民众就超过千万。尽管两岸在政治上存在分歧，但是两岸都有一个共同的认识：南海是中华民族的核心利益。两岸可以以妈祖文化为桥梁，联手在南海周边国家和地区发展妈祖文化事业和文化产业，建设南海妈祖文化圈，弘扬妈祖文化。

（5）以21世纪"海上丝绸之路"建设为契机建设南海妈祖文化圈。

福建是海上丝绸之路的起点，也是妈祖文化的诞生地，妈祖文化伴随着海上生产活动的发展广泛传播于海上丝绸之路的沿途各地。21 世纪海上丝绸之路的建设离不开妈祖文化的传播和开发。一方面,南海妈祖文化圈的建设有利于提升我国在海上丝绸之路的文化软实力;另一方面南海妈祖文化圈的建设有利于促进福建木雕、石雕、珠宝、瓷器及其他工艺产品的开发,带动妈祖文化旅游产业的发展,实现 21 世纪海上丝绸之路文化经济的发展。

（6）以妈祖文化为纽带广泛建立南海周边国家和地区"闽侨文化中心"。

福建利用华人华侨和华人社团在海外的影响力,在美国纽约、南非约翰内斯堡,与华人华侨社团共同建立了"闽侨文化中心",在东南亚国家和地区,信仰妈祖的闽籍华人华侨就有数千万,福建可以利用在东南亚国家和地区的华人华侨社团文化影响力,共同建立以福建文化为主题,传播妈祖海洋文化为宗旨的"闽侨文化中心"。

（原载《莆田学院学报》2014 年第 4 期）

妈祖信仰与闽南民间社会整合

——以漳浦旧镇为视角

郑　镛[①]

闽南师范大学学报编辑部

妈祖信仰,历经千年,由地方性民间神祇渐次升格为全国性的航海保护神,并由规模性移民和散播性传播扬名海外,成为带有强烈中华文化印记的世界宗教形态。在妈祖信仰传播过程中,妈祖的神职功能被不断放大,成为中国传统社会乡村利益整合的有力工具。同时成为聚合乡党的重要精神纽带。本文拟以漳浦明清时期的妈祖庙为研究对象,重点剖析旧镇民间社会在妈祖信仰下的整合。

一、妈祖信仰融入闽南民间习俗

漳浦县六朝时为绥安县属地,垂拱二年(686)置漳州,下辖漳浦、怀恩二县,"开元二十九年并怀恩入漳浦"[②]。漳浦建县已经有一千三百多年历史,文物众多,地方性神祇亦不胜数。妈祖信仰何时传入该县? 从文物、文献上难以考证准确时间,光绪年间所纂《漳浦县志续》载:"天后庙二:一在北门外,一在南门外。后本兴化人,明封天妃,国朝晋封天后,祠庙沿海皆有之。"[③] 这里特别强调"沿海"二字,说明清代地方官府视妈祖为海上保护神。据调查,漳浦现有妈祖庙 36 座,其中 3 座与其他神祇合祀,见表 1。

---

① 　郑镛(1959—　),男,福建漳州人,教授,主要从事闽台文化研究。

② 　漳浦县政协文史资料征集研究委员会:《漳浦县志》(清康熙志·光绪再续志),漳浦县政协点校本,2004 年,第 2 页。

③ 　同上书,第 47 页。

表1 漳浦妈祖庙一览表

庙　名	地　点	建造时间	建筑面积 /m²
乌石天后宫	旧镇镇浯江（庙新建，妈祖神像系明代探花林士章从湄洲请回）	1992 年	1000
旧镇妈祖宫	旧镇城外	清雍正、乾隆年间	120
白沙妈祖宫	旧镇镇白沙村	清嘉庆二年	60
北门灵慈宫（乌石妈祖原宫庙）	县城朝阳路头	明代	240
南门外妈祖宫（金南水镇）	县城南门桥外	明代	200
北坂妈祖庙	杜浔镇北坂村	民国	100
范阳天后宫	杜浔镇范阳牛圩边	2000 年	30
林仓妈祖庙	杜浔镇林仓村	清代	120
普仔前妈祖庙	沙西镇普仔前社	清嘉庆元年	200
下寨天后宫	沙西镇下寨村	清代	120
刘坂妈祖庙	霞葰镇刘坂村	清代	15
董门妈祖庙	霞美镇董门村	清代	20
北江妈祖庙	霞美镇北江村	清代	40
霞美妈祖庙	霞美镇中社村	元代	240
港口妈祖庙	古雷镇港口村	清代	300
西田妈祖庙	古雷镇港口村	清代	50
沙洲岛妈祖庙	古雷镇杏仔村	清代	25
下坡妈祖庙	古雷镇下坡村	清代	100
汕尾妈祖庙	古雷镇汕尾社	清嘉庆年间	60
女中尧舜庙	六鳌镇鳌东村	1991 年	50
鳌东妈祖庙	六鳌镇鳌东村	明代	40
城顶天后宫	六鳌镇下寮村	明代	60
新厝天上圣母宫	六鳌镇新厝村	1993 年	20
鳌西天后宫	六鳌镇鳌西村	清代	13
店下福善宫（与王爷宫合祀）	六鳌镇店下村	清代	80
前湖妈祖庙	六鳌镇龙美村	清代	30
后江代天巡狩宫（与王爷宫合祀）	六鳌镇山前村	清代	40
石埕妈祖庙	佛昙镇石埕村	1976 年	22
井尾妈祖庙（与开潭圣王合祀）	佛昙镇井尾村	1992 年重建	80
嵩山妈祖庙	佛昙镇岱嵩村	1983 年重建	120
赤土墟妈祖庙	赤土乡墟内旧村	清代	60

续表

庙　名	地　点	建造时间	建筑面积 /m²
甘门妈祖庙	长桥镇甘棠村	明代	250
东山妈祖庙	石榴镇东山村	清代	250
田乾妈祖庙	石榴镇温斗村	清代	60
官浔灵慈宫	官浔镇市场边	明代	240
红霞妈祖庙	官浔镇红霞村	清代	30

古雷港口妈祖庙据传建于元代，是该县最早筑构的妈祖庙，古雷为半岛，居民世代业渔者众，元代迎奉妈祖香火到此，从现存的石构件和石雕花饰风格看当可信。自宋代以来，妈祖信仰就深深地融入闽南人的日常生活，逐渐演变成为民间习俗。闽南的造船厂均供奉妈祖，造新船时要将船模送至妈祖庙，祈求保佑。在造船的关键节点，如"龙骨开斧""竖龙骨""安头巾""安龙目""新船下水"，都要请示妈祖，卜日而行。特别是"龙骨开斧"时还得请妈祖到工场现场供奉。

出海捕鱼的渔船，要请妈祖上船举行"消度"仪式，以化解各种不利因素。

农历三月二十三日是妈祖诞辰日，传说所有水族都要"朝圣"，所以，闽南渔民遮天例不出海捕鱼，以示崇敬。

闽南沿海村社，于每年元宵制作大灯笼，上书祈福求安文字，称之为"妈祖灯"。漳浦县的林氏家族还称妈祖为"姑婆祖"，以示亲近。

在漳浦最有影响力的妈祖神像是旧镇的乌石妈祖的黑脸妈祖。该神像原在湄洲岛祖庙中奉祀，系软身，为六尊开基妈祖之一。明万历二十三年被曾任南京礼部尚书的漳浦人林士章恭请到其故乡漳浦旧镇乌石。据云：嘉靖末，林士章致仕返乡同夫人途经莆田时前到湄洲妈祖庙朝拜"姑祖婆"，朝拜后林士章向湄洲宗亲道：晚辈梦见观音菩萨和妈祖要到漳浦观赏"海云禅月"奇景，今特来迎请"姑婆祖"光临漳浦，至于来往费用和迎送一切仪费等均由我夫妻负责，现已备下纹银千两，请代为安排，未知诸长辈意见如何？……云云。湄洲宗亲道："妈祖既要跟林探花公往漳浦，我等怎能不允呢？不过这尊宝像自宋雍熙年间供奉至今已有六百余年，我等湄洲及莆田民众视为至高无上的保护尊神，一定要保护好。"农历八月九日，林士章夫妻的船上张灯结彩，披绸挂缎，妈祖宝像端坐船中，香炉缭绕，妈祖在船上二楼几案中，岸上鞭炮齐鸣，锣鼓喧天，岸上和船中一同欢乐，十分隆重而热闹地迎送妈祖前往漳浦观光。十一日，林士章探花船队抵达漳浦县旧镇港转入浯江，十二日乌石成群结队的男女老少善男信女同时迎接湄洲黑脸妈祖驻跸乌石林氏宗祠"海云家庙"，从此每年农历八月十二日成为漳浦乌石地区妈祖的盛会,历代相传至今。[1]

以旧镇为中心,漳浦多地均有迎奉乌石妈祖的盛大仪式:

妈祖的生日是农历三月二十三日,所有信奉妈祖的地区都统一祭拜。除此之外,漳浦县绥安、旧镇(包括乌石地区)、赤土、深土、六鳌、霞美等地又各自定迎奉日期,称"迎姑婆祖"。

二月十二日,绥安的麦园埔、领头社(后改为九月十八日)。

三月初三日,赤土的前坂社。

三月十四日,赤土的下宫社。

三月十九日,绥安的南门坑、小崎溪等社。

三月二十三日,漳浦县城除普遍祭拜外,东西南北四门头(区域)按每四年一次,轮流迎奉妈祖祭祀。绥南迎在尚书府后厅,绥北迎在妈祖宫,绥西迎在佛母庙。

四月初四日,赤土的万安、坂顶、下尖、井上、楼仔陆、顶草、下草、埔仔寨等社。

四月十二日,绥安的石厝、大埔、北叶、南面、鸡角髻山、六耳等社。

四月二十一日,赤土顶乌石地区的赤土岭、瓦仔、乌兜、下瓷窑、荷芽、城仔埔、过溪、水办头、三甲寨、王公楼、下坂、上柳、过田、埔中等社。

五月二十八日,六鳌的西门、北门等社。

六月初三日,六鳌的鳌中、前后巷等社。

六月十一日,六鳌的新厝社。

六月十八日,六鳌的林尾、前湖等社。

六月二十四日,六鳌的东门、东门新社等社。

七月二十三日,旧镇的径口社。

七月二十六日,旧镇的桥头、过田、港西等社。

八月十二日,旧镇乌石地区的浯江、山兜、苑上、潭仔头、后垵5个行政村三十多社,共同迎奉。

九月初六日,霞美的下周社。

九月十五日,霞美的狮崎头、小白沙、香山、后田等社。

九月十六日,霞美的北江社。

九月十八日,霞美的竹仔林社。

十月十七日,旧镇的东厝陂内,赤土的眉力等社。

十月十九日,旧镇的顶下东陂、大石后等社。

十月二十日,深土的林前、下吴、下林、古石黄、张厝等社。

---

[1]　孔兆云:《六尊开基妈祖初考》,《乌石妈祖》,海风出版社2009年版,第8页。

十月二十三日,深土的东埔、霞陵城、西雄、塘东等社。

十月二十五日,深土的锦东（江头）等社（原在九月二十五日,为避秋收大忙而改）。

十月二十六日,深土路下地区的路下、西陈、坑内、山尾、山头余、山头曾、下曾、田厝城、保龙、上内、古老、庵下吴、陂东、东庵、新社、寨仔、东银、下山尾等 18 社。

十一月初八日,霞美的霞美大社。

十一月十一日,霞美的中社、江边等社。

此外,尚有以"问杯"决定迎奉日期者,如六鳌的后江社等。

二、旧镇的妈祖庙及庙碑

旧镇地处漳浦县东南,是重要的华侨祖居地和知名渔港。《漳浦县志》"方舆志"云:"旧镇海水从秦溪、古竹、瑞岩、鹿溪入南门溪,直至石厝邪。"至 20 世纪 80 年代前漳浦水运以旧镇为中心,海轮通航厦门、汕头、木船沿鹿溪行驶。

旧镇妈祖庙。位于旧镇镇城内街道北侧,由清乾隆五年（1740）翰林出身的检讨张先跻等筹建,占地面积 100m²,深宽均为 10m,为木石结构,硬山顶,面阔三间前轩与正殿之间不留天井,左右以石栏代替墙体 深一进,青石方形四足柱础,前轩为四檩卷棚式,石柱承木梁架,以方形木雕夔龙构件代替斗拱,雕刻细腻精美,别具一格,为闽南古建筑中所罕见,正殿深三进,青石六角柱础,正面奉妈祖天后,上悬木匾红底金字,刻行书四字"护国佑民",上款刻"嘉庆柒年 花朝",庙前石仿木斗拱出檐,庙门正面两侧嵌圆形青石雕虎窗。

庙前轩左右墙中嵌有三座石碑,分别刻庙产、重修、迁移等事,兹录如下:

其一,《镇人庙记》,正文如下:

> 湄洲天后圣母由来旧矣,置有蚝泊一所,东至汛防前头中石,西至本港渡船头,南至港心,北至本处各店脚,界址明白,岁支租税以供费用,至乾隆叁拾柒年,社有公案,当事者书券出典给为私业,于今拾玖载焉,此虽一时权宜行事,揆之于理实有未合,兹幸诸同志各愿轮诚捐赀赎回原契,复为天后圣母缘物。今日:此一蚝泊也,皆为公置之缘物,今为劝捐之缘物,其断不可使后之人假公行私,擅为废置,藉口公业妄肆侵渔也,审矣。余曰唯唯,因述颠末,并胪列诸同志姓名,俱勒诸石,永置庙石。自今以往,该佃者慎毋得短欠租税,而社中各家子弟亦毋得任意捞取蚝苗,以干神怒而渎公议也乎。是为叙。

张云　张应珥　张延喧　徐应同　黄材　陈明玉各捐银贰元

徐宗　陈嫣赐　林壮各捐银壹元

陈北喧　陈添宗　吴篇　康时美　林德元　黄扶　张沓光　张奕善　洪治生　林振泰　陈钵　陈水　林汝济　叶志远　林载欣　张瑚琏合顺普各捐银壹拾元,林济捐银贰钱

大清乾隆伍拾陆年岁次辛亥六月　日,

董事弟子生员　张云　信士陈北喧等敬镌。

其二,《重修圣母庙序》,民国十三年（1924）立碑高 114 cm,宽 57 cm,记载重修大天后宫事及捐资人录,碑首刻"重修圣母庙序"大字,正文如下:

旧镇城外各姓杂居,民风淳厚,相亲相爱,有逾骨肉,迫乾隆庚申,翰林检讨张公先跻等奉圣母以庙为妈祖,集父老分为四房,序以昭穆诚旷与也。嗣因风雨屡经栋宇崩颓,各姓裔孙讧为董理,陈进荣、陈金稽、张文水、张大川、钟怀德、吴长吉等,悯圣灵之未妥,复募金以重光,落成嘱于余。余曰:此序诚难着笔也,然记幼时读《论语》,子夏云:"敬而无失,恭而有礼,四海内皆兄弟。"人能恭敬,四海尚可为兄弟,次比邻乎。异姓既可为兄弟,则异姓亦可同祖庙,异典也亦无礼者之礼也,但使各姓子孙长存亲爱,克笃敬答圣母在天之灵,当必用锡尔杜矣。是为序。

关长陈大爱捐二十元,振成行捐□二十元,捷务行捐五十元,钟怀德捐四十元,张文水、黄水 陈杨涌、陈同贵、张水梨、陈是各捐三十元,　陈河水捐二十元,陈陶示捐二十四元　,吴吉、陈扁、陈银雷各捐二十元,张长禄、金葛、张生呢、蔡天爱、陈振宪、陈奂明各捐十六元,陈玉清捐十四元,黄茂盛、蔡寿德、陈蔼根、瑞益、林水美、协胜、令皮各捐十二元,张大川、陈连有、金贵、贵凤、水龟、自然、天福、秋隆、方汉臣、通茂、张玉太、金水、黄计铨、柳云利、郑合安、万水、样地、陈长、银寿、南阳、金顺、李坤、捷荣、郭涤、陈硕、蔡河水、两合、林友地、吴潭钟各捐拾元。

中华民国甲子年仲冬之月　日,山氏　诸信士人等立石。

其三,《旧镇天后宫记》,民国二十一年（1932）立,记载修马路、迁庙于今址事,碑高 82 cm,宽 48 cm,碑首刻"旧镇天后宫记",正文如下:

天后宫,旧镇之宝刹也,夫此宫镇人尊为祖庙,烟火流长,昌盛毋替,迨庚午,本市开设马路,适碍路线,难以保存,里人陈金稽、张大川、陈谨慎、吴水降等发起募缘移地重新,合八方之水流为巨川,合千灯之光混为一色,从兹世世共仰神圣之灵,亦崇先代之功,壬申秋行宫告成,刊此数言作纪念。

陈金稽缘五十元,陈同居四十元,陈谨慎二十六元,陈大年二十四元,义通庄二十元,林子枞二十元,吴长吉缘二十元,陈泗滨缘十八元,张大川缘十六元,张春生十六元,钟凯缘十六元,陈大斗十四元,黄茂盛缘十二元,张生呢十二元,藕根

十二元,陈玉清十二元,振宽十二元,宝成行十元,陈吴明十元,万水、陈子玉、来仝、育德、陈绒、炳瓮、和成、黄王多、张傅、金葛、许仁丰、王天化、林宝源、黄火多、镇平,以上各缘拾元,董事陈泗滨、黄文钊、林进吉。

中华民国二十一年壬申季秋之月旦吉,古镇城外社诸仝人立石。

旧镇铺尾妈祖庙,明中期构筑于巨石之上,背依古寨,面向大海,庙边存崖刻二处:

一是位于庙前大石上,以天然岩石作碑形,碑高118 cm、宽62 cm,清雍正十二年立庙产碑,碑文如下:

仝立认佃耳孙正福廷浔今来佃浔

始祖和认佃由一园前去,出银修前埭岸口与内岸门,开剥水源,得钱量什宝一应节佃自理□每年种每冬纳定粟一斗,计十人当为准报□祖祠内,径倡梁不敢火升合,不许与总佃异姓人,倘侍倡不应暨埭前埭无力填集者,众等将此金定日□佃□作不敢租执,至日后荒埔再惩成田租谷,照熟饼钟数缴纳,或有一处减收,并未及上一种祖不敢火租,兹恐人心不古,爰是立石,以志不忘云耳。

雍正十二年十一月　日　仝立认佃人耳孙祝毅廷勒石

祥德、添和、俊国协记

二是刻于妈祖庙右侧石崖上,高50 cm、宽80 cm,全文如下:

□□□□缘恩成化十七年祀□□□变说□□□□难记望前补郑□中心募众□□六□三十石供本住工创筑江白□虽系北至溪,西至埔美,南至乌石,□□后斗门卧门。九百余头□□充公用□其田埔□分日后为记。

弘治六年季夏　日,立人忠坤 ①

《镇人庙记》主要是明确庙产"蚝泊一所"的四至。乾隆十三年(1748)曾因诉讼,庙中主事将其典当给私人。越十九载,旧镇众善捐资赎回。为杜绝日后再发生此类假公济私事,特勒石公告。《重修圣母庙序》首先复庙旧名,改"镇人庙"为"圣母庙",为庙正名。其次述明重修缘由,道是乾隆五年(1740)曾任翰林院检讨的里人张先跻将旧镇的杂居各姓按方位分为四房,仿家族之礼,"序以昭穆",奉圣母为祖,四时祭祀。但年月侵蚀,"栋宇崩颓",各姓推出代表,募资重修,强调"各姓同祖庙,子孙存亲爱"。《旧镇天后宫记》则述明天后祖庙因开设马路易址迁移的经过,并载明主事者和捐资人之姓名,时为1932年。

崖刻一为清雍正十二年(1734)确认庙产的租佃方式、租佃额等,由认佃人勒石;

---

① 王文径:《漳浦历代碑刻》,漳浦县博物馆印本,1994年。

一为明弘治六年（1493）追记成化十七年（1481）信众捐献买田充庙产事及四至。此崖刻也推旧镇妈祖庙的始建时间不迟于明成化初。

旧镇另有白沙妈祖庙，清嘉庆二年建。白沙，位于旧镇镇浯江溪的入海处，其东南两面临海，西面为小石山，村民以渔业、海水养殖为主，农业为辅，人口约两千人，庙位于村后一块斜平的天然花岗岩巨石上，面向东南，阔4m，深8m，主座单进间，深5m，硬山顶，门枯作方形四柱小亭，卷棚式，悬山顶，八角石柱，八角双层镜面柱础，分刻八宝图案，其中一石柱上刻有"嘉庆二年"字样，可知庙建于清嘉庆二年（1797），距今两百多年，石柱外侧设石构扶栏，仅留有一个小门。庙前乃有约100m^{2}的天然石埕，筑有通往村中的石阶小路。白沙妈祖庙规模甚小，但结构独特，别具一格，雕刻部分也堪称精美。

三、妈祖信仰圈的形成与闽南民间社会的整合

上文所录旧镇妈祖庙庙碑及石刻，透露的历史文化信息不容忽视。一是明清时期妈祖庙均有置有庙产，或农田或蚝泊，作为常年供奉香火之需；二是旧镇作为重要的渔港，"各姓杂居"，利益诉求各异；三是通过共祀妈祖，"冀各姓子孙长存亲爱"；四世碑文均无强调妈祖海上护航的神职，而是强调妈祖是社区的保护神。

中国古代社会，国家政权建设只延伸至州县一级，基层社会组织主要表现为乡里。明初推行教化，逐渐形成处理乡党邻里之间关系的基本准则——乡约与保甲、社仓、社学相结合的乡村治理模式。这种模式主要是规范乡民的外部行为，而乡民的道德养成则倚重于庙宇。旧镇的妈祖庙为我们提供了一个良好的观察点。

显然，旧镇至迟到明代就已形成了妈祖的信仰圈。"所谓信仰圈，是以某一神明（和）其分身之信仰为中心，信众们形成的志愿性宗教组织。"[1]

信仰圈以一神信仰为中心，通常依托历史悠久的庙宇，它涵盖一定的地域范围，往往超越乡镇的界线。信仰圈的社会功能往往表现为信仰圈的乡民自我管理、自我教化。

旧镇的妈祖信仰圈，依托妈祖庙，各姓共置庙产，共同奉祀妈祖，通过乡绅"翰林检讨"张先跻等人筹划，将信众"分为四房、序以昭穆"，即按旧镇地理方位划为四个角落，各角落为一房，成为信仰圈中之志愿有序的组织。同时，倡导以儒家伦理为核心的道德规范，倡导各姓同祖庙、为兄弟，"但使各姓子孙长存亲爱，克笃敬答圣母在天之灵"。反映了妈祖文化史"崇尚和谐、追求和谐"的宗教文化。[2]

---

[1]　林美容：《祭祀圈与地方社会》，台湾：博扬文化2008年版，第330页。
[2]　李天锡：《论妈祖信仰与和谐文化》，《莆田学院学报》2010年第2期。

从碑文的捐资名录上看，旧镇妈祖的信众有陈、蔡、黄、张、吴、林、金、柳、郑、李、郭、钟、许、徐等多姓，并有数家商号，民国年间的姓氏比乾隆五十六年的姓氏多了 7 个，说明历一个半世纪的时间里信仰圈扩大了，财力也增强了。闽南的民间社会广泛存在神明崇拜现象。从笔者了解的情况看，在异姓杂处的港口，市镇更多地选择关帝、妈祖、保生大帝为主神，其主要原因应是看中这三位神明的生前义举善行和神化后扶危救难的慈济神迹。如"广东吴川县黄坡墟兴隆街的天后宫是明代李、郑、黄、吴十甲倡建"①。因此，妈祖在闽南民间社会享有崇高的威望，成为凝集乡民、汇聚人心的重要精神纽带。妈祖信仰不单是泛海航行的心灵寄托，而更多的是自愿参与的社区整合。妈祖庙作为乡民或信仰圈的共同活动空间，成为乡规民约的发布地、道德教化的核心区和平息和调解民事纠纷的裁决所。漳州商人还把家乡信仰圈的模式移植到了外省商埠，康熙三十六年在苏州城外小日晖桥始创会馆，会馆增建于乾隆二十二年，馆中供奉妈祖神像，馆庙合一，共费银万余两，落成之日，漳浦籍任礼部侍郎的蔡世远欣喜地说："吾漳人懋迁有无者，往往奔趋寄寓其中，衣冠济济，不下数十百人。"（《漳州天后宫记》）② 乾隆后期，漳州商人又在武昌、成都等地兴建、重修会馆，中祀妈祖，同样是馆庙合一，吏部尚书漳浦人蔡新说："凡里人之客；于外，若楚之武昌，吴之姑苏，蜀之成都，靡不鸠工庀材，以答保护之德，兼藉以联桑梓之欢。"（《闽省重建会馆碑记》）③ 于是，一个以妈祖信仰为中心，以诚信敦厚为规范、以妈祖宫庙为依托、以亲善友爱为宗旨的守望相助、邻里和睦、社区和谐的民间社会便出现在历史的记忆中。

（原载《莆田学院学报》2013 年第 6 期）

---

① 薛世忠：《妈祖信仰在粤琼地区的传播及影响》，《莆田学院学报》2006 年第 4 期。
② 蒋维锬、郑丽航：《妈祖文献史料汇编·第一辑·碑记》，中国档案出版社 2007 年版。
③ 佚名：《为争回宁波福建会馆敬告同乡书》，1928 年铅印本，厦门大学图书馆藏。

香港与澳门妈祖信仰比较研究

李天锡 ①

华侨大学宗教文化研究所

香港与澳门均位于中国南海之滨,同处珠江口要冲,同为中国特别行政区和对外经济文化交流的窗口。两地早期都有闽粤人民移居,因此同样都有妈祖信仰的传播。然而,由于时代背景、社会条件的差别,妈祖信仰在香港、澳门的传播过程又存在差异。本文拟从异同两个方面略作比较研究,以深入认识妈祖信仰的性质并了解其发展趋势。

一、香港、澳门妈祖宫庙概述

1. 香港妈祖宫庙发展简况

香港大约在公元前三世纪后期开始正式纳入中国版图;鸦片战争结束后,于1841年被英国政府强行"租借",1997年回归祖国。据原香港大学中文系主任许地山教授考证:"香港最早的居民以福建人为多。元明两代,数以百计的莆田人、晋江人、漳州人就成批在香港岛屿定居。"② 于是,妈祖信仰开始传播到香港。

目前可知香港现存最早的妈祖庙是位于离岛的佛堂门天后庙(又称"北堂天后庙",俗称"大庙")。现该庙后山有摩崖石刻云:"考南堂石塔,建于大中祥符五年(1012)。次,三山郑广清堞石刊木,一新两堂……咸淳甲戌(1274)六月十五日。"③ 据民间传说,宋代某年福建莆田林松坚、柏坚兄弟因遇海难得妈祖庇佑生还而在南佛堂创建天后庙。后来出现了"南堂敲钟北堂响,南堂焚宝北堂烟"的奇异现象,乡民以为此系天后显圣,意欲在北堂建庙,于是有了这一座北佛堂天后庙。④ 因此,碑文中

---

① 李天锡(1948—),男,福建石狮人,教授,兼华侨华人研究所研究员,主要从事华侨华人历史文化研究。

② 《香港与在香港的晋江人》,《晋江》纪念香港晋江同乡会成立一周年特刊。

③ 刘泽生:《香港古今》,广州文化出版社1988年版,第338—339页。

④ 同上书,第339页。

有"一新两堂"(即"南佛堂天后庙"与"北佛堂天后庙")之语。据云,自北佛堂天后庙创建后,南佛堂天后庙即逐渐衰落了。从上述崖文中所云"大中祥符"与"咸淳"年号来看,该庙建于宋代当是可信的(但不可能称为"天后庙","天后"的称号是清代才出现的)。

元至正十二年(1352),九龙建造了九龙城衙前围天后庙(元代应称为天妃庙)①;明永乐九年(1411),赤柱湾海滨建造了一座妈祖宫(现称"天后古庙")②。新界大埔汀角路边的妈祖庙相传建于明万历年间(1573—1620)③,但尚没有确凿证据。笔者估计,元、明两代,由于妈祖信仰在香港已经传播了三百多年之久,所创建的妈祖庙必定不止这两三座,但目前囿于确凿史料,其他只能暂付阙如。

清代,妈祖庙继续在各地出现。顺治年间(1644—1661),离岛大澳南涌建造了天后庙④。据传,清初于新界扫管笏路边建造了天后庙,康熙二十三年(1684)废除"海禁"后进行重修,保留至今。⑤此后,新界龙跃头松岭、流浮山沙江、元朗与屯门口角等地也先后于康熙年间(1662—1722)创建或重修了妈祖庙。清中期后,妈祖庙继续增多。乾隆六年(1741),新界西贡粮船湾建起了天后庙。乾隆三十三年(1768),又相继建造了荃湾天后宫、今地下铁路站的天后庙、九龙鲤鱼门天后庙、西澳村吉澳天后宫、离岛北社天后宫等。嘉庆戊午年(1798),离岛坪洲建造了天后宫。⑥道光三年(1823),离岛赤立角北端庙湾建起了天后庙(俗称"石庙"),现代因建造机场之需,原居民搬迁到东涌附近的赤立角新村,该庙也迁往东涌依原样重建。⑦建于道光年间(1821—1850)的还有九龙官塘茶果岭天后宫、蒲台岛天后庙及九龙将军澳坑口田下湾天后庙等。

清代后期,妈祖庙仍然有所发展。咸丰元年(1851),香港仔海旁道建造了天后庙。同治年间(1862—1874),筲箕湾、中兴街、新界北港村与离岛南丫岛等地也先后建造或重修了妈祖庙。光绪年间(1875—1908),九龙麻油地榕树头、离岛南丫岛、东涌汲水门、九龙城土街湾下乡道、石澳、屯门龙鼓滩、九龙医局街等地都先后各自创建或修建了妈祖庙。

现当代,妈祖仍然是香港居民虔诚崇信的民间神祇之一。1926年,涌美老屋村建

① 江山、沈思:《试论妈祖神话在港澳深地区的影响》,朱天顺《妈祖研究论文集》,鹭江出版社1989年版,第122页。

② 施清池:《香港楹联集锦》,香港作家出版社2007年版,第60页。

③ 同上书,第67页。

④ 大澳新村天后古庙重修值理会于1995年1月所立之《重修天后古庙碑记》。

⑤ 鲁金:《香港庙趣》,香港:次文化有限公司1992年版,第122—123页。

⑥ 同上书,第166页。

⑦ 同上书,第179页。

造了青衣天后庙;20 世纪 70 年代,长洲张保仔洞附近先后建造了天后宫、天后亭与天后会友纪念亭;1996 年,西贡斩竹湾建造了天后宫。至于重新修建的妈祖庙就难以枚举了。如筲箕湾天后庙曾于 1902、1920、1948、1991 年数度重修。[1] 据说目前香港的妈祖庙"估计约有四十间"[2]。

2. 澳门妈祖庙的创建及信仰现状

澳门自古以来就是中国的领土,1553 年以后沦为葡萄牙殖民地达四百多年之久,终于在 1999 年回到祖国怀抱。澳门虽然沦为西方殖民地数百年,但妈祖信仰在澳门地区也从未湮没。

目前所能找到的妈祖信仰最早在澳门传播的实证是妈祖阁的建立。关于妈祖阁的创建时间有几种说法,较有代表性者有两种:一是认为创建于明成化年间(1465—1487)[3];二是认为在明万历乙巳年(1605)由官主(即明朝万历皇帝派驻广东的最高代表李凤主持)商助(即澳门"德字街众商"捐资协助),官商所共同创建[4]。从确凿的史料来考察,笔者比较倾向于后一种观点。但是以理推之,在妈祖阁建造之前,妈祖信仰已在澳门传播,方有后来的建庙之举。再说宋代香山县(其时澳门属香山管辖)当时已建有妈祖庙。妈祖阁位居澳门内港入口之要津,依山面海,沿崖而建。清代以后,妈祖阁逐渐演变为一座妈祖与观音、阿弥陀佛、土地神等共处的庙宇[5],成为澳门历史悠久的三大禅林之一。

位于澳门半岛莲峰山下今提督大马路北头的莲峰庙(俗称"娘妈新庙"或"新庙")创建于清康熙六十一年(1722)至雍正元年(1723),同样为官商所共建。[6] 现在的莲峰庙为外庙三座,内殿两座。正殿首进为天后殿,供奉妈祖;二进为观音殿,供奉观音菩萨,其左右分别奉祀地藏王菩萨和韦驮菩萨。左右两边为其他神灵殿宇。

离岛凼仔岛上有两座宫庙供奉妈祖:一为关帝天后庙,创建于清康熙年间(1662—1722)。庙宇供奉关帝和妈祖;二为天后宫,据该庙旁边孔教学校内的一口铜钟上的"龙头湾天后宫乾隆五十五年置"的款识字样推断,该庙当于 1790 年或此之前就已经在别处建成[7],至道光戊申年(1848)才迁建于现址(庙中有一上款为"道光戊申孟秋"字样的匾额)。康熙十六年(1677),路环岛上也建造了一座妈祖庙。

---

① 《筲箕湾天后古庙重修碑记》。

② 鲁金:《香港庙趣》,香港:次文化有限公司 1992 年版,第 72 页。

③ 1984 年 7 月立《妈祖阁五百年纪念碑》。该碑文载:"明成化间创建妈祖阁,与九龙北佛堂天妃庙、东莞赤湾大庙鼎足辉映。"

④ 谭世宝:《澳门历史文化探真》,中华书局 2006 年版,第 38—74 页。

⑤ 同上书,第 309 页。

⑥ 同上书,第 312 页。

⑦ 郑炜明:《葡占凼仔路环碑铭楹匾汇编》,香港:加略山房有限公司 1993 年版,第 20 页。

建于明末的澳门半岛美副将大马路的普济禅院（俗称"观音堂"）正殿供奉观音，右殿供奉妈祖。据妈祖殿中现存的有关文物推测，该殿至迟当创设于清嘉庆丁丑年（1817）。另望厦天后康真君庙中也供奉妈祖。据学者研究，该庙当建于清乾隆五十七年（1792）或此年之前，并于光绪八年（1882）重修。清同治四年（1865），澳门渔翁街马交石又建起了一座妈祖庙。

清同治末年以来的一个多世纪内，澳门未再有新的妈祖庙出现。20世纪末，全国政协委员、福建省政协常委、澳门宝盛集团有限公司副董事长兼总裁颜延龄先生在征得澳门当局同意以后，发动福建同乡总会等团体，筹集资金在路环岛的叠石塘山上雕塑了一尊全世界最高（高18m、宽25.8m）的妈祖石像，并于1998年10月28日（农历九月初九日）举行妈祖塑像开光大典，在澳门掀起了妈祖信仰的一个新高潮。

二、香港、澳门妈祖信仰之同异比较

香港与澳门虽然同属于中国南大门的特殊地区，但由于两地在不同的历史时期分别为英国和葡萄牙所占领，人民群众的生存状态和思维方式便因统治阶级的影响而略显差异。以后，虽然两地的经济都同样得到快速发展，但由于历史文化传统的影响，作为经济基础决定的上层建筑也不可能完全一样。因此，作为上层建筑组成部分之一的宗教文化中的妈祖信仰自然也会有各自的特色，即既有相同的方面，也有不同的方面。

1. 相同方面

香港与澳门的妈祖信仰在传播过程中的主要相同情况，可归纳为三点：

（1）两地名称都有与妈祖相关的传说。

"香港"一名最早见诸明万历年间（1573—1620）郭棐所著之《粤大记》，但所指仅是全岛之一隅。1842年英国通过不平等的《南京条约》及此后的《北京条约》《展拓香港界址专条》又先后割占、租借九龙和新界以后，"香港"才作为整个地区的称谓。

关于"香港"名称的由来有十多种说法。普遍认可的一种说法是认为与"莞香"有关，即因起运莞香前往全国各地而被称为"香港"。然而，其中一种认为"香港"一名起源于"红香炉"。传说，古时候，有一个红香炉自海上漂流至铜锣湾海边的妈祖庙前，当地居民以为妈祖显灵，便把红香炉供奉在妈祖庙里。此后，人们便把这里称为"红香炉港"，简称"香港"①。当然，传说并不足信，但在传说中所寄托着的人们对妈祖的虔诚崇信是显而易见的。

澳门原称"蚝镜澳"。据传，葡萄牙船初次抵达澳门时，停泊于妈祖阁前之海

---

① 刘泽生：《香港古今》，广州文化出版社1988年版，第335页。

滨。葡人即向当地居民询问此地名称,因为渔民习惯称妈祖为"阿妈"(即母亲之意),且误以为葡人是在询问该庙,遂回答是"阿妈阁"。由是,葡人便误以为阿妈阁(Amacuao)是此地之名,后去 A 而为 Macau,因而澳门遂有"妈阁"之称。

近些年来,已有学者指出"妈阁"(即 Macau,或写为 Macao)实为中国对该港口的最早之官方简称"泊口"方言之音译,葡人之所以以制造出"妈阁"即"澳门"的说法,是侵犯中国主权国的命名权,以求达到他们永久占有澳门的目的。[①] 然而,应该指出的是,笔者此处只是从人民群众对妈祖信仰的角度来叙述这种情况的。试想,如果不是人民群众对妈祖的虔诚崇信,葡人怎么会把澳门与妈祖阁联系起来呢? 还有,这说法能够在人民群众中流传,更是他们对妈祖虔诚崇信的具体表现。

(2)两地妈祖均与其他神明共祀。

在中国传统文化中,宗教所占的位置不如西方那样显著,民间的宗教情绪也不如西方那样强烈,因而中国的儒、释、道三种主要宗教与其他外来宗教能够和睦相处,长期共存。妈祖信仰作为一种中国宗教文化现象,自然也是这样。香港与澳门的妈祖信仰也明显地体现了这一特点。

在香港供奉妈祖的庙宇中,有些是以妈祖为主神,有些则是以妈祖为陪神。以妈祖为主神者,有其他陪神与其在一起供奉。如新界上环水月宫除主祀妈祖外,还奉祀包公与黄大仙。筲箕湾天后古庙正殿供奉妈祖,左为黄大仙,右为关帝等。新界元朗十八乡大树下天后古庙中,正殿为天后庙,供奉妈祖;左殿为英雄祠,供奉在 1899年因抵抗英军接管新界而殉难的乡民。有的妈祖庙中的陪神竟达十几尊之多,如赤柱天后古庙中妈祖的陪神有德真消灾大将军、太岁星君、地方财神等 19 尊神明及一帆风顺(船)。而以妈祖为陪神者,她与其他神明奉祀在一起更是不言而喻的。香港本岛黄泥涌谭公天后庙中除主祀谭公(即紫霄真人谭峭)以外,还奉祀妈祖与玄天上帝;湾仔北帝庙除主神玄天上帝外,还供奉妈祖、观音、龙母、济公、三宝佛与财神,如此等等。有的学者认为香港的妈祖庙达一百多座。[②] 笔者据此结合上述其他学者对香港妈祖庙进行调查统计为四十座左右的情况来考虑,以妈祖为陪神的庙宇应是很普遍的。

关于澳门庙宇中妈祖与其他神明共祀一庙的情况,上文在介绍妈祖信仰传播的有关情况时已作阐述。如妈祖阁除主祀妈祖外,还奉祀观音、阿弥陀佛、土地神等;莲峰庙除供奉妈祖外,也供奉观音、关帝、太岁、文昌帝君、金花夫人等。至于以妈祖为陪神者,除离岛凼仔岛卓家村关帝天后庙设有天后宫供奉妈祖及望厦观音堂中设有天后殿

---

① 谭世宝:《澳门历史文化探真》,中华书局 2006 年版,第 195、554 页。
② 香港华人庙宇委员会编印:《庙趣无穷乐游游》,2006 年,第 4 页。

奉祀妈祖外,望厦天后康真君庙中早时的妈祖庙也是内附于康真君庙中的(即早时是以康真君为主神,后来也许由于妈祖地位上升,才称为"天后康真君庙"),似此情况,不一而足。

香港与澳门妈祖崇奉中都有一个十分有趣的现象,即妈祖经常与观音供奉在一起,以妈祖为主神者配祀有观音,以观音为主神者,配祀有妈祖。这大概是因为两者均为慈悲女神,且妈祖被认为是观音化身,故神性相近,同为广大民众所虔信的缘故。

(3)有关庙宇均热心兴办慈善事业。

1914年,由于欧洲大战,香港经济不景气,广华医院经费不足。于是,经华民政务司夏德理建议,庙街(因天后庙而得名)天后庙即把其收入拨作广华医院经费;庙产也送给广华医院,以巩固其经济基础。对于此举,有学者称:"这间天后庙亦属慈善神庙之一,是造福港人的庙宇。"① 元朗十八乡大树下天后古庙原为五开间,除上述正殿供奉妈祖与左殿为英勇祠外,右侧本为花厅。后来,由于人们对科举功名的重视与追求,遂把花厅改为永安学社,崇祀文武二帝,供子弟学习文化知识。至咸丰六年(1856)又把庙宇扩建为七开间,仍以其作为兴学之所。现在十八乡之永安学校的前身,就是这一所原来办在天后庙里的学塾 ②。

澳门妈祖阁在晚清时期曾经举办过"漳泉义学",培养漳州、泉州人士子弟,发展华人教育。1920年,当地有识之士在莲峰庙内创办莲峰义学,教书育人。如今,这所义学已经发展成为兼有小学及幼稚园的"莲峰普济学校",与莲峰庙的仁寿殿仅一墙之隔。

仅从以上数例,不难看出香港与澳门主要妈祖宫庙热心兴办慈善事业这一共同特点,至于两地其他妈祖庙宇的类似活动就不再赘述了。

(4)妈祖从航海神发展为万能神。

妈祖首先是作为海上保护神为沿海人们所供奉的,在香港与澳门也都是这样。

香港现存第一座妈祖庙——佛堂门天后庙是由福建莆田林氏家族所创建。如上所述,这是由于传说林松坚、柏坚兄弟遇海难幸得妈祖庇佑故建庙以谢神恩,因而把妈祖作为海上保护神来奉祀是很明显的。此外,香港华人庙宇委员会为各妈祖庙所立的《庙志》中也多次提到"本港渔民皆奉(妈祖)为海国慈航"③,即是香港民众早期把妈祖作为航海保护神来供奉的明证。

关于澳门妈祖阁的创建,《澳门纪略》载:"洋船石,相传明万历时,闽贾巨舶被飓

---

① 鲁金:《香港庙趣》,香港:次文化有限公司1992年版,第73页。
② 黄晨淳:《妈祖的故事》,台北:好读出版有限公司2005年版,第157页。
③ 华人庙宇委员会于1966年12月1日为九龙土瓜湾天后庙所立之《庙志》、为筲箕湾天后庙所立之《庙志》及《赤柱天后庙庙志》。

殆甚,俄见神女立于山侧,一舟遂安,立庙祀天妃,名其曰'娘妈角'。"① 这是对前往澳门经商的人们把妈祖作为航海保护神来奉祀的记述。当地人赵允青在《重修澳门妈祖阁碑记》中写道:"土著于斯者,固皆涵濡厚泽,引养引恬","省会之巨室大家,岁资洋泊通商,货殖如泉,世沾渥润"。② 应是表明当地民众把妈祖作为航海保护神来奉祀的情况了。

后来,随着自然科学的发展和航海技术的进步,人们在海上航行再也无须完全祈求妈祖庇佑了。于是,人们便赋予妈祖信仰新的内容,使其逐渐转变为万能之神。香港与澳门都是这样。20 世纪 90 年代中期,有学者对澳门妈祖信仰的功能进行问卷调查,发现人们在健康、平安、发财、升职、婚姻、(妇女)顺产、赐子、护婴及其他方面,都有不少人祈求妈祖保佑。③ 香港方面虽然没有这样的调查统计,但在有关碑文中也隐隐约约地显示出这种逐渐变化的情况。香港华人庙宇委员会于 1966 年所立《赤柱天后庙庙志》载:"本港渔民均奉(妈祖)为海国慈航。"可是,至 2002 年该委员会所立《赤柱天后庙重修碑记》即云:"居民信奉天后甚笃,每值岁首神诞,均举办祈福酬恩祭祀,香火终年不断,诚本区之胜境。"大屿山大澳新村天后古庙重修值理会于 1995 年所立的《重修天后古庙碑记》载:"(天后)元君神恩庇佑,社稷安宁,水陆平安。"更是把妈祖提高到社稷保护神的地位。

香港与澳门民众信仰中妈祖功能的扩大,是他们希望以此来满足自己在激烈竞争、前途未卜的社会生活中心灵慰藉的需要,但在客观上却起到了保持和弘扬中华传统文化的作用。

2. 不同方面

香港与澳门妈祖信仰在传播过程中的主要不同情况,可归纳为如下两点:

(1)参与兴建与管理妈祖庙的主体有别。

香港妈祖庙大都是各地善男信女筹资兴建。上述香港最早南佛堂门天后庙就是"由蒲岗村人集资"兴建④,以后才再建北佛堂天后庙。清乾隆三十二年(1767)赤柱渔民建造了赤柱天后庙。⑤ 类似情况,不再细述。关于妈祖庙的修建也是如此。杨公洲天后庙因年代久远,至清道光十八年(1838)已尽为倒塌,爰集同人捐资,卜吉重修。⑥ 筲箕湾天后庙的重修情况已如上述。清末以前,其他妈祖庙的修建情况也均是

---

① (清)印光任、张汝霖:《澳门纪略》卷上,广东高等教育出版社 1988 年版。

② 徐晓望、陈衍德:《澳门妈祖文化研究》,澳门基金会 1998 年版,第 170—171 页。

③ 徐晓望:《从航海之神到好运之神——澳门妈祖信仰的变迁》,徐晓望、陈衍德《澳门妈祖文化研究》,澳门基金会 1998 年版,第 176—177 页。

④ 鲁金:《香港庙趣》,香港:次文化有限公司 1992 年版,第 173 页。

⑤ 华人庙宇委员会于 1966 年 12 月 1 日所立之《赤柱天后庙庙志》。

⑥ "道光乙未(1895)孟冬"所立之《重修天后古庙碑》。

由村民或善信集资进行的。1928年,港英政府成立华人庙宇管理委员会,办理全香港庙宇的注册登记及管理工作,但主要具体管理其直辖庙宇24座（其中有妈祖庙8座）。于是,此后筲箕湾天后庙、赤柱天后庙、大澳新村天后庙等妈祖庙的修建就由该委员会负责,或获得其资助。

然而,澳门某些妈祖庙的创建,却有政府官员参与。妈祖阁由官商合建的情况已如上述,此处不赘。比妈祖阁稍迟而建于澳门关闸附近的莲峰庙也是这种官主商助共同兴建的产物。同时,妈祖阁与莲峰庙都与有关官府机构毗邻,可以充当来澳门巡视之高官的临时驻所。清道光年间（1821—1850）,林则徐巡视澳门时,初驻节于莲峰庙,后又进入妈祖阁行香参神。[①] 莲峰庙的官庙地位一直维持到1849年葡萄牙人驱逐了清廷驻澳的左堂、关部等衙门官员和开始霸占所有澳门官私地权以后才开始改变。

澳葡政府没有像港英政府那样成立华人庙宇委员会来管理澳门华人庙宇,自然也就没有介入管理妈祖庙,而是由有关庙宇各自成立自己的组织来管理。妈祖阁在清末就成立了由漳州、泉州、潮州三地商人共同组成的三州理事会来管理,现在仍然如此。其他妈祖庙也都有自己的管理机构,如妈祖文化村天后宫就设立管理委员会等等。

（2）妈祖信仰与西方宗教融合程度有别。

在香港与澳门两地多元宗教文化长期共存的格局中,中国宗教文化与西方宗教文化通过互相接触、互相影响以后,出现了一种互相渗透的现象。香港与澳门的妈祖信仰在这一方面也有着不同程度的表现。

澳门路环岛上一座称为"圣方济格"的天主教堂中所挂着的一幅圣母玛丽亚画像,却是一位气度雍容华贵的中国古代女性,与妈祖或中国古画中的瑶台仙女非常相似。澳门文化司署的官员对此解释说:"路环是一个中国渔民居住的岛屿……中国的渔民大都是天后的崇拜者……当教士们向他们宣传福音与圣母时,他们经常把她与天后混在一起,分不清其中的区别。于是,当地有一些年青的教士便想:圣母在大众的心中形象,主要是她的品质与文化底蕴,至于她作什么打扮,是不要紧的。西方人可以将她想象成穿着修女的衣着,东方人也可以将她想象为穿着东方式的衣着,于是有了这一幅宫装圣母像,他们是有意将圣母画成类似天后形象的。"[②] 由此可见,澳门的中国渔民是把圣母玛丽亚当作妈祖来崇拜的。同时,澳门的葡萄牙人对妈祖也是认同的。1995年妈祖诞辰前后,澳门文化司举办了一个"妈祖信俗研讨会"。澳门葡萄牙籍官员马若龙出席了该研讨会的宴会,并且发表了即席演讲,引起阵阵掌声。一位西方学者曾经这样指出:由于"澳门是连接某些欧洲人与中国人未能跨越的两个世界的交汇点",

---

① 谭世宝:《澳门历史文化探真》,中华书局2006年版,第41页。

② 徐晓望:《澳门的"天后圣母"与中西宗教的兼融》,徐晓望、陈衍德《澳门妈祖文化研究》,澳门基金会1998年版,第181页。

因而"像渔民的庇护神妈祖、大慈大悲的观世音和圣母玛丽亚这些神祇都是她们所代表的那个世界的象征,并且都在澳门这个中西文化的交汇点上相会"①。笔者以为,此处所说的"相会"应该就是"统一"或"融合"的意思,也就是说在澳门妈祖(还有观音)与圣母玛丽亚已经基本融合在一起了。

香港的妈祖信仰尚未见到与西方宗教文化互相融合的现象。不过一些西方文化对妈祖信仰的渗透迹象也已经慢慢显现出来。如离岛南丫岛天后庙门口的石狮子与香港汇丰银行门前石狮子的形状、神态都很相似。因为20世纪60年代该庙重修时,中国大陆正在进行"文化大革命",没有石狮子出口,他们只好在当地请匠人雕塑了这样一对外国风格的石狮子。然而,香港民众却对其非常虔信,据说"自从这间古庙用老番狮子守门之后,榕树湾的渔民网网千斤,很多渔民都在银行开了户口,足证这对石狮子旺财"②。离岛塔门墟市内有一座天后宝楼,楼内有一座天后古庙。该楼的基本结构是钢筋水泥建筑,但设计却是中国式的。这是由于20世纪70年代该庙重修之时,外出到荷兰、西德等地谋生的乡人除捐款修庙外,还加建了这一座宝楼,作为天后古庙的门楼。这些类似情况已不同程度地显示出香港妈祖信仰已经开始与西方文化融合的端倪。

综上所述,我们可以推测到,逐渐与西方宗教文化融合,是港澳妈祖信仰的一个发展趋势。也就是说,妈祖信仰再经过一段漫长的历史时期传播以后,通过不断与西方宗教文化互相接触、互相影响、互相渗透、互相融合,有可能产生出一种新的女神崇拜,但届时是否仍称"妈祖信仰"现在尚无法预测。

(原载《莆田学院学报》2009 年第 1 期)

---

① 乔森纳·彼特:《中国的民间宗教与澳门的居民》,澳门《文化杂志》第 10 期;转引自徐晓望、陈衍德:《澳门妈祖文化研究》,澳门基金会 1998 年版,第 65 页。
② 鲁金:《香港庙趣》,香港:次文化有限公司 1992 年版,第 163 页。

越南华侨华人妈祖信仰初探

——以胡志明市穗城会馆天后庙为重点

李天锡 [①]

华侨大学公共管理学院

越南,古称交趾、安南,是中国南疆的邻邦。自公元 968 年(即中国北宋开宝元年)建立号称"大瞿越"的封建国家开始,中国人即开始不断前往谋生。据目前所知,最早的华侨是福建晋江安海李家庄前蔡村的李淳安及于宋大中祥符二年(1009)建立安南李朝的李淳安之子李公蕴。[②] 此后华侨逐渐增多。后来,虽然在各个不同历史时期,由于越南或中国社会历史环境的变化而曾略有消长,但总体来看还是不断增加的。据越南官方数字,1989 年全国华侨华人总数为 961702 人。[③]

早期越南华侨在出国之时,限于其时的历史条件,为了海上安全,同样祈求海上保护神妈祖庇佑,因而也就把妈祖信仰传播到越南。经过数百年的社会历史变迁,妈祖信仰至今仍在越南流传。有的妈祖宫庙已经成了越南社会主义共和国的文化历史遗产。本文拟以穗城会馆天后庙为中心,对越南华侨华人妈祖信仰作初步探讨。

一

有研究者指出:"其实从明代开始,在越南各地就普遍建有天妃宫庙(按:即天后庙,也即妈祖庙),一般都附设在华侨和商人的会馆中,其中以会安为大(按:笔者怀疑'大'字有误,因'大'是指规模,而会安的妈祖庙最多,故可能是'最'字之误)。"[④]

---

① 李天锡(1948—),福建石狮人,教授,硕士生导师,主要从事华侨华人历史文化研究。

② 李天锡:《泉州华侨华人研究》,中央文献出版社 2006 年版,第 9—16 页。

③ 赵和曼:《东南亚手册》,广西人民出版社 2000 年版,第 612 页。

④ 李露露:《妈祖信仰》,学苑出版社 1996 年版,第 132 页。

笔者以为,此处所言妈祖庙"一般都设在华侨和商人的会馆中"确实不错,但在时间方面似乎有可能比明代更早。

据海兴省(今"兴安省")兴安市天后宫《潮州府重修碑记》载:"北和下广甫古宪南北,我天后圣母祠在焉,元明时列祖来商所肇建也。蕃盛根荄,慈恩是赖。"由此可见,在元明时代,前往越南贸易的潮州府商人就已经肇建了这一座天后圣母祠了。然而,此处所云"元明时",略嫌笼统。因为元朝自公元1271—1368年,达97年;而明朝自公元1368—1644年,达276年,故自元初至明末则共达373年。由是,如此言"元明时"即肇建妈祖庙,实在使人难以明白其之所云,即究竟是指明末或是元初?尽管如此,但笔者以为该庙建于元代是有可能的。据载:"潮汕沿海居民早有下海谋生习惯,外国船舶常到潮州口岸装卸货物。宋、元两朝潮州对外交往更趋频繁。《宋史》已有关于潮州'岸海介闽,舶通瓯吴及诸蕃国'的记载。据饶宗颐《潮州志·交通志》载:'元时三佛齐(今印尼巨港)已有闽粤人足迹。'故一般认为潮人移居海外始于宋元之际。"[1] 因此,移居安南的潮州人于明末创建妈祖庙完全在情理之中,而在元代就已开始肇建也是可能的。为了更好地理解碑文,现把以下部分再抄录于下:"祠传世远,中间有黄万泰重修正宫,然而塑法像则黄英玄氏悉心当之。数年间,李开勋叶与府内重□前堂,嗣而风雨有年,间多毁漏。逮今黄(永盛文炳、永泰文第)商与本府,同心叶力,整顿一番。崇祠壮丽,数月告竣。人人睹其成功,皆曰:圣母在天之声灵所阴扶,而我先祖奕代之夹(按:似应为'爽'字之误)灵所呵护也。爰并题供芳名用铭于石,铭曰:奕奕祠宇,前创后因。既□以固,由旧而新。香传世代,护有风云。厂斯神界,启我后人。(按:以下即为'题供芳名',此处从略。)"[2] 据前往越南实地考察而抄录原碑文的谭志词副教授告诉笔者:"该碑(所立)年代不能辨认,从内容看,应在19世纪左右。"[3] 由此可见,妈祖信仰在海兴省必定是很盛行的,才会历数百年而不断重新修建。此外,《碑记》在"各号芳名进(按:疑为'题'字之误)供以下"除列出"各号"名称外,还有最后一句"潮州本府仝拜志"。由此而结合标题《潮州府重修碑记》及碑文中"……商与本府"等句,笔者猜测可能其时潮州府官员(甚至包括"知府")也参与筹募修建该天后圣母祠(甚至有可能参与发起或首倡)。然而,是否如此,限于史料,未敢确断,但不妨书以备考。

会安(Hoi-an,Faifo)位于越南中部广南——岘港省秋盆河(the Thu Bon River)即柴江的入海口,是越南最早的华埠。古时中国人到越南,除了海防市,第一个立足点就是会安。因此,会安的妈祖庙才会最多。会安中华会馆位于陈富街(Than Phu

① 广东省地方史志编纂委员会:《广东省志·华侨志》,广东人民出版社1996年版,第161—162页。
② 见《碑记》抄文打印件。"□"为缺字。
③ 碑文打印件下有"谭(志词)注"。

Street），前身为洋商会馆（即五帮会馆）。该馆至迟于清乾隆六年（1741）就已供奉妈祖。该会馆于清乾隆六年所立碑记载："夫会馆之设，由来久矣。虽谓会同议事之所，实为教礼重义之地。吾人于此，存公道，明是非，息争讼，固不比别事例相同者也。内崇天后圣母，春秋朔望，或祷或庆，诚称异国同堂，会计经营，必公正，相与同心协力。至于疾病相扶，患难相助，福因善果，不胜枚举。……"① 此处详细阐述了会馆与妈祖的作用，于此我们不难明白华侨对妈祖的虔诚崇信。据学者研究，该馆于1928年第三次重修时易名为"中华会馆"。会馆内设有天后宫，奉祀天后；后又于1958、1970、1993年三次重修②；内牌匾、碑铭甚多。会安广肇会馆与福建会馆也均位于陈富街：广肇会馆建于清康熙年间（1662—1722），正厅供奉关帝，旁祀财帛星君与天后圣母。福建会馆原为天后庙，同样创设于清康熙年间，乾隆二十二年（1757）重修后更名为闽商会馆；后经多次重修而遂有今日之规模，正厅为天后宫，供奉妈祖，悬挂着启定三年（1918）十月敕赐的"好义可嘉"匾额、光绪庚子年（1900）潮州众商人捐赠的"海天慈航"等匾额。③ 会安西北的"生胎娘娘庙"号称"广南第一建筑"，始建年代不详。庙后有"锦霞""海平"二宫，原建于他处，后迁建于此。据该庙1626年所立的碑记云："锦霞居其左也，祀保生大帝，以封神三十六将配焉；海平居其右也，祀天后圣母，以生胎十二仙娘配焉。基址既宏，规模更古，为南来创立之先。"④ 据有人调查，在会安潮州会馆、凉府会馆、边和七府古庙、堤岸中华理事总会、三山会馆、义安会馆、琼府会馆、温陵会馆、霞漳会馆等处也均供奉天妃。⑤

河城行帆广甫粤东会馆三关内左边第三碑是《重修粤东会馆碑记》。《碑记》中云："溯之龙飞癸亥之秋始建之，以联桑梓之情，为抒诚酬恩之地。但基址无多，规模狭隘，仅足以祀神灵，未足以壮观瞻也。越十余年，至乙亥之岁，人之盛也既逾于前，而物之丰也更盛于昔。是以会长关天池会集同人，肇建重修之议，欲因旧址而式廓是增焉。公推值事，决志图成，踊跃劝题，复行捐助而工费有赖。尚虑基图未广，气象难以堂皇，不谓欲左而左宜，欲右而右有，遂鸠工充材，神鲁斧运宋斤，阅四年而功程（按：当为'工程'之误）告竣。门堂后阁始深，靓写奕以成大观，自是东省冠裳为之生色。谨择己卯小阳之吉，崇祀关圣大帝以景仰其浩然之气，而道义之所配合也；崇祀赞顺天后元君以佑波恬浪静，而履险如夷于终古也；崇祀三元三官大帝以祈福禄攸同，而康强逢吉

---

① 转引自李泰山：《越南漫笔》，中国文史出版社2008年版，第21页；另见李露露：《妈祖信仰》，学苑出版社1996年版，第132页。注：李泰山书中言该碑为《各省船长众》；李露露书中云为《会安中华会馆碑记》。

② 李庆新：《17—19世纪越南会安的华人社会》，林晓东、陈永升《妈祖文化与华人华侨文集》，中国文史出版社2008年版，第138—147页。

③ 同上。

④ 同上。

⑤ 张文和：《越南华侨史话》，台北：黎明文化事业服务公司1975年版。

之永藉也；崇祀伏波马大元帅以缅想其底定之勋，而升隆知所安享也。"① 此处阐述了粤东会馆的肇建、重修及崇奉关帝、妈祖等神灵的过程，奈因记叙未甚规范，有必要进行一番解读：

其一，据《碑记》曰该馆于"龙飞癸亥之秋始建之"。"龙飞"不是越南朝代年号。据《辞源》"龙飞"条云："（1）喻帝王之御极。[易]飞龙在天。[张衡赋]龙飞白水。（2）年号。（甲）十六国后凉吕光称之（民国前一五一六）。（乙）明时广州贼张涟亦称之。"② 据此，当可肯定不是"十六国后凉吕光"之时（396—398）；张涟之时（？—1561）也难以确断。然而，据该《碑记》于越南"明命元年（1820）岁次庚辰孟冬穀旦立"，可知其当为清嘉庆二十五年庚辰。由是，崇祀关帝、妈祖等神灵的"己卯小阳之吉"当为嘉庆二十四年己卯，即1819年。由此再往上推，重修会馆之"乙亥之岁"当是嘉庆二十年乙亥，即1815年。进而再上溯会馆始建之"龙飞癸亥之秋"，即当为嘉庆八年癸亥之秋，也即1803年之秋；其时离重修会馆的1815年是12年，与《碑记》所云"越十余年"吻合。由此可知，粤东会馆当于清嘉庆八年（1803）创建，二十年（1815）重修，二十四年（1819）竣工，并于馆中供奉关帝、妈祖等神灵。故《碑记》之"龙飞"当以"喻帝王之御极"解，即并非实际之年号。

其二，《碑记》云："崇祀赞顺天后元君……"此前，我们几乎没有看到对妈祖这样的尊称。此处何以如此称之呢？考之史籍，清嘉庆皇帝在位时，对乾隆皇帝留下的制度极为重视，即位不久便颁发了尊崇天后的相关诏书。五年（1800），嘉庆皇帝在正月二十九日的诏书中曰："内阁奉上谕：沿海地方崇奉天后，仰承灵佑昭垂，历征显应，溯查乾隆二年加增神号四字，嗣于二十二年、五十三年两次各加增四字，现在各洋面巡缉兵船及商船往来，均赖神力庇佑，着该衙门再拟加增四字，并着翰林院衙门撰祭文，即交此次册封琉球国正使赵文楷，赍往福建敬谨致祭。钦此。"③ 查《清实录》载：此次"加封天后'垂慈笃祜'四字神号，命册封琉球国正使翰林院修撰赵文楷，赍往福建致祭"④。据此，我们再对照妈祖的历代封号，可以发现乾隆皇帝上述三次对妈祖的加封分别为："福祐群生""诚感咸孚""显神赞顺"。公元1803年该粤东会馆创建时，可能由于越南与中国山海遥隔，其时交通不便，信息也不灵通，故虽然嘉庆皇帝已有给妈祖新的封号，但旅居越南的华侨还不知晓，但却记得乾隆皇帝最后一次封号"显神赞顺"，故他们称妈祖为"赞顺天后元君"，当是在情理之中的。

其三，妈祖何故又称"天后元君"呢？据《古今图书集成·神异典》卷二十八引

---

① 见《碑记》抄文打印件。

② 方毅、陈容、陈承泽等：《辞源》亥，商务印书馆1933年版，第154页。

③ 蒋维锬、杨永占：《清代妈祖档案史料汇编》，中国档案出版社2003年版，第123页。

④ 曹振镛、戴均元、英和等：《清仁宗实录》第28册，中华书局1985年版，第762页。

《使琉球杂录·天妃》载："明庄烈帝（按：即崇祯皇帝）封天仙圣母青贤普化碧霞元君，又加封青贤普化慈应碧霞元君。"清康熙戊子四十七年（1708），北京妙峰山所立《御制重修西顶碧霞元君碑》载："元君初号天妃。"①如上所述，"天妃"即"妈祖"，可见此处的意思是"元君"初为"妈祖"的封号。当然，最近已有学者指出，称妈祖为"碧霞元君"是把对泰山玉女的封号错套在妈祖身上之故，笔者无须多赘。然而，笔者想指出的是，历史上人们确实曾称妈祖为"碧霞元君""元君"。因此，越南广东华侨此处所云"赞顺天后元君"是指妈祖也就是无可置疑的了。由是，可见该会馆确实是供奉关帝、妈祖等神灵的。

此外，据目前所知，越南供奉妈祖者还有胡志明市的琼州会馆、五帮共同会馆、温陵会馆、永隆市天后庙、沙沥天后庙与茶荣省小芹县天后宫等。然而，在越南诸多妈祖庙中，最著名者当是胡志明市的穗城会馆天后庙。

二

胡志明市位于湄公河三角洲东北部，于1932年由堤岸市与西贡市合并而成，称"西堤市"，包括西贡及西南毗连的堤岸、东北的嘉定，还包括平阳、厚义两省的一部分。1975年4月正式改称"胡志明市"，但人们习惯上仍然把其简称为"西贡"。

胡志明市第五郡（即原堤岸）阮廌街710号是穗城会馆天后庙（俗称"阿婆庙"）。"穗城"是广东省广州市之简称；"会馆"一词据《辞源》解释："同城或同府或同县之人，族居异地，集合团体，建设馆舍，岁时会集，藉以联络乡谊。有贫病或失业不能自存者，赒恤之。有时兼设公共坟墓殡房，以待有丧者。都会商埠皆有之。"②由此可见，穗城会馆自然就是旅居西贡（即胡志明市）广州华侨的会馆。由于年代久远，没有史料准确记载，故目前尚未知该馆与该庙为何年所肇建。然而，从目前馆中现存碑记可知，该馆于公元1800年进行过一次最大规模的修建，后于1825、1842、1882、1890、1996年都进行过大、小不同规模的维修。相传，1760年该地广州华侨已经开始募捐筹集经费兴建阿婆庙了。③因此，他们把1760年定为该馆创建之年。2000年，在刚跨入21世纪之际，胡志明市举行了庆祝解放25周年纪念活动，该馆也举办创建240周年庆典。为了迎接此次庆典，该庙又于1998年再次进行大规模修葺，并如期告竣。笔者上述之所以有时称"馆"有时称"庙"（即把"馆"与"庙"通用），是有原因的。据载："穗城会馆"是这座建筑物主体的原始名称，在馆内所有碑文或匾额、对联

① 转引自蒋维锬：《历代妈祖封号综考》，马来西亚《妈祖研究学报》第3辑，雪隆：海南会馆2008年版。
② 方毅、陈容、陈承泽等：《辞源》，商务印书馆1933年版。
③ 黎文景：《穗城会馆天后庙》，胡志明：穗城会馆天后庙2000年版，第6页。

之中，都找不到有关这座建筑物其他称谓的记载，可见天后圣母只不过是馆内供奉的主要神圣而已。① 这应该是说，在穗城会馆建成时就开始供奉天后妈祖了。所以，人们习惯上称其为"穗城会馆天后庙"，由此也不难看到人们对妈祖的尊崇。

旅居西贡的广州华侨为何要建造天后庙呢？据该地老一辈人告知，早在中国明末清初之际，已经有不少中国商人乘坐帆船，满载货物，乘风破浪，远渡重洋来到越南经商。当时海运艰险，故为祈求神明保佑平安，商船上多供奉海神，即妈祖（阿婆）。可是，当时必须看风季行船，通常是乘北风季节启程，借南风季节返回，这段时间要逗留数月之久。由于停歇、逗留的时间颇长，故后来便有人倡议集资兴建庙宇供奉妈祖，并当作会馆以为商家歇脚、停留的栖身之所。于是，便发起了筹建运动，规定每船来货照价按"值两抽分"的方式筹款借以集腋成裘。由是，道光十年（1830）所立《重建穗城会馆碑记》载："尝闻建设会馆者，是谓借神恩而酬报答，叙乡里以笃情谊也。溯前众艘自北南来，风帆顺利，瞬然可至。兴商利贾，同为相友相助之谊；益豫同人，公举克勤克俭之志。涓买吉地，爰筑新基。始欲创连（按：疑为'建'字之误）三座，因其后地相违，以至造成两进，并右辅廊而已。既而设立条规，抄资五厘，俟后接踵其力者。此前人之善举也。"② 由于这样，才使穗城会馆天后庙继后多次得以维修、重建，具有现在这样的规模。

现在的穗城会馆天后庙正殿是"三宫"式格局，在正门两侧各有一条走廊；正殿的中间是天后殿，左侧是关帝殿，右侧是财帛星君殿。正殿两翼各另有通道及附设相关建筑物：右翼是理事会办公之处，左翼是供举行会议及会员、善信集会的地方。正殿的天后殿中供奉着七尊神明，即龙母娘娘与玉女（神牌：敕封护国通天惠济显德龙）、土地公神位、天后圣母与玉女（神牌：敕封护国天后元君神位）及金花娘娘与玉女（神牌：金花普主惠福夫人）。龙母娘娘应是发端于广东省德庆县悦城的一尊神灵；据云，其名字为温媪。土地公即土地神，是人们心目中消灾解厄、迎祥纳福以至无所不能的地方保护神。天后圣母即妈祖，因其在元代即被敕封为"护国明著天妃"，故此处称其为"敕封护国天后元君"是不难理解的；至于为何称其为"元君"，前文已有阐述，此处不再多赘。金花娘娘应即金花夫人，是"广州华侨独祀的神灵"③。在此庙中，天后圣母与龙母娘娘、金花娘娘均陪有玉女。那么，何谓"玉女"呢？据《辞源》载，"玉女"有三种解释，即为他人之女之尊称、仙女与美女。笔者以为，此处当以"仙女"解之。综观以上情况，有学者认为："穗城会馆的最大特点是：馆内所供奉的七位神之中，以最靠近我们世代、实有其人可考、最年青、而又与第一代越南南方（以至海外）华人

---

① 黎文景：《穗城会馆天后庙》，胡志明：穗城会馆天后庙 2000 年版，第 9 页。

② 同上书，第 46 页。

③ 龚伯洪：《广府华侨华人史》，广东高等教育出版社 2003 年版，第 41 页。

先辈、大多数是乘船出海、流落他乡的命运息息相关的'女海神'天后圣母——莆田县湄洲湾的福建人林默姑娘（960—987）为主,先辈的抉择是明智的。"①

西堤一带有许多天后庙,但穗城会馆天后庙是更获得广州华侨华人崇拜的主要庙宇。每天都有很多善男信女从四面八方汇集前来焚香膜拜。尤其是1975年南方解放、1976年南北统一以后,每当农历三月二十三日妈祖诞辰之日,一大清早人们就开始争先恐后地前来进香,祈求好运,行善积德;整天人们摩肩接踵,络绎不绝。每年香火费的收入颇为可观,有时甚至高达上亿元。是时,穗城会馆都依照传统公演数晚大戏,帮助年轻人进一步认识和重视自己共同体的优良传统。不仅如此,在日常生活中,人们也经常到该天后庙去祈求、祷告或谢恩,求助天后保佑,以增强对生活的信心。据估计,该庙每天要迎接逾百位外国游客前往进香、参观。其实,人们很早就对该庙感兴趣了。清同治五年（1866）,张德彝（本名"明德"）曾前往越南西贡游览。他后来在《航海述奇》中写道:"早晨驾小舟,行数里登岸。……行数里至一处,名'穗城会馆',系粤人所建。入内过穿堂,后殿内供奉天后娘娘神像,明（按:即'明德'）倒拜默祝神佑一路平安。"② 因此,现在每天会有这么多人前往进香、参观,就没有什么奇怪了。

由于人们对妈祖的虔诚信仰,早时每年妈祖诞辰时均要组织演戏酬神、妈祖游街及大摆筵席迎请宾客,且三昼连宵。越南华侨社会贤达人士及穗城会馆天后庙理事会因见这种情况耗费巨大,便建议停止巡游以节约费用,于1910年在天后庙右侧兴建了一座相当规模的穗城—越秀学校（今称"麦剑雄中学"）。后来,天后庙理事会又筹款在第十一郡（原穗义祠区）创办了复兴学校,以适应平民区华人子弟就学的需要,并于1958年投入使用。1970年,又为该校校舍加建了第二层楼。1967年,该庙用于正月初八日举办的圣灯竞投活动所得款项,为广肇医院（今为"阮知方医院"）赠建一座产育院,命名为"庆灯楼"。事实上,越南堤岸广帮的公益事业如穗城学校、广肇医院、广肇义地等都是由穗城会馆管理。"它们的经费,一向都是受阿婆庙（按:即'穗城会馆天后庙'）的香火抱注的。若无阿婆庙,即无会馆,亦即无各种公益事业。"③ 越南南方解放以后,天后庙渐次排除各种迷信成分,尤其是1987年以来,庙里已经完全没有求签、占卦、代拜神劳务等现象,全体工作人员克尽职责,大力推进各项社会慈善活动:兴建情义屋与温情屋,赈济台风洪涝灾胞,赞助消饥减贫运动,协助橙黄色毒剂受害者,参与免费医院辅助基金筹款,赞助阮氏明开支及阮德景奖学金,颁赠助学金予家境贫

① 黎文景:《穗城会馆天后庙》,胡志明:穗城会馆天后庙2000年版,第9页。
② 王荣国:《海洋神灵——中国海神信仰与社会经济》,江西高校出版社2003年版,第195页。
③ 社论:《越南堤岸》,《远东日报》1957年10月19日第1版。

困之华人大学生和其他许多社会慈善活动。对此,每年均支出数亿元。[①] 因此,穗城会馆天后庙多次获得中央、胡志明市与第五郡颁发奖状,并且连续四年荣获胡志明市授予"好人好事单位"的光荣称号。[②]

三

穗城会馆天后庙是中国式庙宇的建筑风格,巍峨堂皇,宏伟壮观,雕梁画栋,有砖雕、木雕、石刻、灰塑、陶艺等,集诗、文、联、画于一体,内容颇多,具有丰富的历史文化内涵。据统计,庙中现存文物约达四百件,包括神座、石狮、碑记、匾额、楹联、壁画等等。现择其要者略作介绍:

天后庙正殿五大座中第一、第三和第五殿的屋脊与第二、第四殿的屋檐设有 6 大座七彩脊饰群和 4 大座檐饰群体(16m×2m×0.4m)。这五座陶艺群脊饰群结构可分为三层,第一、二层各以 16 块预构件构成,顶层统一配设"二龙争珠"的陶塑,中层分别配以不同的典故陶塑(如西游记、八仙过海、天官赐福、三顾草庐、钟馗嫁妹,等等),底层则衬托不同的花卉鸟兽陶塑,象征龙腾虎跃,百花齐放,百鸟争鸣。在这里,有著名的始于汉朝的"月宫"砖雕和"金陵"砖雕的艺术品,还有灰沙乌药树脂陶艺造型,虽经近百年风雨洗礼但至今仍栩栩如生。香案坛下及神坛前也均有木浮雕画,同样体现了中国人民精湛的雕刻艺术。同时,庙中还保留着一件有五百多年历史的明朝宣德年间(1426—1435)制作的香炉(因其由铜钨合金,可防氧化,故至今不变色)[③],更是吸引了众多的游客。

在庙中的 34 幅壁画中,基本上也都是历史上的著名典故,如《廿四孝》中的仲田"为亲负米"、黄香"扇枕温衾"等,其他典故有"商山四皓""周处除三害"等等。而在大量的书法作品中,则是选录我国历史上著名诗作和文章节录,如唐朝诗人王昌龄的《出塞》、李白的《早发白帝城》、杜甫的《江南逢李龟年》及王勃《滕王阁序》中的"渔舟唱晚,响穷彭蠡之滨;雁阵惊寒,声断衡阳之浦……"北宋范仲淹《严先生祠堂记》中的"先生光武之故人也"等等。

庙中楹联甚有特色:一是多,共达 23 副。二是长短互济。短者仅 8 字、10 字,如"国泰民安,风调雨顺""寿都天至富,职财帛星君";最长者则达 44 字,如"莽莽神州孝德昭,古古今今,差足慰总总林林熙熙攘攘;茫茫大海慈航渡,来来往往,可想巍巍荡荡赫赫明明"。三是时间早。从其中 8 副署有时间者来看,均属于清宣统初年:1 副于

---

① 黎文景:《穗城会馆天后庙》,胡志明:穗城会馆天后庙 2000 年版,第 69 页。
② 同上书,第 70 页。
③ 同上书,第 31 页。

宣统元年（1909）、7 副于宣统二年（1910），均已达百年之久。这些各善信、单位敬献的楹联，当是该天后庙于 1908 年重建时镌上的。四是联文内容紧扣穗城会馆天后庙妈祖信仰这一主题。例如："海国遍慈航，水德参天，横览闽云连粤峤；湄洲隆懿范，坤仪配地，永留越岛护华侨。""尊圣藉神权，原当年义重穗城，特开社会；合民联族界，况我辈情殷梓里，尤爱人群。"

然而，穗城会馆天后庙中最具有史料价值者，当是目前尚存的三方碑记，即立于清道光十年（1830）的《重修穗城会馆碑记》、咸丰九年（1859）的《重修穗城会馆碑记》及光绪二十四年（1898）的《倡设机汽水车碑记》。在目前该馆天后庙沿革还不甚清晰的情况下，这三方碑记无疑提供了最宝贵的资料。甚至，还有可能为国内保存相应的史料。例如，为清咸丰九年《重修穗城会馆碑记》撰文者乃为清末（1814—1874）广东顺德人、道光年间（1821—1850）进士、曾任户部尚书、兼管三库、署翰林院掌院学士罗惇衍，其著有《集议篇》《庸言》及《孔子集语》等。可是，这些文集中是否收入此文，未知；若无，此则可补其不足。

穗城会馆天后庙也有自己的建筑特色，特别是在栋、梁、支柱、斜撑、横椽、格木的架构，及浮雕群艺术装饰等方面，更具有独到的建筑特色。其时天后庙对每一种物料的使用都是十分讲究的，如在使用价值高的石料时，不但用在建筑磨擦消耗率高的出入门阶、地基，特别用在受力大的栋、柱基等处，而且在这些地方还用来体现雕塑艺术。在使用大柱、圆梁时，以红漆防蚁蛀蚀，既稳固耐用又体现了规范性。在正殿内外屋梁的弯月曲线处理上，也体现了中国庙宇的传统建筑特色。由是，我们对于很多游客对庙宇建筑和庙中文物颇感兴趣也就不难理解了。据悉，庙中的建筑材料和装饰陈设，除了一部分是从中国运往者外，大部分是当地华侨华人所制造。这就让我们再一次看到华侨华人把中国传统技艺传播到海外的具体事例。也许基于这样的理由，有学者指出："婆庙的建筑历程，清晰地体现了原籍中国广东省华人同胞早年来越发展，安居乐业和融入越南各民族大家庭，为城市开发、建立和发展作出一定努力的过程。"①

我们于此不难明白，穗城会馆天后庙虽然在两百多年的历史过程中，经过了多次大、小规模不一的修建，但仍然保留着原来的建筑风貌，显示了城市初期的建筑文化，具有重要的价值和特色。所以，越南政府文化新闻部于 1993 年 1 月 7 日作出 VH/QD-43 号决定，确认其为国家级建筑艺术文物遗迹。② 因此，它更是获得广大海内外游客的喜爱，甚至连原匈牙利总统根茨·阿尔帕德伉俪也曾于 1998 年前往参观、上香并题词留念。笔者相信，穗城会馆天后庙必定能够继续响应越南政府号召，努力树立文

---

① 黎文景：《穗城会馆天后庙》，胡志明：穗城会馆天后庙 2000 年版，第 6 页。
② 同上书，第 73 页。

明新风尚,开展各种有益活动,继承和弘扬民族文化,为促进各民族大团结而做出更大的贡献。

综上所述,可知妈祖信仰很早就传播到越南,在华侨华人谋求生存发展过程中发挥过积极作用,并且至今还在流传。所以,作为妈祖信仰载体的妈祖庙(或称天后庙)在越南很多地方建造起来,至今仍香火不断。尤其是胡志明市(即西贡)穗城会馆天后庙更是其中的突出代表。现在,该庙已经成为越南社会主义共和国的历史文化遗迹之一,正在越南的开放革新及经济社会文化建设过程中显示出越来越重要的作用。

致谢:谨此向给作者提供《穗城会馆天后庙》的暨南大学华侨华人研究所高伟浓教授及提供《潮州府重修碑记》《重修粤东会馆碑记》的河南省洛阳外国语学院谭志词副教授致以衷心感谢!

(原载《莆田学院学报》2011年第1期)

粤西的妈祖信仰渊源及现状

邓格伟 ①
广东阳江市委统战部

粤西沿海城市主要包括今阳江、电白、吴川、湛江、雷州、徐闻、遂溪、廉江等,这些城市港湾众多。海区从黄茅海以西至粤桂交界处,包括雷州半岛、台山（现属江门管辖)、阳江、电白一带。自汉代开始,粤西沿海就是海上丝绸之路的必经之处,有的是始发港,有的是转运港。频繁的海上贸易,促进了当地的经济发展。宋代以降,粤西沿海开始盛行妈祖崇拜,至今绵延不绝。为探究粤西妈祖信仰的渊源及现状,笔者查阅文献并作了实地考察,现把结果整理成此文,供进一步研究参考。

一、雷州半岛周边市县的妈祖信仰渊源及现状

1. 雷州半岛周边市县的妈祖信仰渊源

雷州半岛北部的湛江市,原称广州湾,1945 年改今名。它是粤西地区的政治、经济、文化中心。湛江境域,属雷州半岛,三面临海,港湾罗布,海岸线长达一千六百多公里,海上交通发达。当地群众素有崇奉妈祖的习俗,许多妈祖庙被称为"婆庙""婆奶庙"。湛江的东方街就原名"天后街",以旧有天后庙得名,今已废为民居。迁居湛江的福建人以陈、林、李、王姓居多,可见湛江人与福建的历史关系密切。据 2003 年版《湛江市志》记载,南宋景炎二年（1277),受元兵追击的南宋军队约二十万人,另有十多万百姓从莆田、福州、潮州等沿海岸线相继逃到大陆南部,其后散居于雷州半岛及北部一些地区。据《资治通鉴》记载,其实在更早的唐朝中叶,就有一次较大的移民潮由闽入雷。宋绍圣四年（1097)被贬雷州的文学家苏辙就曾记述:"予居海康……其耕者多闽人也。"(《和子瞻〈次韵陶渊明劝农诗〉小引》)可见,湛江的妈祖信仰传播,

---

① 邓格伟（1945—),男,广东阳江人,受聘为恩平市李守真纪念馆馆长。

与闽人迁徙密不可分。

又如作为湛江市区一部分的赤坎区,在 1889 年法国未租借广州湾前,属遂溪县的一个偏僻小镇,但所在的赤坎港是个天然小港,在古码头附近有一座水仙庙(址在今赤坎民主路水仙街 8 号),庙前有两口大水井,当地群众说,这里在古代是渔船汲淡水的地方。赤坎港埠的形成,始于宋代国都南迁杭州后,当时中原的人口大规模向岭南迁移。南宋时期,福建沿海航海交通发达,不少人随船出海经商或者流寓异乡。湛江地区的沿海居民,多数是福建移民,而今湛江地区包括遂溪、海康、徐闻等地流行的雷州话,又称黎话,它们不是黎族的语言,而是属于闽南语系的一种方言,"更准确地说,雷州话的祖宗话是古代闽语的莆田话"①。雷州话"实是闽南话在雷州半岛一个分支的别称。大抵到明代,随着闽潮移民增多,这种'黎语'已经形成"②。当地流行的雷州歌,其载体亦是雷州话。在赤坎,至今仍有福建街、福建村、福建河等地名,它们都是当年福建人南迁的历史遗迹。

再看徐闻县,两汉和三国时期,其县境内的徐闻港是我国"海上丝绸之路"的著名始发港之一。徐闻三面环海,港湾渔村星罗棋布,天后宫甚多。如水井天后庙,位于海安所城南门外渡头,建于清乾隆五十一年(1786),其后多次重修,1949 年后改为兵营,20 世纪 70 年代被毁,80 年代初,当地群众集资重建,颇具规模。又如外罗天后宫,俗称"三座庙",1984 年重建,规模较大,庙内有正殿、配殿和亭台。此外,还有锦和天后庙、曲界天后庙、海安白沙埠天后庙、沓磊天后庙、角尾潭鳌"娘王庙"、城南翁农尾"圣娘庙"、新西三座"圣娘庙"、东场天后庙,西连田四、水尾天后庙,五里三塘、四塘、南山下村天后庙及新寮镇建寮村、北尾、港六天后庙等达 19 座天后庙,今或毁弃或重建,历尽沧桑。

笔者经考察徐闻的天后崇拜,发现也与当地居民的祖籍关系密切。查地名志记载,徐闻有 19 个村庄的居民是明清时期从莆田迁移来的。此外,据县志记载,自莆田来徐闻任职的地方官有 7 位,如明嘉靖间任徐闻县丞的进士林应聪,明代任徐闻典史的黄镗、郑一庸、苏朝举等。徐闻民间还流传着许多有关妈祖的故事,如"搬姑""白宫的来历"等故事(详见《徐闻文史》2000 年第 13 辑)。

据《海康县志》记载,海康县历史上在迎恩坊、下岗老村、下岗仙村、头角村、东湖村(宋代)、大埔村、南兴墟、博怀渡头等地也都有天后庙,只是世事沧桑,今存者寥寥。

廉江古称石城,自汉至唐代,是百越俚族聚居之地,虽远离海岸,但江河纵横,历史上妈祖宫庙,亦为数不少。据光绪《石城县志》载:"天后庙在都司果西,康熙十一年

---

① 蔡叶青:《雷州话源流考》,政协湛江市文史资料研究委员会《湛江文史资料》第 4 辑,1985 年。
② 司徒尚纪:《岭南历史人文地理——广府、客家、福佬民系比较研究》,中山大学出版社 2001 年版,第 55 页。

建,每岁春秋仲月上癸日致祭。"1995 年版《廉江县志》收录有安铺天后宫史迹,该宫位于安铺镇中天街,建于清乾隆五十一年（1786）,同治十年（1871）重修,并于后座增建一座三间的"上达堂"。1945 年被日机炸毁,后改建为戏院。建国后,扩建为人民戏院。此外,在廉江铜鼓迳蟠龙庵左侧、营仔墟及城西白沙村埠头均建有天后宫。廉江建天后庙,同样与闽越人迁徙有关。"到了明朝,其他如罗、刘、赖、陈、李等一百二十多姓人氏,先后从福建等地流迁廉江定居。"①

遂溪县得名于"溪水合流,民利遂之"。遂溪因濒溪临海,昔时天后宫也不少。据清《遂溪县志》载,天后庙"一在县南市,乾隆元年建;一在通明港调蛮村,明万历十四年建,三十七年重修;一在曾家渡头;一在南柳村西北;一在梧桐塘;一在城月墟,道光二十八年建"。遂溪天后宫多为明清时所建,因地处雷州半岛北部沿海,且先祖大多为闽、潮（州）移民,故有崇拜海神妈祖的风俗。

又据旧志记载,吴川历史上亦有 8 座天后宫,位居洪圣宫、冼太夫人、龙母庙之先。而与吴川相邻的电白县城、水东、博贺等港口或近水处亦有 5 座天后宫。综上所述,粤西的妈祖信仰既与滨海地理条件有关,亦与闽、潮之移民密不可分。

2. 雷州半岛周边市县的妈祖信仰现状

历史上雷州半岛周边市县妈祖庙宇众多,但沧海桑田,大多已经毁弃。以下介绍一些比较重要的重修或复建的妈祖庙宇,借窥雷州半岛周边市县妈祖信仰现状之一斑。

（1）文章湾天后宫:坐落于湛江市赤坎前进路 22 号,传说宋末陈文龙元帅次子陈梦雷,从福建莆田玉湖来到雷州半岛隐居,其后裔于清康熙三十八年（1699）创建。建国前,孙中山胞兄孙眉在广州湾成立同盟会,该宫为同盟会会址。曾一度成为南路中共地下党的医疗器械、药品补给转运站。1963 年毁坏, 1999 年重建,占地面积 144m²,建筑面积 74m²,是一座典型闽南风格仿古建筑,正门对联:"湄洲分灵迁湛土,文田香火继莆田。"每年农历正月十九日,这里举行大型祭祀妈祖巡游活动,并率先在粤西地区举行首届妈祖文化节。2003 年,该宫入编《世界妈祖庙大全》一书。

（2）平乐天后宫:原属雷州府遂溪县二十二都,现属湛江经济技术开发区。位于新建的湛江海湾大桥左边,昔日古宫前临大海。始建于清康熙二十九年（1690）,为平乐村始祖宋进士明健太守之长子黄应诚的后裔所建。1962 年毁,现存道光二十二年铸铁钟一口。1994 年重建,占地面积 500m²,建筑面积 150m²,大门对联:"圣德配天天作合;母仪垂后后来苏"。过去每年农历正月初九晚,例行全村扫清道路,从初十日至十五日连续游神 7 天,鼓乐喧天,场面壮观。文革时期,巡游活动停止,至 1989 年恢复。每年三月二十二日妈祖诞期间,平乐村人人斋戒,演戏酬神,成为该村最重要的一项民

---

① 赖炳寿、刘桂和:《廉江民居琐谈》,政协湛江市文史资料研究委员会《湛江文史资料》第 4 辑,1985 年。

俗活动。

（3）津前天后宫：位于湛江市外海的硇洲岛，前临南海，始建于明正德元年（1506），清咸丰元年（1851）重建，共三进，中间拜亭已改作天井。古庙不但有丰富的民间传说，且文物众多。如庙前"海不扬波"石坊，为明万历三年雷州推官顾以锡为报天后显灵庇佑他在硇洲洋面战胜海盗之恩所建。石狮子则为清道光年间硇洲振威将军福建水师提督窦振彪所献。又如同治年间，吴川状元林召棠为天后庙题额。天后坐轿所刻楹联"像是莆田尼山吴祖，庙居津前正德元年"，则显示天后信仰是硇洲吴姓先祖从莆田带入的。清代，每逢初一、十五，官员则鸣锣开道，前往朝拜天后像。每年农历三月二十三妈祖诞辰，当地要举行"三月坡会"，在庙前演戏酬神。改革开放后，不少港澳台同胞前来祭拜许愿，并赠送石狮、石香炉等，古迹得以光大。[①]

（4）雷城天后宫：又名天妃宫、龙应宫，位于雷城镇关部街夏江巷。始建于宋，明正统十一年（1446）知县胡文光重修，更名"雷阳福地"。此后，于弘治八年（1495）、嘉靖元年（1522）、嘉靖十六年（1537）、万历二年（1574）多次重修。万历十五年（1587）至湄洲岛请天妃像入宫。清代此宫又多次增建和重修。宫的第三进为正殿，供奉天后塑像。对面为清代古戏台。1983年海康县人民政府定为县级文物保护单位，1984—1990年信众集资修葺，使古宫焕然一新。[②]大门刻联："闽海恩波流粤土，雷阳德泽接莆田"，表明雷州与莆田的亲缘关系。

（5）梅菉天后宫：该宫始建于明代，清代多次重修，光绪十三年（1887）曾御赐"泽洽重溟"匾。相传昔年庙将竣工，神像自漳州起运，竟然只一夕至芷寮（吴川古海港），故有"五更漳水通梅水"之联句。天后宫大门石刻联云："孝友著璇宫，天生使独；声灵昭镜海，后来其苏"。为清光绪四年（1878）重修时唐毓真书。抗日时期和解放战争时期，天后宫曾为革命活动据点。1958年被当地综合厂占用。1994年当地群众集资重修，耗资一百多万元，于1995年仲秋竣工。如今，庙宇红墙绿瓦，斗拱飞檐，为吴川市文物保护单位。按梅菉为吴川治所，境内的鉴江为粤西最大的河流，水上交通发达，商贸繁荣。"早在唐代就有船舶往来于吴川芷寮港与广州、福州和广州湾（现湛江）之间。"[③]很多闽南人来此经商，梅菉镇至今仍有"漳州街"。

（6）塘土叕天后宫：位于吴川梅菉镇30公里外的塘土叕镇通津河畔，昔日舟楫往来，商贸频繁。该宫始建于清康熙五十九年（1720），道光二十年（1840）重建。20世纪40年代初，抗日名将张炎在宫前作过著名抗日救国演讲，1944年冬，张炎、詹式邦部队在钩镰岭歼灭进犯日军后。在宫前戏台召开祝捷大会。然几经风雨，天后宫只剩

①　湛方文：《硇洲岛津前天后宫》，政协湛江市文史资料研究委员会《湛江文史资料》第11辑，1992年。

②　雷州市地方志编纂委员会：《海康县志》，中华书局2004年版。

③　韦燕微：《吴川交通发展史初探》，政协吴川县文史组《吴川文史》第3辑，1985年。

几堵断壁残墙。1997年冬，当地有识之士和港澳同胞、华侨等捐资，按原貌风格在原址重建，2002年冬竣工，建筑面积465m²，耗资两百多万元，前座设张炎将军纪念馆，上座供妈祖像。宫前立双龙石柱，壁画栩栩如生，成为一处缅怀先烈和朝拜妈祖的观光胜地。

二、阳江地区的妈祖信仰渊源与现状

1. 阳江地区的妈祖信仰渊源

阳江古为百越之地，是少数民族聚居的地方，南临南海，海岸线长，岛屿众多，有七大渔港。因处于热带到亚热带过渡带，夏秋台风频繁，容易造成灾害，故崇拜神祇习俗，千年不灭。阳江又是古代海上丝绸之路转运港，是粤西地区物资的集散地。唐代，阳江盛产海盐。宋代，阳江石湾窑盛产陶瓷，那时期，阳江已和江浙沿海地区开展商贸往来。至明代，阳江发展成为广东省七大造船中心之一，所以，外地渔船（包括福建沿海地区）经常来往于阳江各地渔港，同时也将妈祖信仰带到了阳江。

在阳江沿海港湾中，过去还聚居着一个特殊群体——疍民，史称南蛮之一种。"疍户者以舟楫为家，捕鱼为业，或编蓬溺水而居……齐民则目为疍家"，他们"世世以舟为居，无土著"（顾炎武《天下郡国利病书》）。在旧社会，疍户受尽欺凌，生活贫困，他们有的在海边搭起木棚居住，人称"疍家棚"。疍民久居江海之上，无法读书识字，愚昧无知，遇有灾难，只有听天从命，祈求神灵保佑，其中海神妈祖和洪圣大王是最主要的神祇。阳江渔民有张、林、杨、阮、蔡、郭六大姓，崇拜妈祖者居多。

闽人入籍阳江，对传播妈祖信仰亦是起了积极的推动作用。阳江籍著名史地学家司徒尚纪教授在所著《岭南历史人文地理》书中写道："南宋绍兴年间，南恩州（今阳江）邑大豪多莆（田）、福（州）族。"据《林氏开基宗祖系谱》记载，原居莆田县乌石村的二十九世祖咸公，为宋咸淳间（1265—1274）举人，曾任广东候补知县，改任南恩州儒学，居阳江城州背街，为阳江林氏开基始祖。阳江城人林义强曾对笔者说，妈祖林默确是其宗支姑祖。

宋代，阳江县城已建有"祖创宫"，这是阳江最早的一座妈祖庙。据《阳江志》（1925年版）载："天后庙在崇善坊，曰祖创宫，传自宋创建。乾隆四十八年（1783），道光三年（1823），光绪三年（1877）、十二年（1886）重修。"古宫坐落于阳江市区塘边张中段，占地200m²，前座被改建成民房，中、后座至今基本保持完好。除林姓从莆田迁居阳江外，李姓、姚姓亦均来自福建莆田，而黄姓原居江西，是先居莆田，入粤后再迁居阳江。

阳江妈祖信仰的兴盛，还有一个历史影响因素，那就是清代至民国年间，阳江地区兵荒马乱,瘟疫流行,阳江各地举办娘妈出游活动,以驱疫禳灾,这在客观上又强化了妈祖信仰在当地的影响。游神活动每三年一次,先城外后城内,故民间有"二十一日游城外,二十二日游城内,二十三日吃猪会"之谚。至1927年后,阳江城大型游神活动始停止。阳江有大规模游神活动的妈祖庙还有东平镇天后宫、阳西儒洞天后宫等。前者今尚存每年正月举行放烟花、抢花炮习俗;后者尚保留一年小游、六年一大游的妈祖游神活动。

2. 阳江地区的妈祖信仰现状

笔者不完全统计,阳江历史上具有一定规模的妈祖庙有三十多座,至2006年,现存且对外开放的妈祖庙有13座。其中郊石角天后宫、儒洞天后宫和闸坡大角天后宫被莆田湄洲祖庙确认为分灵庙,并加入中华妈祖文化交流协会。阳江北津港天妃庙,是明代广东三大海神庙之一,明末清初岭南文学家屈大均为之撰写《阳江天妃庙碑》,可惜古庙毁于20世纪30年代。下面简述阳江几座较有代表性的天后宫现状,从中可见妈祖信仰在该地区的传播情况和发展趋势。

(1)石角天后宫:位于阳江市郊东南三里的漠阳江畔,始建于清雍正十三年(1735),此后多次重修。古宫占地约700m²,为两进一天井的清代砖木结构建筑。正门对联曰:"泽沛莆田超漠海,灵分湄岛镇鼍江"。1966年古宫改建作他用。1984年,在几位妈祖热心人士的努力下,开始着手重修。2004年7月,从湄洲祖庙请回一尊木雕妈祖像,成为湄洲祖庙分灵庙。十多年来,春秋两诞致祭,香火旺盛。

(2)儒洞天后宫:位于阳西县儒洞正街,始建于清道光五年(1825),落成于道光八年(1828),工程浩大,是阳江市历史上规模最大的一座天后宫。古宫为三进砖木结构建筑。正门对联为:"圣德配天,湄洲道范;母仪称后,海国慈航"。1957年前,建筑占地面积达2760m²,宫前空地约7000m²,设大小戏台4个,1958年后,空地变为私人住宅。"文革"中,古宫神像被毁。1991年修葺后对外开放。从1994年起,每年农历三月二十三日举行游神祭祀妈祖活动,每隔六年举行一次大型醮会。2006年冬举行的首届妈祖文化旅游节,盛况空前。

(3)东平天后宫:位于阳东县东平镇福兴街,是目前阳江市整体建筑保存最完好的一座天后宫。始建于清康熙年间,咸丰二年(1851)重建,占地575m²,大门对联为:"湄岛钟灵,恩敷南国;熙朝显圣,泽溥东平"。该宫因长期被水产站占用,整体建筑未损。2002年8月,来自全国各地参加"第五次(阳江)海洋文化研讨会"的五十多位专家学者到此参观题词,对该宫的价值给予了高度评价。

(4)平冈天后宫:原为明万历年间所建的慈恩寺,当地素有"先有慈恩寺,后有平冈墟"之说。由于年久失修,古寺在建国前已倾圮。因寺内原设有天后宫、三圣堂等殿宇,2005年11月,当地信众在原寺址上改建为天后宫,2006年9月竣工,建筑面积 270 多平方米。大门对联为:"覃恩浩荡深如海,后德巍峨独配天"。宫前有"日月""乾坤"两口古井,落成后,香客络绎不绝,这是阳江市内佛寺改建天后宫的一个典型案例。能在一个古镇边兴建起一座天后宫,原因一是附近没有天后宫,而当地是半渔半农经济地区,信仰妈祖的人不少;二是交通便利,天后宫就在江闸公路主干线旁边,经过环境的美化,使之成为当地的一个妈祖文化旅游区;三是天后宫负责人人缘好,得到了当地妈祖信众的信任。

以上是笔者对粤西妈祖文化历史和现状的初步考察,由于受时间和条件所限,更深入的研究有待今后进一步的调查挖掘。笔者相信,随着人们对妈祖信仰及其文化价值的认识不断提高和极左观念的摒弃,妈祖文化的价值已得到越来越多的人的认识,妈祖精神不但可以帮助我们建设和谐社会,妈祖文化还能促进当地的文化产业、旅游事业和经济的发展,因此,妈祖文化在新时代得到了一个大力弘扬的新机遇,呈现出继续复兴、发展的新趋势。

致谢:考察承蒙阳江市石角天后宫、阳西县儒洞天后宫、阳江市平冈天后宫及湛江市平乐村天后宫副董事长黄华如先生大力支持,特此致谢。

(原载《莆田学院学报》2007 年第 6 期)

泉州天后宫对推动两岸交流的促进作用[①]

范正义[②]
华侨大学公共管理学院

泉州天后宫自 20 世纪 80 年代以来,随着海峡两岸关系的逐渐解冻与民间往来的日趋频繁,到这里进香的台湾信众越来越多,泉州天后宫在闽台宗教文化交流中的角色愈显重要起来。笔者在调查中,收集到近几年来泉州天后宫在接待较大规模的台湾进香团时留下的一批往来文件资料。这批资料,主要是 2005 至 2007 年台湾妈祖信众到泉州天后宫进香时留下的记录,包括 2005 年台湾彰化南瑶宫、2006 年台湾鹿港天后宫、2006 年台湾妈祖联谊会、2007 年台湾鹿港天后宫、2007 年开台澎湖天后宫到泉州天后宫的进香活动,以及 2007 年台湾澎湖县在泉州天后宫举行的"泉州·澎湖"乞龟民俗文化活动。此外,还有彰化县田中镇乾德宫、嘉义市金母宫、金门县南门天后宫等其他众多宫庙在进香前,委托旅行社发给泉州天后宫的传真文件,内容较为简略。

从这批资料的种类和内容来看,一部分是台湾宫庙发给泉州天后宫的传真,告知泉州天后宫进香的时间、人数以及需要祖庙代为筹办的一些事项,协调进香团的入关、住宿、踩街、祭典等问题。另一部分是泉州天后宫向泉州市文物局、文化局、市台办等上级主管部门请示关于如何做好台湾进香团接待工作的文件。

这批资料内容丰富,对于了解当代两岸宗教文化交流的真实情况,以及民间宗教文化交流带来的对海峡两岸的政治、经济、文化方面的影响,有着重要的价值。

从这批资料看,泉州天后宫对两岸交流的促进作用,主要表现在政治、经济与文化三个方面。

---

① 基金项目:泉州市社会科学研究基金(2009C-YZ09)。
② 范正义(1974—),男,福建永安人,副教授,博士,主要从事闽台民间信仰研究。

一、泉州天后宫对两岸政治交流方面的促进作用

从笔者收集到的这批资料来看，两岸宗教文化交流带来的政治方面的促进作用，主要是通过以下两方面的途径达成的：一是台湾信众通过种种办法来疏通台湾当局，以使自己能够以最便捷的方式到泉州天后宫进香；而在泉州天后宫方面，为了更好地接待台湾信众，提请政府在入境、通关方面给予台湾信众以便利。这样一来，两岸交流的禁区便不断被打破，这对于推动两岸交流的纵深开展是极其有利的。二是台湾进香团中，有不少台湾当局的"政要"随行。泉州市政府有关部门在接待台湾进香团时，和这些台湾"政要"之间的沟通与交流，对于化解两岸政治上的隔阂是有帮助的。

首先来看第一种途径。2007年，开台澎湖天后宫开展两岸宗教直航五周年泉州天后宫进香活动，为了使进香活动更便捷、顺畅，澎湖天后宫试图以"'本国籍'客轮往返载送"的方式，组织信众到泉州进行四天三夜的宗教交流活动。为达到这一目的，2007年5月10日，开台天后宫以2002年首次与泉州进行宗教交流，今年正好五年，信众均有"持续办理以圆信仰之情结"为由，发函澎湖县"政府"，请县"政府""转呈台湾'行政院大陆委员会'核备并协助推动本项计划"。同年7月11日，台湾"行政院大陆委员会"发函开台澎湖天后宫，同意天后宫的请求，并要求天后宫"向'交通部'等相关部门提出申请"。同时，"大陆委员会"在函件中声称，"本案办理时程较为急迫，若需行政协助，请尽速联系本会进行处理"。由上可见，两岸宗教文化交流，有利于打破原先台湾当局设置的一些妨碍两岸交通的条条框框，使两岸交流更为便捷、顺畅。关于这一点，从2007年7月2日澎湖天后宫发给泉州天后宫的函件中，也可以明显看出。函件中，澎湖天后宫将直航五周年泉州会香活动的主旨，总结为两点：一是"共同弘扬妈祖文化"，二是"共同推动两地直接往来常态化"。①

泉州市政府的一些举措，也有利于推动两岸交流向纵深开展。2006年台湾鹿港天后宫组织四百多名妈祖信众到泉州天后宫谒祖进香，泉州市政府在《关于认真做好台湾彰化鹿港天后宫信众来泉进香活动的通知》中，要求"市边检站、出入境检验检疫局、海关和石井对台客运码头做好台胞出入、过关时的验关工作，尽量简化手续，开通绿色通道；方便台胞快捷顺畅通关；市边检站负责办理联检大楼临时通行证30份"。鹿港天后宫信众入境后，泉州边检站在《泉州边检站积极服务台湾彰化进香团》的报告中，对台湾信众的入境通关工作进行了总结："此次进香团是'泉金'航线通航近一

---

① 以上引文参见2007年5月10日开台澎湖天后宫发给澎湖县政府的函件、2007年7月11日台湾"行政院大陆委员会"发给开台澎湖天后宫的函件、2007年7月2日开台澎湖天后宫发给泉州天后宫的函件。

年来,人数最多的台湾进香团。针对进香团人数多、携带的佛具多等实际情况,泉州边检站提前做好准备,增派警力到现场执勤,并通过实行'双语'(闽南语和普通话)服务,增设'进香团专用'验放通道等措施,确保正常验放一名旅客不超过30秒,处理勤务事件不超过20分钟,方便台胞通关。"台湾妈祖庙来泉州进香时,泉州市政府主动简化进香团的入境、通关、验放等程序。这样做当然只是一种临时性的行为,但是,可以想象,一旦两岸的宗教交流频繁起来,到泉州进香的台湾宫庙不断增加,这种临时性的做法,就有可能常态化。这对于拓宽两岸交流的深度和广度来说,显然是十分有利的。

接着来看第二种途径。台湾的妈祖进香团中,大多都有"政要"随行。泉州市政府有关部门接待进香团时,与台湾"政要"之间的沟通与交流,有助于化解两岸政治上的隔阂。例如,2005年3月,彰化市南瑶宫信众一千多人,在该市"市长"温国铭先生的率领下,到泉州天后宫绕境进香。2006年9月,台湾大甲镇澜宫组织台湾妈祖联谊会的53座会员宫庙的四千三百多名信众,到泉州、湄洲等妈祖庙进香。这一规模庞大的进香团,由台中县"县长"黄仲生担任领队,随行的有38座妈祖宫庙的负责人,以及台中县大甲镇、大安乡、外埔乡、后里乡、梧栖镇、清水镇"镇长"及"代表会主席"等。2007年4月彰化县田中镇乾德宫一行60人,在台湾"立法委员"陈朝容与田中镇"镇长"郑俊雄先生的带领下,到泉州天后宫进香朝拜。2007年7月,开台澎湖天后宫组团到泉州天后宫会香,这次进香团的团组成员包括台湾地区无党籍联盟"主席"、"立法委员"林炳坤,澎湖县议会"副议长"蓝俊逸、马公市"市长"苏昆雄等澎湖政商界知名人士。此外,澎湖县议会"议长"刘陈昭玲在参加青岛举办的两岸人大(议会)交流活动之后,也专程赶来泉州与进香团的信众会合。

由于进香团大多有台湾"政要"随行,泉州天后宫接待时自然也格外慎重。例如,就2007年澎湖天后宫进香一事,泉州天后宫在上报泉州市文物局的函件中,指出"林炳坤先生等系台湾地区重要知名人士",恳求政府有关部门做好接待工作。这份函件在接待台湾进香团的日程安排中,提出台湾进香团入住华侨大厦等酒店后,泉州"市相关领导会见林炳坤、杨国夫、蓝俊逸、苏昆雄等23名人士。请市政府副秘书长许礼哲,市台办、人大侨台工委、文化局、旅游局、文物局等市直有关部门负责人陪同"。在随后的欢迎晚宴上,泉州天后宫提请"市相关领导宴请澎湖进香交流团林炳坤、杨国夫、蓝俊逸、苏昆雄等23名人士,市政府副秘书长许礼哲,市府办、台办、人大侨台工委、民宗局、公安局、文化局、旅游局、文物局等市直有关部门负责人陪同"。① 最后,在澎湖天后宫进香团离开时,泉州天后宫也希望泉州市台办等政府有关部门派人至石井对台客运码头,欢送台湾进香团。

① 以上引文参见2007年7月13日泉州天后宫报送市文物局《关于接待台湾澎湖县进香交流团的请求》。

泉州市政府有关部门给以进香团中的台湾"政要"另行接待的"特别待遇",为两岸政界人士的沟通与交流创建了一个平台。虽然,笔者收集到的资料中,并未提到两岸政界人士相见时的谈话主题是否涉及政治,但是,有理由推测,两岸政界人士经常性的碰头,对于化解两岸政治上的隔阂,促进祖国的和平统一,是能起到相应的作用的。

二、泉州天后宫对两岸经济交流方面的促进作用

两岸宗教文化交流对两岸经济也带来一定的影响。两岸宗教文化交流对泉州经济的促进,主要表现在台湾进香团在泉州留下了他们的旅游消费,有利于泉州旅游经济的发展。这也就是旅游学中常提到的"朝圣游"。此外,两岸宗教文化交流,对于吸引台资投资泉州,也能起到一定的牵线搭桥的作用。

笔者收集到的资料中提到的这几个台湾进香团,都是百人以上的规模较大的进香团。例如,台湾苗栗县后龙慈云宫自1990年起,开始返回泉州天后宫谒祖进香。2003年该宫管理委员会改组以后,谒祖进香的规模随之扩大,2004年160人,2005年162人,2006年206人,进香团人数年年增加。2005年彰化市南瑶宫进香人数约1000人左右。2006年鹿港天后宫进香团400多人,2007年增加到500多人。2007年开台澎湖天后宫两岸宗教直航五周年泉州进香团400多人。人数最多的是2006年由台中县大甲镇澜宫发起的共有53个妈祖宫庙参加的台湾妈祖联谊会进香团,人数达4300人以上。规模庞大的台湾进香团,在泉州天后宫谒祖进香时,留下的交通、食宿、祭典、旅游观光的消费,促进了泉州旅游经济的发展。

首先,从交通方面来看,2006年泉(石井)金(金门)航线开通后,不少进香团选择从台湾本岛搭乘飞机到金门,再转乘泉金航线的客轮到泉州,从而将一部分的交通消费留在了泉州。此外,这些大规模的进香团登陆后,还需要有众多的车辆,以方便他们在泉州、湄洲进香活动的顺利进行(大部分进香团都同时到湄洲、泉州两地进香)。例如,2006年台湾妈祖联谊会4300多人的进香团,租用了200多部车辆,一路上浩浩荡荡,蔚为壮观。因此,每次进香带来的交通上的花费,也是一个不小的数目。

其次,进香团到了泉州以后,一般都会在泉州住宿,这项花费也是不菲的。例如,2005年彰化市南瑶宫进香团于3月28日、29日连续两天在泉州住宿,由于信众有1000人左右,入住的酒店有航空酒店、鲤城酒店、金洲酒店、东方酒店、湖美大酒店、爱乐大酒店、华侨大酒店、帝豪大酒店等八家酒店。2006年台湾妈祖联谊会进香团的规模更大,超过4300人,他们的到来,给泉州酒店业带来了一次消费高潮。据泉州市委办公室、泉州市人民政府办公室《关于接待台湾妈祖联谊会来泉谒祖活动方案》的安排,4300多人的进香团"入住市区华侨大厦、鲤城、刺桐、航空、湖美、城市假日、大华、

东方、明发、金宝、广电中心、金洲、建福、丰泽、钻石,晋江南苑、金鑫、胜家,泉州经济开发区太子,惠安大鹏等酒店"①。可见,进香团带来的旅社入住爆满的景象,甚至可以和"五一""十一"黄金周期间的旅馆入住率相媲美。

第三,台湾进香团举行妈祖祭典仪式时所需要的祭品、仪仗、阵头等,基本上是由泉州天后宫代为在泉州市场上订购的。也就是说,两岸宗教文化交流对泉州宗教用品市场的发育也起到了一定的刺激作用。例如,2006年新港奉天宫在发给泉州天后宫的函件中,请泉州天后宫代为订购祭品,包括五果一份、花一对(附花瓶)、红龟12个、发糕12个。2005年彰化南瑶宫在进香前,曾发函泉州天后宫,函件中也详细罗列了一些需要泉州天后宫代为置办的项目:"一、贵庙协办五牲、五果等祭品,本会另外支付。(人民币一千三百元)二、贵庙提供开路鼓等各项民俗才艺阵头约二百零五人,本会另外支付。(人民币一万元)……七、带尾叶竹竿十六尺一支、七尺四十四支仍请代办,本会支付费用……"从彰化南瑶宫的个案来看,进香团在泉州天后宫举行的祭典仪式及绕境踩街活动,其费用是由进香团自身承担的。近几年台湾进香团在泉州进香时,都有在泉州天后宫举办妈祖祭典仪式,也都有举行绕境踩街仪式,这些宗教仪式活动产生的消费,对泉州宗教用品市场的发育是有利的。

第四,台湾进香团在完成谒祖进香后,经常会在泉州及附近地区旅游观光,由此留下旅游消费。例如,2007年开台澎湖天后宫在直航五周年泉州会香活动的计划书中,安排7月24日为"举行祀酒科仪式与参观名胜古迹",7月25日为"参观名胜与宗教文化交流"。因应进香团的意愿,泉州天后宫安排"7月24日下午,25日全天,台湾信众将分为3个团组前往海交馆、洛阳桥、少林寺、开元寺、府文庙、承天寺、老君岩等市区景点参观"。②

第五,两岸宗教文化交流对于吸引台资,服务泉州的经济建设来说,在一定程度上也起到了牵线搭桥的作用。2006年台湾妈祖联谊会布置进香团在厦门、泉州、莆田的行程时,特别安排进香团与当地的台商协会成员会面、会餐。③台商协会是当地台商自愿性的民间组织,进香团在行程安排中,特意与当地的台商协会成员会面,虽然资料中未言明他们会面时的交谈内容,但可推测,进香团中一些有意在大陆投资但又不太了解大陆投资环境的成员,有可能从他们与当地台商协会成员的会面中,获得他们所需要的信息,从而使他们在大陆的投资计划更为成熟。泉州市政府在接待台湾进香团时,也希望借此机会来吸引更多的台商投资。2006年台湾妈祖联谊会进香团抵达泉州

---

① 2006年9月25日泉州市委办公室、泉州市人民政府办公室《关于接待台湾妈祖联谊会来泉谒祖活动方案》。
② 2007年7月18日泉州天后宫向市直部门提出的《台湾澎湖天后宫400多名妈祖信众到泉州天后宫谒祖进香及文化交流活动提请协调事项》。
③ 2006年台湾妈祖联谊会《天上圣母台海巡香湄屿大会香特别企划》。

后,泉州市相关领导于泉州酒店设宴招待进香团中的主要嘉宾 60 人,同时邀请泉州市
台商协会的 10 名成员参加。泉州市政府接待进香团成员时邀请台商协会的成员出席,
显然有让已经在泉州投资的台商帮忙宣传泉州的投资环境的目的在内。

当然,两岸宗教文化交流带来的经济上的影响是相互的,台湾方面也带有借此机
会来发展经济的目的。如,2007 年"泉州·澎湖"乞龟民俗文化活动,由澎湖旅游发
展协会发起,得到澎湖佳期旅行社、澎湖之美有限公司、吉美度假村、金永顺旅行社等
22 个旅行社的赞助。澎湖的旅行社积极参与两岸宗教文化交流,主要是出于这种想
法:招揽泉州市民到澎湖旅游观光,促进澎湖旅游观光事业的发展。所以,泉州天后宫
乞龟民俗活动期间,澎湖旅游发展协会不失时机地张挂出澎湖风光名胜图片,向泉州
市民展示,以激起泉州市民到澎湖旅游观光的兴趣。同时,在澎湖旅游发展协会制定
的"为澎湖泉州两地乡亲祈福"行程表中,还特意安排了泉州、澎湖两地的"旅游协
议签字仪式"。

三、泉州天后宫对两岸文化交流方面的促进作用

由于笔者据以分析的资料收集自泉州天后宫,这些资料局限于提供进香团在泉州
活动的信息。因此,笔者介绍的两岸宗教文化交流带来的文化层面的促进作用,主要
局限于泉州。

首先,两岸宗教文化交流有利于泉州天后宫在信仰中断数十年后,能够很快地接
续上已经失传的仪式传统。这是两岸宗教文化交流带给宗教文化自身的影响之一。

民国十七年(1928),泉州天后宫的前进,被改建为南门市场。次年,天后宫被改
作林孝女祠。[①] 民国二十年(1931),天后宫被改作晦鸣中学校舍,梳妆楼改建教室,
后殿东斋馆被占作民宅。[②] 此后,天后宫的信仰始终未能恢复。改革开放后,泉州天后
宫的信仰活动逐渐走上正轨。不过,经过数十年来的信仰中断,泉州天后宫虽然恢复
了正常的宗教活动,但在妈祖祭典、签诗、科仪及其他宗教仪式知识方面出现了断层。
在这样的情况下,两岸宗教文化交流的开展,为泉州天后宫接续已经失传的仪式传统,
创造了良好的外部环境。

两岸宗教文化交流,有利于泉州天后宫接续已经失传的仪式传统,这是因为,台湾
妈祖宫庙进香时,大多都有与祖庙进行宗教仪式知识方面的交流的愿望。例如,台湾
开台澎湖天后宫 2007 年纪念直航会香五周年活动的计划书中,提到举办此次活动的

---

① [菲律宾]陈祖泽:《温陵探古录》,1929 年。
② 黄炳元:《泉州天后宫》,闽台关系史博物馆、天后宫修缮基金董事会,1990 年。

目的是:"本会有鉴于妈祖信仰一脉相承密不可分,为传统先民遗绪,加强泉、澎同道交谊及启发宗教祭祀科仪交流,延续 2002 年举办妈祖航海泉州会香祈安宗教文化交谊活动,藉此提升妈祖两岸民间信仰人士共聚交流。"与泉州天后宫进行"宗教祭祀科仪交流"与"两岸民间信仰人士共聚交流",是开台澎湖天后宫赴泉进香的目的之一。泉州天后宫在接待澎湖进香团时,自然也要因应他们的请求,与之进行宗教仪式知识方面的交流。这样的交流,对于泉州天后宫的仪式重建来说,自是获益匪浅的。

例如,泉州天后宫的妈祖祭典仪式,在改革开放初期,已经完全失传。不过,两岸宗教文化交流活跃起来以后,妈祖祭典仪式在泉州天后宫迅速恢复起来。原来,台湾妈祖宫庙进香时,都希望能够在祖庙举行妈祖祭典仪式。但是,祭典需要较多的人手与仪仗器物,这些东西,自然不好都从台湾带来。于是,笔者发现,绝大多数的台湾进香团都会在发给祖庙的函件中,提出祖庙帮忙安排祭典仪式的请求。接受委托后,泉州天后宫的管理者只好想方设法,一方面从文献中查找历史上天后宫祭典的操作程式的记载,另一方面,将查找到的资料交给泉州艺术学校,请他们根据资料组织学生进行祭典仪式的排练和演出。这样,在两岸宗教文化交流的促进下,妈祖祭典仪式很快在泉州天后宫恢复起来。

此外,据天后宫原董事长黄炳元先生的介绍,泉州天后宫刚恢复信仰活动时,没有签诗。后来,他到澎湖参加宗教交流,将澎湖天后宫的签诗请回。目前,泉州天后宫使用的签为一百签,首签为:"晓日瞳瞳万象融,河清海晏庆年丰。生逢盛世真欢乐,好把心田作化工。"据说就是当年黄炳元先生从澎湖请回来的。可见,泉州天后宫抽签仪式的恢复,也要归功于两岸宗教文化交流。

其次,两岸宗教文化交流使得台湾的信仰仪式能够经常性地在祖庙表演。这些仪式表演,对于祖庙的仪式重建来说,也是功不可没的。

例如, 2007 年元宵节,澎湖县在泉州天后宫举办"泉州·澎湖"乞龟民俗活动,将乞龟民俗回传泉州。龟在中国传统文化中是非常特别的。上古时代,人们已经将龟视为通灵神物,虔诚膜拜。例如,殷商时期的占卜记录,就是刻画在龟甲兽骨上的。此后,在历史发展中,龟的地位不断凸显出来,逐渐成为中国人最为崇拜的龙、凤、麟、龟四种动物之一。而四种动物中,又只有龟才是现实世界中真实存在的。龟在闽南文化中还有其独特含义,闽南语中,龟因与"久"、"旧"谐音,受到了闽南民众的特别喜爱。澎湖县为什么要将乞龟民俗回传泉州呢?在《"送平安到泉州"澎湖乞龟民俗文化活动交流计划书》中,活动的策划者——澎湖县旅游发展协会是这样认为的:"目前中国大陆因为过去许多变动,例如'文化大革命'、破'四旧'等冲击,乞平安龟的习俗也已轶失,至于澎湖则因为孤悬台湾海峡,环境封闭,至今仍然保存这项至少一百五十至二百年的传统宗教民俗活动,并成为全澎湖在元宵节的全民活动与地方文化特色。"因此,他们想把这项民俗活动回传泉州,以促进两岸的宗教文化交流。由于乞龟仪式在泉州已经失传,没有师傅会制作米龟,所以,澎湖县旅游发展协会特地邀请澎湖县南甲海灵殿制作米龟的两位师傅专程到泉州天后宫广场,现场制作万斤大米龟,供泉州民众观赏。此外,乞龟民俗活动期间,澎湖县还在泉州天后宫举办"澎湖乞龟文化、风光图片资料展","以图片和文字方式介绍澎湖'乞龟'文化的由来,澎湖各庙宇展示各种'龟'的种类与特色;澎湖县的风光名胜"。澎湖乞龟民俗在泉州天后宫的上演,使得泉州民众在耳濡目染之余,逐渐熟悉并接受这一失传了的乞龟民俗活动。笔者看到,乞龟民俗现在已经在泉州天后宫扎根下来,年年举行,成为该宫元宵节的招牌活动之一。

再次,在两岸宗教文化交流中,台湾进香团作为泉州民间文化市场的消费者,改善了泉州民间艺阵队伍的生存环境。这对于泉州民俗民艺的传承与保护,特别是对当前正在开展的"闽南文化生态保护实验区"的建设来说,是极其有利的。

笔者以为,民间信仰活动的举办,是当前政府在民俗民艺保护的投入上还远远不够的现实环境下,民俗民艺能够传承下来并得以发扬光大的一个重要保障。因为,民间信仰活动是民间文化市场的最主要的消费者。众所周知,举办民间信仰活动时,戏剧、阵头等各种民间艺阵队伍的帮衬是不可少的。因此,民俗民艺的生存,在一定程度上是建立在民间信仰活动派生出的文化市场的需求之上的。[1] 正是基于这样的一种认识,笔者认为两岸宗教文化交流有利于泉州的传统民俗文化的传承与发扬,有利于闽南文化生态保护实验区的建设。

台湾进香团在泉州登陆时,泉州天后宫大多会组织艺阵队伍到码头迎接。进香团到达泉州后,民俗绕境踩街是一种例行仪式。以上这些活动,需要聘请众多的民间阵头的参与。例如,2007年台湾鹿港天后宫在进香前发给泉州天后宫的函件中称:"一、本宫预订行程如下:6月3日下午抵达泉州市石井码头口岸,随行信众约500人,抵达金井镇市区后即展开绕境活动,活动结束后,当日夜宿泉州市区。二、6月4日上午前往泉州天后宫参香,随行信众约1000人,抵达泉州市区后随即展开绕境活动,并举行大型祭典仪式。"接到鹿港天后宫的函件后,泉州天后宫请晋江市妈祖文化研究会帮忙安排鹿港进香团在晋江市金井镇的绕境踩街活动。进香团抵达泉州市区后,随即展开规模盛大的绕境踩街活动。据《2007年台湾鹿港天后宫泉州会香活动踩街阵头顺序表》的记录,参加踩街的阵头由高脚戏、钱鼓、驴仔探亲、大摆人、十音吹等38个方阵队伍组成。这38个方阵队伍中,许多阵头都是独具泉州地方特色的民俗民艺表演队伍。

民俗民艺在缺乏政府经费扶持的情况下,要传承下来并发扬光大,就只有走市场

---

① 参见笔者:《关于福建农村基层文化建设的思考》,《三明学院学报》2009年第1期。

的路子。市场需求的大小,关系到它们的生存与发展。台湾信众进香时,聘请泉州当地的众多民间阵头参加踩街表演,实际上就是给泉州民俗民艺队伍扩大市场需求。因此,笔者认为,近年来的两岸宗教文化交流派生出的文化市场的消费需求,确实能在一定程度上起到改善泉州民俗文化生存环境的作用。

四、结语

目前,已有学者从理论上提出,妈祖信仰在促进祖国和平统一、吸引闽商台商投资创业、发展妈祖文化特色旅游、打造妈祖文化拳头产品方面,具有重要的作用。[1] 本文通过泉州天后宫的个案,对妈祖信仰何以能够起到上述的这些重要作用的具体过程进行了分析。与此同时,本文对两岸妈祖信仰交流在文化方面的促进作用,也提出了自己的看法,认为大陆祖庙在信仰中断数十年后,得益于两岸宗教文化交流的外部环境,很快接续上已经失传的信仰仪式;而台湾进香团在大陆的进香活动中,对大陆民俗民艺队伍的聘请,扩大了大陆民俗民艺队伍的市场需求,有利于大陆民俗文化的保存与发扬。

致谢:何振良先生提供了本文撰写的主要资料,并对本文提出了修改建议,特表谢忱。

（原载《莆田学院学报》2010 年第 1 期）

---

① 俞黎媛、彭文宇:《妈祖文化的精神内核和海峡西岸经济区建设》,《莆田学院学报》2007 年第 1 期。

台湾妈祖宫庙楹联特色探析①

刘福铸②

莆田学院文化与传播学院

楹联也称楹帖、楹语、楹句、联语,俗称对子、对联,简称联,是由古代骈赋及律诗发展而来的一种文学样式。楹联起源于桃符,故宋代王安石《元日》诗中犹有"千门万户曈曈日,总把新桃换旧符"之句。楹联用于建筑物的装饰,宋代已有。但目前能见到的最早实物是江西省博物馆收藏的元代"青白釉里红堆塑楼阁式谷仓"出土文物,该谷仓楹柱上装饰有楷书楹联:"禾黍丰而仓廪实,子孙盛而福禄崇"。楹联作为建筑物普遍的装饰物应该是明代才盛行的。清人研究认为,明代盛兴楹联,与明太祖朱元璋的大力提倡有关。③

妈祖宫庙楹联最早出现于何时,目前尚缺乏权威研究定论,但明代特别是明后期妈祖宫庙已盛行匾额和楹联装饰,则是有可靠资料作证的。如福建晋江东石天后宫留存有明初曾时懋及洪武四年(1371)进士陈章应的题联,惠安崇武大妃宫有嘉靖十一年(1532)进士李恺题联,澳门妈阁庙神山第一亭留有"明万历乙巳年德字街众商建"落款的楹联。明代福建华侨在日本长崎兴建的崇福寺妈祖堂,至今保存明末寓日华人魏之琰、何绍迪、释如一题写的多副楹联④。可见,明代以来,楹联已成为中国传统建筑包括妈祖宫庙的一种普遍的文化装饰物。笔者曾专事海内外妈祖宫庙匾联史料搜集,得楹联数千副。这些妈祖宫庙楹联既有不少共性,又各具时代和地域特色。因为海神妈祖信仰是台湾民众最重要的一种民间信仰,台湾是世界妈祖信仰的重镇,也是妈祖宫庙最为密集的地区。在宫庙楹联方面,同样显示出自身的文化特色,故本文专以台湾妈祖宫庙楹联为对象,探析其文化特色。

---

① 基金项目:福建省高校服务海西建设重点项目(2008HX01)。

② 刘福铸(1957—),男,福建莆田人,教授,主要从事妈祖文化研究。

③ (清)梁章钜:《楹联丛话》卷一,中华书局1987年版。

④ 刘福铸、蒋维锬:《妈祖文献史料汇编·第二辑·匾联卷》,中国档案出版社2009年版。

一、台湾妈祖宫庙楹联内容特色

台湾妈祖宫庙楹联特色,首先体现于内容方面。归纳起来,主要有以下几点。

1. 强调与福建湄洲祖庙的神缘关系

福建莆田湄洲岛,古称湄洲屿,在诗联中也称湄洲、湄岛、湄屿及湄渚等。湄洲是妈祖诞生地和妈祖信仰发祥地,因此湄洲天后宫被称为天下妈祖宫庙的祖庙,在台湾信众心目中享有至高无上的神圣地位。台湾绝大多数历史较久长的妈祖宫庙,都以湄洲祖庙分灵庙自许,因此在宫庙楹联中,溯源湄洲,强调与祖庙的神缘关系,借以突显神祇神力的非凡,是台湾妈祖宫庙的内容特色之一。如台南市大天后宫原是永历十八年(1664)郑成功之子郑经为了表示对渡台的宁靖王朱由桂的礼遇而兴建的王府,清康熙二十三年(1684)郑克塽降清后被改建为大天妃宫,成为台湾第一座官建妈祖庙,相传所祀妈祖神像从湄洲直接分灵而来,故道光十年(1830)重修大天后宫董事李睿成等人所奉楹联为:"赤嵌壮璇宫,奉英灵,为海外砥柱;皇朝隆祀典,钦慈济,本湄岛渊源"。联中强调该宫是"本湄岛渊源"。北港朝天宫为台湾最著名的妈祖古庙之一,奉祀的是康熙三十三年(1694)由莆田树璧和尚从湄洲朝天阁恭请抵台的妈祖,清同治十三年(1874)台南进士陈望曾题联:"圣迹溯湄洲,蹑电飞升,八百载神灵遐布;慈云芘台岛,安澜永庆,亿万家顶祝馨香"。本联也刻于嘉义新港奉天宫。台湾妈祖宫庙阐述与湄洲关系的楹联极为多见。如苗栗竹南中港慈裕宫有李呈材题于1918年的楹联:"显化溯湄洲,历宋元明清,世世馨香隆祀典;声灵昭瀛岛,每岁时伏腊,家家箫鼓赛神庥"。联中的"瀛岛"指台湾。又如台中大甲镇澜宫联:"镇国安邦,赫赫神功兴大甲;澜平波稳,洋洋圣德溯湄洲"。联镶嵌"大甲""镇澜"等字眼,亦强调"圣德溯湄洲"。其他如台北县三峡兴隆宫1924年叶建寅题联:"祖发湄洲,白日飞升封圣母;宫兴三峡,累朝祀典奉天妃"。新竹长和宫大门联:"长发婆心,恩垂竹堑;和舒母德,祥溯湄洲"。台南开基天后宫撰于嘉庆十三年(1808)的楹联:"圣迹溯湄洲,威灵显昭宝岛;母仪垂海峤,德泽绵长济民"。嘉义朴子配天宫联:"圣迹溯湄洲,恩波万里;慈光扬朴镇,祀典千秋"。澎湖马公天后宫1923年"总董事陈柱卿敬献"联:"圣迹肇湄洲,德普澎疆垂雨露;母仪昭宋代,恩覆湖海静鲸鲵"。"溯湄洲""肇湄洲"是这类楹联常用语。

2. 反映涉台历史事件

妈祖是海上护航神、助战神,在涉台海事、军事活动中,妈祖信仰是一种精神寄托,因此不管是抗清的明将郑成功,还是征台的清将施琅、福康安,都对妈祖虔诚有加,都认为得到了妈祖的保佑。在台湾妈祖宫庙楹联中,这些史事多有反映。如大规模、有组织赴台的"开台王"是明末闽南人颜思齐。颜思齐率众渡台的登陆地点为笨港。因水灾缘故,笨港后来分成云林北港和嘉义新港两个大镇，为纪念颜思齐，北港民众建立了"颜思齐开拓台湾登陆纪念碑"；新港奉天宫则建起了"思齐阁"和"怀笨楼"两座五层楼阁。思齐阁有黄山藻题冠顶联云："思维圣母安澜日，齐念颜公扎寨时"。上联颂妈祖，下联怀颜氏。怀笨楼也有鄞耀南撰冠顶联："怀崇后德，颜公临海峤；笨纪神灵，圣迹继湄洲"。本联既怀念开台先贤颜思齐，也述说笨港妈祖源自湄洲。台南安平庆后宫建于明郑时期，祀延平郡王郑成功、天后、水仙王等，有楹联云："永护郡王宁社稷，长随圣母保平安"。南投县竹山连兴宫民国时期留下之联也与郑成功有关："连佑遍里间，林杞埔东崇汉腊；兴宁深岁月，郑公乡外靖胡尘"。连兴宫建于清乾隆间，主祀妈祖，因其地为郑成功部将同安人林杞殉难地，故名林杞埔。林杞参加了郑成功驱逐荷兰殖民者的收复台湾战斗，后来林率众在竹山镇一带垦荒，与原住民冲突时遇害。本联反映了林杞开发和护卫台湾、卓立功绩的历史。

　　清廷统一台湾后，由朝廷派遣官员赴台履职。在官员的宫庙题联中，也有不少反映这方面内容的。如宜兰昭应宫的全卜年题联："海不扬波，万国梯航归帝版；民皆安堵，一方乐利仰神功"。楹联赞颂清廷统一了台湾，使"万国梯航归帝版"，人民过上安康生活。全卜年（1780—1847），字子占，山西平陆人，嘉庆进士，道光十一年（1831）任噶玛兰通判，补台湾海防同知，嗣升为台湾知府，二十三年（1843）以台湾知府身份奉旨任按察使衔，分巡台湾兵备道。宜兰庆元宫则有道光九年（1829）朱应锡题联："中山护册，左海济师，溯累朝赫濯声灵，比洛女湘君，九天独显；鸾岭环青，马渊涵碧，看此地巍峨宫阙，与方壶圆峤，一水相连"。"中山护册"指历次出使琉球的册封使都有上奏妈祖保佑的故事。"左海济师"指妈祖帮助清兵平定台湾故事。在妈祖故事中"涌泉济师"是一个广为流传的妈祖庇佑靖海侯施琅征台的故事。据载康熙二十一年（1682）十月，施琅征台时，水师驻扎莆田平海天后宫，当地到处斥卤，妈祖庙前只有一口浅井，井水枯竭，大军面临绝水，施琅诚心祈求妈祖显灵庇佑，掘枯井后果然得"涌泉济师"。施琅将军亲书"师泉"石碣，今尚立于井边。彰化南瑶宫三川殿也有鹿港人罗君蓝题联："圣德敷布万军，涌泉济渴；母仪表扬四海，护国褒功"。"涌泉济渴"就是"涌泉济师"故事。彰化鹿港天后宫罗怀珍撰联："圣德感行军，涌泉济师供气壮；母功扬表海，助风退寇显神灵"。上联仍用"涌泉济师"故事，下联"助风退寇"则是指康熙十九年（1680），水师提督泉州人万正色驻守福建崇武，夜梦妈祖佐风，于是进兵，迫使郑成功军队放弃厦门，移师台湾的史事。

　　楹联中除经常出现赞颂靖海侯施琅平台、实现中国统一外，也及于其他著名涉台史事。如彰化鹿港天后宫三川殿诗人施让甫题联："天命悉攸归，殊绩昔襄施靖海；后恩争爱戴，神功尝佐福安康"。上联述赞妈祖襄助施琅立下奇功殊绩，下联表明妈祖还有辅佐乾隆爱将福安康赴台平定林爽文神迹。清杨浚《冠悔堂楹语》载："同治甲子、乙丑，徐清惠公檄予，招运接济米船，往返一律平安。丙寅三月，清惠撰'救援饥溺'匾额，授南台南郡会馆。"①

————————

①　（清）杨浚：《冠悔堂楹语》卷上，光绪二十年刻本，福建师范大学图书馆藏。

这是杨浚题台北淡水天后宫联语的小序,联语为:"利济海天恩,市舶万困蒙帱载;援饥桑梓福,官书一纸格神祇"。同治初福建巡抚徐宗幹于同治三年(1864)、四年(1865),跟随左宗棠平定太平天国起义,命杨浚赴台湾招运军粮,海舶往来,往来无恙,官兵皆认为是妈祖保佑,同治五年(1866)徐宗幹题赠"救援饥溺"匾,此匾也悬于台北龙山寺妈祖殿。

3. 彰显妈祖神职和可贵品格

(1)颂扬海上护航神绩。

护航保运是妈祖的最基本职能,信众传说在波涛汹涌的大海遇到危难时,呼唤妈祖,她就会有祷即应,保佑航舶。台湾妈祖宫庙楹联中,称颂妈祖海上显圣救难是主要内容之一。如基隆庆安宫联:"保十百千万人,人咸利涉;奠东西南北海,海不扬波"。又如澎湖马公天后宫1925年董事郭鹗腾等献联:"九百年寰海昭灵,溯湄屿飞升,远迩宗风崇庙祀;卅六岛万民敬仰,喜澎疆坐镇,帆樯稳渡沐神庥"。云林土库顺天宫有联:"顺风淡荡,湄洲渡海樯帆稳;天后慈悲,涂库佑民雨露深"。这类楹联内容都以赞颂妈祖恬波息浪、帆樯济渡神绩为主。

(2)祈求保佑年成风调雨顺。

祈雨禳灾、庇护人民生产和生活是妈祖衍生的职能。当宝岛开辟之初,除希望海上得到妈祖保佑外,抵达台湾后,民众仍祈望妈祖能保佑他们的生产和生活,这是台湾妈祖宫庙联语另一特色。如南投连兴宫冠顶联云:"连眷竹山,雨顺风调沾后泽;兴怀鹿谷,年丰物阜仰天庥"。联中嵌"连兴"和"天后"。彰化员林福宁宫联:"福我烝民,物阜年丰谢后德;宁兹区宇,风调雨顺庆天庥"。联中嵌"福宁"和"天后"。其他如台东天后宫张之远联:"天锡祯祥,海晏河清,咸歌圣德;后垂显化,风调雨顺,共沐神庥"。高雄金銮宫联:"圣德崔巍,鲲海月风调雨顺;母灵显赫,凤山天国泰民安"。这些楹联都是以祈求妈祖保佑风调雨顺、物阜年丰为内容。

(3)赞颂护国庇民大功。

护国庇民是妈祖神职和威灵的进一步总括和提升,含有"护国"或"护国庇民"字眼的楹联俯拾即是。如台北士林慈諴宫联:"护国庇民膺锡土,平波静浪利行舟"。台中旱溪乐成宫联:"乐得符书,丹心护国封天后;成全道术,白日升空仰母仪"。南投草屯庆安宫联:"一统熙朝,万里光天化日;九重圣母,千秋护国庇民"。澎湖马公天后宫联:"溯诞降于湄洲,靖海安澜,自昔婆心垂不朽;显声灵乎澎岛,庇民护国,从今庙貌庆重新"。新竹市西门天后宫联:"天命降莆田,神其护国;后恩垂竹县,海不扬波"。"护国庇民"是明清皇帝对妈祖的褒封封号之一,故频繁出现于楹联中。

(4)颂扬母爱和孝悌精神。

妈祖是女神,她虽然没有结婚生子,但在信众眼里,她就是一位充满慈祥母爱的母亲形象。赞颂妈祖母仪、慈爱的楹联也极多。如台南大天后宫有道光闽浙总督程祖洛题联："寰中慈母女中圣；海上福星天上神"。苗栗竹南中港慈裕宫有道光十八年（1838）旧联："极坤德之洋洋,圣母实为大慈母；新斯庙之奕奕,瀛洲别有小湄洲"。"瀛洲"指台湾。又如苗栗后龙慈云宫同治三年（1864）旧联："慈爱见婆心,海上波涛千顷静；云天瞻母范,人间俎豆四时新"。

传说妈祖是因为在海上"救父拯兄"才付出生命的,她的行动,践行和体现了传统儒家的"孝悌"伦理,因此受到了官民的肯定。清嘉庆十四年（1809）进士陈池养曾作《林孝女事实》,1929年莆田县长李赓初还呈请内政部改天后宫为林孝女祠。在台湾妈祖宫庙楹联中,也有不少颂扬妈祖孝悌精神的。如苗栗后龙慈云宫联："天锡神灵,静浪恬风安海岱；后存孝弟,拯兄救父振纲常"。"孝弟"就是孝悌,联语颂扬妈祖拯兄救父的大无畏精神。又如台北慈诚宫冠顶联："慈孝感天,舍身救父；诚德作后,护国安民"。宜兰昭应宫联："天即性天,救父拯兄全孝弟；后同元后,山陬海噬沐恩膏"。新竹长和宫联："孝以格天,后德常昭湄岛；睿能作圣,母仪永戴海疆"。

二、台湾妈祖宫庙楹联修辞特色

在一般传统楹联中经常运用的各种修辞方式,在妈祖宫庙楹联中,亦都能找到实例,但它们不是妈祖宫庙楹联所特有的修辞艺术。笔者通过考察,认为经常使用涉波涛、女娲、大禹等与水相关的典故,巧妙集句改造,大量使用嵌字方式是台湾妈祖宫庙楹联的主要特色。

1. 多用与水有关的典故
（1）常用"忠信涉波涛"典故。

在台湾妈祖宫庙楹联中,"忠信涉波涛"是与水有关的常用典故之一。如云林北港朝天宫大门有光绪三十年（1904）进士贾景德题联："朝礼是虔,忠信涉波涛,帆樯利济；天监永赫,报崇在功德,黍稷惟馨"。本联带有集句性质。"天监永赫"是"天监有赫"的改造。《皇清文颖》："天监永赫,翳德是亲。""黍稷惟馨"是《尚书·君陈》"黍稷非馨,明德惟馨"的紧缩,《五礼通考》："笾豆有践,黍稷惟馨。"联语中的"忠信涉波涛"典故则出《列子·说符》："孔子自卫反鲁,息驾乎河梁而观焉。有悬水三十仞,圜流九十里,鱼鳖弗能游,鼋鼍弗能居,有一丈夫,方将厉之。孔子使人并涯止之曰：'此悬水三十仞,圜流九十里,鱼鳖弗能游,鼋鼍弗能居也。意者难可以济乎？'丈夫不以错意,遂度而出。孔子问之曰：'巧乎？有道术乎？所以能入而出者何也？'丈夫对曰：'始吾之入也,先以忠信；及吾之出也,又从以忠信。忠信错吾躯于波流,而吾不敢用私,所以能入而复出者,以此也。'"①孔子从卫国返回鲁国途中遇见的这个男子能轻易地从"悬水"飞流中穿越,凭借的不是什么"道术",而是忠信之心,因此孔子

---
① （战国）列子：《列子》,（晋）张湛注,上海书店出版社1986年版。

对弟子说道:"二三子识之,水且犹可以忠信诚身亲之,而况于人乎!""忠信涉波涛"后代成为不惧险阻,勇敢跋涉的常用典实。清乾隆帝御赐苏州三山会馆和湄洲祖庙的楹联为:"忠信涉波涛,周历玉洲瑶岛;神明昭日月,指挥水伯天吴"。此联今也移刻台中万和宫等宫庙。清台湾文学家陈维英题天后圣母、关帝君合祀楹联也写道:"涉波涛如平地;悬日月于中天"①。"涉波涛"即"忠信涉波涛"典故。

（2）常用女娲、大禹的典故。

女娲是中国传说中的上古女神,她抟土为人,创造了人类。后来因水神共工与火神祝融交战,共工用头怒触"人界"支柱不周山,导致"天柱折、地维绝",女娲乃"炼五色石以补天,断鳌足以立四极,聚芦灰以止滔水"。她因法力无边,被后人尊称为"娲皇""娲后"。妈祖故事中,也有许多镇海收妖的故事,因而在妈祖宫庙楹联中,"娲皇"也成为常用典故。如南投配天宫联:"配享神祠同圣女;天生后德继娲皇"。又如台北淡水福佑宫古联:"再世女来,安澜作平地履;重逢娲后,济险与补天同"。

与"娲皇"典故相对应的通常是上古的贤圣帝王大禹,也称帝禹、禹帝。大禹千百年被广泛传颂的是治水丰功和勤勉精神。妈祖是水神、海神,因此,往往以大禹来作比。如台湾陈维英撰天上圣母宫联:"夏后得功臣,中流砥柱;宋朝生圣母,大海不波"②。"夏后得功臣"指的就是夏禹。又如苗栗慈裕宫联:"只手挽狂澜,圣功比禹;众生欣稳渡,母德配天"。台北开台天后宫联:"禹治水,后济川,圣功如一;越陀山,闽湄岛,神化相参"。云林西螺广福宫清代古联:"广自神禹后,一人善德在水;福由大宋来,千古崇祀配天"。以上楹联都把妈祖功绩与大禹相提并论。

更多的则把女娲和大禹置于同一副楹联中,借以歌颂妈祖具有女神和水神的双重身份。如彰化鹿港天后宫联:"德媲娲皇,元推女中两圣;功同夏禹,是谓天下至神"。台北淡水天后宫清代庄俊元题联:"炼石异娲皇,惟我后之德,盛德在水;锡圭符大禹,非妇人之仁,其仁如天"。又如台东天后宫民国诗人张之远题联:"天与同功,功配娲皇炼石;后隆厥德,德追禹帝疏河"。把妈祖比为立下"补天"神功的女娲、善于治水"三过家门而不入"的大禹,充分体现了民众崇敬的是妈祖神通广大和扶危济困、无私奉献的精神。

2.巧妙的古文成句集用

台湾妈祖宫庙中还有一些楹联集用古文成句,体现了撰联者的渊博知识和深厚的古文功底。如宜兰庆元宫有光绪十五年（1889）署名"新南靖集福社弟子同谢"联:"诞将天威,四海来格;懋乃后德,万邦作孚"。本联为纯集句,上联"诞将天威"出《尚书·君奭》:"后暨武王,诞将天威。"诞将,大力奉行之意。"四海来格"出《诗·商颂·玄鸟》:"肇域彼四海,四海来格。"来格,来临之意。下联"懋乃后德"意为努力培养

---

① （清）陈维英:《太古巢联集·杂类》,黄哲永《台湾先贤诗文集汇刊》第4辑,台北:龙文出版社2006年版。
② 同上。

你的君王的品德,语出《周书·冏命》:"懋乃后德,交修不逮。""万邦作孚"意为万国信服,语出《诗·大雅·文王》:"仪刑文王,万邦作孚。"不过更多的集句则是经过一定的改造。如清晋江道光进士庄俊元题台湾天后宫联:"浩乎莫测其津涯,非后何戴?晏然共登诸衽席,如天之仁。"① "津崖",边际的意思,乾隆间文学家李光昭《水云叟传》:"茫乎不知其畔岸,浩乎莫测其津涯。""非后何戴"语出《尚书·大禹谟》:"众非元后何戴,后非众罔与守邦。"原句略作修改。"晏然",安适的样子。"登诸衽席"喻指过上太平安居生活。明初宋景濂《阅江楼记》有"此朕拔诸水火而登于衽席者也"句。"如天之仁",意为像上天那样的无私仁德。康熙《御制日讲书经解义·大禹谟》:"乃帝尧如天之仁也。"新竹北埔慈天宫始建于清同治年间,主祀观音和妈祖,大殿有柱联曰:"慈悲在人,问诸心,心即是佛;天一生水,徯我后,后来其苏"。上联内容切观音菩萨,故用佛教典故,"心即是佛"也即"即心即佛",是唐代禅宗禅法中的重要命题,《宗镜录》卷十三:"心即是佛,心即是法。"下联"天一生水"语出汉郑玄《周易·系辞》注:"天一生水,地六成之。"古人按五行生克原理,认为水能克火,自然界最初是生成了水,其后才有了天地万物。"徯我后,后来其苏",取自《尚书·仲虺之诰》:"徯我后,后来其苏。"意思是"等待吾王,吾王来了就有复苏的希望"。这原是写夏民殷切地期待商汤来解救他们的语句,"后"指帝王,但在集句联中,则被巧妙地改指天后妈祖。台北大稻埕慈圣宫清陈维英题联也是半集句:"慈者所以使众,众称慈母;圣不可知谓神,神助圣朝"。上联前半句语出《礼记注疏》卷六十:"弟者所以事长也,慈者所以使众也。"下联前半句出朱熹《孟子精义》卷十四:"圣不可知谓神,庄子谬妄。"不过,集句若过于晦涩则会影响传播。

3. 大量使用嵌字形式

嵌字是闽台宫庙楹联常见的一种修辞方式。台湾妈祖宫庙楹联普遍使用嵌字手法,所嵌语词主要有三类:一是妈祖的各种名号,如:天后、圣母、天后圣母、天上圣母、天妃、祖姑、姑、妈等,二是宫庙名称,三是地名。嵌字形式以"冠顶"(嵌首字)形式最为常见,因为嵌于首字不但显眼,且不受平仄声调的约束。

嵌妈祖名号的,以"天后"二字最常见。台东天后宫民国张之远所撰十副楹联,全部都是"天后"冠顶联,如:"天付婆心,驾一苇,御八方,化身湄岛;后挥慧腕,扫千灾,招百福,镇座东台"。"天地钟灵,猿岭鲤山朝左右;后妃显化,鲸钟龟鼓警晨昏"。台南大天后宫1943年孙子明题联为:"天妃膺帝赐,上界珠宫,现出湄洲色相;后圣着神灵,中流砥柱,永安瀛海波澜"。本联横嵌"天妃""后圣",上下联首字组合也是"天后"。宜兰五结永安宫1928年旧联:"圣德配天,兰阳均资普济;母仪在上,利泽尤仰宏沾"。本联在上下联中对应位置嵌"天上圣母"四字。苗栗后龙慈云宫清代古联:"圣德配天,海国无波帆稳渡;母仪称后,神光普照庆长春"。本联上下则分嵌"天后圣母"

① (清)陈维英:《太古巢联集·杂类》,黄哲永《台湾先贤诗文集汇刊》第4辑,台北:龙文出版社2006年版。

四字。彰化南瑶宫两副1934年题写的楹联则是二联一套,首嵌"天上圣母"四字:"天具好生大德,于民莫不敬;上垂济世宏恩,是庶合同沾"。"圣非格致高知,信心应有感;母岂惮烦造庇,祀奉必虔诚"。这种形式有人称为"套联"①。台北淡水福佑宫清代古联嵌"妈祖"和"姑婆":"德遍群黎,到处皆称妈祖;恩隆一本,吾家共仰姑婆"。

楹联嵌宫庙名字在台湾每个宫庙几乎是必不可少。如彰化南瑶宫联:"南北尽钦崇,波平海宇;瑶琚同报答,庙奠台疆"。上下首字为"南瑶"。嘉义港口宫嵌首联:"港水汇流,万里恩波长润泽;口碑不朽,千秋坤德永尊崇"。因为要嵌宫庙名,所以有时对仗只好让位于嵌字,如屏东里港乡双慈宫1929题联:"双凤朝天,万古钦尊扶海岛;慈帆护国,千秋崇拜仰湄洲"。"双凤"对"慈帆"并不工整,但为了嵌字,只好牺牲对偶。

嵌宫庙所在的地名楹联也较常见。除把地名直接嵌入楹联外,大部分仍采用上下嵌首形式。如彰化员林镇福宁宫联:"员峤接湄洲,三岛蓬莱邀景福;林峦开梵宇,万家香火供坤宁",首嵌"员林"。台中大甲镇镇澜宫联:"大道之行也,永仗威灵正气;甲兵其息矣,从斯归马牧牛",首嵌"大甲"。台北慈諴宫位于士林,宫联中除嵌"慈諴"二字外,有十副楹联都首嵌"士林"。如:"士选重三州,破浪登瀛,南国同依圣母;林宗分万派,济川作楫,西河齐拜祖姑"。"士子腾欢,孝廉船稳;林壬交颂,仁寿镜澄"。"士庶胪欢,波涛永息;林峦毓秀,桑梓咸钦"。"士庶咸尊天后德;林宗共仰祖姑恩"。由此可见,嵌字是台湾妈祖宫庙楹联重要修辞特色之一。

三、结语

楹联和匾额是台湾妈祖宫庙不可或缺的装饰物,但联、匾不是一般的工艺美术装饰物。楹联作为一种传统文学体裁,它蕴含着丰富的文学审美价值,是人文精神的体现,这种独特的文学作品,把中国对偶艺术发挥到极致,在遣词造句方面,突出汉语灵活的用典和词语组合特点,词约义丰,典雅隽永。通过台湾妈祖宫庙楹联特色的探讨,既可看出两岸妈祖信仰存在的深刻神缘关系,也可看出两岸同文同种的文缘承传关系。实际上,楹联是一种综合艺术,其审美价值不但体现于文学方面,也体现于书法以及材质、刻工等方面。诚如台湾学者林明德所说:"妈祖祠庙的匾联文化,一方面反映民间信仰是源于人民的诚心,由于这份诚心,使之成为民间文化的一种现象,保存了民间文化的资产;另一方面由匾联的题词中,反映出时代的艺术之美,保存了历史的遗迹。"②

(原载《莆田学院学报》2013年第4期)

① 常江:《中国对联谭概》,华夏出版社1989年版,第180—182页。
② 林明德:《台澎金马地区妈祖之匾联探索》,刘月莲、黄晓峰《1995妈祖信俗历史文化研讨会论文集》,澳门文化研究会1998年版。

略论闽北的妈祖信仰

黄睦平 [①]

闽北日报社

妈祖信仰虽然是起源于海上的渔业和运输,但随着其声名的远播,妈祖信仰也随着内陆水上交通的风帆流播至并不靠海的闽北内陆山区。妈祖文化对闽北民众的社会生产和精神生活都产生过巨大的影响,因此妈祖信仰文化也是闽北乡土文化的一个重要组成成分。

一、妈祖宫庙在闽北的分布简况

闽北是福建内陆最早传播妈祖信仰的地区之一。有资料记载,元大德五年(1301),闽江源头的延平安丰就建起了一座妈祖庙,而且规模宏大。徐晓望在《福建民间信仰源流》一书中称,福建内陆最早建天妃宫的地方应是闽北。他说:"元代天历年间,元文宗加封天妃封号,并派使者南下,沿途祭祀各地天妃宫,使者路过延平时,曾经祭祀延平天妃宫。"[②] 这位使者所祭祀的天妃宫,可能就是安丰妈祖庙。明清时期,除延平、建阳、浦城、邵武、顺昌、光泽、崇安、松溪等地建有规模较大见诸记载的妈祖宫庙外,各地乡村所建规模较小不见史籍记载的妈祖庙宇还有很多。到民国时,闽北10县(市、区)仍有近三十座主祀或兼祀妈祖的宫庙,平均每个县有一至三个。规模较大者如南平水南妈祖庙、建瓯南雅镇鲁口妈祖庙、建阳黄坑妈祖庙等[③],仅浦城一县的天后宫就多达17座[④]。

从已掌握的情况来看,目前闽北10县(市、区)主祀或兼祀妈祖的现存宫庙,还有近二十处,见表1。

① 黄睦平(1949—),男,福建南平人,《闽北日报》社总编办副主任、群工部主任。
② 徐晓望:《福建民间信仰源流》,福建教育出版社1993年版。
③ 罗小平:《台湾与闽北文化习俗》,海风出版社2001年版,第129页。
④ 浦城县志编纂委员会:《浦城县志》,中华书局1994年版,第1217页。

表 1　闽北主祀或兼祀妈祖的现存宫庙

市　　县	宫庙名称	奉祀神祇	始建时间	所在地	备　　注
延平区	吕祖殿	吕洞宾、妈祖	清乾隆三年（1738）	水东玉屏山	1992年迁址重建
	妈祖庙	妈祖	明初	西芹镇中段	2000年重建
	天上宫	妈祖	清康熙三十八年（1699）	星村黄花岭	2001年重修
武夷山市	妈祖庙	妈祖	不详	五夫镇五夫村	1994年重修
	天后宫	妈祖	不详	武夷镇赤石村	
	天后宫	妈祖	不详	兴田镇城村村	
建瓯市	坑里太保庙	萧公太保、妈祖等	不详	黄华山东麓	1985年重修
建阳市	妈祖庙	妈祖	清代	小湖镇马坑村	1996年重修
	妈祖庙	妈祖	不详	回龙乡马岚村	近年重修
顺昌县	天后宫	妈祖	民国五年（1916）	洋口镇	1995年重修
浦城县	妈祖庙	妈祖、奶娘佛	1980年	官路乡东坑村	
	天后宫	妈祖	清嘉庆十年（1805）	九牧镇吴墩村	
	天后宫	妈祖	不详	富岭镇前洋村	
光泽县	妈祖庙	妈祖	清光绪三十二年（1906）	司前乡梅坪村	1998年重建
	天后宫	妈祖	清乾隆四年（1739）	止马镇水口村	1998年重建
邵武市	天后宫	妈祖	不详	洪墩镇桥头村	

据了解，不在调查表中的还有一些，如顺昌大干镇富文天后宫、元坑镇漠武天后宫，邵武和平天后宫、万寿宫、三仙宫，建阳黄坑街天后宫、塘头天后宫等等。如加上配祀妈祖的宫庙，那数量就更多了。总体来说，妈祖不仅仅是水神，简直就是全能神，所以在闽北，她比之以"扶胎救产，保赤佑童"为主要职能的妇幼专业神陈靖姑，声名更为显扬。

二、闽北妈祖信仰的信俗表现

神由人造，神由人兴，任何一位神的诞生都是由于"人的需要"。妈祖在闽北受到崇奉，也是适应了民众的需要。闽北的妈祖信俗，主要有以下一些表现。

1. 同乡同业集资建宫

在闽北吃"水饭"的人群，主要有：闽北本地人、福州人、下府人（指闽南一带）、汀州人和江西人。这些外地人在闽北主要的居住县，都建有自己的会馆。闽北天后宫,就主要是由这些同业会馆建造和主持的。

在闽北,福州籍的船工是最为活跃的。他们足迹遍及闽北10个县市。曾经有"小福州"之称的顺昌县洋口镇,是闽北水运最为兴盛之地。1916年,旅居洋口的福州"十邑"(闽县、侯官、闽清、古田、永泰、福清、长乐、连江、罗源、屏南)船民,为了联络乡情,团结互助,保护舟楫和寓居洋口乡人的安全,筹资6万银元兴建了洋口福州会馆。馆内祀天后,由福州籍末代帝师陈宝琛书"天后宫"碑额,并从湄洲祖庙分灵妈祖到洋口,择当年三月二十三妈祖诞辰日举行落成典礼。闽清籍著名侨领、民主革命家黄乃裳召集在建宁、泰宁、将乐、邵武等地的闽清船民亦齐聚洋口,参加落成庆典,人数达千余人,热闹非凡。

而建在崇安(今武夷山市)九曲溪畔的星村黄花岭上的妈祖庙,称"天上宫"。它始建于清康熙三十八年(1699),10年后始竣工,规模宏大,气势非凡。据星村人介绍,天上宫是汀州客家人集资兴建的,原为汀州会馆,是闽西客家人在星村创业时留下的遗迹,至今还有客家人居住。这些客家祖辈在清代从汀州一带来武夷山,多数是在星村九曲溪上当船工。星村自古是武夷山的茶市,武夷岩茶顺九曲溪经闽江运至省城,为了保证航运安全,他们奉祀妈祖,希望得到庇护。"天上宫"门额上刻的"宁波""利济"以及宫中的楹联,就都是以祈求风平浪静、惠利济船为内容的。[1]武夷山五夫子里还有两处妈祖庙称"汀州会馆""兴安会馆",其妈祖祠祀也是供在古代在崇安的客家行商、兴化商帮所建的同乡会馆中。[2]

建瓯原有三处天后宫(今已毁)。一在现钟楼村村部,由建瓯人发起建造的,据考证该宫始建于四百多年前。二在通仙门附近,址即现在的雨伞厂,由福州人发起建造。还有一处在宁江门一带,由下府(闽南)人发起建造。建瓯城内三座不同规模的天后宫,也由不同籍属的信众建造。但大家对妈祖女神的虔诚叩拜,祈求平安的目的却是一般无二的。

2. 船上供祀及称谓

除建庙宇奉祀外,古时候,航行在闽江、建溪、富屯溪上的官船、民船,船上都设有"圣堂仓"。仓内置神龛,供奉妈祖和船官爷等神灵,意为"神坐船头挡风浪,圣居舟中得顺水"。就是竹筏工、木排工也不例外。船民船工们还有不能从船头上下,吃饭、放碗、置筷,不能说"翻""番"等忌语等特别规定。顺昌县等闽北山区称妈祖为"妈祖婆婆"。相传当地有一位船民,一天夜里梦见妈祖对他说,在河里遇险时,只要叫"妈祖婆婆,快来救我!"妈祖就会立刻前来相救;如果叫"妈祖娘娘",她就要梳妆打扮,

① 邹全荣:《武夷山村野文化》,海潮摄影艺术出版社2003年版,第33页。
② 刘福铸:《福建乡镇志中的妈祖史料》,《莆田学院学报》2004年第1期。

耽搁时间。所以闽北的"妈祖婆婆"的称谓,一直流传至今。①

3. 求签许愿

求签在妈祖信仰活动中亦是一项重要内容。妈祖在传播中逐渐演变成一位神通广大、具有多种神职的女神,因此人们大凡有求子、祛邪、疗病、上学、出门、婚姻、事业等方面需求就都去求签。各庙的求签程序大同小异。据分析,签诗中其义属于凶签和中性者较少,吉签约占85%。有的释签者对凶签不作诠释,而只告诫求签者注意事项;若抽得凶签,还允许当日下午再求一签,此签再凶则不可再求。让求签者有两次求签机会,这样信众们实际上大都可以获得满意的签句和诠解,迎合了信众的心理。

4. 拜神认"母"

为使孩子健康平安成长,旧时有请神护佑的习俗。由于妈祖是女性,自然也担当起这个神职。闽北的"托母子份"之俗,至今未绝。其俗是先以红纸条写上"弟子某某有幼子(女)一名,叩拜妈祖为契子(女),祈求平安赐福",然后把契字贴在神前墙上即可;也有以纸糊一尊妈祖小神像,贴上同样的字条,然后安放于神庙的神龛边。认了"契母"之后至16岁,每逢三月二十三日那天,所有"契子"需将贴身衣服一件交到妈祖庙里,十件一扎,放在庙堂之上,由道士念经作法,祈保"契子"平安。这就是闽北特别的妈祖护幼民俗。

5. 纪念庙会

相传妈祖的生日为三月二十三日,所以闽北各地在此前后,都要在妈祖宫庙里举行盛大的庆诞活动。旧时,除妈祖诞日外,九月九日的妈祖登仙日同样也要举行纪念活动。这两次活动主要形式是举办妈祖庙会。许多宫庙从三月二十二日至二十四日,都要请来戏班演戏三天,大摆酒席。大殿里有做道场的,有烧香许愿的、有求签问卜的,人来人往,热闹非凡。做道场的一般是谁做谁出钱,庙里出面组织安排。在顺昌还有"三月初三迎妈祖娘娘"习俗。建阳则在妈祖生日这天,要由一位沿海移居建阳的居民来主持祀典。洋口镇祖籍福州、闽清、古田等地的人口众多,1995年修缮了洋口天后宫,成立了"洋口业余闽剧团""洋口女子乐队""女子经忏组",后来三家合并,成立"洋口曲艺团"。他们自编自演节目,每逢妈祖寿诞和民间节日,都义务演出闽剧和其他文艺节目,很受当地群众的欢迎。

妈祖庙内供奉的香火,一般来说都是各宫传承下来的。如钟楼村村部的天后宫于20世纪四五十年代毁圯后,乡人就在附近建一座小庙,内供妈祖神像。现在新建的天后宫的香火就是从该小庙承继来的,1999年其神像开光仪式也是选在三月二十三妈祖诞辰日举行。

---

① 罗小平:《台湾与闽北文化习俗》,海风出版社2001年版,第52—53页。

由于莆田湄洲的妈祖庙是林默娘的显迹地,旧时闽北的妈祖庙每逢此时不仅开展祭祀活动,还常有组团前往湄洲认祖的活动,可见妈祖庙会、传承香火形式,表现出的是一种社区信仰情结。

6. 迎神巡境

迎神庙会并不是孤立进行的,而是跟着庆诞其他活动一起进行的。在闽北每年妈祖诞辰日这天,信众们抬着妈祖神像,巡行城乡。除了道士自带法器外,村人则捧着神龛或香炉,有的还带着彩旗、凉伞、长香、乐器等参加。这时大街小巷,张灯结彩,鼓乐喧阗,万人空巷,观者如堵。如建国前光泽水口天后宫,除供人烧香膜拜之外,每当正月初至元宵夜之间,村民还用轿子把宫中天后娘娘、千里眼、顺风耳三尊神像抬出来,家家户户点起灯笼,敲锣打鼓(当时每坊都有一副锣鼓打击乐器),迎请三尊神像轮流在水口的上街、中街、街头、豆角街等民家留宿"作客",接受膜拜。这种祭祀仪式既具有宗教神秘性,又体现出浓厚的民俗性和亲切的社区性。

三、闽北妈祖信仰兴盛和嬗变原因

闽北与福建其他内陆一样,共同崇拜的女神有妈祖林默娘、临水夫人陈靖姑等。但妈祖原是海上救难护航之神,为什么在内陆闽北山区也有许多信众,而在现代,它又发生了一些嬗变,笔者认为主要有以下原因。

1. 闽北特殊地理位置的因素

旧时,闽北对外交流的通道主要是闽江水系。闽江3条主要干流闽北占了2条,即建溪和富屯溪。这里的江流都是曲折迂回于山间盆谷之中,河谷多呈V型。江水的涨退落差大,很容易发生水患。如建瓯自东晋以来,据统计较大的水灾就有五十多次,其中大水入城有二十多次(最近的一次是1998年6月22日),水灾造成的损失是十分惨重的。由于古代的治水方法落后,修堤筑坝的财力又不足,所以人们就祈求神灵,希望得到佑助。众所周知,妈祖是公认的"海上女神""水上救星",自然她也成为百姓选中的治水救星。

2. 闽北交通条件的因素

过去没有公路和铁路,闽北的物资运输主要是依赖内河航运。闽江及其支流建溪、富屯溪商船南来北往,水路交通十分繁忙。延平的延福门码头、建瓯的西门码头、顺昌的洋口码头,每夜泊船,少则数十,多则上百。可是闽北江流湍急,十分危险,过去船工所唱的"一滩高一丈,光泽在天上",就是闽北山高水急的真实写照。闽北内河的船工行舟,与海上航运有相似的危险,因此,海上女神妈祖自然渐渐也成了闽江航运的保护神。据笔者调查,闽北百多个乡镇中,凡面临闽江干流的码头乡镇,几乎都建有妈祖庙,妈祖或为独立的主祀神,或与其他佛道俗神并祀。如据《光泽县志》记载,该县司前乡梅坪村是北溪水路上的商埠,南来北往的货物均在这里中转,梅坪成为北路的重地,县衙门曾派兵驻守。梅坪商号林立,有杂货、糕饼、盐栈、米行、纸行、豆腐店、饭馆、茶馆、药铺、屠宰摊等几十种不同行业,呈现出一派繁华的山乡街景。民谚说"先有梅坪,后有司前"。梅坪天后宫就是在这种背景下建立的。

3. 奉文兴建的因素

明代郑和下西洋,扩大了妈祖信仰的影响。邵武的天妃宫即建于其时。宫在石岐山左,主祀妈祖。据清咸丰《邵武县志·祭典》载:"明永乐年间,邵武卫军从征西洋,赖神庇,归而建庙。""万历二十九年推官赵贤意拓前殿,建跨虹楼,清康熙二年毁;雍正十一年奉文各府县建宫;乾隆十六年改建该所。自康熙十九年至嘉庆五年,叠加敕封护国庇民、妙灵昭应、宏仁普济、福佑群生、诚感咸孚、显神赞顺、垂慈笃祐、天后之神。每岁以春秋二仲,颁吉致祭,祭品、礼节与文庙同。"因此建妈祖庙之风日盛。

清雍正十一年（1733）"奉文各府县建宫"就是奉朝廷之命,各地起建天后宫。又如《浦城县志》载该县旧时有17座天后宫（分布于西关外勘头、浮流溪、前洋、大游村、石壁、水北街、石陂街、葛墩、旧馆、高门、东坑坞、棠岭、庙湾、吴墩、上水南、渔梁街、上杭路福州会馆）,亦均系雍正十一年之奉敕所建,这就是说,清康雍朝妈祖有了"天后"之称后,各地迅速兴起建庙热,仿佛是一夜之间,闽北就增添了百多座天后宫,不但是每个县每个码头有天后宫,甚至与闽北毗连的江西、浙江的一些州县也都有了天后宫。

4. 嬗变的原因

随着时代的发展,尤其是铁路、公路的发展,闽江干流富屯溪、建溪等内河渐渐地失去了水运功能优势,加上多级水电站的建成,使闽江水患得到了治理。还有"文革"的破坏,使不少妈祖庙或改建,或拆毁。同时科学的昌明,无神论的教育,也使人们对妈祖供奉与信仰产生淡化。如今闽北的妈祖信仰活动中,已很少有大规模的庙会或迎神活动了,许多妈祖庙宇如今成了重要的文物和旅游资源,如2000年顺昌县人民政府就将洋口天后宫向上申报为第五批省级文物保护单位。不少闽北妈祖庙宇已兼具更多的功能,妈祖信仰原来的功能也发生了一些嬗变,多数已成为一种与妈祖信仰有一定关系的传统文化活动。如"洋口曲艺团"并不是专为洋口天后宫的祭神活动而成立。不过,笔者认为,这些嬗变正是妈祖文化能与时俱进,得以承续保留的原因。

（原载《莆田学院学报》2006 年第 3 期）

宁波天后宫雕刻特色研究

黄浙苏[①]

浙东海事民俗博物馆（宁波天后宫）

宁波天后宫（庆安会馆）系我国八大天后宫、七大会馆之一，既是行业商帮聚会协商的场所，又是祭祀妈祖的神圣殿堂。遍布于会馆天后宫建筑内的砖雕、木雕、石雕是研究宁波建筑艺术的珍贵文物实物。它们特色鲜明、内蕴深厚、形象灵动，与会馆建筑相伴相生，是宁波乃至整个浙东地区雕刻艺术和建筑装饰艺术的典范。[②]

一、宁波天后宫雕刻的分布现状

宁波天后宫中轴线第一进为宫门，其结构为三开间抬梁式双卷棚（鸳鸯式）三马头假二层（楼式）硬山顶建筑，建筑面积117.6m²。大门采用石框结构，正立面墙体侧石采用本地梅园山红石雕以凸形花板，墙面采用水磨青砖，门额（天盘）用砖雕和仿木砖雕斗拱进行装饰。装饰的画面充分运用了我国传统的立体布局，层次分明，栩栩如生，其雕刻笔法细腻，内容丰富，所选题材大多为八仙、三星、九老等民间传说和戏曲人物及花鸟动物博古等，门楣上方中央嵌有"双龙戏珠"御牌形直匾，上书"天后宫"贴金砖刻大字（图1）。门内鸳鸯式卷棚，

图1　天后宫宫门

① 黄浙苏（1961— ），女，浙江义乌人，副研究馆员，主要从事妈祖文化、会馆文化研究。

② 黄浙苏、钱路、林士民：《庆安会馆》，中国文联出版社2002年版，第43—44页。

图2　天后宫戏台

图3　天后宫戏台朱金木雕藻井

下饰悬空木雕花蓝。明间抬梁均饰雕刻,两侧山墙内壁水磨青砖拼接布设美观、讲究。

第二进仪门(二门)包括前戏台、前厢房(看楼),建筑面积542.6m²,该建筑曾于20世纪60年代被毁,建筑石作基础仍保留原状。根据1953年南京工学院(东南大学)测绘简图情况分析,仪门建筑应为五开间硬山顶结构,山墙为四马头风火墙,檐侧配有石作八字式墙头,雕刻耕织图案。建筑正面为重檐卷棚,檐口有蟠龙石柱六根,梢间前后统�拷作、玻璃花窗,内部安装扶梯通看楼;大门三道共六扇,正门前装抱鼓石一对,上设门当和匾额,进门后素面屏风八扇,屏后设前戏台。前戏台(图2)为歇山顶造型,双龙吞脊,中饰砖雕"奎"星,戗、垂脊饰人物与瑞兽等,屋顶筒瓦覆面,戏台内顶藻井(图3)为穹隆式结构,俗称"鸡笼顶",由16条斜昂螺旋式盘索至宝镜接顶,三条圈梁下均有立体透雕"双龙戏珠"托枋,梁侧面装饰戏曲人物、花鸟等图案花板,朱金贴面。台板三围摺锦拱形栏杆(吴王靠),俗称"火栏杆"。台上装浮雕贴金屏风八扇,屏边左右各有一门,为演员"出将入相"的进出通道。台下明堂正中甬道直抵大殿台阶。戏台的南、北两侧有前厢房(看楼)各四间,梁架为抬梁式四步架两柱造。二层檐柱摺锦拱形栏杆与戏台同。并设花窗,楼下为敞开式。各间檐口用方形石柱,厢内磨砖墙面,与大殿梢间、过道(楼梯间)相连接,厢房马头山墙前部均饰有砖、石雕人物、花草等图案。

第三进大殿(图4)为五开间抬梁式重檐硬山假歇山顶结构,通面阔23m,通进深9.8m,建筑面积841.7m²(包括后厢房、后戏台),脊梁高12.5m。根据现状结构分析,大殿建成后不久,将明、次三间屋面由单檐改为重檐,形成假歇山顶,其四角翼然,高耸雄伟,其大木做法为典型的宁波地方风格,为甬上所罕见。殿前檐柱为青灰色高浮雕蟠龙、双凤石柱,各两根,高达4m,雕刻龙凤神态逼真,形象生动,寓玲珑于浑厚之中,柱间用透雕龙凤花草等图案的挂落相连。两侧八字墙头,分别嵌有一长方形的本地梅园山红石浅浮雕石刻,内容为"西湖十景"和"玉泉鱼跃",图案雕刻精致,布局协调合理,把古杭州的山水、楼台,淋漓尽致地展现在人们眼前,其细腻浅刻法与龙凤柱豪放浑厚的风格形成了鲜明的对照,使人们情不自禁地领略到沉重舒长、低细绵密、清浊圆润的韵味。殿内四根金刚柱均为南洋藻木。大殿明间原设天后妈祖暖阁

图4 天后宫大殿

(神龛),雕刻精致,暖阁两边设门形屏风进行分隔,殿内梁柱挂多方匾额,内容大都为历代帝王褒封、护国庇民、海波安澜等,所有匾额于20世纪60—70年代损毁。殿内左右两侧磨砖隔墙古朴大方,卷棚及朱金雕板都由高手制作。殿后戏台与前戏台作法基本一致,但斗拱出檐、铺作做法稍逊前戏台。戏台左右有后厢房(看楼)三间,栏杆门窗作法与前厢房(看楼)相同,明堂铺设青石板。

第四进后殿为五开间抬梁式重檐硬山顶楼房建筑,建筑面积 $631m^2$,四线屋脊,泥龙正鸱,脊中正面堆塑"双龙戏珠",背面堆塑"双凤朝阳",山墙作四马头。楼上楼下原供神像及闽广先哲牌位。每年春秋二季同业聚会公议,处理相关事宜,多在楼上举行。楼上前檐设走廊,窗户为镂空锦窗,窗下装有通间(明、次三间)靠背椅子,为后戏台看戏的主要座位。楼下后廊设阔檐巡通道,可过往南面耳房和北边附房,檐外为见天小明堂,堂后筑高耸隔墙与附房分割,用于防火、防盗。

二、宁波天后宫雕刻"三绝"

"三绝"指:龙凤石柱、砖雕宫门和戏台木藻井。

1. 龙凤石柱

天后宫的石雕艺术集中反映在正殿一对蟠龙石柱和一对凤凰牡丹石柱,柱高4m多,采用了高浮雕和镂空相结合的雕刻技术,形态逼真,构思独特,配以精致的柱础,为国内罕见的石雕工艺精品。蟠龙石柱,盘龙须眉怒张,倒挂攀附柱上,张牙舞爪,活力四射,周身云雾翻滚,两只蝙蝠在云雾中上下飞舞(见图5);两边两根凤凰牡丹石柱,上截是凤,下截是凰,半露柱外,振翅欲飞,活灵活现。真的就像是龙凤只是暂时憩于

图 5　天后宫石雕龙柱

图 6　天后宫石雕龙柱

柱上。中间为盛开的牡丹。紧靠着凤凰石柱的墙面上各镶两块梅园石浅雕条屏,浮雕深度不到一厘米,将"西湖十景"图做了精雕细琢,与龙凤石柱形成了粗犷与细腻、展现动与静的韵律之美。从资料得知,传说这两对龙凤柱石料为福建出产,运往宁波途中船只遭遇风浪,同行船队皆毁,唯独两艘运输船得天妃佑护保全。船工返回,演戏三日酬谢天妃,一时传为佳话。

2. 砖雕宫门

天后宫的宫门是一个规模不大的砖制门楼,表现出宁波商帮独有的内敛特性。正立面为砖墙门楼,门楣用 14 幅人物故事砖雕和仿木砖雕斗拱进行装饰,勒脚石雕凸版花结,墙面精工磨砖;门楣上有一个用砖雕成的圣旨型竖状匾额,匾额两周是浮雕双龙戏珠,中间浮雕天后宫三字(图1)。匾额两侧都是"砖雕八仙""渔樵耕读"等人物故事和凤凰、狮子滚绣球等动物造型(图6)。砖制门楼甚至连同斗拱、椽子、垂花都一同用砖烧制,这是清末民间建筑砖雕门楼的常见形式,但那些雕刻完全称得上是精品。

3. 戏台藻井

天后宫前戏台的藻井

(图 3)是一个鸡笼顶[1],这个藻井也用了数百花板榫接而成,朱金俯面靓丽炫目。藻井四角是四个代表福祉的变形蝙蝠。蝙蝠的头被刻画成龙状,还顶着一枚铜钱,是否含有财富的寓意呢? 戏台四周木栏上雕有若干个龙吐珠的形象。最令人惊叹的是戏台顶部四周的斗拱、挂落和花板,它们将宁波朱金木雕的精美工艺表现得淋漓尽致。花板使用浮雕手法,主要刻画了"三英战吕布"[2]等三国故事;三条挂落则使用了透雕

---

[1]　徐培良、应可军:《宁海古戏台》,中华书局 2007 年版,第 30 页。

[2]　黄定福、李本侹:《"浙东一绝"宁波庆安会馆戏台》,《中国文化遗产》2008 年第 3 期。

手法,雕出了三组双龙戏珠和凤戏牡丹图案;而斗拱则都化成了龙头和一只只展翅的凤凰;"出将""入相"之处也做成了龙状,背部的六幅侍女浮雕更是惟妙惟肖。

三、宁波天后宫雕刻的特色

雕刻艺术是古今中外建筑中重要装饰门类之一,宁波天后宫集中展现了宁波砖雕、石雕、木雕艺术的精粹,对研究宁波乃至浙东雕刻艺术和建筑装饰艺术,具有重要价值。但在古代形式多样的雕刻图案并非可以随心所欲地使用。中国建筑本身与仪仗、车舆、服饰一样,蕴含着社会地位、身份等级等深层寓意,历代对于雕刻图案的采用都有明文规定,不得随意僭越,例如"《尚书·大传》'大夫有石材,庶人有石承',《陈书·肖摩诃传》:'三公黄阁听事鸱尾',《明史·舆服志》:'禁官民房屋不许雕刻古帝后圣贤人物及日月龙凤狻猊麒麟犀象之形……'《大清会典》:'亲王府制……绘金云雕龙有禁,凡正门殿寝均覆绿琉璃脊,安吻兽门柱丹护,饰以五彩金云龙纹,禁雕龙首……余各有禁,逾制者罪之'"①,等等。建于清咸丰三年(1853)的宁波天后宫雕刻图案内容基本按《大清会典》规制雕饰,从龙凤石柱、宫门门楣的"双龙戏珠"御牌匾匾、14幅人物故事和仿木砖雕斗拱、大殿八字墙头的两块浅浮雕石刻等雕刻图案,都昭示着妈祖的地位和天后宫的威严,让人心生敬畏,满怀虔诚。在中国特有的文化历史大背景和建筑艺术影响下,宁波天后宫建筑雕刻结合地域习俗形成了自己独有的一些艺术特征。其特色主要表现在以下四个方面:

1. 图案形式多样

天后宫雕刻图案千变万化,种类多达上百种,取材源自自然万物、几何图形、神话传说,历史故事、社会生活、文字装饰等等,其浪漫的想象、多样的图案堪称宁波地区乃至江浙地区的艺术奇葩。比如以龙、凤、麒麟、狮、马、鹿为代表的动物纹,以岁寒三友(松、竹、梅)、四君子(梅、兰、竹、菊)、灵芝、海棠为代表的植物纹,以日、月、山川、风、云、石、水为代表的自然纹,以回纹、八角纹、圆为代表的几何纹,以福、禄、寿、人、亚为代表的文字图案,以八仙、寿星、人文戏剧、神话等故事中人物为代表的人物图案,以暗八仙中道教八宝(芭蕉扇、阴阳板、玉笛、葫芦、宝剑、荷花、篮、渔鼓)、琴棋书画、钱币、元宝等为代表的器物图案等等。这些图案中的绝大部分又与汉字关系紧密,其根源在于汉字本身便源于象形图案,从日月山川雷雨云气之类的自然现象,到凤鱼牛羊之类的动物形象,再到宫廊、席、窗等建筑形象,都是经由古人的写实和提炼而概括生成的图案化文字,这类图案化的文字直接运用于雕刻,便成为云纹、雷纹、渊纹、山纹、凤纹

---

① 黄定福:《宁波近代建筑研究》,宁波出版社2010年版,第186页。

等图案。此外,"福""寿"等表示吉祥的汉字也成了建筑雕刻图案,汉字的书法艺术与联匾等相结合也成为建筑雕刻的内容之一。

2. 内涵丰富多彩

天后宫里的雕刻图案大多以象征手法,寄托着幸福、高贵、和平、富裕、长寿等良好寓意,比如以鹿(禄)、蝙蝠(福)、金鱼(金玉)、花瓶(玉安)、蝴蝶(福)为代表的图案采取了谐音的寓意;以牡丹纹(富贵)、仙鹤、桃子(长寿)为代表的图案以移情的手法寄托美好祝愿;同时还有龙、凤、和合二仙、八仙、劈山救母等广泛取材于神话传说的图案,极大拓展了人们的想象空间。此外,有些图案是取避祸防灾之意,如石狮、铺首、套兽是镇邪之意;还有一些常用物事图案,也隐含了象征意义。如"琴、棋、书、画"代表儒雅,"暗八仙"表示万事亨通;另有一些几何形图案,通过联想和命名得到象征的意义。如回文盘长,寓意连续不断,锦葵表示前程似锦,井口、套方表示富有……这些内涵丰富多彩的雕刻图案饱含着幸福吉祥,伴随天后宫一起庇佑着这片土地上的人们。

3. 图案通用性强

天后宫各建筑部位的雕刻图案有着较强的通用性,比如套方、方胜、回文、万字、冰裂、海棠、扭长等图案,可广泛应用于木栏杆、石栏杆、砖瓦花格窗、砖石铺地等。又如如意纹,则可用于裙板、斗拱、悬鱼惹草、砖刻、石刻、柱础等。与此同时,某些雕刻图案还源自于其他装饰艺术,比如铺首纹源于青铜器纹样,宋织锦纹彩画源于丝绸织物图案等。天后宫雕刻图案在与传统艺术相互渗透和结合的基础上,彰显出自身别样的魅力与风采。

4. 雕刻手法融会贯通

天后宫的砖雕、石雕、木雕灵活采用平面雕、浅雕、深雕、透雕等手法,融会贯通、相得益彰。灵透的图案挂边和挺括各式阴阳线脚,巧夺天工,山水、人物、花鸟、鱼虫等图案巧妙组合成各组画面,人物喜、笑、怒、骂神情生动、栩栩如生,与戏剧、神话、传说等故事情节水乳交融,有"鬼斧神工"之妙。在这些雕刻手法下,天后宫雕刻图案艺术成为宁波历史文化遗产中一颗璀璨的明珠。

四、宁波天后宫雕刻的文化意蕴

由商帮投资兴建的宁波天后宫既是天后宫,也是会馆,从建立之初便具有了行业会馆、祭祀妈祖的双重功能。天后宫里建筑雕刻的合理布局和利用,有效渲染了民间吉祥艺术对信仰和民俗事象的体现与传承,富有深厚的文化意蕴。

1. 见证了"海上丝绸之路"的开拓

宁波东临大海,自古擅鱼盐之利,唐宋以来,以其天然的地理优势和经济优势成为我国"海上丝绸之路"的重要港口。各地商人依托宁波港的优越地理环境,开设商号,打造船只,经营货物,繁荣了海上贸易。作为我国对外贸易的主要口岸和"海上丝绸之路"的始发港之一,闽、粤商人在此经商,他们以福建木材、桂园、两广食糖等为大宗货物,每年二次由海上线路到达宁波进行集散贸易。天后宫系由宁波、慈溪、镇海商贾共同出资建造,耗资七万饼,并每岁春秋二季聚集天后宫进行祭祀活动,求告"海运平安""生意兴隆"①。天后宫建造的时候也带来了异地工匠的技术和艺术风格,同时当地的工匠虽然根据会馆主人的意愿和要求创作,但他们还有很大的艺术自由性,在不违背主人的意愿下自然会加入本土的创作手法,比如大殿的龙凤柱同福建的天后宫龙柱有相同之处,许多雕刻图案也有相同之处。这便意味着民间雕刻艺术随着"海上丝绸之路"的贸易拓展也传播开来,天后宫的雕刻便是一个鲜明例证。

2. 渲染了妈祖信仰的氛围

天后女神莆田湄洲林氏女护国庇民、扶贫救苦,概括了天后的主要功德,也是妈祖文化的精髓所在,妈祖吉祥图案的主题多是襄灾纳吉。商帮会馆是传播妈祖民间信仰的主要媒介。商帮建天后宫的目的,首先是他们相信妈祖能保护他们航运安全和保佑他们免予疾病、破产等意外之灾,借以调节和平慰现实的经商环境对自我所造成的心理紧张。屋脊上的"和合二仙",墀头上的葫芦、松鼠葡萄,美人靠上的"鸳鸯戏水",墙基上的大象及花瓶等图案正是人们祈求风调雨顺、丰衣足食、儿孙满堂、家庭和睦、生活幸福心理体现。②

3. 寄托了商帮文化的期待

人们的信仰根植于人类的生存环境,通过图案能折射出人们的民俗生活。商人是民众中最有经济实力的迷信的群体,经营和投资中存在的风险使他们在谨慎谋划的同时不忘遵循趋吉避凶的民间风俗,这些求财祈福的心理表现在宁波天后宫建筑装饰图案的各个方面。如大量出现的"葡萄和松鼠"。鼠:财富和财神的象征,又称藏钱,鼠多子,象征多子多孙。葡萄:它的枝既为棵又为本,葡萄粒多又得以万字才能概括,葡萄"粒"与利谐音,为一本万利,寓意生意兴隆,财源滚滚。"刘海戏金蟾""刘海撒钱"等图案也充分体现了商人的心理思维和价值取向。清代受"兴商、兴学"影响,商人阶层已摆脱社会底层的身份而活跃于民间,会馆建筑装饰图案中的算盘、铜钱等商业器具是商业活动的体现,也是商业文化和商人阶层审美观的体现。

(原载《莆田学院学报》2011 年第 4 期)

---

① 刘云:《宁波的妈祖信仰和天妃宫的兴废》,《中华妈祖》2008 年第 3 期。
② 金皓:《甬东天后宫建筑雕刻图案的浅析》,《海峡两岸妈祖研讨会论文集》,中国文史出版社 2010 年版,第 318 页。

论马来西亚的妈祖宫庙及其信仰文化特色

林 希[①]

福建师范大学社会历史学院

马来西亚是全球最重要的华人华侨聚居国之一,且其先辈大多来自中国闽粤(包括海南)沿海地区。中国与马来西亚的交往历史至少可追溯至汉代,但大规模的华人移居马来西亚的高峰则是出现在清代晚期。当时,来自福建、广东和海南的许多中下层劳动人民在马来西亚的矿场、工厂、种植园、城市、港口、交通等建设中,要克服许许多多的艰难困苦,不但要付出血汗,而且还可能付出生命代价。早期的华人在这样的环境中,宗教信仰对于他们来说不仅是崇敬神力,更是期冀得到一种心灵抚慰和精神寄托。"世界福州十邑同乡总会"主席拿督张晓卿先生曾说:"我们今天所处的是一个充满危机、竞争、矛盾和压力的社会,常常使我们生活在不安、焦虑、无助和烦恼之中。所以,为了寻求心灵上的慰安和精神上的寄托,为了使自己在挫折和失败中重新振作起来,宗教信仰成了我们生命中非常重要的选择,和不可或缺的一件大事。"[②] 因此,闽粤人民的宗教信仰自然也随着移民来到了马来西亚,其中以女神妈祖信仰的传播最为广泛,影响最大。据马来西亚海南会馆天后宫李雄之先生说:"今天,在马来西亚,这些会馆不论是独立注册或附属于会馆内的天后宫数目约有两百个之多。"[③] 目前已调查著录的有五十多座。本文即是以已经调查著录的 54 座为例,探讨分布简况、宫庙类型以及信仰文化特色。

---

① 林希(1980—),女,福建福州人,2012 级古代史博士研究生,福州外语外贸学院讲师,主要从事中外交流史研究。

② 黄露夏:《马来西亚的华人》,福建人民出版社 1999 年版,第 102—103 页。

③ 李雄之:《马来西亚天后宫与妈祖信仰功能的转变——以雪隆会馆天后宫为例》,马来西亚《妈祖研究学报》第 3 辑,雪隆:海南会馆 2008 年版,第 45—62 页。

一、马来西亚妈祖宫庙分布、类型及祀神

马来西亚全国现分为 13 个州和 3 个联邦直辖区,首都吉隆坡和全国大部分州都有供奉妈祖的宫庙存在,妈祖信仰之广泛在东南亚国家首屈一指。

1. 妈祖宫庙分布地及数量

雪兰莪州及吉隆坡（5 处）：双溪伯西路天后宫、吉隆坡高街广肇会馆[1],雪兰莪琼州会馆（雪隆海南会馆天后宫）[2]、雪兰莪州巴生海南会馆天后庙[3],雪兰莪吉胆岛昭应庙天后宫。[4]

槟榔屿及威利斯省（8 处）：槟城广福宫（观音亭）[5]、槟城琼州会馆（槟城海南会馆天后宫）[6],槟城浮罗山背双溪槟榔港口天后宫[7]、槟城顶日落洞网寮山海宫[8]、槟城日落洞船廊天后宫[9]、北海琼州南天宫（海南会馆）[10]、威省海南会馆（前称威省琼崖同乡会）[11]、大山脚马章武莫居林路海东妈庵。[12]

霹雳州（4 处）：安顺海南会馆天后宫[13]、南霹雳兴安会馆天后宫[14]、太平海南会馆天后宫（圣娘宝殿）[15]、太平兴安会馆崇圣宫[16]。

森美兰州（1 处）：淡边海南会馆天后宫（森美兰州唯一的海南会馆兼天后宫[17]。

马六甲州（5 处）：青云亭（马来西亚历史上供奉妈祖最早最著名的庙宇）[18]、宝山

[1] 傅吾康、陈铁凡:《马来西亚华文铭刻萃编》,吉隆坡:马来西亚大学出版部 1982 年版,第 79、110 页。
[2] 同上书,第 115—116 页;苏庆华、刘崇汉:《马来西亚天后宫大观》第 1 辑,雪隆:海南会馆妈祖文化研究中心 2007 年版,第 136—151 页。
[3] 苏庆华、刘崇汉:《马来西亚天后宫大观》第 1 辑,雪隆:海南会馆妈祖文化研究中心 2007 年版,第 152—163 页。
[4] 苏庆华、刘崇汉:《马来西亚天后宫大观》第 2 辑,雪隆:海南会馆妈祖文化研究中心 2008 年版,第 124—141 页。
[5] 傅吾康、陈铁凡:《马来西亚华文铭刻萃编》,吉隆坡:马来西亚大学出版部 1982 年版,第 526 页。
[6] 同上书,第 773—799 页;苏庆华、刘崇汉:《马来西亚天后宫大观》第 1 辑,雪隆:海南会馆妈祖文化研究中心 2007 年版,第 2—19 页。
[7] 苏庆华、刘崇汉:《马来西亚天后宫大观》第 1 辑,雪隆:海南会馆妈祖文化研究中心 2007 年版,第 20—33 页。
[8] 同上书,第 34—45 页。
[9] 同上书,第 46—57 页。
[10] 同上书,第 58—69 页。
[11] 同上书,第 70—83 页。
[12] 同上书,第 84—99 页。
[13] 同上书,第 100—109 页。
[14] 同上书,第 110—117 页。
[15] 傅吾康、陈铁凡:《马来西亚华文铭刻萃编》,吉隆坡:马来西亚大学出版部 1982 年版,第 1074 页;苏庆华、刘崇汉:《马来西亚天后宫大观》第 1 辑,雪隆:海南会馆妈祖文化研究中心 2007 年版,第 118—125 页。
[16] 傅吾康、陈铁凡:《马来西亚华文铭刻萃编》,吉隆坡:马来西亚大学出版部 1982 年版,第 1085—1086 页;苏庆华、刘崇汉:《马来西亚天后宫大观》第 1 辑,雪隆:海南会馆妈祖文化研究中心 2007 年版,第 126—135 页。
[17] 苏庆华、刘崇汉:《马来西亚天后宫大观》第 1 辑,雪隆:海南会馆妈祖文化研究中心 2007 年版,第 164—169 页。
[18] 傅吾康、陈铁凡:《马来西亚华文铭刻萃编》,吉隆坡:马来西亚大学出版部 1982 年版,第 223—270 页。

亭①、福建会馆②,马六甲兴安会馆天后宫③、马六甲海南会馆天后宫（马六甲琼州会馆）④。

柔佛州（13 处）：哥打丁宜天后宫⑤、新山陈厝港海南会馆天后宫⑥、峇株吧辖海南会馆天后宫⑦、柔佛永平天后宫（当地最早的庙宇）⑧,新山士姑来天后宫（当地称阿婆庙）⑨、新山淡杯天后宫⑩、永平海南会馆天后宫⑪、峇株吧辖林氏宗祠天后宫⑫、麻北武吉港脚天后宫⑬、麻坡海南会馆天后宫⑭、东甲沙益天后宫⑮、东甲海南会馆天后宫⑯、昔加末海南会馆天后宫⑰。

吉兰丹州（4 处）：道北天后宫⑱、赤脚圣春宫（大妈庙）⑲、哥打峇鲁唐人坡镇兴宫（二妈庙）⑳、巴西富地镇安宫（三妈庙）㉑。吉兰丹州的妈祖十分独特,有大妈、二妈、三妈之分。据说是依据庙宇建立先后排定的;赤脚圣春宫为大妈庙,而镇兴宫的妈祖是圣春宫的分灵,因而成为二妈庙。而三妈庙有两种说法:一为巴西富地镇安宫,一为泰南哥洛护国公㉒。

丁加奴州（即登嘉楼州,3 处）：丁加奴琼州会馆（登嘉楼琼州会馆、登嘉楼海南

---

① 傅吾康、陈铁凡:《马来西亚华文铭刻萃编》,吉隆坡:马来西亚大学出版部 1982 年版,第 271—284 页。

② 同上书,第 397 页。

③ 苏庆华、刘崇汉:《马来西亚天后宫大观》第 1 辑,雪隆:海南会馆妈祖文化研究中心 2007 年版,第 170—187 页。

④ 同上书,第 188—203 页。

⑤ 傅吾康、陈铁凡:《马来西亚华文铭刻萃编》,吉隆坡:马来西亚大学出版部 1982 年版,第 167 页;苏庆华、刘崇汉:《马来西亚天后宫大观》第 2 辑,雪隆:海南会馆妈祖文化研究中心 2008 年版,第 172—187 页。

⑥ 苏庆华、刘崇汉:《马来西亚天后宫大观》第 1 辑,雪隆:海南会馆妈祖文化研究中心 2007 年版,第 204—215 页。

⑦ 同上书,第 224—233 页。

⑧ 同上书,第 216—223 页。

⑨ 苏庆华、刘崇汉:《马来西亚天后宫大观》第 2 辑,雪隆:海南会馆妈祖文化研究中心 2008 年版,第 226—241 页。

⑩ 同上书,第 242—253 页。

⑪ 同上书,第 270—281 页。

⑫ 傅吾康、陈铁凡:《马来西亚华文铭刻萃编》,吉隆坡:马来西亚大学出版部 1982 年版,第 162—164 页;苏庆华、刘崇汉:《马来西亚天后宫大观》第 2 辑,雪隆:海南会馆妈祖文化研究中心 2008 年版,第 142—153 页。

⑬ 苏庆华、刘崇汉:《马来西亚天后宫大观》第 2 辑,雪隆:海南会馆妈祖文化研究中心 2008 年版,第 154—171 页。

⑭ 同上书,第 188—205 页。

⑮ 同上书,第 206—215 页。

⑯ 同上书,第 254—269 页。

⑰ 同上书,第 216—225 页。

⑱ 同上书,第 6—15 页。

⑲ 同上书,第 16—27 页。

⑳ 傅吾康、陈铁凡:《马来西亚华文铭刻萃编》,吉隆坡:马来西亚大学出版部 1982 年版,第 204—206 页;苏庆华、刘崇汉:《马来西亚天后宫大观》第 2 辑,雪隆:海南会馆妈祖文化研究中心 2008 年版,第 38—49 页。

㉑ 苏庆华、刘崇汉:《马来西亚天后宫大观》第 2 辑,雪隆:海南会馆妈祖文化研究中心 2008 年版,第 28—37 页。

㉒ 同上书,第 17 页。

会馆天后宫)①、亚益仁耐天后宫(琼州会馆、甘马挽海南会馆天后宫)②、登嘉楼州和安宫③。

彭亨州(6处):立卑天后宫④、文冬天后宫⑤、文冬兴安会馆妈祖宫⑥、关丹琼州会馆(琼州公庙、关丹天后宫)⑦、淡马鲁天后宫⑧、文德甲天后宫(灵神庙)⑨。

沙巴州(2处):山打根市中心的三圣宫⑩,斗湖天后宫(属斗湖海南会馆)⑪。

砂拉越州(3处):古晋天后庙(琼州公会,即古晋海南会馆天后庙)⑫、古晋明达华兴安天后宫⑬、古晋兴安会馆天后宫⑭。

2. 妈祖宫庙类型及祀神

妈祖信仰属于民间信仰,因此宫庙类型也有很多种类,其中就有天后宫与会馆"宫馆合一"的一类妈祖庙。目前马来西亚已调查著录的妈祖宫庙共有54座,其中天后宫与会馆合一有32座,占59.3%;纯宫庙非会馆的有22座,占40.7%。在32座宫馆合一的会馆天后宫中属海南籍的有23处,占71.9%,资料显示,供奉妈祖的琼州会馆联合会组织,可谓庞大。因此,马来西亚的妈祖宫庙实际大多属于会馆天后宫类型,且多来自于今天的海南省,福建省、广东省居次。具体是福建人所建会馆中供奉妈祖的有7处,在32座会馆天后宫中占21.9%(按:设于彭亨州的林氏联宗会会所内的文冬天后

---

① 傅吾康、陈铁凡:《马来西亚华文铭刻萃编》,吉隆坡:马来西亚大学出版部1982年版,第1173—1177页;苏庆华、刘崇汉:《马来西亚天后宫大观》第2辑,雪隆:海南会馆妈祖文化研究中心2008年版,第50—63页。

② 傅吾康、陈铁凡:《马来西亚华文铭刻萃编》,吉隆坡:马来西亚大学出版部1982年版,第1182—1185页;苏庆华、刘崇汉:《马来西亚天后宫大观》第2辑,雪隆:海南会馆妈祖文化研究中心2008年版,第76—85页。

③ 傅吾康、陈铁凡:《马来西亚华文铭刻萃编》,吉隆坡:马来西亚大学出版部1982年版,第479页;苏庆华、刘崇汉:《马来西亚天后宫大观》第2辑,雪隆:海南会馆妈祖文化研究中心2008年版,第64—75页。

④ 傅吾康、陈铁凡:《马来西亚华文铭刻萃编》,吉隆坡:马来西亚大学出版部1982年版,第489—490页。

⑤ 苏庆华、刘崇汉:《马来西亚天后宫大观》第1辑,雪隆:海南会馆妈祖文化研究中心2007年版,第234—241页。

⑥ 同上书,242—247。

⑦ 傅吾康、陈铁凡:《马来西亚华文铭刻萃编》,吉隆坡:马来西亚大学出版部1982年版,第477—470页;苏庆华、刘崇汉:《马来西亚天后宫大观》第2辑,雪隆:海南会馆妈祖文化研究中心2008年版,第86—99页。

⑧ 傅吾康、陈铁凡:《马来西亚华文铭刻萃编》,吉隆坡:马来西亚大学出版部1982年版,第515—516页;苏庆华、刘崇汉:《马来西亚天后宫大观》第2辑,雪隆:海南会馆妈祖文化研究中心2008年版,第477—470页。

⑨ 傅吾康、陈铁凡:《马来西亚华文铭刻萃编》,吉隆坡:马来西亚大学出版部1982年版,第494—496页;苏庆华、刘崇汉:《马来西亚天后宫大观》第2辑,雪隆:海南会馆妈祖文化研究中心2008年版,第100—111页。

⑩ 傅吾康、陈铁凡:《马来西亚华文铭刻萃编》,吉隆坡:马来西亚大学出版部1982年版,第1232—1247页。

⑪ 苏庆华、刘崇汉:《马来西亚天后宫大观》第2辑,雪隆:海南会馆妈祖文化研究中心2008年版,第282—289页。

⑫ 傅吾康、陈铁凡:《马来西亚华文铭刻萃编》,吉隆坡:马来西亚大学出版部1982年版,第1311—1318页;苏庆华、刘崇汉:《马来西亚天后宫大观》第2辑,雪隆:海南会馆妈祖文化研究中心2008年版,第291—301页。

⑬ 苏庆华、刘崇汉:《马来西亚天后宫大观》第2辑,雪隆:海南会馆妈祖文化研究中心2008年版,第302—307页。

⑭ 同上书,第308—313页。

宫,因妈祖本名林默娘,在这里的林氏族人都尊称妈祖为"祖姑",因此在统计中,笔者将文冬林氏联宗会会所天后宫归入福建人创建的天后宫)。广东人所建的供奉妈祖的庙宇已著录者仅有一处,即位于吉隆坡高街的广肇会馆,且其主祀为关帝,妈祖处于副祀地位,属于配祀妈祖的会馆天后宫。

祀神方面,海南籍宫庙多以妈祖为主祀,有的则与海南地方俗神水尾圣娘、108 兄弟公同祀。而福建、广东籍宫庙,妈祖与其他海神或财神并祀的情况较为普遍,如不少宫庙并祀观音、关帝、三圣与妈祖。

其中常与妈祖同祀的水尾圣娘(又称南天夫人),全称"水尾云感圣旨莫氏夫人",海南人尊其为乡土神,也是渔民的守护神。据说"道光咸丰年间,先侨翁公邦玺,在登坡芒沙比异,架造茅舍,以便乡侨住宿。后因世事变更,翁公谢世,由翁荣焕公将该茅舍从新修葺但限于财政,屋柱均以椰树为之,而经济之来源,多有基里祇,甘偌土同乡捐助之"。可见在异乡孤苦无依的情况下,先驱者们搭建茅舍的初衷是为了有个栖身之所,后来在乡亲们的群策群力之下才逐渐将茅舍修葺翻新。与此同时家乡的水尾圣娘、天后妈祖等神祇也被供奉在这简陋的屋舍之内,但"从此以后,专人奉祀,香火不绝"①。水尾圣娘与妈祖同祀是海南人对平安航海的诉求,也是这类妈祖宫庙祀神特点。

108 兄弟公则是海南人的祖先神兼海神。关于 108 兄弟公的来源说法不一。一说是清代 108 位新客由海南乘船前往南洋谋生,不料至七星洋遭遇狂风巨浪,108 位远行客全部遇难。此后,琼籍人士无论是在船上或上岸落户,均把 108 兄弟当作神灵来祭祀。②另一说是咸丰年间(1851—1861)有 108 位海南渔民被越南国王误杀。死后他们常在海上显灵,拯溺扶危。越南渔民感其恩德,就上奏国王,国王便敕封他们为"昭应英烈一百有八忠魂",并立庙春秋祭祀,以谢过褒功。琼籍华侨便尊此"一百有八兄弟公"为"海上灵神",设庙祭祀。③又一说是少见的 109 兄弟公说法:传说有109 名背井离乡的先驱者,从海南岛乘着帆船,乘风破浪,朝南洋进发。不幸,该船途中遇到狂风巨浪,被大海所吞噬,109 位先驱者都沉没海中,此后,南洋各地的琼州人为了这 109 位先驱者的冒险精神,供奉他们为海神。④以上几种传说主要内容大抵相同,即"兄弟公"既是海南籍的远航南洋的先行者,又是与妈祖一样具有类似拯救危难神力的海神,由此在海南籍华人华侨所建妈祖宫庙中把 108 兄弟公与妈祖供奉在一起是很普遍的。

① 傅吾康、陈铁凡:《马来西亚华文铭刻萃编》,吉隆坡:马来西亚大学出版部 1982 年版,第 1173 页。
② 方雄普、许振礼:《海外侨团寻踪》,中国华侨出版社 1995 年版,第 229 页。
③ 云雯天:《琼侨与"一百有八兄弟公"》,《华声报》1988 年 11 月 11 日第 3 版。
④ 苏庆华、刘崇汉:《马来西亚天后宫大观》第 2 辑,雪隆:海南会馆妈祖文化研究中心 2008 年版,第 266 页。

二、马来西亚的妈祖信仰文化特色

马来西亚的妈祖信仰文化特色最主要体现在其社会功能方面,对当地的贡献巨大,影响深远。可归纳为以下几点。

1. 天后宫是华侨华人的精神家园

妈祖信仰具有予华侨华人心灵抚慰与精神寄托功用。早期华人移民带来的妈祖往往是被供奉在亚答板屋内。亚答板屋是到马来西亚先驱开拓者们为了给后来的同胞提供一个暂时栖身之所而搭盖的简陋屋舍。亚答板屋因供奉来自于家乡的神祇——妈祖,自然被身在异乡的游子视为精神"家园"。槟城琼州会馆内有清同治九年(1870)所制"莫不尊亲"匾额[①],其蕴含的正是一种同乡互尊相亲、互帮互助的精神。丁加奴州琼州会馆《登嘉楼琼州会馆馆史》中所载,也表明了其凝结人心、团结华人的作用:"年时佳节,常向同侨劝捐,以维经费,基里祇、甘傌士各埠同侨,来往登坡者,咸寓居其间,乡谊情感,日渐浓厚。"[②]

为了纪念为华侨华人作出突出贡献的先贤们,为了使逝去的先辈们入土为安,与国内许多庙宇可以安放先人骨灰、牌位相同,这些供奉着妈祖的同乡会馆天后宫,也往往设立有义冢或义山,以便安葬逝去的同胞和供后人追思。马来西亚现存历史最为悠久的马六甲青云亭中除了供奉观音与妈祖等神明外,还有一些碑刻、牌位,用以纪念有功绩的华人领袖,如《甲必丹李公颂德碑》《李为经像及赞》《大功德主曾公颂碑》,还有甲必丹"李正豪神主""曾其禄神位"等。在宝山亭的《保三宝井山义冢资助公班衙碑记》中就记载当时马六甲三宝山"有华人义冢久矣"。[③] 在淡马鲁天后宫中的《斯文俱乐部建义山亭木版》记载了1963年由斯文俱乐部发起兴建了一处义山亭,并修建道路和停车场。[④] 这些都是体现妈祖宫庙是海外华侨华人重要的精神家园。

2. 天后宫有祈求平安和慈善机构功能

妈祖精神实质是"崇尚尊重人、关爱人、激励人,一切以人为中心,其表现就是对人的尊严、价值、追求的关怀、照顾和保护"[⑤]。马来西亚的妈祖信仰也深刻体现这一点。如海南人民"因地理环境之关系,善于航海,故与南洋交通,为时最早"[⑥],妈祖是历代

---

① 傅吾康、陈铁凡:《马来西亚华文铭刻萃编》,吉隆坡:马来西亚大学出版部1982年版,第774页。
② 同上书,第1173页。
③ 同上书,第278页。
④ 同上书,第515—516页。
⑤ 李天锡:《论妈祖信仰与和谐文化》,《莆田学院学报》2012年第1期。
⑥ 傅吾康、陈铁凡:《马来西亚华文铭刻萃编》,吉隆坡:马来西亚大学出版部1982年版,第1173页。

船工、海商、渔民共同信仰的海神,"琼籍人士之所以虔诚敬妈祖,是因为海南岛居南海中,飓风之患,几乎史不绝书。海南岛沿海的居民又多以捕鱼为业,渔船在海中遇到狂风恶浪,认为惟有祈求妈祖保佑。所以琼州各县都建有天后宫,他们每到一个地方就创立琼州会馆并兼天后宫"①。砂拉越古晋的琼州公会的《流芳碑》记载:琼州人"驾鹢尾以涉重波,多蒙神佑;逐蝇头而营末利默荷神庥。无如尸祝有心,铸颜无术。未免抱庄鲋之叹耳。今则客燕绝宾鸿,日见而不相识也倘于此而涣者不能卒志,将骨肉等于途人矣。虽我欲联桑梓之情,当设聚会之所"②。这体现了华侨华人祈祷平安,共同创业的愿望。而闽粤会馆在供奉妈祖之外,同祀观音等神灵,显然也是为保平安。山打根的三圣宫供奉的"刘关张"以及与妈祖同祀的关帝、财帛星君等是商人必拜之神,包含着其在华侨华人在马来西亚安身立命、落地生根、开拓创业的期盼。

马来西亚54座会馆或妈祖宫庙中有13座还定期或不定期地参与支持慈善事业,用实际行动弘扬妈祖救苦救难、扶贫助弱的奉献精神。如创办回春所,槟城琼州会馆中存有一块1917年所制《回春所重建捐缘碑》,表明其设置回春所的宗旨:"吾国古籍有出入相友,守望相助之训,所以示人爱群也。人能爱群,则推其心为慈善事业,竭其力以尽救灾恤邻之义,诚无微不至矣。吾琼人士侨槟者众,万里海天言旋非易。一旦不测,势将无依。此所以有回春所之设,以便吾琼侨。兹敦梓桑睦谊,表示爱情也。"③"敦梓桑睦谊,表示爱情",促进社会友爱和谐正是妈祖信仰文化的功用之一。

3. 天后宫热心襄助华文教育

马来西亚同乡会馆天后宫或纯天后宫独立兴办学校或是以慈善名义资助学校,支持华文教育,它对教育华侨子弟,稳定华侨团体也起了重要的作用。如雪隆海南会馆在1918—1956年间一直作为侨南学校的校舍,战后由于校舍不敷用,主办侨南学校的雪兰莪琼州会馆决定改建馆宇,以便为该校增辟教室。④又如1919—1920年间槟城的琼州会馆内设益华学校(aik hua school),1913年又下设益智阅书报社。⑤又如槟城浮罗山背双溪槟榔港口天后宫对教育事业的支持例。1949年当地华人领袖蔡金诚及林镇坤慷慨捐出冰厂给天后宫管理经营,唯一的条件就是该冰厂之盈利须优先用以维持及发展当地华小——育才小学。此后天后宫的另一重任就是将冰厂收入资助以育才小学为主的华校,如提供课本及习题簿、颁发奖学金等予育才小学学生,同时从事各种慈善公益活动,并在1990年华教节获得"林连玉精神奖"。⑥按:林连玉精神奖是

---

① 黄国华:《妈祖文化》,福建人民出版社2003年版。
② 傅吾康、陈铁凡:《马来西亚华文铭刻萃编》,吉隆坡:马来西亚大学出版部1982年版,第1131页。
③ 同上书,第794—795页。
④ 苏庆华、刘崇汉:《马来西亚天后宫大观》第1辑,雪隆:海南会馆妈祖文化研究中心2007年版,第139页。
⑤ 傅吾康、陈铁凡:《马来西亚华文铭刻萃编》,吉隆坡:马来西亚大学出版部1982年版,第773页。
⑥ 同上书,第30—31页。

纪念马来西亚华人领袖、华文教育家、社会活动家、前马来西亚华校教师会总会主席林连玉，于1987年10月17日林连玉忌辰设为"华教奖"，并设"林连玉精神奖"，用以勉励在华文教育事业中杰出的教育者。①

此外，天后宫还曾经是联系殖民当局的重要组织。1512年初，葡萄牙阿伯奎殖民当局为了更好地控制和统治在马六甲的亚洲裔外侨，创设了甲必丹制度，即委任各个侨居民族的领袖为甲必丹。②"在荷兰统治时期，青云亭的主持人就是甲必丹，甲必丹必为青云亭的主持人。青云亭不仅是华人宗教活动的中心，也是当时排难解纷的场所，华侨之间的纠纷，涉及华侨本身的一般性实践，都到青云亭来处理，荷兰殖民当局也把有关华侨的治安秩序问题交与青云亭，由甲必丹负责。1824年后，英国……虽然取消甲必丹制度，但青云亭主在实际上仍然起着甲必丹的作用，仍然以华侨领袖的身边与英国殖民当局联系，并为英国殖民政府所承认。"③且甲必丹为了秉公管理，还订立了管理条款。如青云亭现存的《青云亭条规簿》，槟城琼州会馆中现存的1901年《琼州会馆迁建碑》记载："同馆兄弟，宜循规蹈矩，不许争端。如雀角不平者，投本馆同众公议是非。若恃同群依势力，不遵众断者，当众除名重责，以整玩风。或香公传名，刁抗不到馆者，自知是非，当众仍重责除名。"④

三、结语

综上所述，马来西亚的妈祖信仰传播广泛，见证了早期华侨华人艰辛的谋生、创业、发展史。早期的海南、福建和广东移民，它们多以会馆天后宫为载体，以崇祀妈祖作为联系同乡情谊的纽带，把天后宫作为华侨华人的精神家园，发挥天后宫祈求平安作用，更发挥妈祖机构的慈善救助功能，同时，还热心襄助华文教育，为中华文化在海外的传承发展起到了重要的作用。

（原载《莆田学院学报》2013年第4期）

---

① 周京南、沈立新：《华侨华人百科全书·小区民俗卷》，中国华侨出版社2000年版。

② 黄露夏：《马来西亚华侨华人编年史》，福建人民出版社2004年版，第8页。

③ 同上书，第9页。

④ 傅吾康、陈铁凡：《马来西亚华文铭刻萃编》，吉隆坡：马来西亚大学出版部1982年版，第786页。

从传统年画看天津的妈祖信俗①

史 静②

天津大学冯骥才文学艺术研究院

元代南粮北运,京杭大运河开通,通过京杭大运河和海道的漕运,发源于福建湄洲的妈祖文化开始传入天津。因为妈祖既是南方商贾和护送官粮的官兵们行船时的水上保护神,也是他们到达天津各处后的精神寄托。天津杨柳青镇地处南北运河枢纽,妈祖信仰氛围浓郁,同时又是著名的木版年画之乡,因此杨柳青年画中自然少不了妈祖娘娘和天津独具特色的妈祖庙会——皇会的题材。杨柳青木版年画,起于宋,兴于明,盛于清。它因年俗而诞生,又随民俗而发展,集中体现了人民群众的喜怒哀乐,与百姓生活息息相关。在木版传统年画中,很多内容就是描绘民间岁时习俗的。天津妈祖文化在清代颇为隆盛,特别是妈祖诞辰时节,百戏纷呈,皇会和影响较大的花会活动题材,不少都在年画中得到了体现。

杨柳青年画中体现妈祖信俗与相关民俗的作品,主要有《大姐拴娃娃》年画;妈祖神像年画,如《天后圣母》《送生娘娘》;以高跷为主的皇会和花会题材年画,如《鹤龄老会》《高跷图》等。以下试作归纳例析。

一、表现"拴娃娃"信俗的年画

杨柳青紧靠京杭大运河,船户较多,因此,民众多信奉妈祖娘娘。杨柳青的乡民习惯把南方的妈祖称为"老娘娘",更进一步则尊称作"奶奶",故娘娘庙又称作"奶奶庙"。在当地妇女信众中,流行有去奶奶庙中"拴娃娃"求子的习俗。罗春荣在《杨柳青年画〈大姐拴娃娃〉》一文说,清时杨柳青镇及其辖区的娘娘庙不下 16 座,香火最

---

① 国家社会科学基金艺术学项目(11BG073)。

② 史静(1981—),女,河北定州人,讲师,博士,主要从事非物质文化遗产、妈祖文化、现当代文学研究。

图1　大姐拴娃娃[1]

旺者是中北斜乡马庄奶奶庙。马庄奶奶庙创建于清乾隆年间,供奉的是正宫娘娘、送子
娘娘和眼光娘娘,也称"三头娘娘"。这三位娘娘均源自天津天后宫供奉的天后娘娘、
子孙娘娘、送子娘娘、斑疹娘娘和眼光娘娘,体现了天后娘娘在天津民间作为妇女生育神
和儿童保护神的神格特征,奶奶庙常年都有许多妇女来烧香祈福,煞是壮观。[2]

　　去奶奶庙"拴娃娃"既已在清代就成为天津妇女一种祈福的信俗,因此,天津年
画艺人自然就会把这一隆重且普遍的岁时生活景象撷入画中。《大姐拴娃娃》(图1)
就是一幅这类年画的代表。之所以出现该题材年画,一是女性为年画很重要的一个人
物素材;二是这种求子的年画一经印刷必定就会畅销。这幅年画印行于清同治、光绪
年间,据说"当时由于年画业的竞争十分激烈,戴廉增和齐健隆两家大画店为了增加
竞争能力,分立门户。齐氏分出了健隆、惠隆、健惠隆等画店,《大姐拴娃娃》系健隆
号出品"[3]。该画画面布局左右结构对称,画面饱满有序,天后娘娘端坐于中间,手持宝
圭,慈眉善目,俯视着前来朝拜的人们,左右两侧各立一侍女为其执扇。中间神案两侧
是挑水哥哥(右)和散行天花仙女(左),与斑疹娘娘一样,可为小孩儿去痘治疗天
花。主案旁的左神案为子孙娘娘,右神案为送生娘娘。各个神案前都摆满了各种娃
娃,并且都是坐着的胖男孩形象,或嬉戏,或玩耍,穿着各种颜色的肚兜,头上有两个或
三个小抓髻。前来跪拜的则是七位妇女形象,她们形态各异。18岁婚后三年无子的

---

①　图片来源:张道梁编:《天津年画百年》。
②　罗春荣:《杨柳青年画〈大姐拴娃娃〉》,《今晚报》2010年10月1日第9版。
③　同上。

赵大姐正从神案上"拴"泥娃娃;穿紫衣靠裙,喜洋洋手举泥娃娃端详者为钱二姨;穿褐衣黄裙,年交四十已有女儿但仍虔心跪拜求男孩者为孙三娘;穿红衣浅色裙,爱玩耍手举泥娃娃向送子娘娘祷告者是李四嫂。四位已婚妇女按《百家姓》"赵、钱、孙、李"井然有序排列开来,多而不乱,画师独具匠心,可见一斑。最为传神的还数画中央的孙三娘,一心求子的孙三娘早早把"香资"放在神案上,以示虔诚。[1] 到奶奶庙中"拴娃娃",要用一根红线来拴,拴好后还要和拴的娃娃交流几句,诸如"娃娃跟我回家吧""娃娃快来吧"等等。

由《大姐拴娃娃》画面可以看到,这是个女性占主导地位的神圣空间,不仅神像几乎都是女性,而且祭拜、拴娃娃者也都是女性。但同时也是一个封闭空间,年画象征性地把不同年龄、不同姓氏(赵、钱、孙、李)的女性放在一起,表达了到天后宫中拴娃娃求子在当时非常普遍。妇女们不需要遮遮掩掩地拴娃娃,而成为既虔诚又自然的一种公开习俗。

二、妈祖神像相关年画

在天津妈祖信仰的体系中,天后妈祖一般都有几个分身,多是和信众具体的祈求相关,如子孙娘娘、送子娘娘、斑疹娘娘、眼光娘娘等,无论是在天后宫,还是在杨柳青的奶奶庙、葛沽镇的奶奶庙,都可以看到天后娘娘的这几尊分身形象。分身形象之间其神力因为各有特长,所以是一种平等的关系,但分身形象和天后娘娘之间具有主从区别。天后娘娘乘坐的轿辇为华辇,而分身娘娘乘坐的轿辇为宝辇。在传统妈祖诞辰祭典中,天后娘娘的轿辇是黄轿。天后娘娘一般位于殿的正中位置,其他几位娘娘分坐在左右两边。佛教中亦有分身,佛为了普度众生,化身为不同身相,但这些身相都是佛。妈祖的分身则不同,分身是将妈祖的某些职能具象化为一个形象,妈祖庙内众多的妈祖神像彼此之间有类似的系谱关系,所以,宫庙中的神像同时享受着两种不同意义的香火,一是对于妈祖的单独香火,二是对于所有妈祖神像分身的香火。

妈祖有不同的分身形象,自然在天津妈祖神像年画中也会有所体现。如《天上圣母像》(图2),由千里眼、顺风耳陪侍,而《天后圣母》(图3)这一幅传统年画中,天后圣母、眼光娘娘、子孙娘娘三位神像则是并列的。其中,天后圣母端坐于中间,以显示其主神的尊贵。三位神像下方左右分别站立童男童女,中间放置供桌,供桌上摆放香炉。画面饱满,颜色以紫色、红色、黄色、绿色为主。

有的时候,各分身娘娘可独自为神像年画,送生娘娘和催生娘娘就是单独的神像年画。《送生娘娘》(图4)中送生娘娘骑着骏马,前有一男童手执"长命百岁"的旗在前面

---

① 罗春荣:《杨柳青年画〈大姐拴娃娃〉》,《今晚报》2010年10月1日第9版。

引路,后有一童女手执扇在后面服侍,送生娘娘双手做"作揖"状。画面以黄色、红色、紫色为主。《催生娘娘》(图5)中,催生娘娘正襟危坐,双手拱起,前有神案,左右两边各放置一红色烛台,中间则是香炉。娘娘左右两边各站童男童女执扇服侍,画面以黄色、红色、紫色为主。天津人旧时结婚时,新婚夫妇房间中要张贴这样的妈祖娘娘神像年画,用以保佑早生贵子。

图 2 天上圣母 图 3 天后圣母

图 4 送生娘娘 图 5 催生娘娘

三、反映皇会、花会题材的年画

天津皇会原称娘娘会、天后圣会,传说起源于元明时代,但有历史记载的则是从清康熙四年（1665）开始,后因皇帝的参与,更名"皇会"。皇会是旧时天津民间极为隆重的民俗活动,最初属于为祭祀海神天后娘娘诞辰（农历三月二十三日）举行的庆典仪式,后来逐渐演化成集神祇崇拜、问医求子、祈福还愿、赛会演剧、社会交往、商品交换等活动于一体的庙会。旧时,天津还有众多花会,几乎每一个村落都有一至两道花会。花会不仅在妈祖诞辰之日进行表演,而且在年节、各个庙会时节,也会进行表演,是村落这一空间中和民众日常生活密切相关的一种娱乐活动,参演庙会还具有一定的神圣性。天津传统年画艺人,耳濡目染,所以他们也将皇会、花会活动形象地描绘到画作中,通过雕刻印制销售,广为传播。皇会、花会中的表演都极具天津特色,只是随着历史的变迁,有些活动已从历史舞台中消失,当年年画艺人为我们描摹留下的生动景象,就成为一种宝贵历史记忆。

1.《鹤龄老会》年画

《鹤龄老会》年画（图6）为墨线木版画,现收藏在天津大学冯骥才文学艺术研究院跳龙门博物馆。冯骥才先生在《鹤龄老会》一文中详尽解说了这一现已失传的"皇会"表演技艺。[①] 这幅清代中期老版新印年画为横三裁,41cm×64cm,由天津杨柳青年画

图6　鹤龄老会

---

① 冯骥才:《年画行动》,中华书局2011年版。

艺人霍庆有做复原染绘,属于半印半绘。上面题字为:"鹤龄老会古自传,近来到处戏要玩。儿童几个相结伴,信口歌唱太平年。"原黑白版画,据冯骥才考证"己亥年"指乾隆己亥年,即1799年,"乾隆己亥年"是在乾隆皇帝御赐"皇会"龙旗项圈黄马褂之后的38年,正是皇会气势最盛之时,这年画的出现,当属必然。① 因为据说乾隆皇帝下江南时,曾在三岔河口一带看会,这些鹤童们在东浮桥上向乾隆皇帝"朝驾",龙颜大悦,赐予他们四个金项圈和两面龙旗。也正因此,娘娘会改为"皇会",此后盛行不衰,直至清朝末期。

"鹤龄"乃吉祥长寿之意,过去的取会名相当讲究,一定要讨个好彩头。"鹤龄"老会原址在东门里道蜀衙门一带,会员都是本地的老百姓,他们平日里业余练习,逢庙会参加,不取酬劳,"鹤龄老会是道蜀一带居民百姓世代相传的'社区文化'",所以又称"津道鹤龄老会"。② 该会成立于清康熙末年,是礼仪跷,专为酬神、祝寿等庆典表演。当时皇会中有三个必不可少的"礼仪跷":西头永丰屯西池八仙会、东南角庆寿八仙会和津道老鹤龄会。出会时,鹤龄老会在和平音乐会之前,在福兴斋请驾会之后。表演者多是十三四岁的儿童,其中四名儿童扮演仙鹤,两名儿童扮演凤凰。鹤与凤都是用藤作胎,外面包布或绒,进行彩绘。仙鹤的翅膀可以活动,或伸展或收拢。凤凰尾部长约1.5m,用孔雀羽毛做成,可上下摆动、左右开合。特别是尾部还有机关,当开屏时能发出鸣叫声。这些道具套在儿童身上,挎于腰间。③ 礼仪跷动作不大,但是几个童子要跟着伴奏唱吉祥歌,所谓"信口歌唱太平年"。此外,鹤龄会还有茶炊子、灯牌、灯会、会旗等精美执事,只是囿于年画的画面空间,全景是无法一一展现的。

《鹤龄老会》年画画面在结构上分左右两部分,左边有四位童子,右边也有四位童子,左右童子相对,且歌且舞,一派欢乐祥和气氛。童子身穿锦绣衣,头顶紫金冠,脖戴金项圈,胸挂长命锁。左边的两位童子骑着红顶白鹤,手中拿着拂尘,前面的童子双手捧宝匣,后面的童子则手举龙旗;右边的两位童子骑着由孔雀羽毛做成的凤凰,前面的一位童子两手拿鲜花手舞足蹈,另一位童子手执龙旗。画面中的鹤与凤只是道具,本来应该是四只仙鹤,表现飞、鸣、宿、食的姿态。但是画面中只有两只表演飞和鸣的鹤,这样可以和两只凤对称,形成画面的工整与美观。童子的面部饱满,不求写实,但求符合年画的特点。

2.《高跷图》年画

《高跷图》年画有多幅。如杨柳青年画馆收藏的一幅(图7),载体为贡笺,大小为113cm×62cm。踩高跷者所扮的戏曲情节有"打焦赞""小上坟""断桥""刘全进瓜"以及"渔樵耕读"。④

---

① 冯骥才:《年画行动》,中华书局2011年版。
② 同上。
③ 尚洁:《皇会》,百花文艺出版社2006年版,第189页。
④ 冯骥才:《中国木版年画集成·杨柳青卷》,中华书局2007年版,第354页。

图7　高跷图一 ①

　　独流镇药王庙,供奉的是战国良医扁鹊,建于明代建文年间,每逢年节,都有大型庙会。这幅年画,描绘的是静海县独流老镇过年时药王庙前高跷会的热闹场景。年画呈现了高跷会表演的空间,整个画面充实饱满而不杂乱。表演者居于画面的中心位置,观看者居于画面的边缘处,处于一个次要的位置。有一个屋顶写着"万寿无（疆）",一个庙门写着"报先寿安",门两边分别写着:独流高跷会和渔樵耕读。渔樵耕读的高跷会正从庙外面进来,可以看到前面的头锣手持一个响锣,走在队伍的前面,负责队伍的停和行,后面的人物依次是渔樵等角色。

　　另外一个高跷会从庙的另一个门进来,头锣在前面手持响锣,肩扛会旗在前面带路,他们的穿着扮相十分京剧化。女人的脚是三寸金莲,这是年画艺人的一种想象。旧时,花会表演没有女性参加,所有女性角色皆由男性扮演。所以,年画艺人在表现这些女性角色时,完全是呈现一副女性形象,女性的三寸金莲、扮相、头饰、身段都活脱脱是一个女性,丝毫不见男性扮演者的影子,且扮相多俊美俏丽,如溜米厂高跷会扮演青蛇角色的会员就被赞许"貌似婵娟,名胜梨园""面庞儿俏,意思儿甜,一架娇痴墨牡丹"。

　　另一幅《高跷图》年画（图8）,为贡笺,墨稿,大小为110 cm × 56.3 cm,由天津博物馆收藏。此图绘高跷出会之情景,人物角色有武松、傻妈妈、傻儿子、老渔翁。

　　每个人物的服装、脸部扮相、手中道具十分传统。头棒手中的棒槌、婴哥的花篮、渔翁的钓鱼竿和渔篮,以及樵夫的扁担,俊鼓、丑鼓等。行进的队伍最前面是头棒,紧接着是公子,其次是婴哥、渔翁、樵夫,然后是俊鼓、丑鼓,最后是俊锣、丑锣。队伍后边还有人在练武术,一个人手持扇子在观看。前面还有盛放衣服和表演器具的圆笼两个,圆

_____

　　①　注:图7—图9均来源于天津大学冯骥才文学艺术研究院中国木版年画数据库。

图8 高跷图二

笼两边的两个会员,一个人手里拿着会旗。其衣着打扮为清朝时期老百姓的服装,头上系着头巾。刻画的环境是一个庙宇的外部,远处有人赶着马车经过,最远处还有塔。

在笔者对西码头百忍高跷老会的田野调查中,发现他们的服装、道具以及脸部扮相依然保留着传统,和这幅年画中呈现的人物造型极为相似。百忍老会所演的故事是梁山好汉神州会,捉拿歹徒任宝童的故事。十个角色分别扮演的是:陀头(又称棒槌、大头行)——花和尚鲁智深、婴哥(扮演卖豆人)——矮脚虎王英、武扇(又称公子)——恶霸任宝童、文扇(扮村姑,又称老坐子)——母大虫顾大嫂、渔夫——混江龙李俊、樵夫——菜园子张青、俊锣——一丈青扈三娘、丑锣——母夜叉孙二娘、俊鼓——浪子燕青、丑鼓——鼓上蚤时迁。

陀头的内衫上下都为黑色,不带任何图案和装饰,素布做成。外套黄领绿坎肩儿,大襟儿,脖子上戴着素珠,腰上缠有粮食袋子,脚穿黑靴,一副出家人的打扮。婴哥做小孩打扮,上衣裤子都是红色,头带孩儿发,扎犄角,脚穿红靴。武扇公子外穿绿袍,里穿粉色衬袍,红裤子,戴绿帽子,帽子上有粉色大绒球,头戴公子巾,耳朵左侧戴红色绢花,脚穿黑靴子。文扇穿黑袍,领部、两襟绣有花卉图案,蓝色或紫色裤子,头部缠有蓝色的包头,耳朵两侧有粉色花,脚穿黑靴子。渔翁穿土黄色的袍子,腰部扎着大腰巾,红色的裤子。帽子是黄色的草帽圈,帽子中间上面写有"寿"字,两侧有蝙蝠纹样装饰。渔夫腰上系丝绦腰巾子,脚穿黄色靴。樵夫穿镶有白色衣领的蓝色袍子,水裙下沿有粉色、黄色、绿色水纹,蓝色草帽圈,帽子上有个手绣的"卍"字和蝙蝠图案。右耳朵旁边有紫色大缨球。樵夫腰上系绸缎腰巾子,脚穿黑靴子。俊锣穿粉色外袍和裤子,腰间有白色大腰巾,头上缠粉色包头,耳朵两侧戴蓝花,脚穿粉靴子。丑锣穿绿的外袍和裤子,绣有暗花,腰间有蓝色大腰巾子,耳朵两侧有红色绢花,脚穿蓝靴子。俊鼓穿白色袍子,白色裤子,绣有蝙蝠图案。白色长水裙,水裙中间有淡蓝色裙摆。腰间有十字祥,脚穿白靴。俊鼓戴白色罗帽,上有白色大婴球。丑鼓穿一身黑色短衣长裤,衣服上绣有燕子图案。丑鼓头戴曲曲罩,同京剧里时迁戴的帽子非常像。腰间有白色腰带,胸前有白色十字祥带,脚穿黑靴。茶炊子外面套着蓝色大褂,下身着套裤,脚上穿便鞋,头戴凉帽,凉帽上有穗子,腰间扎腰巾,上面披有白手巾。服装的样式是老一辈传下来的,仿清朝的杂役,和这幅年画中的服装极为相同。

陀头的道具是棒槌。婴哥的主要道具是红色马鞭和小面兜。公子的道具是折扇。文扇的主要道具有团扇和白色手绢。樵夫的道具是两边绑有松树叶的担子和板斧。樵夫的腰上绑有板带,板斧插在板带上后腰的位置。渔翁的主要道具是鱼竿和渔篮,竿头挂着布制的金鱼,渔篮斜挎在身体后方。锣分为丑锣和俊锣,双锣的基本道具是锣和锣瑄。双鼓的基本道具是鼓和鼓槌子。鼓分为丑鼓和俊鼓,两者基本动作相同。

西码头至今仍在活态传承,通过这幅年画,也可以知道西码头传承的是传统的服饰、道具、扮相与表演。

3.《高跷会》年画

图9　高跷会

《高跷会》年画(图9)①为横三裁,大小 61.1cm× 36.2cm,天津博物馆藏。此图表现的是高跷会到大户人家表演的情景。高跷扮相为丑角、青蛇、武松等。其中扮武松者打棒槌,七十二跟头最为精彩。

杨柳青逢节日庙会都有花会表演。此处描写的应该是新年,一个大户人家的庭院内,庭院中悬挂着三个大灯笼,左边的房屋上方贴着吊钱,喜庆吉祥,因为吊钱只有新年时节才会张贴。年画的结构布局中四位高跷表演者——棒槌(武松)、婴哥、文扇(丑角)和小青——占据了画面的中心位置,以示突出。画面的左边是男性空间,三位男性正在观看高跷的表演,画面的右边是女性和孩童空间,一位女性(应该是母亲)正在领着一名孩子观看高跷表演,小孩子还在模仿者高跷的表演(应该是在模仿青蛇的表演)。

高跷出会,一般是在各地庙会表演。这幅年画显示高跷会在年节时还会被邀请去

_____

① 冯骥才:《中国木版年画集成·杨柳青卷》,中华书局 2007 年版,第 388 页。

大户人家出会,或者是在表演的时候被大户人家截会到家中去表演。截会是花会的一个传统,在天津由来已久,是天津人显阔摆气派性格的一种表现。

以上有关高跷艺术表演的年画,既是天津其他节庆活动的表演项目,也是皇会等妈祖娘娘庙会活动表演的项目。这类年画既呈现了当时社会的民间风俗,也反映了普通百姓对美好未来生活的期待和祈望。

四、结语

妈祖文化具有"中华文化固有的传统美德""开拓进取的上进精神"和"构建和谐社会"的和平精神[①],妈祖所具有的传统美德如乐善好施、解人之难等都在年画中得到反映。如《大姐拴娃娃》等年画中,妈祖的面貌慈祥和蔼,分身众多,女性来庙中虔诚求子,妈祖娘娘能从精神上给人以抚慰,助人以遂愿。而年画作为一种可以大量复制的手工印刷品,则能够在更大范围传播妈祖文化。年节是年画主要的张贴时节,是其元传承场。"年节是一种'通过仪式',即是把自然季节的周期性转化与社会生活的节奏协调起来的节日庆典,事实上,年节还是一种'加强仪式'"[②],是乡土社会秩序的象征性重演。年画的张贴是为了顺利地度过"年"这一关节,故称年关。而一年中的众多民俗活动,包括妈祖信俗活动自然也要在年画中得到体现。年画真实反映了天津当地的民俗,也反映了地方化的妈祖信俗。从天津传统年画,可以看出妈祖文化对天津人民日常生活的渗透与影响。

（原载《莆田学院学报》2013 年第 3 期）

---

① 俞黎媛、彭文宇:《妈祖文化的精神内核和海峡两岸经济区建设》,《莆田学院学报》2007 年第 2 期。
② 王杰文:《仪式、歌舞与文化展演:陕北·晋西的"伞头秧歌"研究》,中国传媒大学出版社 2006 年版,第43 页。

从孤山妈祖信仰看神的再标准化①

孙晓天 ②　**李晓非** ③

中央民族大学民族学与社会学学院

美国人类学家詹姆斯·沃森（James L. Watson）在 20 世纪 80 年代基于华南沿海妈祖信仰的研究，曾经提出"神的标准化"（"Standardizing the gods"）④ 的概念。沃森所言的"神的标准化"包含两个层面的内涵：一是由于国家力量的"鼓励"，导致许多地方神灵逐渐让位于国家所允准的神灵（如妈祖、关帝）；二是在此历史过程中，在象征符号与仪式行为一致的表象下，不同的主体（国家、地方精英和普通民众）对该神灵信仰的不同理解和行为差异。

这个概念一经提出，就得到了海内外华南社会研究和宗教研究界的广泛关注，并引发持续的热烈回应和讨论。⑤ 国内一些研究者也借用该概念对民间信仰与国家力量之间的关系进行探讨，如邹春生的《神明标准化：民间信仰与国家关系的整合——从江西南康刘氏女的出凡入神看客家文化特质的形成》⑥、王芳辉的《标准化与地方化——

---

① 基金项目：中央民族大学"985 工程"民族发展与民族关系问题研究中心资助（MUC985-1-3-2）。

② 孙晓天（1980—　），女，辽宁鞍山人，2008 级博士研究生，主要从事性别社会学、民族文化遗产研究。

③ 李晓非（1975—　），男，湖北武汉人，2008 级博士研究生，主要从事应用人类学研究。

④ 詹姆斯·沃森：《神的标准化：在中国南方沿海地区对崇拜天后的鼓励（960—1960 年）》，韦思谛《中国大众宗教》，陈仲丹译，江苏人民出版社 2006 年版。

⑤ 如杜赞奇：《刻划标志：中国战神关帝的神话》，［美］韦思谛编《中国大众宗教》，陈仲丹译，江苏人民出版社 2006 年版，第 93—115 页；宋怡明（Michael Szonyi）则以福州地区的五通神为例，对华琛的观点提出修正，指出正统化的神用到地方上面，不一定改变乡民对神的概念（Michael Szonyi, "The Illusion of Standardizing The Gods:the Cult of Five Emperors in Late Imperial China", *The Journal of Asian Studies*,Vol. 56, No.1,Feb. 1997, pp.113-135），最近的讨论见英文《近代中国》（Modern China）2007 年第 33 卷第 1 期，以《中国的仪式、文化标准化与正统行为：沃森理念的再思考》为主题做了一个专号；科大卫、刘志伟：《标准化还是正统化：从民间信仰与礼仪看中国文化的大一统》，《历史人类学学刊》2008 年第 6 卷第 1、2 期合刊。

⑥ 邹春生：《神明标准化：民间信仰与国家关系的整合——从江西南康刘氏女的出凡入神看客家文化特质的形成》，周大鸣、何新亮《文化多样性与当代世界》，民族出版社 2008 年版，第 611—617 页。

宋元以来广东的妈祖信仰研究》[①] 等。

沃森提出的这个概念对中国民间信仰在国家力量参与下的一些代表性现象具有强大的解析力。虽然一些讨论将"神的标准化"概念内涵所代表的事实不断地予以证实和证伪,但这些讨论并没有彻底解构沃森对"神的标准化"概念所圈定的内涵,而不过是在此基础上的深化、拓展以及跃升(如杜赞奇、科大卫和刘志伟),抑或只是误读。

笔者基于对中国最北海疆(辽东省东港市孤山镇及周边地区)的妈祖信仰的调查,证实该地区近代史上曾出现过同样的"神的标准化"过程。而在当代史中,在由于政治原因导致的沉寂结束后,妈祖信仰再度被赋予新的时代意涵,继续"标准化"着当地信仰空间。笔者称这种现象为"神的再标准化"。

一、近代历史中孤山地区妈祖信仰的标准化

孤山镇位于中国跨海城市唯一的少数民族镇(满族),是近代史上辽东地区的主要海港之一。该镇作为海港始于唐代[②],宋为辽金属地,元明时属中央政府,明末时期明将毛文龙与后金军队绞杀于此[③]。清代后随着移民的进入,并得益于其沟通东北和内地的海运枢纽地位,得到较大发展,成为辽东的繁华市镇。该镇大孤山上于1776—1885年间,陆续修建起规模巨大的庙宇群落,包含山腰处圣水宫、三霄娘娘殿、佛爷殿(罗汉殿)、龙王殿、玉皇殿、药王殿(当地统称为"上庙"),及山脚处天后宫、天王殿、地藏寺、大雄宝殿、文昌宫、财神殿、关帝殿、吕祖庙、戏楼(当地统称为"下庙")等宗教场所。[④] 这批庙宇规划整齐,传承有序,香火鼎盛,再加上散布于大孤山周边的基督教堂、姑子庙、清真寺,大孤山因此成为远近闻名的宗教中心。

据圣水宫碑文记载,该庙宇群落中最早修建的是三霄娘娘殿,系乾隆十四年(1749)由山东崂山道士倪理休所建的三间草殿。继而修罗汉殿(1756)。1763年建天后宫。其余庙宇和建筑,皆为1802—1885年间修建[⑤],形成今日所见蔚为壮观的上、下庙景观。

孤山镇周边地区亦有各类宗教场所,如各类佛教寺庙、道观、天仙圣母宫、龙王庙、

---

① 王芳辉:《标准化与地方化——宋元以来广东的妈祖信仰研究》,《文化遗产》2008年第3期。

② 据记载,唐代即在上庙建有望海寺,至今残存寺基……史载唐代在重要港口皆建有望海寺。……清代重修庙宇时,在上庙出土16尊铁铸罗汉神像,系唐玄宗时期所铸(712)……人工在望海寺两侧栽有两棵银杏树,至今仍苍劲挺拔,经专家测认,树龄至少有一千三百年。银杏树被唐代佛教誉为圣树,凡建庙必栽此树。(参见《大孤山镇情叙略长篇》(初稿)卷一,第18页。

③ 该镇大鹿岛上至今存《毛文龙碑》。

④ 许敬文:《东沟县志》,辽宁人民出版社1996年版,第1016页。

⑤ 出自孤山镇人民政府:《大孤山镇情叙略长篇》(初稿)卷三,第123、142、131、131页。

狐仙庙以及散布海疆、海岛的大小天后宫,但规模有限且布局分散,留有遗存的更少。大孤山庙宇群落借助其规模效应,并借力于大孤山两大庙会（四月十八娘娘庙会和四月二十八药王庙会）,成为清代中期以后孤山地区无可争议的宗教文化中心。

在大孤山庙宇群落这个诸教并存、多神共处的"神圣空间"里,历史上是否存在着沃森所言的"神的标准化"过程呢? 由于孤山地区近代历史较为纷乱[①],相关文献十分匮乏,笔者不能如沃森那样获取丰厚的参考资料来直接证实这个过程,但我们依然能够从历史的缝隙中窥探到些许"标准化"的痕迹。

笔者认为,妈祖（天后、海神娘娘）——一个被国家认可并被孤山民众逐渐接受的外来之神——在1756—1949年间逐渐"标准化"孤山地区诸神共存的"信仰空间",取代其他神灵,成为当地神圣空间中的主要神灵。依据有三:

1. 海神娘娘的特殊地位

在大孤山清代庙宇建筑群中,曾经供奉着大小数百尊神像（"文化大革命"期间被毁的泥塑、木雕、铜铸神像有四百多尊[②]）,"殿、亭、楼、阁121楹,建筑面积5000余平方米,占地面积1万余平方米"[③],其中天后宫建筑面积842m²,占地面积1800m²[④]——妈祖以一神独占上、下庙四百余神灵近1/5的神圣空间。此外,大孤山庙宇群落有两座酬神戏楼,一座是全体神灵所共享的"神听和平"戏楼,另一座是天后宫专有的"娘娘殿戏楼"[⑤]。规模和特权代表着地位,妈祖在大孤山神圣空间中的特殊地位不言自明。

或许天后宫的规模和特权只能证明妈祖信仰在孤山既存信仰空间的突出位置,并不能直接证明"标准化的历史过程",那么我们继续往下分析。

2. 海神娘娘与三霄娘娘的"娘娘"之争

如前所述,大孤山清代庙宇群落最早修建的是"三霄娘娘殿"（1749）。十四年后的1763年,天后宫才在大孤山落成。三霄娘娘信仰系道教信仰神祇,在华北和东北地区,泰山娘娘（碧霞元君）信仰与三霄娘娘信仰曾广泛传播并影响巨大。遗存至今的华北和东北地区农历四月十八娘娘庙会,就因该日系泰山娘娘和三霄娘娘诞辰而起（为何两个娘娘崇拜系统共用一个生日,本文不做讨论）。据史载,孤山镇四月十八的

---

① 孤山地区近代中战乱频繁,除去移民纷乱、农民起义,海盗滋扰,中国近代史上的数次重大战争,均与这里有着直接的关联:1894年甲午海战的主战场即在孤山海域,邓世昌即牺牲并葬于此,日军曾登陆大孤山;1904年日俄战争,日俄两军也在此绞杀;"九一八事变"后,这里为伪满洲国属地;解放战争中,经历了两次解放;后又在抗美援朝战争中,成为紧邻前线的重要军事基地。

② 出自孤山镇人民政府:《大孤山镇情叙略长篇》（初稿）卷三,第123、142、131、131页。

③ 许敬文:《东沟县志》,辽宁人民出版社1996年版,第1016页。

④ 同上。

⑤ 同上书,第993页。

三霄娘娘庙会,自清代以来一直是辽东地区规模较大的娘娘庙会之一。① 以此可见,三霄娘娘信仰在孤山地区历史上,出现年代较早,仪式规模较大,影响较深远,曾经是孤山地区"神圣空间"中毋庸置疑的主神(或主神之一)。

但是在孤山清代庙宇群落中,三霄娘娘殿占地狭小——自 1756 年重建后就没有扩大过规模。其后修建的龙王殿、玉皇殿和药王殿等殿堂,将三霄娘娘殿的周边空地基本占用。由此可得知,在 19 世纪大孤山各类庙宇建设高潮时期,历任道教主持无意将三霄娘娘的殿堂和附属设施扩大。这是一方面。

另一方面,孤山地区为纪念三霄娘娘诞辰而举行的农历四月十八娘娘庙会,虽然随着经济社会的发展,规模越来越大,但是这个繁华庙会真正的祭拜对象(即所奉神主),却在历史长河中发生着微妙的变化——越来越多的孤山民众认为,娘娘庙会祭拜的是"海神娘娘"——也就是大孤山下庙里那个拥有宏大殿堂和独立戏台的天后宫的主神妈祖,而非"三霄娘娘"。笔者在田野调查过程中,发现当地百姓已经很少能分得清娘娘庙会到底是"哪个娘娘的庙会"——大多数人都会脱口而出"是海神娘娘庙会",且 80 年代编撰的孤山镇志书——《大孤山镇情叙略长篇(初稿)》亦采用此说法②。另一个能够反映当地"娘娘混淆"的证据,来自东港市妈祖文化交流协会出版的介绍孤山妈祖信仰的简介性书籍——《海角妈祖》。该书专辟一文《四月十八是大孤山海神娘娘庙会吗?》③,刻意澄清"此娘娘非彼娘娘",可见当地民间"娘娘混淆"之影响深远。

本文作者认为,孤山地区的三霄娘娘庙会逐渐被"误传"为海神娘娘的庙会,是清代中后期在孤山地区日益强大的妈祖信仰逐渐"标准化"孤山地区神圣空间的一个表现。

3. 海神娘娘与海神禺强的"海神生日"之争

孤山及周边辽东海疆地区,普遍存在每年农历正月十三祭拜海神娘娘的习俗。祭拜仪式十分隆重,含家祭、庙祭、海祭和放海灯等活动。当地民间普遍认为,正月十三是海神娘娘(天后、妈祖)的诞辰。但众所周知,妈祖诞辰是在农历三月二十三,这一点在中国南北方的妈祖信仰正史里都相同。孤山天后宫的碑文和当地的其他史料也证实,妈祖诞辰是三月二十三,且孤山历史上隆重的海神娘娘祭典巡游仪式,均在三月二十三举行。可见并不是孤山地区对妈祖的"正统"生日有误识,而是当地同时祭拜妈祖的"两个生日"——正月十三和三月二十三。

妈祖作为人化神,生日不可能有两个,这是一个常识性的结论。那么问题出在

---

① 出自孤山镇人民政府:《大孤山镇情叙略长篇》(初稿)卷三,第 123、142、131、131 页。
② 同上。
③ 岳长贵、许敬文:《海角妈祖》,群众文化出版社 2009 年版,第 141—142 页。

哪里？

通过考察黄海北部渔民的祭祀民俗，笔者得知，该地区普遍存在祭海神的传统，但各地祭祀的海神有所不一，日期也并不一致。正月十三祭拜的海神，以龙王和妈祖较为普遍。如胶东半岛青岛、蓬莱地区，正月十三祭祀海神龙王[①]，而辽东半岛则祭祀海神妈祖，个别地区在这一天两者皆拜[②]。无论祭祀对象为何，祭拜的原因均言是海神（龙王或妈祖）过生日。

龙王信仰曾是中国沿海地区的主要海神，明清以后，在部分地区，其影响力逐渐为妈祖取代[③]。孤山地区历史上也有较为昌盛的龙王信仰[④]，但现存的龙王崇拜，已经只有"祈雨"等内地龙王信仰内涵，而无海神意味[⑤]。经孤山当地学者考证，孤山地区民间正月十三祭海神的习俗早有流传，祭祀的神主原本为龙王——海神禺强，但"广大渔民有个误区，视海神禺强为海神娘娘"[⑥]。所以，海神禺强的生日——正月十三，被说成是海神娘娘的生日。这样一来，海神娘娘在当地就有了"两个生日"：一个传续正统说法的三月二十三，一个是原本海神禺强的生日正月十三。

分析至此，事实已经逐渐清晰：随着妈祖信仰在北部海疆的扩展，当地原有的海神信仰受到一定的侵蚀，原海神（龙王禺强）的祭祀仪式被新的海神（妈祖）所享有，甚至原海神的生日也被新海神占用。这与沃森文中的天后"吃掉"当地神的情节非常类似。

二、孤山地区当代妈祖信仰的"再标准化"

从前述的历史梳理与分析中我们得知，孤山地区的妈祖信仰在清代中后期以来，有一个"标准化"当地信仰空间的历史过程。本节的内容将以笔者在孤山镇的田野调查资料，分析孤山地区的妈祖信仰在当代得以"再标准化"的过程。

---

① 山曼：《节庆》，山东友谊出版社2004年版，第167页；中华人民共和国文化部办公厅、中国文化报社：《中国新时期地方文化发展概览》上，文化艺术出版社2000年版，第824页。

② 渔灯节，流行于蓬莱市几个渔村，节期有的在正月十三，有的在正月十四。旧时这天傍晚，渔民手持灯盏和贡品去龙王庙、海神娘娘庙拜祭送灯，再往自家渔船送灯。参见烟台市地方史志办公室、烟台市政府办公室年鉴编辑部编：《烟台纵览》，华龄出版社1999年版，第208页。

③ 周鸣琦、李人凡：《中国各民族年节祭会大事典》，陕西人民教育出版社1995年版，第223页。

④ 留存至今的地名"龙王庙"，即在孤山附近；大孤山庙宇群落里，亦有龙王殿。

⑤ 旧时，大孤山如遇大旱年，家家贴"龙王马"于门上，瓷花瓶插柳枝，挂门两旁。大人扎草龙游街求雨，小儿塑泥龙，向龙王祈雨。祈雨队伍从龙王庙（摆渡口上滑石山）出发，队伍前面是地方长官带领人民代表（大约100人），身体彩绘纹身，扮成鱼、鳖、虾、蟹状，光着脚丫，头戴柳枝编成的帽圈，手持柳枝蘸水向空中挥洒。接着是草扎龙，由4—10人用木棍擎着，后面则是两人扮旱魃，用绳索系在龙的颈部，牵行游街，在后面是8人抬轿，轿内是关老爷神像。参见《关于申报国家级历史文化名镇的请示》，孤政发［2009］号。

⑥ 岳长贵、许敬文：《海角妈祖》，群众文化出版社2009年版，第139—140页。

由于政治因素的影响，1949 年后，孤山地区的妈祖信仰与其他信仰一样，逐渐萎缩、衰落，甚至一度从民众的公共生活中消失。① 大孤山上包括天后宫在内的宗教殿堂群落在"文化大革命"期间受到极大冲击：所有神像被毁、匾额十不存一、碑刻被砸，殿堂也被县荣复军人疗养所（后改为县结核疗养所）占用。② 直到 1979 年后，随着文化宗教政策逐渐松动，孤山地区的妈祖信仰才与其他民间信仰一起，逐渐恢复。大孤山天后宫的神像得以重塑，信众逐渐恢复祭拜活动。

世纪之交以来，与世界结合日益紧密的中华大地，在西方世界遗产保护活动的推动下，在现代民族国家建设的要求下，在经济建设所带动的文化、社会建设的促进下，兴起了以"文化遗产保护"为代表的文化保护和开发热潮。孤山镇身处其中，亦不例外。

2008 年农历三月二十三日，孤山镇所属的东港市正式成立"东港市妈祖文化交流协会"，确立宗旨为："致力于妈祖传统文化的保护和妈祖文化资源的整合，以一种'抢救'的姿态搞好东港地区妈祖文化的挖掘整理工作，以协会为载体，广泛开展妈祖文化的联谊和交流活动"，"提高妈祖文化品位，发展妈祖文化事业"。③ 协会经费由各理事单位赞助。协会的成员来自于各级政府部门或与政府紧密相关的各种组织。

协会成立后，2008 年 5 月 10 日，协会理事、东港市广播电视局副局长与东港市文体局局长带队到福建湄洲妈祖祖庙，恭迎妈祖分灵金身。"5 月 14 日上午 9 时，市有关部门在大孤山山门前隆重举行了恭迎仪式。"④ 此后，孤山镇于 2008 年农历四月十八、2009 年农历三月二十三、2010 年农历三月二十三，分别举行了隆重的大孤山妈祖祭典巡游活动。据《海角妈祖》一书记载："在市委、市政府的支持下，东港市妈祖文化交流协会恢复了中断长达半个世纪的妈祖祭典和巡游活动，参加祭典的信众多达 20 余万人⑤，真可谓万民空巷，天地动容。与此同时，协会还全力配合有关部门，进行了妈祖祭典申报省级非物质文化遗产的工作……"⑥

从以上材料我们得知，东港市妈祖文化交流协会虽然在法律上属于"民间组织"，但无论从人员构成，或者经费来源和活动组织，处处都能看到地方政府的积极参与和强力支持。地方政府的热情来自何处？

东港市政府与孤山镇政府对于恢复境内妈祖信仰活动的支持，前述的席卷全国的文化保护和开发热潮是基本背景，而直接的动因来自于当地政府对于地方经济、社会

---

① 据访谈资料，渔民即使在"文革"期间，也会在家中或渔船上不公开的祭祀海神娘娘。

② 岳长贵、许敬文：《海角妈祖》，群众文化出版社 2009 年版，第 138—142 页。

③ 《大孤山海神娘娘（妈祖）祭祀巡游申请辽宁省非物质文化遗产名录项目申报书》第 5 项。

④ 岳长贵、许敬文：《海角妈祖》，群众文化出版社 2009 年版，第 89 页。

⑤ 东港市全市人口只有 64 万人，而孤山镇城乡人口共计 48307 人（第五次人口普查数据），可见当地民众的参与程度之高。

⑥ 岳长贵、许敬文：《海角妈祖》，群众文化出版社 2009 年版，第 115 页。

和文化发展的目标。与孤山镇和东港市相距不远、隔海相望的山东省长岛县（东港市政府曾派人到该县学习取经）为此提供了鲜活的成功范例。

长岛县以弘扬妈祖文化为载体，不仅提高了在海内外的知名度，还促进了旅游业大发展。2008 年光旅游门票收入就突破 4200 万元。经过多年努力，长岛县已被国家有关部门批准为中国北方对台文化交流基地……要以其为载体，促进对台湾地区，对日、韩、朝的文化交流；最核心的问题，还是要通过弘扬妈祖文化为推动地方经济和社会发展服务……[①]

就这样，在沉寂了半个多世纪之后，孤山地区各种妈祖信仰活动在地方政府的大力推动下轰轰烈烈地重新开展起来。除了前述的由半官方的"妈祖文化交流协会"组织的隆重的妈祖公祭巡游以外，孤山各地的天后宫得以逐步重建或新建，民间祭祀的规模也越来越大。

与此同时，有两个必须要交待的背景因素：一是"湄洲妈祖祭典"于 2006 年 5 月被批准为首批国家级非物质文化遗产代表作；二是 2009 年 9 月 30 日，中国政府提名的妈祖信俗被列入联合国《人类非物质文化遗产代表作名录》，妈祖信俗成为我国首个信俗类世界文化遗产。这两个背景因素的意义在于——在中国封建帝国皇帝最后一次对妈祖赐封（同治十一年，1872）一百三十多年后，妈祖信仰再次得到了国家层面的正式承认。更进一步的是，在全球化时代的今天，妈祖信仰还以"信俗"的名义得到了更高实体——联合国的承认。

恍若隔世，我们似乎又看到了历史上曾经在孤山地区信仰空间里上演过的一幕：得到国家力量鼓励（这一次又加上了联合国的力量）的妈祖信仰以"妈祖文化"和"妈祖信俗"的形式在孤山地区勃然复兴[②]，地方政府和地方精英对此显示出极大的热情，积极操办巨大规模的祭祀仪式（地方政府出钱出力，政府官员们甚至亲自为妈祖金身抬轿）；而孤山百姓则蜂拥向祭典现场和天后宫，聆听政府官员们在祭典现场和各种媒体里宣布赋予大孤山海神娘娘的全新封号——"辽宁省省级非物质文化遗产"。

与此同时，孤山地区那些曾经和妈祖一起经历了半个多世纪沉寂的其他信仰，如龙王、三霄娘娘或者药王的祭祀活动，虽然也在一定程度地复兴，但由于没有得到官方支持，无一例外地被淹没在 20 万人参加的妈祖祭典巡游的光芒之下。[③]

---

① 岳长贵、许敬文：《海角妈祖》，群众文化出版社 2009 年版，第 95—99 页。

② 妈祖信仰在当代为何以"文化"和"信俗"的形式出现，请参考香港中文大学副研究员吴真博士的精彩论述，吴真：《从封建迷信到非物质文化遗产：民间信仰的合法化历程》，《中国宗教报告 2009》，社会科学文献出版社 2009 年版，第 161—180 页。

③ 据田野考察所见，当笔者问起本地的民间信仰仪式，几乎所有当地人都会说起妈祖祭典巡游，而其他信仰则回答得零碎不堪。

笔者认为,在孤山历史上曾经借助国家力量"标准化"当地信仰空间的妈祖信仰,在现当代凭借更为强大的上层力量,再次对孤山地区的信仰空间进行了"标准化"的过程。笔者称之为"神的再标准化"。

三、结语

孤山妈祖信仰标准化与再标准化的历程并不是个案——在妈祖信仰曾经普及并再度复兴的广大地区,这个标准化与再标准化的过程普遍存在。以此类推,在那些和妈祖信仰类似的被时代不断赋予新的内涵并被政府鼓励的宗教信仰的复兴中,都存在着"神的再标准化"的过程。

事实上,沃森所说的"神的标准化"是一个动态的过程,这个过程会有起伏,甚至数次反复、几多轮回。以此看来,"神的再标准化"的概念是对这个"过程"的某种延伸解释,是对历史上曾经有过的"神的标准化"过程在现当代表现和特征的一种概括。

(原载《莆田学院学报》2011 年第 1 期)

河北省妈祖信仰调查研究 ①

孙晓天

河北大学政法学院社会学系

　　近三十年来,有关妈祖信仰与妈祖文化的学术研究迅猛发展,取得了大量的学术成果。一些妈祖信仰边缘地区(或者说非核心区域)的相关研究,例如东北地区、华北地区和中西部内陆地区的妈祖信仰,近些年来也引起越来越多研究者的兴趣。

　　本文关注的是河北省境内的妈祖信仰的历史状况与现实发展。就信仰文化研究来说,以行政边界作为分析界限不是一个好的选择——行政边界与文化边界在许多时候并不吻合,甚至差异巨大。具体到今天的河北省,应该说更不是一个好的选择——在中国近现代史中,在地理上被其整体包围的两个重要城市——北京和天津,对该省的政治、经济和文化产生了全方位的深刻影响,使得"河北省"不是一个特别理想的文化分析的独立单元。对于这个问题,文化研究者们惯常的做法是把该地区与京、津地区甚至整个华北地区合并起来,作为一个大的文化区来分析处理。有关该地区的妈祖信仰研究也不例外,如尹国蔚的《妈祖信仰在河北省及京津地区的传播》② 以及闫化川等的《京津冀地区的妈祖、龙神等水神信仰研究》③。这种做法的好处显而易见,但弊端也随之而来——由于京、津的文化强势地位,该文化区的"非京津部分"不得不总是存在于强大的京津文化阴影中而被有意无意边缘化。具体到妈祖信仰研究而言,无论是著名的北方妈祖信仰中心天津,还是中国文化中心北京,都有较为专门的当地妈祖信仰研究。但围绕着两大中心城市的"冀"地区,其广袤大地上的妈祖信仰和相关文化,只能依附在京津的妈祖信仰研究,至今没有得到充分的挖掘、整理和讨论。为凸显这部分一直被忽视的研究区域,也考虑到当前河北省妈祖文化保护、发展工作的

---

　　① 基金项目:河北省社科基金项目(HB13SH041);河北省社会发展课题(201303023)。

　　② 尹国蔚:《妈祖信仰在河北省及京津地区的传播》,《中国历史地理论丛》2003 年第 12 期。

　　③ 闫化川、李丹莹:《京津冀地区的妈祖、龙神等水神信仰研究》,马来西亚《妈祖研究学报》第 3 辑,雪隆:海南会馆 2008 年版,第 115—126 页。

现实需要,笔者以今河北省境内的妈祖信仰和相关文化为具体对象展开调查和研究。

本文的写作基于三方面的研究基础:一是河北省地方史志的挖掘整理;二是笔者对河北省内现存妈祖宫庙的实地考察;三是本文作者数年来对东北、华北地区妈祖信仰文化的持续思考与研究。本文包含四个部分,分别是:史载妈祖宫庙考证,现存妈祖宫庙及遗俗概况,河北省妈祖信仰若干争议问题的探讨,以及河北省妈祖信仰文化保护与开发的思考与建议。

一、河北省史载妈祖宫庙的时空分布及考证

河北省内史籍记载的妈祖宫庙数量,随着史料的不断发掘一直在不断增长:1990 年编撰的《妈祖宫集》统计为 11 处;2003 年尹国蔚整理统计为 15 处;2008 年闫化川整理统计为 16 处;笔者经史料整理、前期统计刊误后,统计为 20 处。加上未经史料记载,但在笔者实地考察中确认的 1 处,河北省有据可查的妈祖宫庙一共 21 处。详见表 1。

表 1 河北省妈祖宫庙的分布情况

治 所	具体位置	名 称	始建年代	出 处
霸 州	三官庙右	天妃祠	无考	(嘉靖)《霸州志》卷二
霸 州	苑家口	天妃祠	无考	(嘉靖)《霸州志》卷二
东 光	县东南二十里石家村	天妃庙	明正德六年(1511)	(光绪)《东光县志》卷十二,第1142页
乐 亭	新拨临榆社	天妃庙	无考	(光绪)《乐亭县志》卷二,第110页
青 县	城东北卫河滨	天后庙	无考	(光绪)《天津府志》卷三十四
青 县	兴济镇南	天后庙	无考	(光绪)《天津府志》卷三十四
青 县	林缺屯大道西	天后庙	无考	(光绪)《天津府志》卷三十四
盐 山	东门外小北街	天妃宫	无考	(光绪)《盐山县志》卷四,第88页
任 丘	县南门外	天妃庙	明 1445—1484 年间	(乾隆)《任丘县志》卷二,第269页
任 丘	县西关	天妃庙	无考	(乾隆)《任丘县志》卷二,第269页
滦 州	(治所)西门外	天妃宫	明永乐五年	(康熙)《永平府志》卷六
滦 州	蚕沙口	天妃宫	元朝	(康熙)《永平府志》卷六
迁 安	县治东北	天妃庙	无考	(民国)《迁安县志》卷三,第107页
迁 安	建昌营东关	天妃庙	无考	(民国)《迁安县志》卷三,第107页
昌 黎	昌黎庙学内	天妃祠	无考	(光绪)《永平府志》卷三十九
秦皇岛	山海关城西北	天妃宫	无考	(光绪)《永平府志》卷三十九》(民国)《临榆县志》卷十,第674页
秦皇岛	南海口永佑寺西	天后宫	明初	(弘治)《永平府志》卷五

续表

治　所	具体位置	名　称	始建年代	出　处
秦皇岛	北戴河金山嘴	天后宫	明万历四十六年	金山嘴天后宫碑 ①
秦皇岛	北戴河老虎石	天妃宫	明建	（光绪）《永平府志》卷三十九 ②
卢　龙	未详	天妃庙	无考	（乾隆）《永平府志》③
沧　州	南排河镇后唐村	天妃娘娘庙	明建	史籍未见，笔者在实地调查中考证为明建

　　笔者在史料收集及实地考察中新发现的妈祖宫庙包括：霸州县三官庙右的天妃祠、东光县东南二十里石家村天妃庙、任丘县南门外和西关的两座天妃庙，以及未见史籍记载，但在考察中予以确认的沧州市下属黄骅市南排河镇后唐村天妃娘娘庙（详见后文）。

　　此外，尹国蔚、闫化川两位研究者都曾把河北大城县天妃庙统计在妈祖宫庙内。但据光绪版《大城县志》卷十一第1108页所引的《天妃庙碑记》载："（天妃庙）……入为太山行宫，东西三楹……面供天妃三像及司福禄子嗣灾殃之神……""太山行宫"是泰山娘娘信仰宫庙的称谓，据此，笔者确认该天妃庙的神主实为泰山娘娘而非妈祖，其宫庙不应计入妈祖宫庙内。与此类似的还有任丘县长丰镇天妃宫 ④，也因为该天妃宫供奉神主为碧霄、云霄、琼霄三位娘娘而未统计在内。

二、河北省现存妈祖宫庙及遗俗

　　上述河北省境内21处供奉妈祖的宫庙，部分毁于近代战火（如山海关南海口永佑寺西的天后宫），部分在民国初期的"破除迷信、拆庙办学"运动中停止供奉与祭拜（如河北省内陆沿运河数县的天妃宫庙），剩下部分宫庙在建国后的"破四旧"及"文化大革命"运动中基本予以拆毁或转作他用（如蚕沙口天妃宫等）。改革开放后，轰轰烈烈的各类建设活动把那些部分被毁或转作他用的宫庙的最后遗痕也逐渐抹去。时至今日，仅有少量历史宫庙的遗迹遗物得以保存，如北戴河金山嘴天后宫的三座碑文，山海关南海口永佑寺西的天妃宫地基，蚕沙口天妃宫的鱼骨梁等。

　　改革开放后，在信众恢复祭拜以及旅游事业发展的推动下，在地方政府的支持或

　　①　秦皇岛人民政府：《秦皇岛老照片》，香港文汇出版社2003年版，第151页。
　　②　闫化川、李丹莹：《京津冀地区的妈祖、龙神等水神信仰研究》，马来西亚《妈祖研究学报》第3辑，雪隆：海南会馆2008年版，第115—126页。
　　③　尹国蔚：《妈祖信仰在河北省及京津地区的传播》，《中国历史地理论丛》2003年第12期。
　　④　中国人民政治协商会议任丘市委员会编辑：《任丘文史资料》第3辑，2003年，第12—15、31—33页。

默许下,河北省有三处四座(山海关南海口天后宫被两个单位在不同地方分别复建)妈祖宫庙得以复建,分别是:唐山市曹妃甸区柳赞镇蚕沙口天妃宫,秦皇岛市山海关区老龙头天后宫和南海口妈祖庙,以及沧州市下辖黄骅市南排河镇后唐村天妃娘娘庙。笔者对这三处四座复建的妈祖宫庙分别进行了实地考察,现将这三处宫庙的基本情况介绍如下:

1. 蚕沙口天妃宫

蚕沙口天妃宫位于今河北省唐山市曹妃甸区柳赞镇蚕沙口村西,始建于元。蚕沙口村南滨渤海,村西有被称为"铜帮铁底运粮河"的沂河,北连滦河,是元代漕运南粮北上由海通河的三条主要通道之一。蚕沙口附近航道深畅、四季不冻且浪缓滩平,既是海河转运码头,又是避风良港,因此成为元代漕运及南北物资交流重要的节点。至今,蚕沙口村仍存有元代码头遗址以及元朝士兵坟墓群(当地人称"鞑子坟")等元代遗迹。

据村中老人口口相传,蚕沙口天妃宫的修建者为福建商人。该商人在蚕沙口附近海域遭遇海难,遇妈祖显灵获救。为酬谢妈祖,商人在福建老家和蚕沙口各建天妃宫一座。

蚕沙口天妃宫坐北朝南,曾被称作"鱼骨庙",因为庙宇主殿的大梁是由一根巨型鱼骨做成(部分鱼骨至今尚存于蚕沙口天妃宫)。天妃宫正殿主神为天妃娘娘,两侧是送子娘娘和子孙娘娘。正殿东西两厢供奉着关公、海龙王、平浪将军、火神、药王、小神等神祇。大殿两厢把门处站立青龙、白虎二神将。大殿东西山墙绘满神话故事。天妃台下东西两厢侍立着判官、高里鬼、千里眼、顺风耳和赶鱼郎、晏公。后殿供奉骑金毛巨犼的南海大士观世音菩萨。天妃宫南侧还修建有蔚为壮观的元代古戏楼(该戏楼直到解放后仍在演出使用,1968年因"破四旧"而被彻底拆毁)。

五六百年来,蚕沙口天妃宫受到往来船家和附近渔民的虔诚供奉,香火旺盛。每年农历三月二十三的蚕沙口庙会,规模盛大,古戏楼上好戏连台,天妃宫里香火缭绕。清代邑人史璹有《蚕沙口天妃宫诗》云:"年年三月赛天妃,晒网新从海上归。阿姑拈香郎酹酒,风波无恙水田肥。"清代邑人张灿吟《蚕沙口诗》云:"……普天渡慈航,多应海滨祷。三月二十三日,胜会香火燎……"①

蚕沙口天妃宫曾于明永乐年间、清乾隆年间和民国十年(1921)三次修葺扩建。②在漫长的历史长河中,蚕沙口天妃娘娘信仰与中国北方地区盛行的泰山娘娘信仰多有融合。民国十年蚕沙口天妃宫修葺时,著名书法家华世奎为正殿上匾额就题"碧霞元君"四字。在笔者所收集到的访谈材料中,当地人称天妃宫为"三仙娘娘庙",关于

---

① 上述材料来源于笔者在蚕沙口的调查访谈,以及滦南县文化人士朱永远先生的多年考证。在此向朱先生及蚕沙口村民致谢。

② 朱永远:《重修蚕沙口天妃宫碑记》,该碑于2012年8月立于蚕沙口天妃宫。

三仙娘娘分别是碧霄娘娘、云霄娘娘、琼霄娘娘的说法也较为多见。尽管如此,古代典籍、历史遗存以及农历三月二十三的庙会等诸多证据,还是昭示了蚕沙口天妃宫的最初主神是妈祖而非泰山娘娘。①

据村中老人回忆,解放前,蚕沙口天妃宫没有专人管理,只有一个无家可归的孤老常住。解放后,蚕沙口天妃宫改为村小学及供销社,原有建筑逐渐拆毁。但即使在"文革"期间,仍有渔民信众在原殿堂遗址处烧香祭拜。1992年,在信众的大力推动下,蚕沙口村三位老党员以"保护文物、恢复古迹、发展旅游"为由申请重建娘娘庙。恰逢妈祖文化在祖国大地勃兴,原蚕沙口村民、后到滦南县文化部门担任领导干部的朱永存先生因势利导,在历史典籍中重新挖掘出三仙娘娘庙的妈祖文化内涵,并以此为据奔走斡旋,最终得到上级政府批准。1993年,蚕沙口天妃宫以"滦南县民俗博物馆"的名义得以复建。当年,立起正殿及三仙娘娘塑像,后逐渐扩大规模,现已基本恢复历史原有格局。天妃宫现管理单位是蚕沙口村委会下属的妈祖庙管理委员会。2013年年底,笔者在蚕沙口考察时,天妃宫古戏楼的重修工程也已经进行大半。此外,在天妃宫前立起了九米多高的"天妃圣母"石像(其形象与湄洲岛妈祖立像一致),并修建了一些附属设施。自天妃宫重建以来,香火日益旺盛。在"文革"期间中断的蚕沙口农历三月二十三传统庙会,也得到了恢复。

2. 山海关老龙头天后宫、南海口妈祖庙

山海关南海口天后宫,位于今秦皇岛市山海关区南海村西,石河口东。据《山海关志》记载:天后宫,曾名天妃祠、天妃庙,始建于明初。明天顺八年(1464)祁顺作《天妃庙》云:"海旁旧有天妃祠,相传谓国初时海运之人有遭急变而赖神以济者,因建祠以答神贶……天顺癸未(1463)太监裴公玘以王事住山海关……撤其旧而新是图,崇旧基而加广,为祠前后各三间,肇工于甲申年(1464)秋七月,落成于是年冬十月。"乾隆九年(1744),知县钟和梅重修,匾额为御书"珠宫涌现"。该天后宫在八国联军侵华及日据时期遭到毁坏,神像弃于附近河沟,正殿被雷击毁,房架被旧县署和村民拆走。剩余建筑在1958年拆除,仅存遗址土台,东西长71m,南北宽37m,高均5m。②

据附近村民介绍,当地百姓称天后宫为娘娘庙,庙中虽然早已没有神像,但一直有香火。即使在"文革"以后,娘娘庙仅存地基,仍有信众在遗址处上香祭拜。1988年,山海关区为发展旅游事业,在距离娘娘庙数百米处开发老龙头风景区,在风景区内合

---

① 有关妈祖与泰山娘娘混淆讨论见郑丽航:《天妃附会碧霞元君封号考》,《莆田学院学报》2005年第6期。笔者对郑丽航老师的观点持保留态度。有关中国南方"娘娘混淆"的问题,笔者将专题讨论。
② 秦皇岛市山海关区地方志编撰委员会:《山海关志》,天津人民出版社1994年版,第552—553页。部分信息来自村民访谈。

并重修了原山海关海神庙（供奉龙王）与天后宫。[①] 据海神庙道长介绍,除了游客,也有附近村民到天后宫祭拜,但因受到风景区门票制度影响,人数有限。

2011 年,山海关区政府授权某地产开发企业,在原天后宫遗址处再建一处"妈祖庙",并辅以大规模商业开发。截至 2014 年年初,该项目仍在建设中（详见本文第四大点）。

3. 沧州黄骅市南排河镇后唐村天妃娘娘庙

后唐村天妃娘娘庙未见史料记载,系笔者在实地考察中发现并确认为供奉妈祖的宫庙。该庙位于今沧州市下属黄骅市南排河镇后唐村老村西头。原庙已在"文革"中拆毁,同时被毁的包括庙中记载天妃娘娘庙修建历史的三座碑刻。笔者对后唐村老年协会成员（包括村中最年长老人、老年协会负责人、老教师等众多老人）的访谈显示,因拆庙毁碑时间距今并不久远,所以村中老人们对该庙历史来历的记忆较为清晰和一致。

据老人们回忆,后唐村天妃娘娘庙始建于明代,系一宁波商人所建。这位商人乘船到北方沿海做买卖,在渤海湾遭遇风浪,虔诚祷告天妃娘娘,娘娘遂亮红灯显灵（亮灯显灵的说法略有偏差,一说是在桅杆顶亮红灯,一说是在后唐村上空亮红灯,但都提及亮红灯显灵）,最终人船平安。为酬谢娘娘的救命之恩,宁波商人回到原籍后,特地从南方运来妈祖神像和建筑材料,在后唐村修建天妃娘娘一座。此后数百年间,后唐村及周边地区居民,为祈求出海平安及渔业生产顺利（后唐村为滨海渔村,至今大多数村民仍以渔业为生）,虔诚供奉天妃娘娘,香火一直延续到 20 世纪 60 年代。解放后,在破除封建迷信、"文化大革命"等政治运动中,娘娘庙被逐渐拆毁。

原后唐村娘娘庙占地数十亩,有大殿三座,碑刻三座。正殿供奉天妃娘娘和其他三位娘娘,东殿供奉龙王,西殿供奉送送奶奶（送子奶奶）。庙内的三座碑刻分别是一座铜碑、一座铁碑、一座石碑。文革毁庙时,铜碑、铁碑不知去向,石碑则被彻底砸毁。

当地渔民对天妃娘娘的祭拜集中于大年三十和四月十八庙会期间（庙会日期显示此处的妈祖信仰亦有与泰山娘娘信仰融合的痕迹）,平时每月初一、十五有零散上香。信众祈求的主要内容是出海平安、渔业生产顺利等。祭拜中除了上香,还有上供海鱼,燃放鞭炮等仪式。

1992 年,后唐村村民在地方政府的默许下,新建了一座祭祀当地神仙的庙宇——"师父林"。1995 年,后唐村老年协会（"师父林"与"妈祖庙"的管理单位）将保留于民间的娘娘石像,在"师父林"侧殿中重新供奉起来。后唐村老年协会计划在此基础上,在"师父林"西侧重建独立完整的天妃娘娘庙,恢复其历史风貌。

后唐村天妃娘娘庙虽未见史料记载,但根据较为可靠的集体记忆,可以确定为供

---

① 秦皇岛市地方志编撰委员会:《秦皇岛志》第 9 卷,天津人民出版社 1993 年版,第 109 页。

奉妈祖的庙宇,根据有四:

（1）始建原因为南方商人酬谢天妃娘娘施救,符合北方妈祖宫庙的基本建设规律。

（2）桅杆顶亮红灯的显灵方式,为妈祖显灵的基本方式。

（3）当地居民长期以来的渔业生产方式与妈祖信仰息息相关,使得天妃娘娘庙香火得以持续至今。

（4）庙会日期虽是四月十八（泰山娘娘诞辰）而非三月二十三（妈祖诞辰）,但在中国北方泰山娘娘与妈祖信仰交融地区,这类现象较为常见。如辽宁省丹东市大孤山庙会的日期虽为四月十八,但丝毫不影响当地信众对天后娘娘的虔诚信仰。[1]

三、河北省妈祖信仰若干争议问题探讨

妈祖信仰在中国北方地区的传播,始于元代漕运及南北物资交流,这一点已为既有研究充分证实和论述[2],在此不赘述。本节中笔者仅就妈祖信仰在河北省传播及历史绵延中几个有争议的问题做相关讨论。

1. 河北省妈祖宫庙的始建年代

在华北地区特别是京津冀地区的妈祖信仰调查研究中,由于史料有限,多数妈祖宫庙的始建时间无考,因此研究者们对此问题有不同的整理和判断。[3]尹国蔚认为,虽然有史料确认的始建于元明的妈祖庙数量较少,但依据宫庙名称（该地区妈祖庙大多名为"天妃宫",较少名为"天后宫",而"天后宫"是妈祖宫庙在清朝以后才有的名称）以及对妈祖宫庙空间分布与历朝政经大事关联的分析,判断该地区绝大多数妈祖宫庙的始建年代应在元明二朝。[4]闫化川等则认为,该地区妈祖宫庙大多始建于清代,因为"明永乐十三年罢海运,妈祖未能再受加封,其在北方社会的影响力每况愈下。至清代,妈祖,妈祖又被加封……其政治、社会影响当然更大,因此清朝妈祖庙建造的数量明显增加"[5]。

笔者较为赞同尹国蔚的观点,即该地区妈祖宫庙的始建年代以元明为主,清代较少。理由如下:

---

① 孙晓天、李晓非:《从孤山妈祖信仰看神的再标准化》,《莆田学院学报》2011年第2期。

② 尹国蔚:《妈祖信仰在河北省及京津地区的传播》,《中国历史地理论丛》2003年第12期;闫化川、李丹莹:《京津冀地区的妈祖、龙神等水神信仰研究》,马来西亚《妈祖研究学报》第3辑,雪隆:海南会馆2008年版,第115—126页;朱天顺:《清代以后妈祖信仰传播的主要历史条件》,《台湾研究集刊》1986年第2期。

③ 如尹国蔚统计京津冀妈祖庙始建于元的4处,明2处。闫化川统计始建于元4处,明3处。笔者统计始建于元4处,明7处。

④ 尹国蔚:《妈祖信仰在河北省及京津地区的传播》,《中国历史地理论丛》2003年第12期。

⑤ 秦皇岛市地方志编撰委员会:《秦皇岛志》第9卷,天津人民出版社1993年版,第109页。

（1）尽管妈祖信仰受到历代政府重视和不断册封,但妈祖宫庙始建的原动力来自于水运（漕运及水路商贸）、渔业生产等相关的民间力量,由政府力量直接介入而始建的宫庙较少。特别是清朝,政府对妈祖信仰的重视多源于闽台事务、军事行动及外交行为,对北方（特别是华北地区）妈祖信仰的影响不大。[①] 因此,清代该地区因受到官方影响而新建的妈祖宫庙数量应该有限。

（2）据新的史料发掘,笔者又找到四处可以证实始建年代为明代的妈祖宫庙。

据此,笔者认为,河北省地区妈祖宫庙的始建年代大多为元明。存在于该地区清代历史中的妈祖宫庙,基本是在元明基础上修葺、重修的,而较少新建。

2. 妈祖信仰在河北地区的传播路径与方式

已有研究显示,妈祖信仰在中国北方地区传播的基本传播路径与方式是按照漕运路线沿海、沿河传播。这一观点得到普遍赞同。具体到京津冀地区,尹国蔚谈道:该地区妈祖宫庙不是位于漕运的节点,就是位于军营所在地（如分布于冀东长城附近的迁安、卢龙等地的妈祖宫庙）。尹国蔚认为,这些分布于军营所在地妈祖信仰的传入,是因为军粮运输导致。

笔者在实地调查中了解到,明朝修建冀东长城时,修城负责人戚继光从南方带来数万军队参与修城及戍卫。这些南来将士的后人至今生活于冀东地区（如山海关老龙头、抚宁县董家口附近的村民,其族谱明确记载其祖先系跟随戚继光来自浙江义乌的军人[②]）。那么,一个合理的推断是:除了军粮运输导致的妈祖信仰传播以外,冀东长城内侧的迁安、卢龙及山海关城西北的妈祖宫庙,很可能是由这些来自南方妈祖信仰地区并长期与倭寇海盗作斗争的军人在军营附近修建。在北方和内地妈祖宫庙建设史中,由南方军人带至军队驻地的妈祖信仰并不罕见,如河南南阳"闽营人"所建立的妈祖庙[③]。

在笔者的史籍考察中,河北省妈祖宫庙的始建除了漕运、驻军等原动力外,还有外交官员因在出使海外中受到妈祖庇佑,在家乡修建天妃宫的案例。据乾隆版《任丘县志》卷二第 269 页记载,该县南门外的天妃庙系"明行人边永建"。行人是我国古代多个朝代负责外交事务官员的官阶名称。在明朝,"行人……职专捧节、奉使之事"[④]。

① 朱天顺:《清代以后妈祖信仰传播的主要历史条件》,《台湾研究集刊》1986 年第 2 期。
② 中新网:《戚继光抗倭义乌兵后裔守护河北抚宁董家口长城》（2009-10-10）[2014-02-15]。http://www.chinanews.com/cul/news/2009/10-10/1903874.shtml;《义乌兵后裔返乡寻根》,《金华日报》2010 年 8 月 22 日。[2014-02-15]。http://www.jhnews.com.cn/ jhrb/2010-08/22/content_1188183.htm;《望长城的义乌兵后裔》,《青年时报》2013 年 5 月 14 日[2014-02-15]。http://zj.sina.com.cn/news/ zhzx/2013-05-14/011981252.html.
③ 张富春:《黄廷·闽营人·妈祖文化》,彭文宇、刘福铸、孟建煌等《妈祖文化研究论丛》（一）,人民出版社 2012 年版,第 123—130 页。
④ （清）张廷玉:《明史》,中华书局 1974 年版,第 1809 页。

边永（1404—1484），字仕远，号朴庵，明正统十年（1445）中进士，官拜行人，掌管传旨、册封等事①。边永是明清二朝著名的"边氏家族"②的第一位文官，多次出使安南等国，为官清正。因拒收贿赂，安南国曾为其建"拒金亭"③。明行人出使外洋，多遇风浪，甚赖妈祖庇佑，因而在出使前后对妈祖的祈求和崇报仪式格外严谨庄重。④ 在海难中乞求天妃保佑时，"俯伏神前求珓，穷祈祝事，一无所吝"⑤，"各许愿，板簿登记"⑥。平安返回大陆后，则会一一兑现遭遇海难时的愿言——多为重修妈祖宫庙、撰写妈祖灵迹等。⑦ 行人边永在家乡任丘县修建的天妃宫，应为其出使海外获妈祖庇佑平安返回后还愿所建。

3. 近代河北地区妈祖信仰的衰落问题

中国北方妈祖信仰研究者尹国蔚和闫化川认为：京津冀地区妈祖信仰在近代的"式微"的原因是漕运的衰落以及新型运输方式的产生（如机器轮船和铁路运输）。尹国蔚更认为："妈祖信仰这种外来文化在京津及河北地区共享性不强，难以形成广泛的心理认同。虽经元明清三代的传播，也没能在燕赵大地广泛的深入人心，生根发芽，以致时过境迁，这种信仰也成了过眼烟云。"⑧

笔者并不完全认同上述两位研究者的看法。笔者认为，近代北方地区妈祖信仰式微的根本原因，是受到西方科学主义思想冲击的近代中国宗教信仰整体性衰落所导致，而不是漕运的衰落以及新型运输工具的使用等原因。理由如下：

（1）清代后期漕运逐渐退出历史舞台，但南北物资交流并未减弱，甚至随着时代发展而不断增加。官办漕运的退出，只是政府组织的南北运输模式的退出，代之而起的是蓬勃的民办商业南北运输。⑨漕运衰落后，南来北往的商业船队依然在原漕运路线上日夜兼程。因此笔者认为，妈祖信仰在这些往来南北的船家中的传统影响力不应受到官办漕运衰落的冲击。甚至可以推断：出于逐利的本性，民办运输商只会更加渴望妈祖庇佑下的运输安全。

（2）妈祖宫庙在北方建立以后，除了南来北往的船家、商人的祭拜外，供奉更多香

① 中国人民政治协商会议任丘市委员会编辑：《任丘文史资料》第3辑，2003年，第12—15、31—33页。
② 边氏家族因子弟多有功名而在中国科举考试史上与莆田林氏家族齐名。在明清二朝的科举考试中曾有"无边不开榜"的美谈。见（道光）梁绍壬《两般秋雨庵随笔》："直隶河间府任丘边氏，大家也，累氏科第不绝，故此闻有'无边不开榜'之谣。"
③ 中国人民政治协商会议任丘市委员会编辑：《任丘文史资料》第3辑，2003年，第12—15、31—33页。
④ 李登峰、马五海：《浅谈明代行人的妈祖信仰》，《洛阳师范学院学报》2002年第3期。
⑤ （明）陈侃：《使琉球录》，中华书局1985年版，第78页。
⑥ 《清代琉球纪录集辑》，《台湾文献丛刊》第292种，台北：台湾银行经济研究室1971年版。
⑦ 彭云鹤：《明清漕运史》，首都师范大学出版社1995年版，第89—91页。
⑧ 尹国蔚：《妈祖信仰在河北省及京津地区的传播》，《中国历史地理论丛》2003年第12期。
⑨ 彭云鹤：《明清漕运史》，首都师范大学出版社1995年版，第179页。

火的仍是当地百姓——特别是这些宫庙在当地存在时间持续数百年后。妈祖信仰在北方传播的一个重要特点是与当地的"娘娘信仰"特别是"泰山娘娘信仰"相融合。在笔者的观察中,北方信众对妈祖宫庙中供奉的是"什么娘娘"并不在意——他们更加关心的是娘娘的灵异程度。因此,融合了诸多中国北方娘娘信仰神职(如求子、祛病、禳灾等)的妈祖信仰,在新型交通工具使用、水运风险降低的情况下,并没有受到太多冲击,香火依然鼎盛。

（3）近代中国北方妈祖信仰的真正衰落,肇始于民国初年"倡导科学、破除迷信"背景下的废除淫祀运动。后又经数十年战乱反复摧残,以及解放后"破四旧""文化大革命"等运动,才得基本消弭。这与近代中国各种宗教信仰衰落大势完全吻合。因此,妈祖信仰在中国北方地区的衰落,并非妈祖信仰本身的某些问题导致,而是近代中国宗教信仰整体衰落的大势所趋。

综上所述,笔者认为,漕运衰落及新型交通工具的使用,不是近代河北地区妈祖信仰式微的根本原因。近代以来,妈祖信仰在该地区虽未有大的扩张,但基本保持了原有格局,香火一直绵延到"文革"之前。

四、河北省妈祖文化保护、开发的几点思考

如前所述,妈祖信仰在元明清三代在河北省境内传播流布,与本地信仰一定程度的结合后,香火绵延至今。虽在 20 世纪数十年间有所衰落并一度几乎完全消失,但随着宗教环境宽松、文化事业发展,又迅速有所复兴。

有据可查的河北省境内历史上的 21 处妈祖宫庙,至今已经复建 3 处 4 座。复建宫庙占到原有宫庙的 14% 强。与国内其他宗教相比,特别是与其他民间信仰相比,这样的复建比例已算不低。

有形的宫庙复建了,无形的信仰是否真正复兴了呢? 妈祖信仰及妈祖文化的保护与开发工作又开展得怎样呢?

在河北省已复建的三处四座妈祖宫庙中,两处由政府默许、信众自发复建、管理(蚕沙口天妃宫、后唐村天妃娘娘庙),一处两座由政府引导、商业资本复建管理(山海关老龙头和南海口的两座妈祖宫庙)。在这些复建的妈祖宫庙中,几乎无可怀疑的,妈祖信仰和妈祖文化得到较好保护与传承的,是民间自发修建并管理的妈祖宫庙。而由地方政府出于旅游和文化产业开发为目的所复建、管理的妈祖宫庙,出于可以理解的种种原因,对妈祖信仰和妈祖文化的保护传承力度欠佳,甚至有些变形。[1]

---

[1]　本节所采用的数据与资料据均由项目组成员实地考察获得,在此感谢 3 个调查地的所有调查对象。

例如:山海关南海口正在修建的第二座妈祖庙,由秦皇岛市山海关区政府 2011 年授权某房地产开发企业在原天后宫遗址上开发建设。在该企业的建设规划中,真正用于妈祖殿堂和相关信仰文化设施建设面积不到全部建设面积的 1/10。原天后宫土地被大量用于商业开发。笔者在调查中得知,为了在有限的土地上建设更多的商业店面,该企业甚至计划"一楼办商场,二楼办庙宇"。在这些商业设施中,除了与宗教文化相关的一些产业外,还有占地巨大的所谓"亲子体验中心"等完全与妈祖文化毫无关系的商业项目。此外,该企业在开发建设中,不仅不对原天后宫遗址上的文化遗存(原庙地基、高台等)予以保护,反而彻底铲除摧毁。附近居民为重修该庙所贡献出的原天后宫廊柱石墩,也被该企业退回。这样纯粹的商业开发显然远离了妈祖文化保护、传承与发展的初衷。目前,因种种原因,该"妈祖庙"的建设已经停滞一年有余。

相较之下,民间自发复建的蚕沙口天妃宫、后唐村天妃娘娘庙在信仰文化保护和传承方面效果较好。在相关民间组织(蚕沙口村妈祖庙管委会、后唐村老年协会)的管理下,妈祖的日常祭拜、仪式组织等工作较为规范。但这两座自发复建的妈祖宫庙也有一些较为现实的问题存在:

(1)自发复建的妈祖宫庙与政府明确支持建设的妈祖宫庙相比,虽有地方政府的默许,但缺乏正式的合法外衣,因而在生存发展中存在种种困难,甚至风险。特别在北方地区,妈祖信仰并不普及,相关各方对于妈祖文化的理解有诸多面相,不利于妈祖信仰和妈祖文化保护、传承与发展的因素仍然很多。

(2)民间自发复建的妈祖宫庙,势单力薄,在发展中易面临资金匮乏等困难。如后唐村天妃娘娘庙,因苦于缺乏建设资金,独立完整的庙宇至今尚未建成,妈祖神像仍然供奉在临近庙宇中。

(3)自发复建的妈祖宫庙,受制于其天然属性,多局限于封闭的地方文化氛围中,妈祖文化中重要的"促进文化交流"内涵没有得到很好体现。笔者考察的河北省 3 处 4 座复建妈祖宫庙,没有一个宫庙与福建湄洲妈祖祖庙或者本地区其他妈祖宫庙(如距离很近的北方妈祖信仰中心——天津天后宫)交流联系(甚至连这样的计划都没有)。这种封闭式的发展,显然不利于妈祖信仰文化的完整阐释和保护传承,也会大大限制这些妈祖宫庙的自身发展。例如,河北省周边的天津、山东省和辽宁省,都已有相当数量的妈祖信俗成为各级非物质文化遗产而得到相应保护和发展,但河北省这三处妈祖宫庙的负责人均对此毫不知情,也毫无意识。这显然是缺乏交流,封闭发展造成的。

针对当前河北省妈祖信仰文化中存在的上述问题,笔者提出建议如下:

一是鼓励企业参与妈祖文化重建和相关产业开发,但对其商业化开发行为必须予以强力规范。与此同时,耐心呵护民间自发复兴的妈祖信仰文化,充分发挥其在促进文化交流、发展旅游事业、凝聚一方人心等方面的积极作用,避免消极影响;

二是积极支持对河北省现存的妈祖文化的保护,对条件较为成熟的妈祖宫庙和妈祖文化,分别按照《文物保护法》和《非物质文化遗产保护法》的规定,依级别和属性申报文物保护单位或非物质文化遗产,完成合法手续。在现代话语体系下依法保护妈祖信仰文化。

三是加强本省复建宫庙与湄洲祖庙及各地妈祖宫庙的联系,交流经验,互通有无,促进发展。在这方面,各地有很多有益经验可以借鉴。如河南省新乡市利用比干文化与南方妈祖文化区建立的紧密联系。

四是在以妈祖文化促进跨地域经济合作方面,考虑到河北省妈祖文化较为薄弱的现实状况,较难实现南方妈祖文化兴盛地区所具有的"吸引台资""促进两岸交流"等作用,但也可以因地制宜,以妈祖信仰和相关文化为平台,积极促进与周边妈祖信仰兴盛的经济发达地区(如天津、山东、辽宁,特别是天津)的区域性经济交流与合作。

(原载《莆田学院学报》2014年第3期)

论泰国华人社会中的妈祖信仰

巫秋玉[①]

中国华侨华人历史研究所

海神"妈祖"诞生于福建莆田湄洲。妈祖信仰也由中国东南沿海随着滚滚波涛流播至世界各地,遍及海内外华人聚居地区。可以说,凡有华人聚居的地方,就有妈祖庙。妈祖信仰与中国海洋文明的发展息息相关,与东南沿海人民出洋谋生紧密相连。福建莆田(兴化)很早就奉祀"妈祖(天后圣母)",后逐渐传播到闽粤其他沿海的村庄并随着闽粤移民的迁徙而传播海外。妈祖庙在海外(主要为东南亚)被称为天妃庙、七圣妈庙、天后庙、天后宫、天福宫、和安宫等。随船而至泰国的华人很早就普遍崇信天后妈祖,尤其是福建人、潮州人和海南人,妈祖信仰在泰国华人社会中具有相当的影响力。泰国是妈祖文化在海外传播的重要国家之一。

一、泰国的妈祖传说和妈祖庙宇

据韩槐准研究称:南洋各地,此神之祠庙所在有之,闽人最多,琼人次之,然闽人多书为"天上圣母",琼人及其他均书为"天后圣母",亦有书为"天后元君"者。[②] 段立生认为,天后妈祖原名林默,福建人称其为妈祖;潮州人称她为七圣妈,因为她在家中的兄妹七人里最小,故名。由是供奉妈祖的神庙,在泰国的潮州人多称为七圣妈庙,福建人多称为天后宫。[③]

1. 泰国的妈祖传说

泰国的妈祖宫庙繁多,泰国有关妈祖的传说也有很多,其中妈祖神话还被载入泰

① 巫秋玉(1962—),女,广东曲江人,副研究员,主要从事华侨华人研究。

② 韩槐准:《天后圣母与华侨南进》,《南洋学报》1941 年第 2 期。

③ 段立生:《泰国的中式寺庙》,曼谷:泰国大同社出版有限公司 1996 年版,第 18、32 页。

文典籍中。陈棠花撰《泰文典籍中之天后神话》，关于妈祖的故事系取自 1923 年（佛历 2466 年）出版的泰文《那罗延（Narayana）十世书》，书载：

> 一次，大自在天与优摩（大自在天之妻）游于海，骑神象（Hera），那罗延骑龙（Naga），其他仙及仙女骑鱼或兽随之。海中之虾闻仙侣来游，即向优摩呼吁，谓各种水族，均有护身之利器，或牙或獠牙，身有骨鲠，故强而有力，虾则仅有肌肉，外壳亦甚软薄，常受其他水族之欺凌，被噬食无宁日，而至虾有绝种之虞，祈优摩赐虾以二锯形物置于头部，双面须锋利，凡有敢噬虾者，入其腹即锯截其腹而出，勿为其充腹之粮。优摩许之，但嘱虾必食腐死之物。虾类自得优摩之赐予福禧，于是子孙蕃传益盛，但因生产过盛，粮食有不足之虞，欲食生物，则恐有违优摩之旨，虾遂与鰕商量，鰕即谓若我有锯在头，何恐饥饿。虾闻言，大喜，即与鰕相通"婚姻"，于是子孙又更蕃殖，虾与鰕遂形相同。鰕即设计，凡遇华人之帆船往来，以锯锯船底，破之，船沉于水，不习水性之华人多溺毙，虾即以锯锯断死尸之首，以首分与鰕，虾得身，以尽一饱，自是虾遂食量充足。华人受此灾祸，大感痛苦，乃向妈祖（天后）诉苦。妈祖则谓虾之利具，为上帝所赐，上帝为一天之主，为吾辈之长者，吾不能有所为也。华人船夫等闻言，大怵，每于行船时必祀妈祖，并哀求庇佑。妈祖怜之，乃谓你辈商人，今可往取红绸香烛等来，以便请各仙来议事，以谋设法善后。船夫遂捐款购金花红绸香烛等物，以献妈祖。妈祖即遣其二将千里眼与顺风耳携往八方拜祀。八方神仙及十八罗汉均至，妈祖告以华人船夫受难事，各神仙即议上奏大自在天与优摩。及缮呈已竣，以交妈祖。妈祖即携往奏于大自在天。大自在天闻悉，即谓虾鰕不过使用权生于水中，为其他水族之侣而已，何得猖獗如此，乃令亚难陀往剿。亚难陀在海中兴波作浪，鱼类等大惊，虾与鰕自知有罪，更惧。阿难陀将已沉之船，尽予捞起，又宣布虾鰕之罪状，即以船形黏虾之两颊，使永沉水底，不为人祸，又减小其锯及尾，使仅能护身，于是行船者遂安然无事云。[1]

20 世纪 30 年代陈达在《南洋华侨与闽粤社会》中记载：近汕头的某华侨社区，某绅的族人，于最近一百年之间，往暹罗者将近五百人。其曾祖有一次航海遇大风，飘往琉球，背神像（即天后圣母像）渡海，得达山东。[2]

这些神话或传说反映出妈祖信仰与海洋经营的密切关系。在泰国对"海神"的保护相当重视并虔诚崇信者毫无例外地是出洋谋生以及与海洋有着最直接的接触的福建人、潮州人和海南人。1403 年，福建省莆田县的林氏家族已有人去泰国。中国明

---

① 陈棠花：《泰文典籍中之天后神话》，《南洋学报》1941 年第 2 期。

② 陈达：《南洋华侨与闽粤社会》，商务印书馆出版 1938 年版，第 278 页。

朝时期,受郑和下西洋的影响,中泰交往日盛。随郑和一同下西洋的王景弘是福建人,也带动了明代不少福建人侨居泰国。1767 年,潮州籍人郑信建立泰国的吞武里王朝(1767—1782),潮汕人在泰国被称为"皇族华人",他们所享有的地位吸引了潮汕人向泰国的移居。其后潮汕人经过两次移民高潮,使目前泰国华人以潮汕人居多。海南人是 19 世纪时开发泰国的先锋者。葛兹洛夫指出,在 19 世纪 30 年代,"那些来自海南岛的人,主要是小贩与渔民,他们组成了也许是最贫穷但却是活跃的阶层"①。

2. 泰国的妈祖庙宇

闽潮琼人在泰国创业并修建庙宇崇奉各自所尊之神以求庇佑的同时,也会有天后庙(天后宫)、七圣妈庙,或把妈祖与所崇拜的神灵一起放在一个庙宇里供奉。福建人在南洋崇拜的三神是:关帝、妈祖、大伯公,潮州人在泰国崇拜的神主要是:本头公、本头妈、妈祖(七圣妈),海南人崇拜本头公、天后(七圣妈)、水尾圣娘(水尾娘娘)。

泰国部分闽、潮、琼人及近年台湾商人所建供奉天后妈祖的庙宇见表 1。

表 1　泰国部分供奉妈祖的庙宇 ②

序列	庙　名	妈祖在庙中属主、配祀神	地　址	修庙者籍贯	修建年代
1	玄天上帝庙	配祀神	曼谷达挠路	潮州人、福建人	清道光十四年(1834)
2	城隍庙	配祀神	宋卡		清道光二十六年(1846)
3	七圣妈庙	主祀神	曼谷石龙军路1638 号	海南人	清咸丰元年(1851)
4	新兴宫(天后圣母庙)	主祀神	曼谷石龙军路1735 号	福建人	清同治三年(1864)
5	天后宫(本头妈宫)	主祀神	曼谷嵩越路	潮州人	清光绪八年(1882)
6	七圣妈庙	主祀神	曼谷迈的集路	潮州人	清光绪九年(1883)
7	普元堂	配祀神	佛统市区	福建人	清光绪二十五年(1899)
8	天后圣母庙	主祀神	素叻它尼府班多路	海南人	清光绪二十七年(1901)
9	顺福宫	配祀神	素叻它尼府班多路	福建人	清宣统辛亥年(1911)
10	本头公庙	配祀神	素叻府纳孟	潮州人	重建于公元 1954 年
11	天后庙	主祀神	洛坤达努普区莱姆村	19 世纪 60 年代以前	

---

① G. W. 史金纳:《泰国华侨社会史的分析》,魏嵩寿、林俊绵译,力践校,《南洋问题资料译丛》1964 年第 1 期。

② 韩槐准:《天后圣母与华侨南进》,《南洋学报》1941 年第 2 期;段立生:《泰国的中式寺庙》,曼谷:泰国大同社出版有限公司 1996 年版;沈立新:《华侨华人百科全书·社区民俗卷》,中国华侨出版社 1999 年版;《丰原慈济宫妈祖分灵泰国》,中华新闻网,2007 年 1 月 18 日。http://www.cdnnews.com.tw/ 20070118/news/dfzh/8100700020070117173314332.htm.

续表

序列	庙　名	妈祖在庙中属主、配祀神	地　址	修庙者籍贯	修建年代
12	天后宫	主祀神	洛坤主街	潮州人	清光绪十三年（1887）
13	本头古庙	配祀神	那空沙旺市区	潮州人	1945年重建
14	广灵庙	配祀神	洛坤府北浪县	福建人	1956年
15	南瑶妈祖宫	主祀神	曼谷	台湾人	2006年

由表1中可知，首先，供奉妈祖的庙宇存在历史较长。除南瑶妈祖宫是由台湾人在近年修建外，其他的妈祖庙宇已经有数十年甚至达一百七十多年的历史。韩槐准认为，南洋祀天后圣母之庙宇……然闽人所祀者多因乾隆五十一年（1786）清廷敕封所影响。[①] 其次，信奉妈祖并修建庙宇者基本上是潮州人、福建人和海南人。另外，台湾人近几十年来泰国经商定居者渐多，为与家乡加强联系，也修建妈祖庙并恭请台湾丰原市慈济宫妈祖、关圣帝君神像各一尊回泰，这是丰原慈济宫建庙二百七十多年来，首次分灵到海外。第三，妈祖是与佛及诸神共祀的神，所以在一些寺庙中与佛祖、观音和诸神一起受信众崇敬。第四，妈祖庙宇分布泰国各地，表明妈祖信仰和妈祖文化在泰国广为传播。

二、妈祖信仰对泰国华人社会的影响和作用

1983年，泰政府公布在泰的华人华侨630万，占泰总人口13%，目前，估计在泰华人华侨已达700万左右，约占全国总人口的12%。在全泰华人中，潮汕人占70%，广肇籍人约占9%，福建籍人占7%，客家籍人占6%，海南籍人占5%，云南、广西、江浙和台湾等省籍人约占3%。[②] 在泰国，华人的宗教信仰除佛教外，各方言群集团都有自己的崇拜神明，对华人族群发展产生相当影响，但是在泰国华人社会发展中，妈祖信仰所起的作用仍然是不可忽视的。

1. 妈祖信仰对华人社会形成和分布的影响

早期海外华人庙宇的修建是华人社区建立的标志。一座寺庙的存在便是一个华人族群的聚集。从泰国的中国式寺庙的分布，可以推知当年某籍华人聚居区的分布情况。比如说，围绕着潮州寺庙居住的大多是潮州人，围绕着海南寺庙居住的大多是海南人。泰国曼谷王朝（1782—　　）初期及之前，曼谷华人主要居住在现今大皇宫一

① 韩槐准：《天后圣母与华侨南进》，《南洋学报》1941年第2期。
② 杨锡铭：《潮人在泰国》，艺苑出版社2001年版，第4页。

带。由于拉玛一世（1782—1809）要修建皇宫,遂指定华人移居至皇城东南门外的越三聘区,逐渐形成以三聘街、耀华力路、石龙军路为中心的中国城。这里是曼谷重要的商业区,也是各类华人寺庙最集中的地方,龙莲寺、观音古庙、南海观音宫、七圣妈庙、老本头公庙、大峰祖师庙、吕帝庙等十多座泰国各籍华人所崇祀的寺宇神庙坐落于此,这里也成为华人最集中的地方。在泰国其他府县,华人寺庙也一样是华人会聚其中并组建会馆形成社区的地方。在泰南重镇洛坤府莱姆村有一座天后庙,此庙坐落在荒僻的海滨小渔村地,是华人移民登岸时的聚居地,村民多系捕鱼为生的渔民,也有销售日用百货的小贩。如今,该村依旧住着许多华裔,华人后裔和泰人（马来人）杂居。[①] 泰国的许多华人寺庙是由同乡会领袖捐款和集资修建的,通过他们会聚了同乡族人在庙宇四周居住生活。泰国素叻它尼府班多路的"天后圣母庙",就是由侨领吴乃钲于清光绪二十七年（1901）联络琼侨修建而成。吴乃钲还成立成德社,以联络乡情,互助互惠,广施慈善。社友四百余名,每名交基金五铢,发给章程一本,病者助医,老者助养,死者助葬,返唐者送顺风壹拾铢[②],当时琼侨便是以"天后圣母庙"为联侨活动中心。后来移居的海南人越来越多,成德社扩建为琼侨公所。

此外,华人移民泰国谋生的同时保持自有的神明崇拜,修建庙宇供奉神明,对当地市政建设规划也产生一些影响,如泰国一些城市的路巷地名就与华人崇拜神明有关,因为妈祖宫庙的存在,横贯耀华力路和石龙军路之间便有了妈宫前巷和妈宫后巷。

泰国社会的寺庙具有多元化用途,寺庙通常是当地的消息集散地、劳工雇佣中心、新闻发布处、药物分发站和社区中心,有时更用作学校和医疗所。如由福建省籍华人修建的"新兴宫"和由海南人集资兴建的"七圣妈庙",都位于曼谷石龙军路,经过多年的发展,现在这里已成为繁华之地,商业兴旺,在闹市中保存着古老的华人庙宇,表明了泰国华人对妈祖（七圣妈）信仰的深厚感情和妈祖庙的神圣地位不可撼动,也说明了妈祖信仰和妈祖庙在华人社区发展中的集散作用以及对泰国社会经济发展的补充作用。

当然,随着社会的发展,华人社会中的各社团组织及其所属华文学校、医院诊所等会有较大的变化,主要是打破地域限制,向所有不同籍贯、方言群华人开放,在宗教事务上也一样。史金纳认为各语系集团间的差别在战后年代正在迅速缩减。曼谷大多数的庙宇都是由一个语系集团或另一个语系集团保管的,但是到庙里拜神的人,不一定是创立该庙那一集团的人,甚至大部分不是该集团的人。在曼谷,语系集团的比重和分布的变化,使福建人神庙附近大部分是潮州人和客家人,因而到福建神庙拜神的主体,也相应地发生了变化。[③]

---

① 段立生:《泰国的中式寺庙》,曼谷:泰国大同社出版有限公司1996年版,第31、168页。
② 同上书,第149页。
③ G. W. 史金纳:《泰国华侨社会史的分析》,《南洋问题资料译丛》1964年第4期。

2. 妈祖信仰对华人融入泰国社会的促进作用

泰国是一个君主立宪的民主国家,也是一个崇信佛教的国家。佛教是泰国道德礼教的"准则",维系社会和谐及推动艺术的原动力,泰国宪法明文规定国王必须是佛教徒,每一个公民都要尊重王室和佛教。佛教在中国同样有着很深的影响,中国人汉族大多信仰的是大乘佛教,泰国信奉的是小乘佛教,但是两者同源,以致华人移民定居泰国,在宗教信仰上与泰国人能保持一致,使宗教没有成为华人融入泰国的障碍。其实,居住在泰国的华人,为了更好的适应泰国社会生活,以方便在当地的发展,"一进入泰国就承认自己是信仰佛教的",史金纳认为:"也许,以宗教的事例来说明当地中国人社会的同化是最有效的,因为一般认为在文化的各个方面最难于改变的就是宗教。""中泰双方都不存在有宗教顾虑,而且据说中国人确已很迅速地使自己适应于泰国的佛教形式。"根据史金纳的调查,在清迈的一间 19 世纪的中国庙宇里,设有供奉清迈王的一块大神主牌。在素可泰另一间旧的中国庙宇里,供奉着一尊被认为是拍銮——即古代素可泰王蓝甘亨——的雕像,不过,最令人惊奇和十分重要的事例是中国人崇拜"叻勉"(Lak-Mueang),意为"国柱"。中国人把许多"叻勉"移入新庙,中国人同泰人又一次看到彼此在同一个庙里崇拜同一个神。暹罗当地的中国人文化的宗教内容,由于渗入了泰国宗教的成分,同传统的华南文化有所不同。即使撇开这种文化上的同化不谈,中国人同泰人在暹罗佛寺和佛殿里的社会接触,也足够有利于中国侨民混血后裔的同化了。①

由于在泰国宗教信仰自由,没有哪种宗教会受到歧视,华人因为宗教信仰多元化,在泰国的民主政体氛围下得以保持原始宗教、诸神崇拜的文化传统。泰国华人保持对妈祖的信仰并广泛修建妈祖庙,便是在这样宽泛的政治环境下得以发展。妈祖以其扶危助困、济世救人的护佑神灵和智慧、慈爱、善良、光明的智勇美好形象,感化着信众求真、从善、唯美,妈祖的慈悲、忘己、救世的象征性,妈祖信仰对泰国华人思想的影响为华人和平地融入泰国社会提供了强有力的精神支持。

前已提及在泰国的中国庙宇里,妈祖是与佛及诸神共祀的神。在前表中所提各庙宇中,除以妈祖为主祀神的庙宇外,以妈祖为配祀神的庙如玄天上帝庙主祀玄天上帝,配祀天后妈祖、清水祖师等诸神;普元堂主祀弥勒佛,庙堂内还设有观音阁,阁内主供观音菩萨左侧供注生娘娘,右侧供天后圣母;顺福宫主祀当地的土地神,称为"属府王爷宫"。左边配祀观音菩萨,右边配祀天后圣母;广灵庙正中祀奉广泽尊王,左侧配祀本头公,右侧配祀天后圣母;本头公庙正中供奉本头公妈,左边配祀老大二伯公,右边配祀天后圣母;本头古庙正殿正中供祀本头公妈,左边供祀天后,右边供祀关帝。城隍

---

① G. W. 史金纳:《泰国华侨社会史的分析》,《南洋问题资料译丛》1964 年第 3 期。

庙正殿祀城隍神,左祀天上圣母,右祀关圣帝。[1] 这说明华人把佛教与原始宗教信仰成功地结合在一起,保有着华人宗教信仰上的折衷与包容而非排外的特性,这是一种非常明智而有效的思想与精神世界的发展。

妈祖作为在民间有着崇高威望的神祇,在中国,自南宋以来,历代帝王不仅对妈祖频频褒封,还由朝廷颁布谕祭。元代,曾三次派朝臣代表皇帝到湄洲致祭。明永乐帝则在南京天妃宫举行御祭,由太常寺卿主持,并配备乐舞。清康熙统一台湾后,又屡次派朝臣诣湄洲致祭。清雍正复诏普天下行三跪九叩礼。对于这样一个在中国广受官方和民间奉祀和祭拜的神,泰国王室也是相当重视的。在曼谷王朝拉玛六世时代,为了加强中央政权对泰国南部地区的统治,拉玛六世曾于1911年亲自巡视洛坤,并参观洛坤主街的天后宫,赠送铜香炉一只,香炉铭文:"天宾庆荷"。如今这个香炉还保存在庙中。泰王室对妈祖信仰的尊重,无疑加深了泰国华人对泰王室的崇敬和融入泰国社会的自愿原则。

3. 妈祖信仰对华人海洋经营的精神作用

经济的发展推动妈祖信仰的发展,而妈祖信仰在某些特定条件下,又能反过来推动社会经济的发展。妈祖信仰的初始宗义是尊妈祖为航海保护神,但随着海商对财富的追求和资本主义的发展,妈祖的神性已被引申为商业保护神和财神。比如新加坡的天福宫为新加坡的闽南人所主修,这是因为自1824年新加坡辟为自由港后,已成为英国殖民者在东南亚的主要港口,它与世界各商港的贸易活动日益频繁。中国东南沿海城市是其海上贸易网络的重要站点,中国帆船满载着陶瓷丝织品等中国货物前来通商贸易,当时活跃于新加坡商业领域的是有着丰富海贸经验的闽南人。而来自中国海商的贸易活动和移民下南洋谋生全靠船运,漫长的海上行程,惊涛骇浪,风险不断,海商的身家性命和船货能否顺利抵达目的地以实现其商业价值,全系于海上的状况。如果能得力于妈祖女神的法力庇护,对于唯利是图的商人和希望"安居乐业、物阜民康"的移民来说,是美好的祈愿。因此商人和海洋移民大力推崇妈祖。[2]20世纪30年代曾在南洋作过华侨调研的陈达先生认为,华侨社区里的职业信仰,其最普遍而最重要者当推"天后圣母"(阴历三月二十三日)。闽粤的沿海居民,凡以捕鱼及航运为业者,大都奉祀之,两省的内地村落,离海很远的区域,其乡民却不知此神的存在。据老年人的传说,福建莆田(兴化)很早就奉祀"天后圣母"由此逐渐传播到闽粤其他沿

---

[1] 韩槐准:《天后圣母与华侨南进》,《南洋学报》1941年第2期;段立生:《泰国的中式寺庙》,曼谷:泰国大同社出版有限公司1996年版。

[2] 巫秋玉:《妈祖信仰与海外闽南人的"神缘"——以新加坡天福宫为例》,黄少萍《闽南文化研究》,中央文献出版社2003年版,第254—255页。

海的村庄……此神与航运业的生活，发生极亲切极重要的影响。[1] 由于妈祖信仰形成与海洋的密切关系，妈祖作为神明也就有了另一种称谓"水神"，这也反映了妈祖的自然与职业神性的结合。其实，面对经济变革与新需求，商业竞争的激烈，人们热衷于宗教信仰，更多的是希望借助神灵的庇佑，取得事业的成功，而中华文化中的宗教仪式与魅力，发挥了很大的力量。

泰国华人对妈祖的信仰，主要以闽、潮、琼籍人为主，后来又有崇信妈祖的台湾省籍人，他们的谋生及发展正是与海洋经商有着密切联系的。福建人最为崇敬妈祖，而早在元代就有福建人航海到泰国经商、定居，明代的闽商更是成为中泰朝贡贸易的使者，清代闽侨经商于泰国的不少。因为，当 1729 年泰国派来一个贡使团到中国朝贡时，清朝皇谕"（该国远隔海洋，所进方物，赍送不易）朕欲酌量裁减，以示恩恤远藩之意……嗣后免其入贡"。1747 年，福建总督陈大受奏称"闽商前往暹罗贩米，言其国木材甚贱"，因而建议"听其造船运回"，获清帝批准。自 1729 年开禁后，福建和北大年、宋卡之间就"通市不绝"。到 1939 年，泰国有华侨华人 250 万，其中闽侨 37.6 万。泰国的福建人几乎全是商人和海员，所以，暹罗境内的福建庙宇大部分供奉商人海员们的保护神天后圣母。在 20 世纪的上半叶，在暹罗湾一带以及河流三角洲上的贸易城市，福建人的古庙仍然存在。由于福建人更多的是在泰国沿海贸易城市和中南部发展，相对来说较少向泰北部发展，以至大城以北就找不到一座福建庙宇了。[2]

同样占泰国华人华侨近 70% 的潮汕人，大部分是 18 世纪末移入泰国的，其移居原因也与中外海洋贸易所需关系密切。清乾隆十二年（1747），由于闽粤沿海严重缺粮，清朝廷准许商人领照到泰国采购大米和南洋特产木材，并制定优惠税收政策，鼓励中泰（暹罗）大米贸易。于是潮汕人借助红头船，从樟林港出发，漂洋过海到泰国谋生，潮汕人是当时兴盛的中泰大米贸易的主要从事者。位于广东东部韩江三角洲的樟林港，在清代乾隆、嘉庆年间的港口贸易达于鼎盛。樟林港在元代便兴建有祀奉妈祖的"灵感宫"，其后在明代及清乾隆五十二年至五十九年（1787—1794）间先后修建有暗芒宫、新围天后宫、城内天后宫，说明妈祖信仰在当时的中国沿海乡村的普遍存在。据陈春声教授的田野调查，新围天后宫的祭祀远远不只限于樟林一乡，新围天后宫也一度成为樟林古港的最重要标志物。当汕头开埠和轮船的使用，使樟林港贸易衰落，并导致新围天后宫的破败，但新围天后宫在潮汕移居海外的华侨中仍有很大影响。[3] 19世纪末至 20 世纪 40 年代，汕头港逐渐取代樟林港，成为泰国对华贸易最重要的输出目

① 陈达：《南洋华侨与闽粤社会》，商务印书馆出版 1938 年版，第 278 页。
② G. W. 史金纳：《泰国华侨社会史的分析》，魏嵩寿、林俊绵译，力践校，《南洋问题资料译丛》1964 年第 1 期。
③ 陈春声、吴雪彬：《天后故事与社区历史的演变——樟林四个天后庙的研究》，陈维烟《红头船的故乡：樟林古港》，香港天马出版有限公司 2004 年版，第 470—485 页。

的港和输入货源港,当时,潮州人的商船频繁穿行于汕头与曼谷之间,汕头港的吞吐量成为仅次于上海、广州,位居中国第三位。以海洋贸易为生的潮汕人,加以赖海出洋谋生的福建人、海南人,对航海保护神的崇拜是极其认真的,每当外出经营贸易出海前必到妈祖庙祭拜以求平安,这是一种精神的慰藉,也是祈求商贸发展的心愿表达。

表1所列在泰南存在7座祀妈祖庙宇,这说明妈祖信仰在泰国的传播与闽潮琼籍华人乘船而到泰国的落脚点、贸易发展与分布有很大的关系。在13至14世纪之际,泰国南部的克拉地峡两岸诸如春蓬、素叻它尼与洛坤等商港,最早吸引华商前去经商。17世纪的有关文献提到,泰国华人多来自华南的福建与广东的商港。[1] 据史金纳对20世纪上半叶泰国南部半岛地区华人分布的调查,福建人在整个西海岸的分布,自拉廊以南至董里是占优势的,而海南人的最大多数则集中在东海岸自苏美岛往南至陶公的零零落落的各地区,潮州人大抵集中在半岛北部和东海沿海地区,在整个暹南的闽、潮、琼人的估计数是:福建人,32%;潮州人,20%;海南人,13%。[2] 天后圣母庙在这些地区存在的情况,据段立生的调查,仅素叻他尼府和洛坤府两府便有6座由闽潮琼人修建的天后圣母庙;韩槐准的调查是在宋卡有一座城隍庙配祀妈祖。这反映了妈祖信仰与华人海洋经商和在泰南发展之间的关系。

其实,表1所列15座妈祖庙中,有13座是落座于泰国的沿海港口城市,而另两座也落座于泰国湄南河三角洲平原地区城镇即繁荣的商业中心和铁路、公路干线枢纽的佛统和湄南河畔的那空沙旺,作为海上保护神的妈祖受到这么普遍的崇信,以及载入泰文的有关妈祖与华人海洋活动祈愿的神话传说,既是华人在泰国开花散枝的反映,也是中泰海上贸易繁荣发达的折射。

4. 妈祖信仰对中泰文化交流的促进作用

妈祖信仰作为华人的原始宗教和民间神崇拜,经过上千年的生存发展,已形成为一种文化现象。妈祖文化具有深刻的民族、民俗内涵,妈祖作为海内外华人的民间信仰神祇,首先她是海上救苦救难的保护神;其次作为由一种神话传说发展而来的妈祖文化,它属于历史文化范畴,由神话、信仰、庙宇、庙文、庙塑、庙画、庙会等,引申并牵涉神话学、宗教学、民俗学、建筑学、文化学、雕塑绘画艺术学、经济学、海洋学、历史学、考古学等各学科,其所涵括的多学科文化在海外华人的传播下,便是中外文化交流的内容;而其能在华人居住地生存,便是中外文化共存并潜移默化地相互作用、相互融合。

泰国各地妈祖庙宇的建筑艺术、雕塑、绘画、书法、诗文、楹联、文物等,内涵丰富,外延深广,既是妈祖文化的重要组成部分,也是泰国华人文化的重要组成部分。妈祖

---

① 潘翎:《海外华人百科全书》,崔贵强译,香港:三联书店(香港)有限公司1998年版,第218—219页。

② G. W. 史金纳:《泰国华侨社会史的分析》,《南洋问题资料译丛》1964年第3期。

信仰在泰国的盛行,使妈祖文化成为泰国华人与泰国人民文化交流的重要内容,妈祖信仰、妈祖庙已然是中泰文化交流融合的事例实证。

建于1834年（清道光十四年）的曼谷玄天上帝庙,主祀玄天上帝,左边依次是清水祖师,天后圣母,李公爷;右边依次三宝佛公,诸位福神,关圣帝君,诸神齐崇拜,反映了泰华民众见神就拜。泰国人则称此庙为虎神庙,华人信仰的玄天上帝,天后圣母等和泰人信仰的虎神,原本是毫无关联的两位神祇,却能在同一庙中祀祭,显示出中泰两种文化的融合与交汇。[①] 该庙在泰国社会中很有影响,每天都有来自各地的华人和泰人到此庙礼拜。建于1851年（清咸丰元年）曼谷石龙军路的七圣妈庙,左侧靠墙壁,有泰式钟鼓各一。在中式庙宇里摆放泰式庙宇物件,中泰庙宇物品共存。

2006年台湾商人在曼谷兴建南瑶妈祖宫,作为台湾南瑶妈祖宫分灵妈的家。目的也是为了在传承中华文化的同时抚慰14万旅泰台商的思乡情怀。台湾南瑶宫在泰国台商请求下, 2006年分灵一尊妈祖神像前往泰国南瑶妈祖宫。依台湾传统习俗,分灵外地的神明,每逢祖庙神明诞辰前后,必须回去进香谒祖。泰国的分灵妈,因而在2007年农历三月二十三日妈祖诞辰前夕专程回台湾谒祖。陪同分灵妈回台的信众,有一百多人,包括身着泰国传统服饰的姐妹团在内。他们恭敬护驾妈祖神像搭飞机回台进行谒祖活动,对促进妈祖宫庙之间的进一步联谊、对加强中泰民间交往和文化交流、对弘扬妈祖文化精神起到了推动作用。

此外,在早期海外华侨社会里,通常是先有庙宇,后有社团。庙宇的存在及其碑记是当地华侨的历史印迹。妈祖庙宇因其历史久远,庙中所存的金石木刻、牌匾、钟鼓、香炉等物件,碑记、匾文、钟铭、对联等文字,这些记载了当时庙宇修建年代、历史、人物、祝词,不仅见证了庙宇的兴建、发展,而且为后世保留了一份珍贵的文物、文字资料,对研究庙宇兴衰、中华传统文化、当地华人的历史发展进程、华泰交流有着很高的史料价值。

（原载《莆田学院学报》2008年第4期）

---

① 段立生:《泰国的中式寺庙》,曼谷:泰国大同社出版有限公司1996年版,第119、121页。

广西来宾良塘街妈祖信俗与当地族群文化交流①

滕兰花②

广西民族大学民族学与社会学学院

在民间信仰研究中,不少学者对庙会当中的一些艺术展演活动,从旅游开发、民间文学、民俗学等角度加以研究,亦有学者通过乡村庙宇的研究去分析村落内部结构和社区整合机制以及村落之间的关系。③ 这些都是很好的社会史研究途径。本文选取广西来宾市兴宾区良塘街的妈祖游神巡境习俗作为考察对象,试图通过游神习俗揭示地方社会民众是如何借助神的力量来构建社区族群关系以及对当地族群文化交流产生的影响。

一、良塘街妈祖信仰由来与游神巡境民俗

妈祖信仰起源于北宋福建莆田的湄洲岛,至今已有一千多年的历史。妈祖历经宋元明清王朝的不断褒封,至清代获得“天后”封号,所以其宫庙官方又称天后宫。如今中国境内绝大多数省份和世界三十多个国家和地区都有妈祖宫庙的分布。位于祖国南疆边陲的广西同样也有妈祖宫庙分布,但其最早的妈祖庙始建于何时,则未见前人明言。笔者遍检文献,仅在《永乐大典方志辑佚》一书中查得南宋嘉定乙亥年(1215)梧州赵粹夫重修天妃庙记载:“《梧州天妃庙记》:……苍梧邑治之左……旧有荒祠,椅朴下窄,顶雨旁风,岁积陁陊……嘉定乙亥,浚仪赵侯粹夫以天拔英来剖斤,使惠威劘,刺蠹剔类,夷人用宁,神亦妥怿。甫期年间,百陵鼎易矣。爰念兹祠……乃轮度

---

① 基金项目:广西民族大学少数民族艺术专业硕士点建设经费资助课题(2009)。
② 滕兰花(1978—),女,壮族,广西南宁人,副教授,博士,硕士生导师,主要从事西南边疆史、文化地理研究。
③ 郑振满、陈春声:《民间信仰与社会空间》,福建人民出版社2003年版。

尨工,课材缮用,辟隘彻圮,悉更以新。"① 这条记载可证从南宋开始,广西已有妈祖庙。后历经元、明、清,妈祖信仰随着闽粤籍移民的足迹越播越远,广西也出现了更多的妈祖宫庙。

良塘乡在宋代时隶属迁江县管辖,1952 年,迁江县裁撤,并入来宾县,现隶属来宾市兴宾区。如今的良塘乡管辖来国和良塘两个村委会,来国村委会下辖屯村、毛社、大洲、来国、文村、甘东等六个村民小组。良塘村委会下辖良塘街和小洲村。良塘街又称良塘圩,三天一圩,其街道分为老街和新街,旧时在老街上进行交易,随着县道改从老街东北面而过后,县道沿边即形成了新商业街区,乡政府驻地即在新街上。

良塘街曾经神庙众多,笔者在民国《迁江县志》上查得一条史料:良塘街有龙神庙,祀元指挥使刘猛将军。三界庙,洪圣宫,祀南海神。粤东会馆,祀天后。三圣宫,祀刘备、诸葛亮、关羽三人。② 在此材料当中,除了粤东会馆奉祀的天后外,还需要注意的是洪圣宫这样一座源自广州的供奉南海神的庙宇亦出现在距广州有千里之遥的良塘街,是谁把它带来? 答案只有一个,即是修建粤东会馆的粤籍客商。良塘的粤东会馆始建于何时,史料上没有明确记录,但是良塘成圩是在光绪十七年(1891),这一时段恰好与粤商大规模入桂时间相吻合。故笔者推测,良塘妈祖庙应修建于光绪十七年之后。如今,妈祖庙位于良塘街西边一千米之遥的威武山脚下,称为天后宫,当地人又称其为娘娘庙。相传妈祖娘娘以自己的身躯堵住洪水口,保住百姓生命和财产安全。娘娘在当地百姓心中地位很高,据说求子、求财、求福都非常灵验,各种显灵传说很多,香火极旺。每年农历三月二十三日妈祖诞辰日,当地百姓都会举行隆重的妈祖游神巡境活动,在当地社区的公共生活当中起到了很重要的作用,其社会影响力不可小觑。

笔者于 2009 年 4 月参加了良塘妈祖游神活动。游神巡境,大体上要经历请神、祭神、巡境、送神四个环节。现将其过程简介如下:

请神即把妈祖从庙里请回来。请神之日选定在农历三月二十二日这一天,一般是早上七点到七点半,由村民选出的德高望重的长者带领众人前往妈祖庙。上香后,为妈祖焚香沐浴更衣,把一张圈椅装饰成神轿,把妈祖娘娘神像恭迎到轿里,请回良塘老街,庙内的香炉亦一起被迎奉。神像是被安放在老街中心小广场当中的一个用彩条防雨布搭建起来的大棚内,棚里摆放各色供品。棚门悬挂楹联一副:"圣母慈悲催众富;神恩浩荡保民安"。横批"恭迎圣驾"。接下来是自由祭神环节。下午到晚上,均有各家代表或是各地香客捧着供品前来祭拜。晚上,来自良塘周边各村的山歌爱好者云集

① 马蓉、陈抗、钟文等:《永乐大典方志辑佚》第 5 册,中华书局 2004 年版,第 2896—2897 页。
② 刘宗尧:《迁江县志》第 3 编,台北:成文出版社 1967 年版,第 145 页。

老街,通宵达旦地唱山歌。鞭炮声、山歌声,响遍良塘。

第二天即是妈祖诞庆日。上午十点左右,开始游神。游神队伍主要由腰鼓队、舞狮队、彩旗队、抬轿队以及舞龙队组成。当队伍集结完毕后,集体向妈祖行礼。礼毕,抬轿队恭请妈祖神像入轿,然后鸣炮,起轿。从安神的老街小广场出发,其游街路线是:米行街、盐行街、牛圩岭、新街、古瓷行,再回到小广场。实际上按传统的游神路线而言,整个老街的各条街巷均要巡游。但现因老街传统商业活动早已转移到新街外,所以游神路线也相应做了调整,重点变为巡游新街了。游神的路线如图1所示。

巡游活动由良塘街老年协会主办,秩序井然。老年女子腰鼓队敲着腰鼓开道,双狮舞动紧跟其后。接着是从妈祖庙里抬回来的香炉,五六名大妈手持彩旗伴随左右。彩旗后是四人抬的神轿。轿中端坐的妈祖神像戴凤冠,着霞帔。神轿上面罩有方形帷帐,四周有各式装饰。神轿左边有一人专司打罗伞。近三米高的罗伞用红绸制成,上绣各种图案,装饰非常精美。轿的左右分别由两人手抱着妈祖庙里供奉的金童、玉女神像。游神队伍每到一处,候在路旁的香客会上去敬香,后向伴在香炉旁边的几位大妈讨取几条红布条带回家,并奉上红包。据说,这些红布条是开了光的,沾有妈祖灵气,能保平安。许多香客会专程挤到轿前去触摸妈祖神像,以示接福。神轿之后是两支舞龙队,队伍是专程从良塘街周边的大洲村赶来的,龙头和龙尾、各

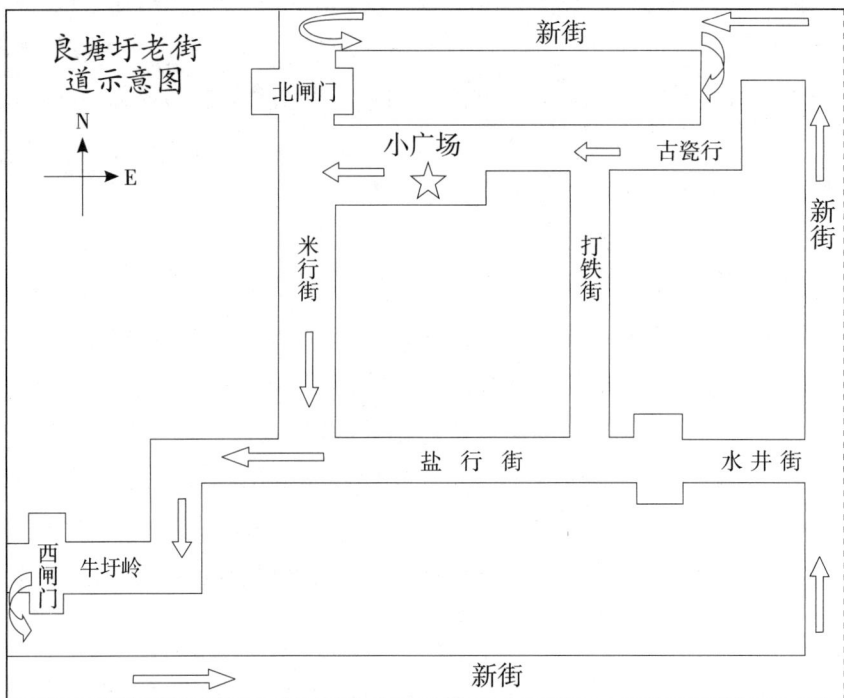

图1　2009年良塘妈祖游神路线示意图

节龙身由木头做成,各节龙身用彩条布连接起来,龙爪可转动,机巧灵动。独角麒麟跟在舞龙队后面,在各商铺或住户门口进行舞动祈福。各商家通常非常乐意接福,会点燃鞭炮,随后给些红包以示答谢。游神巡境队伍所到之处,无不人头攒动,争相上香祈福。

游神结束后,众人会恭敬地把妈祖娘娘送回小广场的神棚里,香客继续来此拜神祈福。第二天再把妈祖送回庙里。至此,整个游神巡境活动才告结束。

二、良塘街的妈祖信众分析

任何一种民间信仰总是由特定信众群体推动而形成的。据2011年4月26日兴宾区民族与宗教事务局提供的人口统计数字显示,良塘街共有居民884户,3374人,其中汉族2163人,壮族1210人,苗族1人。汉族人口远多于壮族人口,就良塘所处的地理区位而言,这理当是壮族世居之地,但汉族是从何而来的呢?

要回答这个问题,涉及广西的经济开发以及外来商业移民。清代广西的经济发展迅速,其原因得益于来自广东强大的地缘经济辐射力。清代,岭南地区形成了以广州为核心的区域经济市场,积聚了较强的经济能量,并沿着西江流域向广西辐射,出现了自东向西的梯级开发格局。大量广东人借助便利的西江航运,进入广西经商,建立起会馆以联络乡谊、扩大业务,最终形成了强势的广东经济、文化扩散态势,使广西出现了"无东不成市""无市不趋东"的经济发展局面。

良塘圩亦是深受广东经济辐射的地区。良塘虽地处红水河腹地,但其土地低平,发源于良塘圩北面的七洞乡的北之江及其支流提供了充足的水源,物产丰富,而且北之江扮演了水路角色。迁江北部的土特产可以水运至良塘外销,外地的商品也集中由良塘分销迁江北部地区,良塘因此成为商贾云集之地,并于光绪十七年(1891)发展为良塘圩。时有八十户,分为上街和下街,分行立市,有牛行街、米行街、布行街、豆行街、古昔街、打铁街、水井街、盐行街,设猪肉行、菜市、生油行、杂货行、土布行等,三日一圩,赶圩人数多时达六百余人。[1] 在良塘经商的商人以粤商人数最多,他们建立起自己的同乡会馆。粤东会馆不仅在良塘有,在迁江县城亦有。现存兴宾区文管所的《始建(迁江)粤东会馆碑志》载:"迁江……四方大贾皆辐辏其中,而吾乡东粤作客是邑者,更比邻而居焉。……爰是集众抒诚于雍正七年捐资买受房屋三间,前后二进为会馆,恭请天后圣母高升宝座,岁时祀奉,轮点长明光炬,永作东人香火。迩来又复鼎新建造,轮奂既增其辉煌,神灵愈显其赫濯。凡兹东人往来斯土,工祝祈祷无不如意。盖神

---

① 刘宗尧:《迁江县志》第3编,台北:成文出版社1967年版,第145页。

以佑人而神灵,人以敬神而神愈灵矣。"① 可证迁江粤东会馆修建于雍正七年（1729）。

清光绪间迁江县知县周蕃和、颜嗣徽分别撰写的两则批示碑,亦为我们提供了难得的迁江贸易繁荣的佐证。光绪五年,迁江西门圩的船民全寿堂禀请"每只运载货物之船,请照船行陈发抽取钱四百文",知县周蕃批准了其请求,并立碑明示。光绪十二年（1886）,知县颜嗣徽又接全寿棠的请示,称其"自同治年间起造洪圣庙宇已经经数十年。幸蒙周主莅任,谕饬本堂,陈发等充当船行,每只船运载货物抽取钱四百文,应交署内","陈发病故,无人接充,□派内司督办船行,有加无已。至于各船户加派五、八月及腊月,勒收节礼"②。船民难以维持,所以请求县官批准按旧章办事。颜嗣徽同意了他们的请求,并刻碑明示。从碑文当中所说的同治年间起造洪圣宫,可以推测,迁江县城的洪圣宫应该与良塘街的洪圣宫一样,均是粤籍商人所建。粤商在迁江控制了船行,抽取过往船只的货款,并得县官准许。这充分证明了粤商力量之大。

粤商还专门成立了一个同善堂以资助客死他乡的同乡运棺返乡。光绪三十一年（1905）迁江知县、广东南海人区光藻撰写的《同善堂捐助题名碑记》载:"我乡之客斯地者不下数千人,盖牵车服贾自昔然矣……谁谓客死异方,而魂魂不思归故土乎哉?但贸富之境不齐,每有欲扶榇而苦于独力之难举者。"1903 年,广东人黄阴堂倡捐设善堂,1906 年同善堂建成,其经费均由粤籍商户捐助而来,"捐助者俱南番顺王邑人,因在迁、林各圩贸易,有流落棺骸者,届期一体载运",经费"统交会馆广业堂,值季发当生息,将章程注明薄内,交与管理",每年定期雇船把红水河流域的粤籍客商尸棺运回广东,其运棺路线亦折射出粤商在红水河地区的活动范围:"自百旺运起,转下金钗、蓝甲渡口、马蹄、朔河、平阳,在迁江会齐,开船至磨东止,然后载运回东到各处步头,俟其亲人下船起棺,毋得苟且藏事。并不许船户中途搭运别处棺柩,以滋弊混。"③ 碑文中说的百旺、金钗、蓝甲、马蹄、朔河、平阳等,均是红水河迁江河段上游的港埠码头,最上端的集棺码头百旺位于红水河腹地,由此可证明粤商活动范围已经深入红水河中游腹地,迁江乃至上游的各县均见足迹。但是,古代红水河航行暗藏危机,因为河床多为礁石,水流又湍急,稍不注意就容易出事故。《同善堂捐助题名碑记》中就特别强调在运棺途中"河滩水险,路途远涉,运柩之船,祸福难料,各安于命,与值事无涉"④。妈祖作为海神,能御风平浪,救死扶伤,广得沿海居民信奉。经商于红水河流域的粤商在行船时也把平安的希望寄托在妈祖身上,在修建会馆时专设妈祖神宫。《始建粤东会馆碑志》说妈祖是"东人香火",因得她庇佑,东人"挟资来游,靡不获利",最终实现了"神以佑人而神

---

① 兴宾区文学艺术界联合会:《麒麟山及周边古迹与民俗》,中国文史出版社 2005 年版,第 228 页。
② 同上。
③ 同上。
④ 同上。

灵,人以敬神而神愈灵"的互动,妈祖成为迁居良塘粤籍人士的精神支柱。

笔者于 2009 年 4 月在良塘调查时,受访者多自称是粤籍移民后裔。计有廖、吴、黄、庞、朱等姓。一位 80 岁的廖奶奶介绍,其祖籍是广东佛山,迁来良塘已有三四代,她从小就生长在良塘街,在家均讲粤语,后嫁同街朱家。夫家是客家人,所以现在也讲客家话。她可以讲出许多妈祖故事。另一位 76 岁的吴奶奶籍贯广东南海。其先祖入桂后,先后搬迁到宾阳、迁江,最后定居良塘,至今已传至第八代,其家族讲客家话,仍有回南海祭祖之举。[①] 这类祖先故事在良塘老街相当普遍。当问起妈祖来历时,这些移民后代均认为妈祖就是福建、广东的神,是随着他们先祖来的,能保佑他们平安、事事顺利。在受访者看来,妈祖是他们的祖先遗产,是社区的神灵。除了敬畏有加,还传出许多灵验故事,如御洪灾、送子、去疫疾,甚至显灵赶走日寇。

这些传说,背后实际上是当地居民对自己身份的一种认同策略。王明珂先生曾指出,移民所造成的新族群环境,除了提供结构性失忆滋长的温床外,也往往促成原来没有共同"历史"的人群以寻根来发现或创造新的集体记忆,以凝聚新族群认同。[②] 良塘街的汉族居民来自不同地区,他们移居良塘后,面临的是新的居住环境和新的文化环境,他们需要寻找新的共同的认同纪念物来强化他们的身份。他们选择了妈祖信仰作为族群迁移集体记忆的纪念物。他们相信妈祖能保护他们免于疾病、破产等灾祸,也希望能借助妈祖信仰的力量来联络乡谊,共同培养同乡之间同舟共济的精神。他们把妈祖信仰移植到迁居地,每年的游神巡境是复制了闽粤特殊的信仰习俗,实际也是粤籍移民及其后裔对自我身份认同的暗示。

三、从妈祖信仰看民族族群文化交流

在明确了良塘妈祖信仰的由来后,我们又产生了其他疑问,也就是作为桂中地区的一个小圩镇,其周边的居民多为壮族,不同的族群之间有着不同的神灵崇拜体系,良塘圩及其周边村落的神灵崇拜对象众多,妈祖信仰作为外来的神灵崇拜,是如何维续至今? 壮族和汉族两大族群在对待妈祖信仰是什么态度? 对当地原有的神灵崇拜体系是否产生一定的影响?

良塘及其周边地区,盘古信仰的影响力实际比妈祖更大。桂中地区广泛流传着盘古开天辟地、化生万物以及繁衍人类的传说,其中又以水泡天门、盘古兄妹结成夫妻繁衍人类的口头传说最为流行。传说盘古兄妹即诞生于良塘乡来国村的盘古岩。离良

[①] 滕兰花:《从广西来宾市兴宾区良塘乡妈祖游神看两广地缘经济联系——广西民间信仰研究之一》,《广西民族师范学院学报》2011 年第 1 期。

[②] 王明珂:《华夏边缘——历史记忆与族群认同》,社会科学文献出版社 2006 年版。

塘街两公里之遥的甘东村即有一座远近闻名的盘古大庙。该庙自民国以来多次受损,但又多次重建。至今仍有固定祭礼,每年农历六月十八日举行隆重的盘古兄妹出游活动,在桂中地区有着广泛的影响力。而且盘古信仰并不局限于良塘一地,整个来宾市辖区特别是武宣、象州、金秀等县均有众多的盘古庙。广西壮学专家们经过调查,发现两广地区盘古庙共44座,其中有34座在来宾市境内。来宾群众自发纪念盘古的民俗活动也最多,内容也最丰富,为此,他们认为来宾是华南珠江流域盘古神话王国的中心,是盘古文化的重要发祥地。[①]

　　虽然有学者对此提出异议,但就历史上和当前桂中地区仍广泛流传的盘古神话和盘古信仰而言,盘古信仰至少是壮族百姓所崇拜的一位神灵。良塘刚好处于盘古信仰的中心地区,于是一个有趣的文化现象出现了,也就是作为外来神灵的妈祖信仰仅局限于良塘街,而盘古信仰则是广泛分布在良塘以及来宾市域内,各有各的信仰主体及影响范围,这个文化现象实际是不同族群之间的跨界文化交流。良塘街上的粤籍移民与周边村子的壮族百姓代表着汉族和壮族两个不同的族群,它们虽然有着各自的聚居生活空间,但在良塘这个大社区里混居,不同的族群总是要产生全方位交流的。这种交流实际上也就是跨族群的文化交流。良塘圩的外省籍移民在迁居地,面临的是一个壮族文化特征浓郁的新文化环境,面对与自己家乡迥然有别的语言、风俗习惯等差异,粤籍移民最终以聚居的方式来打造一个自己熟悉的社区环境,并把在闽粤沿海有广泛影响力的妈祖迎奉过来,建庙祭拜,以此来宣告他们完成了对自我居住环境的改造,最终实现了自我认同与族群认同。

　　良塘成圩时间晚,虽然难以考定此圩就是粤籍人士开创,但至少可以肯定的是,粤籍人士迁居良塘后,控制了商业,并相对较富有,这极可能给当地土著居民带来强大的压力,亦极有可能发生冲突。为增进团结以应对地方社区的族群挑战,新来的移民出于凝聚乡情考虑,往往会建会馆,并把家乡影响力较大的神灵移植到迁居地供奉。这种现象非常普遍,妈祖信仰在良塘扎根,实际上也就是一种文化象征,象征着永久的入住权。妈祖信仰主要信众是良塘街上的清代粤籍移民后裔,其影响核心区亦在良塘街。虽然良塘老街因为建国后修建的公路不再从老街上穿过而从传统的商业街道变成纯粹的老居民区,妈祖游神巡境的路线从原来的老街扩展到良塘新街,而且在新街马路上的游神规模最大,气氛最热烈,但就其核心影响圈而言,仍以老街为中心。对粤籍移民后裔来说,在妈祖崇拜上所拥有的权利和义务,很大程度上来自祖辈的遗产,他们拜的是自己的神,一年一度的妈祖游神巡境仪式反映了粤东移民后裔身份的自我认同,借此以示区别于周边的土著居民。从这个意思上来说,妈祖信仰是老街居民的精

①　覃乃昌、覃彩銮、潘其旭等:《盘古国与盘古神话》,民族出版社2007年版,第277页。

神支柱。[①]

　　杂居在壮族村落里的客家人,则更多选择了入乡随俗。如甘东村,原是壮族居住的村子,后来客家人迁入,与当地壮族通婚,不断繁衍,形成了现在壮汉混居的村子,该村共210户,一千多人,以壮族人口居多。在客家人迁入之前,村里人即有去盘古洞和盘古庙祭拜盘古的习俗。客家人迁居后,如今由壮人和客家人共同维护和管理盘古庙。[②] 而妈祖信众亦不再局限于良塘街上操客家话、广府话的群体,还有周边壮族同胞信众。2011年4月笔者一行在考察妈祖游神时,就遇到一位来自甘东村的黄姓道公,他说妈祖娘娘很灵,有求必应,所以就来了。但他坚持认为盘古是壮族的神,神力会更大一些。他对笔者说起了完整的盘古开天辟地、水泡天门的壮族民间传说。神灵崇拜是各族群最为神圣的信仰世界,在人际交往中,越是对交往对方所崇拜的东西表示真诚欣赏和喜爱,越容易产生共同语言,获得对方接纳。良塘当地汉、壮民众,正是在共同的神灵信仰中,族群关系越来越和谐。

　　综上所述,来宾良塘的妈祖信仰是粤籍移民借以维系族群身份认同的一种方式。随着时间的推移,妈祖信仰亦逐渐被其他族群百姓所接受,这证明妈祖信仰是一种包容性很强、极易在地化的民间信仰。而杂居壮村的汉族移民除信奉妈祖外,又选择与壮族村民一起供奉盘古,这表明了族群文化已由原先的一种较自我封闭状态,正在不断走向交流和包容的趋势。

（原载《莆田学院学报》2012年第6期）

---

　　① 滕兰花:《从广西来宾市兴宾区良塘乡妈祖游神看两广地缘经济联系——广西民间信仰研究之一》,《广西民族师范学院学报》2011年第1期。

　　② 覃乃昌、覃彩銮、潘其旭等:《盘古国与盘古神话》,民族出版社2007年版,第74页。

论淮安清口惠济祠的妈祖信仰及其遗产价值

徐业龙 ①

中共淮安市淮阴区委员会宣传部

京杭大运河连接海河、黄河、淮河、长江、钱塘江五大水系,巨大的时空跨度和文化的相互碰撞与交融,造就了一条具有鲜明特色的历史文化长廊,留下了无数的文化遗迹。由于历代统治者都把河工、漕运看作国家头等大事,而祭祀天后（妈祖）则被认为是水运畅通、御灾捍患的必要保障,因此运河沿线妈祖庙很多。位于江苏省淮安市淮阴区的古清口历史上曾经是黄、淮、运交汇之地,为黄淮襟要、漕运锁钥,运河线上最大的妈祖庙——惠济祠就坐落在这里。在运河申报世界遗产的大背景下,作为一份独特的运河文化遗产,惠济祠广博而深厚的文化内涵再次进入公众的视野,其遗产价值正得到空前的重视。本文拟对淮安清口惠济祠的妈祖信仰及其遗产价值做一专题探讨。

一、妈祖入祀之前的惠济祠及崇祀

据清《清河县志》记载:"惠济祠,在运口,旧《志》:即天妃庙,在新庄闸口。明正德三年（1508）建,武宗南巡,驻跸祠下。嘉靖初,章圣太后水殿渡河,赐黄香白金,额曰惠济。"② 这段文字对惠济祠的建立以及明朝中后期的基本情况做了简单的描述。由此我们不难看出,惠济祠早在明代就与帝王相联系,有着非同凡响的经历和影响。

1. 惠济祠前身为太山行祠

惠济祠并不是一开始就是崇祀妈祖的,其前身为明正德初年建成的"太山行祠",

---

① 徐业龙（1967— ）,男,江苏淮阴人,江苏省淮安市淮阴区社科联副主席,主要从事韩信和淮安地方文化研究。

② （清）鲁一同:《清河县志》卷三,清咸丰四年刻本,江苏淮阴区图书馆藏。

奉祀的是碧霞元君,即泰山女神,民间俗称泰山娘娘、泰山奶奶、泰山老奶奶。碧霞元君来自北方的齐国,所以惠济祠大殿神龛内的碧霞元君也被人们尊称为"齐太太"。有趣的是齐太太有一双长达一尺三寸的大脚,在女性必须裹足的时代,齐太太长着如此一双大脚颇耐人寻味,民众的说法是齐太太法力无边,脚踏十三省。《岱史》有云:"泰山位东土,禀木德,而玉女坤质为水,助生成之功。"(《玉女传》卷九)人们认为碧霞元君主宰生儿育女。在惠济祠,齐太太身边还有两个女侍,左为眼光娘娘,右为送子娘娘,都是民间俗神。传说眼光娘娘主治眼疾,又演化为无病不治,也有说眼光娘娘是主光明的,延伸为主宰人的前程。在信众看来,齐太太和眼光娘娘、送子娘娘三位一体,她们的职司也随着香客的信仰追求而不断扩大,小之一家人口的寿夭祸福,四方农民禾稼的丰歉;大之社会的良窳,国家的治乱,差不多人间一切祸福都能管,简直是有求必应,无所不能。古代中国妇女生活在社会最底层,受压迫最深,齐太太平易近人,心地善良,护佑众生,所以旧时妇女对齐太太信仰特别虔诚。

2. 惠济祠的由来及其崇祀

明清两朝,正统道教在国家政治生活中受到限制,而民间的碧霞元君信仰却十分兴盛。由于碧霞元君影响日益扩大,奉祀碧霞元君的庙宇也从泰山扩展到全国各地。惠济祠也是在明代中后期民间碧霞元君信仰迅速普及,全国各地纷纷建起泰山行宫的大背景下建立的。清《清河县志》引刘良卿《惠济祠碑》云:"正德初,道士袁洞明卜地河浒,建太山行祠。"[1] 建祠之人袁洞明名不见经传,清《清河县志》只提到他的名字,其他行迹无从稽考。然而,这个道士却有着非同寻常的眼光,为"太山行祠"选择了一块风水宝地。祠前的古清口"据淮南之本源,关中原之门户"[2],自古以来就是"南必得而后进取有资,北必得而后饷运无阻"[3] 的军事重地和交通要冲。明清时期,这里是黄、淮、运、湖交汇之地,为黄淮枢要、漕运锁钥、盐运要冲,惠济祠居清口左岸高岗之上,东山头朝着里运河,西山头向着清黄交汇,形成了"一祠担三水"的天下奇观。

正因为惠济祠所处的地位重要,故其初建时规模就颇为宏大,不仅奉祀齐太太,而且还供奉着道教其他众神。除主殿奉祀齐太太外,三清阁上下两层的楼阁里,还供奉着三皇、五帝和道教的最高神"三清"尊神。配殿则陪祀天地水三官、六丁六甲、四值功曹、二十八宿、三十六天将、七十二地煞等等。惠济祠的建筑和祠祀规模由此可见一斑。惠济祠建成不久的明正德十四年(1519)十一月,武宗朱厚照南巡途中,路经清口,见此地风景佳绝,惠济祠地当形胜,便驻跸祠下。有意思的是,武宗一路上不是撒网捕鱼,就是弹丸打鸟,所得鱼鸟皆赏赐臣下,而臣下则献金献帛向武宗表示谢意。他

① (清)鲁一同:《清河县志》卷三,清咸丰四年刻本,江苏淮阴区图书馆藏。
② (清)鲁一同:《清河县志》卷二十四,清咸丰四年刻本,江苏淮阴区图书馆藏。
③ (清)卫哲治:《淮安府志》卷一,清乾隆十三年刻本,江苏淮阴区图书馆藏。

在惠济祠自然也少不了一番游娱嬉戏。武宗此次南巡,虽然没有给惠济祠留下匾额或者其他什么赏赐,但当朝天子幸临祠下,惠济祠亦因此而声名大噪。

至嘉靖初年,惠济祠又迎来了一位母仪天下的皇太后,她就是明世宗朱厚熜的母亲章圣皇太后蒋氏。章圣皇太后巡幸,路过清口,登临惠济祠,亲诣升香,并赏赐黄香白金。不仅如此,章圣皇太后还取给予困苦的人们以恩赐之意,题额"惠济"。"惠济祠"名称便由此而产生。

二、妈祖入祀之后的惠济祠崇祀

海神妈祖入祀惠济祠,对惠济祠发展与兴盛有着重要影响。清《清河县志》记载:"本朝即其旧宇,崇祀天后,遂称天妃庙。"①《淮阴风土记》亦载:"(惠济祠前殿)壁上挂大法船,虽小而帆樯无缺,每值海中风浪大作,苟其人合当不死,则圣母必乘此船入海救生。"②

1. 妈祖入祀惠济祠缘由

东南沿海和台湾地区俗称的妈祖,就是元明时代的天妃娘娘、清代的天后圣母。妈祖信仰发端于福建莆田的湄洲岛,从宋代以来,妈祖主要是作为海上和内河的救难护航神而广受人们崇拜的。惠济祠崇祀天后与祠前清黄交汇处波涛滚滚、水流湍急的清口有密切关系。明万历年间,潘季驯在惠济祠旁的淮、黄、运河交汇处开改了"之"字形河道,这段河道成为京杭运河南北通航的咽喉,漕粮北运的枢纽。清代,这段河道上建有惠济、通济、福兴三闸,由于清口地势高、水位亦高,漕船过这三道大闸完全靠人力拉纤,三闸水位落差一丈有余,水流湍急,不仅迂缓难行,而且危险很大,断缆沉舟的事经常发生。面对反复无常、威力无比的异己力量,人们在不能掌握自身命运的情况下常常求助神灵保佑。官民客商为求安全过闸,就把希望寄托在水神身上,而妈祖则是备受朝廷推崇的护航神,因此,天后娘娘入祀惠济祠,则是水到渠成的事。当妈祖入祀惠济祠后,行船各色人等,至惠济祠,皆弃船上岸到祠内烧香祷告,祈求天后娘娘的保佑。据载清初,惠济祠虽设有前、后大殿,后大殿仍然奉祀齐太太,但前大殿(正殿)的神位上则已是供奉着"大奶奶"了,她就是天后,亦即妈祖。惠济祠从此开始了其妈祖信仰时代。

2. 惠济祠的鼎盛时期

惠济祠备受皇帝与朝臣崇拜的鼎盛时代是在清康雍乾嘉四朝。乾隆《钦定南巡盛典》载:"惠济祠,在淮安府清河县,祠临大堤,中祀天后。……其神福河济运,孚应若

---

① (清)鲁一同:《清河县志》卷三,清咸丰四年刻本,江苏淮阴区图书馆藏。
② 张煦侯:《淮阴风土记》重刊本,台北淮阴同乡会2009年版,第77页。

响。祠前黄淮合流,地当形胜,为全河枢要。国朝久邀崇祀,我皇上临幸,升香荐帛,礼有加隆焉。"①当康熙帝即位以后,便以三藩及河务、漕运为三大事,因河务、漕运皆系于清口,从康熙二十三年(1684)到四十六年(1707),康熙皇帝先后六次南巡,每次南巡必到清口。康熙帝在详细巡视河工之余,他亦多次临幸祠下,虔诚奉祀。不仅如此,康熙帝还曾于康熙三十八年(1699)第三次南巡时,率领七个皇子奉孝康章皇太后懿旨谒祠。

康熙帝崇奉惠济祠为后世皇帝做出了榜样,其后的雍正、乾隆、嘉庆皇帝也都崇奉惠济祠,而对惠济祠的褒封与敕赐亦达到巅峰时代。

雍正五年(1727),雍正皇帝敕赐天后为"天后圣姥碧霞元君"。乾隆十六年(1751)二月,清高宗奉孝圣皇太后懿旨南巡,视察了惠济闸和高堰石堤河工并瞻谒惠济祠,命重修惠济祠,"仿内庭坛庙样式,火珠耀目,飞阁凌空,虽在郊原而有皇居之美"②。并于惠济祠旁建一行宫,与惠济祠建筑群联为一体。

此后,乾隆皇帝又五次南巡,每次皆驻跸祠左。乾隆皇帝在省察河工、督理漕运之余,必亲临祠下,瞻礼上香,虔诚致祭。乾隆五十三年(1788),乾隆皇帝将惠济祠列入祀典。从此,春秋二季,地方官员必到惠济祠顶礼膜拜,虔诚祭祀。

乾隆六次南巡耗费了大量的财力物力,不仅使清朝的国力日益虚耗,同时也助长了社会浮华、颓废之风。到了晚年,乾隆帝在回顾检讨自己当政六十年的得失时,他说:"朕临御六十年,并无失德,唯六次南巡,劳民伤财,做无益害有益。"(《清史稿·吴熊光传》)所以,当嘉庆皇帝打算南巡时,直隶总督吴熊光便抬出乾隆的话来坚决阻止,以后清朝的皇帝再也没有南巡之举了。对惠济祠的奉祀,嘉庆帝虽然未能亲往致祭,但他始终心系于斯,诚惶诚恐,一日未敢懈怠。嘉庆十七年(1812),嘉庆帝敕谕两江总督百龄崇诣惠济祠查明建筑设计方案(规制)和神牌封号字样等,在北京绮春园内依原样建惠济祠一座,以便就近祭祀,保证南北漕运安全。绮春园位于圆明园、长春园之南,是嘉庆帝长年园居的主要处所之一,惠济祠是其中一处著名建筑。1860年,该园毁于英法联军劫火时,惠济祠与宫门区、庄严法界、湛清轩、绿满轩等少量建筑尚得以幸存。直到1900年八国联军入侵,整座绮春园彻底毁于战火,惠济祠亦终未能幸免。③

3. 惠济祠的余绪与回响

守望清口的惠济祠经历了清朝上半叶的尊荣,道光以后,则随漕运转衰、河道变迁而致运河的地位下降而逐步淡出朝廷视野。道光年间,会通河淤塞,朝廷开始命关天

① (清)高晋、萨载:《钦定南巡盛典》卷八十四,影印文渊阁四库全书本。
② 张煦侯:《淮阴风土记》重刊本,台北淮阴同乡会2009年版,第79页。
③ 刘福铸:《北京的妈祖信仰综考》,《中国海洋大学学报》2008年第2期。

培等试办海运,由上海雇商船经海道将江南漕米转运到京城,与河运并行,自此河运大减。清咸丰五年（1855）,黄河北徙,致停止河运者十数年,漕粮多由海运。咸丰十一年（1861）,清廷正式裁撤南河总督,同时还把驻节淮安的漕督移驻于清江浦原南河总督衙署内兼管河务。同治十一年（1872）,江南漕粮全由上海轮船招商局承包,经由海运,运河的地位遂一落千丈。惠济祠神坛上的"大奶奶"虽然不再有庇佑漕运的职司,但却永远是运河、洪泽湖船民心目中的一盏神灯。民国年间,惠济祠仍然有房屋九十九间半,规模宏大,气象峥嵘,香客如云。后历经洪灾、战乱的涤荡,惠济祠最终于"文革"中彻底被毁。如今,只剩下《御制重修惠济祠碑》孑然孤立在惠济祠遗址上,但惠济祠深厚的文化内涵仍然吸引无数海内外善男信女前来顶礼膜拜,香客仍源源不绝,且不时有台、港、澳同胞和日、韩等国客人前往进香。人们来到这里并不关心神仙的谱系,不管当年神位上供奉的是"齐太太"还是"大奶奶",在民众的心目中都是平易近人、和蔼可亲、乐善好施的女神,是让劳苦大众倍觉亲切、倍加信赖的慈母、圣母。民众面对他们心目中可亲、可敬、可以信赖的、万能的"奶奶",每个祈福祝告的人无不心意虔诚,俯身再三。

三、惠济祠的文化影响及其遗产价值

清朝皇帝对淮安清口惠济祠的关注与祭祀及其对妈祖的褒封与敕赐,彰显了惠济祠在妈祖文化发展史上独特地位。惠济祠所供奉的泰山娘娘、天妃娘娘不仅仅是中国宗教史上的可亲可近、有求必应、随时为民众造福的神祇,更是代表了中华民族精神的伟大女神、亦是中华民族的保护神。特别是天妃娘娘信仰在海峡两岸乃至海外华人中有着久远而广泛的影响,在海外中国人心中,天妃娘娘是祖国母亲的象征、和平统一的象征。天妃娘娘种种善行的传说,植根于民众朴素的情感之中,具有鲜明的地域特点和较高的文化价值,而由此形成的独特的民俗文化现象则是中华文明和世界文化宝库中的一份珍贵财富。

1. 重要的历史文化物证

作为封建王朝的重要经济命脉,运河在历代漕运中发挥了难以估量的巨大作用。淮安清口上承洪泽湖,下有宝应、高邮、邵伯诸湖,南通长江,北连黄河,东通大海,河道纵横交错,地形和水系都十分复杂。从明朝万历初年开始,清口以下河道就频繁地出现淤浅并严重影响漕船的通航和漕粮的运输。为了保护运河漕船畅通,总理河漕潘季驯创行了"蓄清刷黄"之策,并在惠济祠旁的淮、黄、运河交汇处创建了"之"字形河道。及至清代,"治河、导淮、济运"亦群萃于此,这段"之"字形河道与惠济、通济、福兴三闸及高家堰等工程是一项十分复杂艰巨的水利枢纽工程。由于重载漕船在此驳卸过闸,漕运吏卒在此稽留,加上淮北盐经此入湖转运豫皖各地,这里河面上经常是舳舻相继,千帆相接。惠济祠高屋建瓴,鸟瞰清口,承担着保护漕运畅通、护佑船民安全的职司,船民向妈祖进香朝拜蔚成风气,惠济祠因此成为运河线上规模最大、影响最广的妈祖庙。现存的惠济祠遗址、大量文史资料以及相关民俗实物,为我们研究妈祖文化提供了颇有价值的客观材料,我们不仅可以考察惠济祠在妈祖文化的传承、发展过程中所发挥的巨大作用,从中还可以分析妈祖文化在运河线路上的传播及其对运河文化的影响。

2. 独特的民俗文化遗存

天妃娘娘端坐在惠济祠的神坛上,俯瞰天下,惠济众生,她们护国佑民的种种善行,通过善男信女的传说与颂扬,已经铭成运河文化长廊的一块丰碑。关于天妃娘娘的口传故事和神话描述,都体现了人们对天妃娘娘的正义、勇敢、无私、孝悌、仁爱等高尚品德的颂扬和追求,反映了一种世界大同的崇高理想和深切的人文关怀,从而激励人们积极向善,涵养一种朴实而崇高的人性品质,对于弘扬社会正气,促进社会和谐具有重要社会文化价值。天妃娘娘在民众心目中是善良、智慧、正义和希望的化身,人们把美好的愿望寄托在她们的身上,这反映了群众对女神的亲密感情和虔敬之心,也反映了人们特别是妇女对未来幸福的美好追求。由于在"文革"中祠宇、神像被毁,作为民间信仰文化的一部分,天妃娘娘在民众心中是慈祥可亲的自家奶奶。虽然惠济祠之实体无存,但人们依然怀着对天妃娘娘的万分虔诚和对美好精神的追求和向往,对天妃娘娘顶礼膜拜。

至今五百多年的岁月里,惠济祠香火旺盛,成为民众的信仰中心。人们以各种方式表达对天妃娘娘深深的敬意,并且形成了一种独特的事象和文化氛围。惠济祠的天妃娘娘有坐像和睡像,每年农历三月二十三和九月初九,篆香楼上的睡像奶奶起坐、卧寝,都会有运河、洪泽湖船民烧香还愿,为她更衣净身,更换妆台净桶、棉被罗帐。至20世纪40年代前,每届岁朝(大年初一)及农历四月八(初八、十八、二十八)、六月六、七月半和九月九日,惠济祠例有庙会,百艺汇集,特别是正月朝庙会更是当时淮阴绝无仅有的一大盛会。惠济祠庙会起于何时已不可考,传说正月岁朝是天妃娘娘出巡之日,她要与民同乐。庙会这一天,人们准备了各式文艺表演为娘娘出行助阵,它既是群众自娱自乐的一种形式,也是文艺爱好者的一次大会演。惠济祠庙会声名远播,因此北到泗阳、沭阳,南到蒋坝、天长,东到高邮、宝应,西至盱眙、青阳(今泗洪),坐车船、骑毛驴前来看会者络绎不绝,而历年舟船经过惠济祠敬过香、许过愿的人也都在庙会期间前来拜神还愿。

3. 特殊的民族文化纽带

天妃娘娘信仰在广泛传播过程中形成、积累起来的各种形式的文化遗产,是中华民族优秀传统文化的重要内容之一,特别是妈祖信仰经过宋元明清的发展,至今已有一千多年的历史,并且随着华人足迹传播到世界各地。在我国东南沿海和港澳台地区,妈祖是影响最大的神灵,妈祖文化发挥了增进华人团结的独特作用,人们通过妈祖崇拜这样一条文化纽带来体现自己对中华文化的认同,并使之得以长期延续下来。随着海峡两岸文化交流及经济社会的不断发展,妈祖文化必将更加为世人瞩目。惠济祠的天妃娘娘以及其他诸神受到广大民众的敬仰,赋予了惠济祠特殊的文化纽带作用,为淮安与海外华侨华人社会架起一座沟通友谊的桥梁。最近几年,淮安市充分利用各方面有利条件,致力打造"南有昆山、北有淮安,台资聚集高地、IT产业领地"的城市品牌。富士康、台玻、达方电子、膳魔师、宏盛、旺旺、康师傅、华达利等四百多家台企到淮安投资兴业,这其中就有深层次的文化动因。而由昆山台商协会兴建的慧聚天后宫,则为重兴惠济祠妈祖信仰提供了绝好的启示与契机。

4. 珍贵的旅游文化资源

惠济祠前的"之"字形河道与惠济、通济、福兴三闸是十分复杂艰巨的水利枢纽工程,其卓越的水利构思,标识着古代劳动人民战胜自然的无比智慧与非凡胆略,常常引起人们探索和思考。古运河、高家堰、惠济祠石工、三闸遗址、古清口遗址、康熙御坝、御制重修惠济祠碑、惠济祠乾隆行宫等等,如众星拱月,烘托出惠济祠成熟的文化魅力。2003年,由上海同济城市规划设计院、江苏省淮安市规划局规划编制的《淮安市码头镇总体规划》将码头古镇旅游发展纳入淮安市域旅游发展规划当中。依据《码头古镇旅游发展总体规划》,将在码头古镇建设一座惠济祠遗址公园,展示惠济祠遗址、惠济祠石工墙及相关文化遗产;依据有关史料记载,复建惠济祠乾隆皇帝行宫;按照史书记载、目击者回忆以及遗存的地基等实物,基本依原样体制规模复建惠济祠,主要建筑含无梁殿、篆香楼、三清阁、山门牌楼以及神像和相应装置等;同时,着力保护古运河珍贵的河流形态,利用古运河完整的循环水道、独特的自然景观、厚重的文化积淀开辟古运河水上旅游线,努力把这里打造成为国内外游客心驰神往的旅游目的地。

淮安清口是黄、淮、运交汇之地,南北与东西文化通过淮河、京杭大运河的传输,在这里相互碰撞、相互交融,冶铸出了光芒四射、魅力无穷的惠济祠。斗转星移,甲子轮回,惠济祠昔日的辉煌已成为历史,她承载着太多历史积淀和故事,始终是淮安人民经常回忆、值得骄傲和炫耀的名胜。惠济祠丰富的历史文化内涵,无论是从遗产保护的角度、文化交流的角度、科学研究的角度,还是从旅游开发的角度都有其独特的价值,应该加以深入研究和充分利用。保护妈祖文化,传承人类文明,促进社会和谐,增进对外交往,我们有很多事情需要做。

(原载《莆田学院学报》2010年第6期)

福建涵江霞徐妈祖信仰调查

许莹莹 ①
福建社会科学院历史研究所

福建莆田涵江,古称涵头市,后称涵江镇,今为涵江区所在地。涵江位于福建东南沿海中部,地处木兰溪入海口,控扼兴化湾三江口港;境内海岸线绵延数十公里,所处的北洋平原沟渠纵横交错,内河运输四通八达,素有"水上威尼斯"之美称。正是其独特的地理位置和河运、海运背景,使它成为了海神妈祖信仰最早的传播地之一。本文拟通过对涵江最古老和最具代表性的霞徐天妃宫的田野调查,结合相关文献,描述该宫历史与现状,并探讨其妈祖信仰方面的一些特色。

一、霞徐传播妈祖信仰的历史背景

1. 涵江商贸兴起于宋代

涵江历史悠久,物产丰饶,水陆交通便利,这些因素共同促成了其商业贸易的优先发展。涵江在其各种经济成分中,商贸占据着举足轻重的地位。据方志记载,涵江的商贸活动始于宋初。当时涵江境内设有驿站,是福兴泉驿道的中间站,河运、海运也已开通。是时商贾云集,商贸集镇初具规模。三江口这一兴化湾著名的天然良港,也从此开始了海运贸易,航线可达全国沿海各埠及东南亚一带。元代,商品经济进一步活跃,墟市演变为商贸市场。明中叶,设立河泊所,三江口港迅速繁荣起来,逐渐取代了宁海港,莆田商贸中心开始从宁海镇移往涵江。② 清康熙六年(1667),三江口港被辟为对外通商口岸,为福建五大港口之一。雍正七年(1729),涵江海关成立。抗日战争时期,三江口港是福建沿海唯一未遭日军封锁的港口,省内外物资的集散都仰仗涵江,

---

① 许莹莹(1982—),女,福建莆田人,研究实习员,硕士。

② 徐晓望:《妈祖信仰史研究》,海风出版社 2007 年版,第 67—137 页。

涵江真正成为闽中的商贸重镇。

2. 霞徐一带兴盛的商贸活动

霞徐是地名"下徐"的雅化,它位于涵江东南角河海交汇地带,一直是海侵、水患多发的地区。北宋庆历年间,端明殿学士蔡襄在霞明境(即今霞徐)河道的入海口处延宁陡门头修建慈寿陡门,又称端明陡门。这个内河与外海的分水闸,从此成为河海的分界线和商贾进出海的要地。久而久之,这里便形成了涵江著名的内港码头之一——霞徐码头。码头周围,集贸市场逐渐形成,商业活动日益兴盛。此后,霞徐新开河码头逐渐成为荔枝干、食糖和海产品等土特产品以及豆饼、化肥、纱布等外地物资的集贸中心,更是闻名全国的兴化桂圆干的焙制和交易中心。简言之,霞徐自古是涵江最重要的商贸活动中心之一。

3. 霞徐境内妈祖庙的兴建

在繁荣的商贸经济活动带动下,霞徐境内历代妈祖香火都十分兴旺。因为当地人以从事航运和海外贸易为主,终年以海为伴,在当时航海技术水平不高的情况下,那些靠海谋生的渔民和商人,面对变化无常的大海,无法掌握自己的命运,无不寄希望于神灵的保佑,于是救护海上遇难渔商的海神妈祖娘娘就成为他们顶礼膜拜的神祇。为祈求航海平安、生意兴隆,航海商家在霞徐境内兴建了一座座妈祖庙,香火至今不替。据1997年出版的《涵江区志》统计,涵江(只包括三江口、白塘、国欢三镇和两个街道办事处,今涵江区辖境已扩大)历史上兴建的妈祖庙多达19座。[1] 仅霞徐这一数千平方米的码头附近,自宋至清,先后修建了7座妈祖庙:顺济庙(俗称大宫)、天妃宫(俗称旧宫)、天后宫(俗称新宫)、昭应宫、天后宫、石城宫、义德堂。[2] 其中霞徐天妃宫是涵江现存最古老、保存最完整的妈祖庙,本文以之作为考察中心。

二、霞徐天妃宫的历史与现状

1. 创建年代

霞徐天妃宫,俗称旧宫,位于霞徐霞明镜(今霞徐街新开河畔),历史悠久,规模宏大,文物丰富,被誉为"妈祖第二故乡"。1995年,霞徐天妃宫被列为区级文物保护单位,2004年升为市级文物保护单位。宫内有两块分别由涵江区人民政府和莆田市人民政府立的"文物保护单位"石碑,两碑均述及该天妃宫的创建年代,但差异甚大。区政府所立碑称:"涵江天妃宫俗称旧宫,创建于元代,明成化十八年(1482)重建,是

---

① 涵江区地方志编纂委员会:《涵江区志》,方志出版社1997年版,第760页。

② 黄黎强:《涵江河海码头的妈祖庙》,《莆田侨乡时报》2008年4月11日第10版。

涵江最早的妈祖宫。"市政府所立碑称:"天妃宫俗称旧宫,创建于南宋,明成化十八年（1482）重建,清乾隆年间重修。"

比较两通碑文,笔者认为区政府所立碑文记述不够严谨。该碑认为霞徐天妃宫创建于元代,并将它表述为"涵江最早的妈祖宫",这一说法不够准确。因为北宋始涵江已经开始传播妈祖信仰,并建有妈祖行宫。如涵江宁海附近的圣墩顺济祖庙（已毁废）建于北宋元祐元年（1086）,是有文献可考的继平海妈祖庙之后湄洲祖庙分灵的第二座妈祖行宫,还有涵江白塘浮屿宫（今尚存）建于南宋建炎年间。而结合文献记载,我们认为市政府所立的碑文关于霞徐天妃宫创建于南宋的说法比较符合史实。

妈祖庙在不同的朝代有不同的一些习见称号。如北宋宣和五年（1123）,朝廷颁赐圣墩庙"顺济"庙额,这是妈祖庙第一次得到朝廷的赐额。自得"顺济"庙额后,南宋妈祖庙一般称为顺济庙。南宋绍兴二十六年（1156）,朝廷诏封妈祖为"灵惠夫人",这是朝廷第一次给予妈祖的封号。到南宋末年累加封号共13次,南宋绍熙元年（1190）敕封"灵惠妃"。元代,朝廷赐妈祖庙额为"灵慈",并加封号6次,晋爵"天妃"。所以元明时代,妈祖庙称多"灵慈庙"和"天妃宫"。

据《八闽通志》载:"天妃庙……在延寿里涵头,号'涵江灵慈庙',宋时建。成化十八年,镇守太监陈道捐金倡里民重建。"[1] 此处所记的"涵江灵慈庙",系元代称号,又记建于宋代,结合其他文献,霞徐天妃宫建于南宋是可信的。

2. 修建沿革

霞徐天妃宫自宋代创建之后,历代信众不断集资扩建和修葺,名称也屡有变更,以致被记载为不同的妈祖宫。如《莆田宗教志》统计有三处,分别是:灵慈庙,创建于宋代,明成化十八年（1482）镇守太监陈道倡捐重建;天后宫,创建于清康熙四十八年（1709）;天后宫（俗称新宫）,创建于清乾隆四年（1739）。[2]《涵江区志》统则计为两处,分别是:天妃宫（俗称旧宫）,创建于明代;天后宫（俗称新宫）,创建于清乾隆四年（1739）。[3] 笔者认为这几座名称不同的妈祖宫,应该都是指霞徐天妃宫。

据《兴化府莆田县志》载:"涵江天后宫,在下徐霞明境。康熙己丑年建,乾隆四年,涵绅士及众商以殿宇狭隘,捐金重建。"[4] 康熙己丑年,即康熙四十八年（1709）。由此我们得知《莆田宗教志》所记创建于清康熙四十八年的天后宫和创建于清乾隆四年的天后宫（俗称新宫）应是同一座妈祖庙。而市政府碑也记载霞徐天妃宫曾在清乾隆年间重修。康熙二十三年（1684）,清廷晋封妈祖为天后,以后妈祖庙又有了"天后宫"

---

[1] 黄仲昭:《八闽通志（下）》卷六十,福建人民出版社1991年版,第409页。
[2] 林祖韩主编:《莆田县宗教志》,莆田县宗教事务局,1991年。
[3] 涵江区地方志编纂委员会:《涵江区志》,方志出版社1997年版,第760页。
[4] 汪大经、廖必琦:《兴化府莆田县志》卷三,清乾隆二十三年刻本。

的通称。所以笔者推测康熙及乾隆年间霞徐天妃宫进行过重修,并改称天后宫。

综上所述,涵江霞徐天妃宫创建于南宋,以后历代都曾重修,其中以明成化十八年(1482)、康熙四十八年(1709)和乾隆四年(1739)的三次修缮规模为较大。随着历代统治者对妈祖褒封规格的不断提升,人们在重修霞徐这座妈祖庙时就沿用了当时的官方称号,赋予了它不同的称呼。在元代称为灵慈庙,在明代称为天妃宫,在清代便是天后宫,而在南宋创建时的名称尚无可考,或者就是"顺济庙"。

3. 现状考察

霞徐天妃宫原来是一座规模相当完整的妈祖行宫。最盛时期共有五座大殿,面积达一千多平方米;主殿一座,殿前有拜亭,两侧有钟鼓楼。围墙两侧设有"海晏"、"河清"两宫门。民国时,天妃宫曾一度遭到破坏。民国三十三年(1944),乡人在霞徐天妃宫内创办"霞徐保国民学校"(今霞徐小学前身),天妃宫的拜亭、钟鼓楼、正殿等建筑都被改充教学楼、办公室之用,成为小学校址。1994年,霞徐小学另行征地迁建,乡人开始着手重建天妃宫。我们现在看到的天妃宫就是乡人集资在原址按原貌逐渐修复起来的。

天妃宫坐东朝西,由宫埕、拜亭、正殿、观音殿组成,是一组规模庞大、气势恢弘的建筑群体。整座宫殿砖墙环绕,南侧和西侧开设两座大门。庄严的南门重檐翘角,大门上方正中悬挂蟠龙环绕的"天妃宫"匾额。大门内是一个宽阔雅洁的宫埕,正中立有一尊妈祖石像。妈祖娘娘身披凤袍,头戴凤冠,前饰冕旒,手持玉如意,脚现绣靴,端庄慈祥。进去则是一座约一百平方米的四角拜亭,正中悬挂"慈航普渡"匾额,其下又有一块题为"天妃宫"的匾额。拜亭后面便是供奉妈祖娘娘的正殿,面阔七间,门楣上悬挂的匾额曰:"灵显九圣"。殿内雕梁画栋,金碧辉煌。殿内脊梁上面还保留着历代乐捐人士的芳名,周围以花草木竹、龙凤鸟兽等吉祥图案加以点缀装饰,梁上还挂着彩绘描金的琉璃宫灯。左右墙壁上彩绘《妈祖圣迹图》,描绘妈祖生平积善显圣事迹。殿内还摆放着"肃静""回避"开道牌等祭祀仪式所用的仪仗道具。正殿的神龛上方高悬一块红底黑字的"海不扬波"匾额。神龛正中供奉着妈祖娘娘像,旁边侍立手持屏扇的侍女,正前方还有一尊软身妈祖端坐在神轿中。神龛两侧还供奉着妈祖麾下的诸海神,如晏公、四海龙王等。殿内左右则站立着护驾的千里眼高明和顺风耳高觉。偏殿里供奉妈祖父母圣父、圣母。殿后是一座双层观音楼,供奉观音。宫埕中的妈祖立像和拜亭、正殿、观音殿呈轴线分布,构成了一组错落有致的建筑群。

4. 主要珍贵文物

霞徐天妃宫历史悠久,宫内藏有丰富的具有历史和艺术价值的碑刻、古画等文物,是研究妈祖文化和地方史的珍贵实物资料。宫埕边镶嵌于石墙上的碑廊,立有五块清代石碑,分别是:①《敕封护国庇民弘仁普济天后圣母东瓯香灯□□□文》,乾隆十五年（1750）立。碑高 1.44m，宽 0.72m。碑额篆书"皇清"，林侃撰文，碑已断为几段，记霞徐妈祖宫事及 40 家商号组织香灯会事。②《兴安会馆香灯会碑记》，乾隆二十八年（1763）立。碑高 1.40m，宽 0.76m。碑额小篆，碑文楷书，黄维乔撰文，宋中岳篆额，记 24 家商号成立香灯会，置产、祭典事。③《奉宪示禁碑》，嘉庆十二年（1807）兴化府立。碑高 2.19m，宽 0.66m，是当时兴化府知府衙门签发给涵江天后宫示禁的告示刻碑。④《重整昭应宫记》，道光九年（1829）立。碑高 1.25m，宽 0.68m。碑文楷书，林道亨撰文。⑤《重修兴安会馆碑记》，光绪二年（1876）立。碑高 1.50m，宽 0.86m。双龙"皇清"碑额，郭篯龄撰文。

宫埕中立有一方石柱，长 2.63m，横截面边长 0.30m，上刻"道光壬午年（1822）花朝，海关虞朝标手植荔枝四本香灯用"，该石柱是涵江设立海关后留下的实物。

石碑题刻之外，霞徐天妃宫还有一些珍贵文物。如陈列室中展出的一幅明代彩绘星象图照片。其原图本来存于天妃宫中，1977 年，因被鉴定为重要的古代天文文物，遂被莆田县博物馆收藏。该星图残长 150cm，宽 90cm，中央彩绘星图，上下为文字说明。星图上的星官，基本上仿照我国传统的以极星为中心，以三垣、二十八宿为主体的画法，共有 288 个星官，约 1400 颗星。图上已出现 16 世纪的一颗客星（即 1572 年出现的"第谷新星"），而且图上的文字说明不避"玄烨"名讳，故专家鉴定其绘制年代为上限在明万历初，下限至清康熙前。该图补充了从宋代至清代我国古星图中的某些缺环。另外值得注意的是，在星图中央剪贴一个小圆环，上面写的二十四方位的排列同航海用的罗盘的"经字"完全一致，这证明了妈祖信仰同航海事业的密切关系。①

又如天妃宫还曾珍藏清乾隆年间欧峡亲笔所绘的《天后圣迹图》，此图描绘妈祖出生至康熙间显圣事迹，共 48 图，是全国现存三套清代彩绘《天后圣迹图》之一。原件因被莆田博物馆作为文物收藏，天妃宫现将其复制绘于正殿墙壁上。

三、霞徐妈祖信仰的一些特色

1. 单一的神职

妈祖信仰随着时代的发展，由沿海向内陆不断传播，之后又传到全国各地乃至于海外。在漫长的传承过程中，妈祖神格不断提升，神职逐渐扩大。一方面，妈祖的地位不断得到提升，由一隅地方性小神，渐次升格为全国性的最高航海保护神。另一方面，妈祖的神职适应着不同时代和不同人群的需要而进行调整和更新，由原来护航佑安的海神转为无所不管的万能神。

---

① 涵江区地方志编纂委员会：《涵江区志》，方志出版社 1997 年版，第 716 页。

清顺治十八年（1661），清廷为了遏制郑成功的反清复明活动，在东南沿海实行"截界"迁民。当时莆田县是以壶山、天马侧入涵江鳌山雁阵为界，陆筑垣墙，水竖栅木，明示私出界者处死。因强令沿海居民内迁，界外田园、房屋皆毁。妈祖故里贤良港（今秀屿区港里村）乡民迁居涵江，信众们奉祖祠列祖神主和妈祖宝像，寄奉于涵江天妃宫中，历时二十年之久。康熙二十年（1681）复界，港里乡人遂在废址上重建新祠，并从涵江天妃宫迎回列代神主和妈祖宝像。涵江人欲留此像，双方意见相左，据说后卜筊，以回港卜筊得九十九圣，涵江人遂备礼和船只送宝像返港。此后，贤良港天后祖祠和涵江天妃宫结为亲家，故涵江天妃宫被誉为"妈祖第二故乡"。

作为"妈祖第二故乡"的霞徐天妃宫，历史上一直都是独祀妈祖的宫庙，妈祖的神职也比较单一，其主要神职就是息波靖澜，护航佑安，是专门的海商保护神。

妈祖作为一位具有多功能的神祇，其神力的发挥通常有求于地灵等的配合，所以在供奉具有万能神力妈祖的宫庙中，除了供奉妈祖主神外，左右两旁通常都配祀有一些地方性的陪神，而霞徐天妃宫中所供奉的神祇却仅仅是妈祖及她麾下的晏公、四海龙王和护驾的千里眼、顺风耳，而没有像其他妈祖庙习见的佛、道二教的繁杂陪神。可见霞徐天妃宫所祀妈祖主要目的就是祈求保佑航海的平安顺利，功能比较单一。

霞徐天妃宫有大量的楹联。例如南大门联："济群黎神光永曜；护慈航恩波广被"。"震古烁今，下临有赫；推仁锡福，惠我无疆"。西大门联："顺风天意涉川利，济险神功护国灵"。"历代褒封崇懿德，寰球利涉赖慈航"。正殿联："向四海显神通，千秋不朽；历数朝受封典，万古流芳"。"后德神功遍天涯，一航普济；地灵人杰歌水调，八音克谐"。从这些楹联的内容来看，几乎都是歌颂妈祖靖波护航的神功圣迹，以及祈求护航救难、赐民以福，这进一步说明了霞徐天妃宫的建庙，主要缘于祈求妈祖庇佑航海的安全。

2. 信众以海商为主体

海商是霞徐天妃宫的主体信奉者，他们在天妃宫的修建、保护和经营活动中发挥了主体的作用。在天妃宫的碑廊上有两通"香灯会"石碑题刻，一通是林侃撰写的《敕封护国庇民弘仁普济天后圣母东瓯香灯□□□文》碑[①]。碑文记载，乾隆十五年（1750），40家海商组织"东瓯香灯会"以积蓄资金，为霞徐天妃宫购置店房作为祭业，以店房经营所得来供祭祀和香灯费用。此外，碑文还叙及天妃宫经营的具体事宜，如东瓯香灯会制定了详细的"祭规"：把40家商号分为5组，每8家为一组，轮流主持祭典，负责安排祭品及"饮福颁胙"等事宜。另一通是黄维乔撰写的《兴安会馆香灯会碑记碑》。碑文记载，乾隆二十八年（1763），24家商号组织兴安会馆香灯会，制定祭规，并购置店房作为天妃宫的祭业，以收取的房租来供祭祀妈祖费用。

---

① 蒋维锬：《妈祖文献资料》，福建人民出版社1990年版，第229页。

除了以上两通"香灯会"碑外,还有一通嘉庆十二年（1807）兴化府立的《奉宪示禁碑》,立碑的缘起是,涵江行商陈万盛等见烧石灰的窑户人家在天妃宫外烧灰窑,有火患的危险,即向兴化府署呈报,要求惩办并勒石加以永禁。碑文称:

> 窃涵江地临海澳,为商贩货运之区。古就霞徐铺创建神宫一所,前殿崇奉累封天后圣母宝像,后殿附祀圣父、圣母暨龙王尊神,偏设斋房、会馆,延僧供奉香火,附近商民无不仰叩默庇,水陆咸赖……迩来突有灰户陈陷利、江十六,就庙外东偏赁地起盖灰窑,……不惟庙遭薰黑,且神受污亵……恳大人辕下,恩准示禁,永远不准奸民就近开设灰窑妨害,以便勒石,以垂永久,功德无量!

读了这则碑文,我们可知,霞徐天后宫奉祀天后圣母,"商民无不仰叩默庇",信众不但虔诚地供奉妈祖,而且对妈祖宫庙的维护也十分重视,当他们见到天后宫遭受附近灰窑的污染时,就立即要求官府拆去灰窑并勒石永禁。

根据上述碑文记载,海商们到霞徐天妃宫中兴办"香灯会"以虔祭妈祖,为妈祖宫购置店产、田产作为祭业以供日常开支,制定具体的祭规以安排天妃宫的日常经营事宜,而且承担天妃宫的维护和修葺工作,从而成为天妃宫的主要信奉者、经营者和保护者。

3. 妈祖信仰与商贸活动的互动

霞徐天妃宫是涵江现存最古老、保存最完整的妈祖庙,是研究涵江妈祖文化与地方史最具代表性的妈祖庙之一。对于一个以商兴镇的海滨古镇而言,妈祖信仰具有重要意义。它们之间存在一种互动关系。一方面,妈祖信仰促进了涵江商贸重镇的日益繁荣,千百年来,妈祖成为涵江人民生产、生活,尤其是海上活动的精神支柱,在妈祖巨大精神力量的支持和鼓舞下,涵江人民获得了信心和勇气,勇敢地从事航运和海外贸易等经济活动,推动涵江商贸的发展;另一方面,涵江商贸的持续繁荣发展也促进了妈祖信仰在该地区的广泛传播。涵江古镇开发较早,商贸经济发达,深厚的物质积累为妈祖信仰的产生和传播奠定了坚实的物质基础,而得到妈祖保佑平安归航的商人们在其发家致富后,又往往捐资修建妈祖庙宇,以答谢妈祖保佑之恩,由此维系了妈祖香火的常年旺盛。

（原载《莆田学院学报》2008 年第 3 期）

长岛妈祖文化嬗变的文化人类学解读[①]

卜建东[②]

烟台南山学院商学院

妈祖文化是产生于我国东南沿海地区的重要的民间信仰文化。现在已发展成为衔接三十多个国家和地区,两亿多华人信众情感的重要文化纽带,成为我国传统文化的重要组成部分。2009年,妈祖俗信被联合国教科文组织列入世界非物质文化遗产名录。妈祖从一个地方性的神明,转变成全国性的神祇,一方面归功于历代王朝对民间文化的征用,另一方面也是民间文化自身发展与演变的结果。妈祖文化在其北向传播的过程中,长岛逐渐成为我国北方地区妈祖文化传播的重要中转站与中心。学术界关于妈祖文化的研究历来就有"南重北轻"的倾向,关于长岛妈祖文化研究的成果甚少。目前学术界关于长岛妈祖文化的研究主要集中在历史学领域,主要探究其历史渊源及历史地位,以及对环渤海湾及东北地区妈祖文化传播的历史影响,很少有学者对其本身的发展与演变过程进行深层次的文化审视,本文运用文化人类学的相关理论,在这方面先行粗浅尝试。

一、长岛妈祖文化的渊源

长岛,全称长山列岛,由大小32个岛屿组成,其中有人居住岛屿10座。它位于胶东半岛与辽东半岛之间,独特的地理位置,使其早在唐宋时期,就成为我国重要的海上战略要地。在妈祖文化的北向传播过程中,北方地区最早的妈祖庙就坐落于该地区的一座小岛之上。该宫庙明代名显应宫,后来也称天后宫,俗称"海神娘娘庙"。庙岛显应宫初为沙门岛佛寺,仅草屋3间,今天已形成占地九十多亩规模的宫庙。在此过程

---

① 基金项目:烟台哲学社会科学规划课题(ytsk2013–023)。

② 卜建东(1981—),男,内蒙古乌兰察布人,助教,硕士。

中，"沙门岛"的古称也逐渐被"海神娘娘庙岛"的俗称所取代，简称"庙岛"。因此，长山列岛，又被称为庙岛群岛，妈祖文化对该地的影响，由此可见一斑。

文化人类学传播学派的代表性人物莱奥·弗洛贝纽斯认为文化是从自然条件中诞生的，在自然条件相同的条件下会产生相同的文化。同任何有机体一样，文化也需要营养，它的食物就是人类的经济活动。但是，文化本身是无法移动的，因为"文化没有脚"，而是靠人来搬运，所以在他看来，人只是文化的体现者和搬运工，而不是文化的创造者。① 虽然这种观点有些片面，但对某些文化产生源头的诠释，确有其可取之处，尤其是对文化传播的解释，十分贴切。长岛妈祖文化便是外向传播而来的一种文化。文化传播是文化产生的一种重要方式，如果对其进行细化分析的话，笔者认为该过程应该包括三个具体的进程：首先是异文化的"入侵"过程，其次是文化间的"博弈与融合"过程，最后是当地文化对异文化的"吸收与接纳"或"排斥"过程。而异文化能否成功落地，或者异文化被"吸收与接纳"的程度如何，要取决于两种文化产生的自然地理背景及由此产生的谋生方式的相似度。

1. 长岛妈祖文化的初来

妈祖文化的传播与福建沿海地区居民的海上谋生活动及闽商的经商活动是紧密相连的。早在唐朝时期，我国业已形成了两条重要的海上贸易通道，一为登州海行入高丽渤海道，一为广州通海夷道。② 其中这条"登州海行入高丽渤海道"，从山东半岛东北部的登州港区起航，入海北上，经庙岛群岛，至辽东半岛，沿海岸线近岸、逐岛航行，或至鸭绿江乌骨城（今辽宁东沟县），溯江北上达古代高句丽都城太和（今吉林省集安），或转而入西朝鲜湾，沿朝鲜半岛西海岸南下，经江山湾（仁川）、群山、木浦等半岛最南端，或转而东航，过济州海峡，再过对马海峡、壹歧岛，抵达大津浦（今日本福冈博多）及其日本各地。③ 也就是说，早在唐朝时期，长岛地区就已成为中原王朝通往东北及东北亚地区海上通道上的重要交通枢纽。到了北宋时期，随着我国南北方民间贸易活动的日渐频繁，加之福建特殊的地理位置与条件，海运逐渐成为沟通我国东南地区与北方地区民间贸易的主要通道。此时，泉州港也逐渐取代了唐朝时期广州港的地位，成为当时我国最大的港口与海上贸易的主要出口。所以大量的商船，从泉州港出发，沿海一路北上，到达登州府和朝鲜半岛。这些商船带来的不仅仅是大量的福建粮食和茶叶等商品，同时还有他们家乡的文化，其中包括产生于北宋雍熙四年（987）前后，在当时的东南沿海地区已具一定的影响力并被定格为渔民出海保平安的海神形象

① 夏建中：《文化人类学理论学派》，中国人民大学出版社1997年版，第57—58页。
② 孙光圻：《中国古代航海史》，海洋出版社1989年版，第195页。
③ 曲金良：《中国北方沿海妈祖文化遗产：历史过程与空间辐射》，蔡泰山《妈祖文化学术研讨会论文集》，台北：立得出版社2006年版，第99页。

的妈祖信仰。长岛位于山东半岛和辽东半岛之间,虽在当时它还不是这条海上通道的必经之地,却是商船遭遇恶劣天气,泊舟避风的理想场所。所以闽籍船工和客商选择在此让妈祖落地生根,以祈求得到庇护。"北宋嘉祐五年(1060)前后,妈祖信仰由东南沿海地区传播到沙门海岛(庙岛古称)一带"[①] 的这种说法当非事出无因。

2. 长岛妈祖文化的生根

对于通过传播而来的异文化而言,要想在异地落地生根,会受到当地文化传统与惯性的阻碍,异文化被吸收或接纳的程度,与当地的自然地理背景与当地居民的生存方式也有着密切的联系。长岛与湄洲岛同属典型的海岛地质地貌类型,因此,两者有着相似的自然地理背景。更为重要的是历史上的海岛居民,谋生方式单一,普遍以捕鱼为生。对于早期的渔民,无论从技术层面还是知识层面来讲,把征服大海的这种信念,诉诸于某种超自然的神灵,是十分容易被理解的。妈祖文化也正是在这种自然地理背景和渔民们的精神诉求下产生的。所以,在妈祖的众多神格中,海神是其核心内容,从其存在的大量传说中可以得知,她的神迹主要表现在保护航海者的安全上,故人们后来称她为海神。[②] 历史上,作为海神的民间神祇众多,从最早的鸟图腾,到四海海神,再到龙王海神、观世音海神等等。[③] 为何妈祖信仰可以在此落地生根呢? 这与历代王朝在此过程中推波助澜的作用不无关系,但更为重要的是妈祖文化在发展过程中,自身的文化内涵与功能不断丰富的结果。

二、长岛妈祖文化的功能演变

文化的在地化过程,往往需经历一个漫长的时期,在此过程中,异文化如同细雨般渗透到当地文化中,并被当地居民慢慢接受和认同。长岛妈祖文化的落地生根,也并不是一蹴而就的。所以学界同仁对长岛显应宫建造于宋宣和四年(1122)的说法存疑,是可以理解的,笔者也比较赞同这种疑虑。异文化被接受的前提条件是其能够满足当地居民的某种需求,文化人类学者们将其成为文化的功能。长岛妈祖文化的在地化过程事实上也是妈祖文化功能逐渐嬗变的过程。

1. 航海保护神与文化渗透

同大多数地区的妈祖信仰功能一样,在长岛妈祖信仰落地演变的过程中,首先扮演的角色依然是其神格中最核心的海神角色。这与妈祖文化的起源有关,也与自北宋以来,我国造船业及海运业的不断发展,以及历朝统治者不断加封褒奖有关。长岛的

---

① 山东长岛显应宫管理委员会:《中国北方的第一座妈祖庙——显应宫》,2006 年。
② 罗春荣:《妈祖文化研究》,天津古籍出版社 2006 年版,第 2 页。
③ 刘志文:《历史上的海神信仰与当代妈祖文化语境》,《神州民俗》2013 年第 202 期。

妈祖文化源于福建妈祖文化的传播,对于早期的闽籍船工和客商来说,妈祖不仅是他们征服大海的一种信念支撑,同时,也代表了他们对家乡亲人的思念和对平安返航的渴求。而对于处在相同地理环境且具有相同谋生方式的长岛居民来说,同样需要这种精神支撑。

自宋以来,我国海运得到了前所未有的发展。随着元代定都北京,京都的粮食等大多由南方沿海漕运至北京。元代海运的路线,先后开辟了三条,其中两条途经长岛地区,而至元三十年(1293)海运千户殷明略所辟的第三条路线。从刘家港入海,至崇明三沙放洋,向东行,入黑水大洋,取成山转西至刘家岛,又至登州沙门岛,于莱州大洋入界河,当舟行风信顺利时,自浙西至京师,不过旬日而已。这条航线比前两条更为便捷,主要是沿海岸线较远,取道较直,航期又大大缩短了。此道最便,以后海运即取此道。① 至此,长岛地区已成为元廷海上漕运的必经之地。为了确保这条海上通道的平安畅通,以及笼络汉民族民众的心,蒙元政府继续册封妈祖,使其升级到"天妃"的地位。到元朝时期,妈祖的海洋保护神的功能得到了进一步的巩固和认可,并被我国沿海各地区居民逐渐接受,成为我国海洋文化的重要组成部分。长岛妈祖也在此过程中,正式生根于该地区,得到当地居民的认可,成为妈祖文化继续向北传播的一个重要节点。至元十六年(1279)前后,由闽浙船民出资在原地增修屋宇殿堂,改佛院为专门奉祀海神妈祖的道场②,证明了此时妈祖文化已逐渐渗透到该地区,有没有完全被当地居民接纳和认可,虽还不确定,但至少是不被排斥了。

2. 诸神共存与族际互动

文化在传播的过程中,遭遇异文化时,往往不会像战争一样,你死我活。通常会互相包容,你中有我,我中有你,这正是中国文化的博大精深之处。妈祖文化在长岛在地化演变的过程亦是如此。文化人类学者并不关注某一文化现象具体产生的年代,而这种文化产生与演变的过程,可能对他们更有吸引力。闫化川在其博士论文《妈祖信仰的起源及其在山东地区传播史》中详细考证了庙岛显应宫是否建于宋代的问题,这里的天妃是否是妈祖的问题,答案全是否定的。在文中作者还提出妈祖文化传入山东是在元延祐元年(1314)之后。③ 历史学的年代考证,笔者不敢提出质疑,但从文化人类学的角度来看,一种文化的渗透往往是润物细无声的,也是一个从量变到质变慢慢累积的过程。妈祖文化的存在与否,并不能以独立的妈祖庙存在与否作为判断的唯一标准。因此,笔者认为,长岛妈祖文化源于宋朝南北民间贸易往来,兴于元朝的海上漕运。明、清时期海运虽受到了朝廷的压制,长岛地区已不如元代漕运那样繁华,但其在

---

① 潘锦全:《元代海运综述》,《北华大学学报》(社会科学版)2004年第6期。

② 山东长岛显应宫管理委员会:《中国北方的第一座妈祖庙——显应宫》,2006年。

③ 闫化川:《妈祖信仰的起源及其在山东地区传播史研究》,山东大学历史文化学院2006年博士学位论文。

固有的地理位置,决定了其海上贸易避风港与中转站的地位依然存在,各地的客商往来依然络绎不绝。而这一时期朝廷对妈祖的褒封也未停止,据统计明朝政府对妈祖褒封3次,清朝政府对妈祖册封15次。[①] 因此,长岛妈祖文化得到了进一步的发展,其文化功能也不断丰富。

我国历史上被奉为海神的神祇很多,其中北方地区比较常见的就是四海龙王。而妈祖文化在各地传播的过程中,其主体闽籍船员或商人,必然与各地居民发生互动。在此过程中,为了实现共同的精神诉求,平衡各方力量,诸神同祀,不失为最恰当的族际交往策略。所以,直到今天看到长岛显应宫里除主祀妈祖外,九江、八河、五湖、四海龙王等传统北方海神也位列仙班,这与南方地区常见的妈祖庙不尽相同。这既是对当地文化的一种尊重,也是自身融入当地文化中的一种生存策略。这种共存方式是否早存在于初建的显应宫中呢? 虽无确切记载,但由此前的妈祖栖身沙门佛寺可知,这种共存方式可能远远早于显应宫的建造年代。这种族际互动模式往往通过共同的祭祀活动来实现。庙会便成为各族群互动交往的一个重要平台。据考证,显应宫庙会约在显应宫初建时就已有了。元代,由于海运的进一步繁盛,促使这一活动更加活跃,但当时也仅限于民间。明崇祯元年,显应宫被诏封为官庙后,由于官祭活动的参与,使活动进一步制度化。清康熙年间在庙岛设立了海关,以管理渔商事务,官、漕、商、渔各类船只均以此地为航海中继和货物集散地。[②] 这些活动客观上也推动了庙岛庙会活动的开展。当每年阴历七月十五前后,南方粤、闽、浙等南帮船和天津、营口、安东(丹东)及登、莱、胶、海等地的北帮船,多聚首于庙岛报关上税,同时参加显应宫举办的盂兰盆会,会期往往长达月余。其时,各地船帮为招徕生意,显示实力,还争相延请天下南、北腔名班,在庙岛搭台唱戏,最多时戏棚达四五十座,各棚要同时作场,名曰"对棚戏",同时举办迎神赛会、扎彩会等娱乐活动,一时商贾云集,阜物如山。当时在各船帮中,流行有庙岛"宝刹多间,娘娘最灵,七月十五有戏听"之说。由此可见,显应宫的影响和信仰之盛。除了"七月十五"庙会(盂兰盆会),一年中还有"正月十五"上元灯会、"三月二十三"娘娘诞辰(春祠)庙会、"九月九"祀神(秋尝)庙会等。显应宫的这些庙会活动,一直延续到20世纪40年代末50年代初。[③] 诸神共祀方式增进了各族群之间的交往与友谊,这客观上使不同族群间的族际交往更加顺畅,也促进了长岛海上贸易经济地位的确立及其北方地区妈祖文化中心地位的确立。

---

① 俞黎媛、程久菊:《闽台妈祖信仰初探》,《沙洋师范高等专科学校学报》2012年第6期。
② 马书田、马书侠:《全像妈祖》,江西美术出版社2007年版,第76—78页。
③ 曲金良:《环渤海圈民间海神娘娘信仰的历史与现状》,《民间文化论坛》2004年第6期。

3. 地方保护神与社区凝聚

长岛妈祖文化从宋朝时期传入后,为了赢得更多的信众,妈祖的形象与神格也发生了嬗变。妈祖从最早的海神逐渐演变为水神、船神、生育神、战神等等集多种神格于一身的我国重要民间神祇。明清时期妈祖这种原本的异文化,逐渐被北方地区沿海居民所认可,还视为保护当地社区的主神,从妈祖享受主祀的地位即可看出这一转变。此外,明清时期,妈祖庙广布于环渤海地区,由现存的妈祖庙及福建会馆数量,结合各地民众至今流传的关于妈祖显灵的故事传说,可知为数不少。① 由此,形成了一个以长岛为中心的,辐射到山东、天津、河北、辽宁等地的北方妈祖信仰圈。

清朝末年,随着烟台开埠,长岛的海运地位逐渐没落,妈祖文化也由盛而衰。但它并没有因此消亡,相反它在当地民众心目中的地位逐渐上升,祭祀妈祖的庙会活动依然红火。至今,每年农历正月十五当地居民还有"赶庙会,拜妈祖,祈福安康"活动。妈祖已然成为凝聚当地社区的重要精神力量,它已不再是一种异文化,而已内化成为一种"惯习"。所谓"惯习"在布迪厄看来它是人的主观心理状态,是人的社会行动、生活风尚、行为规则等实际表现及其精神方面的总根源。惯习产生于历史中,既是社会经济生活的反映,也是社会分类和等级化的原则。人们通过惯习的外在表现形式——气质、风格、个性、生活方式等,将自己与别人区别开来。②

4. 文化重塑与旅游资源

长岛地区的妈祖文化历经千年发展,如同它面前的这片大海一样,经历了潮起潮落。如今,长岛居民已脱离了单纯靠海为生的单一谋生方式,积极发展旅游业,使其成为环渤海湾地区重要的海上旅游胜地。在旅游业快速发展的今天,妈祖文化遇到了前所未有的机遇与挑战。妈祖原有的神话功能可能逐渐会被今天的人们所淡忘,但作为新时期凝聚世界各地华人华侨情感纽带的海上和平女神形象,在各地政府的大力推动下正在形成。

目前,长岛已被国台办定为中国北方妈祖文化对台交流基地,2008年国家宗教局正式批复长岛塑建大型露天妈祖塑像。同年,举行了隆重的"长岛显应宫春祀暨妈祖塑像奠基大典"。依托庙岛原有的显应宫,融合妈祖文化的时代精神,一座新兴的长岛妈祖文化园即将展现在游人面前。与此同时,自2007年以来,长岛已连续多年成功举办"妈祖文化节"。许多濒临失传的民俗活动,在文化节期间得以恢复和重现。当地旅行社也适时推出了专项旅游项目"长岛妈祖香缘之旅"。原本被视为封建糟粕的民

① 王苧萱:《妈祖文化在环渤海地区的历史传播与地理分布》,中国海洋大学海洋文化研究所2008年硕士学位论文。
② 皮埃尔·布迪厄、华康德:《实践与反思——反思社会学导论》,李猛、李康译,中央编译出版社1998年版,第164—165页。

间信仰文化,正在嬗变成为当地发展文化旅游产业的重要文化资源。

三、结语

长岛妈祖文化始于宋朝时期的海上贸易活动,兴于元朝时期的漕运,在明清时期逐渐发展成为我国北方地区妈祖文化的重要基地与传播中心。在此过程中,它见证了妈祖文化由盛而衰的整个过程,在传播过程中,其功能和内涵不断演变,形成了独具特色的长岛妈祖文化体系。在当今的旅游发展语境下,它又以当地旅游文化资源的新功能展现在世人面前,对于推动当地文化旅游的发展,必将起到重要作用。

(原载《莆田学院学报》2014 年第 4 期)

妈祖文化传播与产业探讨

妈祖信仰与文化产业:人类学的个案研究

——以台湾嘉义新港奉天宫为例

张 珣[①]

台湾"中研院"民族学研究所

台湾嘉义县新港乡奉天宫妈祖庙,在现任董事长何达煌积极经营之下,摆脱20世纪60年代以来,与北港朝天宫互争孰为"笨港天妃宫"水患之后,遗留下来的正统身份的长期纠缠,脱胎换骨。当前,奉天宫在南台湾众多老大妈祖庙竞争中,已经崭露头角,后势强劲,有新霸声势。由脱离早期帝制正统观念,悲情的历史遗产之争,到今日夹带地方产业与地方环保新形象的新港老镇,奉天宫是如何转型的? 又如何整合地方传统知识分子与新形态商人企业家,共同努力,上下一条心地朝"小区总体营造"方向前进? 如此不但让传统行业再生,更让外移的游子纷纷回乡创业? 本文拟以初步田野调查资料为主,试图描述新港老镇再生的过程与契机。然其中许多曲折的宗教与经济发展之间的微妙关系与机制,则尚待他日作更深层的分析。

一、转型背景与理论架构

新港乡位于台湾南部的嘉义县北端,全乡 66km²,有 23 个村,人口 34266 人(2011年3月)。地方上有限的资源多被宗教单位或寺庙吸走。在新港文教基金会成立之前,地方文教资源缺乏。地方文史工作者认识到要让志愿性社团、农会、学校、寺庙通力合作,才能提高民众知识与对外界的认识。[②] 他们便利用乡民对奉天宫的信仰来连结这些公私团体,以此来进行再造小区、活化小区。

明末颜思齐、郑芝龙率先入笨港溪建立笨港十寨,1731 年笨港设立县丞署。龙溪

---

① 张珣(1956—),女,台湾高雄人,研究员,美国加州大学柏克莱校区人类学博士。

② 蔡宗勋:《说庄头》,嘉义县新港乡新港文教基金会 1997 年版。

移民林维朝秀才是地方上头人①,日据时期担任新港区街长。旧有的结社与团体有舞凤轩、北管、宋江阵、文昌祠、登云书院等②。新的结社与团体有新港文教基金会、馨园社念歌会、NGO 等。新旧结社差异在于前者是朋友之间吟诗作对的小圈圈;后者具有环保意识,以向政府作抗争、或向文建会争取经费、或做公益认养新港公园、或发展新港乡产业为目的③。

新港旧的经济产业有酱油、麻油、花生糖(新港饴)、八仙饼、交趾陶、制香业等等,新的产业有香艺园区、交趾陶工艺园区、天观珍花生糖等等。新旧产业差异在于包装与配套消费,还有利用网络营销,餐厅与民宿观光与产业配套等方面。这样的转变背景是台湾社会 20 世纪 80 年代施行的"文化下乡"与"小区总体营造"的文化政策、世界新自由经济主义、媒体与货物全球化流动、源自欧洲英德的"文化创意产业"观念输入后。另外,90 年代以来,台湾加入世界经贸组织,开放世界各项农产品入台,台湾的农产品销售量一落千丈,无法抵挡,农村萧条,外移人口加速,引来种种问题。这些都是直接间接促成产业转型的背景。

当文化成为产品可以营销、可以消费的时候,就已经不只是文化,而更是商品了。线香、交趾陶可以开发成文化商品,贴上"香艺"或"工艺"的标签,这需要一道转换诠释的手续,将当地人眼光转换成从外地人眼光来诠释。当地产业界者尝试从外地人眼光来重新塑造当地土产,提供外地人、都市人、世界人一个可以观光、可以休闲的"异文化"。线香、交趾陶就不再只是物质或传统日常用品,而是一个"概念",一个可以连接传统与现代的管道,让观光客与消费者仿佛进入扭曲的时空,品尝多重与多元的消费趣味。过去对于新港的研究大多数是对新港文教基金会的研究,且多偏重在环保或乡土小区再造方面。本计划则尝试从宗教与民间信仰传统的权力观在现代国家政策下的转变视角,来探讨此一过程对新港文教基金会产生何种制约,以及基金会扶植与带动出来的人物与组织,还原新港乡民间信仰原有的特质。

20 世纪 80 年代文建会推行的"小区总体营造"进入各乡镇地方之后,乡镇不同阶层的人士因应该政策所集结的团体有先后顺序不同,造成不同团体之间有不同作业方式或不同人际纽带。由于彼此目标与理念不同,在权力操作上有所竞争,也就影响了小区发展的方向与步调。

从外来者立场来说,来自台湾都市的观光客,在消费"新港"的过程中,在观光、旅行、想象不同乡镇之间,如何描绘出台湾的城乡关系与南部北部发展的不同样貌?当地企业家如何在营销当地商品中,建立出当地品位的特殊性?外来者对"新港风

---

① 林维朝于 1887 年中秀才,为云门舞集创办人林怀民的曾祖父。

② 登云书院为王得禄于 1822 年建立,于 1904、1906 年两次被地震夷为平地。

③ 廖嘉展:《老镇新生》,台北:远流出版社 1995 年版。

味"的追寻与强调，一方面反应了近年来政治变化下对本土的日渐看重；一方面也来自经济社会变迁中产生的怀旧心理，以及地方追求发展的渴望。为了因应全球化的冲击，文化和地方性成为市场中的商品，新港与乡土也因而进入了消费的脉络，消费"新港"便如同消费其他商品一般。

这些新观念改造了传统的城乡，所谓的"市镇改造""造街行动"其实并非易事。许多企图改善杂乱市场与混乱商店街头摊贩的造街行动，遭当地商店与摊贩反对或抗议，因为导致客源减少，没生意或被抢走生意；而都市来的大学教授与城乡改造专家则被批评为不懂当地人疾苦，只为了外表美化都市。现今的新港乡成功转型是奠基于先前多次失败经验而获得的。在一连串的小区活化与新生的要求与尝试中，奉天宫一直是当地人士的精神支柱，各种企业或产品都可与奉天宫产生连带，新旧关念的转型或衔接也都要透过奉天宫来疏通。奉天宫是当地最醒目的地标，却也最被理所当然地忽略。

二、田野资料叙述

台湾几个老大的妈祖庙如关渡妈祖庙、鹿港天后宫、北港朝天宫、新港奉天宫、鹿耳门天后宫、台南大天后宫等，近几年都处于新旧转型过程当中，仅靠原有的老信众不足以支撑庙宇所需经费；而开发新信众却囿限于现代年轻人对宗教的轻视。因此，借由观光与旅游是这些老庙能够尝试，而且能快速得到成果的新途径。因此，个个庙宇遂竞相开发不同卖点，例如台北县淡水镇的关渡妈祖庙增辟北海岸与洞窟景点，台南市大天后宫标榜清代代表台湾的官方天后地位。新港乡由于台湾铁路、高速铁路和高速公路都不经过，相对于北港朝天宫或大甲镇澜宫来说，街面商店古老传统很多，保存了许多旧式农村建筑，传统产业与民风也很草根，与鹿港镇比较类似。由新港乡的旅游地图可以看到，奉天宫与庙宇相关产业（交趾陶、剪黏、制香、新港饴、礼饼），全省最大庙宇佛具店，手工艺制造业等等，都具有重要的地方特色。

然而，一味地迎合外地观光客或背包客，便会失去本地民众。这些转型中的老庙其所面临的最大挑战便是如何拿捏分寸，既要迎新却又不失原味。尤其是宗教观光既不能过于世俗化，失去信仰的灵验性，却也不能固守当年的神话权威，不容许宗教对话。其次老庙的转型不能仅靠庙中董、监事的才能或人脉，如果能有地方精英的配合则更可收事半功倍之效益。因此，将地方精英与产业界专家纳入董、监事会中，将地方产品纳入庙方销售与馈赠的网络之中，便是最便捷的合作之道。

这里先挑选出三位重要人物与其集团（产业）来说明上述理论目标，三项均围绕在新港乡的中心庙宇奉天宫而发展出来。在说明地方产业之前，先说明奉天宫在当地之历史与转型。

从明郑时代至清初（1624—1717），笨港是台湾西海岸一大商港，约一百年间一直是往来大陆的重要港口。清康熙至乾隆间，笨港因地盘隆起，入注河川的沙石使乌湖淤塞，港口衰落。其与大陆间的贸易，改以猴树港、马沙沟至鹿耳门转接。笨港时期（1700）所建的天妃宫，向来为漳泉人共拜。1750年，洪水分笨港为南北两街，泉州人避处北街，漳州人聚居南街。1782年，漳泉发生大规模械斗，彼此势不两立。1797年，再来一次的洪水终于冲走早已倾颓的天妃庙。嘉庆十六年（1811），得王得禄将军之助奉天宫建立。自此北港朝天宫与奉天宫隔着北港溪，互相较劲。朝天宫在日据时期得到总督府青睐，也举办多次商会商展活动；加上北港糖厂的轻便火车道经过，带来全省进香客，让朝天宫风光远远胜过新港奉天宫。

奉天宫每年过旧历年时，向街面四村的店家收三官大帝会钱，妈祖圣诞日则收妈祖会钱，以店号为单位收钱，交钱者有权掷杯选炉主。绕境范围原在街面四村，董监事成员也都平实保守地经营庙务。仅有壁面上笨港天妃宫的记载提醒观光客关于奉天宫昔日的光环。进入21世纪，回首当年暗淡无光的新港却得以保存农村风光至今，反而成为目前最夯的文化观光地区。

其转型可以追溯到1988年3月大甲镇澜宫进香团与北港朝天宫争执，不愿再以"前往北港谒祖进香"名义去北港进香。箭在弦上，妈祖圣诞即临，遂转往邻近号称"开台妈祖"的新港奉天宫进香。[①] 至今二十多年下来，时髦花样多的大甲董监事团体教导新港奉天宫不少新奇观念，年年造访的全台香客也给新港人带来不少商机与银钱。拥有新加坡和大陆上海、广州、苏州等地的跨国企业，总部设在台北市，经营空调系统有成的何达煌先生，从他担任常务董事开始，即积极推动奉天宫参与乡内各项事务，与大甲维持友好关系；也学习与台湾学界、国际学界交往，一步一步地领导保守的董监事团体，打开奉天宫格局。他的干劲与新观念让他更上层楼，当选奉天宫董事长。

2006年奉天宫去湄洲谒祖进香，2007年何达煌又以抚慰台胞绕境之名去了纽约联合国大厦所在地。奉天宫以往每年上元节祈安绕境四庄。2009年以"迎妈祖宗教文化活动"为标题，开始在以新港乡及溪口乡为主的十八庄绕境。2010年以"国际妈祖文化节"为标题，扩大举办一连串活动，包括元月初六开始，举行九天八夜绕境嘉义县12个乡镇市以及台南盐水地区。3月至5月举办"妈祖文献与影像数据展"，5月举办"世界妈祖文化研究暨文献中心"揭幕典礼及"妈祖与华人民间信仰国际研讨会"。来自德国、法国、日本、美国、英国以及中国大陆与台湾学者进行两天的论文讨论，也让嘉义地区庙宇工作人员见识学术论文与讨论气氛，提升庙宇工作人员学术水平。何董事长表示以前仅绕境新港街上四村，现在想每年绕境，且扩大范围到南部。

---

① 张珣：《文化妈祖》，台湾："中研院"民族所2003年版。

例如,2010 年 12 月 18—19 日受邀到嘉义中埔和大埔绕境,并到曾文水库"运湖"(绕湖)祈福。

奉天宫将贩卖部授权给"鈜光国际营销公司",所贩卖商品必须得到奉天宫同意,商品有奉天宫专属的妈祖形象公仔、庙景,还有其他妈祖相关产品,甚至还有酒。奉天宫也善于跟媒体建立良好关系以营销自己,如每年中秋和农历新年之前宴请媒体。又如 2010 年 12 月 8 日,金曲奖最佳台语专辑得主严咏能为奉天宫谱曲的《虎爷歌》发表,嘉义县长到场观赏并带领演唱,引起媒体注目。

奉天宫有"文物义工团",招募学历较高的年轻人帮忙庙务。要加入义工团必须在义工团的妈祖神像前掷杯,妈祖同意才能加入。但文物义工团的成员不限于新港或十八庄的范围。如有祭祀组重要成员住在嘉义太保市,一对新婚团员住高雄,也有住嘉义市而在成功大学念书的学生,此外甚至有住彰化市跟彰化南瑶宫关系密切的人。另外,有传统一般性质的义工,则是任何信众均可前来服务,这些人以成人居多,也有在学学生或是全家参与的。庙内服务台一位女员工是安徽人,嫁给新港人,先担任奉天宫义工,后来成为正式员工。她强调妈祖对家庭的协助很大,并说明何董事长上任后,对于员工福利改善不少。在奉天宫由义工而成为员工的例子不少,现在总务组几位员工都是。在"妈祖文献中心"前摆摊位卖金银纸钱的老太太与其从板桥市回到新港的儿子也接受了我们访问,儿子表示这几年家乡发展不错,因此返乡工作,同时可以陪伴母亲。又有一个例子是家族从事传统制香的义工团团员谢博全,他退伍后几番思考之后,仍回乡继承制香家业。像谢博全这样并非孤例,最著名的是下文将论及的陈文忠、陈忠正和谢东哲。

以下三个项目可说明小区发展与产业转型:

1. 陈锦煌与新港文教基金会

陈锦煌医师早年毕业于台大医学院,因年老父母的呼唤,1981 年回到小镇行医。1987 年 6 月林怀民回老家新港公演 ①,称呼陈锦煌为叔叔。当年台湾赌风盛行,两人很想为家乡做事,保留纯朴民风。适值同年 7 月台湾解除戒严,民间团体可以自由登记成立,两人便于 10 月成立"新港文教基金会",先做一些督导年轻学生读书和在新港乡四周打扫维持环境整洁的义工工作。

1988 年将近十万香客涌入新港,纯朴的新港乡顿时瘫痪,香客离去之后留下成堆垃圾,陈锦煌号召基金会成员出来做净港活动。此举随同大甲进香团的全台电视转播,成为全台知名度最高的地方基金会。医师在台湾历史上素拥社会声望,此后陈锦煌几乎成为新港小区改造的权威代表人士,也是新港对外权威人士、新港地方精英代

---

① "云门舞集"为林怀民于 1973 年创立,是台湾知名现代舞团,曾到世界各地公演,享誉国际。

表、新港的良心或人们咨询对象。①

逐渐受到感召回乡的地方精英,加上不同阶层人士的加入,新港文教基金会为了保持成员素质于七年前成立读书会,成员包括基金会会员、邱晋煌乡长、陈锦煌医师、新港文教基金会董事长张瑞隆、农会总干事林毅山、前乡长郑友信、企业家何海、交趾陶专家谢东哲等人。每个月由不同人带领阅读一本书,例如我们参加了新港艺术高中苏渊源老师导读的一次月会。某上柜公司的黄先生与82岁的退休林姓企业家都专程从台北回去参加。会后聚餐,一些教育、警察、消防等多位人士出现,即使只是去敬酒一下就离开,也都会去出现一下,以示大家的团结。

1994年,鉴于传统北管音乐逐渐衰微,奉天宫庙会相形失色不少,基金会申请文建会补助,奉天宫支持传习北管,舞凤轩断层35年之后重新开馆,招收第6代子弟,聘请台南高龄北管师傅每周前来教授。第二任董事长邱晋煌任内基金会并向政府申请计划,取得300万元,成立"新港产业策略联盟",提供激发创意、营销、包装等课程,并参观访问到过日本。其成果是2004年、2005年左右,相继成立板陶窑、顶菜园文化观光产业区。基金会目前设有史迹组,有青少年读物三万多册;还有苗圃绿化,与农会合作生产"自然米"在基金会的餐厅贩卖,小包装贩卖,精美素朴,强调有机自然生产过程。基金会提出的五大目标是:推广图书、艺文展演、环保绿美化、小区关怀和国际交流。希望让新港脱离文化贫瘠地区,不靠政府而靠乡亲自己力量。

2. 陈文忠与新港香艺园区

接受我们访问的陈文忠在家中排行老大,当兵退伍后到高雄小港地区学做香,不到一年就自行出来开店。陈文忠刻苦经营,小有成就。在陈锦煌建议下,以小区营造观念加上原有的手艺,成立香园区。他于2009年竞选乡长落选,2010年改由妻子蔡美娟代夫出征,竞选乡民代表。前年他的乡长选举政见是"替大家营造一个小区经济园区,让大家有一个优良,环保而又有钱赚的环境",把人找回来,在地参与,自然资源管理,例如太鲁阁公园,但是此一政见不被认同,让他很失望。我们问他,听说香艺园区这块地承租花下两亿元吗? 他说没有啦! 大约一亿元。家族弟兄本来不赞成,又是民宿,又是餐厅,又是制香现场展示,又有教学坊DIY,又有世界香艺展品展示区,又上网推销,扩展太快,担心血本亏空。但是去年做下来,有少许成果,弟弟们也同意了。陈文忠胞妹秀桃强调资金来自几位兄长,共同合资。策划香艺园区时,与后来的诸多理念与参加嘉义县政府文化局的"诸罗学堂"有关。至于"新港文化休闲产业协会",陈文忠在会员的激发下颇有收获,并运用于香艺园区。此外,陈文忠到大学在职硕士班进修,修习文创产销相关课程。陈文忠目前与学界合作制造新成分旧技法的

---

① 林秀幸:《重建乡村社群:新港文教基金会的成立背景与组织探讨》,《思与言》1997年第3期。

香，开创新产品，例如以檀香香粉制成的三牲，以奉天宫香灰加入香粉制成"平安香饼"，依据奉天宫虎爷设计出特别的 8 种香造型等等。

陈秀桃 2008 年来民族所访问我，是源于我写的一篇《香》的文章。她表示她本人是生物科技硕士毕业，但是家族企业要在家乡成立香的展示中心，她负责研发与展出设计，因为非本科、非人文专业，所以一切要从头来。我对她的认真与本土草根性印象深刻，一直与她电子信件来往，提供她一些有关香的书籍或网络讯息。她也持续告诉我家乡展示中心的成立与开幕，并且邀请我出席等等。我工作忙碌，一直无法成行。2010 年我居住地台北县新庄市中和里举办一日旅游活动，竟然是参观新港香艺文化园区，每人费用 300 元。让我惊讶于秀桃家族企业发展触角之快与有效，那里已成为北部里民旅游活动地点了。

那里标称是"第一座以香为主题的文化园区：吃香玩香品香与深度体验"，由文建会、嘉义县文化局和观光旅游局指导，分为：①新港香艺文化馆（下分文化香展示区、生活香、艺品香、原味香、情境香、新港香、手做香、香水香型等展示区）；②香料香草生态园区（种植檀香木、沉香木、肉桂木、扁柏、肖楠、大业香楠、七里香、树兰等等制香原木料）；③八卦祈福园圃（种植了西方香草、玫瑰、迷迭香、薰衣草等等）；④香艺庭园餐厅，提供精致装潢用餐空间，高档食材，搭配天然植物香辛烹调的气味；⑤名香夜宿（分成乳香、龙涎香、迷迭香、枫香、桂花香、檀香、丁香、茴香等不同主题宿房）。

陈氏兄妹受访说明，新港香艺文化馆装潢时间约三四个月，但是之前与设计师沟通很长时间，每一步骤均是自己找数据并与设计师讨论设计而成。在 DIY 区，有数名小孩由年轻父母亲陪同，在现场制作香土捏陶，有两名馆内工作人员教导。香艺庭园餐厅，现在为新港乡最高级餐厅，取代之前"乡味"餐厅成为婚礼宴会场所。数对新婚夫妻正在园区内拍摄结婚照外景，餐厅也布置成婚礼现场。让人仿佛置身于台北都会区婚礼现场，这对于新港农村带来何种生活冲击呢？

香品贩卖部分分为：线香、贡末（香粉）、束柴、香塔、香环、卧香、香氛精油、盘香，价钱从数十元到数千元均有。外面还有贩卖小香树，可带回自行种植。有两位中年男性香工正在制香。数位贩卖小姐均穿制服。秀桃向我说明今年她上网办理征文活动，"2010 年第一届记忆中的气味征文活动"分成国中组、高中组、社会组，两百字以内短文，投稿者可上网投稿收件。奖品是金石堂图书礼券 1000 元，奖状一张。此活动指导单位是文建会和嘉义县政府，协办单位是诸罗学堂。至于大批的制造生产则是由伍莲香业开发公司。

陈文忠身为新港乡民代表会副主席，现任奉天宫董事，经营传统产业制造、新形态餐厅、文创产业、小区营造，多角经营家族企业，转型的台湾中小企业，此一案例相当成功。

3. 陈忠正板陶窑工艺园区与谢东哲古笨港陶华园

新港乡传统交趾陶艺可以溯源到 1904 年、1906 年嘉义两次大地震，奉天宫受创严重。1910 年,奉天宫聘请人称"尪仔福"的泉州庙宇名师洪坤福承作庙顶屋脊的剪黏与交趾陶。完工后,洪坤福即留下来在新港授徒,其徒弟继续在新港以交趾陶手工艺闻名。[①] 陈忠正出生于新港乡板头村,初中毕业后到宜兰跟随姨丈林再兴学习庙宇修建装饰艺术,1987 年,在母舅的邀请下,回乡设立"艺昌陶艺厂",生产剪黏交趾陶等庙宇装饰艺术。1999 年 9 月 21 日,台湾中南部发生大地震,新港奉天宫再度受创。2002 年艺昌陶艺厂首次开放参观,板陶窑的构想亦逐渐萌芽。2005 年,陈忠正与师父林再兴连手整建奉天宫,承作正殿庙顶剪黏与交趾陶。2007 年,板陶窑落成,以交趾陶与剪黏为主内涵,成为发展新港地方特色的休闲园区。园区内不只贩卖剪黏与交趾陶商品,并提供园林绿地与餐厅供民众休闲游憩。为了让庙宇上的剪黏与交趾陶可以精致化、个人化,而研发出许多新式商品与文化创意商品,例如桌上摆饰、手机吊饰和墙上壁画等等,适合大人小孩购买收藏。多数主题不出民间信仰的神明公仔可爱造型、祈福吉祥图案或花草鸟禽鲜活造型。创新知识的来源除了自学勤练、持续地画作外,也得到云林科技大学设计系聂教授的协助。显示外地高级专业人士的参与是成功关键,透过文建会等官方机构拉线,可以有效促成此种产官学合作。

另一方面,陈忠正热心村落的营造。在他和地方的努力下,在板头村许多住家和公共设施的外墙和小空地上出现许多有趣的交趾陶和马赛克的壁画、座椅和牛像;并在北港溪河堤上分别以剪黏制作《原乡四季·苦楝树》和以交趾陶制作《三醉芙蓉》两幅大壁画。后者完成时,县长、乡长、云科大教授及新港艺术高中校长等都参与剪彩,当天小区发展协会并动员村民提供餐点及农产品展售,非常热闹。这两面壁画和百年糖铁铁桥"复兴铁桥"以及马赛克艺术装饰形成了独特的观光景点,透过网络的传播吸引许多人慕名而来,提升了板头村的知名度。这些人以散客和小区参访的人居多。陈忠正自信地说,板头村以前是新港最穷困的地方,现在成为新港最有特色的村落,他将进而使板头村成为艺术村。

为了保存并推广传统交趾陶工艺,陈忠正的板陶窑园区内最特殊的是工艺馆,展示交趾陶与剪黏工艺的特色、源流、制作、工序、方法、材料发展演进史,图文并茂及影片导览解说。并提供体验工坊,让参观者可以亲手制作属于自己的剪黏马赛克拼图,陶偶彩绘,陶盘彩绘,创意捏陶等等。在网络、嘉义县文化局或经济部观光局推荐的旅游行程中,会提供观光客参观奉天宫、板陶窑工艺之旅、百年历史台糖复兴铁桥等,让参观者同时体会民间信仰庙宇与工艺之美。

谢东哲与香艺园区的陈文忠是同学,二姐是陈忠正的妻子。谢东哲国中毕业后,

---

① 刘玲慧:《嘉义新港剪黏业的发展》,《第十届研究生传统艺术研讨会论文集》,台北艺术大学传统艺术研究所 2003 年版。

出外当交趾陶与剪黏学徒。他 28 岁受到新港文教基金会的精神感动，返乡创业。完成高中、大学自修。从牧童到寺庙工地建筑工，蜕变成工艺文化园区的总监，完成全台最大交趾陶壁堵，参与古迹抢救，并在大学兼课。谢东哲相当自豪于自己在传承与传授交趾陶方面的贡献，能跳脱传统寺庙交趾陶主题，勇于创新，自谓结合儒释道文化核心知识与优质美感，他对于创新看法是庙宇的交趾陶艺术必须在传统的脉络下和当地特殊环境结合，融入地方性的特色或象征物品。

2005 年谢东哲成立台湾第一座以交趾陶为主题的文化园区"古笨港陶华园"，集合文化产业与创意运用，将生产线与展览融合成一气，参观者同时看到师傅生产时的专注神情以及展品。对比板陶窑走的大众路线、承接寺庙订单兼顾零星散客贩卖，陶华园强调创作与展示，其所接订单也偏向大型工艺作品。如其承接交趾陶装饰工程壁堵设计制作、公共艺术陶板、马赛克磁砖拼贴设计和材料贩卖，寺庙庙顶剪黏材料与规划设计、交趾陶修护、陶瓷文化创意产品开发设计、生活陶制作等等。另外，板陶窑兼顾交趾陶与剪黏，陶华园偏重交趾陶。陶华园有参观的动线，让参观客人亲手制作等，走精美组合文化观光路线。

谢东哲积极与奉天宫信众与香客建立关系。由于与陈文忠两人是姻亲，来往密切，举凡奉天宫活动均到场致意，在扩展人脉上不言而喻。事实上，同样发展交趾陶工艺的想法并非仅有一两人，谢东哲与陈忠正显然处于良性竞争当中，另外尚有板头村的黄水水是北港来的，因为与北港的 NGO 不合，看上新港有发展空间。板头村小区发展协会总干事和副总干事都是跟板陶窑关系密切的人，副总干事是板陶窑的员工。此外还有善于以媒体营销和接政府案子顶菜园庄乡土馆的陈明惠，虽然他的乡土馆位于共和村，却试图把他的乡土馆整个板头村连结成一个整体。

三、结论

新港人对乡土的认同与推销比北港人更积极，更有活力。在大街上卖鸡排的杜姓夫妇外出打拼，婚后决定返新港创业。我们访问邱晋煌乡长，他表示想让乡公所成为全乡网络商店的入口。未来想变更都市计划成立宗教文化专区，请奉天宫来负责。邱晋煌一路由经商，参加基金会、农会，任理事、董事长、理事长及两任乡长，一路走来，有基金会培育与会员共同的脑力激荡，有基金会作后盾，新港乡与嘉义市政府、文建会等是直通车，由于网络与电视媒体发达，学习新知快速，对于新港乡未来的规划也可以放在全台湾乡镇竞争的位置来考虑。

这几年台湾非常热衷于发展观光业，从上到下无不打出地方特色，招揽游客。小区最常见的组织若不是地方政府单位，便是最能集合人力达成使命的小区公庙。初期观光推销的是通俗的小吃或人工装扮出的景点。久而久之,观光客不满于千篇一律的人工制品,逐渐要求原汁原味的"异文化"观光。当媒体网络可以吸引全球人士前来消费的时候,能够让消费者感动的不是人工添加物或化学调味料,而是未受商业污染的人情风味,能够让外地人体会前人传承下来的文化底蕴,古老的生活方式,坚持的工序手法。

如果说妈祖进香是台湾最底层最普遍的文化观光,走一趟进香路程可以约略了解台湾底层乡土文化,那么,现在香艺园区或交趾陶工艺园区走的则是再上一级的文化观光。打着文化的概念,一个从摸索中逐渐成熟的概念,新港乡土越来越有自信,知道所谓的文化便是先民的生活方式,无论是贫瘠或穷困,对于大自然无言的接受而发展出的生活方式。只有保有在地人真实的生活方式,才是真正的文化观光。无论是基金会或香艺园区,在奉天宫温床的牵引下,新港人开发出多角经营,跨业经营。新港这几位创业有成的人士,也为妈祖信仰与文化产业创新方面,提供了真实的个案。

(原载《莆田学院学报》2012 年第 3 期)

1946—1987 年的台湾妈祖信仰初探
——以北港朝天宫转型和妈祖电影、戏剧为考察中心

王见川[①]
南台科技大学通识教育中心

一、1946—1987年台湾宗教政策对妈祖信仰的影响

1945 年 8 月 15 日日本投降,台湾重回中国版图。同年 10 月台湾省长官公署成立,中国政府正式恢复对台湾行使主权。当时的台湾政治、经济、文化事务等相当活络,宗教活动也不例外。

大致来说,这一时期台湾民众的宗教信仰,是享有传布等自由的。不过,民间信仰寺庙的迎神赛会活动,似乎是被当局禁止的。如当时的《人民导报》即报道说:"旧历五月十三,本市俗例为纪念城隍,有迎神赛会之举。此举实有妨害治安并浪费人力、物力,故本局长(警察局长)绝对抱定取缔方针","希望将此迷信恶习彻底改良"。[②]这一方针,从报纸的报道来看,是确实落实执行的。[③]1948 年 9 月下旬,国民党更颁发"查禁民间不良习俗办法",通令全国实施、取缔相关行为,企图革除民众的不良习俗。其中第五条是举行迎神赛会者,亦在查禁之列。[④] 根据官方档案及报载,触犯禁令者,不是被解散、没收,就是移送法院审判。[⑤]

---

① 王见川(1966—),男,台湾高雄人,助理教授,历史学博士。

② 《本日城隍圣诞,绝对取缔迎神赛会,陈警察局长表明》,《人民导报》1946 年 6 月 12 日。

③ 《市警察局严厉取缔募捐及贩卖纸枷者》,《人民导报》1946 年 6 月 10 日。

④ 《彻底革除不良恶习俗》,《民声日报》1948 年 9 月 29 日。

⑤ 《彻底革除不良恶习俗》,《民声日报》1948 年 9 月 29 日;何凤娇:《台湾警务档案汇编·民俗宗教篇》,"台北国史馆"1996 年版,第 3—6 页。

这个查禁办法的实行细则,台湾省政府在 1948 年 11 月初订出。①1949 年 1 月初,"内政部"发函加强查禁"崇拜神权迷信"②,于是台湾的民间迎神赛会活动,受到相当的抑制。在此一情况下,妈祖庙的大型进香绕境活动就大为减少了。不过,仍有一些地方妈祖庙可以趁隙进行活动,如彰化员林广宁宫、云林麦寮拱范宫都在此一时期去鹿港妈祖庙进香③,而凤山各镇里人在妈祖诞辰亦曾举行绕境活动④。当然,妈祖庙的一般活动还是照常举行不受限制。如大甲镇澜宫就曾在 1949 年 4 月 5 日,召开信众大会,审议事项。⑤

1949 年冬国民党退居台湾后,为求统治顺遂,当局随即发布戒严令,增设动员勘乱临时条款,冻结宪法部分条文。同时对宗教自由的政策也有所修正。当时的政策是:原则上,佛、道、回、天主和基督五大宗教,享有自由传布的权利,而一般的民间信仰,亦可自由活动,但须不违"善良风俗"。至于民间教派在 1949 年前是合法登记的,准许重新登记、合法传教,例如道院、万国道德会等;而若未登记或是非法宗教,则要取缔。至于新兴宗教一律不准登记,不能公开传教。这一禁令的原则,一直持续至 1987 年的"解严"。

台湾在"戒严"时期,对妈祖信仰的发展,影响最大的是 1963 年 8 月公布实施的"台湾省改善民间习俗办法"。根据该办法,各寺庙每年只能举行一次祭典。祭品则限用清香、茶果、鲜花,其需用牲祭者,以猪羊一头为限。⑥在此法令制约下,台湾妈祖庙原先的祭祀及数天的进香、绕境等大规模活动都受到了影响。当时,这些庙宇的集会、游行活动,主要经由警备司令部地区单位审核,不过他们也只是例行公事而已。大致而言,在这一时期台湾的妈祖信仰,主要呈现出以下几个特征:

（1）台湾妈祖庙人员到大陆妈祖祖庙的进香活动停止。

（2）大甲镇澜宫妈祖进香笨港活动,则规模日趋盛大。⑦

（3）北港朝天宫仍处全台最著名妈祖庙之位,但在转型中。

（4）鹿耳门等妈祖庙出现正统之争。⑧

---

① 《革除民国不良习俗,省府订定查禁办法》,《民声日报》1948 年 11 月 5 日。

② 何凤娇:《台湾警务档案汇编·民俗宗教篇》,"台北国史馆"1996 年版,第 3—6 页;《台湾省政府公报》春字第 20 期,1949 年 1 月 27 日。

③ 《大员来员林,善男信女风雨进香》,《民声日报》1948 年 10 月 5 日;《麦寮妈祖,明赴鹿港谒祖》,《民声日报》1949 年 4 月 16 日。

④ 《凤山杂缀》,《民声日报》1949 年 4 月 23 日。

⑤ 《大甲镇澜宫召开信徒会》,《民声日报》1949 年 4 月 5 日。

⑥ 何凤娇:《台湾警务档案汇编·民俗宗教篇》,"台北国史馆"1996 年版,第 3—6 页。

⑦ 关于大甲镇澜宫进香笨港活动,最新的研究有台湾"中研院"民族所 2003 年出版的张珣的《文化妈祖》。最近,台南大学台湾文化研究所的洪莹发以战后大甲镇澜宫的发展作为研究对象,值得期待!

⑧ 谢国兴:《鹿耳门的妈祖信仰与正统之争》,《思与言》1996 年第 2 期;林德政:《笨港妈祖之争:台湾妈祖信仰史上的一件公案》,龚鹏程《海峡两岸道教文化学术研讨会论文》下册,台北:学生书局 1996 年版,第 587—637 页。

（5）出现妈祖电影、戏剧、小说等作品。

由于大甲妈祖进香活动、鹿耳门妈祖庙等庙争正统的现象，已有学者研究，所以本文拟集中描述、分析北港朝天宫的转型和妈祖电影、戏剧作品的出现这两个较少被人关注的台湾妈祖文化现象，期使人们对现代台湾妈祖信仰多元发展情况的了解有所帮助。

二、北港朝天宫的转型

众所周知，台湾的寺庙活动，主要是绕境与进香，妈祖庙亦不例外。这些活动，固然有其必要，也能吸引人潮，提供空间供信众发挥宗教、信仰情感，但这毕竟无助于信仰内涵的提升与扩展。朝天宫庙方意识到传统活动的局限性，于是从1956年开始转型。当时的佛教刊物《觉生》即说："北港朝天宫管理委员会自主任委员王吟贵先生及副住持然妙法师领导后，整理宫务重修该宫外，曾聘请林锦东师负责……礼请佛教名流，设立佛文化讲座，定期演讲佛法……为便利参诣妈祖圣地善信休息起见，集议兴建宗圣台一座，内设沐恩厅、慕范堂，作为文化服务中心。"（《觉生》1958年第9卷第2期）

王吟贵为日本京都大学毕业的新式知识分子，其时刚就任朝天宫第13届管理者不久[①]，为替朝天宫开创新气象，他拟设定期佛教讲座，故与该宫庶务委员蔡连德联袂南下台南拜访朝天宫住持眼净法师。[②]"适眼净和尚外出，巧遇南下巡视教务"的台湾省佛教会理事长林锦东，于是王吟贵恳求林锦东鼎力协助此事。大约在1956年2月后，北港朝天宫即开始举办定期佛学讲座，林锦东、智雄、复妙法师等名嘴，都曾在朝天宫中演讲佛法，各方反映良好，听众颇为踊跃。为了让朝天宫的定期佛学讲座，有个固定的场所，王吟贵又规划兴建"宗圣台"，作为朝天宫的文化服务中心。（以上资料见《觉生》7—9卷）

不料，王吟贵的作为，引来反弹，有人透过报刊公开并向政府当局检举：他账目不清、排除异己、任用私人、中饱私囊等罪行。朝天宫信众代表大会特此组织调查小组清查上述指控。经过详细调查后，朝天宫调查小组认为："管理委员会所处理各项，均属正确，并认为此次新闻所报导之各项，系出乎私情，凭空捏造，混淆视听，企图陷害管理人王吟贵及总干事杨茂松两人于不利之地步。"朝天宫信众代表大会特将此调查结果公布在《觉生》等刊物，以正视听。（《觉生》1958年第9卷第7期）

---

① 蔡相煇：《北港朝天宫志》，北港朝天宫董事会1995年增订初版，第265页。
② 廖汉臣：《北港朝天宫志》，北港朝天宫管理委员会1967年版。

王吟贵的作为清白,不仅得到当时信众大会证明,往后还连任 25 年(1957—1982)的朝天宫管理人。此外,他还带领北港朝天宫转型为财团法人,且订定相关章程①,可说是北港朝天宫转型的领航人。

在王吟贵主持的后期,他与庙方董事"为弘扬圣母慈悲博爱救世救民之精神","鉴于云、嘉、南广大沿海地区,竟无一座较具规模之现代化医院",朝天宫庙方人员决定兴建楼高八层,占地 4 公顷,拥有 470 张病床的"妈祖中正纪念医院"。工程于 1977 年年底破土开工,由于适逢国际石油危机以及承包商要求赔偿等因素,此医院逐渐停顿。后因官方要员的再次关心,朝天宫主事者于 1982 年 11 月决定将该医院捐献给政府接办。庙方之所以如此做,是因为朝天宫董事们都"非工程行家,更非医疗专门人才,对这些可说是一窍不通",无法独力完成与经营医院。经由当时云林县长许文志的奔走联系,在 1983 年 9 月 10 日,朝天宫新任董事长郭庆文,与"私立中国医药学院"董事长陈立夫签约,正式将医院捐给医药学院,作为该院第二附属教学医院。据最近报载,此一约定,双方仍有纷争,尚未完全履行。(《云林文献》第 28 辑,第 18—19 页)

三、妈祖电影、戏剧与小说

蒋介石、蒋经国在台湾掌权时,父子都入乡随俗地关心过妈祖信仰。他们都意识到妈祖信仰的重要性,亦借此以拉拢民心。如 1955 年 11 月初,蒋介石宋美龄夫妇就一起观赏了《圣女妈祖传》影片(《自立晚报》1955 年 11 月 2 日)。

资料记载,《圣女妈祖传》是由香港"国光电影公司"出品,该片由文泉导演,周曼华、古军、李行、葛香亭、张小燕等人主演,在台湾摄制成。剧中由香港"自由影星"周曼华担任主角,饰演成年后的妈祖,而新崛起、善舞蹈的童星张小燕演小时候的妈祖。全剧演出妈祖"只身寻盗、深入虎穴、奋勇投井、海中救父、白日升天、观音亲迎"等传奇故事。从广告来看,《圣女妈祖传》于十一月初三在台北等地上演,仅台北市就有"明星""第一""新世界""中央""宝宫"等戏院联映,并在报纸上陆续刊登 7 天大幅广告,声势可谓浩大。②

当时《圣女妈祖传》的卖点,主要有三个方面:

其一,它是国民党退居台湾后的第一部历史古装巨片,由台湾导演所导、台湾影星主演。

---

① 蔡相煇:《北港朝天宫志》,北港朝天宫董事会 1995 年增订初版,第 265—269 页。

② 见《自立晚报》1955 年 11 月 3 日至 9 日广告。关于《圣女妈祖传》影片内容大要,见本文附录《圣女妈祖传》本事。此书蒙李世伟教授惠赐借阅,感激不尽!

其二,画面优美如梦、场面盛大、惊险。

其三, 8 岁的"小妈祖"演员、能歌善舞。

《圣女妈祖传》作者文泉,原名叫陈文泉。剧本完成于 1954 年 10 月初 ①, 7 个月后由新人出版社出版。电影《圣女妈祖传》即据此拍摄而成 ②。该影片的内容主要参考郁永河《裨海纪游》、张燮《东西洋考》、北港地区流传的妈祖传说和《北港朝天宫由来记》等相关资料。

关于剧本中展现的妈祖一生事迹,当时台湾教育主管部门的官员是这样诠释的:

> (圣女妈祖)以一个幼小的女孩子,有那么样的孝心,那么样的不顾一切的勇于救世助人,真是难能可贵极了。在浙江福建沿海一带的居民,以及台湾全省的同胞,那么样的崇敬妈祖,如文泉先生所说:"信奉妈祖的善男信女,几遍布全台湾,一个人能受到这么多的崇敬,必有他可为人敬的原因",其原因为何?即是"孝亲"和"助人"。这两种伟大的德性,仅有其一,亦即以影响当时,风范后世。何况二者兼有?孝亲是"仁"的内涵,助人是"仁"的外演,不顾生死的去行孝救人,一方面是"仁"的至高表现,一方面也是勇的至高表现。像她那样的不顾风雨恐怖,往南山求药救母;冒极大的危险下井去掏掘毒水;渔妇们入海捕鱼时,代渔妇们照顾婴儿;台风袭击,海上渔舟迷失方向时,烧掉自己的房屋,以指引渔舟归港;以及在强烈台风肆虐时,奋不顾身的独驾小舟,赴湄州岛救父等等的仁慈勇敢的壮烈事迹,真是惊天地动鬼神,正所谓"仁者必有勇,勇者不惧"了。不顾生死的去行"仁",方够得上"勇"。若顾及生死便无"勇"可言了。"仁"和"勇",是儒家所说的天下三达德中之二达德,是我中华民族固有道德本性中,最重要的两部份。……所以表扬妈祖,应该是文化工作者们最重要的课题。妈祖是一个女孩子,她只不过活到二十九岁,既没有做过大官,更没有发过大财,她的短短一生的事迹,只是"孝亲"与"助人"两事,竟能博得后世如此的崇敬,在历史上多少政治上风云人物,后世无人为其主祠崇敬,原因是政治上的表现往往与人民没有直接的关系. 妈祖的表现,是普遍性的,是群众性的,是与人民,尤其是以海为生的人,有直接密切的关系的,就社会教育观点来说,妈祖的事迹,实在是一种很好的有效的伦理教材,是更应当格外的重视的了。③

除了拍成电影外,当年《圣女妈祖传》亦被演为"话剧", 1963 年陈文泉的《圣女妈祖传》又搬上舞台,同年胜利出版社重新出版该书。④ 而新生报社也在 1963 年 8

---

① 文泉:《圣女妈祖传》,台北:新人出版社 1955 年版,第 10 页。

② 同上书,第 46—48 页。

③ 同上书,第 4—5 页。

④ 焦桐:《台湾战后初期的戏剧》,台北:台原出版社 1990 年版,第 226 页。

月印行知名历史小说家南宫博创作的现代小说《妈祖》①。20年后,妈祖事迹也以歌仔戏形式被搬上舞台,公开上演②。

另外,大约与《圣女妈祖传》摄制的同时,"必达影业"亦摄制有另一部妈祖电影,名叫《圣母妈祖传》。该片是由台湾省士绅林章出资开拍,女主角是著名的闽南语影后江帆。但该影片因抢时髦,仓促开拍,且未搞宣传,以致票房不甚理想。另据《自立晚报》载,《圣母妈祖传》仅在台北市中央、华宫二院上演过③。

四、结语

以往,两岸的妈祖信仰研究,较着重于妈祖信仰与社区、聚落互动、妈祖庙的历史变迁、妈祖信仰的传布、仪式、进香、绕境等方面,本文着重于妈祖信仰内涵转变的探讨。以现代北港朝天宫转型为例,说明具有文化水平的现代知识分子介入妈祖庙的领导运作,会使妈祖信仰内涵更加丰富,更具有教化及社会功能,而不仅仅只是筹办表演活动而已。虽然我们不见得同意王吟贵透过佛教来诠释妈祖内涵,透过医院来宣扬妈祖精神的方式,但他总算是尝试转变妈祖信仰的方式:由娱神转为教人、助人。

在另一方面,我们从陈文泉的例子,也看到信仰者借由现代娱乐、艺术(电影、小说、戏曲)来展现妈祖信仰的内涵与新诠释。原来妈祖不只有神通,还有孝亲、助人的精神。

附录:

《圣女妈祖传》本事④

宋太祖建隆元年三月二十三日,福建兴化府莆田县都巡检林惟悫之妻生其六女时,屋外彩霞万道,环罩林家。相传林妻王氏于怀孕时,曾梦见观音赠唼灵丹,遂获身孕。分娩时霞光,亦传为观音亲送圣女下凡云。

圣女出世后,不啼不笑,乃命名默娘。八岁就读,过目十行。性孝且慈,见人危难,必起相助。一日,遇一老丐负母乞食,默娘悯之,倾其私蓄相助。老丐德之,遂还赠一小木人,并嘱遇危急时,以烟熏其背,即可获解救之术。未几,母染病,默娘如法熏之,见木像背显出"寻南山玄通道士"数字,默娘救母心切,即夜独奔

---

① 南宫博:《妈祖》,台湾新生报社1963年版。
② 黄仁:《台湾话剧的黄金时代》,台北:亚太图书出版社2000年版,第116页。
③ 《谈妈祖官司》,《自立晚报》1955年11月5日。
④ 文泉:《圣女妈祖传》,台北:新人出版社1955年版,第48—49页。

南山,沿途虽惊恐万状,仍坚不退缩。终于山间石洞中,获见一老道,貌似老丐,呼之不应,抚之业已石化。默娘悲痛欲绝,再三祈祷,道士感其至诚,遂复活与语,并授仙丹,母服后果愈。从此,默娘每夜就道于玄通老道,渐渐识得天文、星象,相法与医术,普济邻里,名声大噪,求聘之人不绝于门。默娘本不欲婚嫁,但以母命难违,遂决定垂帘亲相求聘者,不合则不纳聘。因此美名外溢,为海盗所觊觎,设计骗囚盗窟。此时莆田县忽因井水中毒,疫疠猖獗,默娘闻讯,急越狱返乡,不幸母已染疾病故。默娘救众心切,驱走跳神巫婆,冒险降入毒井,清除井泥,掘出死鼠无算。并于井底获铜镜一面,从此井水无毒,乡民称庆不已。正值万众腾欢时,忽闻鱼汛,渔民急张帆出海,并请县府令派都巡检林惟悫护航,默娘观天候,告以台风将至,渔民以利之所趋,置之不理,默娘父则以护民为彼职责,决不能藉词退缩,遂出。至夜,台风果至,默娘为救众舟归港,举火将自家房屋焚去,众舟遥见火光(即俗称妈祖火),始得脱险归来,唯惟悫之船,不幸搁浅湄洲岛,默娘闻悉,奋不顾身,只身划船渡海,救父于危,但自身反被巨浪卷去,从此永别人间。相传此时天色将曙,霞光万道,仙乐起处,观音立于云端,旋见默娘穿绛色衣,自海上升起,趋向观音。临别将木人留赠其父,嘱遇危急时祷之,彼必来助,渔民感其盛德,咸伏地祷谢,并愿供奉,敬为海神!

(原载《莆田学院学报》2006年第1期)

当前福建"妈祖热"的生态学研究[①]

俞黎媛[②]

莆田学院思想政治理论课教研部

妈祖,姓林名默,又称天妃、天后、天上圣母,福建莆田湄洲屿人,生于北宋建隆元年(960),卒于雍熙四年(987)。福建民众在唐宋之际大规模的造神运动中,把为救海难而捐躯的妈祖拥上了神圣的宗教殿堂。之后,妈祖以其祈福禳灾、有求必应的神能和护航拯溺、扶危济困的高尚品格赢得了亿万信众的顶礼膜拜。加上历代帝王的不断褒封,终以天妃、天后最高神格列于国家祀典,其殊荣在宗教界堪称典范。伴随着中国航海史的发展和华侨华人移民海外的脚步,妈祖信仰被传播到世界各地,使得妈祖成为世界上最著名的海神之一。今日,妈祖信仰仍在发挥着广泛的影响,成为令人瞩目的一种文化现象。

一、福建"妈祖热"的表现

1. 大量妈祖庙宇得到重建、扩建和新建

改革开放后,随着大陆宗教信仰自由政策的落实和南方沿海经济的快速发展,加上寻根谒祖热潮的掀起,福建的民间宗教信仰迅速复兴,蛰伏多年的民间信仰如雨后春笋纷纷破土而出。根据美国人类学家丁荷生(Kenneth Dean)的实地调查和估计,到1992年,整个福建省重修的民间神庙多达三万座。[③] 从1978年至2003年,莆田市秀屿区的忠门镇、东峤镇等11个乡镇就有上千座庙宇得到不同程度的修复或翻建[④],

---

① 基金项目:国家社科规划基金项目(2011CZJ018);福建省教育厅A类(杰出青年)项目(JA11215S);福建省高校服务海西建设重点项目,项目号:2008HX01(1)。

② 俞黎媛(1978—),女,福建莆田人,副教授,博士。

③ 刘晓春:《一个人的民间视野》,湖北人民出版社2006年版,第29页。

④ 此数据根据《莆田宫观》(延边人民出版社2004年版)的附录统计而得。

妈祖信仰在福建民间信仰中无疑首屈一指,连五大宗教也难以望其项背。各地妈祖庙在改革开放后亦不断修复鼎新。据不完全统计,从 1978 年到 2011 年,莆田就有 782[①]座次的妈祖庙或重修、或扩建。1978—2010 年,莆仙地区新建了 86 座妈祖庙。[②]

2. 在民间信仰生态中一枝独秀

（1）其他庙宇增祀妈祖。

除了重建重修、扩建新建妈祖庙外,原本不奉祀妈祖的庙宇近年来也开始增祀妈祖,如:莆田涵江保尾五帝庙,并不是奉祀妈祖,2000 年左右增祀妈祖,询问负责人,他很直白相告:政府现在很重视妈祖,我们供奉了妈祖,以后政府就不能乱拆迁我们的庙。在此,妈祖俨然已经成为庙堂合法化的标签。莆田凤凰山麓有一浙江城隍庙,1999 年笔者前去调研,主祀城隍,并无供奉妈祖,近年来亦增奉妈祖为陪神。莆田江口东岳观在 2005 年增建妈祖阁,奉祀自湄洲祖庙分灵的妈祖神像。莆田市城厢区霞林街道沟头村的青榕阁,建于 1959 年,"文革"期间被毁,1982 年重修,左侧为探花府,供奉田公元帅;右侧为观音亭,主祀观音,配祀妈祖。地方信众准备投资另建妈祖宫,将青榕阁内的妈祖神像移灵,作为主祀神入主妈祖宫。

（2）妈祖扩张职能。

莆田西天尾镇溪白村安宁祖社原主祀尊主明王,2009 年湄洲祖庙妈祖金身巡安兴化曾驻跸该庙,后安宁祖社就将主祀的神明改为妈祖。城厢区东山行宫的负责人告知,现在的妈祖主殿有上下两层,上面供奉吕祖仙师和魁星,妈祖安奉在一层。后来将吕祖仙师和魁星安奉到建三堂,妈祖移到上层,并增建梳妆楼、父母殿、中军殿。妈祖也逐渐取代了魁星的职守,每年的中考、高考之际有众多民众到东山行宫来求诸神明,但是多数是求告妈祖,极少数人去求告魁星。仙游榜头的朱阳宫原奉祀朱熹为主神,后奉妈祖为主神,朱熹退为陪神。仙游榜头镇无五帝庙之类的瘟神庙,驱瘟的职能就由妈祖来承担。2012 年 10 月 3 日至 5 日朱阳宫就举办了三天三夜的驱瘟法会。

3. 妈祖民俗仪典复兴,台湾民俗回传福建

伴随宗教政策的宽松自由,妈祖信仰也在迅速恢复,除了大量新建、扩建庙宇这一信仰的载体外,各种传统民俗也迅速恢复,如文峰天后宫的妈祖尾暝总元宵、点烛山、化龙、请火母等,延宁宫的蔗塔、桔塔,以及换花、求花、换鞋等婚育习俗。还有推陈出新的妈祖宴、妈祖供品,妈祖服、妈祖髻等,成为湄洲妈祖民俗的重要表征。

1994 年,由莆田市政协牵头,经蒋维锬、朱合浦、林洪国等人共同研究,恢复完善了《湄洲祖庙祭典仪注》和《祭典仪程明细表》,后对祭奠乐舞不断进行艺术加工。2011

---

① 有的庙宇在这个阶段多次重修、扩建。
② 此数据根据《莆田妈祖宫庙大全》(海风出版社 2012 年版)一书统计。

年,由莆田市委、宣传部、市文化广电新闻出版局、莆田学院、湄洲岛管委会和祖庙董事会领导参与,在继承 2000 年祭典的基础上,进一步扩大规模、提升气势,参加人数由原来的 308 人扩大到 456 名,祭典队伍全部来自莆田学院;在器乐上把哨角改为号头,还原传统;音乐上增加 10 面大鼓,增加气氛;将原来的 16 面封号旗增加到 36 面,增强了妈祖祭典的仪式性、庄严性、艺术性。

此外还出现了新神缘民俗活动,如 2006 年湄洲祖庙开始的祈年典礼、2008、2010 年中华妈祖文化交流协会与湄洲祖庙董事会发起的"天下妈祖回娘家"、2009 年"妈祖巡安兴化"等。其他如港里祖祠的海祭、文峰天后宫"三献礼"、仙游仙井宫湄洲进香等也在热闹地恢复。

在当前闽台愈趋活跃的交流活动中,台湾宗教习俗与妈祖信仰也得以回传福建。早在清代,澎湖的各个庙宇就有在元宵节乞龟的做法。① 随着泉州与澎湖妈祖文化交流的深入,澎湖的乞龟习俗也回传到了泉州。2007 年 2 月的首届乞龟活动获得圆满成功之后,接下来每年元宵期间,泉州天后宫都和澎湖天后宫合作举办乞龟活动。米龟的重量年年增加,到 2012 年元宵已达到 5 万斤。同时,澎湖天后宫的水果龙、金钱龟,以及过平安门的习俗也回传到泉州。2010 年开始,澎湖天后宫又和泉州霞洲妈祖宫合作,在霞洲妈祖宫也同时举办乞龟活动。2012 年第三届乞龟活动期间,霞洲妈祖宫还同时与中国闽台缘博物馆合作在霞洲举办龟粿文化图片展、龟粿实物印模展、五缘文化展,与闽台民俗文化艺术交流协会合作举办书画展,与泉州海峡都市报合作举办现场龟粿制作活动。泉州天后宫和霞洲妈祖宫的乞龟活动,即为台湾宗教习俗回传的结果。②

4. 台湾进香团队扩大,台湾妈祖分灵至闽

明清时期,台湾妈祖庙的"分身"常要回附加"祖庙"进香乞火,或邀请祖庙神祇到分庙绕境巡游,以此来获得祖庙神灵的"灵力",进一步加强"分身"与"祖庙"的神缘关系。1987 年,莆田湄洲祖庙的"妈祖千年祭"活动吸引近十万台胞前来参加。1989 年 5 月 6 日,台湾宜兰县苏澳南天宫董事会组织 224 人分乘 20 艘船突破禁令直航湄洲岛,首开自 1949 年以来台湾直航大陆的先河。1990 年后,在两岸交流开放以后,台湾许多妈祖庙蜂拥前往中国福建湄洲进香。2000 年,大甲镇澜宫组织两千多人的朝圣团赴湄洲进香。2006 年 9 月 25 日至 28 日,台湾妈祖联谊会暨大甲镇澜宫湄洲谒祖进香团到莆田、泉州,进行为期 4 天的谒祖进香之旅,参加的台胞人数多达四千三百多人。

---

① 林豪在《澎湖厅志》引清朝澎湖通判胡建伟撰修的《澎湖纪略》记载:每年元宵夜,澎湖"庙中札有花卉、人物,男妇有求嗣者,在神前祈杯,求得花一枝(或面龟一个),回家供奉。如果添丁,则明年元宵时,倍数酬谢"。

② 范正义、林国平:《略论当前泉台妈祖文化交流——关系网络的视角》,《第八届湄洲妈祖·海峡论坛学术研讨会论文集》,2012 年,第 279—289 页。

进入 21 世纪,闽台之间的妈祖分灵打破一贯由大陆分灵至台湾的传统,出现了台湾妈祖庙分灵大陆的新现象。2011 年 12 月 30 日,台湾嘉义新港奉天宫向福建永春县陈阪宫赠送一尊妈祖木雕圣像。2012 年 1 月,奉天宫向陈阪宫赠送了一座黑面妈祖塑像;3 月,永春举办"开永妈祖文化节",这打破了妈祖一贯由大陆分灵至台的传统。2012 年农历正月初三,陈阪宫举行"开永妈祖游香活动"。2013 年 2 月 3 日,福建省永春陈阪宫董事长李文峰先生组团,恭请妈祖神像回台湾新港奉天宫谒祖,创下全台首次由大陆分灵庙宇回台谒祖,打破台湾祖庙一向回福建湄洲谒祖的单向进香现象。

5.闽台妈祖宫庙互参巡游活动

1985 年开始,湄洲祖庙恢复在岛上的巡游,还有莆田文峰宫妈祖回娘家的绕境巡游、莆田西天尾镇龙山宫妈祖的 12 年一游①、宁德霞浦牙城天后宫妈祖巡安霞浦。

随着妈祖宫庙之间庙际联谊的热络活跃,还出现了台湾妈祖庙参与福建妈祖庙巡游和福建妈祖庙参与台湾妈祖巡游的新现象。2007 年 3 月 11 日,马祖天后宫妈祖金身与连江城关庙妈祖金身同时巡游连江凤城,这是两岸距离最近的两座天后宫之间的首次交流活动。2008 年 2 月 28 日,阪里境天后宫、芹壁境天后宫和马祖境马港天后宫的妈祖信众携妈祖金身赴连江县壶江天妃宫进香,这是自清朝嘉庆年间以来,马祖境马港天后宫妈祖金身首次回到祖銮。

2006 年 3 月 25 日至 4 月 3 日,应台湾大甲镇澜宫董事会的邀请,莆田市湄洲妈祖祖庙、贤良港妈祖祖祠、文峰宫、东岩山妈祖行宫等组成"莆田妈祖庙赴台参访团",参加大甲镇澜宫组织的八天七夜的徒步妈祖绕境进香巡游,这是第一次有大陆同胞参加的徒步进香活动,成为当年台湾大甲妈祖绕境活动中一个醒目的看点。

2009 年 11 月,湄洲妈祖金身巡安兴化由中华妈祖文化交流协会、湄洲妈祖祖庙董事会、台湾彰化鹿港天后宫董事会共同主办,台湾彰化鹿港天后宫 350 人参加了妈祖起驾仪式,台湾妈祖神像首次随驾。

6.学术和文化活动日益繁荣

当前妈祖研究是大陆民间信仰研究的显学应该不为过。自 1986 年莆田首次举办妈祖学术研讨会和 1987 年妈祖千年祭学术研讨会以来,大陆已经在莆田、福州、长汀、泉州、厦门、天津、上海、霞浦、烟台、宁波等地举办了至少 24 次的学术研讨会。大陆出版的《湄洲妈祖》《妈祖研究资料汇编》《妈祖文献资料》《清代妈祖档案史料汇编》《瓣香起湄洲》《妈祖神韵》《海神天后东渡台湾》《世界妈祖庙大全》《林默娘》《世界和平女神》《湄洲祖庙》和《妈祖文献史料汇编》(共 3 辑,10 卷 16 册)、《湄洲妈祖志》《莆田妈祖宫庙大全》等资料集、论文集、专著、史记、庙志、画册、纪念册等类作

---

① 龙山宫妈祖的出游传统是 12 年一次,1933 年中断。1997 年重新恢复,2009 年再次巡游。

品,不下百部。各种期刊和论文集刊登的论文总数多达数千篇,并有六十多篇学位论文从历史学、社会学、人类学、民俗学、宗教学、政治学、文化学、体育学、传播学的不同的学科角度参与妈祖文化研究。2005 年 5 月 1 日,由文化部主管、中华妈祖文化交流协会主办的《中华妈祖》正式创刊,为海内外妈祖文化的交流和研究搭建了更有效的平台。此外,各地的妈祖庙还制作了各类妈祖音乐 CD、祭典影碟、巡安纪实等 VCD 及 DVD 片等音像作品。早在 1992 年,《妈祖故里》报创刊,至今已出版发行一百多期,在海内外有一定的影响。近年来,以妈祖为主题,通过动漫电影、电视连续剧的形式展现妈祖神奇传说故事和歌颂妈祖伟大神格的影视作品也不在少数。

2012 年 12 月 28 日,中华妈祖网和中华妈祖手机报正式开通。前者是海峡两岸首次联办的对外宣传妈祖文化的专题网站。中华妈祖网利用现代媒体,开辟妈祖文化对外宣传的新窗口,并以民间的形式在台湾北港朝天宫和鹿港天后宫设立编辑部,开创了两岸妈祖文化交流互动的新形式。中华妈祖网还推出了妈祖 wap 移动网站、妈祖 APP 阅读终端、妈祖文化卡、妈祖文化屏系列传播媒介。

7. 妈祖信俗被列入各级"非遗"名录

2006 年 5 月末,中华人民共和国国务院批准公布,福建省莆田市"湄洲妈祖祭典"列入第一批国家级非物质文化遗产代表作名录。

2007 年 9 月,莆田贤良港祖祠的"妈祖回娘家"祭祀民俗、延宁宫妈祖蔗塔传统制作工艺等,被列入福建省第二批省级非物质文化遗产名录。

2009 年 9 月 30 日联合国教科文组织政府间保护非物质文化遗产委员会第四次会议审议,决定将"妈祖信俗"列入人类非物质文化遗产名录,成为中国首个信俗类世界遗产,也是莆田市第一个世界级遗产。妈祖信俗申报世遗成功对于妈祖文化的传播和继承,无疑具有里程碑的意义。

二、福建"妈祖热"的原因分析

1. 宗教信仰的需求长期存在

宗教的一个主要功能就是借助超人间的力量,为社会成员提供心理上的慰藉和安全感。[①] 民间信仰是有着悠久的文化传统的一种活态现象,在我国有着悠久的历史渊源和深厚的社会基础,是百姓精神生活的重要组成部分。张化指出:民俗神和地方神的形成都有长期的历史积淀过程,逐步成为信众心中难以改变的文化符号,其神格往往有独特解释,具有世代守护一方平安、健康、长寿、丰裕、繁衍,化解灾难等与百姓日

---

① 孙尚杨:《宗教社会学》,北京大学出版社 2001 年版。

常生活休戚相关的文化功能,在当地具有很高的崇信度。[①] 民间信仰的现实功利性决定了神只职能与时俱进的特征。

妈祖职能的多元化拓展变迁亦体现了神祇在应对现代化进程所采取的策略,从传统意义上对各项公共利益的保障,如祈福禳灾、祈祷雨旸、御寇弭兵等逐渐转移至对私人利益的分别满足,如祈求子嗣、祛病免灾、仕途顺利、商海如意等。田野调查中,"信神得佑、毁神得惩"的故事还在流传和产生着,尤其是"不敬神明报业子孙"的传说是代际传递行之有效的说教。故而,逢初一十五、神诞日、坐化日到庙堂烧香拜神,遇事不顺亦来求神、问神的惯性信仰行为就这样一代代传承下去。

在提及大陆建国后的极左宗教政策,一般认为民间宗教信仰已经销声匿迹或者蛰伏待机。其实在接触田野后,发现这种理所当然的观点可能是一种错误,即使在最高压的"文革"期间,也有不少的庙宇"顶风作案"。莆田的妈祖庙除了在极左的"文革"时期新建、重建、扩建外,还有不少的庙宇在此期间到湄洲祖庙、港里祖祠进香、分灵。以《莆田妈祖宫庙大全》辑录的情况为例:

1966 年,常太镇顶坑村的常丰宫重修,并自横江祖宫分灵。

1968 年,梧塘镇松西村新建天门府,灵川镇何寨小区重建灵岩殿。秀屿区东峤镇赤岐村龙虾宫,1968、1973 年重修,1973 年再次自湄洲祖庙分灵。

1969 年,榜头镇梧店村重建振辰宫。

1970 年,黄石镇西利村余埭自然村重修海宁宫、月塘乡双告山村周厝重建武圣庙。

1971 年,埭头镇汀岐村始建会源宫,并分灵自湄洲祖庙。

1972 年,枫亭镇海安村后井重建锦山宫。

1973 年,笏石镇四村石兜宫、赖店镇新周村鲤鱼尾的石碑宫重建,黄石镇下江头村的宝洲祖庙 1973 年重建,1976 年扩建。

1974 年,笏石镇岭美村的兴镇宫和平海镇北峤村江边的震水宫重修,新建凤凰山文峰宫。

1975 年,白塘镇上梧村的浮屿宫重修,同年 10 月再次分灵自湄洲祖庙。

1976 年,秀屿区东峤镇徐厝村的高阳永庆书社重修。

民间信仰具有顽强的生命力,在人为高压的冲击下,它依然能够默默蛰伏,期待宗教信仰自由春风的吹拂。即使是在政府最为严厉地禁止、取缔宗教信仰的年代,当地人亦在家以筷当香,低语祈祷,偷偷膜拜,传统的信仰并没有从根本上被铲除。随着"文革"极左思想路线的破灭,农村居民物质生活水平的大幅度提高,文化生活自由选

---

① 张化:《国家利益视野下的民间信仰活动——以上海为例》,2011 年 9 月 28 日。http://iwr.cass.cn/zjyzz/201109/t20110928_8296.htm.

择的空间扩大,宪法中规定的"宗教信仰自由"权利正以新中国建国以来最宽松的环境得以实现。[①] 易言之,民众对信仰生活的精神需求是妈祖信仰在政策宽松的大背景下全面复兴的最主要推动力之一。

2. 政府参与推动了"妈祖热"的升温

改革开放以来,随着国家宗教政策的宽松,沿海经济迅速崛起,加之社会的多元化,民间信仰环境变得自由宽松,特别是台胞寻根谒祖热潮的刺激,闽、粤等沿海地区的宗教信仰活动率先开始复苏。学界普遍将农村宗教复兴置于改革开放后宗教政策环境的宽松和农村社会转型的大背景下考虑,认为农村脆弱的经济基础、社会的巨变、文化多元化是当代民间宗教复兴的社会根源。[②] 可以说,这些研究,将农村宗教兴起原因追问引向了对整个社会转型的关注,也为我们提供了一个视角宏大又具有深刻社会关怀的研究起点。

妈祖信仰在牵动台海两岸的交流沟通影响日渐强大,政府对妈祖信仰的态度也由最初的被动转向主动介入。1994 年国家旅游局推出"中国文物古迹游",湄洲妈祖祖庙被列为 10 条旅游专线之首。鉴于湄洲岛在海内外的知名度不断提高,来岛游客日益增多,莆田市人民政府和福建省旅游局决定共同举办首届妈祖文化旅游节。2001 年闽澳合办澳门妈祖文化旅游节,由特区政府行政长官何厚铧与福建省省长习近平共同主持点睛揭幕。2007 年开始由福建省人民政府主办湄洲妈祖文化旅游节,文化部担任支持单位,中国侨联、全国台联、中国旅游协会、海峡两岸关系协会担任指导单位,台湾六家知名旅游协会参与协办。2010 年,国家旅游局开始与福建省人民政府共同主办中国·湄洲妈祖文化旅游节,这标志着湄洲妈祖文化旅游节正式升格为国家级节庆活动。

2006 年 5 月,中央电视台"心连心"艺术团首次以"两岸情缘"为主题赴湄洲妈祖祖庙演出。此后,中央电视台接连组织"曲艺杂坛""激情广场大家唱""同乐五洲""海上明月共潮生——两岸四地迎中秋大型民族音乐会""今宵月更圆——2009中央电视台中秋晚会"等文艺类栏目到湄洲妈祖祖庙演出。2010 年中央电视台"心连心"艺术团时隔四年之后再度来到湄洲祖庙慰问演出,极大地扩大了妈祖文化的影

---

① 王宏刚:《上海农村城市化过程中的宗教问题研究》,《世界宗教研究》2005 年第 4 期。

② 蒋维锬:《妈祖文化热的再认识》(《东南学术》2004 年增刊);林国平:《民间宗教的复兴与当代中国社会——以福建为研究中心》(《世界宗教研究》2009 年第 4 期)、《关于中国民间信仰研究的几个问题》(《民俗研究》2007 年第 1 期)、《福建民间信仰的现状、特点和发展趋势》(《东南学术》2004 年增刊);濮文起:《当代中国民间宗教活动的某些特点——以河北、天津民间宗教现实活动为例》(《理论与现代化》2009 年第 2 期)、《民间宗教的活化石——活跃在当代中国某些乡村社会的天地门教》(《天津社会科学》2006 年第 3 期);张祝平:《当代中国民间信仰的历史演变与依存逻辑》(《深圳大学学报》人文社会科学版 2009 年第 6 期);路遥:《中国传统社会民间信仰之考察》(《文史哲》2010 年第 4 期);晁国庆:《当前农村宗教盛行的原因》(《广西社会科学》2005 年第 5 期);宋清华:《一些农村宗教活动产生原因的探析》(《洛阳工学院工商学院》2002 年第 3 期);刘忠卫:《目前我国农村宗教盛行原因之剖析》(《青海社会科学》1997 年第 1 期)。

响力也提升了湄洲妈祖在全国的知名度。因此,政府部门的重视、积极主动参与无疑是妈祖热不断升温的一只重要的幕后推手。进香会香、巡安绕境、神诞庆典等活动时庙堂之间互相邀请、互致祝贺的庙际联谊和交往是妈祖热不断升温的直接推动力。

3. 台胞寻根谒祖热的刺激

自古以来,福建人就有"飘洋过海,过番谋生"的传统,闽人在向外迁徙的过程中又把福建的民间宗教信仰传播到台港澳和南洋各地。中国是个传统的宗族社会,海外的庙宇多有到大陆谒祖寻根的例俗,尤其是由湄洲祖庙分灵的妈祖庙,每年或每三年,都会回祖庙谒祖省亲。1987年,莆田"妈祖千年祭"活动吸引近十万台湾妈祖信众前来参加,空前的朝拜热潮,迫使台当局于当年11月部分开放台胞赴大陆探亲旅游。从此台湾宫庙回大陆进香和交流活动一发而不可收,由解严初期的"探亲潮",演变成了"朝圣潮"。1989年5月6日,台湾宜兰县苏澳南天宫董事会组织20艘船共224人突破台湾禁令直航湄洲朝拜妈祖,首开建国以来台湾直航祖国大陆的先河(该宫于1997年、2005年又两度直航湄洲)。1990年台湾溪北六兴宫组团前往惠安崇武黑脸妈祖宫进香。1991年3月,台湾嘉义圣恩宫组织信众327人乘客轮绕道日本直航湄洲祖庙朝圣,创下两岸首次通客轮的纪录。1996年新港奉天宫组成100多人团队参加泉州天后宫建宫800周年纪念活动。1997年,湄洲妈祖金身巡游台湾102天及其在台引发的朝拜热潮对福建的妈祖庙有极大的触动和启示。2006年9月25日至28日,台湾妈祖联谊会暨大甲镇澜宫湄洲谒祖进香团有台胞4300多人在福建进行谒祖进香。2002年,台湾台中龙天宫尊汀州天后宫为祖庙并恭迎汀州妈祖分灵渡台。同年,漳州乌石天后宫妈祖千年金身赴台、澎、金、马巡游116天。2007年,马祖天后宫妈祖金身与连江城关庙妈祖金身同时巡游连江凤城;2008年,马祖岛坂里境天后宫、芹壁境天后宫和马祖境马港天后宫的妈祖信众携各自宫庙的妈祖金身赴连江县壶江天妃宫进香。2011年6月29日,为纪念138年前镇北宫由长泰分灵到台湾,台湾新北市万里区龟吼里镇北宫组织了138名妈祖信众到福建长泰岩溪镇天妃宫参拜。据湄洲祖庙的不完全统计,从1992年至2009年6月份,台胞赴湄洲祖庙参加节庆活动的团队就有13569,人数近35万人。[①] 从1987年至2009年,来湄洲祖庙朝拜妈祖的台胞近230万人次。[②]

随着"探亲热""寻根热"的不断升温,台湾各寺庙董事会、神明会纷纷组织信众来大陆进香朝圣、寻根谒祖,或捐款捐资,重修重建祖庙,其中到东山铜陵关帝庙进香割火的台湾各地关帝庙多达三百多座,到白礁、青礁慈济宫、莆田港里天后祖祠、泉州富美宫、同安马巷池王宫、古田临水宫、安溪清水岩寻根谒祖的台湾各地宫庙信众络绎

① 翁卫平:《妈祖文化与海峡两岸交流互动》,《昆山妈祖文化学术论坛论文集》,2010年。
② 柯力:《国家与社会关系视角下的民间信仰——以福建地区湄洲岛妈祖信仰为个案》,厦门大学社会学系2011年研究生学位论文。

于途。海外侨胞,尤其是广大台胞对大陆祖庙进香谒祖热潮极大地刺激了包括妈祖庙在内福建民间宗教信仰的复兴和火热。除了庙宇的修复,信仰的重新,仪式的复苏,各地寻根认祖、请香分灵、庆典民俗的宗教热潮一浪高过一浪。

4. 民俗仪式推陈出新

传说可视为信仰崇拜的语义化、形象化、想象化的带有鼓动性和说服意义的表达行为,而民俗活动、祭祀仪式则是信仰崇拜的外在化、具体化和客观化的实践行为。且宗教仪式是人们赖之与神灵联系的手段,它是活动中的宗教。仪式不仅是赖以增强一个群体的社会关系和消除紧张形势的手段,而且是庆祝许多重要事件、减少诸如死亡一类的危机在社会上的破坏作用,使个人易于忍受的一种方法。[①] 改革开放以来,民众将过去曾被取缔严禁的信仰习俗、祭祀仪式重新解释,并不断调整、赋予新的时代内容,使其在适应现代社会的情况下实现传统的再造。如,传统的海祭、出游、妆阁、耍刀轿、摆棕轿、乞龟等民俗活动在民间社会热闹着百姓的闲暇生活,除了传统的祭典外,有些庙宇还增加了多姿多彩的民间文艺节目,甚至高端的娱乐节目也穿插于妈祖诞辰活动中,使得妈祖的"庙会""祭典"等民俗活动更加具有时代的气息。而近几年新出现的民俗活动,如天下妈祖回家、转凉伞、妈祖宴、妈祖供品等推陈出新,即酬神又娱人。

民俗活动中文化娱乐的功能还在发挥不可忽视的余热,适当增加时代娱乐因子是信仰与仪式在当代影响日巨、并得到民众的欢迎的一个重要因素。葛兰言指出民间信仰的源头是乡村淳朴的节庆和习俗。[②] 在进香的人群中、游神的队伍中,有风华正茂的年轻人还有不谙世事的懵懂孩童,或许受过现代教育的年轻人的虔诚度远不及老一辈,但在访谈中无论老人还是年轻人都表示孩提时的拜神记忆无疑会影响个人的长远人生。正是这种与时俱进的民俗仪式和潜移默化的代际传承,承载着和推动着民间信仰的继续勃兴和发展。

三、福建"妈祖热"对构建平衡的宗教生态范式的启示

1. 政府在构建平衡宗教生态中的责任

近年来我国宗教学研究中提出了把文化生态学应用于宗教研究,建立宗教文化生态学的具有原创性的理论观点,它既是对我国多元宗教文化和谐共存、共生历史文化现象的理论概括,也是对当代中国宗教生存发展前景的深层思考与探索。2006 年,牟钟鉴提出"恢复和发展中国模式的宗教生态,建立宗教文化生态学"被列为当年宗教学十大观点之一。牟钟鉴在《宗教文化生态的中国模式》中指出,"马克思主义、儒学、佛教、

---

① 王铭铭:《想象的异邦》,上海人民出版社 1998 年版,第 154 页。
② 王铭铭:《社会人类学与中国研究》,三联书店 1997 年版。

道家道教、伊斯兰教、天主教、基督教以及各种健康的民间信仰,都应有各自的合理的存在空间,不可能互相取代,而要彼此尊重。"金泽、段琦和陈进国主张从文化战略的大视角来为民间信仰"正名"和"脱污"(封建迷信)[1],使各类宗教彼此间互相制约而达到一个平衡状态,即各类宗教各得其所,都有它们的市场,满足不同人群的需要[2]。

缺乏合法性一直是民间信仰面临的尴尬的政治生态,庙宇、神像在极左时期被随意拆毁的场面是无数老人共同的挥之不去的历史记忆。1978 年后借着五大宗教信仰自由的春风,民间信仰在社会急剧变迁的过程中获得了一定的"自治空间",在这个狭小的空间里,各种力量各显神通,在缺乏合法性存在的情况下,或通过"文物保护",或"民俗博物馆",或"非物质文化遗产"获得了合情合理的存在和发展。随着改革开放后,社会生活、文化日益多元化,尤其是闽粤的民间信仰与海外庙堂的来往愈来愈频繁,那些根植于民众生活的民间信仰也就不再被视为封建迷信的余孽加以取缔,相反还得到政府部门的礼遇有加,如当前在闽台热烈展演的妈祖信仰。大陆政府对妈祖信仰的包容和两者之间游刃有余的互动使得妈祖信仰在整个民间信仰中脱颖而出。

但是,当前政府的政策实用性太强,有用的信仰就重视并加以支持(如妈祖),暂时用不到的信仰就忽视,甚至打压。目前绝大多数的民间信仰在理论上和法律上依然不是合法的存在,甚至在知识分子的眼中草根社会的民间信仰依然背负着封建迷信的标签。因此,对于其他多元的传统民间宗教信仰,政府有责任以大度包容的态度对它们公平开放合法化的生存发展空间,给民间信仰一个合法的地位,在处理民间信仰问题时有法可依,而不是从功利实用主义出发,这样才能保证正常的宗教生态平衡。

2. 民众在传承信仰文化中需要的文化自觉

妈祖热的掀起固然有政府的支持推动,台胞侨胞寻根谒祖热潮的刺激等因素,但是还要归功于一部分对妈祖信仰历史文化熟悉的文化精英因为热衷于记录、保留、传承,因此能够为地方社会传统的民间信仰留下生存发展的空间,妈祖信仰的民间社会原有的社会资源和价值体系不因现代化的转型而荡然无存。如从 20 世纪 80 年代开始,以林聪治等人为首的董事会,他们在鼎力恢复被破坏的庙堂之余,亦关注妈祖文化的延续传承,厚重的庙志、论文集、资料汇编、国家非遗、世界非遗等贴近主流的荣誉也从侧面印证了地方民众在挖掘、宣传妈祖文化上多年的累积和爆发。在田野调查中,经常看到某地某神祇有巍峨华丽的殿堂,有热闹的游神演剧,常态化的学术研讨会,也常常听到当地民众在感慨:"什么时候我们的某神明也能像妈祖一样?"语气之中饱含羡慕。但是绝大多数的庙宇管委会、小区民众对庙宇的历史文化知之甚少,对有历史价

---

① 陈进国:《关于中国宗教生态论的争论》,《中国民族报》2010 年 7 月 6 日第 6 版。
② 段琦:《宗教生态失衡对基督教发展的影响——以江西余干县的宗教调查为例》,《中国民族报》2006 年 5 月 16 日第 6 版。

值的文物也置之不理,却一心模仿妈祖的热闹。无论在田野调查还是在文本宣传里,妈祖信众都强调妈祖信仰与传统优秀文明的一脉相承,对妈祖的信仰膜拜而升华到对中华文明的认同和践行。因此,在同等开放的信仰空间里,地方民众应该有一种对本土传统有自知之明的"文化自觉",以避免地方的"文化中断"或文化生态败落。①

3. 主动服务社会,取之于民,用之于民

妈祖因救助海难而献出年轻的生命,在妈祖传说故事中,扶危济困一直是其重要组成部分。因此,千百年来,信众在膜拜妈祖的同时,也在以实际行动践行妈祖精神中慈悲博爱、行善济世、济险拯溺、无私无畏、忠孝节义、扶助孤苦的社会责任。

宗教从传统的慈善到参与社会公益是一种历史趋势。对于民间信仰而言,服务乡梓的慈善与社会公益并没有太大的区别,但是这两者在很大程度上让妈祖信仰获得社会的普遍认可,也成为民间信仰参与构建和谐社会的典型案例。如湄洲祖庙近二十年来在公益慈善方面的付出,小到支持地方文教卫生、支持教育帮扶贫困优秀学子、关注弱势群体、救助帮扶孤儿院、养老院等困难人士,大到支持东南亚海啸灾区、四川汶川灾区、青海玉树地震灾区、甘肃舟曲泥石流灾区、台湾"八八"水灾灾区。不同地方的妈祖宫庙董事会组织开展各项特色公益慈善活动,践行厚德、至善、和合、大爱的妈祖精神。致力于开展扶贫济困、赈灾助残、奖教助学、修桥铺路、保护环境、尊老孝悌、敦亲睦群、和善乡邻等善行义举,用自己力所能及的行动来践行妈祖精神,净化心灵,传递爱心,广种福田。并在具体的实践中,使这类活动逐渐形成社会化、生活化、常态化、制度化。2011年,"莆田市当代妈祖海上搜救红十字志愿者服务队"正式成立,以及众多宫庙自觉成立的义工、志愿者等名称在妈祖信众中响亮喊出,都可见证妈祖信众在践行妈祖大爱精神、回馈社会过程中的艰辛付出。

因此,庙堂欲在庞杂的宗教生态中占据一席之地或者在众多的神灵中脱颖而出、争取一枝独秀,还要加强与当地群众的交流,融洽与周边群众的关系,支持小区村落的公益事业,如修桥铺路、捐资助学,关怀孤独,做到取之于民用之于民。易言之,民众渴盼社区庙宇、神明能有与妈祖一样泽披四海、亿民敬仰的影响力,推动地方庙堂积极主动参与地方社会的现代化进程是第一要务。

(原载《莆田学院学报》2014年第1期)

---

① 陈进国:《传统复兴与信仰自觉》,《中国宗教报告(2010)》,社会科学文献出版社2010年版,第152页。

湄洲岛国家旅游度假区生命周期规律分异探讨[①]

陈 超[②]

莆田学院管理学院

吴臻霓

福建师范大学地理科学学院

湄洲岛位于台湾海峡西岸中部的湄洲湾口,面积 14.35 平方公里,人口 3.8 万。这里是海上和平女神妈祖的故乡,妈祖文化的发祥地。1988 年 6 月湄洲岛被辟为福建省对外开放旅游经济区, 1992 年 10 月湄洲岛被国务院批准为国家旅游度假区。目前学者对湄洲岛旅游地的研究集中在妈祖文化、景观设计和地理学要素三个方面。本文尝试引用 Butler 根据接待游客的增长率来判定旅游地生命周期阶段,把湄洲岛游客市场按不同组织方式分类,判别分类游客市场对旅游地各自生命周期阶段,深入分析湄洲岛国家旅游度假区生命周期规律分异。一则可丰富旅游地周期理论,二则可为旅游地政府规划及旅游企业深化市场开拓决策提供有益依据。

一、基于Buffer的旅游者增长率幅度来判定旅游地生命周期阶段

旅游地生命周期是旅游地演化的基本规律,国内外学者进行了大量的研究,取得了较多成果。国外旅游地生命周期研究涉及周期阶段划分、周期阶段特征的描述、影响周期演变因素和理论的应用性评价等。1963 年 W. christaller 研究了地中海沿岸乡

---

① 基金项目:福建省科学自然基金资助项目(Z0515008)。

② 陈超(1964—),男,福建莆田人,经济师,福建师范大学地理科学学院硕士研究生。

村旅游的演化过程,认为乡村旅游生命周期可以分为三个阶段:发掘阶段、增长阶段和衰退阶段。[①]1980 年 Buffer 系统地把市场营销学中的产品生命周期理论引入到旅游地研究中,且根据其他人文地理学家的研究成果,提出 S 型旅游地生命周期演化模型,认为旅游地生命周期一般经历探索、参与、发展、巩固、停滞、衰落或复苏六阶段(见图 1)。[②]Butler 的理论提出后,许多从事旅游生命周期研究的学者,对 Butler 的模型进行了修正,使之更具有可操作性。[③] 主要争议焦点仍然存在,有人认为真正具有生命周期的是旅游产品而不是旅游地;有把"旅游地生命周期理论"理解为"旅游产品生命周期理论"。但到目前为止,Butler 的 S 型旅游地生命周期理论,被国内外学者一致公认并广泛应用的,是分析旅游地演进过程的最重要的模型 [④],同时总结出各阶段的特征,对旅游地生命周期阶段进行定性分析。

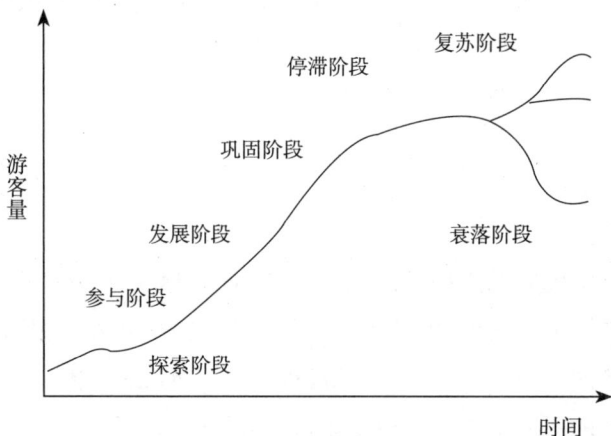

图1　S型旅游地生命周期演化

销售增长率法即根据某一旅游产品在不同时期销售增长率的大小,来判断该产品所处的阶段。[⑤] 其计算公式:销售增长率 =(本期销售额 – 上期销售额)/ 上期销售额 × 100%。Butler 在研究旅游地发展周期时,用接待游客的增长率即模仿销售增长率法来判定旅游地生命周期阶段。[⑥] 总结旅游地发展不同阶段与旅游者增长幅度有其对应关

①　Christaller W., Some consideration of tourism location in Europe: The peripheral regions–underdeveloped counties recreation areas, *Regional Science Association*, XII Land Congress, 1963(12):pp.95–105.

②　Butler R. W., The Concept of a Tourist Area Cycle of Evolution: Implications of Management of Resource, *The Canadian Geography*, 1980(1):pp.5–12.

③　余书炜:《"旅游地生命周期理论"综论》,《旅游学刊》1997 年第 1 期;陆林:《山岳型旅游地生命周期理论研究——安徽黄山、九华山实证分析》,《地理科学》1997 年第 1 期。

④　Buhalis D., Marketing the Competitive Destination of the Future, *Tourism Management*, 2000(1):pp.97–116.

⑤　贾玉成:《旅游风景区产品生命周期与产品的创新》,《经济研究》2004 年第 6 期。

⑥　Butler R. W., The Concept of a Tourist Area Cycle of Evolution: Implications of Management of Resource, *The Canadian Geography*, 1980(1):pp.5–12.

系（见表 1）。K. Debbage 对巴哈马的天堂岛的研究，C. Cooper 和 S. Tackson 在对男人岛的研究，K. Meyer Arendt 对美国格兰德岛的研究[①]；杨效忠等（2004）对普陀山旅游地生命周期与旅游产品结构演变关系初步研究等都基本上证明了生命周期演化模型理论的阶段命题假设，即旅游地有一个由起步经盛而衰的过程。可以认为用接待游客的增长率来判断海岛型旅游地具备相当的合理性。当然，不同的旅游地旅游者增长率也有所不同，一些专家提出了与上述经验数字存在较大差异的判断依据。因此，在进行定量分析的同时，必须结合定性分析。

表 1　旅游地生命周期 6 个阶段对应的增长率

探索	参与 /%	发展 /%	巩固 /%	停滞 /%	衰落或复苏
不规则	0—5	5—10	<15	0—5	负值或微长

二、湄洲岛国家旅游度假区生命周期规律分析

1. 湄洲岛旅游地生命周期阶段判别

自 1987 年台湾当局开放台胞到祖国大陆探亲旅游以来，湄洲岛旅游得到迅速发展，进入成长时期。1990 年接待国内外旅游者 54 万人次，1993 年猛增至 100 万人次（见图 2），1994 年、1995 年连续下滑，1995 年接待国内外旅游者 73.6 万人次，以后逐年上升，2000 年接待国内外旅游者达到历史新高峰 130.8 万人次；接着下滑到 2003 年 107.6 万人次，2004 年又回升 132.1 万人次。[②]旅游总的发展趋势还是上升的，增长迅速逐渐缓慢。湄洲岛国家旅游度假区生命周期总体上处于成熟停滞向衰退转折时期，转折过程相应较长，与旅游地文化内涵深厚、具有较广的吸引向性和长久的吸引力相关。

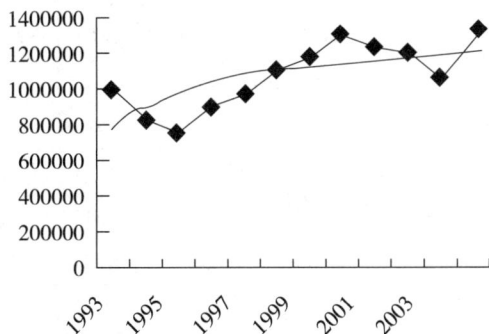

图2　1993—2004 年湄洲岛接待旅游者趋势

---

① 胡静春：《旅游地生命周期及其控制策略》，云南大学 2003 年硕士学位论文。

② 数据来源：《莆田市统计年鉴（1993—2004）》，湄洲轮渡公司与莆田市旅游局。

从短期来看,湄洲岛旅游地生命周期属不规则扇形递进状态。1987—1995 年出现首次扇形结构,旅游者人次快速增长又迅速下降;1995—2003 年产生第二次递进扇形,2000 年高峰点游客比 1993 年第一次扇形高峰点增加 30.8 万人次[①];而 2003 年是第三次螺旋递进扇形的起点。从长期来看,自 1987 年旅游者继续保持增长态势,至 2000 年处于旅游地停滞与成熟的转折点,基本符合 S 型旅游地生命周期演化模型,进一步证实了海岛型旅游地的发展轨迹,也印证了只有当研究对象为小岛屿或产品单一的旅游地时,才接近于 Butler 的理想曲线。[②] 从湄洲岛存在短期与长期两种旅游地生命周期共存的特殊形态的事实,初步见证了湄洲岛在以妈祖朝圣为核心的单一产品到逐步深化妈祖文化内涵,积极推进海岛风光建设而形成的妈祖朝圣、海岛风光、海洋旅游项目联动效应。妈祖朝圣是湄洲岛存在长期增长态势的根源,而不断推进旅游项目的建设是湄洲岛存在短期旅游地生命周期不规则扇形状态的"催化剂"。

2. 湄洲岛分类市场的生命周期阶段界定

依据已有数据对湄洲岛接待旅游者进行分类市场的整理与统计。把旅游者分为岛上居民休憩、国内散客、国内团队、境外团队四种类型,分别计算其年增长量和年增长率(见表 2)。

表 2　湄洲岛四类旅游者增长率 [③]

年份	接待旅游者 / 人次				年增长量 / 人次				年增长率 / %			
	岛民休憩	国内散客	国内团队	境外团队	岛民休憩	国内散客	国内团队	境外团队	岛民休憩	国内散客	国内团队	境外团队
1996	304030	458060	109574	30336	/	/	/	/	/	/	/	/
1997	316232	491046	128352	36414	12202	32986	18778	6078	4.0	7.2	17.1	20.0
1998	327882	606778	146958	26898	11650	115732	18606	−9516	3.7	23.6	14.5	−26.1
1999	390500	613114	137318	30080	62618	6336	−9640	3182	19.1	1.0	−6.6	11.8
2000	365300	711210	174700	57200	−25200	98096	37382	27120	−6.5	16.0	27.2	90.2
2001	353060	634540	195844	46620	−12240	−76670	21144	−10580	−3.4	−10.8	12.1	−18.5
2002	352700	595464	211038	50396	−360	−39076	15194	3776	−0.1	−6.2	7.8	8.1
2003	329600	521000	211660	14022	−23100	−74464	622	−36374	−6.5	−12.5	0.3	−72.2
2004	338000	658800	301480	22790	8400	137800	89820	8768	2.5	26.4	42.4	62.5

---

① 数据来源:《莆田市统计年鉴(1993—2004)》,湄洲轮渡公司与莆田市旅游局。

② 吴江、黄震方:《旅游地生命周期曲线模拟的初步研究——Logistic 曲线模型方法的应用》,《地理与地理信息科学》2004 年第 5 期。

③ 数据来源:《莆田市统计年鉴(1993—2004)》,湄洲轮渡公司与莆田市旅游局。

从表2的计算结果获悉:岛上居民休憩游到1999年到达高峰后自2000年出现6.5%的负增长,接着三年岛民休憩人次连续小幅下降,就2004年与1996年岛民休憩人次相比也仅增长11.2%,说明岛民休憩对旅游地生命周期阶段反应不敏感,岛民休憩市场将维持较长时间的停滞成熟阶段;国内散客旅游2001年出现10.8%的负增长,短期内转入衰退期。如果从长远的角度来观察,散客旅游人次处在上升态势,符合随着可支配收入增加而人们出游能力增强基本规律,散客旅游市场处在巩固成长阶段;国内团队旅游2001年以后步入巩固成熟期,年游客增长量放缓,基本与国内旅游散客化特点相吻合,即使2004年接待国内旅游团队猛然上升,也是湄洲岛举办系列节事活动引起的;境外团队近十年来波动较大,但2000年后如境旅游者逐年减少的趋势相当明显,与湄洲岛接待入境旅游客源以台湾同胞为主有必然联系。同时,也受到湄洲岛国家旅游度假区吸引力级别较低、旅游产品单一、当地经济水平低的制约。入境潜在市场没有转变为现实的旅游市场,入境旅游团队近期走向衰落在所难免。上述分析反映了不同组织方式的旅游者对同一旅游地的生命周期阶段影响具有先后顺序的节奏,往往当地的或近距离的旅游者会首先进入停滞衰退期;旅游地生命周期演进还会受到政治、旅游资源特色、旅游产品组合、当地经济水平、节事活动、区域合作等综合因素的影响,引起出现旅游地生命周期阶段演进不规则性现象。分类市场需求差别性和生命周期阶段差异性对政府制定开发策略与企业进行经营促销提出更高要求。

3. 湄洲岛生命周期演变的影响机制

湄洲岛以妈祖文化为主的人文旅游资源,具有独特的吸引力。湄洲岛是人类在长期的发展中留下的改造和利用自然的结果,是当时人类智慧的结晶,是具有独特观赏价值的人文景观。在达到一定发展程度以后,这样的旅游地将维持较长久的稳定成熟阶段。湄洲岛演变过程主要受环境容量和社会经济条件的影响,同时也受市场区位、突发因素、旅游者偏好变化的影响。

首先,湄洲岛旅游地的环境容量相对较小,当旅游人数超过了景区环境容量时,旅游地的发展就进入了成熟阶段,由于旅游地空间有限,对景区的后续开发难度较大,环境容量对旅游地发展的阻碍作用明显。其次,旅游者的旅游偏好发生改变,主要是出现新的旅游方式和观念,旅游者的需求也随之发生了转移。旅游消费观念的变化使人文旅游资源为主的旅游地市场规模不断变化,旅游地旅游资源出现衰退。其三,旅游地资源条件的优劣是影响旅游地演变过程的关键因素。湄洲岛以妈祖文化为核心开发朝圣旅游,但朝圣旅游目的仅占12%[①],说明开发工作停留在较低的层面的基础设施

---

① 陈超、蒋长春、谢红彬:《重塑湄洲岛国家旅游度假区的旅游产品》,《边疆经济与文化》2005年第12期。

建设上,旅游地发展很难吸引潜在的客源,致使旅游地的发展表现为长期停留在较低的发展水平上,在短暂的发展后就停滞不前。其四,旅游者的流动规律受节事活动影响相当明显。对 1998 年至 2004 年各个月来岛旅游者进行累加（见图 3）[1]。

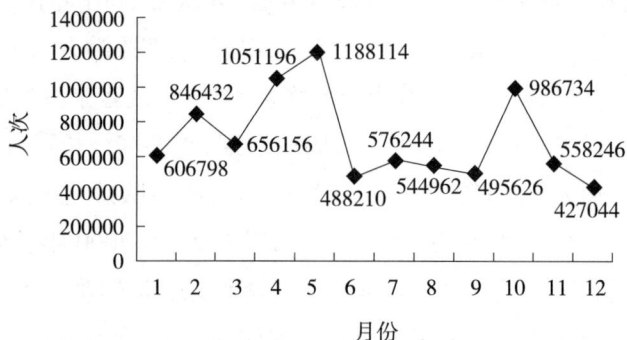

图 3　1998—2004 年旅游者人次月份累加分布

图 3 表明旅游者集中在五一节、国庆节、春节三个黄金周与妈祖诞生节、升天节,五次节事活动的游客占有超过 65%,其他月份游客明显减少,旅游者月份波动异常激烈。而每年 6—11 月属适宜旅游度假的月份[2],除十月外却处于淡季,从侧面可反映度假旅游市场还未得以充分开发,应是今后发展的重点。

三、推动湄洲岛国家旅游度假区生命周期复苏的途径

运用该理论进行实证分析时,对旅游地所处阶段的划分只能是相对而言,带有较强的主观性,必须结合旅游地具体实践与区域旅游发展的大环境进行创造性地分析。针对湄洲岛国家旅游度假区周期阶段综合判断及不同组织方式的客源市场生命周期阶段分析,指明深化开发湄洲岛的复苏途径。

1. 改进和重新包装多元化海岛型旅游产品

以湄洲岛为例对 Butler 旅游地生命周期模型进行实证分析,总结出旅游市场的非线性的发展规律,避免旅游客源市场预测通常采用线性分析的方法,过分乐观预测旅游者增长趋势,提高规划的可行性。湄洲岛朝圣旅游已出现停滞成熟态势,境外旅游人数上升日益减缓,消费购买欲望下降。因此,必须改造和重新包装以妈祖文化为核心的多元旅游产品,对全岛的旅游资源进行整合,推出参与性、娱乐性、生态性、休闲性的旅游产品,以延长旅游产品的生命周期,保证湄洲岛国家旅游度假区沿着良性循环

---

① 数据来源:《莆田市统计年鉴（1993—2004）》,湄洲轮渡公司与莆田市旅游局。
② 范正业、郭来喜:《中国海滨旅游区气候适宜兴评价》,《自然资源学报》1998 年第 4 期。

的健康轨道发展。

2. 提升进入衰退期的旅游者的满意度

不同类型旅游者对同一旅游地的生命周期阶段影响节奏有先后顺序,往往当地的旅游者会首先进入衰退期,佐证与丰富了旅游地周期理论。另根据上述分析与判断湄洲岛分类市场的生命周期阶段,为了及时满足不同细分市场旅游者的需求,采取不同的营销手段,增强旅游地的吸引力。如对度假型旅游者应大力促销湄洲岛南部旅游产品,多开展一些参与性的旅游项目和娱乐活动。

3. 推介湄洲女形象,挖掘滨海旅游内涵

从短期来看,湄洲岛旅游地生命周期属不规则扇形形态,与分类旅游市场的生命周期差异性基本一致,且旅游季节性明显。由于湄洲岛比较注重妈祖文化景观的开发,海洋文化开发的力度不够,旅游项目单一,文化含量不高,湄洲岛仍停留在朝圣旅游观光这一基础层次上,游客参与性项目较少,游客停留时间短,人均消费水平低。因此,依托祖庙,推介湄洲女形象,举办系列妈祖旅游文化节事活动,丰富妈祖文化内涵,开发滨海旅游活动势在必行。

4. 开发旅游新产品,开拓新的客源

Butler 指出旅游地复苏可以有两个途径:一是增加人造景观吸引力;二是发挥未开发的自然旅游资源的优势,重新启动市场。旅游地步入滞长成熟期是一种普遍规律,其周期每个阶段的长短主要受到旅游区开发模式、市场条件等因素的制约。旅游区只有不断开拓新的客源,才能减缓这一进程的时间。要减缓这一进程的时间,最好办法就是对旅游产品的创新和再开发,重新启动市场。通过建立湄洲岛生命周期复苏途径系统模式,扩大潜在客源的加入,改变原旅游地生命周期曲线,延长旅游区的生命进程。

四、结论

福建省湄洲岛国家旅游度假区生命周期短期上观察属不规则扇形递进状态,具有相应较长停滞与成熟的转折过程,与妈祖文化内涵深厚和持久吸引力相关。不同组织方式的旅游者对湄洲岛生命周期阶段影响具有先后顺序的节奏,往往当地的或近距离的旅游者会首先进入停滞衰退期;受湄洲岛生命周期演变机制的影响,引起出现旅游地生命周期阶段演进不规则性现象。为满足细分旅游者多样化旅游产品需求,开发多元化海岛型旅游产品并积极挖掘滨海旅游内涵刻不容缓,以市场导向型的旅游产品开

发模式推进旅游项目建设 [①],避免单调的传统旅游朝圣活动抑制多元化旅游者需求。以新的旅游项目刺激传统旅游消费者,提高旅游重游率;树立旅游地度假休闲形象,吸引海滨旅游度假者,丰富旅游度假活动,全面提升湄洲岛旅游度假功能。分类市场需求差别性和生命周期阶段差异性对政府制定开发策略与企业进行经营促销提出更高要求。

（原载《莆田学院学报》2006 年第 4 期）

---

① 吴江、黄震方:《旅游地生命周期曲线模拟的初步研究——Logistic 曲线模型方法的应用》,《地理与地理信息科学》2004 年第 5 期。

试论集邮文化与妈祖文化的结合

程元郎 [①]

莆田学院

妈祖信仰自宋迄今已历千年以上,并形成了内涵丰富的妈祖文化。它涉及人类学、社会学、政治学、教育学、建筑学、统计学、民俗学等诸多学科。随着时间的推移,其外延尚在不断扩大,妈祖文化与集邮文化的结合就是一种新的文化现象。一般认为,集邮文化是人们在收集、鉴赏、研究邮票（集邮品）的活动中所创造的精神成果及其他文化现象。[②] 20 世纪中叶开始,随着妈祖题材邮品的接连出现,逐步形成独具特色的系列妈祖邮品,也可以认为是一种新型的妈祖文献。本文试就妈祖文化涉及集邮文化的诸多问题进行探析。

一、集邮文化与妈祖文化的关系

历史上的各种文化,往往是互相联系、互相冲撞、互相渗透的。集邮文化与妈祖文化结合,也产生了一种独特的文化现象。这种文化现象是人们从集邮的角度或侧面融合妈祖文化而逐步发展形成的。

1. 妈祖文化发展促进了集邮文化活动的开展

妈祖信仰作为民间信仰,延续之久,传播之广,影响之深,都是其他民间崇拜所未曾有过的。随着华人足迹遍及全球,妈祖信仰在世界各地的众多民间信仰中也同样具有突出地位。妈祖信仰在发展中,产生与其密切相关的诗文、楹联等诸多文化,相互渗透,相互影响,致使妈祖信仰更广泛深入地扎根在民间。特别是近二十年来,与"妈祖朝拜热"相伴而来的是"妈祖研究热",学者对妈祖文化的形成、发展、传播、演变以及

---

① 程元郎（1948—　），男,福建莆田人,副研究员。

② 孙少颖:《中国集邮大辞典》第 2 版,中国大百科全书出版社 1999 年版,第 3 页。

属性特征等进行了认真深入的探讨。同样,妈祖文化的发展也推动了我国乃至世界上的一些国家(或地区)相继发行了以妈祖题材为内容的邮票、封、片、简和刻制了为数不少的各种邮戳等。许多邮票公司、集邮协会及个人也相应制作出众多反映妈祖文化的邮品。他们或举办妈祖集邮展览,或开展妈祖邮品鉴赏……促进了集邮文化活动的开展。

2. 集邮文化增加了妈祖文化传播的途径

自第二次世界大战结束以来,集邮活动在世界范围内迅速发展。据估计,目前全世界集邮爱好者已超过一亿人。中华人民共和国成立后,集邮活动有了进一步的发展,吸引着不同年龄、不同职业和不同文化层次的众多集邮爱好者。1982年中华全国集邮联合会成立后,使中国的集邮活动步入一个新的历史时期。各级集邮组织机构的建立健全,广大集邮爱好者的积极参与,为集邮文化的发展奠定了厚实的基础。在传承妈祖文化方面,一是世界各地的许多虔诚的妈祖信众和广大集邮爱好者都热衷于收集以妈祖题材为内容的邮品;二是他们又不同程度地参加到以弘扬妈祖文化为目的的集邮文化活动中去,使得妈祖文化通过集邮文化得以进一步的传播和发展。

二、妈祖文化的集邮载体

妈祖文化是依托一定的载体而得到体现的。就目前而言,通过集邮载体展示妈祖文化主要有以下几种形式:

1. 邮品

如邮票、首日封、邮资封片简、邮戳、邮政签条、实寄封片等邮政用品。

(1)邮票。

世界各国(或地区)都把本国(地区)的政治、经济、科学、文化、历史、地理、体育,卫生等方面最具代表性,最引以为骄傲的内容反映在邮票上[1],因而被称之为"国家名片"。同样一些国家(或地区)也把妈祖的有关内容搬上了方寸之地,作为对外宣传的"窗口"。

(2)封、片、简。

这里主要是指由国家(或地区)邮政主管部门发行的印有邮票图案的信封、明信片及邮筒。其上印有的反映妈祖文化内容的信息,同样能起到与邮票一样的作用。比如,为了庆祝"中葡关于澳门问题的联合声明正式签署",我国邮电部于1987年4月17日发行了编号为中纪片10的邮资明信片,第一枚的主图为澳门的妈祖阁。在和平

① 何大仁、赵文义、严亿北:《基础集邮学教程》,人民邮电出版社1992年版,第2页。

女神妈祖诞辰 1040 周年之际,国家邮政局于 2000 年 4 月 27 日发行 TP13《妈祖传说》特种邮资明信片一套 6 枚,邮资图选自莆田市博物馆馆藏《林氏族谱》。明信片图案采用现藏于仙游县大济镇白塔村枫塘宫的工笔组画,分别为"妈祖诞生""海上救难""湄屿飞升""神女护使""钱塘助堤""涌泉济师",较为系统地介绍了妈祖的一生及升天后的传说。1999 年 12 月 20 日,回归后的澳门,首次以"中国澳门"铭记,发行了一套 6 枚邮资片。其中第一枚为"妈阁庙"。台湾省在 20 世纪 70 年代也发行了鹿港的妈祖神像明信片。1999 年 9 月 4 日国家邮政局以 FP9 编号,发行的一套 10 枚《福建风光》A、B 两组同图不同邮资的邮资片中,都有一枚为妈祖石雕像。国家邮政局于 2002 年发行的一套 10 枚的福建旅游风情邮资封的主图中有四枚分别展示了妈祖像、湄洲岛、妈祖祭典及港里天后祖祠牌坊。国家邮政局于 2004 年发行了邮资图为海上女神妈祖的邮资封。20 世纪 80 年代,澳门发行一种面值 40 仙的邮资邮筒,其边框全为澳门中式古庙,妈阁庙也在其中。除了以上介绍的一些由邮政主管部门发行的邮资封片简外,值得关注的是,在开展妈祖集邮文化活动中,许多邮票公司和集邮组织也都纷纷设计印制了首日封片、原地封片、纪念封片等。其中 1987 年 10 月 31 日(农历九月初九),妈祖升天一千年纪念日,莆田市荔城邮趣会印制的《妈祖千年祭》纪念封(含卡),在国内外反响较大,新加坡《椰林邮语》介绍了这枚纪念封及其上的说明文字。此外, 1985 年 7 月 11 日,原邮电部发行的《郑和下西洋 580 周年》纪念邮票两枚首日封中,有一枚图案为"天妃灵应之记碑",此碑在福建长乐南山天妃宫内,是郑和第七次下西洋时立的,记述了历次下西洋的经过及妈祖神迹。

(3)邮戳。

通过邮戳中的图案及文字等信息,来传播妈祖文化,也能起到事半功倍的效果。妈祖邮戳包括妈祖纪念邮戳、风景邮戳和宣传邮戳。妈祖纪念邮戳包括"妈祖"主题邮票首日封上使用的纪念戳以及为纪念"妈祖"的各种祭祀活动而刻制使用的纪念邮戳,其戳印大多为圆形,且图文并茂,多以妈祖画像、雕像、庙宇以及象征妈祖"慈航福庇,泽被四海"的海船和海洋为主图。妈祖风景邮戳旨在宣传妈祖文化旅游景观。这类戳多以妈祖(天后)宫庙为主图,外形基本上都是圆形,只有台湾 1995 年更换后的新戳为六角形。妈祖宣传邮戳目前只有妈祖故乡的莆田市刻制启用过。因邮戳为两个生产厂家刻制,戳质不同,一种为储墨式,另一种为锌质,故戳在尺寸、字型、笔划和排列方面略有差异。莆田市邮政局为配合国家邮政局发行《妈祖传说》特种邮资明信片,推出了一系列邮政戳记。这些邮戳图文并茂,或展现了千年前妈祖的绰约丰姿;或留存住妈祖故乡千年祈福、世纪盛典的精彩画面,或记述着海峡两岸共仰海神的盛事。邮戳包括两枚纪念日戳、两枚风景日戳、两枚临时日戳、6 枚宣传戳(三横三竖、矩形)共 4 类 12 种。这些邮戳把有千年历史积淀的妈祖文化播送海峡两岸,传递到世界各地。

2. 邮集

一部主题鲜明、内容丰富、编排新颖、富有创造性的妈祖邮集,融思想性与艺术性于一体,能充分发挥其宣传妈祖文化的功能。目前,以妈祖邮品为主组编而成的专集主要有以下几种类别:

(1)妈祖专题邮集。

它是以邮票及其邮品的图案、内容以及发行目的为研究对象,按既定的妈祖主题进行邮品选择、科学分类而组编的邮集。

(2)妈祖极限邮集。

以极限明信片来表达妈祖的有关内容而组编的邮集。

(3)妈祖文献集邮。

收集、研究与妈祖集邮有关的文献资料。所收文献资料一般可包括专门的妈祖集邮手册和研究论文、邮集目录、集邮期刊以及集邮或非集邮出版物中的一般性妈祖集邮文章。

(4)妈祖开放类邮集。

它是近几年来兴起的,以收集妈祖集邮素材为主(至少要有 50% 的邮票、信封、明信片等邮品)兼集其他非集邮素材而组编成的邮集。它不受任何框框的制约,以体现新题材、新思路、新方式、新邮品、新面目,编排开放、自由、独特而受到集邮者钟爱和关注。

三、实现集邮文化与妈祖文化的良性结合

1. 认识开发妈祖邮品的重要作用

(1)努力提高开发妈祖邮品的认识。

要使妈祖邮品源源面世,必须认清民间传说的社会地位和作用。恩格斯曾指出:民间故事的使命是阐明他的精神品质,使他认清自己的力量、自己的自由,激起他的勇气,唤起他对祖国的爱(恩格斯评价《德国民间故事》)。因此,努力开发妈祖系列邮品,可从一个侧面展现华夏千年发展过程中的历史、地理、文化和宗教信仰等;可反映人民的生活习俗、道德伦理、审美观念和理想追求;可使人领略中华民族的博大与精深,体味龙的传人的勤劳与智慧;可加深海峡两岸的骨肉亲情;可使华人更加热爱祖国,让世界更全面地认识中国。

(2)妈祖民间神话传说故事深得世人喜爱。

妈祖的各种传说故事,已成为中华民族一种特殊的文化形态,也是华夏文明的一个组成部分。由于它源于人民,具有人民性,是一种能在很大程度上体现一个国家民

族的心态性格、思维方式、理想追求的传统文化,因而被一些国家(或地区)搬上邮品,充当国家名片并引以为自豪。当今民间传说邮票的选题、设计和发行已成为世界邮坛一大热门话题。妈祖传说作为民间传说文苑中的一朵奇葩,由于她在统一祖国大业中的特殊性,在全世界华人中的认同性,因此,有计划、系统地开发妈祖邮品必将产生重大的影响和作用。

2. 开发妈祖邮品应突出"三性"

妈祖题材邮品的开发应该突出世界性、民族性和时代性。

(1)世界性。

目前,世界上有两亿多的妈祖信众,有五千多座建于不同年代的妈祖庙。[①] 但从目前来看仅有中国(包括台、港、澳)、新加坡等国家(或地区)发行过妈祖邮品。应该说,由于澳门的历史与妈祖有深刻的渊源关系,所以澳门不但最早发行妈祖邮票,而且邮品发行也最多。而新中国成立以来发行的妈祖邮品,无论是品种还是内容,都显得较为贫乏单调。万国邮政联盟关于邮票的若干规定指出:"邮票的主题应有助于各国人民相互了解和文化传播,从而加强国际友好关系。"所以一方面,国家邮政局要发挥主导作用,有计划地开发和发行妈祖邮品;另一方面要通过国际间的文化交流,激发和促成其他国家(或地区)发行妈祖邮品,从而使方寸之地更好地起到传播妈祖文化的作用。

(2)民族性。

妈祖在短暂的一生中,扶危济困,乐善好施,流传许多神奇的故事。妈祖精神凝聚了中华民族传统美德,蕴含着一个永恒的主题,那就是"真善美"战胜"假恶丑",这是妈祖文化的主旋律。开发妈祖邮品,必须牢牢把握这个主旋律。当然在确定妈祖题材邮品时,还要做到剔除其封建性的糟粕,吸收其民族性的精华。应该承认,神话也是一种历史文化,世界上任何一个民族都有迷人的神话。2004 年 6 月 18 日民政部批准成立了"中华妈祖文化交流协会",标志着海内外有广泛影响的妈祖民间信仰现象,被国家正式界定为"妈祖文化",正式纳入中华优秀传统文化范畴。[②] 只要海峡两岸携手合作,发挥妈祖民间传说题材丰富、设计人员众多等优势,妈祖邮品这朵邮苑奇葩定会越开越艳。

(3)时代性。

我们已跨进 21 世纪,开发妈祖邮品,必须带有鲜明的时代气息和特征。要为"中华大同,祖国统一"这样一个具有深远意义的选题服务;要激发人民遵守道德规范;要

---

① 陈启庆:《福建妈祖信仰的新特点及对台湾的影响》,《莆田学院学报》2005 年第 3 期。

② 周文辉:《都将心事付先贤——读〈历代妈祖诗咏辑注〉》,《莆田学院报》2006 年第 4 期。

激励人民廉洁奉公、勤学上进、勇于攀登,为实现科技强国作贡献;要以人为本,为构建和谐社会营造良好的氛围。

3. 举办系列妈祖集邮活动

（1）开展"妈祖邮品欣赏"活动。

邮品欣赏是集邮文化的一项重要内容,是宣传妈祖文化的重要手段,"欣赏"是介于收藏（初级阶段）和研究（高级阶段）之间,老少咸宜的活动,其直观的画面、生动的情节、互动的形式,为普及和提高提供了很好的载体。目前,有关国家（或地区）发行和制作的反映妈祖题材的邮品,为开展这项活动提供了丰富的素材。

（2）举办妈祖集邮展览。

应该承认,当前,由国家（或地区）正式发行的反映妈祖题材的邮品数量有限。如果要搞一部质量上乘的妈祖专题邮集,确实是比较困难的,如发动大家都来制作,往往又会发生撞车现象。所以我们在举办妈祖集邮展览时,要坚持"快乐集邮"这一理念,比如,举办开放类集邮展览,一框集邮展览和现代其他类集邮展览等,努力达到"人人参与,个个开心"的目的。

（3）组织妈祖集邮学术研究。

一是在广大青少年学生中开展妈祖邮品"一邮一文"写作和评选活动;二是在妈祖集邮爱好者中开展妈祖邮品的研讨;三是举办妈祖集邮学术论文研讨会。

（4）将妈祖文化集邮活动融入大文化、大收藏的范畴中。

随着时代的发展、社会的进步,人们的精神生活和物质生活有了较大的改善,各式各样的文化活动层出不穷,集邮作为社会精神文明建设的一个重要组成部分,在开展多样化的群众性集邮活动中,要注重拓展集邮的层面,使妈祖集邮活动与大众文化融会贯通。比如每逢妈祖诞辰、升天日和重大祭典等,世界各地都会举办形式多样的盛大活动,我们要以此为契机,通过举办展览,发行纪念封、片等系列活动,把妈祖集邮活动融入盛大活动的大文化中去。

总之,集邮文化与妈祖文化的良性结合,将使妈祖文化得以进一步发展。

（原载《莆田学院学报》2007 年第 3 期）

明清时期海神妈祖神格外化形象分析

肖景仁 ①

四川大学道教与宗教文化研究所

妈祖,原名林默,福建莆田湄洲人,生于北宋建隆元年(960)三月二十三日,羽化于宋太宗雍熙四年(987)。其父林愿(惟悫),母王氏。妈祖从小就禀赋聪颖,心地善良,常常尽己之力救百姓于海难,并誓言不嫁,所以升化后当地人为其立庙祭祀。妈祖从出生、显灵到形成信仰,再到一步一步地赋予妈祖海神神格,直至明清时期海神妈祖海上救难时神格外化,从早期的直接显现到"神火""神鸟"形象的转变。本文尝试从审美的角度来分析海神妈祖神格外化的"神火""神鸟"形象,以揭示出海神妈祖丰富的精神内涵和意蕴。

一、海神妈祖神格外化形象的转变过程及缘由

妈祖的孕育有两种传说:一是其母受感于观音之优钵花而孕;二是"丸药说"。两说都没有削弱原始神话思维基因遗传的"异孕"色彩,反而使"异孕"传说得到了强调。这就为妈祖形象的进一步演变奠定了基础。

妈祖少赋灵异,能言人祸福,预言未然之事。陈维崧《陈检讨四六》卷七序载:"闽王时都巡简(检)林愿第六女,殁而为神,赐号天妃。庙记云:'生时预知休咎,长能乘席渡海,乘云游岛。众呼为神母,亦呼龙女。'"

妈祖稍长学道,拜师于一怪异道人,得"玄微真法",故能通悟秘法,预知休咎,乡民若以病告,辄愈。而妈祖最大的本领则是在海上救苦救难,所以常常显灵于海上。这样长此以往,妈祖由"异孕"而来,"幼而通悟秘法",又身为女巫,再加上后期道教神仙变化理论尸解仙说的改造,被赋予了神格,从人变成神并催生了外化形象的转变。

---

① 肖景仁(1989—),男,广东雷州人,四川大学 2012 级美学硕士研究生。

自元代妈祖成为最高海神以后,海神神格在明清时期又得到不断地强化。清代出现继宋元以后海神妈祖崇拜的另一个鼎盛时期。如康熙间妈祖被封为"天后",是与"天帝"同一等级的敕封。随着海神妈祖形象及地位的变化,此时,海神妈祖海上救难时的神格外化形象也发生了转变。

其转变过程可概括为:由早期"女神登樯桅"的直接式现身到多以含蓄而具有象征意味的隐身模式出现,其中出现最多的模式就是"神火""神鸟"。妈祖神格外化形象的转变过程就是一个编码的过程,并被赋予了海洋情愫。

那为何会有如此转变? 有学者认为,此转变受到了佛教的影响。例如罗春荣先生认为妈祖传说自元代开始便与佛教结缘,所以明代才有红灯("神火"的一种外显形式)一说。[①] 佛教常常以灯喻佛法,宣传佛法能破除黑暗,给人光明。无独有偶,徐晓望先生也认为"妈祖的神性中明显有佛教的痕迹"[②]。妈祖一改传统神明"以死与祸恐之"的风格,变成更像是人类无私的母亲,把爱无条件地给予自己的子女一样造福于民间。如元代黄仲元在《圣墩顺济祖庙新建蕃釐殿记》中,把妈祖和其他神明做了一般比较后,说道:"他所谓神者,以死生祸福惊动人,唯妃生人、福人,未尝以死与祸恐人,故人人事妃,爱敬如母。中心向之,然后于庙享之。"这说明了,妈祖崇拜出现了"生人、福人"的转向,无私地为民造福,而不是像传统神明"以死生祸福惊动人"来获得人们的崇拜。正因如此,这极大地推动了海神妈祖神格外化向"神火""神鸟"形象的转变。

还有观点认为,海神妈祖在海上救难时,能以"神火""神鸟"的形象出现,是对中国远古神话的继承和发展。如远古神话中的"其日丙丁,其帝炎帝,其神祝融。"(《吕氏春秋·孟夏纪》)"其日丙丁"一句,高诱注:"丙丁,火日也。"因为五行中丙丁属火,故以丙丁为火的代称。又如,《淮南子·精神训》说道:"日中有踆乌。"这里的"踆乌"是指三足乌,传说是太阳精魂的化身。而象征妈祖的"红火"("神火"的又一外显形式)、"神鸟"都有光明之意,又与远古神话中的"太阳的象征"相近,所以两者有一定的内在传承关系。

而笔者认为,海神妈祖外化得以"神火""神鸟"形象的出现,最重要的原因是为了满足进一步传播的需要,例如:"统治当局(指明代)这种崇奉的热情,到了明代却趋于冷却。仅洪武、永乐二朝曾予以敕封,而官绅亦对妈祖起了质疑。面对高(上)层信仰热忱渐趋衰退,湄洲妈祖庙人员与莆田林家,开始编造妈祖显圣事迹,大力鼓吹、宣扬妈祖神威。"[③] "这种崇奉的热情"指的是对海神妈祖的崇拜。但"编造""鼓

① 罗春荣:《妈祖传说研究——一个海洋大国的神话》,天津古籍出版社 2009 年版,第 60 页。
② 徐晓望:《妈祖信仰史研究》,海风出版社 2007 年版,第 261 页。
③ 王见川、皮庆生:《中国近世民间信仰·宋元明清》,上海人民出版社 2010 年版,第 162 页。

吹"等词很容易让人对明清时期海神妈祖崇拜情况产生错误的认识,从而不利于正确
认识海神妈祖外化形象的转变以及解读其背后所蕴含的象征意蕴。因为"明清时期
的统治者虽然不时实行海禁政策,海外通商贸易受到很大地摧残,但由海道漕运江南
的粮食和其他物资到北方,却是维护统治者和国家政权的需要所不可或缺的措施"[1]。
又如"明代的太监使团下西洋,清初的平定台湾等朝廷重大活动皆与海洋有关,妈祖
定位为海神,其主要神职功能是护航救难"[2]。从中可以说明,崇仰海神妈祖的风习在当
时仍有现实合理性。事实上,对海神妈祖的崇拜也一直得到延续和发展。

所以,出于传播需要,海上救难时,海神妈祖神格外化形象不再是"神降于樯"式
的出现,而是以人们日常生活中可感可知的形象——"神火""神鸟"出现,这样不仅
可巩固海神妈祖的信仰,而且还可增加海神妈祖显灵的亲切感、真实感。

二、海神妈祖神格外化形象的审美分析

海神妈祖神格外化形象,从直接现身到可感可知的"神火""神鸟"形象,两者相
对而言,后者更趋于象征化、符号化,因而具有了审美分析的可行性。再者,这些具有
象征意义的形象,充满了神话思维的想象与幻想,从而使得其审美意蕴更加丰富。

首先,先来看看出现"神火""神鸟"等形象的相关文献记载,择要如下:

有渔舟数只漂泊而至,遂得渡。(明郎瑛《七修类稿》卷五十《天妃显圣》)

二十四日夜,台飓大作,椗索十余,一时皆断,舟走触礁,龙骨中折,底穿入水。
时既昏黑,兼值雷雨,距岸约六七百步许。自分此时,百不一生,呼吁之顷,忽神火
见于樯顶,又海面灯光浮来,若烟雾笼罩状。举舟之人,皆所共见,乃胥呼曰:"天
妃救至矣!"须臾,舟稍向岸,赖一礁石,透入舟腹,得不沉溺,复不漂流,以故
解放。(清周煌《琉球国志略》)

相传大海中当风浪危急时,号呼求救,往往有红灯或神鸟来,辄得免,皆妃之
灵也。(清赵翼《陔馀丛考》)

"火",是红色的,这能让人联想起早期妈祖常着"朱衣"守护一隅的传说。例如,宋光
宗《兴化军莆田县顺济庙灵惠昭应崇福善利夫人封灵惠妃制》诰词曰:"居白湖而镇
鲸海之滨,服朱衣而护鸡林之使。""朱衣",即是红色的上衣,主要是为了显示妈祖的

① 金秋鹏:《天妃与古代航海》,肖一平、林云森、杨德金《妈祖研究资料汇编》,福建人民出版社 1987 年版,第 24—25 页。
② 刘福铸:《从宋代诗词看早期妈祖信仰》,《莆田学院学报》2006 年第 1 期。

高贵。因为在传统的五行五色观念中,服饰的色彩常常带有特殊的涵义,一般只有出身高贵的人才有资格穿戴大红的衣饰,庶民是不能穿红色衣裳的。关于这一点,孔子就曾说过:"君子不以绀緅饰,红紫不以为亵服。"(《论语·乡党》)因而朱衣也就成了海神妈祖早期形象的一个重要符号。[①] 但到了明清时期的"神火"形象,其象征义完全滑向了海神妈祖海上救难的层面。因为在中国传统文化里头,红色是生命力最强的一种颜色,常常与太阳、希望、光明、胜利这些充满吉祥寓意的事物与概念相紧密联系在一起。所以,象征光明、希望的"神火"也就成了海神妈祖海上救难的形象。从光学原理来看,红色在诸色中,波长是最长的,也是高饱和度的色调,在心理上能引起人高度的兴奋和造成强烈的刺激。对处于海难中的人们来说,无疑可以起到激励、亢奋的作用。在脱离险境之后,红色又能给经历海难而活下来的人们带来由衷的喜悦感。这一不同的变化过程,就包含了审美的因素——能给人带来特殊的愉悦感。

再来看看"神鸟"的象征义。清人赵翼记为"红灯或神鸟",也就意味着"神鸟"和"神火"等同为选择关系,即意义相同,都是海神妈祖神格的外化,太阳的化身。其实,只要回到远古神话,不难发现"神鸟"的象征义。如前面提到的三足乌就是一例。再如,远古先民们认为太阳给了大地以温暖与光明,这能帮助他们驱逐黑暗与寒冷,从而获得身体上的满足。到了渔猎时代,先民以捕猎动物为食,当单一、简单的捕猎手段还不足于获取足够的猎物时,就会产生包括鸟在内的动物崇拜,同时也会无意识地把想象、情感迁移到动物上来,以祈求能帮助他们获得更多的食物。当他们获得充足食物的时候,就会"舞之蹈之"来祭祀他们所崇拜的动物,并认为是他们所崇拜的动物给了他们充足的食物。因而产生愉悦感。正是由于这种愉悦感的平行迁移,使得太阳和鸟等动物发生了联系。其实,这里的太阳和鸟都成了吉祥的象征符号,并承载了先民们丰富的想象和愉悦的情感。

进一步来看,海神妈祖神格外化的"神火""神鸟"形象也象征了海神妈祖精神内核中的适变性。海神妈祖不墨守早期的形象,而是以一种积极的态度对时代要求做出合理的回应。这反映出了明清时期的人们面对海洋环境,敢于征服大海,走进大海去探索,企图成为海洋大国这么一种可贵的精神。"正如黑格尔所指出:航海是一项极具冒险性的活动,而东方的海更是台风肆虐的暴风之海,航行十分危险。但是,中国闽粤沿海一带的居民,勇敢地探索东亚与东南亚海域,仅从妈祖庙在东方的分布来说,东南亚与日本、韩国、琉球都有妈祖庙的建筑,反映了中国人勇敢的冒险精神及其在征服海洋方面的努力。"[②] 再者,2009年妈祖信俗的成功申遗,以及当下全世界有三十多个

---

① 王英瑛:《从妈祖造像看中国神像造型美学的意涵》,《福建师范大学学报》(哲学社会科学版)2012年第3期。

② 徐晓望:《论妈祖与中国海洋文化精神》,《福建学刊》1997年第6期。

国家和地区有湄洲妈祖祖庙所分灵出去的妈祖,这些也很好地说明了海神妈祖精神内核中的适变性。

　　而这种适变性又含有融合性,海神妈祖信仰里融合了儒释道三家。如"谢重光教授认为,妈祖信仰与三教的成功融合,不但使妈祖吸纳了佛教观音菩萨消灾解厄、救苦救难、普度众生的神性,吸纳了道教碧霞元君、四海龙王等神仙的神通,吸纳了儒家忠义孝悌的思想观念,使妈祖的神功神性大为扩张,神格不断提升,更重要的是,妈祖信仰在与不同宗教相互融合的实践中,不断强化了自己的兼容性和开放性品格,适应各种不同的环境,满足不同人群的需求"①。所以说"儒释道的融会贯通是妈祖信仰最深刻的文化底蕴"②,而这又鲜明地体现了中国传统文化的特点。

三、结语

　　从以上的分析可以看出,"神火""神鸟"两者象征了海神妈祖精神内核中的适变性,以及所传达出来的外在形象虽不同,但象征义都是相同的,都象征了光明、希望,也都是一种吉祥的象征。而象征则是神话表达的一种方式,其象征的深层底下又是形象在起作用,因而形成一种形象的思维方式。再者,"神话思维的浑沌性、具象性、情感性和以主体为中心等特征都与审美的思维方式极为相似"③。所以,这种神话形象具有广阔的审美分析天地,需要不断地挖掘这背后丰富的象征义和发现所隐含的精神内核。

（原载《莆田学院学报》2014 年第 1 期）

---

①　俞黎媛、彭文宇:《妈祖文化的精神内核和海峡西岸经济区建设》,《莆田学院学报》2007 年第 1 期。
②　王文钦:《妈祖崇拜与儒释道的融合》,《孔子研究》1997 年第 1 期。
③　王怀义:《百年来中国神话美学研究的基本问题》,《文艺理论研究》2012 年第 5 期。

妈祖文化在新媒体传播中的媒介化趋势分析 ①

——以妈祖微博为例

许元振 ②

莆田学院文化与传播学院

微博（Micro-blog），即微型博客。一般情况下，一则微博博文的内容长度被限制在 140 字以内（网易微博字数限制为 163 字）。进入 Web2.0 时代以来，在中国的网络生态环境中，微博原本是作为一种典型的个人化自媒体（We Media）形态而发生的，却逐渐向社会化方向演变，因而"微"而不微，已经成为广大网民积极干预社会生活的，具有强大议程设置能力的一种新媒体形态。

尤其需要关注的是，在微博上，文化媒介化的现象愈演愈烈。什么是文化的媒介化呢？现代传媒深度介入并主导文化符号的生产、传播与消费，文化的媒介化趋势日益显现。这不仅表现在传统文化的传承与再造上，也表现在新文化符号的生产与消费上。③ 妈祖文化作为全人类共享的精神财富，其在微博上的传播也越来越引人注目。对于与妈祖文化相关的微博进行内容分析，发现其越来越明显的媒介化趋势。特别是妈祖文化符号在微博上沿着娱乐符号化和产业符号化的方向进行再生产，是媒介化的两个典型的向度。

---

① 基金项目：福建省高校服务海西项目，项目号 2008HX01（2）-2013-6。

② 许元振（1970— ），男，福建莆田人，讲师，博士。

③ 陈辉、张淑华：《文化媒介化中现代传媒的角色和责任初探》，《郑州大学学报》（哲学社会科学版）2013年第 1 期。

一、妈祖微博内容娱乐化

新浪微博于 2009 年 8 月 14 日推出,时间并不长,可谓名副其实的新兴的新媒体形态。在新浪微博搜索栏中输入"妈祖"这个关键词,并选择搜"妈祖"相关用户,出现的搜索结果中,共有五百多条相关用户,这些用户分别在微博名、标签和简介中含有"妈祖"关键词。

在这些微博中,选择有代表性的微博作为样本进行分析,发现其媒介化的一个向度:娱乐符号化。

娱乐就是参与者逐渐与参与对象产生了疏隔,参与变成了一种日常的文化消费行为。[1] 妈祖文化在微博上传播的同时亦被微博重塑,同时,参与者与参与对象——妈祖文化产生了疏离,落脚点在于娱人。

1. 妈祖专业微博内容的娱乐化

从垂直的方向来看,从弘扬传统文化,站在民间信仰的立场建立的妈祖专业微博,以湄洲妈祖祖庙的微博和台湾鹿港天后宫微博为代表,前者是经认证的官方微博。两者粉丝均较少,分别为 1115、210。在量的方面,以微博的粉丝量的多少及其分布情况进行评估。在比较分析的过程中,不妨把国内"微博女王"姚晨微博 49674509 的粉丝量作为一个标杆,可以直观地衡量出其他微博与之相比的差距。闽台妈祖微博之间的粉丝量也有一定差距(表 1)。妈祖信俗主要通过妈祖祖庙分灵而传承、传播,相比较,湄洲妈祖祖庙微博的权威性当然最高,台湾鹿港天后宫毕竟属于湄洲妈祖祖庙分灵出去的妈祖庙宇;还有,新浪微博属于大陆运营商经营的微博,台湾省的庙宇在大陆的信众会少点。综合以上两点,台湾鹿港天后宫微博的粉丝量理所当然远远少于湄洲妈祖祖庙微博。

表 1　专业化妈祖微博相关信息一览表

微博名称	简介与认证资料	标　签	粉丝量
湄洲妈祖祖庙的微博	莆田市湄洲妈祖祖庙董事会官方微博	祖庙、妈祖祖庙、文化、天后宫、妈祖文化、海神、湄洲岛、妈祖	1115
台湾鹿港天后宫微博	无	妈祖、寺庙、旅游、健康、文艺	210

注:以上数据截止于 2013 年 7 月 31 日。

---

① 陈刚:《情绪营销与娱乐营销:网民心理与创意传播管理(CCM)》,《中国广告》2009 年第 4 期。

湄洲妈祖祖庙微博也转发了大量的电视剧《妈祖》的有关信息。还有 2011 年 11 月 3 日还转发了台湾歌手彭立的一则微博，内容是两岸歌手孙雷、彭立同唱《两岸一家亲》，还配了照片。

其次，再从质的方面评估妈祖微博，即从定性的角度评估微博这一新媒体形态。主要从媒体内容的倾向性来探析微博内容偏重于娱乐取向。

在台湾海峡西岸，"湄洲妈祖祖庙的微博"在 2013 年 3 月 30 日的一则博文称："【湄洲岛冲刺国家 5A 级景区 自评已达标】日前，莆田市旅游局日前向省旅游局递交报告，请求转报国家旅游局推荐湄洲岛申报国家 5A 级旅游景区。自 2008 年 2 月以来，湄洲岛已累计筹集 3 亿多元用于 5A 级景区创建工作，打通了环岛旅游公路，建成 3000 吨级的陆岛交通码头，添置了 3 艘双体豪华游艇。"并配了一幅图片："有着'海上布达拉宫'之称的妈祖祖庙建筑群。"在 2013 年 4 月的一则博文中通告："2013 年 4 月 23 日至 5 月 3 日在福建省莆田市湄洲妈祖祖庙隆重举行'海峡两岸"纪念妈祖诞辰 1053 周年"名优农特产品美食节'。""中华妈祖文化"微博 2013 年 6 月 13 日的一则博文是："【第五届海峡论坛·妈祖文化活动周今启幕】此次活动从 6 月 13 日至 19 日在莆田举行。活动周主要内容有台湾千尊妈祖神像在湄洲妈祖祖庙举行安座仪式、一批翡翠妈祖像在祖庙天后广场举行开光仪式、妈祖祭祀大典活动周开幕式、第四届海峡两岸妈祖歌曲青年歌手大奖赛颁奖晚会、海峡两岸妈祖文化交流图片展等。"7 月 7 日的一则博文是："巡香拜妈祖，是蚵埔人的文化盛宴。从蚵埔女身上可以探察到历史的缩影，她们勤劳而善良，勇敢而质朴，依靠大海的同时又与大海作斗争。她们的祖先就是这样在大海边生活并为生活歌舞。"并配有当地女子车鼓队踩街盛况的相关图片。

在海峡东岸，台湾民间有"三月疯妈祖"的说法，在妈祖圣诞日到来之际，在向妈祖祝寿之余，一些丰富、精彩的娱神、娱人的民俗活动也有序、热烈地开展起来，以神明为主角，万民同乐，有传统的、有现代的，让信众的诚心与活力相结合，相得益彰。比如，2013 年的妈祖生辰（农历三月二十三），阳历是 5 月 2 日，台湾鹿港天后宫微博在当天一共发了 18 条博文，主题博文的内容是："来自各地的虔诚信众恭祝妈祖寿诞，带着满满的祝福及心意感谢妈祖的庇佑，深深感怀妈祖的慈悲恩泽。"其余诸条均是欢迎来自台湾省各地前来进香的团体或单位的内容，这些团体或单位分别是：新竹市香山区清海宫、高雄市前镇区稳发渔业公司、基隆市中山区后天宫、新北市三重区北巡府、南投县国姓乡护国宫、彰化县二林镇湖厝天奉宫、新竹市东区竹莲寺妈祖会、台北市士林区大仕林火锅城企业公司、高雄县大寮区慈圣宫、南投县名间乡东湖天鸾坛、宜兰县头城镇庆元宫、新北市三重区明德堂、高雄市凤山区佛母圣殿、彰化县鹿港镇菲律宾东泰公司、台北市士林区乌姓妈祖联谊会、云林县水林乡圣母殿等,其中有企业单位,有宫庙,还有民间的联谊会等,可见台湾鹿港天后宫在台湾省妈祖宫庙中的崇高地位,以及当天进香活动之盛况。此外,在鹿港天后宫长达近三个月的进香期内,该微博也有针对性地配合、宣传了天后宫的庆典、进香和丰富多彩的娱神活动,为鹿港地区文化观光产业的发展尽了媒体的义务。

从微博图片中还可以看出,以进香为主旨,声势浩大的娱神、娱人活动次第展开,有的敲锣打鼓击钹吹号;有的舞龙舞狮;有的抬妈祖神像踩街、巡游;有的摆棕轿,有的着古装、画脸谱,大摆"宋江阵"阵、激情表演傩舞等等,热闹非凡。在这里,由祭神活动衍生出来的妈祖民俗音乐、舞蹈和体育运动应运而生。既有官方的,也有民间的,既有传统的,也有时尚的。特别是诸如两岸妈祖歌曲青年歌手大奖赛等活动,在娱乐中弘扬妈祖精神,又着眼于未来,让广大青年信众、受众积极参与进来。

娱乐化的结果是,参与者与参与对象进一步分离:"在整个节祭活动中,获得身心享受的恰恰是每一个活生生的人,而不是那些没有七情六欲的泥塑木雕。所以,从寺庙节祭的角度加以理解,与其把寺庙作为祭坛,不如把它作为娱坛更为恰当。"① 祭神活动为参与者搭建了一个盛大的娱人的平台。

2. 妈祖衍生微博内容的娱乐化

从横向来看,从妈祖专业微博衍生出来的相关微博,粉丝量呈大幅度跃升状态。截至 2013 年 7 月 31 日,它们的粉丝量列举如下(参见表 2):电视剧妈祖官方微博的粉丝量为 25795;编剧曾有情,微博的粉丝量为 205192;在电视剧《妈祖》中饰演女主角妈祖的刘涛,其微博"刘涛 tamia"于 2011 年 3 月 11 日发第一条微博,目前粉丝量已高达 3356291;饰演妈祖义妹桂花一角的吕晶晶,其微博粉丝量达 528024;饰演妈祖青梅竹马"发小"杨生全的黄嘉乐,其微博粉丝量达 303675;饰演少年 杨生全的万昌皓,粉丝量为 14 342;饰演嘉应、嘉祐的张建国、张国庆,合作建立一个微博"双胞胎演员建国—国庆",粉丝量为 237707;饰演雨神的张莉莎,粉丝量为 234880;饰演白鲨精的赖晓生,其微博粉丝量达 77993;饰演阿凤的赵雨菁,其微博粉丝量达 43409;饰演赤脚大仙的王绘春,粉丝量为 17868。由电视剧《妈祖》及其衍生出来的微博,即使是跑龙套的角色,如雨神、白鲨精等的饰演者,其粉丝量也远远高于湄洲妈祖祖庙微博和鹿港天后宫微博。

---

① 段玉明:《中国寺庙文化》,上海人民出版社 1994 年版,第 726—727 页。

表2　娱乐化妈祖微博相关信息一览表

微博名称	简介与认证资料	标　签	粉丝量
电视剧妈祖官方微博	电视剧妈祖官方微博	妈祖、天妃、古装神话、开年大戏、CCTV8	25795
刘涛 tamia	任何业务请您与我的经纪人联系：王颖	知名女演员	3356291

注：以上数据收集、统计时间截至2013年7月31日。

基于娱人的最终传播效果，单纯的娱乐会将人引入"丧志"的歧途，因此，中国儒家文化倡导"乐而不淫"，中国文化亦自古就有"寓教于乐"的宗旨。娱乐其表，教化其里。作为公众人物，影视明星更有责任担负起育人的重任。

例如，妈祖饰演者刘涛，作为一个母亲。"Miss you"，这是刘涛最近更新的微博，附上一双儿女玩耍的照片。诠释了妈祖作为民间信仰的人伦化内蕴。

在2012年6月1日的一则微博中写道："看到这样的公益项目，我忍不住要支持一把了，一起帮助'爱心搭起生命桥梁，助力6岁白血病患儿（一期）'，决不放弃努力。大家接力！！！给孩子新的生命！"相应的具体内容可以在一则题为"刘涛出席电视剧《妈祖》发布会，施大爱为病童募捐"的网络新闻上得到印证与补充："发布会上，刘涛除了为《妈祖》一剧做宣传，她还发起为一名江西南昌的白血病儿童姜尔健募集善款，并带头捐出了10万元。……刘涛的善举打动了很多人，……募集善款将近30万元。"[1]刘涛在戏里完美地演绎了至善至美的妈祖形象，在戏外继续大力弘扬"立德、行善、好施"的妈祖精神，做到了戏里戏外的高度统一。只有这样，站在道德的制高点上，成为社会公德的代言人，才能取得公众的信任，凝聚越来越多的粉丝。

因此，在社会效益方面，必须充分发挥微博寓教于乐的功能。"实际上，祭神活动往往还包括娱神的内容。……娱神的实质是娱人。"[2]更加广泛的传播。新媒体是年轻人的媒体，妈祖文化作为传承千年，历久弥新的非物质文化遗产，需要年轻人去接受、传承、创新与传播，才能源远流长，生生不息。近日，由北京网络媒体协会与缔元信网络数据（万瑞数据）共同发布了《微博媒体特性及用户使用状况研究报告》。此报告为双方与网易、新浪、搜狐、和讯、搜房等十多家媒体合作，通过在线调查，了解网民对微博的认知程度、使用行为及偏好进行了初步研究。报告显示，微博的用户群中企业的普通员

① 凤凰网娱乐：《刘涛出席电视剧《妈祖》发布会，施大爱为病童募捐》（2012-06-16）［2013-07-31］。http:// ent.ifeng.com/tv/news/mainland/detail_2012_06/16/ 15350904_0.shtml.

② 陈衍德：《从澳门民俗看当地居民的妈祖信仰》，《世界宗教研究》1999年第4期。

工和学生的比例就很高,分别达 29% 和 17% 的用户比例。① 基于此,学界、业界、娱乐界的人士,特别是粉丝量众多的知名人士,必须形成共识,充分利用微博这个新媒体平台以及自己在微博中的"意见领袖"地位,自觉地担当起引导、教育下一代的重大责任。

二、妈祖文化产业符号化

妈祖文化在微博上传播后发生媒介化的另一个向度是产业符号化。

微博在国外是一种名符其实的自娱自乐的"自媒体",但在中国却是一种比 SNS 更 SNS 的社会性媒体。2013 年 4 月,阿里巴巴入股新浪微博,给炙手可热的 SNS 媒体——微博又注入了强大的商业属性。可以预见,微博将有发展成为口碑营销阵地的可能性。

1. 文化符号向产业符号转化

"妈祖"是一种具有地域特色的文化符号,只有将其改写为产业符号,才能使宝贵的传统文化资源成为产业增值的源泉。

新浪微博上就涌现出了一大批以"妈祖"作为产业符号的企业微博。比如,电视剧《妈祖》的赞助商贝梦丽(福建)商贸有限公司,属于服装服饰行业,主营鞋类。其微博"贝梦丽",粉丝量为 19797。另外,还有直接以"妈祖"命名的企业微博。比如,"珠海妈祖食府有限公司官方微博",粉丝量为 4973;"妈祖茶行",粉丝量为 343;"莆田妈祖高尔夫俱乐部",粉丝量为 37;"妈祖海鲜城",粉丝量为 24;"重庆妈祖海鲜",粉丝量为 22;"妈祖海鲜乐园",粉丝量为 11;"妈祖珠宝旗舰店",粉丝量为 4。以"妈祖"命名的产品也悄然登上微博,如"妈祖阁童装",粉丝量为 19;"妈祖建材",粉丝量为 16;"四会妈祖玉器",粉丝量为 9;"妈祖寿面",粉丝量为 5;"妈祖宴",粉丝量为 3;"妈祖云吞",粉丝量为 2。

"妈祖"文化符号转化为产业符号的关键是要将"妈祖"这个产业符号融入企业的整体形象识别系统系统(CIS)中去,特别是让微博成为塑造企业理念形象(MI,Mind Identity)的良好平台,在企业文化中注入妈祖精神,始终做到经济效益与社会效益并重。比如贝梦丽公司,首先运用 STP 理论(Segmenting、Targeting、Positioning),对市场进行细分与定位,设计出与定位相符的产品并进行微博营销。从贝梦丽微博的简介与认证资料"旅游 90后 80后 女鞋 贝梦丽 平底鞋 时尚"(表3)可以看出,主营平底女鞋的贝梦丽公司在 B2C 垂直电子商务活动中,也对用户(受众)进行细分,明确定位于喜欢旅游的 80后、90后时尚女性。而后,在取得经济效益的同时,积极参加慈善活动,践行妈祖精神,回馈社会。

---

① 17漏网之语:《微博媒体特性及用户使用状况研究报告》发布(2010-08-19)[2013-07-31]。http://www.17pr.com/viewnews-121623.html.

表3 产业化妈祖微博相关信息一览表

微博名称	简介与认证资料	标签	粉丝量
贝梦丽	旅游90后80后女鞋贝梦丽平底鞋时尚	行业：服装服饰——鞋类	19797
湄洲岛旅游网	宣传弘扬湄洲妈祖文化，提升湄洲湾旅游品牌形象！	妈祖、湄洲岛、旅游、时尚潮流	5280

注：以上数据收集、统计时间截至2013年7月31日。

目前，上述那些与"妈祖"相关的微博上的企业及其产品大部分至今尚未为人所熟知，通过微博来进行营销传播不失为一条低成本的捷径，但如何通过妈祖文化产业符号化，进一步带动地方经济的繁荣与发展，还有很长的路要走。

2. 线性传播向协同营销传播转型

面对新媒体这个新的传播环境及其带来的海量信息，如何让企业信息脱颖而出，不是单靠做一两个广告就可以做到的。应紧紧抓住新媒体的本质特性"互动性"这一，以沟通（Negotiation）概念替代传统的传播（Communication）概念，倡导企业与消费者的协同营销。基于此，沟通元（Meme）被引入营销传播领域，成为一个热门的新词汇。沟通元主要是指基于内容的文化单元，凝聚了受众最感兴趣的内容和最容易引起讨论和关注的话题，一旦投入受众中，就会迅速引起大规模的关注，激发起受众进行讨论和参与的热情。因此，沟通元是由传播者和受众通过一次次积极互动共同塑造的。[①] 企业通过沟通元与消费者建立起充分的信任度之后，发挥其"软"营销的威力，那种潜移默化的效果也许比"硬"广告更强大。

在众多类型的沟通元中，热点关注型沟通元主要是将要传播的内容与社会热点主题相结合，进行捆绑投放，依靠热点主题自身所具有的高关注度和高受众参与度来吸引受众，从而得到受众对企业传播内容的关注与讨论。[②] 由于电视剧《妈祖》的热播，妈祖也很快成为一个文化热点。贝梦丽就将自己的企业信息与妈祖元素捆绑在一起，与受众一起塑造"沟通元"，使贝梦丽产品倍受关注。从网友"何必这样"的博客内容可见一斑："好期待《妈祖》的开播日子啊，所以时时刻刻都在关注着妈祖电视剧官方微博，没想到没发现具体的播放日期，却发现了另一个好宝贝——贝梦丽折叠平底鞋。……"[③]

---

① 陈刚：《网络广告》，高等教育出版社2010年版，第113页。

② 同上书，第116页。

③ 《〈妈祖〉刘涛出演女神不惧挑战再接古装戏》（2012-04-02）［2013-07-31］。http://www.tiboo.cn/yule/b1297947/.

三、结语

总之,妈祖文化在微博上传播,呈现出媒介化的趋势。一方面,在传播广度和传播深度方面得到进一步的拓展和加强;另一方面,媒介对妈祖文化再造的力度也是前所未有的。因此,以妈祖微博为例,分析妈祖文化在新媒体传播过程中媒介化的形态与特征,对进一步把握妈祖文化新媒体传播的未来发展方向大有裨益。当然,妈祖文化在新媒体传播中的内容形态转型也不是一蹴而就的,堪称是一个从表层的表现形态到深层的内容本体,由表及里的整体转换与重建工程。[①]

（原载《莆田学院学报》2014 年第 3 期）

[①]　许元振、帅志强:《妈祖文化在新媒体传播中的内容形态转型策略》,《莆田学院学报》2013 年第 1 期。

试论妈祖服饰文化及其传承与开发

余荣敏 [1]

福建华南女子学院家政系

服饰文化,是人类生活和劳动长期发展的产物,也是人类意识形态发展的产物。它既是民俗生活的窗口,又是民族精神的外化[2],体现了人与自然生态环境,人与社会文化统一和谐的关系。福建莆田湄洲女的服饰源于妈祖信仰,经历代传承和开发形成独特的服饰文化,是妈祖文化的重要组成部分。

图1 着妈祖服的湄洲女

一、妈祖服饰文化及意义

1. 妈祖的几种不同服饰

被称为"和平女神"的妈祖,诞生于莆田的湄洲岛,经过一千多年的发展,形成了闻名遐迩、内涵丰富的妈祖文化。凡到过湄洲岛的人都会对湄洲女服饰留下深刻的印象。湄洲女子特有的服饰,通称"妈祖服"(见图1)。其独特的蓝衫、半截红裤和帆船发髻,蕴涵着深厚的文化内涵,为当地旅游业开创了一道亮丽的风景线。

据说妈祖生前因熟悉航道,善观天文,救助航险,受到人们的爱戴,升天后被奉为神。后来被朝廷封为夫人、圣妃、天妃,直至天后、天上圣母,当代又被尊为"海峡和平女神"。正因为妈祖有此由人而神而圣的经历,因此妈祖神像起码自明清以来,就一直有三种不同的服饰,形成"冕旒秉

---

① 余荣敏(1968—),女,四川内江人,讲师,硕士,主要从事服装设计教学。

② 戴平:《中国民族服饰文化研究》,上海人民出版社1994年版,第2页。

圭""常服"和"披发跣足仗剑"三种不同形象。清袁枚《续新齐谐》"天后"条说："天后圣母……灵显最著,海洋舟中,必虔奉之。遇风涛不测,呼之立应。有甲马（按:指神符）三:一画冕旒秉圭,一画常服,一画披发跣足仗剑而立。每遇危急,焚冕旒者辄应,焚常服者则无不应,若焚至披发仗剑之幅而犹不应,则舟不可救矣。"[1] 清赵翼《陔余丛考》"天妃"条亦载:"倘遇风浪危急,呼妈祖则神披发而来,其效立应,若呼天妃,则神必冠帔而至,恐稽时刻。"[2] 可见,明清以来,妈祖随着朝廷褒封神格不断被提高,她在宫庙里的服饰也最终被换上了冕旒霞帔的皇后冠饰。但是,沿海的平民信众最认同的实际还是"披发跣足"的渔女本色的妈祖,认为这种无拘束的妈祖形象才是最灵验的。笔者认为,民众认同妈祖的平民服饰只是表面,实际上民众认同的是妈祖作为大海女儿的亲和力。

而知识分子对于妈祖冕旒执圭的王者装饰,自清代以来也不断有人提出非议。如清代莆田学者郭篯龄就有诗批判云:"漫沿周制太无稽,后饰何来冕与圭? ……竟尔驰驱兼戏豫,忍铿一语唤群迷。"[3] 当代妈祖学者蒋维锬也作有《还其大海女儿的本色——妈祖形象刍议》专文,认为"妈祖是一位没有出嫁的渔家姑娘。可是长期以来,妈祖的形象被统治阶级篡改,把她装扮成一位盛装艳服的贵夫人,这对妈祖来说,应当说是一场悲剧,而不是喜剧。"作者提出妈祖塑像"应当是一尊具有大海的胸臆、东方维纳斯的美貌、湄洲姑娘的特色的女神塑像"[4]。这些学者的看法不无道理。当然,今天在几乎所有的妈祖像都被塑造成"冕旒执圭"形象的背景下,我们也没有必要再去强行改变这种约定俗成。但是我们应该让信众和旅游者知道,妈祖本是一位渔家女子,湄洲女的船帆发髻和半截红裤就是妈祖作为平民女子时的服饰,千百年来这种服饰被崇敬她的湄洲女继承下来,流传至今。我们这里讨论的妈祖服饰文化,就是作为平民林默娘的服饰文化,妈祖服饰文化就是今天的湄洲女服饰文化。

2. 妈祖服饰的象征意义

妈祖服饰属于汉族地方民间服饰,与种类繁多的少数民族服饰相比,它显得简洁、朴实,没有华丽的色彩、精美的装饰和繁琐的工艺,但却有深厚的、超脱的内涵,具有鲜明的地域特色。

（1）船帆发髻。

传说妈祖林默娘 18 岁时,父母开始为她的婚事操心,但她却矢志不嫁,把自己所有的时间和精力都花在帮助乡亲、拯救海难上。她为自己设计了船帆形的发髻,表示

---

[1] （清）袁枚:《新齐谐·续新齐谐》卷一,人民文学出版社 1996 年版。

[2] （清）赵翼:《陔余丛考》卷三五,中华书局 1983 年版。

[3] （清）郭篯龄:《吉雨山房诗集》卷四,清光绪十六年刻本。

[4] 蒋维锬:《妈祖研究文集》,海风出版社 2006 年版,第 21—27 页。

图2 妈祖祖庙梳妆楼里的妈祖像

已把身心许给大海。后来,湄岛妇女特别是中老年妇女,发型都梳成船帆形的"妈祖髻"。那脑后十多厘米高的扁平发髻形似船帆,头顶圆形发髻的正中叉着银勺像船舵,丝丝分明的头发代表缆绳;发鬓像桅杆,银钗代表船栓,意为祝福渔民出海时一帆风顺。湄洲女通常还在发髻间插上绢制的各色花朵,配上银凤钗等,显得艳丽而不失端庄。梳好的妈祖髻通常可以保留数日,风吹不乱。湄洲岛妈祖祖庙里的梳妆楼里,端坐着一尊唯一不戴凤冠霞帔、梳着船帆发髻的妈祖塑像,游览者可以从她头部后方的镜子里观赏到发型的全貌。发髻高高耸起,犹如一面迎着海风的风帆。(见图2)

(2)半截红裤。

传说妈祖曾身着红装,乘席渡海,护佑出海船家,"飞翻海上著朱衣",这是湄洲岛至今仍有不少妇女穿红裤的缘由。由于妈祖生前最喜欢穿红色衣服,故湄岛妇女视为神圣而仿效。但妈祖是神明,可全身为红,世人为俗人,只能取一段红色,以此表示对妈祖的敬奉,也借此祈求平安。湄洲女常穿的上半截为红色,下半截为黑色的外裤[1],还有一种民间说法为:妈祖穿红裤出海归来,裤子的下半截被海水溅湿而变成黑色,众女子纷纷仿效,将裤子制成双色。

双色裤配蓝色偏襟上衣,梳帆船发髻,这样的组合就是"妈祖服饰"。红色代表吉祥,黑色喻为思念,蓝色表示蔚蓝的大海。当丈夫出海时妻子在家中这样穿着,表示对丈夫的忠贞、思念和祝福出海平安。若丈夫过世,半截红裤则改成全黑色。由于近年来湄洲岛发展旅游业,为让游客随时领略到独特的服饰,年轻的导游小姐都穿上了"妈祖服"。妈祖服饰不仅蕴含着动人的传说,还喻示着无私、勇敢、献身、热情、助人、忠贞、纯朴的"妈祖精神"。

其实,宝岛台湾也有类似习尚。连横《台湾通史》载,在"台湾以红为瑞,每有庆贺,皆着红裙,虽老亦然。嫠妇侧室,则不得服",只有丈夫健在,妇女才享有穿红衣的权利。每逢婚嫁祝寿等喜事,有权穿红衣的妇女必定要穿起红衣红裤,反映了人们希望更接近妈祖的心态。[2]

---

① 黄国华:《妈祖文化》,福建人民出版社2003年版,第90页。
② 翁卫平:《台湾妈祖信仰的民俗发展及其功能》,《莆田学院学报》2003年第3期。

红色是中华民族的吉祥色,象征人们生活红红火火,大吉大利。我国许多少数民族服饰都带有红色。笔者认为,妈祖服饰的"红"不仅代表"吉祥",还有警示、威力、希望和平安等多重象征意义。它与妈祖出生地的生活方式和妈祖的海上救难活动相关。试想,湄洲岛人民以出海打鱼为生,海上变幻莫测,海难时有发生。在茫茫大海上红色最为醒目,妈祖救难穿红衫,可以帮助航海者辨清方向。此外红色还有以正压邪、消灾避难的寓意。

"宋朝时,宋人受程朱理学的影响,焚金饰,简纹衣,以取纯朴淡雅之美。"[1] 受服饰等级制的限制,平民多素衣。林默生前乃一介平民女子,升天后才受到历代的册封,从"夫人"而"妃"、而"天妃"、而"天后"到"天上圣母"。后人为纪念她,继承了"妈祖服",妈祖服始终保持民间朴实的风格,留存宋代的遗风。妈祖服饰中蕴含的是亘古不变的妈祖真诚助人、不尚华贵的传统美德。

湄洲女子日常穿着的蓝衫应当就是"妈祖常服",其式样朴实简洁,右衽蓝布褂子,衣身宽松,没有任何装饰,却恰到好处地衬托了精心梳理、装饰亮丽的"帆船髻"。半截红裤介于蓝色和黑色之间,显得格外跳跃。妈祖常服体现了简约(生活)与高贵(信念),平静(心境)与热烈(功绩)的对立与统一,与林默娘平民女神的品格相吻合。

3. 妈祖服饰的实用功能

湄女服饰既凸显信仰文化,也体现了它的实用功能。服饰总是与人们生活的自然环境和生活劳作方式密切相关。据说莆田湄洲岛及漳浦一带渔民为抗海水溅湿,喜用荔枝树汁将衣襟染成浅褐色[2],但如今这种衣料的服装已不多见。湄女的双截裤也有实用的一面。由于湄洲女多在海边劳作,裤腿容易被海水溅湿,双截裤下半部分的黑色有抗湿和耐脏的作用。裤管磨破还可拆下更换。从湄女演出服中还发现,聪明的她们在裤腿底端和中部缝上按扣,变成可调长短的裤子。以此想象这种功能在生活中,可使她们在天热或下水时或在海边岩石上攀登时,能方便地卷起裤腿。湄女上衣的拼色过肩和衣角的花布贴,最初是作为磨破部位的补丁,后来成为装饰,显得既朴实又别致。

海岛渔民服装材料,除抗湿和防褪色外,还必须吸湿透气,凉爽舒适,因此棉布是常用的面料。宽大的裤脚和宽松的衣身既通风透气,也适应活动的需要。

湄女的帽饰也颇独特,尖顶竹斗笠帮她们抵挡海边强烈的日晒。为使斗笠系牢而不被海风吹跑,她们将一块尺余见方的棉布方巾对折,两头系在圆斗笠的两端,从下巴绕过,稳稳地将斗笠固定在头上。还有一种防护斗笠是将花布沿头部两侧和后脑缝制在斗笠上,长度垂肩,遮住后脑和脖子,只露出脸部,类似惠东女子的花头巾。

---

① 程振红:《中国古代服饰审美思想的成因》,《装饰》2003 年版第 5 期。
② 福建省地方志编纂委员会:《福建省志·民俗志》,方志出版社 1997 年版,第 69 页。

二、妈祖服饰文化的成因

服饰文化是物质文化和精神文化的融合。物质文化的基本特征在于具有形态和色彩。一种民族服饰要形成独特的文化,首先,要具备特定的服饰形态,包括衣、裤、冠、鞋、配饰的形式、着装状态,以及工艺技术手法等;其次,要靠色彩、图案、饰物、造型等艺术元素的应用来强化物质形态的感染力;再次,要通过文化寓意,赋予物质形态以灵魂。文化寓意来自当地的历史、传说、信仰、崇拜、风俗等。对服饰形态、艺术元素和文化寓意的提炼构成了服饰文化精髓。此外, 这三个构成要素的存在还依赖于自然与社会两大环境。妈祖服饰文化的产生和发展正是归因于特殊的海洋自然环境、信仰和社会对妈祖文化的认同、扶持与推动。

1. 自然环境成因

服饰作为文化的组成部分,首先是人类适应自然生态环境的结果。[1] 前面提到的海岛服饰的实用功能,即体现了当地人民为适应海岛气候、生活方式、劳作方式而创造的特殊服饰形态。湄女服饰所蕴含的妈祖文化也是湄洲岛的自然生态环境的产物。莆田湄洲湾从地质条件和地理位置来看都是一个天然的避风港,妈祖引导着遇险的船只进入安全的港湾,获得人们的感激和敬仰。也正是海洋航运的发展和东南沿海在商品贸易和人员往来方面的地位不断提升,使保佑航海平安的妈祖成为人们顶礼膜拜的保护神,使妈祖文化近千年来传遍世界各地。[2]

妈祖服饰的蓝色,象征海洋;妈祖髻的帆船造型,象征航船。这都反映了湄洲女生活的地域特征。蓝衫、半截红裤、帆船发髻、黝黑的皮肤,构成妈祖服饰的完整形态,它们只有在湄洲岛这个环境下才能体现出文化的原汁原味,达到人、服饰、自然的和谐统一。

2. 社会成因

妈祖信仰文化资源开发具有积极的社会意义、经济意义和政治意义。湄洲岛在政府的扶持下,已开发出得天独厚的有利文化发展的软环境。

妈祖信众分布广泛,妈祖文化的传播不仅使优秀文化继续传承,还对民众起着感动和教化功能,有利于社会的和谐稳定。妈祖文化促进了不同地域的文化交流和经济交流,尤其促进了闽台关系的发展,有深刻的政治意义。台湾是妈祖信众最集中的地方,每年都有几十万人次的台胞来湄洲岛朝圣旅游。台湾与大陆不仅有相同的信仰,还有相同的生活方式和生活习俗。开发妈祖文化,拉近了两岸的神缘、俗缘、亲缘和地

---

① 戴平:《中国民族服饰文化研究》,上海人民出版社 1994 年版,第 3 页。
② 高红:《妈祖文化与地理环境》,《人文地理》1997 年第 9 期。

缘关系。

如今,妈祖服饰也通过各种文艺形式如舞蹈、戏剧、电视剧、电影等广为宣传。妈祖服饰成为文化传播过程中的形象的载体之一,为旅游区吸引了大量游客,推动了旅游产业的发展。旅游经济开发中,服饰系列产品不但满足了游客的购买需求,增加了旅游收入,传播了妈祖文化,同时,妈祖文化产品的开发,也带动了交通、建筑、饮食、工艺制作等相关产业的发展,解决了当地居民的就业问题。岛上大部分导游小姐,都是土生土长的湄洲女,她们把对妈祖的感情,都反映到美丽的服饰和服务的行为上。文化与经济相辅相成,推动湄洲岛旅游经济进入良性循环。

三、妈祖服饰文化的开发现状与若干建议

1. 妈祖服饰文化的开发现状

湄洲岛度假区设立十多年来,坚持"文化搭台,旅游唱戏",举办了多种形式的活动,包括每年妈祖诞辰和升天日的旅游节庆活动。近年来为配合湄洲摄影艺术节、妈祖文化旅游节、妈祖民俗风情旅游节等重大活动,度假区专门邀请省内有名的设计师改良了"妈祖服",使岛上的导游小姐的服饰包装焕然一新。

妈祖服饰文化通过旅游载体,以鲜明独特的风格,向游客述说妈祖的传说和美德。然而通过对湄洲岛旅游景点和旅游纪念品市场的考察,笔者发现现有的旅游产品对妈祖服饰文化的表现和利用并不充分。随着时代的发展,现代文化的渗入,湄洲女子日常装束以现代装、洋装代替了传统妈祖服,想象中的妈祖民俗文化氛围在当地民间并不浓厚。除了导游小姐的服装及少数老年妇女的妈祖服饰装扮外,湄洲女子生活和劳作的着装已很难看到"妈祖服"的影子。妈祖服经过设计师设计改造成的礼仪服饰,添加了很多现代元素和艺术元素,古朴的、能体现湄洲岛渔民生活风格的实用性服饰元素,如面料、结构、工艺、功能等已被替代殆尽。现在妈祖服主要以旅游职业服出现,成了一道艺术景观,而不是生活景观,失去了原生态的味道。由于梳妈祖髻比较花费时间,很多导游小姐也仅穿妈祖服而不梳发髻,失去了服饰的整体意义。纪念品市场出售的妈祖服装成衣,布料精美,价格不菲。外地游客购买主要作为收藏或作庆典、舞台用途,作为生活装的机会不大。

湄洲岛服饰文物的挖掘和收集也是个空缺。妈祖文化博物馆中,只有一些现代庆典照片和仅存一件湄洲女子出嫁时的服装和一件儿童的帽饰。找不到早期历史的形象记载和更多早期的服饰文物。如果不是政府重视妈祖文化的开发,把湄洲岛开发为国家级旅游景点,妈祖服饰无疑会像许多文物一样快速退出历史舞台。

从旅游产品的角度来说,妈祖服饰作为旅游资源和服务形象被初步开发,可妈

祖旅游商品市场的开发状况却不尽如人意。据对湄洲岛旅游区旅游纪念品市场观察，服饰类产品种类有包袋、护符、帽子、首饰、手工编织工艺品如绣花鞋、挂件、布偶等。虽然店家美其名曰"妈祖特色纪念品"，但妈祖文化很难在这些纪念品中得以体现。一些肩包、帽子，虽印上"湄洲妈祖"或"湄洲岛旅游"和妈祖画像，但整体感觉缺少创意。

总体看来，湄洲岛旅游纪念品缺乏创新和特色，没能真正体现妈祖文化特征。这种现象在许多旅游地都普遍存在。专家分析，我国现在旅游纪念品市场存在的状况表面是商品形式单一趋同，实质是开发、创新能力不足。宗教旅游有其特殊的人群，每年来朝圣旅游的有很多为回头客，所以旅游商品设计的创新十分重要。

2. 对开发妈祖服饰文化产品的建议

服饰文化产品的开发需要要创新，但不能背离传统，否则就成了一种"伪文化"。产品开发者要认真研究传统文化，把握文化的精髓，不断提升文化产品的内涵。为此，笔者认为：

首先，要加强湄洲地区文物的发掘和搜集，抢救将要遗失的珍贵民间文物。有关部门要迅速组建专家队，成立专项基金，深入民间进行民俗考察并收集生活用品类历史文物。可在海岛居民衣、食、住、行方面进一步挖掘，如服饰材料和传统工艺等。新产品的开发要以历史文物为依据，忠于历史传统，而不要使游客认为是后人的想象和杜撰。

其次，服饰文化的开发要忠实于自然生态环境。原生态型的服饰产品要成为市场的主流。现代人对妈祖服饰的改良和设计，应保留渔岛服饰的生活特征和功用性。艺术元素的添加要恰当，根据不同的使用场景分别处理。除妈祖祖庙外，湄洲岛还有很多旅游资源有待开发，如将传统服饰普及到渔家，结合渔村食住文化、捕鱼文化、造船文化、渔具文化等，体现完整的湄洲岛生态景观。此外，借鉴其他一些民俗旅游景点做法，服饰产品可以开发为体验型产品。让游客有穿妈祖服、梳妈祖头的体验，并与文化讲解、摄影、摄像结合，利用现代化的形式更灵活地传播妈祖文化。

从海峡文化建设上来讲，要充分挖掘传统文化，促进闽台文化交流。台湾岛很多传统生活习俗与其有共同之处，此类文化遗产的开发和保护应受到重视。要让台湾游客深刻感受到闽台文化的同根性。通过旅游活动，不仅以共同信仰感动台湾乡亲，还要充分挖掘莆田湄洲岛地区的传统民风民俗，特别是与台湾文化同源之处，要以多种形式的民俗事象来吸引台湾同胞，为他们提供高品位的服务，并通过他们带走的美好的印象和旅游纪念品，来宣传妈祖文化和福建风情。

妈祖纪念品市场应以妈祖特色商品为主流，包括妈祖服饰，要吸引和鼓励优秀专业人士进行产品开发设计，增加商品种类，更新商品形象；同时还要遵循相应的知识产权保护规则,保障设计者的劳动成果。设计出的产品不但能形成品牌,持久为当地旅游服务,还有利于将来市场拓展。旅游地经营者和服务者要不断进行培训,增强产品文化意识和服务意识。不仅以妈祖服饰来包装服务者形象,还要更好地以妈祖精神来包装所有服务行为,做到热情待客,文明经营。使妈祖旅游地自然风光与人文景观更加和谐统一。

总之,湄洲岛妈祖文化的发展有天时地利人和的优势。妈祖服饰文化研究是一个跨学科的研究。妈祖服饰文化产品还有很大的开发潜力,需要更多专家学者的关注。

（原载《莆田学院学报》2007 年第 4 期）

妈祖信俗活动中的"转凉伞"竞赛规则创制①

陈静青② **周金琰 黄瑞国**
莆田学院体育系

2009 年,"妈祖信俗"被列入世界人类非物质文化遗产代表名录,成为我国首个信俗类世界遗产,从此,深入开发、利用和保护妈祖信俗文化资源已成必然趋势。③ 在妈祖信俗活动中,"转凉伞"一直是妈祖文化区人们喜爱的体育娱乐活动之一。长期以来,因该活动的开展是群众自发组织的,所以,其竞技性和表演性竞赛一直没有一个统一的竞赛规则进行指导,其健身和文化交流价值亦未能得到社会的广泛认可,影响了它在妈祖信众中的推广。为了使该活动能在妈祖信众中得到普及,近三年,笔者通过实地调查和开展一些"转凉伞"竞赛活动,并征求一些相关专家意见及参照有关竞赛规则,同时结合其活动的特点,创制了妈祖信俗活动中的"转凉伞"竞赛规则,旨为各类妈祖文化组织能更好地开展"转凉伞"竞赛活动提供参考。

一、研究对象与方法

1. 研究对象

妈祖信俗中各种节庆仪式里的表演性"转凉伞"活动,以及仪式外民间休闲娱乐性的"转凉伞"活动。

2. 研究方法

文献资料法:对闽台妈祖信俗活动图片资料和体育竞赛规则专著进行收集,并检

---

① 基金项目:福建省高校服务海西建设重点项目,项目号:2008HX01(2)。

② 陈静青(1963—),女,福建莆田人,副教授,主要从事体育人文社会学和民俗体育研究。

③ 帅志强:《打造世界妈祖文化品牌的传播策略》,《莆田学院学报》2010 年第 6 期。

索了有关体育竞赛规则研制的文献资料。

调查法：在妈祖节庆期间,前往莆田湄洲岛、文甲、涵江等妈祖文化区进行"转凉伞"活动的实地调查。

专家访问法：前往中华妈祖协会和湄洲妈祖祖庙访问熟悉"转凉伞"活动的领导和专家,了解他们对该活动的看法和想法,并通过他们进一步了解该活动的发展现状。

试验法：组织莆田学院体育系部分师生尝试不同类型"转凉伞"活动的特点,并进行"转凉伞"竞赛活动必需的计圈技术试验。

二、研究结果与分析

1. 妈祖信俗中"转凉伞"活动的含义

在妈祖信俗中,"转凉伞"活动既是各种妈祖节庆仪式中不可缺少的运动性表演类项目之一,又是仪式外民间休闲娱乐的体育项目之一。由于"转凉伞"活动具有安全性、观赏性、娱乐性、健身性和保平安等特点,因此,它一直是妈祖文化区人们喜爱的体育娱乐活动之一。据调查,在莆田的湄洲岛,妈祖信众喜爱的转凉伞竞赛活动属于竞技性竞赛性质,采用的竞赛器材是湄洲妈祖祖庙的9层凉伞;在莆田的其他地区,妈祖信众喜爱开展的"转凉伞"体育娱乐活动是凉伞舞(亦称花式凉伞),具有团体性表演类体育娱乐性质,采用的器具是3层或5层的凉伞。"转凉伞"活动在妈祖信俗中是历史最悠久的娱神娱人活动项目之一。

2. 妈祖信俗中的"转凉伞"竞赛规则

(1)竞赛总则。

宗旨：为妈祖信众进行转凉伞竞赛提供客观统一的规则;为评判员公正、准确地评分提供客观依据;为参赛者提供赛前训练和竞赛的指导依据;为各类妈祖文化组织开展"转凉伞"竞赛活动提供规范性文件。①

目的：通过促进各类妈祖文化组织科学地开展"转凉伞"竞赛活动,使该竞赛活动在妈祖信众中得到推广普及,为体育文化与妈祖文化的有机融合创建广大的信众基础和体育交流平台。

(2)赛会组委会组成与竞赛性质。

由相关的妈祖文化组织和当地政府主管部门的有关领导和专家组成。竞赛分表演性竞赛(团体竞赛)和规定性竞赛(个人竞赛)两类。

① 冯张昌：《健身秧歌竞赛规则的研制》,《首都体育学院学报》2003年第2期;刘淑英：《运动竞赛规则制定的理论依据及目标定位》,《北京体育大学学报》2009年第7期。

（3）竞赛方法。

竞赛分淘汰赛和循环赛两种方法（主办方可依实际情况选用）。[①]

1）淘汰赛方法。

是指各地妈祖文化组织机构组队直接前往竞赛地点参加竞赛的方法。竞赛按大会规定的竞赛规则进行。每竞赛 1h 后停赛 15min，作为各组裁判人员休息和上报运动员竞赛成绩用。男子组和女子组的规定性竞赛采用分组法进行预赛，预赛成绩前 8 名的运动员进入决赛，最后按决赛成绩由高到低取前 6 名。集体表演性竞赛采用分组法进行预赛，预赛成绩前 4 名的参赛队进入决赛，最后按决赛成绩由高到低取前 3 名（分别为冠军、亚军和季军）。

①规定性竞赛：分男子组和女子组两类。每次上场竞赛的队员为 3 人，每次竞赛时间 1 min，裁判员根据运动员转凉伞的圈数和犯规次数进行评分。

②表演性竞赛：由男、女运动员混合组成。每次上场竞赛的参赛队为 3 队，每队 8 人，其中 1 人为指挥。每次表演时间为 5 min。没有严格的竞赛规则。竞赛的背景音乐统一采用与妈祖有关的音乐。凉伞由各参赛队自制，各参赛队以集体表演方式展示凉伞的制作艺术和技术水平。裁判员根据各参赛队的凉伞制作工艺水平、运动员表演技艺水平和团队精神面貌三方面内容进行评分。

2）循环赛方法。

是指各地区或各国妈祖文化组织机构选出的代表队前往竞赛地点参赛的方法。竞赛分两阶段，第一个阶段是循环赛，参赛代表队两两交手，据胜负场进行排名，排在前 4 名的代表队进入四强。若有胜负场相同的代表队，则需要进行加赛。第二个阶段是四强赛，分别进行两场半决赛，其中获胜两支队伍晋级决赛争夺最终的冠、亚军，而半决赛失利的两支队伍争夺第三、第四名。

（4）资格审查与参赛队的定义。

参赛运动员必须持有身份证。运动员的参赛年龄 18—65 岁。参赛报名：各级各类妈祖宫庙组织参赛人员报名。参赛队员定义：当一名参赛队成员按照竞赛组织部门的规程已被认定可为某队参赛，是合格参赛的参赛队员。当一名参赛队成员的姓名在竞赛开始前已被登记在记录表上，并且他（她）没被取消竞赛资格，是有资格参赛的参赛队员。各参赛队组成规定：男运动员 5 名；女运动员 5 名；领队兼教练各 1 人，领队助理 1 人。

（5）抽签与参赛服装。

抽签：编排记录组负责，仲裁委员会主任、总裁判长和参赛队的教练参加，由各参

---

① 鲍其安、周亚军：《研制排舞竞赛规则的原则和方法》，《福建体育科技》2010 年第 1 期；张学成：《散打竞技化研究》，北京体育大学 2008 年版；国家体育总局竞技体育司：《2008 最新体育运动竞赛规则及裁判标准大全》，高等教育出版社 2008 年版。

赛队的教练员为本队运动员抽签。参赛服装:应选用具妈祖文化和海洋文化特色的运动服、运动鞋和头饰,不能穿带有钉子或胶钉的鞋,各参赛队教练员和运动员应有统一参赛服装,并在服装上印有所代表的妈祖宫庙名称,每位参赛运动员在参赛服装背面中央应佩戴赛会统一印发的专有参赛号码布。

（6）竞赛中的礼节与弃权。

介绍运动员时,运动员应向四周观众行胸前立合掌礼（从赛会主席台方向开始,然后顺时针朝另外三个方向行礼）。宣布竞赛结果后,运动员相互行胸前立合掌礼,再向裁判员行胸前立合掌礼,裁判员应回胸前立合掌礼。竞赛期间,运动员因伤病（须有赛会医生出具的诊断证明）不能参赛,作弃权论。竞赛期间,运动员无故弃权,取消其所属参赛队全部成绩。参赛运动员必须提前 30 min 到场,竞赛开始未到场者视为弃权。

（7）竞赛中的有关规定。

临场裁判员应集中精力工作,未经裁判长许可不得离开席位。运动员必须遵守规则,尊重和服从裁判,每场竞赛未宣布结果,运动员不得离场。竞赛期间,教练员应坐在指定位置。运动员严禁使用兴奋剂。竞赛场区、配套功能区（详见示意图 1）和观众区的秩序管理由赛会保安人员负责。

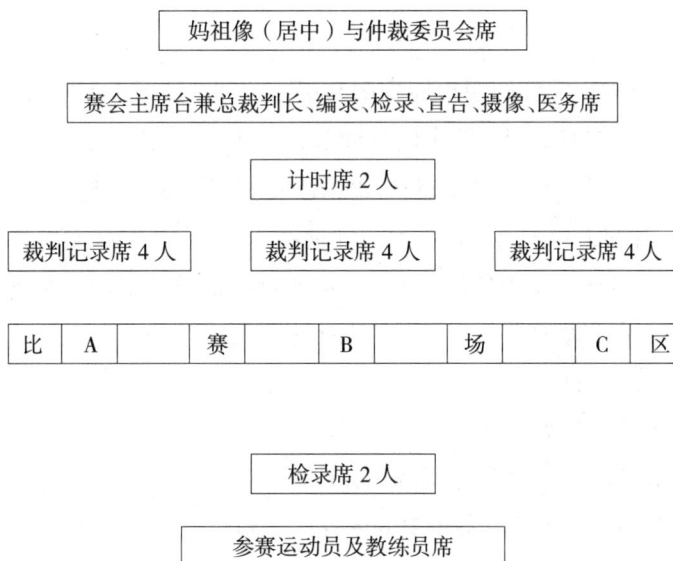

妈祖像（居中）与仲裁委员会席

赛会主席台兼总裁判长、编录、检录、宣告、摄像、医务席

计时席 2 人

裁判记录席 4 人　　裁判记录席 4 人　　裁判记录席 4 人

比　A　　赛　　B　　场　C　区

检录席 2 人

参赛运动员及教练员席

图 1　竞赛场区、配套功能区示意图
注:图中 A、B、C 分别为运动员竞赛位

（8）竞赛场地。

1）场址选择:原则上设在湄洲妈祖祖庙和贤良港天后祖祠的有关广场,也可设于

各级各类妈祖宫庙、莆田学院等单位的大型体育、文化活动场馆。规格要求:①竞赛场地应包括竞赛场区、无障碍空间和观众区。场地的地面必须是平坦的石板、木地板、塑胶或草地,室内或室外均可。②竞赛场区尺寸及配套功能区分布见图1。竞赛场区尺寸:长11m,宽1m,其中运动员竞赛位的边长为1m,竞赛场区与运动员竞赛位的边界可用宽为0.05m的红色塑料带粘贴标明。每个竞赛场区各设3个运动员竞赛位,每个竞赛位之间的距离为3m。竞赛场区数量的设定可根据实际的竞赛规模情况变动。

2)竞赛场区与配套功能区的四周至少应有5.0m宽的无障碍地带(边界线可用红色塑料带表示),且从地面向上至少有7.0m高的无障碍空间。仲裁委员会席距竞赛场区边界线为6.5m。赛会主席台兼总裁判长、编录、检录、宣告、摄像、医务席距竞赛场区边界线为5.5m。裁判员席距竞赛场区边界线为1.5m。计时席距竞赛场区边界线为3.5m。检录席距竞赛场区边界线为3.0m。运动员及教练员席距竞赛场区边界线为5.0m。

3)妈祖像(居中)与仲裁委员会席台应比竞赛场区地面高出2.5m。赛会主席台与计时席应比竞赛场区地面高出1.5m。裁判员席长为3.0m、宽为1.0m,且应比竞赛场区地面高出1.0m。

4)观众区应设在无障碍地带外。

5)竞赛场区及配套功能区的每个区至少应安放两个以上卫生袋。

(9)竞赛器材。

竞赛用的凉伞采用湄洲妈祖祖庙用的9层凉伞和3层或5层凉伞。凉伞底架:用木料等制成,作为安放凉伞用。凉伞转动圈数计量参照物,固定于凉伞顶第1层,可供肉眼计算凉伞的转圈数,也可供机器自动测定凉伞的转圈数。秒表2个。哨子2个。扩音喇叭1个。音响1套。摄像机2台。计量器具1套。锣鼓1套。无线麦克风(场上裁判别在胸前用)6个(视条件配套)。电子计数器及电子评判系统1套(视条件配套)。赛会主席台与裁判工作台按示意图1中的要求准备。

(10)裁判员及其职责。

1)对裁判人员的基本要求。

经常参与和转凉伞运动相关的各种活动;对转凉伞运动的项目特点及技术要求有很好的理解;掌握评分细则并具备相关的评分技巧和经验;评分态度严肃、公正、准确。

2)裁判人员的组成(可根据竞赛规模的大小适当增减)。

总裁判长1名,副总裁判长1名。临场裁判组:裁判长3名,裁判员6名,记录员3名、计时员2名。编排记录长1名。检录长1名。

3)辅助裁判人员的组成(可根据竞赛规模的大小适当增减):编排记录员2—4名,检录员2—4名,宣传播音员1—3名,医务员1—3名。

4)裁判人员的职责。

①总裁判长和副总裁判长职责:总裁判长负责赛会一切裁判工作,如学习竞赛规程和规则、探究裁判方法、检查竞赛场地器材等准备工作;依据竞赛规程和规则解决赛中问题;裁判组出现争议问题,有权作出比赛最后决定;审核和宣布竞赛成绩;向组委会递交总结。副总裁判长协助总裁判长工作。

②裁判长负责本组裁判工作,如本组的工作安排;指导本组裁判工作;按规则与本组裁判人员一同准确及时地记录本组运动员的转凉伞圈数和犯规次数。本组裁判人员有明显错判、漏判时,提示改正;每场竞赛结束时,宣告评判结果,并审核、签署竞赛成绩。

③场上裁判员职责:严格执行规则;保证安全竞赛;用口令、手势指挥运动员竞赛;按规则与本组裁判长准确、及时地记录本组运动员的转凉伞圈数。

④场上记录员与计时员职责:场上记录员赛前应准确地填写本组运动员的记录表;按照规则,配合本组裁判长、裁判员准确及时地记录本组运动员转凉伞过程中的犯规次数;配合本组裁判长、裁判员做好每场竞赛的评判结果记录、统计,并做好本组裁判人员评判结果的上报工作。场上计时员赛前应检查好铜锣、计时钟,并核准秒表;配合各组裁判长做好每场竞赛暂停休息的计时;在无电子计分系统的情况下,每场竞赛开始以吹哨的方式鸣示,并及时揿秒表计时,每场竞赛结束时以敲锣的方式鸣示。

⑤编排记录长、检录长及工作人员职责:编排记录长负责审查运动员竞赛资格及报名单、组织抽签、编排竞赛秩序表、准备竞赛所需表格、审查成绩、公布竞赛成绩、收集有关材料汇编成册;检录长负责赛前召集运动员并及时将召集情况报告总裁判长、按规则要求检查运动员服装等;记录及检录员根据记录长、检录长分配的任务进行工作。

5)其他辅助人员的职责。

宣告员负责介绍竞赛规程规则、相关的宣传材料、介绍裁判员及场上运动员和宣告评判结果等;医务人员负责对运动员进行赛前体检、临场伤病治疗与处理等。

(11)仲裁委员会及其职责。

仲裁委员会由正、副主任及委员共3人或5人组成,在竞赛大会组委会的领导下工作,主要负责监督工作,受理参赛队对裁判的申诉,保证竞赛的正常进行,其裁决为最终裁决。

(12)凉伞的使用方法、得分标准与判罚。

1)凉伞的使用方法和注意事项。

①转凉伞的一般动作要领:上肢动作要领是采用双臂弯曲、右手在上、左手在下、手掌心朝里的动作方式握紧伞柄,撑伞于胸前;下肢动作要领是两脚左右分开,与肩同宽或比肩稍宽,双脚尖朝正前方,两膝关节稍弯曲,重心控在两脚之间站稳;全身姿势应保持身体正直、稍前倾,两肩自然放松,眼平视前方,当听到竞赛哨声令时,运动员应

协调地运用全身力量,如手臂、手腕、腰、腹、腿部等力量,按顺时针方向转动凉伞,使凉伞转得又稳又圆又快。

②规定性竞赛的凉伞使用注意事项:竞赛用的凉伞,由赛会组委会按规则所制定的标准统一生产提供;运动员竞赛时,握凉伞柄的手掌及手指的任何部位都必须在凉伞柄的红色标注带(长25 cm,下缘距凉伞柄最下缘的距离为30 cm)外;运动员参加规定性竞赛时必须按顺时针方向转动凉伞;运动员竞赛时必须保持转圈平稳性,以方块状稳定性评价器(重150 g)始终留在凉伞顶上部为准;运动员转动凉伞时必须保持身体平衡,防止左右脚的外缘移出竞赛位的边界线外;运动员竞赛结束必须保持凉伞顶平稳,并将凉伞柄插入凉伞底架;运动员竞赛开始前,应按裁判员的提示将凉伞顶第1层的凉伞转动圈数计量参照物正对裁判员。

2)得分标准。

①规定性竞赛得分标准:裁判员根据位于凉伞顶第1层的转动圈数计量参照物的出现次数,评判参赛运动员转动凉伞的实际圈数(为整数)。每一圈得分为0.1分,即每十圈得分为1分。

②表演性竞赛得分标准(总分为10分):凉伞的制作工艺水平(4分)——凉伞的整体设计制作水平(3分),凉伞顶、凉伞架与凉伞柄等的制作工艺水平(1分);运动员的表演水平(4分)——队形花样变化水平(1分)、队员的个人表演动作难度(1分)、能体现妈祖文化和海洋文化特色的创意表演水平(2分);团队精神面貌(2分)——服装的艺术水平(0.5分)、表演激情与表演动作的一致性水平(1分)、团队成员在表演竞赛过程的礼仪表达水平(0.5分)。

3)犯规与罚则。

①技术犯规:运动员握伞柄的手掌及手指的任何部位进入伞柄上的红色标注带;转凉伞时的左右脚外缘跑出运动员比赛位的边界线外;竞赛开始前,没有按裁判员的提示将凉伞顶第1层的"凉伞转动圈数计量参照物"正对裁判员;没有按顺时针方向转动凉伞;转凉伞时没有将"转圈稳定性评价器"保留在凉伞顶上部;竞赛结束没有将凉伞柄插入凉伞底架;不遵守竞赛礼仪;竞赛中对裁判人员有不礼貌或不服从裁判行为。

②罚则:运动员每出现一次技术犯规,扣1分;犯规达3次,扣5分;犯规达5次,扣10分;使用违禁药物,竞赛期间输氧,取消竞赛资格,所有成绩无效。

③暂停竞赛:运动员因客观原因举手要求暂停时;裁判长纠正错判、漏判时;裁判长处理场上问题或发现险情时;因场地、器材等客观原因影响竞赛时。

(13)名次评定。

1)规定性竞赛的名次评定:当竞赛为淘汰赛时,直接决出名次。预、决赛过程中,总得分高者名次列前,总得分低者名次列后,最后由高分到低分依次取前六名。

2)表演性竞赛的名次评定:各参赛队在表演性竞赛过程中,总得分高者名次列前,总得分低者名次列后,最后由高分到低分依次取前三名(分别为冠军、亚军和季军)。

3)团体总分的名次评定。

①名次分:在男子组和女子组规定性竞赛中获得前六名的得分评定——由第一名到第六名依次为7、5、4、3、2、1分,若得分相等,则评定为并列名次;在集体表演性竞赛中获得前3名的得分评定——由第一名到第三名依次为15、10、5分,若得分相等,则评定为并列名次。

②团体总分的名次评定:各参赛队成员,在参加男子组、女子组规定性竞赛和表演性竞赛中获得各种名次的得分的总和,是其团体总分,总分高者名次列前,总分低者名次列后,最后由高分到低分依次取前三名(分别为冠军、亚军和季军),若团体总分相等,则评定为并列名次。

(14)编排与记录。

1)编排。

习竞赛规则、规程,掌握竞赛性质、竞赛办法、会期、参加办法、录取名次及奖励办法等情况;审核报名表;统计参赛队与人数;以竞赛规则、竞赛规程、报名表、赛会会期为依据;依据竞赛办法,计算竞赛场次;编排竞赛日程表;绘制各类竞赛轮次表;编排每场竞赛秩序表。

2)记录。

场上记录员根据得分标准和裁判员的评判结果,以及自己对参赛运动员犯规次数的记录,及时记录参赛运动员和参赛队的得分,并填入参赛运动员和参赛队得分的汇总表中。编排记录员根据每场竞赛的结果在计分汇总表中为参赛运动员和参赛队记录得分情况。弃权者计为0分。

三、结论与建议

通过调查、专家访问和试验等方法探索了妈祖信俗中"转凉伞"活动的特点,并研制了该活动的竞赛规则,笔者认为:"转凉伞"是妈祖信俗活动中历史最悠久的运动性表演类项目之一,具有安全性、观赏性、娱乐性、健身性和保平安等特点,是一项很适合在妈祖信众中开展的体育娱乐活动。通过促进各类妈祖文化组织科学地开展"转凉伞"竞赛活动,可使该竞赛活动在妈祖信众中得到推广普及,从而为体育文化与妈祖文化的有机融合创建广大的信众基础和体育交流平台。建议:第一,有关部门和领导应制定相关的激励政策,以促进妈祖信俗活动中"转凉伞"竞赛朝着科学、健康的方向发展;

第二,在妈祖信众中大力开展"转凉伞"运动,并在实践中不断完善竞赛规则;第三,应充分发挥中华妈祖协会、湄洲妈祖祖庙和贤良港天后祖祠的核心影响作用,开展"转凉伞"竞赛活动,促使"转凉伞"运动在海内外妈祖信众中得到推广普及。从而,使该体育健身活动在增进妈祖信众的健康和友好往来方面发挥应有的促进作用,使妈祖文化的平安、健康、和平等大爱精神在"转凉伞"运动中进一步发扬光大。

（原载《莆田学院学报》2012 年第 5 期）

责任编辑:詹素娟
封面设计:彭世兴

图书在版编目(CIP)数据

妈祖文化研究论丛(四)/福建省妈祖文化传承与发展协同创新中心 莆田市湄洲
  妈祖祖庙董事会 编. -北京:人民出版社,2016.4
ISBN 978 - 7 - 01 - 016058 - 0

Ⅰ.①妈… Ⅱ.①福…②莆… Ⅲ.①祖-文化研究-中国 Ⅳ.①B933

中国版本图书馆 CIP 数据核字(2016)第 060684 号

妈祖文化研究论丛(四)
MAZU WENHUA YANJIU LUNCONG SI

福建省妈祖文化传承与发展协同创新中心
莆 田 市 湄 洲 妈 祖 祖 庙 董 事 会 编

人民出版社 出版发行
(100706 北京市东城区隆福寺街 99 号)

北京中科印刷有限公司印刷 新华书店经销

2016 年 4 月第 1 版 2016 年 4 月北京第 1 次印刷
开本:787 毫米×1092 毫米 1/16 印张:24.75
插页:1 字数:475 千字

ISBN 978 - 7 - 01 - 016058 - 0 定价:65.00 元

邮购地址 100706 北京市东城区隆福寺街 99 号
人民东方图书销售中心 电话 (010)65250042 65289539